Ubi certamen, ibi corona

AF826730

Europäische Hochschulschriften

Publications Universitaires Européennes
European University Studies

Reihe V
Volks- und Betriebswirtschaft

Série V Series V
Sciences économiques, gestion d'entreprise
Economics and Management

Bd./Vol. 2393

PETER LANG
Frankfurt am Main · Berlin · Bern · New York · Paris · Wien

Bernhard Seliger

Ubi certamen, ibi corona

Ordnungspolitische Optionen der Europäischen Union zwischen Erweiterung und Vertiefung

PETER LANG
Europäischer Verlag der Wissenschaften

Die Deutsche Bibliothek - CIP-Einheitsaufnahme

Seliger, Bernhard:

Ubi certamen, ibi corona : ordnungspolitische Optionen der Europäischen Union zwischen Erweiterung und Vertiefung / Bernhard Seliger. - Frankfurt am Main ; Berlin ; Bern ; New York ; Paris ; Wien : Lang, 1999

(Europäische Hochschulschriften : Reihe 5, Volks- und Betriebswirtschaft ; Bd. 2393)

Zugl.: Kiel, Univ., Diss., 1998

ISBN 3-631-34302-7

D 8

ISSN 0531-7339

ISBN 3-631-34302-7

© Peter Lang GmbH

Europäischer Verlag der Wissenschaften

Frankfurt am Main 1999

Alle Rechte vorbehalten.

Das Werk einschließlich aller seiner Teile ist urheberrechtlich geschützt. Jede Verwertung außerhalb der engen Grenzen des Urheberrechtsgesetzes ist ohne Zustimmung des Verlages unzulässig und strafbar. Das gilt insbesondere für Vervielfältigungen, Übersetzungen, Mikroverfilmungen und die Einspeicherung und Verarbeitung in elektronischen Systemen.

Meinen Eltern

Vorwort

Die vorliegende Arbeit entstand in den Jahren 1995 bis 1998 im Rahmen meiner Tätigkeit als wissenschaftlicher Mitarbeiter am Lehrstuhl für Ordnungs- und Wettbewerbspolitik der Christian-Albrechts-Universität zu Kiel unter der Betreuung von Professor Dr. Gerhard Prosi. Sie wurde im Sommer 1998 von der wirtschaftswissenschaftlichen Fakultät als Dissertation angenommen. Am 17. August fand die mündliche Prüfung statt.

Über die europäische Integration sind schon ganze Bibliotheken verfaßt worden. Dennoch glaube ich, daß die Diskussion der Verbindung ordnungs- und wettbewerbspolitischer Aspekte in der Theorie des Systemwettbewerbs, die im Moment zu den interessantesten wirtschaftspolitischen Diskussionen gehört, neue Aspekte in der europapolitischen Debatte aufzeigen kann. Mit der vorliegenden Arbeit hoffe ich, zu dieser Debatte beizutragen, die durch die Herausforderung der Osterweiterung der EU dringend nötig ist. Dies wurde mir bei zahlreichen Reisen nach Osteuropa klar, insbesondere in die baltischen Staaten, deren Gastfreundschaft mich immer wieder motiviert hat.

Zum Gelingen meiner Dissertation trugen eine ganze Reihe Leute bei, von denen ich die wichtigsten nennen möchte: Zunächst möchte ich Herrn Professor Dr. Prosi danken, der den Anstoß zu dieser Arbeit gab und durch konstruktive Kritik wesentlich zu ihrem Gelingen beitrug. Auch des leider viel zu früh verstorbenen Professors Dr. Werner Kaltefleiter vom Institut für Politische Wissenschaft, der nicht nur diese Arbeit, sondern mein ganzes Studium mitgeprägt hat, möchte ich gedenken.

Sein Nachfolger, Professor Dr. Edward Keynes, hat dankenswerterweise die Rolle als Zweitgutachter übernommen und mir durch Anregungen sehr weitergeholfen.

Freundschaftliche Diskussionen mit Kollegen, insbesondere mit Dipl.-Vw. Friederike Bing und Dipl.-Vw. Ralph M. Wrobel, haben die Arbeit ebenso ermöglicht wie die oft mühsame Literaturverwaltung von stud. rer. pol. Melanie Siemen. Genauso wichtig war die Unterstützung durch meine Freundin Kathrin Potzahr und meine Geschwister Claus und Maria. Zuletzt möchte ich meinen Eltern danken. Sie haben nicht nur diese Arbeit, sondern mein ganzes Studium materiell und ideell ermöglicht und durch die Vermittlung humanistischer Bildung meinen Werdegang geprägt. Ihnen ist deshalb diese Arbeit gewidmet.

Inhaltsverzeichnis

Abbildungsverzeichnis

Tabellenverzeichnis

Abkürzungsverzeichnis

AdR	Ausschuß der Regionen
AKP	Afrikanische, Karibische und Pazifische Staaten
CEFTA	Central European Free Trade Association
CEN	Comité Européen de Normalisation
CENELEC	Comité Européen de Normalisation Electronique
c.i.f.	cost, insurance, freight
c.p.	ceteris paribus
COREPER	Ausschuß der ständigen Vertreter des Ministerrats
DIHT	Deutscher Industrie- und Handelstag
EAGFL	Europäischer Ausrichtungs- und Garantiefonds für die Landwirtschaft
EEA	Einheitliche Europäische Akte
EFRE	Europäischer Fonds für Regionale Entwicklung
EFTA	European Free Trade Association
EGKS	Europäische Gemeinschaft für Kohle und Stahl
EGV	Vertrag zur Gründung der Europäischen Gemeinschaft (EG)
EIB	Europäische Investitionsbank
EP	Europäisches Parlament
ESF	Europäischer Sozialfonds
EuGH	Europäischer Gerichtshof
EUV	Vertrag über die Europäische Union (EU)
EVG	Europäische Verteidigungsgemeinschaft
EWG	Europäische Wirtschaftsgemeinschaft
EWI	Europäischer Währungsinstitut
EWR	Europäischer Wirtschaftsraum
EWS	Europäisches Währungssystem
EZB	Europäische Zentralbank
f.o.b.	free on board
GAP	Gemeinsame Agrarpolitik
GATT	General Agreement on Tariffs and Trade (Welthandelsabkommen)
GG	Grundgesetz
IWD	Institut der Deutschen Wirtschaft
MOEL	Mittel - und Osteuropäische Länder
N.U.T.S.	Nomenclature des Unités Statistiques

OEEC	Organisation für wirtschaftliche europäische Zusammenarbeit
PMI	Phillip Morris Institute
RGW	Rat für gegenseitige Wirtschaftshilfe
WSA	Wirtschafts- und Sozialausschuß
WTO	Welthandelsorganisation
WWU	Wirtschafts- und Währungsunion

1. Einleitung

„Wer es unternimmt, die Konsolidierung Europas als wirtschaftliche Aufgabe zu behandeln, hat die Wahl, es sich leicht oder schwer zu machen. Will er es sich leicht machen und den Weg des geringsten Widerstandes gehen, so braucht er nur eines zu tun: er unterstellt als selbstverständlich, daß alles, was die Politiker und Regierungen, getragen vom politischen Enthusiasmus der „bienpensants", im Namen der europäischen Integration ausklügeln, ebensovielen Meilensteinen auf dem Wege zu Europa gleichkommt, und alles weitere kann auf das Gleis wirtschaftstechnischer Detailbetrachtungen geschoben werden. Will er es sich aber schwer machen, so behält er sich das Recht vor, sich über diese Meilensteine seine eigenen Gedanken zu machen und immer wieder seinen geistigen Kompaß danach zu befragen, ob sie auch wirklich in der anzustrebenden Richtung gesetzt werden. Dieses Recht möchte er sich nicht verkümmern lassen, weder durch die Feierlichkeit, mit der diese Meilensteine eingepflanzt werden, noch durch die Verdächtigungen seiner europäischen Gesinnung, noch durch die Gefahr, als Kritiker der Mittel europäischer Integration zugleich als Kritiker des Zieles verschrien und mit den Nationalisten oder Kommunisten, denen dieses Ziel ein Greuel ist, in einen Topf geworfen zu werden."

Wilhelm Röpke[1]

Ubi certamen, ibi corona[2]. Wo es Wettbewerb gibt, gibt es auch eine Krone zu gewinnen. Wie dieses Zitat des Mailander Bischofs und Kirchenlehrers Ambrosius aus der Spätantike zeigt, war die Bedeutung des Wettbewerbs den Menschen von Anfang an bewußt. Dabei wurde Wettbewerb zunächst nicht als primär ökonomisches Verfahren, sondern als menschliches Verhaltensmodell begriffen. Die olympischen Spiele der Antike waren ein deutlicher Beweis für den Ansporn und die Leistungskraft, die durch gegenseitigen Vergleich entstehen[3]. Auch für die ökonomische Theoriebildung der Klassiker war Wettbewerb ein zentrales Thema.

---

[1] Röpke (1957a), S. 159.
[2] Zitiert in der Ausgabe von Hurter (1878), S. 6.
[3] Wettbewerb als ursprünglich menschlicher Trieb wurde von den Griechen sogar in Form der Göttin Eris, der Göttin des friedlichen Wettbewerbs, symbolisiert; vgl. Hoppmann (1967), S. 79.

Allerdings war er in formale Modelle nur schwer zu integrieren. Die immer weiter formalisierte Methodik der Neoklassik schaltete deshalb nach und nach, den Wettbewerb durch unrealistische Annahmenbildung aus: Die Ergebnisoffenheit des Wettbewerbs als Prozeß wurde durch die Ergebnisstarrheit des vollkommenen Konkurrenzgleichgewichts ersetzt. Es ist das Verdienst der österreichischen Schule, insbesondere Friedrich August von Hayeks, dem Wettbewerb wieder die zentrale Rolle in den Sozialwissenschaften verschafft zu haben, die ihm gebührt. Besonders fruchtbar erwies sich dabei die Ausweitung der Wettbewerbsanalyse von Güter- und Faktormärkten auf politische Institutionen und das Verhalten politischer Akteure. Die Theorie des Wettbewerbs der institutionellen Systeme findet deshalb steigende Aufmerksamkeit in der Wirtschaftsordnungspolitik.

Für die Analyse der europäischen Integration erweist sich dies als besonders glücklich. Die bisherigen politischen und ökonomischen Integrationstheorien haben in eine Sackgasse geführt. Die Entwicklung der Integration insbesondere nach den entscheidenden Veränderungen von Maastricht 1991 kann durch die alten Theorien immer weniger erklärt werden. Die Flut neuer Beitrittsanträge nach dem Zusammenbruch der sozialistischen Zentralverwaltungswirtschaften in Mittel- und Osteuropa erhöht andererseits den Erklärungsbedarf. Auf politischer Ebene hat dies zu einem Dilemma geführt: „L'Europe communautaire apparaît à la fois comme un môle de stabilité que les peuples enfin libérés aspirent à rejoindre et comme un géant paralysé par son manque d'unité et d'énérgie", urteilt Toulemon[4]. Der Ausweg der Politik und der europäischen Institutionen aus diesem Dilemma besteht häufig in einer Tabuisierung der Diskussion des Verlaufs der europäischen Integration, wie sie schon Röpke beklagt hatte (s.o.).

Auf wissenschaftlicher Ebene wird eine Erneuerung der Integrationstheorie notwendig. „Die europäische Integration braucht ein neues Leitbild.", fordern z.B. Janning und Weidenfeld[5]. Die Theorie des Systemwettbewerbs kann die Basis für ein solches Leitbild sein. Sie steht deshalb im Mittelpunkt dieser Arbeit.

Die Analysemethode ist dabei ordnungspolitisch, d.h. der Integrationsprozeß wird mit Hilfe der ihn strukturierenden wirtschaftlichen und politischen Ordnung untersucht. Diese Untersuchung geht vom methodologischen Individualismus aus, bezieht sich also auf das Handeln der individuellen Akteure der Integration[6]. Deren

---

[4] Toulemon (1995), S. 60.
[5] Vgl. Janning/ Weidenfeld (1996), S. 10.
[6] Vgl. dazu die Bemerkungen in Abschnitt 3.1.

Verhalten prägt wiederum die Institutionen, die ihrerseits wieder Einfluß auf das Verhalten der Akteure und damit den Verlauf der Integration haben[7]. Diese Interdependenz wird exemplarisch am Begriff der Integration deutlich: Integration umfaßt immer ökonomische und politische, aber auch andere Aspekte, etwa kulturelle und soziologische. Insbesondere die politischen Aspekte lassen sich auch in einer ökonomischen Arbeit nicht ausklammern, auch wenn sie mit der gebotenen Kürze behandelt werden[8].

Im zweiten Kapitel dieser Arbeit werden die politischen (2.1.) und ökonomischen (2.2.) Integrationstheorien in ihrem Zusammenhang mit dem bisherigen Verlauf der europäischen Union dargestellt. Dabei wird deutlich, daß das Erklärungsdefizit dieser Theorien zugenommen hat. Die Alternative einer institutionengestützten Analyse der Integration wird deshalb im Anschluß diskutiert (2.3.). Diese Analyse beginnt im dritten Kapitel, das die polit-ökonomischen Zusammenhänge auf dem europäischen Markt für Politik untersucht. Nach einer Einführung (3.1.) werden zunächst die Grundzüge der Public-Choice-Theorie kurz dargestellt (3.2.) und anschließend auf den europäischen Integrationsprozeß übertragen (3.3.).

Bevor die normativen Schlußfolgerungen aus dieser Analyse gezogen werden können, müssen zunächst die Grundlagen normativer Institutionentheorie geklärt sowie die bisherigen normativen Theorien einer Kritik unterzogen werden. Dies ist Inhalt der Kapitel 4 und 5. Im vierten Kapitel wird die evolutionäre Wirtschaftstheorie ausführlich in ihrer Bedeutung für die spätere Analyse des Systemwettbewerbs dargestellt. Die dynamische Analyse wirtschaftlicher Prozesse mit Hilfe eines evolutionären Modells (4.1. und 4.2.) führt zu einem neuen Verständnis der Bedeutung von Institutionen und der Möglichkeiten der Wirtschaftsordnungspolitik (4.5.). Daraus lassen sich grundlegende Regeln einer Handelnsordnung für die Wirtschaftspolitik ableiten.

Diese Handelnsordnung stellt teilweise ein neues Paradigma dar, kann andererseits aber auch als Ergänzung bisheriger Theorien dienen, die im Rahmen der Föderalismusdebatte diskutiert werden. Im fünften Kapitel werden politische (5.1.) und ökonomische (5.2.) Föderalismustheorien und ihre Anwendung auf die europäische Integration dargestellt. Dabei werden die Grenzen dieser Theorien sichtbar, auch bei der Diskussion des Subsidiaritätsprinzips (5.3.) und des Konzeptes

---

[7] Vgl. dazu Abschnitt 2.3.

[8] Sehr deutlich wird die Interdepenz zum Beispiel in der „Krönungstheorie“ der Integration, die einen logischen Zusammenhang von wirtschaftlicher, politischer und Währungsintegration postuliert; vgl. Abschnitt 6.4.2.

eines „Europas der Regionen“ (5.4.) als praktischer Umsetzung der Föderalismustheorien.

Im sechsten Kapitel wird dann der Systemwettbewerb als neues, dynamisches Konzept den alten Föderalismustheorien gegenübergestellt. Nach einer ausführlichen Diskussion der Grundzüge des Systemwettbewerbs (6.2.) wird er als Erklärungsmodell auf den europäischen Integrationsprozeß angewandt (6.3.), wobei den Vertragsveränderungen von Maastricht und Amsterdam besondere Aufmerksamkeit gewidmet wird (6.4.). Dabei wird deutlich, daß dieses Modell die Erklärungslücke, die die bisherigen Theorien offengelassen haben, schließen kann. Ein normatives Modell des Systemwettbewerbs ist damit aber noch nicht vorhanden: Dazu bedarf es der Diskussion einer Wettbewerbsordnung für den Systemwettbewerb (6.5.). Die Vorteilhaftigkeit eines solches Modells wird abschließend dargestellt (6.6.).

Die Osterweiterung der Europäischen Union wird in den nächsten Jahren bis zu zehn neue Mitglieder in die EU bringen. Die Folgen, die sich daraus für den Systemwettbewerb ergeben, werden in Kapitel 7 aufgezeigt. Nach einem Überblick über die Osterweiterung als gleichzeitiges Problem der Transformation und Integration der neuen Marktwirtschaften (7.1.) und einer polit-ökonomischen Analyse der Akteure der Osterweiterung (7.2.) werden in 7.3. Angebots- und Nachfrageseite im Systemwettbewerb analysiert. Die Rolle und der Reformbedarf der kostspieligen EU-Politiken, insbesondere der Agrar- und Strukturpolitik, werden dabei besonders deutlich.

Das achte Kapitel stellt in Form von zwei Szenarien den möglichen Weg der zukünftigen europäischen Integration dar: Einen Weg, der entweder durch steigende Verkrustung oder durch die Errichtung eines offenen Wettbewerbssystems gekennzeichnet ist. Die Schlußfolgerungen, die sich aus dem Gang der Analyse ergeben, stellen die Vorteilhaftigkeit des zweiten Weges, der sowohl zum „Tugendpfad“ als auch zum „Königsweg“ der künftigen Integration werden kann, klar heraus.

2. Ökonomische Analyse der Integration

„So wie die Natur weislich die Völker trennt, welche der Wille jedes Staats, und zwar selbst nach Gründen des Völkerrechts, gern unter sich durch List oder Gewalt vereinigen möchte; so vereinigt sie auch andererseits Völker, die der Begriff des Weltbürgerrechts gegen Gewalttätigkeit und Krieg nicht würde gesichert haben, durch den wechselseitigen Eigennutz. Es ist der Handelsgeist, der mit dem Kriege nicht zusammen bestehen kann, und der früher oder später sich jedes Volks bemächtigt."

Immanuel Kant[1]

2.1. Politische Integrationstheorien

Angefangen bei der mittelalterlichen Reichsidee, hatte es in Europa immer wieder die Idee einer politischen Einigung gegeben, um so die Zersplitterung und die zahlreichen Kriege in Europa zu beenden[2]. Die Politikwissenschaft befaßte sich seit ihrem Entstehen mit politischen Einigungsprozessen, im 19. Jahrhundert allerdings naturgemäß mehr mit der Bildung einheitlicher Nationalstaaten. Als nach dem zweiten Weltkrieg der bis heute andauernde europäische Integrationsprozeß begann, wurde auch nach politikwissenschaftlichen Erklärungen dafür gesucht. Unabhängig von dieser engen Beziehung von wissenschaftlicher Theorie und politischem Geschehen suchte man eine allgemeine Theorie der Integration, wie sie Galtung definiert: „Integration ist der Prozeß, innerhalb dessen zwei Akteure einen neuen Akteur bilden. Wenn der Prozeß abgeschlossen ist, nennt man die Akteure integriert."[3] Integration kann also sowohl ein Zustand sein als auch ein Prozeß[4].

Seit den vierziger Jahren unseres Jahrhunderts, besonders aber in den 50er Jahren entwickelten sich in Amerika eine Reihe von politischen Integrationstheorien, die bis heute eine wichtige Rolle bei der Erklärung des Phänomens politischer Integration haben[5] und die deshalb im folgenden diskutiert werden.

---

[1] Kant (1992), S. 81.
[2] Eine ausführliche Würdigung dieser historischen Versuche würde an dieser Stelle zu weit führen; vgl. aber die Dokumentensammlung bei Foerster (1963); vgl. auch Friedrich (1969), S. 1-23, zu den kulturellen Grundlagen der historischen Integrationsbemühungen.
[3] Vgl. Galtung (1981), S. 132; s. auch Krämer (1969), S. 6-8.
[4] Vgl. dazu Lindberg (1963), S. 4-13; vgl. auch Krämer (1969), S. 2-6.
[5] Vgl. Laursen (1995), S. 10.

Der pluralistische Ansatz der Integrationstheorie erklärt Integration durch die Handlungen souveräner Staaten[6]. Die nationalstaatliche Souveränität ist dabei stets durch die Interdependenz mit den anderen nationalstaatlichen Akteuren eingegrenzt, weshalb kein Staat absolut souverän ist[7]. In der normativen Ausprägung des pluralistischen Ansatzes wird die friedliche Konfliktlösung zum Maßstab der Integration. Die „security community" als Ergebnis von Integrationsprozessen zeichnet sich nach dem wichtigsten Repräsentanten der pluralistischen Integrationstheorie, Karl Deutsch, durch institutionalisierte Prozesse des friedlichen Wandels aus[8]. Das Ziel ist dabei eine Welt als „ a pluralistic society marked by high adjustment potential - by the existence of component parts which are susceptible of regulation in their relationships with each other and with the whole, through the process of political accomodation."[9] Die Betonung sicherheitspolitischer Aspekte der Integration selbständiger Akteure führte zu Kritik am pluralistischen Ansatz durch diejenigen Theoretiker, die die supranationale Entwicklung, also letztlich die Überwindung der nationalen Akteure, als entscheidendes Kennzeichen des Integrationsprozesses sahen.

Die funktionalistische Theorie postulierte seit den 30er Jahren, die zunehmende technologische Verflechtung (insbesondere die modernen Kommunikationsmöglichkeiten) führe zu zunehmender Interdependenz, die nationale Lösungen unmöglich mache und letztlich zu „international government" führen würde[10]. Das Kernstück der funktionalistischen Theorie ist das Konzept des „spill over": Die technologische Entwicklung verläuft nicht isoliert von der politischen, sondern es existieren spill-over-Effekte, die eine zunehmende Integration erzwingen[11]. Im Zusammenhang mit der europäischen Integration blieb diese Theorie aber unbefriedigend, da etwa der Übergang von der EGKS zur EWG nicht durch technologische spill-overs zu erklären war. Aus der funktionalistischen Theorie entwikkelte sich deshalb die neofunktionalistische Integrationstheorie[12]. Diese bezieht in das Konzept der spill-over neben den technologischen Änderungen die Interessen der Akteure der Integration ein, die ein bestimmtes Ziel erreichen wollen[13]. So definiert Lindberg, „'spill-over' refers to a situation in which a given action, related to a specific goal, creates a situation in which the original goal can be assured only by taking further actions, which in turn create a further condition and a

[6] Vgl. Pentland (1973), S. 29-63.
[7] Vgl. Deutsch (1966), S. 80-81.
[8] Vgl. Deutsch (1954).
[9] Vgl. Claude (1962), S. 284.
[10] Vgl. Mitranyi (1933).
[11] Vgl. Pentland (1973), S. 64-99.
[12] Vgl. ebda (1973), S. 100-146.
[13] Vgl. Haas (1958), S. 283-317.

need for more action, and so forth."[14] Die neofunktionalistische Theorie stellte eine Rechtfertigung der 1952 mit der Gründung der EGKS begonnenen sektoralen Integration dar. Aus der wirtschaftlichen Integration, die im Montanbereich und später im Bereich der Landwirtschaft begonnen wurde, sollte sich eine zunehmende Tendenz zur Integration im politischen Bereich entwickeln[15]. Allerdings war diese Theorie von Anfang an der Kritik durch ökonomische Integrationstheoretiker ausgesetzt und versagte zudem in der Erklärung der Stagnation des europäischen Integrationsprozesses in den späten 60er und 70er Jahren[16].

Lindberg und Scheingold entwickelten die neofunktionalistische Integrationstheorie deshalb zum „systems change approach" weiter, der die Defizite der ursprünglichen Theorie auffüllen sollte[17]. Neben das Konzept des „spill over" trat die Analyse von Seitenzahlungen[18] und von „feed-back", d.h. der Rückwirkungen, die Integration auf die (nationalstaatliche) Öffentlichkeit hat. Zentral ist der Begriff der „actor socialization", womit die Herausbildung neuer Interessen im Zuge der Interaktion zwischen den integrierten Akteuren gemeint ist[19]. Interaktion und feed-back können zu einem „spill-back" der Integration führen und sogar den Kollaps des integrierten Systems bewirken[20].

Andere Autoren betonten die Wirkung externer Faktoren wie die kommunistische Bedrohung mit dem Höhepunkt des Koreakrieges für die politische Integration[21]. Diese Bedrohung wird als Katalysator interpretiert, nach dessen Wegfall die politische Einigung - sichtbar geworden im Scheitern der EVG - obsolet sei[22].

Mit der Entwicklung des EWS Ende der 70er Jahre und der damit zusammenhängenden Diskussion über gemeinschaftliche Politikkoordinierung rückten die Nationalstaaten als Träger des europäischen Integrationsprozesses wieder in den

---

[14] Vgl. Lindberg (1963), S. 10. Es ist allerdings fraglich, ob Lindberg nicht einfach das bereits von Ludwig von Mises beschriebene Prinzip der sukzessiven marktwidrigen Intervention „wiederentdeckt" hat; vgl. Mises (1981). Dies ist gerade für die von Lindberg untersuchte Gemeinsame Agrarpolitik (GAP) sehr aussagekräftig.
[15] Vgl. Haas/ Schmitter (1981), S. 163-166.
[16] Vgl. dazu ausführlich Abschnitt 6.3.1.
[17] Vgl. Dolan (1975), S. 62-80.
[18] Vgl. Lindberg/ Scheingold (1970), S. 118-119.
[19] Vgl. ebda, S. 119. S. auch Dolan (1975), S. 221.
[20] Der „spill back" drückt sich darin aus, daß die gemeinschaftlichen Regeln nicht mehr eingehalten waren, wie dies etwa bei der französischen Politik des „leeren Stuhls" Ende der 60er Jahre der Fall war; vgl. Lindberg/ Scheingold (1970), S. 137.
[21] Vgl. Friedrich (1957), S. 68. Vgl. zu den sicherheitspolitischen Aspekten auch Friedrich (1968), S. 157-158.
[22] Vgl. Nye (1965).

Mittelpunkt der Betrachtung. Dabei sieht die neorealistische Integrationstheorie die Konvergenz nationaler Interessen als Voraussetzung für den Erfolg internationaler Politikkoordination an[23]. Die sogenannten „liberal institutionalists" sehen dagegen auch bei unterschiedlichen Interessen der Akteure Möglichkeiten für erfolgreiche Politikkoordination durch Interessenausgleich[24]. Das Manko der politischen Integrations- theorien ist, daß entweder die integrierte Union oder die Staaten oder die Interessengruppen in den Staaten als „black box" behandelt werden, für deren Analyse das notwendige Werkzeug fehlt. Es lassen sich zwar (etwa für oder gegen Politikkoordination) Beispiele finden, allerdings bleiben generelle Aussagen über die Gültigkeit der Beispiele auf Vermutungen („Pessimisten versus Optimisten")[25] beschränkt. Die politischen Theorien der Integration sind also ergänzungsbedürftig[26]. In Kapitel 3 zeigt sich, wie die Public-Choice-Theorie durch das Ausfüllen dieser black boxes die Integrationstheorie bereichern kann.

---

[23] Folgerichtig wird am Ende des Ost-West-Konflikts von den Neorealisten auch eine Auflösung der westlichen Institutionen erwartet; vgl. Prange (1997), S. 21. In der Realität hat diese aber noch nicht stattgefunden.

[24] Vgl. Laursen (1995), S. 18-20.

[25] Vgl. ebda (1995), S. 19.

[26] Der hier gegebene Überblick über politische Integrationstheorie ist nicht erschöpfend. Neben den westlichen Theorien der politischen Integration hat sich z.B. eine marxistisch-leninistische Tradition der Integrationstheorie herausgebildet; vgl. Maximowa (1981). Diese läßt sich bis zu Lenins Forderung nach den vereinigten (sozialistischen) Staaten von Europa zurückverfolgen; Vgl. RiishØj (1995), S. 11-13. Dabei wird zwischen sozialistischer „friedlicher" und kapitalistischer „expansiver" Integration unterschieden; vgl. Kohlmey (1981). Die westeuropäische Vision der „Vereinigten Staaten von Europa" wird als Kampfinstrument des amerikanischen Imperialismus in Europa gedeutet; vgl. Wischnew (1955), S. 210. Wegen ihres offensichtlichen ideologisch-irrationalen Hintergrundes hat diese marxistische Integrationstheorie keine weitere Bedeutung für die Analyse der europäischen Integration.

2.2. Ökonomische Integrationstheorien

> *„The literature on customs unions in general, whether written by economists or non-economists, by free-traders or protectionists, is almost universally favorable to them, and only here and there is a sceptical note to be encountered, usually by an economist with free-trade tendencies. (...) The customs union problem is entangled in the whole free-trade-protection issue, and it has never yet been properly disentangled.“*
>
> *Jacob Viner*[27]

Während die Geschichte der regionalen politischen Integration bis in die Antike hinreicht, datieren die ersten Integrationsversuche, die sich ausdrücklich als wirtschaftliche Projekte verstehen, aus der frühen Neuzeit[28]. Die später entstehenden Versuche der wirtschaftlichen Integration hingen überwiegend mit nationalen Einigungsbestrebungen zusammen[29]. Seit der Blütezeit des handelspolitischen Liberalismus bis zum ersten Weltkrieg bestand durch bilaterale Verträge der Großmächte ein System, welches annäherend weltweiten Freihandel gleichkam[30]. Nach dem ersten Weltkrieg, als dieses auf dem Goldstandard basierende System zerbrochen war, konnte man gleichzeitig das Zunehmen von protektionistischen Bewegungen bis zum Höhepunkt der Weltwirtschaftskrise sowie die Versuche regionaler wirtschaftlicher Integration beobachten[31].

Nach dem zweiten Weltkrieg entstand der bis heute prägende Dualismus von weltweiter versus regionaler wirtschaftlicher Integration. Einerseits entstand mit dem GATT ein Rahmenwerk für den weltweiten Handel, das sich aber gegen die häufig protektionistischen Interessen der großen Handelsmächte oder der regionalen Handelsblöcke nicht durchsetzen konnte. Andererseits begannen - angefangen bei der Benelux-Zollunion von 1944[32] - insbesondere in Westeuropa Versuche der regionalen wirtschaftlichen Integration, die häufig entweder durch politi-

---

[27] Vgl. Viner (1950), S. 41.

[28] Vgl. Bosc (1907), S. 96-98; Bosc verweist auf die schleswig-holsteinische Zollunion von 1581. Schleswig-Holstein war zwischen dem dänischen König Christian III. und dem Gottorfer Herzog Adolf geteilt, behielt aber dennoch die Zollgemeinsamkeit aufrecht, wobei die Zölle auf gemeinsame Rechnung erhoben und anschließend aufgeteilt wurden.

[29] Vgl. ausführlich Bosc (1907), S. 96-365.

[30] Vgl. Röpke (1954) sowie (1957b).

[31] Einen Überblick über regionale Integrationsversuche der Zwischenkriegszeit gibt Dobbertin (1962), S. 12-36. Diese Integrationsprojekte waren häufig sowohl wirtschaftlich als auch politisch motiviert; das bekannteste war die Paneuropa-Union des Grafen Coudenhove-Kalergi.

[32] Vgl. dazu ausführlich Van der Mensbrugghe (1949), S. 37-288.

sche Gründe oder durch den Wettbewerb mit den USA zusätzlich motiviert waren[33].

Die Entwicklung einer Theorie der wirtschaftlichen Integration trat zunächst gegenüber der vorherrschenden klassischen liberalen Theorie des allgemeinen Freihandels zurück. Eine Theorie der regionalen wirtschaftlichen Integration wurde insbesondere im Zusammenhang mit der Bildung regionaler Handelsblöcke und hier wiederum besonders der europäischen Integration seit dem zweiten Weltkrieg diskutiert[34].

Wirtschaftliche Integration wird dabei als „Zusammenschluß bislang getrennter Volkswirtschaften zu einem größeren einheitlichen Wirtschaftsraum“[35] verstanden. Die Analyse wirtschaftlicher Integration fand ihren Ausgangspunkt in den schon von Adam Smith diskutierten Vorteilen der zunehmenden Arbeitsteilung, die in ihrer neoklassischen Fortentwicklung seit David Ricardo bestimmendes Thema der Außenwirtschaftstheorie war[36]. Je nach Intensität der Integration lassen sich regionale Handelsblöcke auf einem Kontinuum unterschiedlicher Integrationsformen einordnen[37].

In einer *Freihandelszone* werden die Binnenzölle zwischen den Mitgliedstaaten abgebaut, es besteht jedoch kein gemeinsamer Außenzoll. In der *Zollunion* wird demgegenüber der Abbau der Zölle im Innern durch die Einführung eines gemeinsamen Zolltarifs an den Außengrenzen ergänzt. Im *Gemeinsamen Markt (Binnenmarkt)* werden nicht nur Binnenzölle, sondern auch nichttarifäre Handelshemmnisse sowie Beschränkungen der Faktormobilität abgebaut. Die *Wirtschafts- und Währungsunion (WWU)* zeichnet sich darüber hinaus durch eine

---

[33] Vgl. etwa Villard (1947), S. 98-109, der die europäische Zollunion als Vorstufe der politischen Einheit sieht. Van der Mensbrugghe (1949; S. 305, fordert eine europäische Zollunion als Gegengewicht zu den USA. Vgl. dazu auch schon die frühe Forderung bei Bosc (1907), S. 311-357.

[34] Vgl. Breuss (1996a), S. 525.

[35] Lang/ Stange (1994), S. 141. Vgl. auch die dort angegebene Literatur.

[36] Vgl. Machlup (1977), S. 43-48. Die Grundlagen der Analyse regionaler Integration sind also nicht an die räumliche Dimension gebunden, die für die regionale Integration in der EU so bestimmend ist. Auch sind diese Grundlagen wirtschaftssystemneutral, so daß sie auch für die Analyse der Integration sozialistischer Staaten gemäß dem Prinzip der „sozialistischen Arbeitsteilung“ Anwendung finden konnten; vgl. dazu Balassa (1976), S. 21-26.

[37] Die gedachten, aber nicht existenten Pole des Kontinuums sind einerseits vollständige Autarkie, andererseits weltweiter Freihandel; vgl. Siebert (1982), S. 667. Die fortschreitende Integration auf einem solchen Kontinuum ist möglich, aber nicht zwingend; vgl. Lang/ Stange (1994), S. 141.

Koordination der Wirtschafts- und Währungspolitik bis hin zu einer gemeinsamen Währung aus[38].

Die theoretische Erfassung der wirtschaftlichen Integration war von dem auch empirisch zu beobachtenden Gegensatz von regionaler Integration und weltweitem Freihandel (sogenannter Multilateralismus) geprägt[39].

Ausgangspunkt waren die statischen Allokationseffekte der regionalen Integration, die zuerst umfassend von Viner (1950) dargestellt wurden. Durch den Abbau der Binnenzölle ändern sich im Integrationsgebiet die relativen Preise. Das wiederum zieht eine Veränderung der Struktur der Produktion, des Handels und des Konsums nach sich[40]. Die Wohlfahrtswirkung der Zollunion hängt von zwei Effekten ab, die aus dieser Veränderung entstehen: Einerseits kommt es durch die Zollunion zur Ersetzung teurerer Inlandsproduktion durch kostengünstigere Produktion aus dem Partnerland (handelsschaffender Effekt). Andererseits kommt es zur Ersetzung kostengünstiger Importe aus Drittstaaten durch teurere Produkte aus dem Gebiet der Zollunion (handelsablenkender Effekt)[41]. Der Netto-Effekt ist ex ante nicht bekannt und hängt von der Größe des Zollunionsgebiets und der handelsablenkenden Effekte ab[42]. Die Handelsschaffung und Handelsablenkung durch die Bildung der EG stand auch im Mittelpunkt empirischer Schätzungen[43].

---

[38] Vgl. auch Tichy (1993), S. 229-230. Insbesondere die WWU wird teilweise noch weiter differenziert betrachtet. El-Agraa unterscheidet z.B. Wirtschaftsunion (Koordination der Wirtschaftspolitik) von vollständiger wirtschaftlicher Integration (gemeinsamer Wirtschafts- und Währungsraum); vgl. El-Agraa (1989), S. 2.

[39] Vgl. dazu Röpke (1957b) sowie Cooper (1975) mit der Meinung, daß regionale Integration dem weltweiten Freihandel unterlegen ist. Umgekehrt vertreten Sannwald/ Stohler (1958), S. 34, die Meinung, daß aus politischen Gründen (Bildung des Ostblocks) weltweiter Freihandel unrealistisch und deshalb die regionale Integration vorteilhaft sei. Vgl. ebda. die Kritik an Röpke, S. 76-77.

[40] Vgl. Lang/ Stange (1994), S. 142.

[41] Vgl. Viner (1950), S. 44.

[42] Vgl. Lang/ Stange (1994), S. 143, und die dort angegebene Literatur. Kemp/ Wan (1976) zeigen, daß unter der Voraussetzung vollkommener Konkurrenz bei geeigneter Wahl eines gemeinsamen Außenzolls und Transfers zwischen den Mitgliedstaaten der Zollunion Pareto-Optimalität, d.h. eine Wohlfahrtssteigerung, grundsätzlich bei jeder Zollunion möglich ist.

[43] Balassa (1975a), insb. S. 95, sowie mit alternativen Schätzungen S. 104, kommt zu dem Ergebnis, daß die Handelsschaffung die Handelsablenkung in der EG um ein Mehrfaches überwiegt. Das schwierigste methodische Problem bei solchen Schätzungen ist die Isolierung der Effekte der Bildung der Zollunion. In der EG etwa war die protektionistische Agrarpolitik zwar zeitgleich mit der Zollunion eingeführt worden, steht mit ihr aber nicht in einem zwingenden logischen Zusammenhang.

Neben den statischen Effekten der Allokation konzentrierte sich die Diskussion regionaler Integration zunehmend auf dynamische Effekte, die aus der Bildung größerer einheitlicher Wirtschaftsräume resultierten. Zu den vermuteten dynamischen Effekten gehören die Realisierung von Skaleneffekten, zunehmender Wettbewerb und dadurch verringerte X-Ineffizienz sowie Wohlfahrtssteigerungen, die aus abnehmender Unsicherheit grenzüberschreitender Transaktionen und dadurch erhöhter Investitionstätigkeit herrühren[44]. Entsprechend den Fortschritten der neoklassischen (mikro-ökonomischen) Theorie beziehen neuere Studien der Integration nicht nur die dynamischen Effekte, sondern auch die Existenz unvollkommener Märkte mit ein, um so ein realistischeres Modell zu erlangen[45]. Die Messung der dynamischen Effekte war aber dennoch praktisch unmöglich.

Im Verlauf der zunehmenden europäischen Integration wurde der Erklärungs - und Prognosebedarf für das gesamte Integrationsgebiet größer. Deshalb wurden makroökonomische Modelle der Integration entwickelt[46]. Diese Modelle waren auch für die Abschätzung der Effekte der Schaffung des europäischen Binnenmarktes Ende der 80er Jahre wichtig. Sie waren jedoch keine eigentlichen Integrations*theorien*, sondern lediglich Simulationen der Integrationseffekte[47]. Dies gilt auch für das für die Abschätzung der Handelseffekte zwischen Integrationsraum und Beitrittskandidaten angewandte Gravitätsmodell[48].

Neben die Theorie der Zollunion trat seit den 70er Jahren, als in der EG zum ersten Mal die Schaffung einer gemeinsamen Währung diskutiert wurde, die Theorie der Wirtschafts- und Währungsunion[49]. Basierend auf der Theorie optimaler Währungsräume von Mundell (1961) wurde insbesondere die Anfälligkeit der Mitglieder einer Währungsunion für asymmetrische Schocks und daraus folgend die Größe des optimalen Währungsraums untersucht[50].

---

[44] Vgl. ausführliche Balassa (1973), S. 101-190. Die Diskussion dynamischer Effekte begann mit der Einbeziehung der Skaleneffekte durch Corden (1972) in die Integrationstheorie.
[45] Vgl. Breuss (1996), S. 534. Ausgehend von einem Modell monopolistischer Konkurrenz von Dixit/ Stiglitz (1977) modellierten zuerst Smith/ Venables (1988) partialanalytisch die Effekte des Binnenmarktes auf ausgewählte Industriezweige.
[46] Vgl. Resnick (1975a), (1975b).
[47] Vgl. Breuss (1996), S. 534.
[48] Vgl. Baldwin (1994), S. 82-88. Das Gravitätsmodell benutzt in seiner einfachsten Form das BIP pro Kopf, die Bevölkerungsanzahl sowie die Entfernung zur Erklärung der Handelsströme zwischen Ländern. Einen integrations*theoretischen* Beitrag liefert es nicht; vgl. die Kritik von Perlitz/ Schmidberger (1998), S. 133. Vgl. auch Schumacher (1997).
[49] Vgl. dazu Abschnitt 6.4.2.
[50] Vgl. einführend Tichy (1993).

Sowohl die traditionelle Integrationstheorie als auch ihre Erweiterungen müssen theoretisch und empirisch kritisch hinterfragt werden. Theoretisch beruhen die traditionellen Modelle auf der unrealistischen Annahme vollkommener Konkurrenz. Aber auch die neueren Ansätze, die unvollkommene Märkte zugrunde legen, können die durch Wettbewerb entstehende Heterogenität der Faktoren und Produkte sowie Innovationen nicht erfassen[51]. Die neo-klassischen Partialanalysen beziehen zudem nicht die für Integrationsgebiete entscheidende Möglichkeit der Faktorwanderung mit ein[52]. Selbst wenn man den neoklassischen Analyserahmen der Wohlfahrtsökonomie akzeptiert, sind die Vorteile der Zollunion gegenüber auch einseitigem Zollabbau nicht eindeutig[53]. Empirisch können die Modelle zwar die Entwicklung der handelspolitischen Integration abbilden und erklären, nicht aber die weit darüber hinausgehende Vergemeinschaftung von Politiken im Rahmen der westeuropäischen Integration. Empirisch hat sich die Vergemeinschaftung von Politiken aber als mindestens ebenso charakteristisch für die Integration erwiesen wie die Integration der Güter- und Faktormärkte[54].

Hier stößt die wohlfahrtstheoretische Analyse generell an eine Grenze durch die Modellierung der europäischen Behörden als „benevolente Wohlfahrtsmaximierer", wie dies typischerweise bei Sannwald und Stohler der Fall ist, die von der Hohen Behörde der EGKS annehmen: „Als besonders vorteilhaft erweist es sich, daß all diese Kompetenzen einer supra-nationalen Behörde übertragen worden sind und daß die Maßnahmen sich nach dem allgemeinen wirtschaftlichen Wohlstand zu richten haben und nicht nach dem Wohlstand der Kohle- und Stahlproduzenten."[55] Obwohl die Wichtigkeit der Vermischung politischer, politökonomischer und wirtschaftlicher Faktoren schon frühen Integrationstheoretikern bewußt war[56], versagte die Theorie bei der Aufgabe, diese Faktoren in einem Modell zu integrieren[57]. Die zunehmende Tendenz der Europäischen Union, neue Aufgaben im wirtschaftlichen Bereich zu übernehmen, steht so einer theoretisch nicht genügend fundierten ökonomischen Integrationstheorie gegenüber: „Europa ist heute in einen Erklärungsnotstand geraten."[58]

---

[51] Vgl. dazu ausführlich Kapitel 4. S. auch Speyer (1997), S. 18. Die Kritik gilt gleichermaßen für die makro-ökonomischen Modelle.
[52] Vgl. Lang/ Stange (1994), S. 144. Eine Ausnahme bildet Lang (1995).
[53] Vgl. Lang/ Stange (1994), S. 143.
[54] Vgl. dazu ausführlich Kapitel 6.
[55] Sannwald/ Stohler (1958), S. 92. Eine ausführliche Kritik dieser Annahme findet sich in Kapitel 3.
[56] Vgl. Bosc (1907), S. 21, sowie Haberler (1943), S. 325-326.
[57] Diese Kritik trifft auch auf die älteren Föderalismustheorien zu, die auf das Studium der europäischen Integration angewandt wurden; vgl. dazu ausführlich Kapitel 5.
[58] Weidenfeld (1997), S. 10.

Um diesen Erklärungsnotstand zu beheben, muß die Integrationstheorie einen neuen Ansatz wählen. Doch welchen?

2.3. Institutionengestützte Integrationstheorie

> *„Nelle scienze sociali, il termine „istituzioni" rappresenta uno strumento concettuale basilare. La sociologia, la scienza politica, l'economia, ma anche discipline quali la storia, l'antropologia e gli studi giuridici non possono fare a meno di tale concetto. Inoltre, la creazione di istituzioni, o la costruzione di nuove e „migliori" istituzionie sociali, politiche ed economiche è generalmente considerata come un problema centrale ..."*
>
> *Claus Offe*[59]

Die obige Darstellung der politischen und ökonomischen theoretischen Ansätze beschränkte sich auf die jeweiligen Hauptströmungen der Integrationstheorie. Dabei waren die unterschiedlichen politischen Integrationstheorien zu keiner stringenten Theorie der Integration gekommen. Das ist insbesondere auf das Fehlen eines geeigneten Werkzeugs zur Analyse der politischen Akteure zurückzuführen. Die ökonomischen Theorien erwiesen sich als unfähig, mit dem neoklassischen Instrumentarium die Vielfalt realer Integrationsprozesse adäquat zu modellieren. Als Folge dieser Mängel des integrationstheoretischen Mainstreams wurden neue Ansätze entwickelt, die die Analyse ökonomischer und politischer Institutionen in den Mittelpunkt stellten. Diese sind zwar meist nicht explizit integrationstheoretisch ausgerichtet, stellen aber das bisher fehlende Instrumentarium zur Analyse wirtschaftlicher und politischer regionaler Integration bereit.

Als Institutionen im weitesten Sinne kann man alle Einrichtungen bezeichnen, die gleichartige, sich wiederholende Handlungen von Individuen und Beziehungen zwischen Individuen einer Gesellschaft formen[60]. Dabei kann man zwischen externen und internen Institutionen unterscheiden[61]. Externe Institutionen formen das Regelwerk, innerhalb dessen die Akteure handeln. Sie sind gesetztes Recht

---

[59] Offe (1995), S. 181.

[60] Vgl. Feldmann (1995), S. 9. Feldmann unterscheidet dabei Verhaltensregeln (Normen, Traditionen, Gesetze), Entscheidungssysteme (Markt, Hierarchie, Verhandlung, Wahl) und Organisationen (wie Unternehmen und staatliche Einrichtungen).

[61] Vgl. zuerst Lachmann (1963), S. 67, der von äußeren Institutionen als notwendiges Rahmenwerk und inneren Institutionen als Geschöpfen, aber nicht Voraussetzung des Marktes spricht.

und mit Hilfe des staatlichen Gewaltmonopols durchsetzbar. Interne Institutionen sind dagegen das Ergebnis privaten Handelns[62]. Externe und interne Institutionen zusammen wirken als „Prozeßregler", die den wirtschaftlichen und politischen Prozeß - ohne daß seine konkrete Ausformung ex ante bestimmt wird - strukturieren[63].

Der europäische Integrationsprozeß läßt sich ohne eine Analyse der Institutionen (im weitgefaßten Sinn), die ihn strukturieren, nicht verstehen. Die ordo-liberale Institutionenanalyse sowie die Public Choice-Theorie, die beide nicht explizit zum Studium der europäischen Integration geschaffen wurden, haben dafür dennoch unerläßliche Vorarbeit geleistet[64]. Insbesondere die Institution Wettbewerb erweist sich als zentral für das Verständnis des Integrationsprozesses. Die grundlegenden Analysen der österreichischen Marktprozeßtheorie ermöglichen ein solches Verständnis[65]. Die Analyse des zwischenstaatlichen Wettbewerbs und der Wettbewerber, also der Akteure dieses Wettbewerbs, ist verschiedentlich angemahnt worden[66]. Im Zusammenhang mit der europäischen Integration hat die Theorie des *System*wettbewerbs, die diesen zwischenstaatlichen Wettbewerb modelliert, einen hohen Erklärungswert. Sie bildet das Kernstück der folgenden Analyse.

---

[62] Vgl. Streit (1995b), S. 29. North (1992a), S. 9, unterscheidet demgegenüber zwischen formellen und informellen Institutionen, je nachdem, ob sie geschrieben oder ungeschrieben sind. Dies fällt weitgehend, aber nicht vollständig, mit dem Begriff externer und interner Institutionen zusammen.

[63] Vgl. Kaltefleiter (1988), S. 95.

[64] Vgl. zu Letzterem Kapitel 3.

[65] Vgl. Kapitel 4.

[66] Vgl. Fisher (1991), S. 271.

3. Polit-ökonomische Analyse der europäischen Integration

Economics is, or should be, about individual behavior in society.
Geoffrey Brennan - James M. Buchanan[1]

3.1. Einführung

Die Public Choice - Theorie[2] entstand in den fünfziger Jahren als Antwort auf die vorherrschende Wirtschaftstheorie[3]. Der hohe Abstraktionsgrad der neoklassischen Theorie führte zu einer vermeintlich klaren Identifizierung von Marktversagen durch die Wohlfahrtsökonomie[4], das dann durch den Eingriff der Politik ausgeglichen werden sollte. Die Politiker sollten dabei als wohlinformierte, uneigennützige Agenten des Volkes handeln und die durch Marktversagen entstandenen Probleme wie das der Arbeitslosigkeit oder der externen Effekte lösen[5]. Praktisch relevant wurde dieses Denken mit dem Siegeszug der keynesianischen Lehre in der Wirtschaftspolitik. Von den beiden Elementen der keynesianischen antizyklischen Fiskalpolitik wurde nur die expandierende Fiskalpolitik in Zeiten der Rezession wirksam, während es in Aufschwungphasen nie zur Rücklagenbildung kam. Auch die keynesianische Theorie der Geldpolitik war ein Ansatzpunkt der Kritik: Die Idee der Phillipskurve, die Arbeitslosigkeit durch erhöhte Inflation bekämpfen zu können, wurde von den Analysen der Monetaristen empirisch widerlegt. Die Public-Choice-Schule konnte nun zeigen, warum Politiker trotzdem bereit waren, auch langfristig höhere Inflation in Kauf nehmen, wenn dafür kurzfristig ihre Wiederwahlchancen verbessert werden[6].

Während die möglichen Marktversagensgründe in der wohlfahrtstheoretischen Literatur ausführlich erörtert wurden, schenkte man dem Verhalten der Politiker keine Aufmerksamkeit, obwohl sie durch die keynesianische Politik und durch das stetige Anwachsen des Staatssektors aller industrialisierten Staaten seit dem ersten Weltkrieg eine immer wichtigere Rolle für die Wirtschaftsentwicklung

---

[1] Brennan/ Buchanan (1985), 1.
[2] Im Deutschen auch „Neue politische Ökonomie“ oder „Ökonomische Theorie der Politik“.
[3] Zur (ideen)-geschichtlichen Entwicklung s. Buchanan (1986), S.8-18
[4] Vgl. den Überblick von Mishan (1966) sowie Sohmen (1976).
[5] Schneider (1955), S. 64, definiert die Aufgabe des Staates etwa so: „Die primäre Aufgabe des Staates besteht in der Befriedigung kollektiver und besonders wichtiger individueller Bedürfnisse der im Staate zu einer Gemeinschaft vereinigten Individuen.“ Zur Geschichte dieser Auffassung des Handelns der Politiker s. Kirchgässner, 1991, S. 102-103. Vgl. auch die ausführliche Einführung in die neoklassische Auffasung vom Staat bei North (1988), S. 20-33.
[6] Vgl. Feldmann (1995), S. 76.

hatten. Dieser „nirvana-approach"[7] geriet in die Kritik einer Reihe von Ökonomen, die das Verhaltensmodell des homo oeconomicus, des nutzenmaximierenden Individuums, nicht nur auf den Bereich der Wirtschaftstätigkeit im engeren Sinn bezogen, sondern auch auf die politischen Entscheidungsträger, die Wähler und Interessengruppen ausdehnten[8].

Legt man das Verhaltensmodell des nutzenmaximierenden Politikers zugrunde, ist zu fragen, inwieweit die Entscheidungen, die zur Gründung sowie zum Ausbau der Europäischen Union und zu den Beitrittsabsichten der mittel- und osteuropäischen Staaten geführt haben, auch aus der eigennützigen Motivation der Politiker zu erklären sind und ob diese möglicherweise Entscheidungen gefällt haben, die nicht oder nur schlecht den Zielsetzungen der Bevölkerung entsprechen. Für diese Untersuchung werden im Abschnitt 3.2. einige grundlegende Gedanken der Public Choice - Theorie dargestellt. Die Entwicklung der Europäischen Union wird dann anhand dieses Rahmens analysiert (Abschnitt 3.3.).

3.2. Grundzüge der Public Choice - Theorie[9]

Die Public Choice - Theorie untersucht den *Markt für Politik* auf dem Hintergrund des methodologischen Individualismus[10] und des daraus abgeleiteten Ei-

---

[7] Vgl. Demsetz (1969), S. 1.

[8] Zur Geschichte der Public Choice - Theorie s. Buchanan (1986) S. 8-18, Mueller (1989), S. 1-6.

[9] Für eine Einführung vgl. Mueller (1989) sowie Bernholz/Breyer (1984), Kap. 8-12. S. auch den Überblick bei Schüller/ Krüsselberg (1991), S. 118-120 sowie bei Frey (1991).

[10] Das Konzept des methodologischen Individualismus findet sich zuerst bei Schumpeter (1908), S. 88-98; vgl. auch die Übersicht bei Bunse (1994), S. 43-76. Der methodologische Individualismus postuliert, daß jede Erklärung sozialer Phänomene letztlich eine Erklärung im individuellen menschlichen Handeln finden muß; vgl. Kunz (1984), S. 70, FN 28. Insbesondere Hayek verweist darauf, daß es notwendig ist, „eine Unterscheidung zu ziehen zwischen jenen Ideen, die *konstitutiv* sind für die Erscheinung, die wir erklären wollen, und den Ideen, die entweder wir oder die Menschen selbst, deren Handeln wir zu erklären haben, *über* diese Erscheinungen gebildet haben und die nicht die Ursache der sozialen Gebilde, sondern Theorien der sozialen Gebilde sind." Hayek (1959), S. 45 (kursiv im Original). Für eine Public-Choice-Analyse hat diese Erkenntnis eine besondere Bedeutung, da hier nicht soziale Gebilde (Entitäten wie Parteien, Regierungen, „der Staat") der Forschungsgegenstand sind, sondern das Handeln des Individuums und so eine realistische Abbildung politischen wie ökonomischen Handelns möglich wird. Neben die Diskussion um den methodologischen Individualismus tritt die Frage des normativen Individualismus; vgl. hierzu Streit (1995b), S. 8-9. Buchanan (1975) verwendet den Begriff des methodologischen Individualismus auch für einen eigentlich normativen Individualismus, in dem nämlich die individuelle Freiheit als höchster Wert selbst nicht mehr hinterfragt werden kann; vgl. dazu auch Petersen (1992), S. 19-20.

gennutzaxioms. Gemäß dem ökonomischen Verhaltensmodell („homo oeconomicus“) wählt der Mensch bei seinem Handeln - egal ob bei wirtschaftlichen oder politischen Entscheidungen - unter verschiedenen Alternativen rational aus[11]. Brunner bezeichnet den Menschen deshalb als REMM: resourceful, evaluating, maximising man[12]. Dabei wird er im wesentlichen von Präferenzen (z.B. Geschmack) sowie Restriktionen (z.B. Budgetrestriktion, Gesetze) geleitet. Rationale Auswahl unter Alternativen unterstellt dabei nicht vollständige Informiertheit, sondern auch die Auswahl unter *bekannten* Alternativen, die Möglichkeit der Erwartungsbildung und Prognose. „Menschliches Verhalten wird somit in diesem Modell als rationale Auswahl aus den dem Individuum zur Verfügung stehenden Alternativen oder auch, um in der Sprache der Ökonomie zu reden, als >Nutzenmaximierung unter Nebenbedingungen bei Unsicherheit< interpretiert.“[13] Zu den Argumenten der Nutzenfunktion können auch Altruismus[14] oder Ideologie[15] zählen.

3.2.1. Der Markt für Politik I: Die Nachfrageseite

Die *Nachfrageseite des Marktes für Politik* besteht aus den Wählern, die unter den Angeboten der politischen Parteien wählen, aus den Unternehmern und Investoren sowie aus den Arbeitskräften[16],[17].

---

[11] Zum folgenden vgl. Kirchgässner (1991), insb. S. 12-65; vgl. auch Leschke/ Wesseling (1994), S. 257-260.

[12] Vgl. Brunner (1987). Zur Diskussion des „maximising“ s. weiter unten Abschnitt 4.3.2. Brunner/ Meckling (1977) stellen das REMM-Modell des Politikers dem Public-interest-Modell des Politikers gegenüber, d.h. dem Modell, in dem der Politiker als Agent des wie auch immer gearteten Gemeinwohls gesehen wird. Dann enthält es bedeutende Implikationen für die Rolle der Regierung in der Gesellschaft.

[13] Vgl. Kirchgässner (1991), S. 14.

[14] Zur Diskussion des Altruismus im homo oeconomicus vgl. Kliemt (1984), S. 10. Zur Bedeutung ethischer Regeln bei einer Abweichung vom neoklassischen Konkurrenzgleichgewicht vgl. Prosi (1988), insb. S. 482.

[15] Andererseits kann Ideologie auch dazu dienen, die „wahren“ Argumente der Nutzenfunktion z.B. eines Politikers zu verschleiern.

[16] Man beachte, daß alle drei Gruppen teilweise miteinander identisch sind. Es ist zudem zu beachten, daß alle Gruppen zusammen die wichtige Gruppe der Konsumenten bilden, die indirekt (über die Substitution von unter bestimmten politischen Verhältnissen und den dadurch beeinflußten Kosten- und Leistungsverhältnissen) durch die Güterwahl wichtige Signale auf den politischen Markt aussenden. Diese Gruppe soll hier zunächst nicht weiter betrachtet werden, da sie im Mittelpunkt der Analyse des Systemwettbewerbs in den Abschnitten 6.2.1. und 6.2.3. sowie 6.5.2. stehen.

[17] Während es in der Literatur eine ausführliche Diskussion der Problematik des politischen Marktes in Bezug auf die Wählerschaft gibt, ist eine Diskussion der Funktion und Artikulation von Unternehmern und Arbeitskräften zunächst unterblieben; eine Ausnahme bildet das Modell

Die Angebote für die Wähler bestehen vor allem in der Herstellung öffentlicher Güter in einer bestimmten Menge und Qualität. Ausgehend von dem Zwei-Parteien-Modell von Downs (Downs, 1957) wurden verschiedenste Modelle der Demokratie entwickelt, in denen die Wahlentscheidung der Wähler von dem Nutzen der jeweiligen Wahlentscheidung für eine Partei abhängt. Der Nutzen kann dabei z.B. ökonomischer Natur sein, aber auch ideologische Aspekte können in die Nutzenfunktion des Wählers (wie des Politikers) eingehen. Ein entscheidender Unterschied zwischen dem Wettbewerb in Märkten[18] und dem politischen Wettbewerb um Wählerstimmen ist, daß die Wahlentscheidung sich durch zeitliche, personelle und sachliche Undifferenziertheit auszeichnet[19].

Zeitlich ist die Wahl undifferenziert, weil sie nur alle vier Jahre stattfindet und Politiker dazwischen einen sehr weiten diskretionären Spielraum für Entscheidungen haben, die sowohl vom vorher verkündeten Programm als auch vom Willen der Bevölkerung abweichen können. Eine Sanktionierung des Verhaltens der Politiker nach einer so langen Zeitspanne durch Stimmentzug wird nur unvollständig erfolgen[20].

Personell undifferenziert ist die Wahl, weil die Güter, die von den gewählten Politikern angeboten werden, häufig öffentlicher Natur sind und so der Anreiz zur

---

von Tiebout (1956). Mit der Arbeit von Hirschmann (1970) begann man, die Prozesse der Migration und der Kapitalflucht intensiver zu untersuchen.Wenn auch in dieser Arbeit der Schwerpunkt auf dem Verhalten der Wähler liegt, ist das darin begründet, daß auch der Voice-Mechanismus und der Exit-Mechanismus indirekt als eine Verschärfung der Wiederwahlrestriktion der Politiker zu sehen sind (durch politischen Protest oder die Abwanderung von Kapital oder qualifizierter Arbeit, die eine Verschlechterung der wirtschaftlichen Situation mit sich bringt) und somit im Wählerverhalten auch das Verhalten von Unternehmern und Arbeitnehmern impliziert ist.

[18] Hierbei ist zu beachten, daß auch der Wettbewerb in Märkten niemals mit „vollkommener Konkurrenz" verwechselt werden darf (s. Kapitel 4). Reale Märkte sind durch das Vorhandensein von Oligopolen und Monopolen gekennzeichnet, auch dort, wo der Staat sich auf seine Rolle als Wettbewerbsaufsicht beschränkt. Insofern funktionieren auch Gütermärkte nicht so, daß das Angebot (Preise und Mengen) automatisch den Präferenzen der Konsumenten entspricht. Konsumentensouveränität ist also nur eingeschränkt vorhanden. Im Vergleich mit dem politischen Markt wird dagegen häufig das Modell vollkommerner Konkurrenz zugrunde gelegt, um die Überlegenheit des ökonomischen Marktes zu belegen. Für diesen Hinweis danke ich Peter Ordeshook, CIT, Pasadena (CA).

[19] Vgl. Kaiser (1995), S. 10-11.; vgl. auch Kunz (1984), 160-161. sowie Tollison (1982), S.594.

[20] Vgl. Kunz (1984), S. 161.

Kontrolle des öffentlichen Anbieters gering ist und die Kosten hoch sind[21]: Die Kosten einer solchen Kontrolle sind für den einzelnen Wähler hoch und fallen allein bei ihm an, während der Nutzen sich auf alle Individuen verteilt und für den einzelnen Wähler kaum spürbar ist. Dementsprechend ist der Anreiz zu Trittbrettfahrerverhalten hoch, was in eine Rationalitätenfalle mündet[22].

Sachlich undifferenziert ist die Wahl, weil in den meisten Demokratien nur über Parteiprogramme (Plattformen), nicht aber über einzelne Entscheidungen abgestimmt wird (eine Ausnahme bildet in gewissem Sinne die Schweiz mit den Volksabstimmungen). Dabei wird unter den Parteiprogrammen nur das mit den geringsten Abweichungen von den eigenen Präferenzen gewählt. So können die Programme neben Punkten, die für eine große Zahl von Wählern nutzenstiftend sind, auch solche enthalten, denen der Wähler (bei isolierter Betrachtung) nicht zustimmen würde.

Ein weiterer Unterschied der Wahlentscheidung zum Kauf in einem Gütermarkt ist, daß die Präferenz für ein Parteiprogramm nur ordinal, aber nicht kardinal zum Ausdruck gebracht werden kann. Beim Wähler aber treten Präferenzen in verschiedener Intensität auf [23],[24]. Nicht nur die Frage, ob ein Gut überhaupt öffentlich hergestellt werden soll, sondern auch die Menge und Qualität des Gutes kann unter den Wählern umstritten sein. Im politischen Entscheidungsprozess kommt es daher zu Stimmentausch (log-rolling[25]) zwischen Politikern. Der einzelne Wähler kann allenfalls die Intensität für *ein* gewünschtes Ziel dadurch ausdrükken, daß er eine Partei wählt, die dieses Ziel proklamiert, ohne auf die Position dieser Partei in allen anderen Fragen zu achten („single issue voter").

---

[21] Vgl. Kirsch, (1993), S. 204.

[22] Eine bessere Kontrolle der Politiker würde allen nützen, aber es ist individuell rational, auf die Kontrolle durch andere zu hoffen. Im Gegensatz zum „klassischen Gefangenendilemma" ist auch die „Lösung" durch eine Wiederholung des Spiels (in diesem Fall durch die Erfahrung, die der Wähler im Laufe der Legislaturperioden mit den Politikern macht) nicht wahrscheinlich, da der Wähler über das Ausmaß der diskretionären Entscheidungen der Politiker (rational) nicht informiert ist.

[23] Vgl. Kunz (1984), S. 161. Zain fragt deshalb:„Should apathetic majorities be permitted to tyrannize intense minorities?"; vgl. Zain (1979), S. 1.

[24] Man beachte, daß das Pareto-Kriterium Information über die relative Stärke der Präferenzen zur Bedingung hat; vgl. Mueller (1989), S. 82. Aber auch, wenn man das neo-klassische Modell mit dem Pareto-Kriterium als Effizienzkriterium ablehnt, ist der Ausdruck der Intensität der Präferenzen notwendige Bedingung für „Vorteilhaftigkeit" im Sinne Hoppmanns, da er Bestandteil der „Freiheit im Parallel- sowie Austauschprozess" ist; vgl. Hoppmann (1967), S. 81.

[25] Vgl. Buchanan/ Tullock (1962), S. 134-136.

Für den einzelnen Wähler ist es sinnvoll, sich nicht ausführlich über die Folgen der Wahlentscheidung zu informieren, denn die dabei anfallenden Informationskosten sind relativ hoch, während der zusätzliche Nutzen einer gut fundierten Entscheidung aufgrund des geringen Gewichts der einzelnen Stimme nur niedrig ist[26]. „Absence of monitoring“[27] führt dazu, daß Politiker diskretionären Spielraum zur Durchsetzung opportunistischen Verhaltens haben. Die „rationale Unwissenheit“ des Wählers ist zusammen mit der Undifferenziertheit der Wahlen der Grund dafür, daß zwar politischer Wettbewerb und Wettbewerb in Märkten Analogien aufweisen, daß aber der politische Wettbewerb die Kontroll- und Anreizfunktion durch die Konsumenten (die Wähler) weitaus schlechter erfüllt als der marktliche Wettbewerb: „[C]onstitutional democracy is a principal-agent problem on a colossal scale“[28].

Neben den Wählern gehören auch die Unternehmer sowie die (ausländischen) Investoren zu den Nachfragern von Politik. Sie fragen „Standortpolitik“[29] nach, d.h. günstige Rahmenbedingungen für Investitionen und die Schaffung von Arbeitsplätzen, sichere Möglichkeiten des Gewinntransfers sowie eine niedrige Besteuerung. Das „Drohpotential“ der Investoren besteht im Entzug von Kapital und dem Verlust von Arbeitsplätzen, was die Wiederwahlrestriktion (s.u.) der Politiker erhöht. Durch die Öffnung der Märkte Asiens und Osteuropas sowie die Möglichkeiten der Informations- und Kommunikationstechnologien haben sich die Drohpotentiale der Investoren deutlich erhöht.

Als dritte Gruppe gehören die Arbeitskräfte zu den „Nachfragern“ von Politik. In ihrer Nutzenfunktion steht die Schaffung sicherer, gut dotierter Arbeitsplätze (inkl. der sozialen Absicherung) sowie möglicherweise angenehmer Arbeitsbedingungen durch soziale Regulierung im Vordergrund[30]. Das „Drohpotential“ der Arbeitskräfte besteht (neben ihrer Bedeutung als Wählerschaft) in der Möglichkeit, durch politische Aktionen die Wiederwahlrestriktion der Politiker zu verschärfen[31].

---

[26] Teilweise übernehmen politische Parteien die Informations- und Kontrollaufgaben für den Wähler: Sie handeln dabei als „Agenten“ des „Prinzipals“ Wähler. „High performance“ - Parteien, die ihre Abgeordneten im Sinne des Wählers lenken, werden mit Wiederwahl und der Gewinnung eines „Markennamen“ belohnt; vgl. dazu Holcombe/ Gwartney (1989).

[27] Holcombe/ Gwartney (1989), S. 670.

[28] Mueller (1997a), S. 140.

[29] Zum Konzept der Standortpolitik vgl. Siebert (1995) sowie Siebert (1996).

[30] Die Insider-Outsider-Problematik des Arbeitsmarktes wird hier nicht explizit behandelt, sollte aber beachtet werden.

[31] Ein gutes Beispiel dafür sind die mit Erfolg gekrönten DGB-Aktionen gegen das „Sparpaket“ der deutschen Bundesregierung 1996 sowie die Aktionen zur Erhaltung der Kohlesubventionen Anfang 1997.

3.2.2. Der Markt für Politik II: Die Angebotsseite

The phenomena of government are from start to finish phenomena of force. *A. F. Bentley*[32]

Die *Angebotsseite des Marktes für Politik* besteht nicht nur aus den politischen Entscheidungsträgern im engeren Sinne, sondern auch aus der Bürokratie und den Interessengruppen und dem öffentlich-rechtlichen Sektor. Letztere Gruppen vereinigen Merkmale der Angebots- sowie der Nachfrageseite auf sich.

Die Politiker streben gemäß dem Eigennutzaxiom nach der Maximierung ihrer individuellen Nutzenfunktion, die dabei Argumente wie Einfluß, Macht, Einkommen und Prestige umfassen kann, aber auch die Durchsetzung ideologischer Ziele. Da sie diese Ziele nur in der Regierungsverantwortung durchsetzen können, müssen sie von mindestens der Hälfte der Wähler gewählt und später wiedergewählt werden[33]. Dies ist die Wiederwahlrestriktion, die sie bei ihren politischen Beschlüssen beachten müssen[34]. Damit sind die politischen Beschlüsse abhängig von den damit erreichbaren Wählerstimmen: „Parties formulate policies in order to win elections, rather than win elections in order to formulate policies.“[35] Im einfachsten Zwei-Parteien-Modell der Parteiendemokratie wird sich die Partei als Regierungspartei durchsetzen, die sich im Median der Wählerverteilung (auf einer ideologischen Rechts-Links-Skala) befindet[36]. Inzwischen gibt es eine Vielzahl von Mehrparteienmodellen mit wechselnden Annahmen, z.B. über Determiniertheit und Cycling, die das Verhalten der Parteien im Wettbewerb um die

---

[32] Bentley (1967), S. 258.

[33] Während Downs (1957) zunächst von der Maximierung der Wählerstimmen als Ziel der Politiker ausging, betonen andere Autoren, daß die Gewinnung einer Mehrheit anstelle der Maximierung der Wählerstimmen den Politikern oft größeren diskretionären Spielraum läßt; vgl. Oppernheimer (1975). Schon vor Downs charakterisierte Schumpeter den Politiker als Stimmenmaximierer; vgl. dazu Frey (1985), S. 91-92.

[34] Allerdings gilt diese Art der Wiederwahlrestriktion so nur in Zweiparteiensystemen. In Mehrparteiensystemen kommt es auf die Art des Wahlrechts und die möglichen Koalitionspartner an, inwieweit eine Regierungspartei eine enge Interessengruppenpolitik ohne Beachtung von Widerspruch einzelner Gruppen verfolgen kann; vgl. dazu Bernholz/ Breyer (1984), S. 306-324. Dennoch bleibt der Zusammenhang von Widerspruch und sinkender Wählerzustimmung auch im Mehrparteiensystem generell gültig.

[35] Downs (1957), S. 28.

[36] Dieses Medianwählermodell wurde bereits von Harold Hotelling (1929) vorgestellt und wird auch in der Regionalpolitik als Modell der räumlichen Ansiedlung wirtschaftlicher Aktivitäten verwendet.

Wählerstimmen genauer abbilden[37]. Dabei ist auch die Möglichkeit der Kollusion von Parteien zu beachten, die die Auswahlmöglichkeiten der Wähler einschränkt und dadurch die Wiederwahlrestriktion senkt[38]. Diese Art der Kollusion ist auch bei den nicht gegeneinander um Wählerstimmen konkurrierenden Regierungen (z.B. bei internationalen Verhandlungen) möglich[39].

Eine Folge dieses Wettbewerbs ist der politische Konjunkturzyklus[40]: Ausgaben werden möglichst vor den Wahlen konzentriert (z.B. um eine kurzfristige Senkung der Arbeitslosenzahlen im Sinne der Phillipskurve zu erreichen), Steuererhöhungen oder Leistungskürzungen werden eher in zeitlichem Abstand zur Wahl vorgenommen.

Neben den Politikern gehören auch die Bürokraten, d.h. die nicht gewählten Beamten, zu den Anbietern von Politik[41]. Sie arbeiten in den Büros, also nicht auf Gewinnerzielung ausgerichteten staatlichen oder öffentlichen Institutionen, die sich nicht durch den Verkauf der von ihnen erbrachten Leistungen finanzieren, sondern durch ein Budget, das ihnen durch die politischen Entscheidungsträger zur Verfügung gestellt wird[42]. Auch diese Bürokraten maximieren ihre Nutzenfunktion; da sie allerdings keinen „Gewinn" erzielen, maximieren sie, was ihnen den meisten Nutzen stiftet, nämlich ihr Budget[43]. Vom Budget einer staatlichen Organisation hängen die Anzahl der zur Verfügung stehenden Planstellen und deren Dotierung, die Ausstattung mit Sachmitteln und Räumlichkeiten und die Möglichkeiten zur Erfüllung des staatlichen Auftrags ab: Ein hohes Budget bedeutet also eine höhere Bezahlung (eine höher eingestufte Planstelle) sowie angenehmere Arbeitsbedingungen.

Durch ihre größere Sachkenntnis sind die Bürokraten den zu ihrer Kontrolle bestellten Politikern überlegen und können eine stetige Ausweitung ihrer Aufgabenbereiche erreichen[44]. Zudem sind die von Bürokraten erstellten Leistungen meistens monopolistisch erstellt und werden nicht am Markt verkauft, so daß ein

---

[37] Vgl. Mueller (1989), S. 179-228; vgl. zum Parteienverhalten im politischen Wettbewerb auch Bonus (1981).

[38] Vgl. Dinkel (1976), S. 97-99; vgl. auch Vaubel (1985), S. 235.

[39] Vgl. dazu Abschnitt 3.3.2. sowie Abschnitt 6.2.7.

[40] Vgl. Nordhaus (1975).

[41] Zum folgenden vgl. Niskanen (1971) sowie Niskanen (1973). Einen Überblick über die Public Choice - Theorie der Bürokratie sowie den Zusammenhang von Interessengruppentheorie und Bürokratietheorie gibt Moe (1997).

[42] Für eine deskriptive Theorie der Bürokratie s. Sofer (1973), S. 235-268.

[43] Vgl. Niskanen (1973), S.20-30.

[44] Zur empirischen Relevanz s. Tanzi/ Schuknecht (1995) sowie die Literaturhinweise bei Mueller (1989), S. 271.

Vergleich von Preis und Leistung für das politische Kontrollgremium in der Regel nicht möglich ist[45]. Bürger und politisches Kontrollgremium müssen Hypothesen über den Preis der öffentlich erstellten Güter aufstellen: Wenn diese Hypothesen den Wert der öffentlichen Güter systematisch überschätzen, liegt „Fiskalillusion" vor[46]. Um Fiskalillusion zu erreichen, können Bürokraten zum Beispiel eine möglichst undurchschaubare und komplexe Budgetstruktur fördern[47]. Im Ergebnis übersteigt das Angebot an Gütern, das von den Bürokraten bereitgestellt wird, dasjenige, das der Gesellschaft den höchsten Nettonutzen bringen würde[48]. Dieses Ergebnis bleibt auch dann gültig, wenn man die Budgetmaximierungshypothese von Niskanen aufgibt und annimmt, daß die Nutzenfunktion des Bürokraten dann maximiert wird, wenn das Budget nicht maximal ist, sondern der Budgetüberschuß über das zur Erreichung des von den Politikern vorgegebenen Outputs nötige maximal ist[49].

Interessengruppen nehmen auf der Angebotsseite der Politik eine besondere Stellung ein[50]: Sie stellen Information bereit, sind aber für politische Entscheidungen nicht direkt verantwortlich[51]. Wegen der asymmetrischen Informationsverteilung (viele der von den spezialisierten Verbänden gelieferten Informationen stehen den Politikern nicht andersweitig zur Verfügung) sind die Mitwirkungsmöglichkeiten organisierter Interessen bedeutend. Dabei sind nicht alle Interessen symmetrisch zu ihrem Gewicht in der Bevölkerung vertreten. Da sich kleine, homogene Interessen leichter vertreten lassen als große, heterogene Gruppen, sind

[45] Hayek (1971), S. 288, fordert deshalb, der Staat solle in allen Bereichen, die nicht dem Monopol der Zwangsausübung unterliegen, also überall dort, wo der Staat Dienstleistungen erbringt, im Wettbewerb, unter denselben Bedingungen wie alle Mitbewerber, produzieren.

[46] Vgl. Wagner (1976), S. 49. Die Theorie der finanzwirtschaftlichen Illusionen wurde vom italienischen Soziologen Purviani Anfang des Jahrhunderts entwickelt. Sie hat die bedeutende Implikation, daß die Wähler nicht (oder zumindest nicht mehr vollständig) das Handeln der Politiker und Bürokraten überblicken; vgl. Herder-Dorneich (1959), S. 26-28. Insofern liefern sie eine weitere Erklärung dafür, warum politischer Wettbewerb unvollständig ist und eine „Wettbewerbslösung" in der Politik nicht dieselben statischen und dynamischen Vorteile hat wie eine Wettbewerbslösung in der Wirtschaft.

[47] Vgl. Edling (1984), S. 162.

[48] Nicht in Form einer kollektiven Nutzenfunktion der Gesellschaft, sondern der Summe der individuellen Nutzenfunktionen.

[49] Sogenanntes managerial discretion - Modell von Migue/ Belanger (1974).

[50] Vgl. zum Folgenden Kirchgässner (1991), S. 119-124; vgl. auch Prosi (1990a). Einen Überblick über konkurrierende Theorien der Interessenverbände gibt Kevenhörster (1976), S. 189-220.

[51] Dies gilt auch gegenüber den eigenen Mitgliedern, die vom Management der Interessengruppen keineswegs immer gemäß ihren Interessen vertreten werden; vgl. dazu ausführlich Coleman (1979), S. 21-40.

sie im politischen Wettbewerb überrepräsentiert[52]. Neben dem indirekten Einfluß auf die politischen Entscheidungen ist auch der direkte Einfluß von Verbänden durch eine Repräsentierung im Parlament (als Abgeordnete aller Parteien) groß[53]. In Demokratien kann es durch den im Zeitverlauf wachsenden Einfluß von Interessengruppen zu einer Sklerotisierung (Verknöcherung) durch zunehmende Regulierung und Beachtung von Spezialinteressen kommen (rent seeking[54]), die einen negativen Einfluß auf die Wachstumsrate hat[55]. Die gezielte Informationsbereitstellung, um „special interest legislation" durchzusetzen, weist schon darauf hin, daß Lobbyisten auch Nachfrager von Politiken sind, nämlich solcher Politik, die den in den Interessengruppen vertretenen Schichten (Unternehmer, Arbeitnehmer etc.) Vorteile (z.B. Umverteilung) verschaffen. Die positive Theorie der Regulierung (capture theory of regulation) untersucht seit den 60er Jahren, inwieweit Regulierung[56] aus dem Interesse der Regulierungsinstanzen, der Politiker sowie der Interessengruppen zu erklären ist[57]. Damit wurde die vorher vorherrschende Sicht, daß Regulierung dem Wohl der Allgemeinheit (der Konsumenten) dient, abgelöst[58].

Eine ähnliche Zwitterstellung nimmt der öffentlich-rechtliche Sektor (inklusive der staatlichen oder halbstaatlichen Monopole) ein. Einerseits treffen auf die Beschäftigten in diesem Sektor die Merkmale des Bürokraten im Sinne von Niska-

---

[52] Die Theorie der Interessenverbände basiert maßgeblich auf der Arbeit von Olson (1965). Das Problem größerer und heterogener Gruppen ist die vermehrte Anzahl von Trittbrettfahrern, die eine einheitliche Interessenvertretung z.B. von Konsumenteninteressen im Gegensatz zu Produzenteninteressen erschwert; vgl. Hartwig (1994), 763. Zum Teil kann das Trittbrettfahrerproblem durch die Produktion von „Nebenprodukten" gelöst werden; vgl. Olson, (1965), S. 130-138. Neben dem Gut mit Kollektivcharakter, das auch von Trittbrettfahrern konsumiert wird, wird speziell für die Mitglieder der organisierten Gruppe ein privates Gut produziert. Gewerkschaften als Vertreter aller Arbeitnehmer bei den kollektiven Tarifverhandlungen bieten ihren Mitgliedern zusätzlich noch die Organisation einer Streikkasse für den Fall eines Streiks sowie die Organisation von Fortbildungsangeboten.

[53] Im Deutschen Bundestag sind etwa 40% aller Abgeordneten gleichzeitig Vertreter von Verbänden, insbesondere von Wirtschafts- und Berufsverbänden. Vermutlich hängt damit auch die Beobachtung von Niskanen zusammen, daß in Parlamentsausschüssen, die das Angebot eines öffentlichen Guts überwachen, die höchste relative Nachfrage für dieses Gut in der Regel dominiert. „A characteristic of legislatures, however, is that advocacy is concentrated and opposition is diluted. This is consistent with the observation that committee votes on an issue are more nearly unanimous than the votes of the entire legislature..." Niskanen (1971), S. 139.

[54] Vgl. Tollison (1982), insb. S. 588-595.

[55] Vgl. Olson (1982).

[56] Darunter fallen Gesetze, Richtlinien, Verordnungen in der EU genauso wie Beschlüsse von Aufsichtsräten oder -behörden öffentlicher Unternehmen.

[57] S. die Grundlegung bei Stigler (1971) sowie Peltzman (1976).

[58] S. hierzu Eickhof (1985) sowie Picot/ Burr (1996), S. 174-175.

nen zu: Sie sind die Ausführenden einer von politischen Gremien beschlossenen oder doch beaufsichtigten Politik, allerdings mit einem weiten diskretionären Spielraum versehen. Andererseits gehören sie aufgrund ihrer relativen Unabhängigkeit von der Politik auch zu den Nachfragern von Regulierung[59].

Im Zusammenspiel von Politikern und Parteien, Bürokratie und Interessengruppen ergibt sich das Angebot an Politik, aus dem die Wähler auswählen können. Die angebotenen Politiken umfassen im wesentlichen die Erstellung öffentlicher Güter, deren Finanzierung durch Steuern und Abgaben sowie Umverteilung, insbesondere zugunsten von Spezialinteressen. Die Arbeit der Interessengruppen und der Bürokratie führt zu einem stets wachsenden Angebot, aber auch die Politiker profitieren davon, solange sie die Wiederwahlrestriktion beachten[60].

Insgesamt ergibt sich aus Angebot und Nachfrage auf dem politischen Markt eine im Zeitverlauf zunehmende Verkrustung[61]. Dies hängt nicht nur mit der Tätigkeit der Interessengruppen und Bürokratie, sondern auch mit der Erfordernis der Mehrheitsregel im politischen Markt zusammen: Während Innovationen in Marktwirtschaften von der Kreativität und dem Unternehmertum des einzelnen abhängen, sind sie im demokratischen Entscheidungsverfahren an Mehrheiten gebunden. Alte, auch schlechte Lösungen bleiben in Kraft, bis mindestens die Hälfte der Abstimmungsberechtigten von besseren Lösungen überzeugt ist[62]. Deshalb tendiert die Demokratie dazu, alte Verfahren und Regelungen beizubehalten und über die Zeit zu akkumulieren. Die Reformfähigkeit von Demokratien ist deshalb als eher gering einzuschätzen. Gleichzeitig sind jedoch die Externalitäten, die durch die Mehrheitsregel den jeweils Unterlegenen auferlegt werden, als im Vergleich zum Marktmechanismus hoch einzuschätzen, da der Markt auf dem Prinzip der Einstimmigkeit basiert[63]. Jede Theorie der Wirtschaftspolitik muß diese Unvollkommenheit des politischen Marktes beachten.

Die hier kurz vorgestellten Ergebnisse werden von der Public Choice - Theorie nicht nur beschrieben (polit-ökonomische oder nach dem englischen Sprachge-

---

[59] Damit soll nun keine „weite" Interpretation von Nachfrage im Wortsinn gemeint sein (dann wäre auch der Politiker, der eine bestimmte Regulierung erreichen will, ein Nachfrager). Es soll darauf hingewiesen werden, daß auch der öffentlich-rechtliche Sektor die Möglichkeiten von „voice" nutzen kann, die den anderen nachfragenden Gruppen zur Verfügung stehen. Trotzdem überwiegen die angebotsseitigen Merkmale des öffentlichen Sektors.

[60] Eine Ausweitung der Staatstätigkeit führt z.B. zu mehr Aufsichtsratsposten für Politiker, zu mehr Mitarbeitern, denen man Posten verschaffen kann, etc.

[61] Vgl. Olson (1982), S. 38-40.

[62] Vgl. Weizsäcker (1997).

[63] Vgl. Coleman (1988), S. 278.

brauch positive Analyse). Insbesondere in den Arbeiten von James M. Buchanan finden sich auch normative Implikationen, Verfassungsregeln, die die Kontrolle von Politikern, Bürokraten und Interessengruppen durch den Wähler besser gewährleisten sollen[64]. Diese Weiterentwicklung der Public Choice - Theorie, die konstitutionelle Ökonomie[65], spielt für die Beurteilung von Reformen der EU (s. Kapitel 6) eine wichtige Rolle.

3.3. Eine Public Choice - Analyse der Europäischen Institutionen

Für die Analyse der europäischen Institutionen[66] bietet die Public Choice - Theorie wichtige Ansätze, denn hier treffen einige der Probleme, die den politischen Wettbewerb zu einem unvollkommenen Kontrollinstrument machen, besonders zu[67].

3.3.1. Der Markt für europäische Politik I: Die Nachfrageseite

Auf der Nachfrageseite ist die rationale Unwissenheit der Wähler ein besonderes Problem der europäischen Politik. Wenn schon im nationalen Kontext die Informationskosten hoch sind, trifft dies noch viel mehr auf die europäische Politik zu, und gleichzeitig ist auch der Einfluß des einzelnen informierten Wählers noch kleiner bei der Europawahl[68]. Im selben Maße, wie die Informiertheit sinkt, sinken auch die Kontrollmöglichkeiten der Bürger[69]. Deshalb ist auch die Beteiligung an Europawahlen geringer als bei nationalen Wahlen: Während bei der Bundestagswahl 1994 die Wahlbeteiligung 79,1% betrug und bei Landtagswahlen meist 70-80% beträgt, lag sie bei der Europawahl in Deutschland bei 60% und war damit - abgesehen von den Staaten, in denen Wahlpflicht herrscht - am höchsten.

---

[64] Siehe Buchanan (1986), Brennan/ Buchanan (1980), Brennan/ Buchanan (1986). Interessant ist, daß einige dieser Vorschläge, z.B. zu einem ausgeglichenen Budget, heute besonders in Amerika diskutiert und implementiert werden.

[65] Vgl. Buchanan (1990a). Zum Zusammenhang von den meist partialanalytischen Public-Choice-Modellen und der Verfassungsökonomik s. kritisch Leschke (1994), S. 5-6. Nienhaus (1996), S. 117-118. unterscheidet zwischen einer „Strukturanalye“ (Verfassungsökonomie) und einer „Verhaltensanalyse“ (Public Choice eo ipso) als Teile der Neuen Politischen Ökonomie.

[66] Einen Überblick über die Institutionen gibt Noel (1993).

[67] Zur Public Choice - Analyse der europäischen Integration sind inzwischen zahlreiche Artikel erschienen, u.a. Faiña Medin/ Puy Fraga (1988), Vaubel (1994a), Vaubel (1994b).

[68] Vgl. Vaubel (1994), S. 228.

[69] Vgl. Brünneck (1989), S. 257. Das Fehlen einer öffentlichen Meinung in der EU ist eines der zentralen Probleme der Staatswerdung Europas.

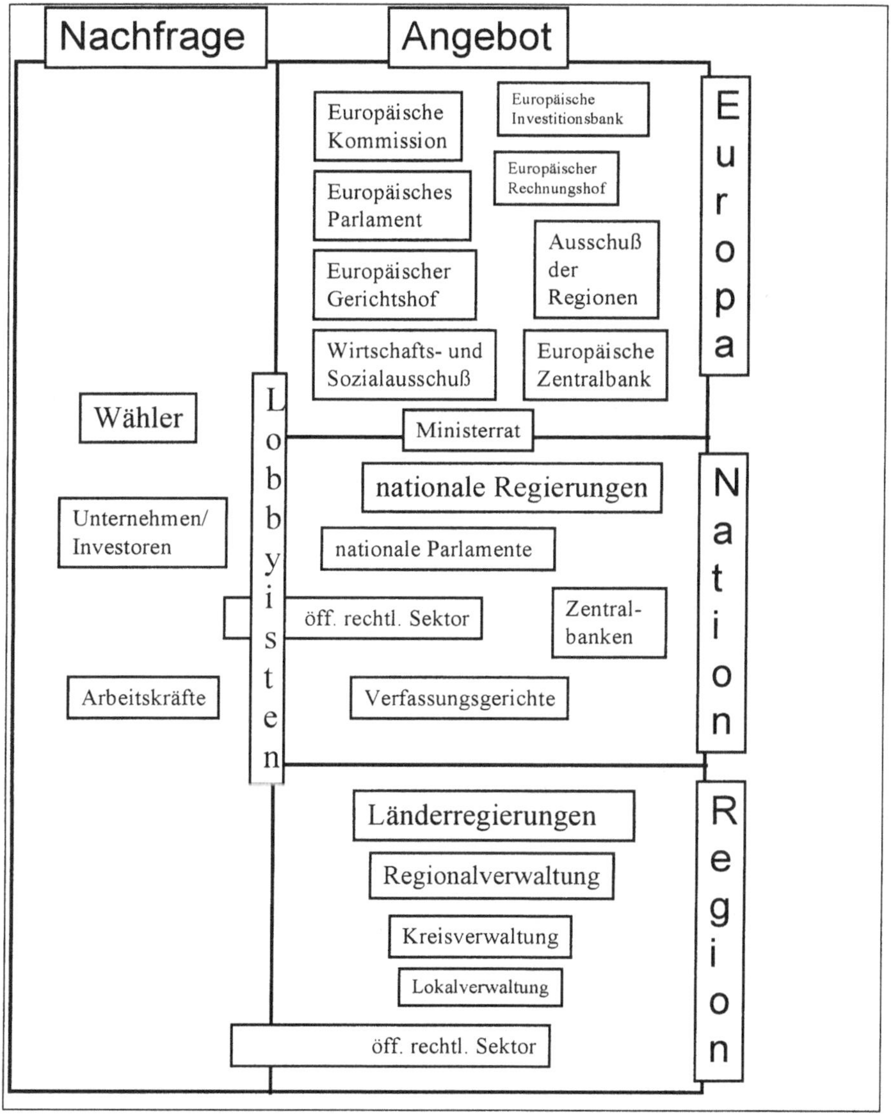

Abb. 3.1 Die Public Choice - Analyse der Europäischen Institutionen
Quelle: eigene Erstellung

In Portugal und den Niederlanden lag die Wahlbeteiligung bei der Europawahl 1994 nur bei knapp über 35 %[70],[71]. Die komplizierte Struktur der EU trägt dazu bei, daß die Kontrolle der Bürger erschwert ist: Nach einer Umfrage von Eurobarometer kannten im Jahr 1993 je nach Land nur 9-38% (im Durchschnitt 18%) der Bürger die EU-Kommission und ihre Aufgaben, nur 4-29% (im Durchschnitt 16%) den Ministerrat und nur 16-65% (im Durchschnitt 41%) das EU-Parlament[72]. Die beiden wichtigeren Entscheidungsgremien der EU waren also weniger als 20% der EU-Bevölkerung überhaupt bekannt.

3.3.2. Der Markt für europäische Politik II: Die Angebotsseite

> *„Die Produzenten und Anbieter im öffentlichen Bereich, also die Politiker, verhalten sich im Prinzip ähnlich wie diese Gewerbetreibenden; doch konnten sie die Kartelle, die den Politikwettbewerb - zum Nachteil der Bürger - hemmen, bisher werbewirksam schmükken mit Etiketten wie Gipfeltreffen, Kooperation, Koordination, Harmonisierung, Normung, Vereinheitlichung."*
>
> *Herbert Giersch*[73]

Auf der Angebotsseite sind in der EU die nationalen Politiker und hier insbesondere die im Europäischen Rat vertretenen Regierungen, die Kommission und die Interessenverbände von Bedeutung[74]. Generell ist zu sagen, daß die Institutionen der EU aufgrund ihrer Gründungsgeschichte nur schwer mit den nationalen Anbietern von Politik gleichgesetzt werden können. Die häufige Analogiebildung zwischen Europäischer Kommission und Regierung, Ministerrat und/ oder Europäischem Parlament als Legislative und Europäischem Gerichtshof als Judikative ist zwar ad hoc einleuchtend, jedoch unzutreffend. In der Europäischen Union gibt es nicht die in den Nationalstaaten seit Montesquieu entwickelte Gewalten-

---

[70] Vgl. Statistisches Bundesamt (1994), S. 154-163.

[71] In den letzten Jahrzehnten ist die Wahlbeteiligung sowohl bei nationalen Wahlen wie auch bei den Europawahlen ständig gesunken. Allerdings ist die Beteiligung an Europawahlen relativ stärker gesunken als die an nationalen Wahlen. Darin spiegelt sich vermutlich auch ein gewisser Resignationseffekt der Wählerschaft: Fehlende Information, Ferne der Abgeordneten durch große Wahlkreise und der nur marginale Einfluß (d.h. insgesamt zu hohe Opportunitätskosten der Wahl) lassen die Wahl nicht lohnend erscheinen; zur Wahlbeteiligung und zu den Wahlkreisen s. Anhang.

[72] Vgl. PMI (1995b), S. 68.

[73] Giersch (1990), S. 23-24.

[74] Das Europäische Parlament hat trotz einer Erweiterung seiner Befugnisse durch den Maastrichter Vertrag keine bedeutenden Kompetenzen. Tendenziell trägt es aber zur Zentralisierung der Kompetenzen in Europa bei, da es von der damit verbundenen Erhöhung der eigenen Wichtigkeit profitiert.

teilung[75]. Legislative, Exekutive und Judikative sind miteinander verwoben[76]. Besonders auffällig ist, daß in der Europäischen Kommission Elemente aller drei Gewalten vorhanden sind[77].

Die wichtigste Rolle in der Gestaltung der EU-Politik haben die Ministerräte der Fachminister (vgl. Art 145 ff. EGV) bzw. der Europäische Rat der Regierungschefs. Sie sind im nationalen Kontext durch die Wiederwahlrestriktion gebunden und können versuchen, das nationale Prestige zu erhöhen sowie eine Umverteilung zugunsten der eigenen Nation zu erreichen, um so die Wiederwahlrestriktion im eigenen Land zu senken. Dabei haben sie einerseits als Politikerkartell die Möglichkeit, Wettbewerb der anderen Staaten durch eine europäische Harmonisierung, z.B. bei Regulationen, auszuschalten[78]. Andererseits können sie versuchen, zusammen mit einer Mehrheit der anderen Politiker im Rat Umverteilungsgesetzgebung durchzusetzen. Da jedoch seit dem Luxemburger Kompromiß von 1966 Entscheidungen im Rat einstimmig gefällt werden, kommt es hier immer zum Schnüren von „europäischen Paketen" (log-rolling), bei denen jede Nation sich Zugeständnisse abkaufen läßt[79]. Schon zu Beginn der europäischen Integration wurde Deutschlands Rückkehr in die internationale Politik 1952 im EGKS-Vertrag mit der gemeinsamen Verwaltung des Montanbereichs erkauft[80]. Um den südeuropäischen Staaten die Zustimmung zu einer weitgehend vom deutschen Modell geprägten Währungsunion zu verkaufen, wurde gleichzeitig der Kohäsionsfonds zur Umverteilung von Mitteln in eben diese Staaten geschaffen[81],[82].

---

[75] Vgl. Montesquieu (1994), S. 213-253.

[76] Vgl. Lenaerts (1991), S. 12-13; Haibach (1997), S. 3, spricht von „functional separation of power", wobei Maßnahmen, die direkt auf dem EG-Vertrag basieren, bei den Entscheidungsverfahren von solchen getrennt sind, die indirekt aus dem Vertrag abgeleitet werden können. Diese funktionale Gewaltenteilung verhindert aber nicht die institutionelle Gewaltenverschränkung und macht sie nicht weniger bedenklich.

[77] Das Initiativrecht bei Gesetzen (legislative Funktion), Regierungs- und Vollzugsfunktionen (exekutive Funktion) und in Teilen die Überwachung von Verträgen und Feststellung von Verstößen, z.B. beim Wettbewerbsrecht (judikative Funktion).

[78] Vgl. Prosi (1991c), S. 128, sowie Vaubel (1994), S. 231, und Streit/ Mussler (1995), S. 7.

[79] Vgl. Leipold (1994), S. 15.

[80] Vgl. Gasteyger (1994), S. 60.

[81] Vgl. dazu Schäfers (1993), S. 43. Ein Beispiel für diese Art von Kuhhandel ist die Forderung französischer Beamter, an die Spitze der europäischen Zentralbank einen Franzosen zu berufen, da dies die Bedingung dafür gewesen sei, daß der Sitz der Zentralbank in Frankfurt sei; vgl. Jones (1997), S. 11.

[82] Vgl. dazu Hayek (1969f), S. 67: „Eine Anzahl von Kuhhändeln, in denen die Wünsche von A befriedigt werden als Entgelt für die Befriedigung der Wünsche von B (und gewöhnlich noch auf Kosten des C), mag wirksame Zusammenarbeit im Interesse der Beteiligten, aber gewiß nicht Übereinstimmung über die Erwünschtheit des Gesamtergebnisses bedeuten."

Wegen des Konsensmodells ist auch der Einfluß der kleinen Staaten der Union (bzw. ihrer Politiker) relativ groß[83].

Die Kartellisierungsfunktion des Ministerrats kommt u.a. darin zum Ausdruck, daß die Protokolle der Ratssitzungen geheimgehalten werden und so die Kontrolle durch Parlament und Bürger erschwert wird. „Selbst der juristische Dienst des Ministerrates wies Anfang 1995 warnend darauf hin, daß die Ratsprotokolle die tatsächlichen Gesetze interpretierten, ihnen die Grundlage entzögen und - in manchen Fällen - gar im Widersprüchen zu den Gesetzestexten stünden.“[84]. Dazu kommt, daß zu den Protokollen häufig Erklärungen einzelner Mitgliedstaaten veröffentlicht werden, die diese Protokolle aus nationaler Sicht interpretieren und dabei häufig relativieren. Diese Erklärungen werden in der Regel nur dann veröffentlicht, wenn einzelne Staaten sich davon Vorteile auf dem nationalen politischen Markt versprechen[85].

Die Einstimmigkeitsregel im Ministerrat bzw. die de facto-Einstimmigkeit nach dem Luxemburger Kompromiß hat den Vorteil, daß keine Regierung gegen ihren Willen überstimmt werden kann[86]. Damit sind tendenziell auch die nationalen Interessen der kleineren EU-Mitgliedstaaten geschützt, was auch zu steigender Zustimmung zur EU in der Bevölkerung führen kann[87]. Andererseits ist sie oft bei Entscheidungen hinderlich. Die Kosten der Konsensfindung sind hoch, weshalb auch die ursprüngliche Mehrheitsregelung seit dem Maastrichter Vertrag wieder verstärkt angewandt wird. Dort, wo die sogenannten Interdependenzkosten, das ist die Summe aus Kosten der Konsensfindung und den „Frustrationskosten“, die bei der Überstimmung von Staaten entstehen, am niedrigsten ist, sollte theoretisch

---

[83] Vgl. Toulemon (1996). Luxemburg konnte als „neutral coordinator“ (Baillie, 1996) zwischen den großen Staaten viele Erfolge für sich verbuchen. Auch die aktuelle Diskussion um eine Verkleinerung der EU-Kommission wird von den kleinen Staaten dominiert: Nach Ansicht der Kommission sollte zunächst der zweite Kommissionssitz der „großen“ Staaten (Frankreich, Deutschland, Spanien, Großbritannien) gestrichten werden, die kleinen Staaten sollen zunächst den Anspruch auf einen Sitz behalten. Damit würde sich das Ungleichgewicht noch mehr zugunsten der kleinen Staaten verstärken. Erst nach der Aufnahme neuer Mitglieder aus Osteuropa will man auch diskutieren, ob das „Recht“ jedes Mitgliedsstaates auf einen Kommissar in der EU-Kommission gestrichen werden soll.

[84] PMI (1995a), S. 19.

[85] Vgl. Pechstein (1990) sowie Dreher (1994).

[86] Zu den Vorteilen vgl. auch die grundlegenden Ausführungen von Wicksell (1896), S. 110-124, sowie Vaubel (1986), S. 119-125. Allerdings muß dabei beachtet werden, daß Regierungen nicht ohne weiteres mit Personen gleichgesetzt werden können.

[87] Vgl. dazu Clauson-Kaas/ Gulmann (1979), S. 234.

(je nach Entscheidung) die Mehrheit sein, mit der ein Gesetz angenommen werden muß[88].

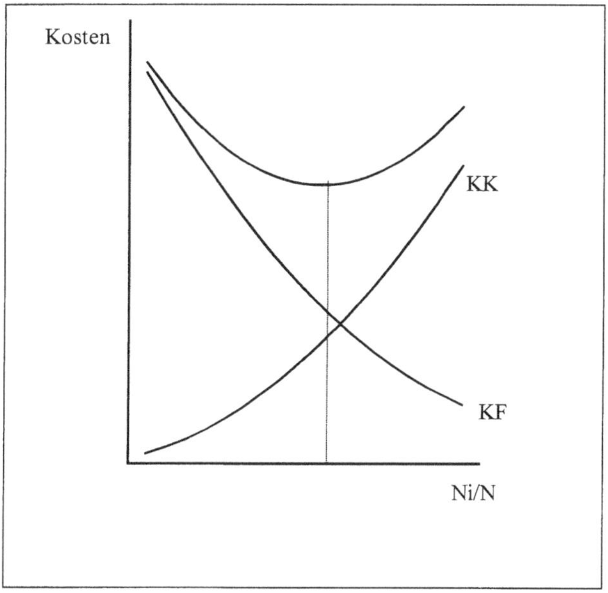

mit
KK = Kosten der Konsensfindung (Entscheidungskosten eo ipso)
KF = Frustrationskosten
Ni/N = erforderliche Mehrheit

Abb. 3.2 Interdependenzkosten
Quelle: eigene Erstellung nach Bernholz/ Breyer (1984), S. 250.

Wichtig ist dieses Problem im Zusammenhang mit der sehr unterschiedlichen Größe und Bevölkerungszahl der jetzigen EU-Mitgliedsstaaten und insbesondere der Beitrittskandidaten aus Mittel- und Osteuropa. Damit nicht „kleine Staaten"

[88] Vgl. Bernholz/ Breyer (1984), S. 246-248.; vgl. für die EU auch Streit/ Voigt (1995), S. 18-20. Zu den Frustrationskosten vgl. auch aus politikwissenschaftlicher Sicht Deutsch (1966), S. 84.

die größeren überstimmen können (da die Verteilung der Stimmen im Ministerrat und Parlament nicht proportional zur Bevölkerungszahl eines Landes ist), wird bei der Reform der europäischen Institutionen an die Einführung von qualifizierenden Mehrheiten (z.B. eine Mehrheit der Länder plus eine Mehrheit der Gesamtbevölkerung in der EU) gedacht[89].

Auch die Einführung eines „Kerneuropas", in dem nur ein Teil der EU-Staaten bestimmte Politiken harmonisiert, kann die Interdependenzkosten der Entscheidung senken[90].

Die EU-Kommission repräsentiert die Bürokratie der EU (Art. 155 ff. EGV)[91]. Ihre wichtige Rolle kommt in der Aufgabenzuweisung als „Motor der Europäischen Gemeinschaften" sowie „Hüterin der Verträge" zum Ausdruck. Die alleinige Initiative zur Einbringung von Gesetzen (Verordnungen, Richtlinien) liegt bei der Kommission[92]. Damit hat sie viele Möglichkeiten zur Ausweitung ihrer Kompetenzen[93]. Der Informationsvorsprung gegenüber den im Rat sitzenden Politikern ist besonders groß, da diese hauptsächlich mit nationaler Politik beschäftigt sind und kaum Kontrolle über die Tätigkeit der Kommission ausüben können[94]. Die

---

[89] Vgl. dazu ausführlich Wilmig (1995).

[90] Zum Begriff „Kerneuropa" s. CDU/ CSU- Fraktion im Deutschen Bundestag (1994) sowie Lamers (1994). In den Dokumenten zur Regierungskonferenz („Maastricht II") wird von einer „flexiblen Methode der Integration" gesprochen; vgl. Agence Europe (1997), S. 1-4.

[91] Nienhaus (1996), S. 127, verweist auf den zwiespältigen Charakter der Kommission zwischen Politik und Bürokratie: Die Spitze der Kommission, die aus Wahlbeamten besteht, weist eine beständige Nähe zur Politik auf, dort sind z.B. Gewerkschaftsvertreter, ehemals nationale Minister oder auch Oppositionspolitiker vertreten. Für die Public-Choice-Analyse entscheidend ist allerdings, daß sich auch diese Wahlbeamten nun in der Rolle von Bürokraten im Sinne Niskanens wiederfinden, die ihrerseits wiederum von Politikern (unzureichend) kontrolliert werden. Allerdings kann eine Einschränkung bezüglich des Verhaltens der Kommissionsmitglieder gemacht werden: Insbesondere dort, wo sie später wieder in die nationale Politik zurückkehren wollen, wird ihr Verhalten wesentlich auch von alten (partei-)politischen Loyalitäten geprägt sein. Dann werden sie auch vorrangig „nationale" Ziele (bis hin zur Verteidigung nationaler Souveränität gegenüber den Kollegen in der EU-Kommission) vertreten. Für den „Unterbau" der EU-Administration lassen sich dagegen die Argumente von Niskanen uneingeschränkt verwenden. Die hohe Bezahlung der Beamten (die teils das Doppelte der nationalen Besoldung beträgt) führt zudem zu einer hohen Loyalität gegenüber der Gemeinschaft.

[92] Vgl. Noel (1973).

[93] Z.B. sind die im Artikel 3 EGV aufgeführten Kompetenzen ständig gewachsen. Da die europäische Gesetzgebung auf dem Prinzip der Enumeration beruht, ist diese ausdrückliche Aufführung von Kompetenzen die Grundlage für Handeln der Kommission (und damit verbunden für eine Budgetausweitung).

[94] Der Europäische Rechnungshof beklagt die laxe Kontrolle des EU-Budgets durch die Regierungen und schätzt, daß es dadurch zu Betrug oder schweren Fehlern in Höhe von 5,1 Mrd. $

Tendenz, Kompetenzen auf Gemeinschaftsebene zu übertragen, kann durchaus Zustimmung bei den nationalen Politikern finden, nämlich dann, wenn diese all diejenigen Politiken, die im nationalen Rahmen umstritten sind, auf die Gemeinschaft übertragen[95]. Die Zentralisierung auf Gemeinschaftsebene muß nicht unbedingt eine zunehmende Regulierung bedeuten: In einer Reihe von Sektoren hat die Initiative der EU-Kommission sogar zur Deregulierung beigetragen, nämlich überall dort, wo Deregulierung gleichzeitig (Re-) Regulierung auf Kommissionsebene anstelle der nationalstaatlichen Ebene bedeutete (z.B. im Telekommunikationssektor, bei den Postdiensten, bei der Beihilfenkontrolle)[96]. Eine Folge der zunehmenden Zentralisierung ist die auch von anderen internationalen Organisationen bekannte hohe Wachstumsrate der bei der EU Beschäftigten. Von 1957 bis 1985 ist die Zahl der Beschäftigten jährlich durchschnittlich um 9,4 Prozent gewachsen[97].

Die EU-Kommissare werden von den einzelnen Staaten berufen (von den großen Staaten je zwei, von den kleinen Staaten je einer) und vom Parlament (in der Gesamtheit) bestätigt. Sie sollten nur der „europäischen Idee", nicht aber dem nationalen Interesse, verpflichtet sein. Dazu arbeiten sie als kollegiales Gremium. Polit-ökonomisch läßt sich darin eine Schwäche der Kontrollfunktion der Politiker über die Kommission interpretieren, die nur in der Gesamtheit verantwortlich ist. Ein Fehler einzelner Kommissare kann also nur entweder der gesamten Kommission oder niemanden angelastet werden. Wie die Diskussion um die Transparenz im Fall der BSE-Seuche zeigt, ist aber der Schritt, die gesamte Kommission zu verurteilen, für die Politiker sehr schwer - die Führung als kollegiales Organ dient also zur Verschleierung von Verantwortung. Deshalb wird auch diskutiert, im Rahmen der Regierungskonferenz (Maastricht II) die Kommissare demnächst einzeln verantwortlich zu machen[98].

---

des Gesamtbudgets von 95,81 Mrd. $ im Jahr 1995 gekommen sei; vgl. Coleman (1996), 2. Der Europäische Rechnungshof ist die einzige Institution der EU, deren Mitglieder durch die Aufdeckung von Betrug „Prestige" gewinnen können. Die Einflußmöglichkeiten eines solchen Gremiums sind aber gering zu bewerten. Nach Aussage des Präsidenten des EU-Rechnungshofes, Bernhard Friedmann, liegt die Verantwortung für die mangelnde Kontrolle insbesondere bei den nationalen Behörden sowie Rechnungshöfen; vgl. o.V.(12./13.10.1996), S. 29.

[95] Diese „Sündenbockfunktion" der Gemeinschaft läßt sich z.B. im Moment gut bei der Diskussion der Sparhaushalte in Italien und Spanien sehen: Die auch national notwendige Sparpolitik wird mit den Vorgaben der Europäischen Währungsunion für die Fiskalpolitik erklärt.

[96] Vgl. dazu Nienhaus (1996), S. 129-133; Möschel (1998), S. 4-5.

[97] Bei einem Überblick über die Wachstumsrate von acht internationalen Institutionen war dies die zweithöchste. Allein die Weltbank wies mit einer Wachstumsrate von jährlich durchschnittlich 11,2 Prozent einen höheren Wert aus; vgl. Frey/ Gygi (1991), S. 59.

[98] Vgl. Together in Europe (1997).

Eine effektive Kontrolle der Gemeinschaftbürokratie durch die nationalen Politiker wird noch dadurch erschwert, daß ein Großteil der politischen Entscheidungen bereits im Ausschuß der ständigen Vertreter (COREPER) vorbereitet wird[99]. Dieser Ausschuß - wenngleich formal Teil der nationalen Bürokratie - kann doch von seiner Arbeitsweise her eher zur supranationalen Bürokratie der EU gerechnet werden[100]. Da er auch der Adressat der Berichte der nationalen Sachverständigengruppen ist, ist hier der Ansatzpunkt für die europäische Lobbyarbeit.

Interessenverbände spielen bei der Europäischen Kommission in Brüssel eine wichtige Rolle[101]. Für sie ist es viel billiger, nur bei der Europäischen Kommission Lobbyingarbeit zu betreiben, anstatt bei 15 Mitgliedsstaaten. Insofern haben sie ein Interesse an einer Verlagerung von Kompetenzen auf die Zentralregierung[102]. Allerdings sind hauptsächlich solche Interessen in Brüssel vertreten, die über die ganze Gemeinschaft homogen sind, während nationale oder regionale Interessen schwerer organisierbar sind. Im Wirtschafts- und Sozialausschuß der Europäischen Union, der bei allen wirtschafts- und sozialpolitischen Themen eine Stellungnahme abgibt, ist die Einflußnahme insbesondere von Arbeitgeber- und Gewerkschaftsverbänden sogar institutionalisiert[103]. Hier besteht wieder ein tendenzielles Interesse an einer Kartellisierung der europäischen Politik, z.B. im Sozialbereich. Für die Arbeitgeber der großen, reichen Staaten bedeutet sie die Ausschaltung des Preiswettbewerbs der Niedriglohnländer. Für die Gewerkschaften bedeutet sie eine Verbesserung der Lage der Mitglieder (Insider) auf Kosten der Arbeitslosen (Outsider).

Vaubel schätzt, daß mindestens 72 % des EU-Budgets und 78% der legislativen Tätigkeit der EU aufgrund des Einflusses der Interessengruppen zustande kom-

---

[99] Vgl. Röhl (1994), S. 418-430.

[100] Vgl. die Analyse von Etienne/ Noel (1972), insb. S. 120-121; vgl. auch die frühe Kritik von Dahrendorf (1972), S. 75.

[101] Im Jahre 1995 gab es in Brüssel mehr als 500 europäische und internationale Verbände, die 5000 nationale Organisationen vertraten. Dazu unterhielten 200 große Unternehmen eigene Lobbying-Abteilungen und es existierten 100 auf Lobbying spezialisierte Consultant-Büros und 100 ebensolche Anwaltskanzleien; vgl. Geschäftswelt (1995), S. 27. Die Bedeutung der Lobbies im Gesetzgebungsprozeß der EU läßt sich auch daran erkennen, daß über 1000 ständige oder fallweise gebildete Ausschüsse unter Beteiligung von Interessenvertretern an der Ausarbeitung von Kommissionsvorschlägen arbeiten; vgl. Leipold (1994), S. 12.

[102] Zur Entwicklung des rent-seeking in Europa vgl. Tiedemann 1993.

[103] Vgl. Triesch (1995), S. 60-61.

men[104]. Augenfällig wird das in der Handelspolitik mit den Anti-Dumping-Verfahren[105].

Der neu eingerichtete Ausschuß der Regionen (AdR) wurde als Vertretung der regionalen und lokalen politischen Vertretungen eingeführt. Damit sollte aus Sicht dieser Körperschaften der Tendenz der nationalen Regierungen entgegengewirkt werden, immer mehr Befugnisse der unteren Ebenen auf die EU abzutreten[106]. Gleichzeitig ermöglicht der Ausschuß den Regionen auch eine verstärkte Lobbying-Möglichkeit in Bezug auf die Europäische Kommission, um Umverteilungsprogramme zugunsten bestimmter Regionen zu beschließen. Bereits die Einrichtung von Regionalvertretungen bei der EU hatte diesem Ziel gedient.

Der Europäische Gerichtshof (EuGH), dessen Aufgabe die Auslegung und der Rechtsschutz in Bezug auf das Recht der Europäischen Gemeinschaften ist, spielt aufgrund der häufigen Unklarheiten über die Auslegung des politisch beschlossenen Rechts eine wichtige Rolle im europäischen Integrationsprozeß[107],[108]. Seit 1954 sind mehr als 9000 Verfahren beim EuGH anhängig gewesen und 4000 Urteile ergangen[109].

Über diese klärende Rolle hinaus ist der EuGH mehrfach auch selbst durch wichtige Urteile (etwa „Cassis de Dijon", das das Ursprungslandprinzip festschrieb) politisch aktiv geworden. Die Richter des EuGH gehören aus Sicht der Public Choice - Theorie zur Klasse der politischen Unternehmer (political entrepreneurs im Sinne Schumpeters). Unterstellt man u.a. Prestige und Macht als Argumente in der Nutzenfunktion der Richter, so kann man eine Tendenz zur Zentralisierung des Rechts auf europäischer Ebene erwarten[110]. Über die Rechtsfortbildung durch den EuGH urteilen Weidenfeld und Wessels, dementsprechend, der EuGH habe

---

[104] Vgl. Vaubel (1994a), S. 238.

[105] Vgl. Seliger (1997a), S. 81-82.

[106] In Deutschland wurde zudem in einer Verfassungsreform im neuen Artikel 23 des GG festgeschrieben, daß der Bund nur mit Zustimmung des Bundesrates, also der Ländervertretung, Hoheitsrechte an die EU übertragen darf.

[107] Vgl. Demmer (1994), S. 148-152.

[108] Zur Bedeutung des Richterrechts in der EU s. Everling (1996), insbesondere 377-380. Everling hält das Richterrecht in der EU für „noch unentbehrlicher als in den Mitgliedsstaaten, denn das Gemeinschaftsrecht ist lückenhaft und rudimentär und bedarf, wie die Entwicklung der Marktfreiheiten zeigt, der Ausformung durch den Gerichtshof." Everling (1996), S. 378. Die Rolle der Gemeinschaft als eigene Rechtsquelle zur Weiterentwicklung des Vertrags von Rom betont schon der erste Kommissionspräsident, Walter Hallstein (1965), S. 7.

[109] Vgl. Amt für amtliche Veröffentlichungen der Europäischen Gemeinschaften (1996), S. 18.

[110] Jachtenfuchs spricht von massiver prointegrationistischer Rechtsprechung des EuGH; vgl. Jachtenfuchs (1992), S. 281.

„das EG-Recht immer als eigenständige, von den Mitgliedstaaten unabhängige Rechtsordnung verstanden und sie im Zweifel zugunsten der Gemeinschaft, ihrer Integrationsziele und ihrer Bürger ausgelegt."[111] Genauso, wie es zu Zentralisierungstendenzen und ihrer Bekämpfung auf Ebene der politischen Entscheidungsträger kommt, kann das Urteil des deutschen Bundesverfassungsgerichts vom 12.10.1993 zum Vertrag von Maastricht als Versuch des nationalen Gerichts gewertet werden, eine Kompetenzverlagerung auf EU-Ebene zu verhindern oder zumindest einzugrenzen[112]. Besonders im Rahmen der Diskussion um das Subsidiaritätsprinzip ist die Eigenschaft der Nationen als „Herren der Verträge" betont worden[113].

Die Europäische Zentralbank (EZB) als Nachfolgerin des jetzigen Europäischen Währungsinstituts in Frankfurt soll ab 1999 für die europäische Geldpolitik verantwortlich sein und dann die nationalen Zentralbanken als Zweigstellen in den Staaten weiterführen. Der Bereich der Geldpolitik wird dann weitgehend zentralisiert sein. Weitergehende Zentralisierungswünsche von Seiten der EZB-Gouverneure sind nicht zu erwarten[114]. Allerdings wird die EU-Kommission

---

[111] Vgl. Weidenfels/ Wessels (1992), S. 218.

[112] Vgl. dazu Leschke (1995), insb. S. 12-13. Das Verfassungsgericht negiert die Möglichkeit der Kompetenz-Kompetenz, d.h. die Macht der Aufgabenverteilung, auf europäischer Ebene. Vgl. dazu kritisch Koch (1996), S. 409, der es für fatal hielte, „wenn deutsche Verwaltung und Jurisdiktion die vom Bundesverfassungsgericht formulierte Aufforderung ernst nehmen, europäisches Recht nicht anzuwenden, wenn es nach jeweils eigener Einschätzung eine nationale Delegation überschreitet." Im Zusammenhang mit der Erfüllung der Konvergenzkriterien zur Teilnahme an der Währungsunion, die vor dem Bundesverfassungsgericht bestritten wird, bekommt diese Debatte neues Gewicht; vgl. Höfer (1998). Vgl. auch Abschnitt 5.3.

[113] Vgl. Dubach (1996), S. 48.

[114] Sie dürften sogar einer schnellen Einbeziehung von Staaten, die die Konvergenzkriterien nicht erfüllen, skeptisch gegenüberstehen, da das Prestige der Notenbank von den Erfolgen bei der Preisstabilität abhängt, die in einer großen Währungsunion schwerer zu erreichen sind. Allerdings dürften die nationalen Politiker der Outsider ebenso wie die Mitglieder der EU-Kommission eher an einer großen Währungsunion interessiert sein, da so die Verantwortlichkeit für politische Versäumnisse bei der Stabilitätspolitik verwischt wird, was für die nationalen Politiker die Wiederwahlrestriktion senkt und den Kommissionsmitgliedern weniger schwierige Verhandlungen bringt. Die unterschiedliche Interessenlage wird z.B. in der unterschiedlichen Beurteilung einmaliger Maßnahmen deutlich, mit denen in Italien und Frankreich das Budgetdefizit verringert werden soll. „Die Verbesserung des Defizits durch einmalige Maßnahmen sichert für sich genommen noch keine dauerhaft tragfähige Konsolidierung." heißt es im Konvergenzbericht des EWI (1996), S. 31. Die EU-Kommission bzw. Eurostat haben dagegen die französischen und italienischen Pläne begrüßt; vgl. Raphael (1996), S. 12, sowie Goldstein (1997), S. 2.

möglicherweise die zentrale Koordination der Geldpolitik zum Anlaß nehmen, auch eine Zentralisierung der Finanzpolitik „als Gegengewicht" zu fordern[115].

Der Wunsch zu zunehmendem fiskalpolitischem Spielraum der EU(-Kommission) ist auch an der steigenden Bedeutung der parafiskalischen Anleihen- und Darlehnstätigkeit abzulesen[116]. Begründet wurde diese teils mit der im Maastrichter Vertrag festgeschriebenen Aufgabe, die Errichtung der „Transeuropäischen Netze" zu fördern. Da die EU keine eigenen Anleihen aufnehmen darf, werden diese vorwiegend von der Europäischen Investitionsbank (EIB), dem Finanzierungsinstitut der EU, aufgenommen - wobei die Bank dabei direkt politische Aufträge z.B. des Ministerrats ausführt[117].

Der öffentlich-rechtliche Sektor ist bislang ausschließlich regional bzw. national reguliert. Im Rahmen der Regierungskonferenz 1996 hat die EU-Kommission in Übereinstimmung mit den Vermutungen der Public-Choice-Theorie, durch die Einführung eines neuen Artikels im EG-Vertrag eine Kompetenz für die Regulierung dieses Sektors auf EU-Ebene geschaffen. Der öffentlich-rechtliche Sektor selbst hat diese Zentralisierung begrüßt, insoweit damit der Schutz vor dem Wettbewerb aus dem privaten Sektor und die mögliche Einführung europaweiter Mindeststandards verbunden sein können, die beide implizite Einkommenssicherung oder - erhöhung für die Beschäftigten in diesem Sektor bedeuten[118].

Insgesamt zeichnet sich die Regierung der Europäischen Union durch eine starke Tendenz zur Zentralisierung aus, die von Bürokraten und Interessengruppen, teilweise auch den Politikern, getragen wird[119]. Wegen der komplizierten Ent-

---

[115] Kösters (1996), S. 61, bezeichnet den Verbleib der Finanzpolitik bei den Nationalstaaten bei einer zentralisierten Geldpolitik als „funktionelle Asymmetrie", Jochimsen (1996), S. 97, als „hinkende Konstruktion". Man beachte, daß diese Feststellungen und daraus abgeleitete Zentralisierungsforderungen eher theoretisch begründet sind. Für die Kommission ist der Anreiz zu einer Zentralisierung der Finanzpolitik darin zu sehen, daß die Verwaltung und Planung des EU-Budgets im wesentlichen in Händen der Kommission liegt. Eine Ausweitung des Budgets wurde insbesondere den diskretionär einsetzbaren Teil der EU-Mittel (den Teil, der nicht wie die Agrarausgaben zu den Pflichtausgaben der Union gehört) erhöhen. Eine rein zwischenstaatliche Koordination der Finanzpolitiken hätte für die EU-Kommission immerhin den Vorteil, daß sie bei der Durchsetzung ihrer Ziele dann nicht mehr Ausgaben mit jedem einzelnen Land vereinbaren müßte.

[116] Vgl. zum folgenden Busch (1995).

[117] Z.B. wurden nach dem Europäischen Rat in Essen 1994 eine Reihe „maßgeschneiderter Fazilitäten" für bestimmte Ziele geschaffen; vgl. Amt für amtliche Veröffentlichungen der Europäischen Gemeinschaften (1996), S. 22.

[118] Vgl. die ausführliche Analyse unter dem Aspekt der Subsidiarität in Abschnitt 5.3.5.

[119] S. auch Vaubel (1995b).

scheidungsstrukturen - es gibt allein drei verschiedene Verfahren zur Einbeziehung des Europäischen Parlaments - ist das Ergebnis (das partielle Gleichgewicht auf dem Markt für eine konkrete Regulierung oder Maßnahme) nicht vorherzusehen[120] (was wiederum die Kontrolle der Institutionen erschwert). Der prinzipiellen Entscheidungskompetenz beim Ministerrat (also dem intergouvernmentalen Bereich der EU) steht die Position des Europäischen Parlaments als „conditional agenda-setter" gegenüber.[121]

Die Herstellung von mehr Transparenz bei den europäischen Entscheidungsprozessen ist eine im Zusammenhang mit den Entscheidungsverfahren der EU häufig gestellte politische Forderung[122]. Allerdings ist aus ökonomischer Sicht immer zu fragen, inwieweit die Herstellung der Transparenz mit der Möglichkeit zunehmender Zentralisierung oder Kartellisierung einhergeht. Aus der Kartelltheorie ist bekannt, das Kollusion bei erhöhter Transparenz (z.B. besserer Preisinformation) einfacher ist[123]. In der EU ist denkbar, daß transparentere Entscheidungsverfahren zwar einerseits die störenden nationalen Ausnahmeregelungen - etwa im Wettbewerb - verhindern, andererseits aber auch solche nationalen Ausnahmen, die aufgrund unterschiedlicher Präferenzen zustandekommen und die so für den Bürger vorteilhaftere Regulierung bringen können.

Die Tendenz der zentralisierten Regulierungen in Richtung einer erhöhten Regulierungsdichte ist nicht allein der Tätigkeit der EU-Kommission zu verdanken, sondern wesentlich der Rolle von Ministerrat und Lobbyisten: Harmonisierung durch das Politikerkartell im Ministerrat sowie die wichtige Rolle der Interessenverbände führten in vielen Politikfeldern, etwa der Sozialpolitik, zu einem hohen Regulierungsniveau. Dieses soll ständig erweitert werden[124]. Nach dem Willen der Europäischen Kommission soll es auch als „europäisches Gesellschaftsmodell" für die Politik der EU bestimmend sein[125]. Dieses Gesellschaftsmodell soll

---

[120] Zum agenda-setting in der EU s. Schneider (1995), S. 31-61.

[121] Vgl. Tsebelis (1994). Der Einfluß des EP auf die Entscheidungen der EU wird seit längerem kontrovers diskutiert. Steunenberg (1994) kommt zu dem Ergebnis, daß das EP kaum Einfluß hat. Moser (1995) kommt - nach einer Kritik an Tsebelis - dennoch zum Ergebnis, daß das EP die Rolle eines conditional agenda-setters innehält. Zur Bedeutung des agenda-setting s. zuerst McKelvey (1976).

[122] Vgl. Timmermans (1997).

[123] Vgl. Audretsch (1995), S. 16-17; s. ausführlich Abschnitt 6.2.7.

[124] Besonders aufschlußreich war hier der Streit um die verbindliche Einführung der 48-Stunden-Woche aus Gründen des Gesundheitschutzes, nachdem sich Großbritannien geweigert hatte, sie im Rahmen der Sozialpolitik einzuführen (bei der Großbritannien bis 1997 ein opt-out-Recht hatte) vgl. Watson (1997), S. 7.

[125] Vgl. Europäische Kommission (1996), S. 9; Europäische Kommission (1997); vgl. dazu auch die ausführliche Analyse in Abschnitt 5.3.5.

als Schutz gegen internationalen Wettbewerb dienen, wobei die europäische Festlegung einerseits die Konkurrenz innerhalb der EU ausschließen soll, andererseits dem Kartell eine größere Macht sichern soll[126].

Die polit-ökonomische Analyse der EU hat gezeigt, warum es in der EU zu einer steigenden Aufgabenzentralisierung gekommen ist, die eine geringere Kontrolle der Politiker und Bürokratie sowie einen steigenden Einfluß der Interessengruppen zur Folge hat. Die Analyse dieser Entwicklung muß zu normativen Überlegungen über den zweckmäßigen Aufbau sowie eine wünschenswerte Umgestaltung der Institutionen der EU führen. Dieser Analyse muß zunächst ein adäquates Modell der Wirtschaft zugrunde gelegt werden. Die evolutionäre Wirtschaftstheorie, die ein solches Modell darstellt, soll deshalb im folgenden als Grundlage weiterführender Überlegungen eingeführt werden.

---

126 Explizit findet sich diese Überlegung bei der EU-Kommissarin Monika Wulf-Mathies: „In diesem international geprägten Wettbewerbsumfeld werden wir nur dann bestehen können, wenn wir den Verlust nationaler Handlungsfähigkeit durch verstärkte europäische Zusammenarbeit ausgleichen.“; Wulf-Mathies (1997), S. 1.

4. Grundzüge der evolutionären Wirtschaftstheorie

4.1. Einleitung

„The answer to the question „What is wrong with neoclassical economics?" can be summed up in a few words: it is precisely irrelevant."

P.J. Boettke[1]

Während die aufkommende Wirtschaftswissenschaft des 18. Jahrhunderts methodische Fragen wenig beachtete und durch methodischen Pluralismus gekennzeichnet war, gewann bei den Marginalisten des 19. Jahrhunderts die mathematische Methode als „gallileische Revolution"[2] eine herausragende Bedeutung. Insbesondere die Theorie des allgemeinen Gleichgewichts seit Walras[3], ergänzt von Marshall (1956/1890) und später Arrow und Debreu (1954), erhob die mathematische Methode zur vorherrschenden und allgemeingültigen Methode der Wirtschaftswissenschaft[4]. Aus Sicht der Methodik brachte die mathematische Formulierung wirtschaftlicher Probleme die Vorteile einer klaren, in Anlehnung an die Naturwissenschaften „exakten" Darstellung.

Von Anfang an war diese Methode allerdings auch umstritten und löste in Deutschland im 19. Jahrhundert den Methodenstreit zwischen den Marginalisten (insbesondere Menger) und der historischen Schule (insbesondere Schmoller) aus[5]. Aus diesem Streit gingen die Vertreter einer exakten Wirtschaftswissenschaft als Sieger hervor: Obwohl die historische Schule bei der Miteinbeziehung von Institutionen und geschichtlichen Entwicklungen eine wichtige Vorarbeit für die spätere Institutionenökonomie leistete, ging sie an der eigenen methodischen Inkohärenz sowie dem reinen Sammeln von Fakten zugrunde[6].

Als die mathematische Formulierung der Gleichgewichtstheorie immer weiter formalisiert wurde und gleichzeitig die Wohlfahrtsökonomie als normative Wirt-

---

[1] Boettke (1996), S. 23.
[2] So Karl Popper, zitiert nach Brochier (1990), S. 33.
[3] Vgl. Walras (1952/1874). Brochier (1990), S. 29, nennt dies „certainement la théorie la plus brillante de la science économique". Für eine Einführung in die Theorie des allgemeinen Gleichgewichts vgl. Schneider 1969), 385-430, sowie Debreu (1959).
[4] Für eine Einführung vgl. Cahuzac et al. (1965).
[5] Für einen Überblick vgl. den Artikel „Methodenstreit" in Eatwell et al. (1987), S. 454-455; vgl. auch Kirzner (1960), S. 14-17.
[6] Vgl. eine frühe Kritik bei Damaschke (1912), S. 387.

schaftspolitik auf Grundlage der Gleichgewichtstheorie eine immer größere Bedeutung bekam, ergaben sich im wesentlichen vier Kritikpunkte an dieser sogenannten neoklassischen Theorie[7]:

Der erste Vorwurf lautet, daß die Gleichgewichtstheorie keine Theorie der Veränderung von Gütern und Dienstleistungen in der Zeit (Produktinnovationen) und von Produktionsprozessen in der Zeit (Prozeßinnovationen) bietet. Koch nennt dies das Problem des Güterraumwandels[8]: Wenn Güter als wohlstandrelevante Handlungsmöglichkeiten oder Handlungsrechte definiert werden, so verändert jeder Eintritt oder jede Veränderung einer solchen Möglichkeit (eines solches Rechtes) die relativen Wohlstandspositionen aller Mitglieder einer Gesellschaft. Damit ist aber die Ableitung eines wohlfahrtsökonomischen Optimums nur dann möglich, wenn solche Veränderungen ausgeschlossen sind[9]. Mit dem statischen Wirtschaftsmodell ist die Entwicklung realer Volkswirtschaften aber nicht darstellbar. Auch die ceteris-paribus-Klausel als *das* Instrument der neo-klassischen Analyse von Veränderungen - etwa von Präferenzen, Einkommen etc. - erweist sich als weitgehend ungeeignetes Instrument, reale Vorgänge abzubilden. Denn die Interdependenzen, die in der realen Welt bestehen, lassen sich damit nicht abbilden. Die Änderung von Präferenzen im Zeitablauf etwa ist ein Prozeß, der nicht durch eine einmalige Änderung der Präferenz für ein bestimmtes Gut - c.p. - darstellbar ist, da alle Präferenzen miteinander zusammenhängen und sich ständig verändern.

Dieser Kritik begegnete die Neoklassik mit der Einführung einer exogenen Rate des technischen Fortschritts. Technischer Fortschritt wird dabei als Restgröße oder Addendum benutzt, um dasjenige Wachstum zu erklären, was nicht durch vermehrten Ressourceneinsatz zustande kommt[10]. Bewertungsprobleme des technischen Fortschritts, insbesondere die Frage, inwieweit er die Wohlstandspositionen von Wirtschaftssubjekten positiv und negativ beeinflußt, werden ausgeklammert[11].

---

[7] Eine allgemeine Kritik bietet Streissler (1980), S. 38-69; vgl. auch Arndt (1979), S. 34-95 sowie Arndt (1992), S.9-13 und S. 19-37.

[8] Vgl. Koch (1996), S. 8.

[9] Jedes neue Gut oder jeder neue Produktionsprozeß führt zu einer Veränderung der relativen Präferenzen für alle anderen Güter: Die Vorgabe fixer Präferenzen ist damit für die Berechnung einer Tauschgleichgewichtslage unumgänglich.

[10] Von diesem „autonomen" technischen Fortschritt wird noch der „induzierte" technische Fortschritt unterschieden.

[11] Vgl. Koch (1996), S. 9.

Das zweite Problem, das zu einer Kritik des neoklassischen Gleichgewichtsmodells führte, war die Abstraktion von der Zeit und von Veränderung in der Zeit: Die Annahme der unendlichen Anpassungsgeschwindigkeit[12] abstrahiert von der Frage der Entwicklung bei Ungleichgewichtszuständen und des Wegs zum Gleichgewicht[13]. Auch die dynamischen Modelle der Neoklassik können allenfalls vorher determinierte Änderungen im Zeitverlauf untersuchen, nicht aber die ex ante unbekannten, spontanen Änderungen, die in der realen Wirtschaft durch Erfindungen oder Präferenzänderungen auftreten[14].

Die Unmöglichkeit, Unbekanntes in deterministischen Modellen abzubilden, führte zu einer Kritik an den Voraussetzungen, die insbesondere die Wohlfahrtsökonomie sowie die keynesianische Konjunkturtheorie an den Informationsstand sowie die Informationsverarbeitungskapazität der Wirtschaftspolitiker bzw. des Ökonomen stellt. Bereits Hayek weist darauf hin, daß die Idee des neoklassischen Gleichgewichts ohne einen vollkommenen Markt, „in dem jeder alles weiß", sinnlos ist[15]. Die Unmöglichkeit der „Zentralisierung des Wissens" läßt die Rolle des außenstehenden Ökonoms, der Zustände auf ihre Nähe zum Gleichgewicht hin untersucht (und möglicherweise daraus auch Vorschläge für wirtschaftspolitisches Handeln ableitet), als „Anmaßung von Wissen" erscheinen.

Ein letzter Kritikpunkt stellt das Problem der Institutionenlosigkeit der neoklassischen Analyse in den Mittelpunkt: Während das Modell der vollkommenen Konkurrenz zwar idealtypisch für Marktwirtschaften entworfen worden ist, so kommt es doch ohne Institutionen aus, die für die Marktwirtschaft normalerweise

---

[12] Diese Annahme, heute bei der Beschreibung des Konkurrenzgleichgewichts üblich, wurde bei den Begründern der neoklassischen Theorie nur teilweise vorausgesetzt; vgl. dazu Streissler (1972), S. 440.

[13] Vgl. Streissler (1980), S. 41-43. Es muß dabei beachtet werden, daß die Konzepte „Statik" und „Dynamik" keinesfalls einheitlich definierte ökonomische Konzepte sind. Die Vielzahl der möglichen Definitionen wurde am eindrucksvollsten von Machlup (1991), S. 13-23, dargestellt. Insofern ist die Kritik eines einheitlichen neo-klassischen Statik- und Dynamikbegriffs notwendigerweise vereinfachend.

[14] Dies wird u.a. im Korrespondenzprinzip Samuelsons deutlich, der die Einheit der komparativen Statik und der dynamischen Analyse postuliert. Wenn die dynamische Analyse so Veränderungen nur noch im Rahmen der statischen Analysen erklären darf, so ist ihr „Dynamik" nur unter der Voraussetzung bekannter Eckpunkte gestattet. Damit aber sind wiederum allenfalls lineare Prozeße in der Zeit zu erfassen, nicht aber innovative, nicht-lineare Prozesse. Die neoklassische Ökonomie ist in ihren Versuchen der Prognose deutlich von den Nautrwissenschaften beeinflußt, um - in den Worten des Physikers Fucks „sinnvoll voraus[zu]berechnen - wie es die Naturwissenschaft lehrt"; vgl. Fucks (1967), S. 19.

[15] Vgl. Hayek (1952a/1937), S. 64-67.

essentiell sind. Dazu gehört als eine der wichtigsten Institutionen die des Unternehmers - eine Institution, die in der neo-klassischen Analyse zugunsten der eines reinen „Ökonomisieres" aufgegeben wird[16].

Die Möglichkeiten, die das „institutionelle Nirwana"[17] der Gleichgewichtstheorie scheinbar bot, führte seit den zwanziger Jahren zu einer Debatte über die Möglichkeit der Einführung eines Konkurrenzsozialismus (Oskar Lange), d.h. eines Sozialismus, der sich der Möglichkeiten der Konkurrenz bedient, ohne der kapitalistischen Institutionen zu bedürfen, der dann dennoch die selben Ergebnisse wie bei vollkommener Konkurrenz hervorbringt[18].

Diese hier nur kurz zusammengefaßte Kritik an der neo-klassischen Gleichgewichtstheorie führte zur Entwicklung neuer, konkurrierender oder ergänzender Theorien[19],[20]: Die *Public Choice- Theorie* versucht, wirtschaftspolitische Entscheidungen durch die Wahl geeigneter Annahmen realitätsnäher zu modellieren[21]. Die Übertragung des Modells des „homo oeconomicus" auf kollektive Entscheidungsprozesse erwies sich dabei als besonders fruchtbar[22]. Allerdings bleibt die Public Choice - Theorie dem neo-klassischen Rahmen inklusive der Gleichgewichtstheorie verhaftet. Besonders die immer weiter ausdifferenzierten Modelle des politischen Wettbewerbs, z.B. des Parteienwettbewerbs, sind deshalb

---

[16] Vgl. dazu Kirzner (1960), 108-145. Vgl. bereits von Mises (1933), S. 168: „Die klassische Nationalökonomie fingiert weder, daß der Wirtschafter als Erwerber, noch viel weniger, daß er als Konsument so vorgeht, als ob allein der höchste Geldgewinn die Richtschnur seines Handelns wäre." Vgl. auch die Analyse der Wirtschaftswissenschaft als einer Wissenschaft vom Mensch im Gegensatz zu den mechanistischen Wissenschaften von Marchal (1950).

[17] Demsetz (1969), S. 1.

[18] Vgl. dazu den Überblick und die Kritik bei Hayek (1952b), Hayek (1952c), Hayek (1952d); die Ablehnung des Konkurrenzsozialismus hängt eng mit der Unmöglichkeit der Zentralisierbarkeit von Wissen zusammen, die schon im dritten Kritikpunkt diskutiert wurde.

[19] Eine klare Trennung der einzelnen Theorien erscheint unmöglich: So benutzt die neue Institutionenökonomie viele der Überlegungen und Annahmen, die auch für die evolutionäre Wirtschaftstheorie kennzeichnend sind, etwa in der neuen Wirtschaftsgeschichte bei North oder beim Transaktionskostenansatz von Williamson; deshalb sind die Ergebnisse oft auch dekkungsgleich. Insofern ist die im folgenden vorgenommene Einteilung in „Schulen" durchaus problematisch und nur als Annäherung zu sehen. Eine alternative Darstellung findet sich bei Nelson/ Winter (1982), S. 33-45.

[20] Wenn auch das neo-klassische Paradigma seit dem späten 19. Jahrhundert in der Ökonomie vorherrscht, so muß doch beachtet werden, daß die Kritik an der neo-klassischen Schule selbst auf eine lange Linie von Vorgängern zurückschauen kann; es wäre also richtiger, von einem Gegenentwurf zu sprechen, als von einer Reaktion auf die Neo-Klassik. Vgl. dazu Rothbard (1976) sowie Rothbard (1995a).

[21] Vgl. Kapitel 3.

[22] Vgl. Kirchgässner (1991), insb. S. 102-125.

ähnlich kritisch zu betrachten wie die Gleichgewichtsmodelle ökonomischen Wettbewerbs.

Die *Transaktionskostentheorie* und die anderen Zweige der sogenannten *neuen Institutionenökonomie* versuchen, das institutionelle Nirwana der Gleichgewichtstheorie durch die explizite Einbeziehung der real zu beobachtenden Institutionen zu überwinden[23]. Auch die neue Institutionenökonomie geht vom neoklassischen Gleichgewichtsmodell aus; der Bruch damit ist aber wesentlich radikaler als bei der Public Choice - Theorie.

Die *(neo-)österreichische Schule*, deren Vorläufer die Marginalisten der österreichischen Schule sind (besonders Menger)[24], bildet seit den Arbeiten von Mises' in den zwanziger und dreißiger Jahren einen ständig stärker werdenden Kontrapunkt zur neo-klassischen Gleichgewichtsanalyse. Auf den frühen Arbeiten der Neo-Österreicher bauen auch diejenigen Theorien auf, die man als *evolutionäre* Wirtschaftstheorien zusammenfassen kann und die Gegenstand dieser Arbeit sind.

Wenn man die evolutionäre Wirtschaftstheorie als neues Paradigma im Sinne von Kuhn (1962) deutet, das das alte Paradigma „Gleichgewicht" langsam an Bedeutung überholt, so heißt das nicht, daß die Vertreter des alten Paradigmas blind für die Probleme des Gleichgewichtsansatzes, etwa bei der Frage des Annahmenrealismus, gewesen seien. Teilweise halten sie wegen des Vorteils, daß Gleichgewichtsmodelle „precise, complete, .. unambigous ...with great accuracy" sind, trotz der methodologischen Kritik an ihnen fest[25]. Teilweise sehen sie die Gleichgewichtstheorie nur als einen Teil der Wirtschaftstheorie, der notwendigerweise durch eine evolutionäre Wirtschaftstheorie ergänzt werden müßte. Schumpeter (1952) hält die Gleichgewichtstheorie als Kreislauftheorie für gerechtfertigt, stellt ihr aber die Theorie des Unternehmers ergänzend zur Seite. Marshall stellte 1948 mit bemerkenswerter Deutlichkeit heraus: „The Mecca of economics lies in economic biology rather than economic mechanics."[26] Er forderte deshalb eine „theory of progress and development"[27]. Alchian versuchte 1950 dann die Synthese der Marshallschen Wirtschaftstheorie mit der Darwinschen Theorie der na-

---

[23] Zur Einführung s. Feldmann (1995), der auch dogmenhistorische Vorläufer betrachtet, die Aufsatzsammlung von Furubotn/ Richter (1991), North (1992b), Williamson (1985).

[24] Zur ersten österreichischen Schule vgl. Böhm-Bawerk (1924).

[25] Vgl. Hahn (1963), S. 3.

[26] Zitiert nach Nelson/ Winter, (1982) S.44.

[27] Vgl. auch Arndt (1992), S. 72.

türlichen Selektion und wurde so einer der Vordenker der evolutionären Wirtschaftstheorie[28].

Der Paradigmenwechsel, die steigende Aufmerksamkeit, die die evolutionäre Wirtschaftstheorie erfährt, ist einerseits die Folge eines „neuen Methodenstreits“ zwischen den Vertretern der Neo-Klassik und ihren Kritikern. Dort, wo die Neo-Klassik und verwandte Theorien wie die keynesianische Theorie als Deutungsmuster versagen, werden sie herausgefordert[29]. Die neue Theorie kann aber auch durch eine Veränderung der Bedeutung und der Wachstumsraten des Wissens in der modernen Wirtschaft induziert sein[30]: Das Wissen und auch die Informationsverarbeitungskapazität in der Gesamtgesellschaft nimmt immer schneller zu (und entwertet damit gleichzeitig altes Wissen), schneller als beim einzelnen Individuum, so daß das Wissen des Einzelnen relativ zur Gesamtgesellschaft ständig abnimmt. Damit werden aber auch Deutungsmuster (und möglicherweise wirtschaftspolitische Implikationen daraus) immer wichtiger, die die spontane Ordnung in den Mittelpunkt stellen, die ein „Ergebnis menschlichen Handelns, aber nicht menschlichen Entwurfs“[31] ist.

Im folgenden sollen zunächst die Grundlagen einer evolutionären Wirtschaftstheorie genauer beleuchtet werden (Abschnitt 4.2.) und daraus ein evolutionäres Grundmodell der Wirtschaft vorgestellt werden (Abschnitt 4.3.) sowie als neues wirtschaftswissenschaftliches Paradigma diskutiert werden (Abschnitt 4.4.). Danach wird die Bedeutung, die der Staat und die Wirtschaftsordnung für die wirtschaftliche Entwicklung haben, auf Grundlage des neuen, evolutionären Modells untersucht (Abschnitt 4.5.). Die Transformation von Wirtschaftsordnungen wird als Grenzfall der Systemevolution gedeutet (Abschnitt 4.6.). Im Abschnitt 4.7. werden einige Schlußfolgerungen gezogen.

4.2. Wirtschaft als evolutionärer Prozeß

4.2.1. Wissenschaftstheoretische Grundlagen

Wenn man das auf stark vereinfachenden Annahmen aufbauende, deterministische Wirtschaftsmodell der Neo-Klassik verwirft, so ist zu fragen, ob man über-

---

[28] Vgl. Alchian (1977), S. 19, FN 7.
[29] Vgl. dazu Rothbard (1995b), S. 44.
[30] Vgl. dazu Koch (1996), S. 73-74.
[31] Vgl. dazu Hayek (1969a), Hayek (1969b).

haupt einen realistischeren Gegenentwurf präsentieren kann, und wenn ja, wie dieser aussieht. Dazu ist es nötig, sich zunächst über die wissenschaftstheoretischen Grundlagen eines solchen Gegenentwurfs klar zu werden. Die Veränderlichkeit von Präferenzen und Restriktionen des Individuums, so stellte die Kritik an der Neo-Klassik heraus, ist ein konstituierendes Merkmal des Wirtschaftsprozesses, der demgemäß ständig der Veränderung, der Evolution unterliegt.

Die Veränderung alleine ist allerdings mit deterministischen Modellen vereinbar, nämlich dann, wenn man die Frage Sir Karl Poppers positiv beantworten kann: „Is there a law of evolution?“[32]. Wenn man davon ausgeht, daß jeder Erkenntnisfortschritt, aufbauend auf dem alten Wissen, das Wissen der Menschheit erweitert, so kommt es nur darauf an, möglichst genau die Struktur der Erkenntnisfortschritte zu studieren, um am Ende zu einer Theorie zu kommen, die aus historischen Situationen zukünftiges prognostiziert. Die neo-klassische Wachstumstheorie mit der natürlichen Wachstums*rate* und der *Rate* des technischen Fortschritts entspricht einer solchen Theorie der vorhersagbaren Evolution[33].

Hayek kritisiert diesen „Historismus der szientistischen Methode“[34], der versucht, Entwicklungsgesetze abzuleiten, die nicht auf individuellem Verhalten basieren, sondern auf den künstlichen „Ganzheiten“ (wie „Regierung“, „Handel“, „Periode“, „Phase“), die die Geschichtswissenschaft (aber als Teil ihrer Theorie) bildet[35]. Obwohl aber deterministische Geschichtsmodelle, die Gesetzmäßigkeiten der Evolution entdeckt haben wollten, empirisch weitgehend gescheitert sind[36] (am deutlichsten im Fall der von Hegel inspirierten marxistischen Theorien), werden immer wieder neue Entwicklungsgesetze postuliert, erst kürzlich wieder von Fukuyama (1992).

Tatsächlich lassen sich Erkenntnisfortschritte beobachten. Sie bestehen nach Popper in der Veränderung bisherigen Wissens, nämlich in seiner Wandlung oder seiner weitgehenden Verwerfung[37]. Diese Fortschritte sind aber nicht gerichtet und laufen nicht nach Entwicklungsgesetzen ab: *„History has no meaning.“*[38] Vielmehr ist die tatsächliche Entwicklung abhängig von der sich ständig

---

[32] Vgl. Popper, (1957a) S. 105.

[33] Eine Kritik der neo-klassischen Wachstumstheorie aus evolutionärer Sicht findet sich bei Nelson/Winter (1982), S. 195-205.

[34] Vgl. Hayek (1959), S. 85-110.

[35] Popper bemerkt dazu: „The most careful obersvation of one developing caterpillar will not help us to predict its transformation into a butterfly.“; vgl. Popper (1957a), S. 109.

[36] Vgl. dazu die Anmerkungen von Albert (1973), S. 130-133.

[37] Vgl. Popper (1984), S. 72.

[38] Popper (1957b), S. 269.

wandelnden, nicht voraussagbaren Umweltsituation[39]. Dieser Wandel der Situation, innerhalb derer Erkenntnis generiert und angewendet wird, führt auch zu einer unterschiedlichen Be- oder Entwertung desselben Wissens. Popper schließt deshalb: „...[T]his comparison of evolutions has merely led to the description of *types* of evolutionary processes. The position is the same as in social history. We may find that certain types of events are repeated here or there, but no law describing either the course of all evolutionary processes (such as a law of evolutionary cycles) or the course of evolution in gerneral appears to result from such a comparison." (*kursiv im Original*)[40]. Die Generierung von Ideen ist einerseits von den sich wandelnden Umweltbedingungen abhängig („consequences generate ideas"), andererseits können Ideen aber auch zu einem Wandel der Umwelt führen („ideas have consequences")[41]. Die Offenheit des Erkenntnisprozesses und gleichermaßen des historischen Prozesses für Innovationen stellt ein Kernelement der evolutionären Wirtschaftstheorie dar, das bedeutende Auswirkungen auch für Möglichkeiten hat, Wirtschaftspolitik in einer im Fluß befindlichen Umwelt zu betreiben. Fortschritte in der Wirtschaftstheorie und der Wirtschaftspolitik hängen also zusammen[42].

4.2.2. Evolution in der Biologie und Evolution in der Ökonomie

> *„Probably the best illustration of a theory of complex phenomena which is of great value, although it describes merely a general pattern whose detail we can never fill in, is the Darwinian theory of evolution by natural selection."*
>
> *F.A. von Hayek*[43]

Eine erste Annäherung an eine Modellierung der Wirtschaft als Prozeß mag eine Analogie zur biologischen Evolutionstheorie sein[44]. Bei der Analyse ökonomi-

---

[39] Hayek (1959), S. 95-96, weist deshalb darauf hin, daß die unterschiedliche Betrachtungsweise ein und desselben Phänomens durch Historiker verschiedener Zeiten nicht notwendigerweise die Folge davon ist, daß sie verschiedene Ansichten über denselben Gegenstand haben, sondern das es auch eine Frage des Focus ist, der den jeweiligen Umweltbedingungen angemessen erscheint.

[40] Popper (1957a), S. 110/111, FN 3.

[41] Vgl. Buchanan (1992), S. 94.

[42] Helmstädter (1994), S. 1-11, stellt die Möglichkeiten des Erkenntnisfortschritts in der Nationalökonomie dar und unterscheidet dabei kumulativen, zirkulären und substitutiven Fortschritt. Kumulativer Fortschritt ist Erkenntnisfortschritt, der bestehende Theorien weiter ausbaut, substitutiver Fortschritt ein solcher, der bestehende Theorien ersetzt und zirkulärer Fortschritt ist „unecht" in dem Sinn, daß alte Ideen neue Aktualität gewinnen.

[43] Hayek (1967), S. 31.

scher Prozesse anhand der biologischen Evolutionstheorie sind allerdings zwei Probleme zu beachten: Zum ersten darf sich die Analogie nicht in nicht-ökonomischen „Metaphern" erschöpfen, die der wissenschaftlichen Kritik nicht zugänglich sind. Popper kritisiert dies als häufigen Fehler[45]: „In many historicist and evolutionist writings it is often impossible to discover where metaphor ends and serious theory begins." Zum anderen ist auch ein biologischer „Methodenimperialismus", d.h. eine unkritische Übernahme der Methoden und Erkenntnisse der Biologie in eine Sozialwissenschaft, problematisch, da sich der Forschungsgegenstand Mensch bzw. Gesellschaft nicht mit exakt denselben Mitteln wie die belebte Umwelt erforschen läßt[46]. Seit dem 18. Jahrhundert befaßten sich Naturwissenschaftler mit der Entstehung und Entwicklung der Tiere und Pflanzen. Lamarck (1744-1829) ging davon aus, daß sich die Gestalt der Tiere durch aktive Selbstanpassung an die Umwelt erklären ließ. Cuvier (1769-1832) glaubte an die ständige Vernichtung der Arten und Wiederschöpfung nach einem immer komplizierteren Bauplan. Interessant ist, daß sich der bekannteste Evolutionstheoretiker, Charles Darwin (1809-1882), zunächst mit den Ideen des Wirtschaftstheoretikers Malthus befaßte, bevor er 1859 in seinem Buch „Die Entstehung der Arten" die „Theorie der natürlichen Zuchtwahl", d.h. die Theorie der Selektion, begründete.

Die biologische Evolutionstheorie unterscheidet die Genotypen, d.h. die Art und Zusammensetzung der Gene des Individuums einer Spezies, vom Phänotypen, d.h. die konkrete Ausprägung, die vom genetischen Programm sowie den konkreten Umweltbedingungen bestimmt ist[47]. Die Gene üben ihre Wirkung auf den Phänotyp über den Weg biochemischer Reaktionen aus. Unter verschiedenen Umweltbedingungen ist die Penetranz, d.h. der Anteil der Individuen einer Art, bei der ein bestimmtes phänotypisches Merkmal auftaucht, und die Expressivität, d.h. das Ausmaß der phänotypischen Wirkung, verschieden.

---

[44] Einen Überblick über die Zusammenhänge biologischer und ökonomischer Evolutionstheorie mit dem Schwerpunkt Theorie der Unternehmung gibt Rahmeyer (1997).

[45] Popper (1984), S. 119, FN 2.

[46] Ein Beispiel für dieses fragwürdige Vorgehen ist die Studie von Kroll (1996), der Wirtschaftssysteme auf Energie- und Stoffbilanzen reduziert. Ähnlich handelt Dawkins, der die kulturelle Evolution durch sogenannte Meme darstellt, die analog zu den Genen kulturelle Information mehr oder weniger unabhängig von den handelnden Menschen weitertragen; vgl. Dawkins (1978), S. 227-237.

[47] Vgl. zum folgenden Futuyama (1990), S. 50-75. Die Genetik als Teilgebiet der Biologie fand in Mendels Kreuzungsversuchen von 1875 ihren ersten Vorläufer. Die Chromosomentheorie der Vererbung wurde von Sutton und Boveri um 1902 entwickelt.

Darwin erkannte als erster, daß es zu einer natürlichen Selektion kommt: Diejenigen Organismen, die besser an ihre Umwelt angepaßt sind, haben höhere Chancen, sich fortzupflanzen und setzen sich somit eher durch. Dabei ist der Vorgang der besseren Anpassung nicht aktiv zu verstehen, sondern eine ex post-Betrachtung: Diejenigen Organismen, die besser angepaßt sind, haben höhere Überlebenschancen. Schlecht angepaßte Genotypen dagegen werden sich möglicherweise überhaupt nicht fortpflanzen können. Diese Selektion wird auch „richtende" Selektion genannt, da sie den Wandel einer Population in eine bestimmte Richtung bewirkt. Ein bekanntes Beispiel dafür ist die Ausbreitung einer schwarz-gefleckten („Melano"-)Mutante des Birkenspanners (Biston betularia) in England zeitgleich mit zunehmender Verrußung in den Industriegebieten: Die weiße Art des Birkenspanners war plötzlich besser sichtbar für Feinde als die gefleckte Art und deshalb weniger überlebensfähig.

Daneben unterscheidet man die „stabilisierende" (auch normalisierende oder optimierende) Richtung der Selektion: die Variationsbreite, die möglicherweise durch Genfluß und Mutationsdruck (s.u.) in einer Population eintritt, wird wieder eingeengt dadurch, daß extreme Abweichungen i.d.R. weniger Überlebenschancen in einer „normalen" Umwelt haben.

Umgekehrt kann es aber auch bei homogenen Populationen zu „disruptiver" Selektion kommen: Dann werden gerade Abweichler begünstigt, da sie (z.B. als Beutetiere) nicht dem „normalen" Bild der Art entsprechen: So überleben bei afrikanischen Schmetterlingen diejenigen, die übelschmeckenden Arten ähneln (Mimikry), da sie seltener gefressen werden: Je mehr diese Täuschung allerdings auftritt, desto wirkungsloser wird sie.

Die Genotypen sind nicht unveränderlich, sondern unterliegen aus drei Gründen der Schwankung: Zum ersten können Mutationen, d.h. genetische biochemische Veränderungen, durch äußere Einflüsse (z.B. Strahlung) oder zufällig (z.B. bei fehlerhafter Verdopplung von Erbinformationen) auftreten[48]. Zum zweiten kann sogenannte Gendrift auftreten, d.h. die zufällige Rekombination von Genen bei der Vererbung, die bestimmte Eigenschaften stärker oder schwächer ausgeprägt sein läßt. Es kann zur Fixierung (d.h. dem festen Vorhandensein) oder zum Verlust bestimmter Gene kommen[49]. Drittens kann es durch Vermischung verschiedener Spezies, beispielsweise bei Wanderungen, zu Genfluß kommen[50]. Insbe-

---

[48] Dagegen sind Rückwirkungen vom Phänotyp zum Genotyp, so wie sie etwa Lamarck nach der Theorie der aktiven Selbstanpassung vermutete, nicht möglich; vgl. Futuyama (1990), S. 50.

[49] Vgl. Futuyama (1990), S. 147-148.

[50] Vgl. Futuyama (1990), S. 153-158.

sondere bei relativ isoliert lebenden Arten läßt sich dies zeigen. Genfluß kann dabei einer „Einbahnstraße" (das sogenannte Kontinent-Insel-Modell) gleichen, kann aber auch einen Austausch zwischen Nachbarpopulationen bedeuten (Sprungbrett-Modell).

Das häufig mit der biologischen Evolutionstheorie verbundene Schlagwort vom „survival of the fittest", das auch in der neo-klassischen wirtschaftswissenschaftlichen Diskussion eine große Rolle spielt (etwa beim Wettbewerbskonzept der „Chicago school"), ist sehr problematisch. Das Problem dabei ist die mangelnde Meßbarkeit der „fitness", die das Kriterium allenfalls als relatives Kriterium zuläßt. „Objektiv" besser angepaßte Spezies (z.B. Raubtiere, die schneller laufen können als ihre Nahrungskonkurrenten) können dennoch in konkreten historischen Umständen schlechtere Überlebenschancen haben (weil z.B. eine Dürrezeit ihre Nahrungskette beeinträchtigt). Das ständig größer werdende Geweih der vorzeitlichen männlichen Riesenhirsche ist ein Beispiel für ein survival of the non-fittest: Die weiblichen Hirsche bevorzugten männliche Partner mit immer größerem Geweih, für das Überleben der Spezies stellte das Geweih mit den riesigen Ausmaßen von einigen Metern aber eine immer größere Behinderung dar. Am Ende starben die Riesenhirsche aus[51]. Die Evolution sorgt zwar dafür, daß sehr schlecht angepaßte Spezies weniger oder keine Überlebenschancen haben. Das heißt aber nicht, daß die Evolution zu „immer besser angepaßten" Individuen führt. Das ist schon deshalb nicht möglich, weil auch die Umweltzustände, an die sich die Individuen anpassen müssen, dauernd in kleinerem Maße (z.B. Dürrezeiten) oder größeren Maße (Warm- versus Kaltzeiten) schwanken. Eine optimale Anpassung, ein Evolutionsgleichgewicht, ist somit nie erreicht, wohl aber werden ständig schlecht angepaßte Individuen selektiert.

Welche Parallelen gibt es nun zum sich entwickelnden Wirtschaftsprozeß?[52] In einer Marktwirtschaft, die im wesentlichen durch Tauschakte bestimmt ist, werden diejenigen Tauschpartner, die wenig oder schlechtes anzubieten haben, selektiert und verschwinden vom Markt oder müssen Innovationen hervorbringen oder das Verhalten erfolgreicherer Wirtschaftssubjekte imitieren. Auch hier wird sich nie eine optimale Struktur der Tauschakte, ein Gleichgewicht, einstellen, da sich die Umweltbedingungen sowie die Verhaltensweisen der Tauschpartner (bestimmt durch Präferenzen und Restriktionen) ständig ändern. Die am schlechtesten angepaßten Individuen bzw. Firmen werden verschwinden, die besser an-

---

[51] Zur Nicht-Zufälligkeit bei der Partnerwahl aufgrund des Phänotyps s. Futuyama (1990), S.164-165. Ein anderes bekanntes Beispiel dafür ist der Pfau.

[52] Diese Frage wurde schon bald nach dem Erscheinen von Darwins Werken diskutiert; einerseits von den Sozialdarwinisten, die den Darwinismus normativ überhöhten, andererseits von Anfang an von Wirtschaftswissenschaftlern; vgl. etwa Pareto (1966), S. 96-99.

gepaßten bleiben am Markt und expandieren. Doch auch im ökonomischen Prozeß ist eine ständige verbesserte Anpassung von Marktteilnehmern nicht garantiert: Mit X-Ineffizienzen verbundenes internes oder externes Größenwachstum von Firmen kann zu einer ständigen Verschlechterung der Ertragslage dieser Firmen führen, ohne daß sie notwendigerweise vom Markt verschwinden; auch in der Gesamtwirtschaft läßt sich über lange Phasen eine kumulative Verschlechterung der Anpassungsfähigkeit beobachten, die nicht zum Verschwinden der ganzen Volkswirtschaft führt.

Den Analogien stehen aber auch gewichtige Unterschiede gegenüber[53]. Die Mutation, Genfluß und Gendrift in der biologischen Evolution erfolgen - zumindest nach bisherigem Stand der Forschung - zufällig. Mutationen setzen sich zudem nicht besonders schnell durch, wenn sich die Umweltbedingungen ändern[54]. Der Anpassungsmechanismus in der Umwelt ist eben nicht aktiv, sondern nur ex post verständlich. Die Wirtschaftswissenschaft ist dagegen eine Wissenschaft vom menschlichen, zweckgerichteten Handeln[55]. Insofern entspricht die Entwicklung in der Ökonomie zumindest teilweise dem Lamarckschen Bild der aktiven Selbstanpassung. Witt sieht den Einfluß der menschlichen Intelligenz auf die unbelebte Umwelt, die menschliche Fähigkeit, sich Energie und Materie für Produktionszwecke zunutze zu machen, als entscheidenden Unterschied der Systeme Umwelt und Wirtschaft[56]. Anpassungen erfolgen durch Imitation oder Innovation,

---

[53] Hayek ist einer der ersten, die sich mit den Unterschieden der „kulturellen" im Gegensatz zur biologischen Evolution auseinandersetzen; vgl. die Einführung bei Hayek (1996), S. 7-14. Für Hayek liegt der Unterschied beider Arten der Evolution wesentlich in der Unterdrückung „natürlicher" Instinkte durch die Anwendung von Ordnungsprinzipien. Diese Unterdrückung ermöglichte - im Sinne der Mandevilleschen Bienenfabel, nach der „private vices" „public benefits" sein können - das Erlernen von Regeln, die auch als Tradition und Gebräuche weitergegeben wurden und die das Entstehen komplexer Gesellschaftssysteme ermöglichte. Vgl. auch Altner (1992), S. 56-70, sowie Koch (1996), S. 43-44.

[54] Das ist einerseits abhängig vom Selektionsdruck, andererseits davon, inwieweit die Variationsbreite des Genpools einer Art ist: Wenn die Mutante häufiger auftritt, kann sie sich auch relativ schneller durchsetzen bei veränderten Umweltbedingungen.

[55] Diese Definition ist eines der Kernprobleme, das die österreichische Schule beschäftigte. Von Mises bezeichnet die Wirtschaftswissenschaft deshalb als Praxeologie, d.h. Wissenschaft vom menschlichen Handeln; vgl. dazu von Mises (1940); Hayek (1959), S. 294, FN 20; Kirzner (1960), S. 146-185; Rothbard (1995b), S. 49. Hayek weist darauf hin, daß deutlich unterschieden werden muß zwischen Teleologie, d.h. der Vorstellung, daß Endzustände, z.B. die Ordnung einer Gesellschaft, die intendierte Folge menschlichen Planens war, und Praxeologie, d.h. der Beobachtung, daß Menschen zweckgerichtet handeln (vgl. Hayek 1969b). Rothbard (1995b), S. 49, definiert Praxeologie folgendermaßen: „All of economic theory can be deduced from the central axiom that human beings act - that they pursue means in order to arrive at ends."

[56] Vgl. Witt (1995a), S. 426.

und können sehr schnell erfolgen. Hanappi kritisiert wegen der Möglichkeit, daß aufgrund der Informationsverarbeitungsmöglichkeiten des Menschen Rückkoppelungsprozesse zwischen wissenschaftlicher Erkenntnis und sozialer Evolution bestehen, die Spezifizierung der sozialen Evolution als Spezialfall der Evolution biologischer Systeme[57]. Die zentrale Rolle des Menschen muß in einer evolutorischen Ökonomie entsprechend gewürdigt werden. Die neo-klassische Ökonomie sieht im Individuum einen unpersönlichen, mechanischen Maximierungsmechanismus. Eine evolutorische Ökonomie muß dagegen die kreative Rolle des Menschen bei der Anpassung und sogar Überwindung der Restriktionen sehen, die ihn beschränken: Denn der Mensch ist selber auch Veränderer derjenigen Umweltbedingungen, die sein Handeln beschränken.

Diese Doppelrolle des Menschen ist vielleicht deshalb so verwirrend, weil der Mensch andererseits als Teil der belebten Umwelt denselben Evolutionsmechanismen unterliegt wie Pflanzen und Tiere[58]. Während diese biologische Evolution aber das konstitutive Merkmal der belebten Umwelt ist, ist es beim Menschen nur eine nachgeordnete Erscheinung - der Mensch wird nicht durch genetische Mutation, sondern durch zweckgerichtetes Handeln konstituiert. Deutlich wird das da, wo Mechanismen der biologischen Selektion bewußt außer Kraft gesetzt werden, z.B. durch medizinische Versorgung. Auch in der ökonomischen Sphäre ist das zu beachten (Subventionen). Der Mensch kann hier auch, insbesondere durch die Schaffung eines rechtlichen Rahmens und der Wirtschaftsordnung, die Restriktionen so sehr verändern, daß die Analogie zur biologischen Evolution sinnentleert ist.

4.3. Das evolutionäre Grundmodell

4.3.1. Die Annahmen

Spiegelbildlich zur Kritik an den neo-klassischen Annahmen entwickelte die österreichische Marktprozeßtheorie Annahmen zur Erstellung eines evolutionären Wirtschaftsmodell, die im folgenden kurz dargestellt werden. Eine grundlegende Bedeutung für die evolutionäre Theorie hat die Berücksichtigung der Zeit für das Handeln von Wirtschaftssubjekten. In der Neo-Klassik wurde die Zeit zunächst

---

[57] Vgl. Hanappi (1995), S. 438-441.

[58] Bereits Hayek (1952e), S. 79-85, weist darauf hin, daß es bei den „Tatsachen" der Sozialwissenschaften eine Verwirrung gibt, wenn z.B. gleiche physische Eigenschaften von Gegenständen für die Auswahl von Klassen von Gegenständen völlig bedeutungslos sind.

nur als diejenige Zeit wahrgenommen, die zwischen Input und Output im Produktionsprozeß verstreicht[59]. Dann wurde die Analyse auch auf das Phänomen von „lags" erweitert, die eine Anpassung an das Gleichgewicht verzögern[60]. Der Interventionismus betonte die Unterschiede der Entwicklung „in the long run" und „in the short run", um entgegen den Aussagen der Wirtschaftstheorie Interventionen zu rechtfertigen[61]. Wenn die Tatsache, daß ökonomische Prozesse im Zeitverlauf stattfinden, nicht durch die Annahme „unendlicher Reaktionsgeschwindigkeit" ersetzt wird, hat das auch Bedeutung für die Art und Richtung der Prozesse: Datenänderungen[62], d.h. Änderungen der Restriktionen und Präferenzen, lassen Aussagen über die Entwicklung zum Gleichgewicht nicht mehr zu[63].

Eine zweite Dimension, die dieser Begriff Zeit notwendigerweise hat, betrifft den historischen Prozeß, der damit verbunden ist: Wenn Zeit die Zeit ist, in der sich Daten ändern, so ist damit auch der Zeitprozeß irreversibel - die ökonomische Entwicklung ist pfadabhängig[64]. Damit ist der Begriff des „status quo" als eines Zeitpunktes, von dem aus die Richtung von Wirtschaftsprozessen bestimmt werden kann, nicht mehr zulässig - denn Wirtschaftsprozesse bauen auf der zeitlichen Entwicklung der Vergangenheit auf[65]. Der status quo impliziert also schon Bedin-

---

[59] Die Theorie der Kapitalbildung von Eugen von Böhm-Bawerk ist ein Beispiel für die mechanische Betrachtung der Zeit, die eine „sichere" Zeit darstellt, in der Spar- und Investitionsentscheidungen bei unterschiedlichen Zeitpräferenzen getroffen werden, die die wirtschaftliche Entwicklung determinieren; vgl. Schneider (1969b), S. 349-353. Es sollte aber darauf hingewiesen werden, daß bereits Menger die zentrale Bedeutung der Zeit erkannt hat: Nämlich die Möglichkeit von Datenänderungen im Lauf der Zeit, die selbst bei kürzer werdenden Produktionsprozessen dazu führt, daß man sich in einer Position der Unsicherheit darüber befindet, welche Quantität und Qualität an Gütern letztendlich produziert werden; vgl. Menger (1934), S. 21-26.

[60] Hierzu vgl.die neo-klassische Formulierung bei Schneider (1969a), S. 267-268.

[61] Vgl. Mises (1933), S. 152.

[62] Zu den Datenänderungen s. Mises (1933), S. 150-151. Es ist wichtig, daß im Sinne der evolutionären Theorie diese Daten keine bekannten Daten (wie es der eigentliche Wortsinn meint) sind, weder für die Wirtschaftssubjekte selbst noch für den Ökonomen. Viele der „Daten" sind nicht einmal ex post erfaßbar (beispielsweise Präferenzen); ex ante ist eine Aussage über konkret auftretende Datenänderungen überhaupt nicht möglich, alleine Muster-Voraussagen (Hayek) sind möglich; vgl. Graf (1978), S. 46-54.

[63] Vgl. Lachmann (1978), S. 2.

[64] Vgl. Leschke/ Wessling (1993), S. 18.

[65] Genau darin liegt das Problem der Übertragung der Chaosforschung auf den evolutionären Wirtschaftsprozeß. Die Chaosforschung, die nicht-lineare Systeme mit einer Vielzahl möglicher zeitlicher Verhaltensmuster benutzt, ist zwar in ihrer Indeterminiertheit der Evolutionsökonomik sehr ähnlich. Sie baut aber dennoch auf einem zeitpunktbezogenen System auf, da sie die Entwicklungsprozesse von einem „Anfangszeitpunkt" her definiert. Damit wird der evolutionäre Prozeß wieder in ein formales (mathematisch elegantes) Modell eingebaut, aber die Kritik an

gungen, die sich aus dieser konkreten Vergangenheit ergeben - diese aber nicht in Form konkreter Entwicklungsgesetze, wohl aber in Form von Restriktionen[66]. Eine voraussetzungslose Richtungsänderung des Wirtschaftsprozesses ist damit nicht mehr möglich[67]. Reiches Anschauungsmaterial dafür bieten die Transformationsprozesse der ehemals sozialistischen Staaten Osteuropas. Es reichte nicht, den status quo (als ehemalige Zentralverwaltungswirtschaft) durch eine neue Richtung (in Richtung Marktwirtschaft) zu ergänzen, um dann eine vergleichbare Entwicklung wie bestehende Marktwirtschaften zu erhalten. Restriktionen technologischer Art und vor allem Verhaltensrestriktionen („homo sovieticus") verbieten eine solche Sichtweise, die den Entwicklungspfad der ehemals sozialistischen Staaten nicht mitberücksichtigt.

Notwendigerweise ist die konkrete Handlung in der Zeit dann auch an den Raum gebunden (raum-zeitliche Entwicklung). Auch hiervon abstrahieren neoklassische Standardmodelle weitgehend („Punkt-Märkte"). Die Raumgebundenheit führt zum Problem des relevanten Marktes als eines Bedarfsmarktes[68].

Zeit- und Raumgebundenheit der wirtschaftlichen Entwicklung haben eine bedeutende Folge für die Entstehung und Verarbeitung von Wissen in der Gesellschaft: Die Betrachtung eines Zeitpunkts, in dem alles Wissen (zumindest vom Ökonomen) als bekannt vorausgesetzt wird, ist für die ökonomische Analyse irrelevant, denn sie muß sich immer mit Zeitabläufen beschäftigen. Der Marktprozeß wird zur „outward manifestation of an unending stream of knowledge"[69]. Dieser Strom ist dem einzelnen nur zu einem ganz kleinen Teil bekannt. Zentralisierungsversuche des Wissens müssen notwendigerweise scheitern. Diese Erkenntnis von Hayeks[70] zieht wichtige Schlußfolgerungen für ein evolutionäres Wirtschaftsmodell nach sich: Eine Gesellschaft kann niemals einen Zustand der „Optimalität" erreichen - nicht deshalb, weil vielleicht kurzfristige Anpassungs-

---

der Vergangenheitslosigkeit bleibt bei der Chaosforschung ebenso bestehen wie die Kritik der Nichteinbeziehung „echter" (vom Modellkonstrukteur nicht erfaßter) Innovationen; für eine Einführung in die Beziehung von Chaosforschung und Evolutionsökonomik vgl. Lorenz (1992).

[66] Vgl. auch Popper (1957a), S. 108. Einer der ersten, der auf die Wichtigkeit der Einbeziehung von Gebräuchen (custom) als Restriktion der Entwicklung (verglichen mit einer rein kompetitiven Entwicklung) hingewiesen hat, ist Mill; vgl. Mill (1848), S. 284-291.

[67] Vgl. Bohnet-Joschko (1996), S. 50-51.

[68] Vgl. Arndt (1952), S. 56-59, sowie Arndt (1992), S. 27-28.

[69] Vgl. Lachmann (1976), S. 127.

[70] Vgl. Hayek (1952f), S. 103-104 sowie Hayek (1996), S. 11, mit dem Verweis auf Adam Smith; Vgl. auch für die Unmöglichkeit der Zentralisierung von Wissen im Planungsprozeß Hayek (1952c) sowie Hayek (1959), S. 129-142. Vgl. auch die früheren Überlegungen von Ludwig von Mises (1932), S. 99-101.

schwierigkeiten der „long-run"-Entwicklung entgegenstehen, sondern deshalb, weil in einer sich ständig im Fluß befindlichen Wirtschaft überhaupt kein Optimum vorhanden ist. Der Wirtschaftsprozeß ist in seiner Richtung indeterminiert. Niemand kennt alle Daten, um nach ihnen beurteilen zu können, ob etwa staatliche Eingriffe den Marktprozeß korrigieren sollten. Die normativen Aussagen, die sich daraus für die Bedeutung der Freiheit und die Rolle der Wirtschaftspolitik ableiten lassen, sind Thema des Abschnitts 4.5.

4.3.2. Die Akteure

> *There is no need to say that a free society is essentially based on a free economy. As a free economy means a market economy in which competition is a basic element, it is obvious that such an economy can only exist by the activity of the entrepreneurs. So by consequence the entrepreneur is the central point of both, a market economy and a free society.*
>
> *Andries de Graaff*[71]

Das Verhalten der Akteure im evolutionären Wirtschaftsprozeß ist durch die obigen Annahmen, besonders über das Wissen, schon teilweise beschrieben. Die Vielzahl der Handlungsträger, die in Marktprozessen für die Gesamtheit relevante Informationen offenbaren, die aber den einzelnen nur teilweise bekannt sind, führen zu einem hohen Grad an Komplexität des Gesellschaftssystems[72]. Wie handeln nun die Menschen in einer Gesellschaft, deren Komplexität sie nicht durchschauen können?

Als Grundelement menschlichen Verhaltens sieht Ludwig von Mises das „Vorziehen", das heißt den Wahlakt: „Alles bewußte Verhalten von Menschen

---

[71] Graaff (1973), S. 380.

[72] Tatsächlich ist die Komplexität überall anzutreffen, nicht etwa nur in Marktwirtschaften. Dabei ist wichtig, daß in der Marktwirtschaft (insbesondere über ein funktionierendes Preissystem) Informationen, die nur wenigen einzelnen bekannt sind, dennoch von allen nutzbar gemacht werden können. In Zentralverwaltungswirtschaften wird insofern Komplexität reduziert, als daß Preise und Mengen administrativ festgelegt werden. Daß vom Zentralplaner nur wenige Informationen im Vergleich zum Marktsystem genutzt werden, heißt aber nicht, daß nicht die kreative Tätigkeit des Menschen (das Ausweichen auf Schwarzmärkte, die Einführung von Tauschhandel zwischen sozialistischen Firmen) die Komplexität der Gesellschaft wieder erhöhen würde. Sie kann nur nicht mehr so gut verarbeitet werden, da hier die kleinen Ausschnitte, die jedem Mitglied der Gesellschaft bekannt sind, nicht mehr - wie beim Marktsystem - für andere nutzbar gemacht werden; vgl. dazu auch die Ausführungen von Hoppmann (1989), S. 5-6. Zur Komplexität vgl. auch die systemtheoretische Analyse von Luhmann (1985), S. 45-52.

stellt sich als Vorziehen eines A einem B gegenüber dar."[73]. Das Vorziehen führt dazu, daß es überhaupt zu Tauschakten und damit zu Marktprozessen kommt. Dabei ist der Mensch „homo agens", d.h. er handelt und er setzt Zeit, Arbeitskraft, Kapital als Instrumente ein, um bestimmte Ziele zu erreichen[74].

Der Inhalt dieser Ziele ist selbst gesetzt und dem Ökonomen in der Regel nicht oder nicht vollständig bekannt. Die Gesamtheit aller selbstgesetzten Ziele wird aber durch ein funktionierendes Preissystem abgebildet, in dem Vorziehen sich auch in tatsächlichen Wahlakten ausdrücken kann. Das entstehende gesellschaftliche System der *homines agentes* ist also komplex, aber nicht zufällig, sondern (durch spontane, dem Einzelnen unbekannte Handlungen der Anderen) geordnet[75].

Das Aufdecken der selbstgewählten Ziele hat nur sehr wenig mit der neoklassischen Nutzenmaximierung zu tun, die anstelle des „homo agens" einen „homo oeconomicus"[76] setzt, der wie eine Maschine als Maximierer arbeitet. Damit ist aber die kreative Funktion des Menschen nur schwer zu erfassen; die Präferenzordnung des Menschen ist nicht transitiv[77]. Eine evolutionäre Wirtschaftstheorie muß deshalb das Menschenbild des homo agens zugrunde legen.

Die Abstraktion der Neo-Klassik vom Unternehmer als kreativ Tätigem läßt sich daran ersehen, daß dort nicht die Theorie des Unternehmers, sondern der Unternehmung, quasi als entmenschlichte Theorie, behandelt wird[78]. Als Beispiel mag die „Robinson-Ökonomie" bei Varian dienen, in der Robinson als Konsument

---

[73] Vgl. Mises (1933), S. 139.

[74] Mises (1933), S. 32-33, bezeichnet dieses Verhalten des Menschen als rational, obwohl es nicht rational im neo-klassischen Sinne ist, da der Mensch aufgrund seiner Perzeption der Umwelt und nicht aufgrund von objektiven Daten handelt. Allerdings setzt er sich damit dem Vorwurf der Tautologiebildung aus (da dann alles Verhalten als rational definiert wird und Irrationalität wegdefiniert ist); vgl. Tietzel (1981), S. 119. Frey und Stroebe definieren das rationale Verhalten des Menschen als systematisches Reagieren auf äußere Anreize; vgl. Frey/ Stroebe (1981), S. 293. Vgl. zur Irrationalität demgegenüber Brennan (1990), S. 100-101.

[75] Zur geordneten Komplexität vgl. Schmidtchen (1978), S. 138-140.

[76] Selbstverständlich kann der Begriff nicht nur auf die stark abstrahierte neo-klassische Form verengt werden. Vgl. neben den Bemerkungen in Kapitel 3 zu einer umfassenden Definition Kirchgässner (1991). Vgl. auch die historischen Bemerkungen zur Entstehung des Bildes vom homo oeconomicus bei Hofmann (1959), S. 270-272.

[77] Dies hängt insbesondere damit zusammen, daß nicht eine „reale Umwelt", sondern eine Perzeption der Umwelt das Handeln des Menschen bestimmt; Frey/ Stroebe (1980a), S. 120, nennen den so bestimmten Menschen den „psychological man"; vgl. auch ausführlich Frey/ Stroebe (1980b).

[78] Vgl. dazu Kirzner (1978), S. 60-61; vgl. auch Hoppmann (1980), S. 31, FN37.

und Arbeiter und Anteilseigner seiner eigenen Firma auftritt[79]. Von letzterer Rolle heißt es lapidar: „... in his role as shareholder in the firm he will collect profits...“. Die Unternehmung tritt also als black box auf, in der auf mechanistische Weise Ressourcen eingegeben und in Produkte transformiert werden und Gewinne entstehen[80].

Kaufer gesteht das Scheitern dieser Behandlung der Firma ein[81]: Die Erklärung der Innovation durch „Input“-Determinanten wie F&E-Ausgaben, Patente und F&E-Personal ist nach seiner Ansicht fehlgeschlagen[82].

Um die black box „Unternehmung“ zu durchleuchten, entwickelte sich seit dem bahnbrechenden Artikel von Coase (1937) eine Theorie der Firma[83]. Williamson erweiterte diese auf dem Transaktionskostenansatz basierende Theorie um die Unterscheidung von Eigentümern und Managern einer Firma (die auch in der Praxis immer bedeutender wurde): Der Manager war kein automatischer Profit-Maximierer, sondern handelte mit „managerial discretion“, d.h. konnte eine Reihe verschiedener Ziele verfolgen, die im Zweifelsfall mit denen des Eigentümers inkompatibel waren[84]. Darauf aufbauende Prinzipal-Agenten-Modelle sollten die Ziele wieder in Einklang bringen.

Auch einschränkende Modelle in Bezug auf das Maximierungsverhalten wurden entwickelt, um die Theorie der Firma realitätsnaher zu gestalten: Simon und March etwa entwickelten die Hypothese vom „satisfizierenden“ Verhalten der Firmen[85]. Obwohl diese Erweiterung des neoklassischen Ansatzes den Realitätsgehalt der Modelle erhöhte, gelang es ihnen nicht, das entscheidende Manko, das Fehlen des Unternehmers, zu beheben. Baumol nennt dies eine „Diskussion des Hamlets ohne den Prinzen“, denn: „One hears of no clever ruses, ingenious schemes, brilliant innovations, of no charisma or of any of the other stuff of which

---

[79] Vgl. Varian (1990), S. 504.

[80] Die Wirtschaftspolitik behandelte den Unternehmer widersprüchlich. In Amerika genoß er zunächst hohes Ansehen, während er in Deutschland seit je in Gefahr war, „in der Besonderheit seiner Leistung verkannt zu werden“; Alfred Müller-Armack (1974a), S. 36. Doch auch in Amerika sank sein Ansehen mit dem Aufkommen von Modellen rationaler Planung sowie der zunehmenden Trennung von Eigentümern und Managern einer Firma nach dem zweiten Weltkrieg; vgl. dazu z.B. Gross (1950), insbesondere S. 30-46.

[81] Vgl. Kaufer (1980), S. 604-609.

[82] Die Probleme der neo-klassischen Wachstumstheorie, die aus der Ausblendung des Unternehmers für den technischen Fortschritt resultieren, wurden schon oben angesprochen; vgl. 4.1.

[83] Für einen Überblick s. Ménard (1993).

[84] Vgl. Williamson (1964), insb. S. 10-19.

[85] Vgl. Simon (1955), S. 99-118; March/ Simon (1958), S. 47-52.

outstanding entrepreneurship is made; one does not hear of them because there is no way in which they can fit into the model."[86]

Der österreichischen Schule kommt das Verdienst zu, den Unternehmer wieder in theoretische Überlegungen explizit eingeführt zu haben[87]. Bei Schumpeter, von Mises und Kirzner finden sich drei Facetten des homo agens als „Unternehmertypen". Dabei sind diese drei Typen weder miteinander inkompatibel[88] - sie betonen nur eine jeweils andere Eigenschaft des Menschen - noch sind sie ausschließlich auf den Unternehmer im Sinne des allgemeinen Sprachgebrauchs bezogen. „Unternehmer" im Sinne der drei unten dargestellten Typisierungen können genausogut die Konsumenten sein. Die Bedeutung der quantitativen und qualitativen Entwicklung der Nachfrage für die Angebotsentwicklung in einer evolutionären Wirtschaft stellt besonders Arndt heraus[89]. Schon bei Schumpeter findet sich auch die Charakterisierung des Politikers als „politischer Unternehmer", die zu einer wichtigen Grundlegung späterer Überlegungen der Public-Choice-Theorie, aber auch der Theorie des Systemwettbewerbs, wurden[90].

Schumpeter nennt denjenigen einen Unternehmer, der eine „neue Kombination durchsetzt", d.h. der nicht nur laufende Geschäfte einer Firma verwaltet, sondern eine (Produkt- oder Prozeß-)Innovation anstößt und erfolgreich einführt[91]. Dieser „Pionierunternehmer" bringt die sogenannte „schöpferische Zerstörung" hervor, d.h. er entwertet durch seine Innovation alte Produkte oder Produktionsanlagen und setzt gleichzeitig neue Werte an deren Stelle. Von dieser Sichtweise miteinander konkurrierender Innovationen ausgehend entwickelte sich eine Diskussion

---

[86] Baumol (1968), S. 67.

[87] „Wiedereinführung" ist deshalb der treffende Begriff, da die klassischen Ökonomen die Rolle des Unternehmers durchaus gewürdigt haben. In der historischen Schule wurde versucht, die Entstehung kapitalistischer Verhaltensweisen mit dem „Volkscharakter" zu erklären; vgl. Sombart (1923), S. 100-121. Diese Erklärung hat zwar empirische Ergebnisse mit einbezogen, basierte aber auf irrationellen, nicht-überprüfbaren Hypothesen über diesen Volkscharakter. Die österreichische Schule sah demgegenüber die Wichtigkeit des institutionellen Umfelds als entscheidende Determinante.

[88] Rothbard (1995b), S. 56, entwirft ein anderes, inkompatibles Bild der Unternehmertypen von Kirzner und von Mises (und zusätzlich von Hayek); die polemische Zuspitzung der Wissensvoraussetzungen des Misesian Man, Hayekian und Kirznerian Man verstellen allerdings den Blick auf die Gemeinsamkeit, die in der Betonung der Kreativfunktion des Unternehmers liegt .

[89] Vgl. Arndt (1992), S. 39-62 sowie S. 82-84.

[90] Vgl. Kapitel 3 bzw. Kapitel 6.

[91] Vgl. Schumpeter (952) S. 110; zum Schumpeterschen Unternehmerbegriff s. auch Hofmann (1966), S. 103-108, sowie Albach (1984), S. 126-128.

um die sogenannten Schumpeter-Hypothesen[92], d.h. die These, daß Monopole entgegen der negativen Beurteilung durch die neo-klassische Theorie als vorübergehende Zustände für das Zustandekommen von Innovationen unabdingbar seien, da sie den Pionierunternehmer für das Risiko der Innovation entschädigten[93].

Die Theorie des Unternehmers bei Ludwig von Mises[94] basiert auf der „uncertainty inherent in every action"[95] einerseits und der „inequality of men, which is due to differences both in their inborn qualities and in the vicissitudes of their lives" [96] andererseits. Unsicherheit und Ungleichheit führen dazu, daß einige Menschen eine „promoter"- bzw. „leadership"-Rolle haben: Sie sehen eher als andere die Chancen, die sich durch die ständigen Datenänderungen in der Wirtschaft ergeben, die dazu führen, daß Faktorpreise auf den Faktormärkten nicht den Produktpreisen auf den Produktmärkten entsprechen. Die Unternehmer können diese (vermutete) Richtung der Datenänderungen dazu nutzen, Gewinne zu machen und führen durch diese „Arbitrage"-Handlung die Preise in Richtung eines Ausgleichs. Die Möglichkeit des „Arbitrage"-Gewinns schließt natürlich auch die Möglichkeit von „Arbitrage"-Verlusten mit ein. Dadurch unterscheidet sich ein Unternehmer wiederum deutlich vom neo-klassischen „Maximierer".

Kirzner entwickelt diese Auffassung vom Unternehmertum weiter, in dem er die Wichtigkeit der „unternehmerischen Findigkeit" (alertness) betont[97]. Preissignale werden vom findigen Unternehmer zuerst „entdeckt" und können so zu Arbitrage-Prozessen genutzt werden[98]. Die „Entdeckung" von Möglichkeiten durch Preissignale durch den Unternehmer im Marktprozeß wurde zunächst von Hayek (1969c) betont. Hayek verweist dabei besonders auf den Marktprozeß, weniger auf den Unternehmer als Person. Das darf nicht zu dem Fehlschluß führen, ein Marktprozeß käme ohne Unternehmer aus. Vielmehr stellt der Marktprozeß erst die sinnvolle Ordnungsform dar, innerhalb derer sich Unternehmertum überhaupt entwickeln kann[99]. Denn im Gegensatz zur neo-klassischen Vorstellung des vollkommenen Marktes sind die Preise nicht allen bekannte, feststehende Daten. Noch wichtiger ist vielleicht, daß auch die Einbeziehung von Millionen von In-

---

[92] Zur Diskussion der Schumpeter-Hypothesen s. Kaufer (1980), S. 600-609; Vgl. auch Mason (1951).

[93] Vgl. Schumpeter (1942), S. 88.

[94] Vgl. Mises (1959), S. 251-257, sowie S. 286-297.

[95] Vgl. Mises (1959), S. 254.

[96] Mises (1959), S. 256.

[97] Vgl. Kirzner (1978), insb. S. 29.

[98] Vgl. ebda (1978), S. 69.

[99] In der stationären Wirtschaft, in der alles allen bekannt ist, kann es keinen Unternehmer geben, da es auch keine Arbitrage-Möglichkeit gibt; vgl. Mises (1959), S. 253.

formationen über Präferenzen durch Preise nicht bedeutet, daß die Preise als daraus abgeleitete Signale widerspruchsfrei und eindeutig sind[100]. Sie sind vielmehr nur Hinweise, die aber noch gedeutet werden müssen, und eine solche notwendige Deutung schließt immer auch die Möglichkeit der Fehldeutung mit ein - jeder Gewinnchance steht also auch die Verlustmöglichkeit gegenüber[101].

Die Diskussion des menschlichen Verhaltens - idealtypisch am Beispiel des Unternehmers - hat bedeutende Konsequenzen nicht nur für die evolutionäre Wirtschaftstheorie, sondern auch für die Gestaltung der Wirtschaftspolitik. Zunächst ist wichtig, daß der Unternehmer keine „Funktionen" im Sinne von übergeordneten Funktionen wahrnimmt, wie dies Arndt mißverständlicherweise schreibt[102]. In einer katallaktischen Wirtschaft gibt es keine übergeordnete Instanz, die den Akteuren Funktionen zuweisen könnte wie dies der Vorgesetzte oder Leiter in einer Organisation tun kann[103]. A priori ist also die „Unternehmerfunktion" nicht normativ bedeutend.

Der Zusammenhang von Marktprozeß und Unternehmertum darf auch nicht zu dem Fehlschluß verleiten, daß es etwa in nicht-marktlichen Systemen keine Unternehmer gäbe. Nur im Modell der „reinen", neo-klassischen Ökonomie sind Unternehmer überflüssig. In allen realen Wirtschaftssystemen findet sich unternehmerisches Handeln. Allerdings wird es durch das Wirtschaftssystem beeinflußt und in bestimmte Richtungen gelenkt. In Zentralverwaltungswirtschaften war der Schwarzmarkt oder der Bartausch eine der wenigen Möglichkeiten, Arbitrage-Prozesse auszunutzen. Beide Prozesse waren illegal. In Marktwirtschaften ist der (legale) Markt der natürliche Platz für Unternehmer, aber auch hier ist die Schattenwirtschaft[104] oder sogar der illegale Markt (etwa der Drogen- oder Waffenmarkt) mit besonders hohem Risiko, aber auch hohen Gewinnen, attraktiv für Unternehmer.

Die Möglichkeit unternehmerischen Handelns in jedem real existierenden System hat nun auch normative Konsequenzen, denn sie definiert die Spielräume für

---

[100] Vgl. dazu auch Streit/ Wegner (1989), S. 195.

[101] Die Möglichkeit des findigen Unternehmers, Preise fehlzudeuten, wird bei Kirzner (1978) nicht (im Gegensatz etwa zu Ludwig von Mises) in den Vordergrund gestellt, was zur Kritik von Rothbard (1995b), S. 55, führte, Kirzners Beurteilung des Unternehmers sei zu positiv. Aber „Findigkeit" bedeutet nicht, alles richtig zu machen, die Möglichkeit, aber auch Unvermeidbarkeit von Fehlern diskutiert Kirzner auch selber; vgl. Kirzner (1978), S. 189-191.

[102] Vgl. Arndt (1992), S. 82-84.

[103] Vgl. Hayek (1969a), S. 40.

[104] Vgl. dazu Prosi (1997b), insbesondere S. 2-4.

staatliches Handeln ebenso wie sie Hinweise auf das Wirken von Märkten gibt[105]. Max Weber hat die Entwicklung des Wirtschaftssystems kausal mit der Figur eines unternehmerisch handelnden Menschen verbunden, nämlich mit dem von calvinistischer Erwerbsethik geprägten Unternehmer[106]. In der Wettbewerbstheorie ist diese normative Fragestellung mit der Diskussion des „spirit of competition" aufgenommen worden[107]. Die Transformationstheorie postuliert ein Fortdauern des „homo sovieticus" nach dem Zusammenbruch der sozialistischen Zentralverwaltungswirtschaften als Hindernis für die Einführung funktionierender Marktwirtschaften[108]. Die Konsequenzen für die Wirtschaftspolitik in der Katallaxie werden weiter unten (Abschnitt 4.5.) diskutiert.

4.3.3. Die Ergebnisse: Eine Handelnsordnung

Aus dem Handeln der Akteure unter den skizzierten Annahmen lassen sich nun Aussagen über den ökonomischen Prozeß gewinnen, die von denen der neoklassischen Theorie abweichen. Der Wirtschaftsprozeß ist durch eine laufende Änderung von Preisen, Mengen, Qualitäten der Güter gekennzeichnet. Insofern gibt es keine „Daten" mehr, sondern nur noch konjekturale (erwartete) Daten der Wirtschaftsakteure[109]. Zwischen diesen konjekturalen Daten und dem Verhalten der Akteure besteht eine starke Interdependenz, d.h. Änderungen der tatsächlichen Preise, Mengen und Qualitäten schlagen sich in Verhaltensänderungen der Akteure nieder, allerdings nicht in vorhersehbaren, berechenbaren Aktionen: Erstens führen die beschränkte Information des Menschen sowie subjektive (durch Präferenzen und Restriktionen geformte) Unterschiede zu unterschiedlicher Handlung. Zweitens benötigt alle Aktion Zeit. Während sich noch die Adaption an neu erfahrene (konjekturale) Daten vollzieht, ändern sich wieder die Daten, was erneuten Anpassungsdruck bedeutet. Andererseits beeinflußt das Verhalten eines Akteurs gleichzeitig (unintendiert) durch die dadurch entstehende Änderung der konjekturalen Daten anderer wieder das Gesamtergebnis.

---

105 Deutlich wird das in der Diskussion des sogenannten „informellen" Sektors; vgl. Prosi (1997a).

106 Vgl. Weber (1920) sowie die Kritik bei Novak (1996), insb. S. 25-33.

107 Vgl. Arndt (1992), 122-124. Es ist aber wichtig zu sehen, daß die Freiheit zu unternehmerischem Handeln (als normative Forderung aus dem Menschenbild des homo agens) nicht mit der Pflicht des Einzelnen zu solchem Handeln verwechselt werden darf. Der Einzelne profitiert auch dann von der Handlungsfreiheit, wenn nur die anderen diese tatsächlich nützen; vgl. Pies (1996), S. 5; vgl. auch Streit (1995c), S. 61.

108 Vgl. dazu Abschnitt 4.6. und 7.1.2.

109 Zum Problem der Daten s. Hoppmann (1980), S. 28-30.

In einer solchen interdependenten Wirtschaft verliert der Begriff des Gleichgewichts seinen Sinn. Es ist nicht möglich, an einem fiktiven Punkt auf der Zeitachse alle „Daten" zu sammeln und daraus einen Weg zum Gleichgewicht abzuleiten. Nicht einmal eine „Tendenz zum Gleichgewicht" im Sinne einer Tendenz, von dem fiktiven Punkt auf der Zeitachse zu einer spezifischen Preis/ Mengen-Struktur zu kommen (wie es die Totalanalyse versucht), ist möglich[110]. Denn der gleiche Anpassungsdruck, der scheinbar auf ein spezifisches Ergebnis hindeutet, führt auch wieder weg davon, da jede Anpassungsreaktion mit neuen Anpassungsreaktionen anderer interdependent ist. Diese Reaktionen sind ex ante nicht vorhersehbar, da der Mensch kein Maximierer ist, dessen Maximierungsverhalten man vorhersagen kann. Vielmehr spielt Kreativität und Findigkeit bei der Entwicklung von Anpassungsstrategien eine große Rolle[111]. Innovationen sind keine Restgröße (wie in den ursprünglichen Wachstumsmodellen) und auch keine automatisch in gewissen Abständen auftretenden „mark-ups" bei der Produktivität. Sie sind endogen durch die Reaktion der Wirtschaftssubjekte auf Anpassungsdruck zu erklären[112]. Bunse bezeichnet die Endogenisierung der Innovation als das zentrale Anliegen der evolutionären Ökonomik[113].

Anpassungen, d.h. Innovationen und Imitationen, werden ständig durch den Markt bewertet - es findet ein Selektionsprozeß besser oder schlechter angepaßter Güter oder Verhaltensweisen statt, vorzugsweise transmittiert über die Preissignale. Bessere Anpassung bedeutet dabei eine bessere wechselseitige Koordination der Pläne der Wirtschaftssubjekte. Die Herstellung besser angepaßter Produkte an die Präferenzen der Konsumenten wird etwa mit höherer Zahlungsbereitschaft honoriert. Wegen des Mangels an Wissen bei den Akteuren, der fehlenden Homogenität und der Existenz von Transaktionskosten ist die Selektion allerdings kein Prozeß, der zu einer vollständigen Nivellierung (einem langfristigen Gleichgewicht) führt. Wenn alle Wirtschaftssubjekte nach denselben Regeln handeln, wird sich tendenziell eine Handelnsordnung ergeben: Die unintendierten Ergebnisse autonom entscheidender Menschen führen dennoch zu einer Form der Koordination, in der die Pläne miteinander weitgehend kompatibel sind. Dies ist,

---

110 Vgl. dazu ausführlich Hoppmann, (1980). Zur Tendenz zum Gleichgewicht in der neoklassischen Theorie vgl. Halm (1960), S. 30-32.

111 Vgl. Prosi (1994), S. 128-129; S. auch Wegner (1995), S. 188-191.

112 Teilweise spielt sicher auch die „reine Entdeckerfreude" eine Rolle bei der Invention (der Entdeckung neuen Wissens). Für die Innovation (die erste wirtschaftliche Anwendung von Wissen) und Imitation ist aber die Reaktion auf Marktereignisse (z.B. Preisänderungen) und die vermutete Möglichkeit zu Arbitragegewinnen entscheidend.

113 Vgl. Bunse (1994), S. 4. Auf theoretischer Ebene wird diese Endogenisierung durch Luhmann geleistet, der Wirtschaft und Gesellschaft als selbstreferentielles (autopoietisches) System dargestellt; vgl. Luhmann (1988), insb. S. 48-51.

was die klassische Ökonomie als „invisible hand“[114], Hayek als „spontane Ordnung“[115] bezeichnete. Die Tendenz zum Gleichgewicht kann also - modifiziert vom ursprünglichen Anspruch - als eine Tendenz zu immer vollständigerer Plankoordination gesehen werden[116]. Lachmann läßt die Formulierung „Gleichgewicht“ allein auf der Ebene der Individuen gelten, wobei die Gleichgewichtslage der individuellen Aktionen nichts anderes sei als ein Synonym für rationales Handeln[117]. Die Summe der individuellen Gleichgewichtslagen führt dennoch nicht zu einem kollektiven Gleichgewicht - wäre das erreicht, würde jeder wirtschaftliche Prozeß vollendet sein[118].

Das Fehlen eines Referenzpunktes in Form des allgemeinen Gleichgewichts führt auch zu einer Verwerfung oder bestenfalls Redefinierung des Begriffs der „Optimalität“. Die Idee des Soll-Ist-Vergleichs der neo-klassischen Theorie wird bedeutungslos, wo es keinen „Soll“-Zustand mehr gibt. Die „Optimalität“ kann sich wiederum nur auf die Frage der wechselseitigen Koordination der Pläne beziehen. Sinnvoll kann man dann nur von einer besseren oder schlechteren Koordination der Pläne reden. „Besser“ oder „schlechter“ impliziert dabei eine Vergleichbarkeit des betrachteten Zustandes, entweder mit Zuständen in der Vergangenheit oder mit (z.B. räumlich entfernten) Zuständen in der Gegenwart. Doch selbst bei einer solchen, abgeschwächten Form des Optimalitätskriteriums ist aus verschiedenen Gründen ein Vergleich kaum möglich: Zeitlich (vertikal) und räumlich (horizontal) führt die Pfadabhängigkeit der wirtschaftlichen Entwicklung

---

114 Die Idee der unsichtbaren Hand ist zunächst „métaphorique, même mythique“ (Gélédain, (1988), S. 18) und findet sich - wenn auch nicht expressis verbis - schon bei den Vorläufern von Adam Smith; vgl. Vidonne (1985), S. 82. Die Idee des „bonum par malum“ findet in der Bienenfabel von Mandeville ihre klarste Formulierung. Adam Smith sieht den Unternehmer in der Handelnsordnung als „led by an invisible hand to promote an end which was no part of his intention“; vgl. Smith (1952), S. 477. Er hat am deutlichsten die Konsequenzen der Existenz der unsichtbaren Hand für die Wirtschaftspolitik des Staates beschrieben; s. dazu Kittsteiner (1984).

115 Hayek (1969a), S. 35.

116 Vgl. Hoppmann (1980), S. 25.

117 Vgl. Lachmann (1976), S. 130-131.

118 Hayeks und Lachmanns Positionen sind im Grunde identisch. Lachmann unterscheidet die individuelle Ebene, die Marktebene und die Systemebene (Totalanalyse), von denen „Gleichgewichte“ nur auf der individuellen Ebene vorkommen, insofern als daß einzelne Wirtschaftssubjekte kein Interesse mehr haben, ihre Positionen zu verändern. Man mag einwenden, daß auch auf der Marktebene von Gleichgewichten gesprochen werden kann, daß einige Märkte nicht durch Ungleichgewichte gekennzeichnet seien. Dies ist aber eine umgangssprachliche Version des Gleichgewichtsbegriffes. Damit können z.B. Märkte bezeichnet werden, die im Sinne der Heuß'schen Marktphasentheorie reif sind, wenige Marktein- und -austritte und geringe Innovationsaktivität verzeichnen; vgl. Heuss (1965). Gleichgewichtig im Sinne der neoklassischen Theorie sind sie nicht.

zu einer Einschränkung der Vergleichbarkeit von Ist-Zuständen. Die Pfadabhängigkeit der Evolution führt wiederum dazu, daß Evolutionsoptimismus, also die Hoffnung auf langfristig immer bessere Koordination der Pläne, trügt: Bei konkurrierenden Innovationen kann sich z.B. auch diejenige durchsetzen, die zwar technisch unterlegen ist, aber eine weitere Verbreitung hat. Während diese „increasing returns to adoption“ kurzfristig zu einem besseren Preis-Leistungs-Verhältnis führen, können sie langfristig zu einem Entwicklungspfad führen, der ein weniger vorteilhaftes Ergebnis im Sinne der Individuen erzeugt[119]. Dies gilt auch für die institutionelle Auswahl, wo kurzfristige Vorteile (z.B. Umverteilungsregimes) langfristig negative Ergebnisse (niedriges Wachstum) mit sich bringen können. Umgekehrt können auch kurzfristig negative Entwicklungen langfristig Folgen haben, die aus Perspektive der Zukunft als positiv gewertet werden[120].

Zwar sind Unterschiede identifizierbar und auch zu verstehen (etwa unterschiedliche Arbeitslosenquoten bei unterschiedlichen institutionellen Arrangements), aber dieser Erkenntnisprozeß gilt nur ex post und ist nur sehr eingeschränkt für Vorhersagen zu nutzen. *Abbildung 4.1.* zeigt die Evolution zweier fiktiver Ökonomien in einer Abfolge von t Jahren, jeweils mit den Entscheidungszeitpunkten t_i (die etwa durch die Summe der eingebrachten neuen Gesetze in einem Jahr oder die Budgets gekennzeichnet sein können). Die verschiedenen Handlungsalternativen sind als Pfeile abgebildet, die dickgedruckten Pfeile stellen die tatsächlich gewählte Alternative dar. Diese Handlungsalternativen hängen von den erwarteten Folgen (also den Folgen in t_{i+1} bei Wahl der Handlungsalternative j) ab. Beispielsweise könnten diese Folgen unterschiedliche Arbeitslosenquoten sein. Die Interdependenzen zwischen den Entscheidungen der beiden Ökonomien sind durch die Doppelpfeile gekennzeichnet. Die Entscheidung einer Ökonomie für einen institutionellen Entwicklungspfad, der zu hohem Wachstum und niedriger Arbeitslosigkeit führt, kann in verschiedener Weise mit dem Entwicklungspfad der zweiten Volkswirtschaft interdependent sein: Es kann Import- oder Exportinterdependenzen geben, es kann zu institutionellen Imitationen kommen, aber auch zu Innovationen, die z.B. mit fehlerhaftem Institutionendesign der anderen Volkswirtschaft und dadurch ausgelösten Lernprozessen zusammenhängt. Dabei ist wichtig, daß die wahrgenommenen Entscheidungsalternativen jeder Ökonomie nicht von der anderen Ökonomie (zumindest nicht vollständig) gekannt werden.

---

[119] Vgl. David (1985) sowie Witt (1995b), S. 167.

[120] Weede führt z.B. die Wettbewerbsgesinnung und das Interesse an wirtschaftlicher Wohlfahrt bei den westlichen Regierungen der Neuzeit wesentlich auf die ständigen Spannungen und Kriege zurück, die ein Interesse an Wohlfahrt (und damit der Möglichkeit, eine mächtige Streitmacht zu besitzen) hervorriefen; vgl. Weede (1991), S. 18.

Schon bei der Modellierung eines solchen Modells ex post werden sich bei der Sammlung der (konjekturalen) Daten der Entscheider erhebliche Probleme ergeben. Ex-ante-Modellierung ist überhaupt nicht mehr möglich, da die Interdependenz zwischen den Entscheidungen nicht abzubilden ist.

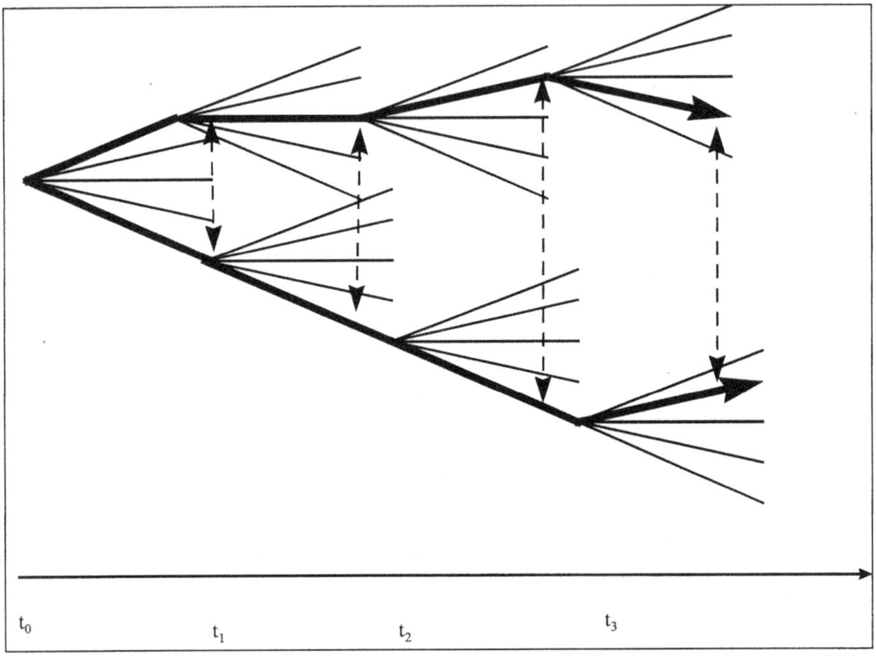

Abb. 4.1 Pfadabhängige Evolution zweier fiktiver Ökonomien
Quelle: eigene Erstellung nach Koch (1996), S. 68

Die normativen Implikationen aus Vergleichen sind deshalb - anders als in neoklassischen Modellen - weitaus vorsichtiger[121].

Die explizite Betrachtung von Transaktionskosten ist eine Möglichkeit, die Erklärungslücke zwischen modelltheoretischer Reinheit und beobachtbarer Evolution des Wirtschaftssystems zu verkleinern. Zu den „costs of using the price mecanism"[122] gehören z.B. die Informationskosten, die Aushandlungs- und Abschluß-

---

[121] Vgl. Abschnitt 4.5.
[122] Vgl. Coase (1937).

kosten von Verträgen, die Überwachungskosten und die Kosten der Vertragsanpassung bei längerfristigen Verträgen. Insbesondere die Existenz von Informationskosten und die Existenz längerfristiger, relationaler Verträge[123] führen zu einer evolutionären Modellierung des Wirtschaftsprozesses. Allerdings unterliegt die Transaktionskostenökonomik der Gefahr, die als „Transaktionskosten" definierte ökonomische Umweltveränderung zu quantifizieren und dann als einfaches Addendum an die neo-klassische Maximierungsfunktion zu hängen. Informationsunsicherheiten führen zum Beispiel zu Suchkosten bei Wirtschaftssubjekten; aus diesem Grunde bestehen Güterheterogenitäten und kommen Verträge nicht zustande. Das heißt aber nicht, daß diese Kosten sinnvoll quantifiziert und dann als Aufschlag auf die übrigen Kosten geschlagen werden können. Damit wäre nämlich wieder die zentrale Aussage der evolutionären Ökonomie, daß sich Wirtschaftssysteme mit der in ihnen vorhandenen Information entwickeln und daß somit der technische Fortschritt dieser Entwicklung endogen ist, außer Kraft gesetzt. Dieser Versuchung einer statischen Konzeptionierung unterliegt die Transaktionskostenökonomie.

4.4. Das evolutionäre Modell als neues Paradigma?

Das oben beschriebene evolutionäre Wirtschaftsmodell ist mit der neoklassischen Gleichgewichtsanalyse nicht mehr vereinbar. Insofern kann man es als neues, mit der Neo-Klassik konkurrierendes Paradigma der Wirtschaftstheorie bezeichnen. Andererseits heißt das nicht, daß die im Rahmen der neo-klassischen Analyse verwendeten Instrumente völlig ihren Sinn verlieren. Die Marginalanalyse und die Mikro-Fundierung der ökonomischen Theorie werden sogar dort wichtiger, wo sich aus methodischen Erwägungen das Rechnen in Aggregaten verbietet[124]. Als Gesamtgebäude hat aber die neoklassische Totalanalyse keinen Bestand mehr: Sie ist ein mathematisches Modell, das nichts als sich selbst beweist (die Lösung ist schon in den Annahmen impliziert), das aber nicht den realen Wirtschaftsprozeß abbildet. Die Neo-Klassik hat versucht, sich durch ceteris-paribus-Annahmen vor der empirischen Falsifizierung zu schützen; diese führten aber zu einer weiteren „Tautologisierung" der Modelle[125].

---

[123] Relatione Verträge sind Verträge, die nicht nur aus einem einmal beschlossenen Text bestehen, sondern aus der „entire relations, as it has developed"; Williamson (1979), S. 238. Arbeitsverträge hängen z.B. nicht nur vom Text des Vertrags, sondern auch von Vertrauensbeziehungen zwischen Arbeitnehmer und Arbeitgeber entscheidend ab. Diese Verträge sind unvollständig bei Vertragsabschluß, da die Komponenten (z.B. Vertrauen) dann noch nicht bekannt sind und sie sich zudem im Laufe der Zeit ändern können. Insofern löst sich die Theorie relationaler Verträge vom neo-klassischen, statischen Ansatz ; vgl. auch Machneil (1985).

[124] Vgl. dazu Machlup (1966), S. 61-66.

[125] Vgl. Graf (1978), S.35-42.

Wenn man den Erklärungsanspruch der Neo-Klassik zurückweist, so heißt das nicht, daß ihm ein ebenbürtiger Anspruch bei der evolutionären Wirtschaftstheorie gegenübersteht. Im Gegenteil, ein Blick auf die Ergebnisse (4.3.3.) fällt relativ pessimistisch aus, da ex post wie ex ante Erklärungen der tatsächlichen Wirtschaftsabläufe sehr viel weniger stringent ausfallen. Führt die Ablösung des neoklassischen Paradigmas die Wirtschaftstheorie so an die Anfänge der Wirtschaftstheorie im 18. Jahrhundert zurück, in eine Zeit, wo brauchbare Erklärungen überhaupt erst in Ansätzen vorhanden waren? Oder, um die Formulierung Hayeks zu benutzen: Wenn einfache Erklärungen komplexer Phänomene nicht möglich sind, ist es dann überhaupt möglich, solche Erklärungen zu finden, die die Komplexität berücksichtigen?

Wegen der Informationsprobleme lassen sich nur solche Erklärungen als allgemeine Erklärungen finden, die nicht auf die Kenntnis der genauen Umstände von Zeit und Ort angewiesen sind. Einzelne Ereignisse sind also nicht vorherzusagen in ihrer konkreten Ausprägung, sondern nur in ihren abstrakten Mustern, weshalb Hayek von „Muster-Voraussagen" oder „Erklärungen des Prinzips" spricht[126]. Diese sind auch dann möglich, wenn nicht alle „Daten" konkret bekannt sind, sondern nur die generellen Züge eines Problems. Damit sind ceteris-paribus-Klauseln über diese unbekannten Fakten nicht mehr notwendig[127].

Die vorangegangene Diskussion der „Tendenz zum Gleichgewicht" mag das verdeutlichen: Es lassen sich zwar allgemeine Muster erkennen, wie ökonomische Agenten auf bestimmte Signale (beispielsweise Preisänderungen) reagieren. Insofern gilt die Mustervoraussage, daß Preisänderungen Verhaltensänderungen einer bestimmten Art nach sich ziehen werden. Es sind aber die konkreten Umstände, unter denen eine Preisänderung bei einem Gut auftritt, unbekannt. Insofern läßt sich kein Zusammenhang zwischen der Preisänderung und zum Beispiel einer Mengen änderung quantifizieren. In der spontanen Handelnsordnung lassen sich - vorausgesetzt bestimmte „Spiel"-Regeln sind bekannt - zwar nicht die konkreten Ergebnisse einzelner Wirtschaftssubjekte voraussagen. Es lassen sich aber wohl allgemeine Aussagen, etwa über die Anpassungsfähigkeit dieses polyzentrischen Systems im Vergleich zu einem System mit monozentrischer Ordnung, treffen.

---

[126] Vgl. Hayek (1972); Hayek (1987), S. 182-184. S. die ausführliche Analyse bei Graf (1978).

[127] Das heißt nicht, daß ceteris-paribus-Annahmen überhaupt nicht mehr notwendig seien. In konkreten Fällen können sie in sozialwissenschaftlichen Forschungen unabdingbar sein. Aber von ihnen darf nicht die Falsifizierbarkeit der Mustervoraussagen abhängen.

Die evolutionäre Theorie bedeutet also keinen Verzicht auf Erklärungen, wohl aber einen Verzicht auf bestimmte Arten der Modellbildung, die in der bisherigen orthodoxen Theorie üblich waren: Totalmodelle und Gleichgewichtsmodelle verlieren in der Wirtschaftspolitik ihre Gültigkeit. Allgemeine Gleichungssysteme (z.B. das Walrassche Modell der Beziehungen von Gütermengen und Güterpreisen) können aber weiterhin sinnvoll sein, wenn sie nur als Erklärung des Prinzips, nicht aber zur Vorhersage konkreter Ergebnisse, verwandt werden[128]. Solche Erklärungen sind nicht tautologisch, d.h. sie sind nicht schon durch die Annahmen spezifiziert. Sie sind auch nicht mit Erklärungen des „gesunden Menschenverstands" zu verwechselnde ad-hoc-Erklärungen, sondern falsifizierbare (und somit im Sinne Poppers wissenschaftliche) Aussagen. „Typische" Aussagen dürfen also nicht mit trivialen Aussagen verwechselt werden.

4.5. Wirtschaft, Staat und Wirtschaftsordnung

4.5.1. Die Implikationen der evolutionären Ökonomie

Die Änderungen, die sich durch eine evolutionäre Analyse für die Modellierung der Wirtschaftsprozesse ergeben, führen auch zu gravierenden normativen Implikationen für die Wirtschaftspolitik. Der Wirtschaftspolitiker, der die Kosten und Nutzen bestimmter Aktionen erfahren will, ist wie der Wissenschaftler ein externer Beobachter. Die Unmöglichkeit, das verstreute Wissen zu zentralisieren, ist deshalb besonders wichtig und „konstituierend" für die Wirtschaftspolitik. Das Pareto-Kriterium setzt, um es wirtschaftspolitisch sinnvoll für Maßnahmen anwenden zu können, die genaue Kenntnis und Vergleichbarkeit von alternativen Maßnahmen voraus, die nicht gegeben sind. Insofern beruhen Maßnahmen, die mit der Verbesserung der Pareto-Effizienz begründet werden, letztlich auf einer nicht haltbaren wissenschaftlichen Basis.

Hier ist wieder zwischen der Möglichkeit, Muster-Voraussagen zu machen, und der Erreichung konkreter wirtschaftspolitischer Zieldaten zu unterscheiden. Die Diskussion der Externalitäten mag dies verdeutlichen. Das Problem von externen positiven und negativen Effekten ist zweifelsohne vorhanden. Muster-Voraussagen über den Anreiz, Kosten zu externalisieren, sind möglich, und auch Muster-Voraussagen darüber, welche Effekte institutionelle Arrangements haben, die zu einer Internalisierung von externen Effekten führen. Nicht möglich ist dagegen die Berechnung eines konkreten externen Effektes und die Behebung dieses Effektes durch eine staatliche Zwangsinteralisierung. In diesem Punkt führt

[128] Vgl. Hayek (1972), S. 27.

die Verwerfung des neo-klassischen Modells also auch zu einer Verwerfung der neo-klassisch fundierten Wohlfahrtsökonomie. Dies ist vermutlich das Ergebnis der evolutionären Wirtschaftstheorie, das den meisten Widerstand findet, denn ein Großteil der heutigen staatlichen Interventionen findet gerade auf Basis dieser Wohlfahrtsökonomik statt[129].

Die neue Modellierung der Wirtschaftspolitik muß damit beginnen, auch die Analyse der wirtschaftspolitischen Akteure zu überdenken: Der Wirtschaftspolitiker ist „homo agens" oder politischer Unternehmer. Mit unternehmerischer Findigkeit sucht er nach Innovationen im politischen Prozeß, imitiert erfolgreiche bestehende politische Institutionen und versucht, Arbitragegewinne zu erzielen. Dies sind exakt die Verhaltensweisen, die auch die Public Choice - Theorie für die politischen Entscheidungsträger postuliert (s.o.). Während dort allerdings die Modellierung im Rahmen der reinen neo-klassischen Theorie zu Maximierungsmodellen unter ceteris-paribus-Annahmen mit eher geringem empirischen Erklärungsgehalt führt[130], führt eine Verbindung beider Theorien (eine Einführung der evolutionären Analyse in den Untersuchungsgegenstand der Public-Choice-Theorie) zwar zur Aufgabe des mathematischen Modells des Verhaltens, aber zu einer realistischen Möglichkeit von Mustervoraussagen über das Verhalten politischer Akteure.

Kerber weist darauf hin, daß die Analyse privater Macht und ihre Schlußfolgerungen für die Wirtschaftspolitik von den Evolutionstheoretikern weitgehend vernachläßigt wird[131]. Eine Ausnahme bilden die Modelle von Heuss und Arndt. Diese kommen deshalb auch zu sehr viel detaillierteren wettbewerbspolitischen Forderungen als zum Beispiel Hayek und Hoppmann, die die staatliche Politik zum Offenhalten der Märkte zwar abstrakt forderten, aber in concreto die Fähigkeit des Staates zum Handeln weitgehend negieren. Diese Vernachläßigung ist allerdings nicht durch ein theoretisches Defizit zu erklären, da dem Modell des „homo agens" (als Fortführung des Modells des „homo oeconomicus") Anreize zur Ausübung privater Macht auf Kosten anderer durchaus inhärent ist. Vielleicht ist aber die Verbindung der Evolutionstheorie mit der Public-Choice-Theorie gerade hier sinnvoll, da diese - wenn ihr ureigenster Untersuchungsbereich auch die Analyse öffentlicher Entscheidungen ist - umso mehr die Bedeutung von Machtverhältnissen im privaten Bereich unterstreicht, da es sich bei der Public-Choice-

---

[129] Dies ist ein wichtiger, aber keinesfalls der einzige Einwand gegen die Wohlfahrtsökonomie. Ebensowichtig ist die Kritik am wohlfahrtsökonomischen Staatsverständnis, das sich am Leitbild des benevolenten Diktators orientiert.

[130] Die Künstlichkeit des Maximierungsgedankens ist z.B. im Stimmenmaximierungspostulat von Downs oder der Budgetmaximierungshypothese von Niskanen evident.

[131] Vgl. Kerber (1989), S. 54, FN 94.

Theorie um eine Übertragung der Erklärung privater Entscheidungsprozesse (zu den an wichtiger Stelle auch Machtverhältnisse gehören) auf öffentliche Entscheidungsprozesse handelt.

4.5.2. Regeln in der Handelnsordnung als Leitbild der Wirtschaftspolitik

Grundsätzlich findet eine spontane Koordination durch wechselseitige Anpassung der Pläne der Wirtschaftssubjekte statt. Allerdings kann diese spontane Koordination in weiten Teilen durch staatliche bzw. organisierte Koordination[132] ersetzt bzw. außer Kraft gesetzt werden. Am deutlichsten wird dies beim Übergang von der spontanen Organisation des Marktes zu einer totalitären Organisation der Güterproduktion in der Zentralverwaltungswirtschaft (total kann allerdings auch die totalitäre Organisation nie sein, da die totale Organisation die Erreichung eines Totalgleichgewichts mit unveränderten Präferenzen voraussetzt). Die spontane Koordination ist der Organisation insofern überlegen, als sie mehr Informationen schneller verarbeiten kann und so eine tendenziell vollständigere Koordination hervorbringt. Für die Wirtschaftspolitik bedeutet das, daß die Eingriffe der Wirtschaftspolitik zum Ziel haben sollten, die spontane Koordinationsfähigkeit keinesfalls zu stören und wo das möglich ist, sie sogar noch zu erhöhen (das Kriterium der Marktkonformität und Marktunterstützung von Alfred Müller-Armack[133]). Da die konkreten Daten nicht vorhanden sind, mittels derer man quantifizierbare Zielzustände wirtschaftspolitischer Maßnahmen erreichen kann, ist auf solche quantifizierbaren Ziele zu verzichten[134]. Damit sind insbesondere

---

[132] Im Sinne von Hayek (1969a).

[133] Müller-Armack (1974b), S. 120. Vgl. dazu auch Hayek (1971), S. 287. Im evolutionären Rahmen basiert eine Wirtschaftspolitik, deren Ziel die Verbesserung der Marktfunktionen ist, nicht (wie in der Wohlfahrtsökonomik) auf Eingriffen in den Marktablauf, um „falsche" Marktergebnisse zu korrigieren. Die Grundidee ist vielmehr, daß alle Volkswirtschaften dem Grundtatbestand der Evolution, und das heißt, der Selektion, ausgesetzt sind. Marktwirtschaften, die schlechte Koordinationsleistungen erbringen, z.B. wegen zu vieler Staatseingriffe, werden tendenziell von besser funktionierenden Wirtschaften im Wettbewerb verdrängt; vgl. dazu Wegehenkel (1981), S. 143. Eine bessere Koordination ist also sowohl im Interesse des aufholenden (imitierenden) als auch des innovativen Wettbewerbs (im Bereich der politisch-institutionellen Systeme).

[134] Das heißt nicht, daß auf Muster-Voraussagen verzichtet werden muß, die etwa die staatliche Ausgabenplanung mit konjekturalen Daten versorgt. Kritiker der Hayekschen Überlegungen zur Handelnsordnung verweisen darauf, daß Hayek von der Ablehnung der Wirtschaftspolitik zur Erreichung stationärer Endzustände zu einer generellen Ablehnung jedweder „Lenkbarkeit" der Wirtschaft komme; s. z.B. Wegner (1996), insb. S. 385-393. Wegner bestreitet die Nichtlenkbarkeitshypothese und verweist darauf, daß eine ergebnisoffene Steuerung möglich sei. Hayek selbst (in Hayek (1971) im Kapitel XV „Wirtschaftspolitik im Rechtsstaat") läßt aber (vgl. unten) jedwedes Ausmaß der Staatstätigkeit zu, sofern sie mit der Handelnsord-

Interventionen in den Wirtschafts*prozeß* zu vermeiden, denn sie können einerseits nicht sicher zum gewünschten Ergebnis führen und andererseits stören sie die autonome Koordination der Marktteilnehmer.

Die Staatstätigkeit, die unter solchen Prämissen ausgeübt wird, basiert auf der Durchsetzung abstrakter, offener und universalisierbarer Regeln. Zusammen bilden sie den Rahmen der Handelnsordnung[135]. Abstrakt sollen staatliche (d.h. rechtliche) Regeln sein, weil sie für eine unbestimmte Anzahl von ex ante unbekannten Fällen gelten sollen[136]. Abstraktion meint dabei, daß - wie bei den Mustervoraussagen - zwar gewisse Grundzüge in der rechtlichen Regulierung aufgeführt werden sollten, aber keine genaue Spezifizierung, für die der Staat Daten benötigte, die nicht existieren bzw. nicht zentralisierbar sind. Aus demselben Grund sollen Regeln auch offen oder negativ formuliert sein. Sie sollen nicht konkrete Handlungsweisen vorschreiben, sondern nur den Rahmen umgrenzen, innerhalb dessen die Menschen handeln, wie es ihren Präferenzen entspricht. Die Universalisierbarkeit der Regeln bedeutet, daß sie nicht nur für eine bestimmte Gruppe von Individuen unter bestimmten Umständen gelten dürfen, sondern allgemeingültig sein sollen. Damit senken sie Transaktionskosten (Informationskosten) und entsprechen Kants kategorischem Imperativ.

Die Durchsetzung solcher Regeln führt dazu, daß der Wirtschaftsprozeß nicht chaotisch verläuft, sondern regelgebunden ist: Die „rule of law" verhindert dabei sowohl die Ausnutzung privater Macht wie auch den Mißbrauch staatlicher Macht, denn auch das Handeln des Staates ist den allgemeinen Rechtsregeln verpflichtet. Diesem Idealbild des Staates steht allerdings die Wirklichkeit gegenüber, die vor allem durch eine Vermischung der staatlichen Tätigkeit zur Aufrechterhaltung der „rule of law" (des Rechts) mit staatlicher Tätigkeit ist, deren einzige Legitimation die Mehrheitsentscheidung ist (Gesetze). In der Erosion des Rechtsstaates aufgrund der Ausweitung der mit Mehrheit beschlossenen, nicht der Handelnsordnung entsprechenden Gesetze sieht Hayek den Hauptgrund für die mangelhafte Funktion der spontanen Koordination[137]. Eine Analyse staatlicher Wirtschaftspolitik, der eine evolutionäre Betrachtung des Wirtschaftsprozesses zugrunde liegt, muß also folgende Aspekte in Betracht ziehen:

---

nung vereinbar ist; das ist m.E. nicht anderes als ergebnisoffene Steuerung. Insofern beruht die Kritik an ihm auf einer unvollständigen Rezeption.

[135] Vgl. hierzu Hayek (1969d) sowie ausführlich Hayek (1971), insb. S. 285-289.

[136] Vgl. Hoppmann (1980), S. 32.

[137] Vgl. Hayek (1969e).

(1) Inwieweit entsprechen staatliche Gesetze den Regeln der Wirtschaftspolitik in der Handelnsordnung?

(2) Inwieweit lassen sich Gesetze durch das Verhalten politischer Unternehmer in der Demokratie (Mehrheitsprinzip) erklären?

(3) Welche Maßnahmen führen unter der Annahme der Evolution des Wirtschaftssystems sowie der polit-ökonomischen Zusammenhänge zu einer besseren spontanen Koordination? Gibt es sie überhaupt?

Hayek weist darauf hin, daß die Untersuchung der Transaktionskosten einer staatlichen Maßnahme von der Untersuchung ihrer Kompatibilität mit der Handelnsordnung getrennt werden muß[138]. Ist eine Maßnahme nicht mit der Handelnsordnung vereinbar (z.B. eine direkte Intervention in den Wirtschaftsprozeß), dann kann sie auch nicht durch scheinbar vorhandene relevante Daten und niedrige Transaktionskosten gerechtfertigt werden. Sie ist a priori illegitim[139]. Das Argument gegen diese Handlungen ist also kein Kostenargument, sondern ein Argument im Prinzip. Sind die Aktionen dagegen mit der Handelnsordnung kompatibel, so muß in einer zweiten Untersuchungsstufe die Höhe der Transaktionskosten staatlicher Eingriffe geschätzt werden, mit besonderer Berücksichtigung der wirtschaftlichen Evolution. Selbst Eingriffe, deren statische Kosten eher gering sind (z.B. die Harmonisierung von Vorschriften in der EU), können wegen der dynamischen Implikationen (Beendigung von Systemwettbewerb) schädlich sein.

Die Unterscheidung des systemischen Arguments vom Transaktionskostenargument ist deshalb unscharf, weil beide eine Rechtfertigung in der Frage der Evolutionsfähigkeit des Wirtschaftssystems bzw. der Fähigkeit zur spontanen Koordination haben: Die Offenheit des Wirtschaftssystems findet eine wesentliche Begründung in dem Unvermögen des Menschen, Innovationen ex ante zu kennen und zu bewerten. Gleichzeitig gehört zu den Transaktionskosten auch legitimen staatlichen Handelns die Gefahr der Sklerotisierung im Zeitverlauf. Am Beispiel der Harmonisierung von Vorschriften sei dies nochmals verdeutlicht: Sicher ist nicht jede Harmonisierung oder Normierung abzulehnen. Sie sind häufig nötig, um Transaktionskosten des Funktionierens des Marktmechanismus, etwa im grenzüberschreitenden Handel, zu senken. Gleichzeitig kann aber eine Anhäufung solcher unproblematischer Normierungen in der Masse auch zu einem Problem

---

[138] Vgl. Hayek (1971), S. 287.

[139] Illegitim gemessen an den Anforderungen der Handelnsordnung. In der Demokratie sind viele solcher Interventionen dann legitim, wenn sie von Mehrheit beschlossen wurden. Allerdings gibt es auch hier - z. B. in den ersten Artikeln des Grundgesetzes - Handlungen, die von vorneherein als illegitim gelten.

werden. Ähnliches gilt für die Sozialpolitik. Soziale Regulierungen können die Produktivität einer Volkswirtschaft verbessern. Eine Sklerotisierung durch das Zusammenwirken zu vieler einzelner Regulierungen ist aber möglich - obwohl jede einzelne vielleicht dem Kriterium der Kompatibilität mit der Handelnsordnung entspricht. Insofern muß die Ansicht von Hayek, die Art und nicht das Ausmaß der Staatstätigkeit seien das Problem der Wirtschaftspolitik[140], ergänzt werden: Auch das Ausmaß an - gemessen an der Handelnsordnung - legitimer Wirtschaftspolitik bestimmt das Funktionieren der spontanen Koordination mit.

Die Evolution, die für den Wirtschaftsprozeß kennzeichnend ist, gilt genauso auch für die Entwicklung des Wirtschaftssystems, also des Rahmens, der durch die internen und externen Institutionen der Wirtschaftsordnung gebildet wird. Als interne Institutionen wird die Gesamtheit derjenigen Regeln bezeichnet, die von privater Seite durchgesetzt werden, z.B. Sitten, Gebräuche o.ä., die z.B. über Vertrauen, gegenseitige Kenntnis oder private Schiedsgerichte durchgesetzt werden. Als externe Institutionen werden demgegenüber diejenigen Institutionen bezeichnet, die vom Staat mittels Zwang durchgesetzt werden[141]. Die Ergebnisse dieses Evolutionsprozesses sind wiederum nicht a priori wünschenswert. Die Evolution führt nicht zwingend zur Durchsetzung der „besten" oder „besten bekannten" Regeln, da private bzw. kollektive Macht dies verhindern und die oben angesprochene Wirkungsweise des Evolutionsprozesses auch für sie gelten. Dennoch kann man sagen, daß der soziale Evolutionsprozeß auch als Entdeckungsverfahren neuer Institutionen arbeitet[142]. Für die Wirtschaftspolitik in der Handelnsordnung ist es deshalb wichtig, in dem Offenhalten des wettbewerblichen Prozesses von staatlicher Intervention nur eine notwendige, nicht aber eine hinreichende Bedingung für eine möglichst große Anpassungsfähigkeit des wirtschaftlichen Systems zu sehen.

Die Kontrolle privater Macht, insbesondere in der Form der Wettbewerbspolitik, ist eine weitere notwendige Bedingung. Zudem hängt die Evolutionsfähigkeit von Faktoren ab, die nicht oder nur indirekt „Entscheidungsvariablen" der handelnden Menschen sind: Die internen Institutionen, die sich - teils durch die Form externer Institutionen, teils durch die kulturelle Evolution - entwickelt haben, spielen eine wichtige Rolle.

---

[140] Vgl. Hayek (1971), S. 287.

[141] Vgl. einführend Streit (1995b), S. 23-30. North verwendet die eng verwandten Definitionen informeller und formeller (oder formloser und formgebundener) Institutionen, die auf die Frage der Schriftlichkeit der Institutionen abstellt; vgl. North (1992b), S. 43-64.

[142] Vgl. dazu weitergehend Kapitel 6.

Dieser Restriktionen muß sich der Wirtschaftspolitiker (der Wissenschaftler) in der Handelnsordnung bewußt sein, wenn er politische Maßnahmen zur Verbesserung der Evolutionsfähigkeit eines Wirtschaftssystems durchsetzen will. Ob der Politiker daran überhaupt ein Interesse hat, ist eine andere Frage, die von der Public-Choice-Literatur ausführlich diskutiert wurde [143]. In einer Demokratie gibt es die Vermutung, daß wegen des Interesses des Politikers an Wiederwahl - die durch eine verbesserte Koordinationsfähigkeit und dadurch individuell erwünschtere Ergebnisse tendenziell erhöht wird - dies zumindest teilweise der Fall ist.

4.6. Systemtransformation als Grenzfall der Evolution

Geht man von einer evolutionären Entwicklung des Wirtschaftssystems aus, so kann man die Transformation als einen Grenzfall der Systemevolution ansehen[144]: Transformation ist der Übergang von einem Wirtschaftsordnungssystem zu einem anderen, z.B. die Transformation von einer Zentralverwaltungswirtschaft zu einer Marktwirtschaft. Der Grund der Systemtransformation kann einmal systemimmanent sein, wie der Zusammenbruch der sozialistischen Zentralverwaltungswirtschaften durch innere Funktionsschwächen gezeigt hat[145].

Systemtransformation kann aber auch systemexogen, z.B. durch kriegerische Auseinandersetzung, begründet sein[146]. Die zu dem Wirtschaftssystem gehören-

---

[143] Vgl. Kapitel 3.

[144] Dieser Auffassung von Transformation steht eine zweite gegenüber, die die Transformation als „exogenen Schock“ sieht. Der exogene Schock als systemexogene Änderung der Rahmendaten läßt keine Orientierung an Vergangenheitsdaten zu und erschwert so die ordnungspolitische Orientierung; vgl. etwa Brinkmann (1995), S. 110-113. Schulz-Nieswandt (1997), S. 83, sieht die Transformationsgesellschaften sogar in einem „institutionellen Vakuum“. Eine solche Sicht der Transformation erklärt scheinbar die politische und wirtschaftliche Instabilität der Transformation, ist jedoch mit einer evolutionären Sicht der Systemtransformation nicht vereinbar. Zwar kann der Anlaß der Transformation exogen sein (Krieg), der Transformationsschock ist aber allein ein Bruch mit den externen, nicht aber mit den internen Institutionen des vorangegangenen Systems. Natura non fecit saltum; vgl. dazu Lichtenstein (1996), S. 245, sowie Wegehenkel 1991), S. 106.

[145] Vgl. Peters (1997), S. 251.

[146] Das marktwirtschaftliche System der jetzigen Bundesrepublik Deutschland war z.B. zum großen Teil aufgrund der Entscheidungen der Besatzungsmächte in der Bizone entstanden. Neben dieser Einführung externer Institutionen spielte auch die Migrationssituation (Zuwanderung hoch motivierter Flüchtlinge, Verhinderung der Auswanderung, Druck auf Industrielöhne, Eingliederung der Offiziere und Kriegsgefangenen als neue Unternehmerschicht)

den internen und externen Institutionen müssen, wenn es sich um die Transformation zur Marktwirtschaft mit dem Ziel eines hohen Maßes an spontaner und privater Organisation handelt, aufeinander abgestimmt sein[147]. Dabei treten zwei Probleme auf:

Das erste Problem betrifft den Unterschied von Institutionen, die durch langfristige Evolutionsprozesse entstanden sind und Institutionen, die „konstruktivistisch" geschaffen wurden. Theoretisch kann ein Imitationsprozeß stattfinden, in dem alle neu zu schaffenden Institutionen nach ausländischem Modell gestaltet werden. Die rasche Einführung eines funktionierenden Bankensystems, einer Wettbewerbsaufsicht, die Preisliberalisierung und die Privatisierung gehörten so zu den Forderungen zu Beginn des Transformationsprozesses in Osteuropa[148]. Vielfach wurden ausländische Modelle (z.B. das Modell der Deutschen Bundesbank in Estland) oder internationale Modelle (des IWF) bis ins Detail kopiert. Dies betraf aber nur äußere Merkmale wie den organisatorischen oder rechtlichen Aufbau oder die Aufgabenzuweisung der Institutionen. Zu den realen Institutionen gehört aber noch mehr, was nicht kopiert werden kann: Eine institutionelle Tradition wie z.B. die Glaubwürdigkeit oder Unabhängigkeit von Institutionen gegenüber politischen Entscheidungsträgern.

Zudem waren die imitierten Institutionen nicht immer maßstabsgerecht übertragen. Ein Beispiel aus Estland mag dies verdeutlichen. Estland hat das deutsche Zentralbankmodell übernommen, allerdings ohne die Einführung der Landeszentralbanken, die im kleinen Estland keinen Sinn machen würden. Obwohl die Funktionsweise und Organisation des Geldwesens ansonsten sehr ähnlich ist, ist damit ein wesentliches Element der deutschen Geldpolitik, nämlich der föderale Aufbau und wirtschaftspolitische Diskurs, der über die politische Ernennung des Personals der Landeszentralbanken zustande kommt, im estnischen Geldwesen nicht vorhanden. Die Kopie von Institutionen führt also nicht automatisch zu deren (zufriedenstellenden oder guten) Funktionieren. Ein ähnliches Beispiel ist die

---

eine wichtige Rolle; vgl. Giersch (1982), S. 52-53. Dies stimmt mit den Beobachtungen von Olson (1982) überein.

[147] Beim Übergang von der Marktwirtschaft zur Zentralverwaltungswirtschaft gibt es dieses Problem insofern nicht, als daß dieser Übergang in der Regel im Rahmen eines totalitären politischen Systems stattfindet; in einem solchen System führen interne Widerstände zwar auch zu einem (noch) schlechteren Ergebnis, sie werden aber mit Gewalt aufgehoben. Eine zweite Möglichkeit ist der Übergang im Rahmen eines demokratischen Systems als Kriegswirtschaft. Dann wird nationale Propaganda die institutionellen Widersprüche überdecken.Die Transformation zur Marktwirtschaft findet dagegen in der Regel - nicht notwendigerweise! - im Rahmen eines demokratischen politischen Systems statt. Widerstände können hier möglicherweise durch besseres Institutionendesign aufgehoben werden.

[148] Vgl. z.B. Thieme (1992), S. 17-18.

wörtliche Übersetzung europäischer Richtlinien in nationales Recht in Osteuropa. Dies allein garantiert noch keine Kompatibilität im Binnenmarkt, wenn die Einhaltung und Einübung dieses Rechts nicht garantiert ist[149].

Diese praktischen Probleme spiegeln sich in der Transformationstheorie in der Diskussion des *Sequencing* und *Timing* der Reformen wieder[150], zugespitzt in der Frage, ob die Transformation besser durch eine Schocktherapie oder durch gradualistische Reformen erreicht werden könne.

Neo-klassisch argumentierende Ökonomen wie Jeffrey Sachs erwarteten zwar auch längerfristige Probleme bei der Strukturanpassung der Unternehmen, hielten aber die institutionellen Reformen für eine Frage, die bei entsprechendem politischen Willen kurzfristig gelöst werden könnte[151]. Evolutionär betrachtet ist die Imitation funktionierender Institutionen zwar sinnvoll, ja sogar eines der Hauptmerkmale der Wirtschaftsordnungsentwicklung. Wegen der Pfadabhängigkeit der Entwicklung der Gesamtheit interner und externer Institutionen ist es aber zu erwarten, daß die äußere Übernahme der Institutionen von ihrer Anpassung an die konkreten Gegebenheiten der entsprechenden Volkswirtschaft und damit ihrer Evolution gefolgt wird. Es ist nicht sicher, daß diese Evolution zu dem Funktionieren dieser Institutionen gemäß den in sie gesetzten Erwartungen führt.

Es kommt hierbei im wesentlichen auch auf die internen Institutionen an, die sich spontan entwickeln müssen[152]. Dies führt aber zu einem zweiten Problem der Systemtransformation. Während schon die Entwicklung externer Institutionen nicht reibungslos verläuft, sind die internen Institutionen von den politischen Entscheidungsträgern nicht beeinflußbar und von den spontan koordinierten Wirtschaftssubjekten nicht autonom zu ändern. Die Übernahme der marktwirtschaftlichen externen Institutionen muß also von einem Veränderungsprozeß interner Institutionen (dem Übergang vom homo sovieticus zum homo agens) begleitet werden, der weder vorhersehbar noch steuerbar ist.

Im Grenzfall „Transformation von Wirtschaftsordnungen" führen die Restriktionen der politischen Entscheider durch den evolutionären Wirtschaftsprozeß also dazu, daß der „leap to the market economy", den insbesondere die polnischen Reformer von ihrem „big bang"-Programm zunächst erwarteten, nur zu einem

---

149 Vgl. Csaba (1997a), S. 396.
150 Vgl. dazu Dhanji (1991), Jens (1993), Falk/ Funke (1993).
151 Vgl. Lipton/ Sachs (1990), insbesondere S. 108.
152 Spontane Entwicklung heißt nicht gleichzeitig schnelle Entwicklung, sondern kann auch einen zeitaufwendigen Prozeß meinen.

„leap to the pre-market economy“ wurde und der Transformationsprozeß auch der Wirtschaftsordnung und -institutionen noch für unbekannte Zeit andauert[153].

4.7. Schlußbetrachtung

Die evolutionäre Sicht des Wirtschaftsprozesses ist ein Paradigma, daß zwar viele Vorläufer bis hin zu den Vorklassikern hat und mit einem Teil der im neoklassischen Paradigma verharrenden neuen Ansätze in den Ergebnissen vereinbar ist, aber insgesamt Erkenntnisse bringt, die zu einer Ablösung der neo-klassischen Orthodoxie führen.

Der Evolutionsprozeß mit den Mechanismen Mutation und Selektion (Innovation und Imitation) ist das Hauptkennzeichen der realen, dynamischen Volkswirtschaften, in denen keine „Gleichgewichtslagen“ bestehen. Selbst dort, wo die Koordination aufgrund von a-priori-Restriktionen (z.B. in der Zentralverwaltungswirtschaft) nur schlecht funktioniert, findet eine (wenngleich teils unerwünschte) Evolution statt. Dort, wo die spontane Koordination der Individuen nicht durch interne oder externe Institutionen behindert wird, ist die Anpassung an wechselnde Rahmenbedingungen besonders erfolgreich.

Die Wirtschaftspolitik muß sich deshalb von den wohlfahrtsökonomischen Ansätzen, die in der neo-klassischen Theorie eine „Heilung“ von Marktversagen versprachen, verabschieden. Dies ist eine der Implikationen, die trotz der in den letzten Jahren äußerst umfangreichen Diskussion evolutionstheoretischer Ansätze fast überhaupt noch nicht realisiert wurden. Deshalb ist eine Darstellung der evolutionären Theorie gerade für die folgende Analyse der wirtschaftsrelevanten Politik der Europäischen Union sehr wichtig. Die „neue“ Wirtschaftspolitik im Rahmen der Handelnsordnung kann wiederum auf eine Reihe von kompatiblen Ansätzen (insbesondere den Ordoliberalismus und die österreichische Schule) zurückgeführt werden. Sie hat sich an der Abstraktheit, Offenheit und Universalisierbarkeit der Rechtsregeln zu orientieren, die zu einer „rule of law“ führen.

---

[153] Eine Ergänzung dieser Analyse, die interessanterweise sehr ähnliche Ergebnisse bringt, ist die von der Public-Choice-Theorie und der Transaktionskostentheorie ausgehende neuere Wirtschaftsgeschichte, die den institutionellen Wandel im Zeitablauf untersucht und ebenfalls die Pfadabhängigkeit der Institutionenevolution herausarbeitet; vgl. North (1988) sowie Priddat (1995). Schwerin weist deshalb darauf hin, daß der Transformationsprozeß in Osteuropa nicht kurzfristig durch politische Maßnahmen zu langfristigem Wirtschaftswachstum führen kann, sondern daß dieser Prozeß zeitraubend ist; vgl. Schwerin (1996), S. 58.

Ein Metaziel, das über die Ziele der in einer Volkswirtschaft agierenden Individuen hinausreicht, hat sie nicht - es würde gegen die Offenheit (oder Negativität der Regeln) verstoßen. „Eine optimale Politik in einer Katallaxie kann und sollte darauf abzielen, für jedes zufällig herausgegriffene Mitglied der Gesellschaft die Chancen zu verbessern, die es hat, ein hohes Einkommen zu erzielen, oder, was auf dasselbe hinausläuft, jedes Mitglied der Gesellschaft sollte die Chance haben, daß der reale Gegenwert seines Anteils am Gesamteinkommen - wie immer auch dieser Anteil selbst beschaffen sein mag - so groß wie irgend möglich wird."[154]. Die Darstellung des evolutionären Wirtschaftsprozesses kann helfen, das Design einer solchen Politik zu erstellen und konkrete Wirtschaftsordnungen besser mit einer solchen Politik kompatibel zu machen.

---

[154] Vgl. Hayek (1969d), S. 121.

5. Föderalismustheorien

> *„Das Charakteristische des historischen Entwickelungsprozesses in bezug auf die Gebietskörperschaften ist es also, daß, je größer die Reiche und Staaten werden, desto mehr eine komplizierte Hierarchie von kleinen und größeren Körperschaften übereinander steht, die sich nun in die verschiedenen Aufgaben des politischen und wirtschaftlichen Gemeinschaftslebens teilen."*
>
> *Gustav Schmoller*[1]

Bevor nach einer Möglichkeit zur Gestaltung der Europäischen Union als Handelnsordnung gemäß dem oben beschriebenen evolutionären Modell der Wirtschaft gesucht wird, sollen zunächst die politikwissenschaftlichen und ökonomischen Begründungen für den bisherigen mehrstufigen Aufbau der Union und ihre konkreten Auswirkungen untersucht werden. Die politische Struktur der EU läßt sich als mehrstufig, üblicherweise dreistufig, vorstellen[2]. Die Kompetenzverteilung innerhalb dieser Stufen unterliegt einer Entwicklung im Zeitverlauf; die Richtung dieser Entwicklung ist allerdings ex ante unbekannt. Logisch lassen sich drei mögliche Entwicklungen des mehrstufigen Aufbaus unterscheiden[3]:

Ebene	**„Central"-These**	**„Big-Belly"-These**	**„local's great"-These**
Supra-national	+	-	-
National	-	+	-
Subnational	-	-	+

„+" = eine Ebene gewinnt an Gewicht

Abb. 5.1 Entwicklung des Föderalismus 1: Gewichtszunahme einer Ebene

Quelle: eigene Erstellung nach Eser, 1991, S. 10.

---

[1] Schmoller (1920), S. 293-294.

[2] Damit sind die supranationale Ebene, die nationale Ebene sowie die subnationale Ebene gemeint. Letztere ist in einigen EU-Mitgliedstaaten noch mehrfach unterteilt, z.B. in Deutschland in die Bundesländer, in die Regierungsbezirke - dort, wo sie existieren -, die Kreise und die Kommunalverwaltung. Der Aufbau kann damit bis zu sechs verschiedene Stufen umfassen. Der Einfachheit halber wird hier zunächst von einem dreistufigen System ausgegangen, was die Realität insofern gut trifft, als die Verwaltungseinheiten der subnationalen Ebene oft reinen Vollzugscharakter haben.

[3] Vgl. zum folgenden Eser (1991), S. 10.

Erstens kann eine der drei staatlichen Ebenen eine Gewichtszunahme erfahren. Nach der „Central-These" kommt es zu einer zunehmenden Zentralisierung von Aufgaben auf der supranationalen Ebene der EU. Dafür spricht u.a. die Interessenslage der Akteure, wie sie in Kapitel 3 besprochen wurde. Die zunehmende Zentralisierung wird häufig auch mit einer angeblichen „Europäisierung" der Probleme normativ begründet und gefordert, da Nationalstaaten für die Probleme zu klein geworden seien[4]. Nach der „Big-Belly-These" sind die entscheidenden Kompetenzen weiterhin bei den Nationalstaaten angesiedelt. Die subnationale Ebene mag sogar noch Kompetenzen an die Nationalstaaten abgeben, während die europäische Ebene - die ja bisher durch den Ministerrat weitgehend national kontrolliert ist - nur eine unwichtige Rolle übernimmt. Nach der „local's great"-These könnte die subnationale Ebene mehr Kompetenzen als bisher auf sich ziehen und bedeutender als die anderen Ebenen werden. Ein gewisses Indiz dafür kann man in der zunehmenden Dezentralisierung und Regionalisierung der EU sehen[5].

Ebene	„Double Pressure"-These	„Sandwich"-These	„lay-upstairs"-These
Supranational	+	+	-
National	+	-	+
Subnational	-	+	+

„-" = eine Ebene verliert an Gewicht

Abb. 5.2 Entwicklung des Föderalismus II: Gewichtsverlust einer Ebene

Quelle: eigene Erstellung nach Eser, 1991, S. 10.

Zweitens könnte eine Ebene der EU im Vergleich zu den anderen an Gewicht verlieren. Nach der „Double-Pressure"-These könnte sowohl von der EU als auch von den Nationalstaaten ein Druck auf die subnationale Ebene ausgehen, der nach und nach alle Kompetenzen entzogen werden. Nach der „Sandwich"-These könnte demgegenüber die nationale Ebene an Gewicht verlieren und überflüssig werden, gemäß dem Wort, daß „die Staaten in Europa für die großen Probleme

[4] Typisch ist etwa die Analyse von Van de Meersche (1972), S. 190: „De nationale staten kunnen in het komende kwartaal van onze eeuw niet langer meer het aangepaste politieke kader vormen om de economische, sociale, militaire, politieke, cultuur- en milieuproblemen op te lossen."

[5] Vgl. Abschnitt 5.4.

zu klein und für die kleinen zu groß" geworden seien[6]. Zuletzt könnte nach der „lay-upstairs"-These auch allein die EU-Ebene an Gewicht verlieren, etwa wieder zu einem lockeren Koordinationsgremium einer Freihandelszone ohne weitergehende Integrationsabsichten werden. Auch dafür lassen sich - nämlich in der Haltung Großbritanniens während der konservativen Regierung und in der Diskussion über die Ermöglichung eines erweiterten Europa - Indizien finden.

Ebene	„all same weight"-These
Supra-national	0
National	0
Subnational	0

0 = „Gleichgewicht: keine Veränderungen der Kompetenzverteilung möglich und nötig"

Abb. 5.3 Gleichgewicht im Föderalismus

Quelle: eigene Erstellung nach Eser, 1991, S. 10

Drittens könnte es ein gleiches Gewicht aller drei staatlichen Ebenen bereits geben („all same weight"). Diese These vom „Gleichgewicht" mit einem stark normativen Einschlag muß mit besonderer Skepsis gesehen werden[7]. Denn ein statisches „Gleichgewicht" im eigentlichen Sinne würde bedeuten, daß für die Aufgabenlösung alle drei Ebenen „zufällig" gleich kompetent sind. Wenn dagegen „Gleichgewicht" bedeutet, daß alle drei Ebenen diejenigen Aufgaben lösen, wo sie die größte Kompetenz haben (wenn sich das überhaupt messen läßt), so heißt daß keineswegs unbedingt eine Machtgleichverteilung. Dann könnte auch gleichzeitig eine der anderen Thesen zutreffend sein[8]. In der wissenschaftlichen und politischen Diskussion haben insbesondere die (politischen oder ökonomischen) Föderalismustheorien, das Subsidiaritätsprinzip sowie die regionalistische Bewegung einen Einfluß auf die Frage der Kompetenzverteilung im Zeitverlauf gehabt. Sie sollen im folgenden genauer diskutiert werden.

---

[6] Eine Diskussion über das allmähliche Verschwinden der Nationalstaaten gab es in intellektuellen Kreisen im Zusammenhang mit den Ergebnissen von 1989/ 1990. Sie ist allerdings schnell wieder einer realistischeren Betrachtungsweise gewichen; vgl. etwa Schelter (1992a), S.7-8.

[7] Wenn man die europäische Integration dynamisch betracht, im Sinne der vorgestellten evolutionären Theorie, dann sind gegen die „all same weight" - Theorie ähnliche Einwände berechtigt wie gegen die neo-klassische Gleichgewichtstheorie.

[8] Z.B. könnte eine „gleichgewichtige" Kompetenzverteilung im Sinne einer adäquaten Aufgabenzuordnung zugleich eine Aufgabenrückverlagerung auf die nationale oder subnationale Ebene bedeuten.

5.1. Politische Föderalismustheorien

„The only viable federalism, if we are to have a federal structure at all, is a constitutional one."

P. C. Ordeshook[9]

5.1.1. Der Begriff und seine gesellschaftspolitische Bedeutung

Der Begriff Föderalismus (von lat. foedus, d.h. Bündnis) meint sowohl ein gesellschaftliches Gestaltungsprinzip als auch ein staatsrechtlich-politisches Ordnungsprinzip, die beide aber nicht genau voneinander zu trennen sind. Das dürfte der Grund dafür sein, daß, obwohl über den Föderalismus bereits seit der Antike diskutiert wird, Vile noch 1977 beklagt: „[I]ndeed a *theory* of federalism hardly exists today ..."[10].

Das gesellschaftliche Gestaltungsprinzip basiert auf der christlichen Weltanschauung. Es geht davon aus, daß der Einzelmensch zwar der Gesellschaft seinsmäßig überlegen ist (er hat eine reale, physische Existenz im Gegensatz zum gedanklichen Konstrukt Gesellschaft), aber andererseits in seinem Sein auch auf das Zusammenleben in der Gesellschaft angelegt ist[11]. Dieses Zusammenleben löst stets Konflikte zwischen Individuum und Staat, Individuum und (kleineren oder größeren) Gemeinschaften sowie Staat und Gemeinschaften aus. Nach der Lehre des gesellschaftlichen Föderalismus soll dabei den Interessen der untergeordneten Gemeinschaften grundsätzlich der Vorrang gegenüber denen der oberen Gemeinschaften gegeben werden[12]. Im 19. Jahrhundert erlebt diese Föderalismustheorie in der Vorstellung eines christlich-ständisch geordneten Staates eine Blütezeit[13]. Die Forderung nach Selbstverwaltung sowie Verwirklichung des Subsidiaritätsprinzips gewann dabei über die katholische Soziallehre hinaus eine zentrale Stellung in der heutigen Föderalismusdebatte[14].

---

[9] Ordeshook (1993), S. 223.

[10] Vile (1977), S. 1; kursiv im Original. Vgl. auch Kirsch (1977), S. 3, Beer (1977), S. 21.

[11] Vgl. Ferber (1948), S.7.

[12] Der Föderalismustheoretiker Constantin Frantz sieht z.B. die Familie als Ausgangspunkt (Keimzelle) aller gesellschaftlichen und rechtlichen Entwicklungen und stellt deshalb das Recht der Familie (das „hausväterliche" Recht) über das (daraus abgeleitete) staatliche Recht; vgl. Ferber (1948), S.17.

[13] Einen ausführlichen Überblick gibt Dreyer (1986). Neben der christlich-ständischen Föderalismusauffassung entwickelte der französische Sozialist Proudhon eine föderalistische Theorie, die vom Verschwinden des Staates ausging und die spätere Vorstellungen (etwa von Marx) mitbeeinflußte; vgl. Muckle (1920), S.127-129.

[14] Vgl. Abschnitt 5.3.

5.1.2. Konzepte des politischen Föderalismus[15]

Neben dieser gesellschaftspolitischen Föderalismustheorie ist der Begriff Föderalismus aber zunehmend auch als staatsrechtlich-politisches Prinzip von Bedeutung. Dort ist er ein politisches Ordnungsprinzip, das Integration in einem Kontinuum zentrifugaler und zentripetaler Kräfte bewirken[16] und so den Ausgleich von politischen Ebenen erreichen soll[17]. Im Unterschied zur Dezentralisierung als administrativem Konzept bedeutet Föderalismus, daß die obere Ebene (der Bundesstaat) und die Gliedstaaten (z.B. Länder, States, Kantone) originäre Kompetenzen haben, die ihnen nicht genommen werden können. Daraus leitet sich auch der Grundsatz der „Bundestreue" bzw. des gemeinschaftsfreundlichen Verhaltens ab, der sowohl für den Bundesstaat wie auch für die Gliedstaaten gilt[18].

Die Finanzordnung in einer Föderation ist der finanzielle Ausdruck dieser Prinzipien[19]. Im wesentlichen geht es um die Frage der Zuordnung von Kompetenzen[20]. Diese Zuordnung darf nicht nur als Aufgabe der geschriebenen Verfassung gesehen werden, sondern ist auch vor dem Hintergrund der Verfassungs*wirklichkeit* , der „lebendigen Verfassung", zu sehen[21]. Die rein formalistische Definition (als eine Art politikwissenschaftlicher nirvana-approach) findet sich z.B. immer dann, wenn es um die Frage der Einordnung der Sowjetunion als föderaler Staat geht[22].

---

[15] Eine Analyse des politischen Föderalismus in einer volkswirtschaftlichen Arbeit muß notwendigerweise Stückwerk bleiben. Da die Entwicklung des bundesdeutschen Föderalismus wertvolle Anhaltspunkte für den Vergleich mit der europäischen Integration bietet, erhält sie hier eine herausgehobene Stellung, auch wenn dies dem amerikanischen und schweizerischen Föderalismus, die nur gelegentlich zu Vergleichszwecken herangezogen werden, nicht gerecht werden kann. Zum amerikanischen Föderalismus vgl. Elazar (1972) sowie Leach (1971). Zum Schweizer Modell vgl. die Aufsatzsammlung mit historischen Bezügen von Steiner (1971) sowie Nüssli (1985).

[16] Vgl. dazu Kirsch (1987).

[17] Vgl. Oberreuter (1986), S.632.

[18] Zum Konzept der Bundestreue vgl. de Villiers (1995). Die Bundestreue spielt in der Europäischen Union dann eine wichtige Rolle, wenn verstärkt Elemente des Systemwettbewerbs bzw. Modelle der Integration in verschiedenen Geschwindigkeiten oder sogar mit verschiedenen Finalitäten eingeführt werden; vgl. Hessel/ Mortelmans (1993), S. 909-910.

[19] Vgl. Abschnitt 5.2.

[20] Pitlik unterscheidet zwischen der staatsrechtlichen Diskussion, die sich um die Klärung der Begriffe Bundesstaat (Föderation), Staatenbund (Konföderation) und Einheitssstaat (unitarischer Staat) drehe, von der politikwissenschaftlichen Diskussion, die die Frage der Gewaltentrennung behandle; vgl. Pitlik (1997), S.21-22. Dieser Trennung wird hier nicht gefolgt, da m. E. die letztere Diskussion in der ersteren mitenthalten sein muß, wenn sie nicht völlig inhaltslos ist.

[21] Vgl. Kaltefleiter (1980a), S.210.

[22] Vgl. etwa Hesselberger (1991), S.160, und Laufer (1985), S. 228.

Deren Gliedstaaten (die sogenannten sozialistischen Sowjetrepubliken) hatten de facto keine andere Funktion, als Ausführungsorgane der Zentrale (d.h. des ZK der KPdSU) zu sein. Eigenständige Rechte, das Wesensmerkmal föderaler Republiken, fehlten ihnen.

In der Antike bildeten bereits die griechischen Stadtstaaten Bündnisse mit gemeinsamen Organen, die man durchaus als Föderationen bezeichnen kann[23]. Der heilige Bischof und Kirchenlehrer Augustinus nennt in seinem Buch „Der Gottesstaat" die Ausdehnung des (römischen) Reiches ein zweifelhaftes Glück und stellt ihr eine Welt vieler kleiner, das Recht respektierender Staaten gegenüber, die sich nachbarlicher Eintracht erfreuen[24].

Die Bildung der Vereinigten Staaten von Amerika im Jahre 1787 war der entscheidende Ausgangspunkt für die Diskussion des Föderalismus in der Moderne[25]. Die heftigen Diskussionen der Föderalisten (federalists), die für die (gemeinsame) Verfassung plädierten, und anti-federalists, die in ihr eine zu große Beschneidung der Rechte der Staaten sahen, führten zur Formulierung von 85 Artikeln durch Alexander Hamilton, James Madison und John Jay. Diese frühe Föderalismus-Debatte in Amerika ist der Grund dafür, daß bis heute in den angelsächsischen Ländern das Wort „federalism" für den zentralistischen Staatsaufbau steht, während in Kontinentaleuropa unter Föderalismus immer ein dezentralisierter, mehrstufiger Staat verstanden wird. In den federalist papers ist dennoch kein übermächtiger Zentralstaat das Ziel, sondern schon ein Großteil der heutigen Argumente für den politischen Föderalismus enthalten[26].

Auch der Verfassungsaufbau der USA gilt als klassisches Vorbild des Föderalismus in vielen Ländern: Im Artikel I, 8 der Constitution of the United States of America sind diejenigen Gebiete aufgezählt, in denen der Bundesstaat Regelungsbefugnisse hat (sogenannte enumerated powers). Diesen Befugnissen steht die generelle Zuständigkeitsvermutung für die Bundesstaaten im 10. Amendment

---

[23] Diese Bündnisse hatten sich aus der regelmäßigen Zusammenkunft bei religiösen Ereignissen gebildet. Deuerlein führt die ausführliche Beschreibung der griechischen polis und die fehlende Beachtung des ergänzenden koinon (Bundes) als Gründe dafür an, daß in späterer Zeit ausschließlich die polis als Vorbild für die interne Staatsorganisation und das römische Modell des Imperium als Vorbild für den modernen Staat (das Reich) gesehen wurde, während die schon vorher existierende Vielfalt an föderalistischen Gebilden nicht wahrgenommen wurde; vgl. Deuerlein (1972), S.307-308.

[24] Vgl. Augustinus (1977), S.189-190. Damit wendet er sich nicht nur gegen die Expansionsbestrebungen (bzw. den Versuch der Verteidigung der Expansion) Roms, sondern auch gegen dessen philosophischen Unterbau in der Forderung der Stoiker nach einem Weltstaat.

[25] Zur Geschichte des Föderalismus in Amerika vgl. Deuerlein (1972), S.47-65.

[26] Zu Entstehung und Wirkung vgl. Kühnhardt (1993), S. 28-33.

gegenüber: „The powers not delegated to the United States by the Constitution, nor prohibited by it to the States, are reserved to the States respectively, or to the people“[27].

In Europa sind besonders Deutschland und die Schweiz durch eine lange föderalistische Tradition gekennzeichnet[28]. Seit dem Mittelalter war das Heilige Römische Reich durch eine wachsende Vielfalt verschiedener Gliedstaaten gekennzeichnet. Bereits 1614 entwickelte Althusius eine politisch-föderalistische Deutung dieses Gebildes als *consociatio* (Vereinigung) von *symbiotici* (Staatsbürgern). Die politische Einigung Deutschlands im 19. Jahrhundert als eine Einigung der (Fürsten der) Gliedstaaten bewirkte, daß diese ihre Souveränität nur in Teilbereichen abgaben, in wesentlichen Bereichen aber behielten[29]. Fragt man nach den Ursachen für die Gründung von Föderationen, so wird man feststellen, daß sie insbesondere dort entstanden sind, wo die Integration heterogener Gebiete in einem Staat erreicht werden sollte[30]. Daneben wurden in der Föderalismusdebatte eine Reihe normativer Argumente für den Föderalismus vorgebracht[31]. Föderalismus stärkt den politischen Wettbewerb, da zwischen den Gliedstaaten und zwischen den Gliedstaaten und der Föderation Konkurrenz herrscht. Unterschiedliche politische Maßnahmen können so - anders als im Einheitsstaat - getestet werden, und politische Eliten auch aus den Reihen der Opposition können Erfahrung sammeln (in der Regierung der Gliedstaaten)[32]. Föderalismus fördert die Gewaltenteilung und erschwert die Zentrierung von Macht in den Händen einer Person oder einer Partei. Dies war besonders in Deutschland nach dem 2. Weltkrieg ein Grund für die föderative Neugestaltung als Gegengewicht zur „Gleichschaltung“ des Nationalsozialismus[33]. In den USA war die fö-

---

[27] United States Information Agency (1987), S. 48. Der letzte Zusatz, der die eigentliche Zuständigkeit beim Volk (d.h. beim Einzelnen) läßt, verweist wieder auf den gesellschaftspolitisch subsidiären Ansatz des Föderalismus.

[28] Zur Geschichte des Föderalismus in Deutschland s. neben Dreyer (1986) und Ferber (1948) auch Laufer (1985), S. 23-42, und Reuter (1985), S. 137-154.

[29] Es gab etliche Reservatsbereiche für die einzelnen Bundesstaaten (wie die königlich-baierische Post), insbesondere auch eine föderative Wehrverfassung.

[30] Elazar führt die sprachlich-kulturelle Heterogenität (Belgien), die ethno-religiöse (Libanon), die rassische (Südafrika), die geschichtliche Heterogenität (Dänemark mit den Faröer-Inseln und Grönland) sowie die geographische Trennung (ostasiatische Inselreiche) als Gründe für föderative Arrangements an; vgl. Elazar (1979), S. 21.

[31] Vgl. Oberreuter (1986), S.634-635; Laufer (1985), S. 58-65.

[32] Vgl. Kaltefleiter (1980a), S. 212-215.

[33] Kaltefleiter weist darauf hin, daß auch die unterschiedlichen Interessen der auswärtigen Mächte in Deutschland, besonders das französische Interesse an einem machtlosen Zentralstaat und das der Amerikaner an der Verankerung der Demokratie, bei der Entscheidung für den föderativen Staatsaufbau wichtig waren; vgl. Kaltefleiter (1980b), S. 18.

derative Gestaltung ein Teil der „checks and balances", durch die sich die verschiedenen Gewalten kontrollieren sollten. Dies gilt umso mehr, als in den meisten Föderationen nicht nur die politische Gewalt auf verschiedene Ebenen aufgeteilt ist, sondern auch die richterliche Gewalt und die Verwaltung.

Föderalismus ermöglicht eine erhöhte Partizipation der Bevölkerung an politischen Entscheidungen und erleichtert die Kontrolle der Volksrepräsentanten. Dadurch erhöht sich auch die Legitimität des politischen Systems. In den Zeiten politischer Krisen, die unterschiedliche Regionen eines Staates asymmetrisch betreffen, kann immer wieder die Föderalisierung als politisches Konzept beobachtet werden, um separatistische Bestrebungen zu verhindern[34].

Diese positiven Wirkungen des Föderalismus sind aber kein Automatismus, der mit der geschriebenen föderalen Verfassung in Kraft tritt und unveränderlich ist. Tatsächlich läßt sich in allen Föderationen ein Trend zur Degeneration erkennen[35]. Der Föderalismus des 19. Jahrhunderts war weitgehend ein Trennsystem, in dem die Kompetenzen des Bundes und der Gliedstaaten genau voneinander getrennt waren. Dieser duale Föderalismus wich nach und nach einer Vermischung der Aufgaben.

In den USA ließ sich diese Vermischung vor allem seit dem New Deal von Roosevelt beobachten[36]. Als Vehikel zur Aufgabenmischung diente hier wie auch in anderen Föderationen die Finanzordnung[37]. Grants-in-aids (Finanzzuweisungen des Bundes an die Staaten) waren einerseits ein Mittel, um neue Politikbereiche zwingend von den Bundesstaaten ausführen zu lassen (sogenannte categorical

---

[34] Z.B. in Belgien oder in Südtirol /Italien und heute im Konflikt von Nord- und Süditalien.

[35] Falke meint, daß „der säkulare Trend seit dem Durchbruch der Industrialisierung eindeutig auf *Zentralisierung* gerichtet" sei; Falke (1990), S. 354. Tatsächlich scheint das weitgehende Verschwinden von Barrieren für Transport und Kommunikation ein Grund für diesen Trend zu sein. Allerdings ist dem entgegenzuhalten, daß heute wieder ein Trend zur Reföderalisierung zu beobachten ist.

[36] Doch bereits früher war die eindeutige Abtrennung der Bereiche schwierig, da der Bundesstaat eine General- ermächtigung in Form einer general welfare clause, einer necessary and proper clause und einer supremacy clause (einem Vorrang der Bundesgesetze) hatte; vgl. Falke (1990), S.355. Zur Entwicklung des kooperativen Föderalismus in den USA s. genauer Ehringhaus (1971).

[37] Bereits die frühe Arbeit von Wheare sieht unabhängige Einnahmequellen für die Gliedstaaten als unabdingbare Voraussetzung für funktionierenden Föderalismus; vgl. Wheare (1959), S.138.

grants), andererseits als ungebundene Finanzzuweisungen (general revenue sharing grants) „Seitenzahlungen" an die Staaten[38].

Im Föderalismus des deutschen Grundgesetzes überwogen zunächst auch die Elemente des Trennsystems. In Artikel 30 des Grundgesetzes ist analog zum 10. Amendment eine Zuständigkeitsvermutung zugunsten der Bundesländer verankert[39]. Allerdings führte die Einrichtung eines Bereiches der konkurrierenden Gesetzgebung (Artikel 72 GG) zu der Möglichkeit des Bundesstaates, viele Bereiche detailgenau zu regeln[40], ergänzt durch die Rahmenkompetenz für wichtige Aufgaben (Art. 75 GG). Umgekehrt sind die Länder durch den Bundesrat stark an der Gesetzgebung des Bundes beteiligt.

Dies führte zu einer Entwicklung, in der die Verantwortlichkeit von Bund und Ländern immer mehr gemischt wurde. Der „kooperative Föderalismus" erschien Politikwissenschaftlern zunächst die adäquate Antwort auf die steigende Komplexität von Problemen im Industriezeitalter[41]. Wie in den Vereinigten Staaten war die Beteiligung des Bundes an der Finanzierung von Länderaufgaben (in den sogenannten Gemeinschaftsaufgaben nach Art. 91a[42] und Art. 91b[43] GG) der „goldene Zügel"[44], durch den die Länder gelenkt wurden[45].

Als weiteren Grund zur Politikverflechtung ist der exekutive Föderalismus zu nennen: In vielen Bereichen werden Bundesgesetze wegen der nicht existenten Bundesverwaltung durch die Länder umgesetzt, die damit auch Einfluß auf die Ausgestaltung der Programme nehmen (die sogenannte „Organleihe", bei der sich der Bund die Organe der Länder oder Kommunen zur Durchsetzung „leiht")[46]. Aber auch die Verflechtung von Bund und Ländern im partei-politischen Bereich

---

[38] Vgl. Boadway/ Wildasin (1984), S. 532-533. Eine ökonomische Klassifizierung der Bundeszuweisungen bietet Costello (1993), S. 103-112.

[39] Vgl. dazu die Erläuterungen von Hesselberger (1991), S. 196-197. Die Zuständigkeit der Länder wird nochmals betont für die Bereiche Gesetzgebung (Art. 70 GG), Verwaltung (Art. 83 GG) und Rechtsprechung (Art. 95GG).

[40] Vgl. Hesselberger (1991), S. 244.

[41] Vgl. Kunze (1968).

[42] Dies betrifft den Ausbau und Neubau von Hochschulen, den Küstenschutz sowie insbesondere die Verbesserung der räumlichen Struktur und der Agrarstruktur.

[43] Dies betrifft die Bildungsplanung und die wissenschaftliche Forschung.

[44] Rudzio (1991), S. 351.

[45] Zur Politikverflechtung in der Gemeinschaftsaufgabe „Verbesserung der regionalen Wirtschaftsstruktur" vgl. Ewringmann et al. (1986), 287-294; vgl. auch die Kritik bei Füchsel (1985), S. 94-121 sowie S. 311-313.

[46] Vgl. Rudzio (1991), S.343-348.

und die Planungsverflechtung in gemeinsamen Planungsräten[47] führten dazu, daß aus dem föderativen Trennsystem ein föderatives Mischsystem wurde[48]. Ellwein spricht deshalb von „Steuerungszentralismus und Vollzugszentralisierung“ in Deutschland[49]. Die Suche nach Kompromissen im Bundesrat, wenn Bundesratsmehrheit und Bundesregierung partei-politisch unterschiedlich zusammengesetzt sind, führt zudem zu einer „latenten großen Koalition“[50], in der in wichtigen Fragen die unterschiedlichen Standpunkte vermischt werden.

Durch diese Entwicklungen geriet das politische System in die „Politikverflechtungsfalle“[51], in der die Vorteile des Föderalismus verschwanden. Die Vermischung der Aufgaben führte einerseits zu einer geringeren Gewaltenteilung. Andererseits erschwerte sie auch die Kontrolle durch den Bürger, da die Verantwortlichkeit für politische Maßnahmen nicht mehr klar war. Dies trifft besonders auf die Finanzordnung zu, in der der Steuergesetzgeber durch das Aufteilungsverfahren wichtiger Steuern nicht mehr erkennbar ist und in der durch den komplizierten Finanzausgleich keine eindeutige Zuordnung von Verschuldung möglich ist[52]. Die fehlende Kontrollmöglichkeit führte wiederum zu einer Zunahme von politischer Abstention (d.h. zu geringerer Partizipation und einer Abnahme der Legitimität des politischen Systems).

Die politische Föderalismustheorie stellt im wesentlichen ein vertikales Ordnungsprinzip auf, d.h. sie befaßt sich wenig mit der horizontalen Ordnung der Gliedstaaten nebeneinander. Eine gewisse Ausnahme macht die deutsche Diskussion, da hier im norddeutschen Bund und später im Deutschen Kaiserreich Preußen als überragender Gliedstaat eine Ausnahmestellung hatte.

In der verfassungspolitischen Praxis der Bundesrepublik Deutschland waren die horizontalen Beziehungen dennoch wichtig. Sie entwickelten sich - analog zu den vertikalen Beziehungen - immer weiter weg vom „Konkurrenzföderalismus“ hin zur „Selbstkoordinierung“, z.B. in den Ministerkonferenzen wie der ständigen Konferenz der Kultusminister[53]. Diese „3. Ebene“ zwischen Bundesstaat und Gliedstaaten führt als politisches Kartell dazu, daß Wettbewerb zwischen den Gliedstaaten durch Politikharmonisierung ersetzt wird und so ein weiterer Vorteil des Föderalismus verloren geht.

---

[47] Z.B. Wissenschaftsrat, Finanzplanungsrat, Konjunkturrat für die Öffentliche Hand.
[48] Vgl. Laufer (1985), S. 149-184.
[49] Vgl. Ellwein (1983), S.71.
[50] Kaltefleiter (1980a), S. 215-217.
[51] Scharpf (1985).
[52] Vgl. Lammers (1997), S. 430.
[53] Vgl. Ellwein (1983), S. 73-74; s. auch Kunze (1967), S. 105-126.

Besonders die staatsrechtlichen Arbeiten wollen den Föderalismus vor allem durch einmalige Verfassungsvorkehrungen wie die amerikanische oder deutsche Zuständigkeitsvermutung zugunsten der Staaten bzw. Länder geschützt sehen[54]. Demgegenüber zeigt die beschriebene Entwicklung, daß einmalige Vorkehrungen allein zentralisierende Tendenzen nicht verhindern können. Andererseits haben diese Zentralisierungstendenzen auch Gegenbewegungen hervorgerufen. In Amerika versuchte die republikanische Partei zuerst unter Nixon und dann unter Reagan, das Konzept des „new federalism“ vor allem durch Mittelkürzung bei staatlichen Programmen mit Mischfinanzierung durchzusetzen[55]. Auch in Deutschland wurde die seit der Idee der Globalsteuerung zunehmende Aufgabenvermischung durch den Ruf nach mehr Konkurrenzföderalismus abgelöst[56].

Riker postulierte eine dynamische Entwicklung des föderalen Modells in Form einer „Tendenz zur Zentralisierung“ bzw. einer „Tendenz zur Peripherialisierung“[57]. Allerdings zeigte die Verfassungsrealität, daß diese immer vorhandenen Tendenzen nicht unumkehrbar sind. Benz glaubt deshalb, daß Zentralisierung und Dezentralisierung sich jeweils zyklisch ablösten[58]. Zentralisierungs- sowie Dezentralisierungsprozesse seien (etwa im Sinne eines tatônnement) notwendig, um ein Gleichgewicht zwischen Bundesstaat und Gliedstaaten zu erhalten[59]. Wenn man auch einen solchen Zyklus in der Realität beobachten kann, sollte man ihn doch nur als ex post - Erklärung akzeptieren, denn der Zyklus enthält keinen Automatismus, und er muß auch nicht notwendigerweise eintreten (in Frankreich etwa hat die Tendenz zur Zentralisierung Jahrhunderte angedauert[60]).

Um den oben beschriebenen Zentralisierungs- und Verflechtungsbestrebungen Einhalt zu gebieten, wurden eine Reihe von Maßnahmen vorgeschlagen, die über die als unabdingbar erkannten eigenständigen (nicht abgeleiteten) Rechte (und Finanzbefugnisse) der Gliedstaaten hinausgingen. Den Verfassungsgerichten wird

---

[54] Wheare (1959) sieht z.B. den dynamischen Charakter des Föderalismus (S. 172), fordert aber zuallererst die geschriebene Festlegung der Kompetenzen (S. 80).

[55] Allerdings mit keinem dauerhaften Erfolg; vgl. genauer die Beiträge in Jaensch (1977), Conlan (1988), Oates (1982) sowie die Beurteilung bei Falke (1990), S. 361-363, und Kühnhardt (1993), S. 32.

[56] Vgl. Laufer (1985), S.216-221.

[57] Vgl. Riker (1964), S.129.

[58] Vgl. Benz (1985), S. 228-234; vgl. auch Falke (1990), S. 363-364.

[59] Vgl. Benz (1985), S. 252.

[60] Auch in Frankreich gibt es eine jahrhundertealte regionalistische und auch föderalistische Tradition, die sich aber im „Etat unitaire“ jakobinischer Provenienz nie durchsetzen konnte, wo galt: „Il n'y a que l'individu et l'Etat“; vgl. genauer Sparwasser (1986) sowie Hazareesingh (1994), S. 149-177, insbesondere S. 156-158.

in der politischen Praxis sowie Theorie stets die Rolle des Schiedsrichters bei Zuständigkeitskonflikten zugestanden. Die Public Choice-Theorie hat gezeigt, welche Probleme dabei auftreten. Wheare fordert deshalb ein „unparteiisches Gremium", das sich ausschließlich mit Inhalt und Grenzen der Gewaltenteilung befaßt[61]. Eher idealistisch ist die Forderung von Kinsky, bei Konflikten als Ersatz für die fehlende Schiedsrichterstelle zur Kooperation zu kommen[62]. Die Entwicklung des kooperativen Föderalismus in der Bundesrepublik hat gezeigt, daß so zwar kurzfristig Konflikte gelöst werden, mittel- und langfristig aber die Politikverflechtung zunimmt.

Da eine Lösung der Konflikte durch eine unabhängige Schiedsstelle nicht möglich erscheint, bleibt nur ein Rückgriff auf „checks and balances", d.h. die möglichst machtvolle Ausgestaltung der Stellung der Gliedstaaten in der Verfassungs*theorie* und -*praxis*[63]. Im folgenden werden zwei solcher Ausgestaltungsmöglichkeiten diskutiert, nämlich das Konzept des fiskalischen Föderalismus (5.2.) sowie das Konzept der Subsidiarität (5.3.). Zunächst soll aber ein Rückblick auf die Debatte des verfassungsrechtlichen Föderalismus in der EU gehalten werden.

5.1.3. Die Föderalismusdebatte in der EU

„Europa wird föderalistisch sein, oder es wird nicht sein."
Bundeskanzler Helmut Kohl, 18.6.1992, Universität Zürich

Seit dem Mittelalter hat es immer wieder Versuche gegeben, zu einer europäischen Einigung zu kommen[64]. Die meisten dieser Versuche waren zwangsläufig wegen der Heterogenität des zu Einigenden mit einem föderalen Konzept verbunden. Auch am Beginn der (west-) europäischen Integration nach dem zweiten Weltkrieg stand die Forderung von „Föderalisten" nach einem föderal verfaßten Europa. Sie wurde aber bald vom Konzept der „Realisten" verdrängt, die eine Einbindung in transatlantische Sicherheitsstrukturen wegen der Bedrohung durch die Sowjetideologie für wichtiger hielten als das von den Föderalisten propagierte Konzept eines (für die osteuropäischen Staaten) „offenen Europas"[65]. In der Pra-

---

[61] Vgl. Wheare (1959), S. 94.
[62] Vgl. Kinsky (1986), S. 39-43.
[63] Theoretisch gelten die vorgebrachten Argumente für die starke eigenständige Stellung der Gliedstaaten auch für die Stellung des Bundes gegen den sogenannten Partikularismus. Die Entwicklung Polens im 18. Jahrhundert sowie des hl. Römischen Reiches zeigen die Problematik eines zu schwachen Zentralstaates. Praktisch sind allerdings gerade im 20. Jahrhundert die Probleme mit dem zu starken Zentralstaat überwiegend.
[64] Einen Überblick über diese Ideen gibt Foerster (1963).
[65] Vgl. Gasteyger (1994), S. 29-32.

xis der europäischen Integration seit Gründung der EGKS wechselten sich neuerliche Versuche, zu einer föderalen Ordnung zu kommen, mit solchen ab, die den „sui generis"-Charakter der Europäischen Gemeinschaften[66] zu begründen suchten.

Diesen „sui-generis-Charakter" umschrieb der erste Präsident der EG-Kommission, Walter Hallstein, mit dem Wort der „Rechtsgemeinschaft". Europa, so Hallstein, sei eine Schöpfung des Rechts, eine Rechtsquelle sowie eine Rechtsordnung[67]. Als *Rechtsschöpfung* sei die Gemeinschaft ein Novum gegenüber historischen gewaltsamen Versuchen der Einigung Europas. *Rechtsquelle* bedeutet, daß weniger durch ein festes institutionelles Gefüge als vielmehr durch die steigende Anzahl der rechtlichen Regelungen ein Vorangehen der Integration ermöglicht wurde. Rechtsordnung verweist darauf, daß die Gemeinschaft neben den Regeln für das Funktionieren des Gemeinsamen Marktes auch ein geschlossenes Regelsystem hat, das die Gesetzmäßigkeit des Vorgehens der EU-Institutionen gewährleistet, in einem Ausmaß, das weit über andere Handelsbündnisse hinausgeht[68].

Allerdings hat sich die Union seit Walter Hallstein weiterentwickelt und ist heute weit mehr als eine „Rechtsgemeinschaft"[69]. Die duale Betrachtungsweise der politikwissenschaftlichen Föderalismustheorie von „Bundesstaat" und „Staatenbund" wird dabei als nicht adäquat für die Charakterisierung der Entwicklung der Europäischen Gemeinschaften betrachtet[70]. Einerseits wird die Europäische Union als „developing federative system at the European level"[71] gesehen, andererseits wird ihr ein „Föderalismusdefizit" vorgeworfen[72], beides mit einiger Berechtigung.

Nachdem die ersten Schritte der politischen westeuropäischen Integration mit dem Scheitern der Europäischen Verteidigungsgemeinschaft (EVG) 1954 erst einmal beendet waren, konnte die wirtschaftliche Integration durch den Zollabbau schneller als geplant verwirklicht werden. Seit Beginn der 1970er Jahre wurde

---

[66] Delwaide spricht plastisch von einer „bijna-federatie" (beinahe-Föderation); vgl. Delwaide (1996), S. 38.
[67] Vgl. Hallstein (1969), S. 33.
[68] Vgl. Hallstein (1969), S.34-36. Zur Rechtsgemeinschaft EG vgl. auch Borchardt (1996) sowie Grunwald (1996).
[69] Zum Begriff „Rechtsgemeinschaft" heute vgl. Louis (1996), S. 48-54.
[70] Vgl. Kielmannsegg (1991), S.50; Arbeitsgruppe „Europäische Verfassung" (1991), S.19-20.
[71] Kaltefleiter, (1980b), S. 23.
[72] Waschkuhn (1995), S. 133.

deshalb wieder verstärkt über politische Zusammenarbeit in den Europäischen Gemeinschaften diskutiert[73].

1976 legte der belgische Ministerpräsident Tindemans dem Europäischen Rat einen Verfassungsentwurf für eine Europäische Union vor[74]. 1984 legte auch das Europäische Parlament einen Verfassungsentwurf vor, der in der Legislative ein Zwei-Kammer-System mit Europaparlament und Europäischem Rat, in der Exekutive die Europäische Kommission und als „kollektives Staatsoberhaupt" die Regierungschefs der Mitgliedsstaaten vorsah[75]. Beide Versuche sind vor allem daran gescheitert, daß keine Bereitschaft der Nationalstaaten zur Übertragung von Kompetenzen auf eine supranationale Institution vorhanden war. Als Grund dafür wird die fehlende Mindesthomogenität, u.a. das Fehlen einer gemeinsamen Rechtssprache, einer gemeinsamen Öffentlichkeit, europäischer Parteien und insbesondere gemeinsamer (wirtschafts- und außenpolitischer) Ziele gesehen[76].

Dennoch wurde mit dem Vertrag von Maastricht eine „Europäische Union" geschaffen. Sie orientiert sich allerdings nicht an föderalen Prinzipien, wird sogar wegen ihrer „föderalismusinversen Struktur"[77] kritisiert: Während es bei den „klassischen Aufgaben" des föderalen Bundesstaates wie Außenpolitik bei einer intergouvernmentalen Zusammenarbeit geblieben ist, da keine Einigung über eine gemeinsame außenpolitische Vertretung erzielt werden konnte, sind Aufgaben, die nach der föderalen Theorie eindeutig den Gliederungen (in diesem Fall den Gliederungen unterhalb des Nationalstaates) zufallen, an die supranationalen Behörden verteilt worden. Neben den schon genannten Hindernissen für den Aufbau eines föderalen Gebildes muß ein weiterer Grund in der Innenverfassung der europäischen Staaten gesucht werden[78]. Die meisten europäischen Staaten waren bzw. sind unitarisch, die „regionalistischen" Bestrebungen führten meist nur zu Dezentralisierung, nicht aber zur Föderalisierung der Staaten[79]. Aus polit-

---

[73] U.a. gab es 1972 einen Beschluß der Mitgliedsregierungen der EG zu Kompetenzübertragungen. Diese sind auch zusammen mit den (gescheiterten) Plänen zur Währungsintegration gemäß dem Werner-Plan zu sehen. Vgl. dazu auch Abschnitt 6.4.2.

[74] Vgl. Tindesmans (1991), S.310-353; vgl. auch Mitchell (1976).

[75] Vgl. Europäisches Parlament (1991), S. 354-385.

[76] Vgl. Kirchhof (1994), S. 88. Kirchhof macht das Entstehen von Staaten und Verfassungen von „Normativität und Faktizität" abhängig, d.h. die vorgebrachten Einwände sind nicht statisch, sondern unterliegen faktischen Veränderungen. Das Auseinanderklaffen wirtschaftspolitischer Zielvorstellungen wird deutlich bei der Diskussion über die wirtschaftspolitischen Konsequenzen der Europäischen Wirtschafts- und Währungsunion.

[77] Vgl. Bohley (1993), S. 43.

[78] Vgl. Schambeck (1990), S. 36.

[79] Eine Föderalisierung bedeutet, daß die Gliedstaaten immer eigenständige Kompetenzen (und Finanzmittel) haben, die ihnen nicht nach dem Willen der Zentralregierung gegeben oder ge-

ökonomischer Sicht bietet das Fehlen fest verankerter föderaler Strukturen in den meisten EG-Staaten eine Erklärung dafür, warum die aus den nationalen Regierungen bestehenden Regierungskonferenzen von Maastricht und Amsterdam lieber Kompetenzen der Regionen als nationale Kompetenzen an die EU-Institutionen abgaben[80]. Die fehlende Transparenz, die durch diese Aufgabenmischung entsteht, ist insbesondere während der Diskussion um die Ratifizierung der Vertragsänderungen von Maastricht kritisiert worden. Dabei wurde eine klare föderale Aufgabentrennung eingefordert[81].

Klare Kriterien für eine solche Aufgabentrennung kann die politische Föderalismustheorie aber nicht entwickeln. Über die Notwendigkeit eines enumerativen Katalogs an Bundeszuständigkeiten und eine sonstige generelle Zuständigkeitsvermutung für die Gliedstaaten besteht zwar Einigkeit, nicht aber über die Inhalte dieses Kataloges. Everling etwa rechnet ideologische Ziele (Gleichstellung der Frau), sektorale Ziele (Verbesserung der Agrarstruktur), Maßnahmen auf der untersten Ebene (Studentenaustausch) und allgemein-soziale Zielsetzungen (Humanisierung der Arbeitswelt) der konkurrierenden Gesetzgebung einer Europäischen Union zu[82]. Solche Zielkataloge sind wohl eher vom status quo und politischer Aktualität als von einem föderalen Zuordnungsprinzip gekennzeichnet. Die genannten Bereiche bergen die Gefahr einer übermäßigen Zentralisierung in sich, die kulturelle und soziale Unterschiede der Gemeinschaftsmitglieder ebenso wie ihre wirtschaftliche Leistungskraft mißachtet und die Lösungskapazität der Gliedstaaten und von deren Untergliederungen unterschätzt.

Wenn Föderalismus nicht nur die formalistische Frage des staatlichen Organigramms ist (so wie die Sowjetunion formal ein Bundesstaat war), muß er über die Diskussion politischer Institutionen hinaus auch Zuordnungsregeln für die Kompetenzverteilung und die Erhaltung dieser Kompetenzverteilung finden. Damit stellt sich automatisch auch die Frage nach der Kompetenz (z.B. dem Verfahren oder der Institution), die festlegt, welche Kompetenzen wo angesiedelt sind. Europarechtlich ist es umstritten, ob es eine solche „Kompetenz-Kompetenz“

---

nommen werden können. Dezentralisierung bedeutet demgegenüber die Verlagerung von Kompetenzen von der oberen an die untere Ebene, die aber keine eigenständige Legitimierung bedeutet. Meistens handelt es sich dabei um administrative Kompetenzen.

80 Zu den Gegenleistungen in Form von Subsidiaritätsprinzip und Ausschuß der Regionen s.weiter unten.

81 Vgl. Weidenfeld/ Jung (1994), S. 38-41; Bohley (1993), S. 43; Everling (1991), S. 41-49.

82 Vgl. Everling (1991), S. 41-49. Tatsächlich sind all diese Bereiche heute von der EU mitreguliert.

derzeitig für die Europäische Union gibt oder nicht[83]. Wichtiger noch als die Frage, ob eine solche Kompetenz *derzeit* existiert, ist die Frage, *wie* sie begründet wird. Die Zuordnungsregeln der Theorie des fiskalischen Föderalismus sowie das Subsidiaritätsprinzip als Zuordnungsregel werden in den nächsten beiden Abschnitten geprüft.

5.2. Ökonomische Föderalismustheorien

Schon früh erkannten Vertreter eines politischen Föderalismus, daß der föderale Staatsaufbau auch Konsequenzen für die Fiskalverfassung des Staates hat, da die Erfüllung politischer Aufgaben auch mit Kosten verbunden ist[84]. Bei der praktischen Gestaltung der Staatsaufgaben standen die Kameralwissenschaften vor der Frage, welche Aufteilung der Staatseinnahmen und -ausgaben auf die verschiedenen Staatsebenen vorgenommen werden sollte. Aber erst die Theorie des fiskalischen Föderalismus fand seit Mitte unseres Jahrhunderts darauf eine Antwort, die ökonomische Kriterien in den Vordergrund stellt[85].

Diese Theorie ist eine Fortentwicklung grundlegender Überlegungen neoklassischer Ökonomen zu den Aufgaben des Staates in der Marktwirtschaft[86], insbesondere zu seinen produktiven Aufgaben[87]. Musgrave weist dem Staat drei

---

[83] Vgl. dazu einerseits Barents (1993), S. 106-109, der im Art. 100 a die Kompetenz-Kompetenz für Fragen des Binnenmarktes für die EU entschieden sieht, andererseits Pechstein (1995), S. 248. Das Urteil des deutschen Bundesverfassungsgerichts von 1993 zu den Maastrichter Vertragsänderungen verneint eine solche Kompetenz-Kompetenz der EU; vgl. Herdegen (1994), S. 242, sowie Streinz (1994), S. 331-332.

[84] Ossenbühl nennt z.B. die Finanzverfassung das „Kernstück" der bundesdeutschen föderalen Verfassung; vgl. Ossenbühl (1990), S. 143.

[85] Vgl. die grundlegenden Werke von Oates (1972), Oates (1977) und die Aufsatzsammlung Oates (1991). Oates nahm dabei Ideen von Buchanan (1950), Stigler (1957) und Musgrave (1959) in seine Theorie auf.

[86] Die weitergehende Diskussion, ob diese aus Sicht der evolutionären Ökonomik fragwürdige Aufgabenzuweisung richtig ist, soll hier zurückgestellt werden, sie wird später noch einmal aufgegriffen; vgl. 5.3.1. Im Moment interessiere nur, wie die Verteilung gegebener Aufgaben auf die verschiedenen Ebenen des Staates erfolgen soll, nicht aber, ob nicht auch die Verteilung der Aufgaben zwischen Staat und Individuum bzw. „kleineren Gemeinschaften" (im Sinne des Subsidiaritätsprinzipes) neu geordnet werden muß. Vgl. dazu Stehn (1993), S. 36-37. Vgl. auch Abschnitt 6.6.

[87] Man beachte, daß auch der Staat als reiner Rechtsschutzstaat („protektiver Staat") Kosten verursacht und deshalb auch beim föderalen Rechtsschutzstaat die Aufteilung von Aufgaben, Ausgaben und Einnahmen nötig ist; vgl. dazu Pitlik (1997), S.70-77. Auf eine weitere Diskussion wurde hier verzichtet, da in der Praxis sowie in der Literatur überwiegend die Verteilung für die Aufgaben des produktiven Staates eine Rolle spielt und hier nur ein kurzer Überblick über die wesentlichen Ideen des fiskalischen Föderalismus gegeben werden soll.

verschiedene Aufgabenbereiche zu, die im föderalen Staat alle auch eine räumliche Dimension haben[88]:

Als Allokationsfunktion wird die Aufteilung zwischen staatlicher und privater Produktion sowie im eigentlichen Sinn die Entscheidung über die öffentliche Produktion von Gütern bezeichnet. Als Verteilungsfunktion wird die Entscheidung über staatlich angeordnete Umverteilung der Primäreinkommen bezeichnet. Als Stabilisierungsfunktion wird das antizyklische Verhalten des Staates im (sektoralen oder volkswirtschaftlichen) Konjunkturzyklus bezeichnet[89].

Im föderalen Staat besteht nun die Frage, welche der drei Funktionen von welcher Ebene erfüllt werden soll. Dazu tritt die Frage, wie die Aufgaben finanziert werden und wer sie durchführen soll. Die Lösungskompetenz der ersten und zweiten Frage (Aufgabenentscheidung und -finanzierung) wird als Bereitstellungskompetenz bezeichnet, die der letzten wird als Durchführungskompetenz bezeichnet[90].

5.2.1. Das Dezentralisierungstheorem

Genauso, wie die Wirtschaftssubjekte unterschiedliche Präferenzen für private Güter haben, haben sie eine unterschiedliche Präferenz für das Ausmaß, die Struktur und die Qualität der Produktion öffentlicher Güter. Die Aggregation dieser Präferenzen, um zu einer gemeinsamen Entscheidung zu kommen, ist eines der Hauptprobleme, das sich der Finanzwissenschaft stellt[91]. Legt man die Verteilung dieser Präferenzen im Raum zugrunde, so zeigt sich, daß bei der Entscheidung über die Bereitstellung öffentlicher Güter innerhalb abgegrenzter Räume (intra-regional) häufig eine höhere Übereinstimmung besteht als zwischen diesen Räumen (inter-regional). Dies läßt sich z.B. mit den kulturellen, religiösen und historischen Prägungen dieser Räume erklären oder mit der geographischen Lage oder mit der wirtschaftlichen bzw. sektoralen Struktur[92]. Oates zeigte in einem statischen Modell, daß dann die dezentralisierte Bereitstellung öffentlicher

---

[88] Vgl. Musgrave (1959); vgl. auch Bénard (1985), S. 27-28 sowie allgemeiner die Diskussion bei Häuser (1967).

[89] Diese Aufgaben sind nur eine grobe Vereinfachung des tatsächlichen Staatshandelns. Sie sind auch - insbesondere von Seiten der Public-Choice-Theorie - einer vielfachen Um- und Neudeutung unterlegen.

[90] Vgl. Pitlik (1997), S. 78, und die dort angegebene Literatur.

[91] Vgl. einführend zur Enthüllung der Präferenzen Bénard (1985), S. 180-191.

[92] Es kann sogar die Unterschiedlichkeit zu anderen selbst als ein öffentliches Gut angesehen werden, das sich z.B. in schwer meßbaren Begriffen wie „Nationalstolz" manifestiert; vgl. Johnson (1969), S. 49-50. Breton (1964) nennt dies „the economics of nationalism".

Güter durch regionale politische Ebenen Wohlfahrtsverluste vermeiden kann; dies nannte er das Dezentralisierungstheorem[93].

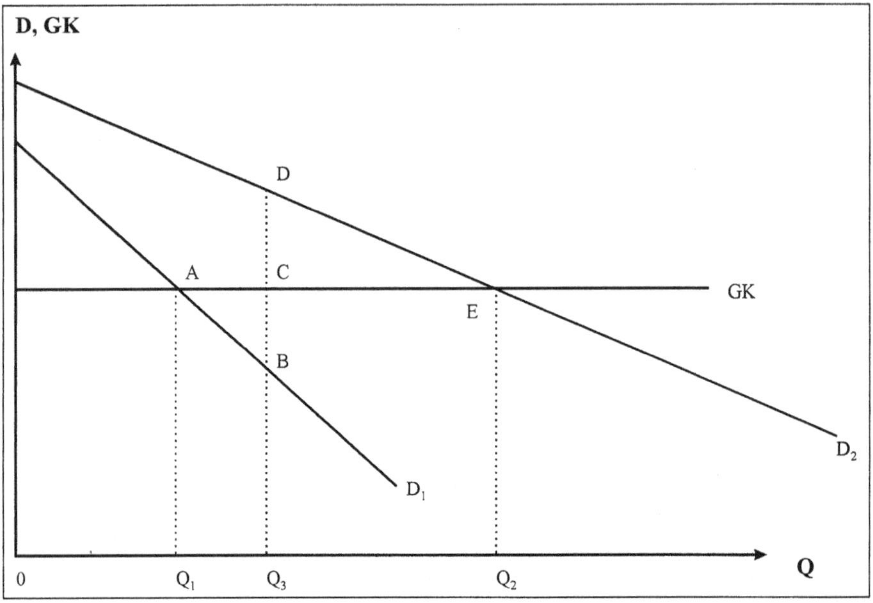

Abb. 5.4 Graphische Darstellung des Dezentralisierungstheorems
Quelle: Oates (1977), S. 10

Oates betrachtet die Bereitstellung einer bestimmten Menge eines öffentlichen Gutes Q in einem Staat, der aus zwei Regionen 1 und 2 besteht. Er geht davon aus, daß innerhalb der Regionen 1 und 2 die gewünschte Menge des Gutes gleich ist (homogene Präferenzen vorliegen), aber zwischen den Regionen ein Unterschied bei der gewünschten Menge besteht. Die Grenzkosten der Produktion des Gutes sind konstant und gleich den Durchschnittskosten[94]. Die Nutzen des Gutes fallen jeweils nur in der betrachteten Region an[95]. Während die Regionen jede autonom die Produktionsmenge von Q festlegen (Q_1 und Q_2), würde eine zentral

---

[93] Vgl. Oates (1972), S. 9; Oates (1977), S. 5-12.
[94] D.h. durch die Produktion im Zentralstaat würden keine Skaleneffekte realisiert.
[95] D.h. es gibt keine räumlichen externen Effekte (sog. Spill-overs).

bereitgestellte Menge von Q für beide Regionen gleich sein (Q_3). Politökonomische Zusammenhänge werden ausgeklammert[96].

Bei einer autonomen Bereitstellung wählen die Regionen die Mengen Q_1 und Q_2, bei denen die Nachfrage jeweils den Grenzkosten entspricht[97]. Bei einer zentralen Bereitstellung Q_3 hingegen fallen Wohlfahrtsverluste in Höhe der Flächen ABC und CDE an, da in beiden Regionen das gewünschte Angebot nicht dem tatsächlichen entspricht. In Region 1 wird vom öffentlich produzierten Gut mehr als eigentlich gewünscht konsumiert (sogenannte „forced riders“[98]), in Region 2 weniger als gewünscht. Die dezentrale Bereitstellung ist also im Rahmen dieses Modells vorteilhaft.

Im Prinzip läßt sich das Dezentralisierungstheorem auf alle drei oben genannten Staatsaufgaben anwenden, nicht nur auf die Produktion öffentlicher Güter (also den Allokationsbereich). Auch bei der Frage der Umverteilung gibt es interregionale Unterschiede, die u.a. von der Einkommenshöhe und von der kulturellen Prägung einer Region abhängt. Bei der Stabilisierungspolitik sind regionale Unterschiede durch „asymmetrische Schocks“ gerechtfertigt, z.B. durch unterschiedliche sektorale Konjunkturzyklen (die nur bzw. verstärkt in einer Region auftreten)[99].

5.2.2. Kriterien zur Anwendung des Dezentralisierungstheorems

Das Dezentralisierungstheorem postuliert eine generelle Aufgabenkompetenz der unteren staatlichen Ebenen, wenn Präferenzunterschiede (oder Strukturunterschiede) zwischen Regionen bestehen. Für die Anwendung wurden weitere Kriterien entwickelt, die teilweise schon in den restriktiven Annahmen des Modells versteckt sind:

Im Grundmodell des Dezentralisierungstheorems fallen die Nutzen und Kosten des hergestellten Gutes nur in einer Region an. Dies entspricht dem von Olson

---

[96] D.h. das bereitgestellte Angebot entspricht auch tatsächlich dem gewünschten.

[97] Die Messung der Grenzkosten bei öffentlichen Gütern stellt sich als Problem dar, da bei Nichtrivalität die Kosten der Bereitstellung des öffentlichen Gutes für einen zusätzlichen Konsumenten gleich null sind. Die Grenzkosten lassen sich allenfalls als Inputgröße (z.B. beim Verteidigungshaushalt) messen.

[98] Stehn (1993), S. 35.

[99] Die Diskussion asymmetrischer Schocks hat durch die Pläne zur Einführung einer Währungsunion in Europa besonderes Gewicht gewonnen.

aufgestellten Prinzip fiskalischer Äquivalenz[100]. Olson unterscheidet zwei Fälle, in denen fiskalische Äquivalenz nicht vorhanden ist[101]:

Im Fall regionaler Externalitäten wird ein Teil eines öffentlichen Gutes außerhalb der Grenzen der Region konsumiert, die es finanziert. Beispiele dafür sind die Stadtstaaten in der Bundesrepublik Deutschland, die als kulturelles Zentrum für das Umland Leistungen produzieren. In diesem Fall ist der Anreiz, die genügende Menge des öffentlichen Gutes zu produzieren, wegen der Trittbrettfahrer zu gering[102]. Eine Lösung des Problems wäre die Schaffung einer größeren Region, um solche „spill-over"-Effekte zu verhindern. Im Fall von „Internalitäten" konsumiert nur ein Teil der Bewohner einer Region ein öffentliches Gut. In diesem Fall ist - wenn die Konsumenten die Mehrheit in der Region bilden - eine Gefahr der Ausbeutung der Nichtkonsumenten gegeben, ansonsten - wenn die Konsumenten die Minderheit bilden - die Gefahr, daß die produzierte Menge des Gutes zu gering ist[103]. Eine mögliche Lösung wäre die Aufteilung der Region in Subregionen mit Konsumenten und Nichtkonsumenten.

Man kann die öffentlichen Güter, von deren Nutzen nur eine Kommune oder Region betroffen ist, als lokale oder regionale öffentliche Güter bezeichnen[104]. Ihre Produktion erfolgt dann analog der Produktion von Clubgütern[105]. Um eine „optimale" Versorgung[106] mit den regionalen und lokalen öffentlichen Gut zu gewährleisten, müßte für jedes öffentliche regionale oder lokale Gut ein eigener Club (eine Gebietskörperschaft) gegründet werden, um Externalitäten auszuschließen[107]. Allerdings ist die Schaffung von mehr Jurisdiktionen auch mit größeren Informations- und Entscheidungskosten verbunden. Die Transaktionskosten einer vollständigen Organisation der Produktion öffentlicher Aufgaben in Clubs könnten höher sein als die dadurch eingesparten Kosten, die sonst durch ineffizi-

---

[100] Vgl. Olson (1969). Bereits lange vor Olson wurde „fiskalische Äquivalenz" in der Finanzwissenschaft diskutiert, allerdings ging es dabei nicht um die regionale Äquivalenz, sondern um die personelle Äquivalenz, d.h. die Frage, ob dem einzelnen Staatsbürger für die Leistungen, die er in Anspruch nahm, die entsprechenden Abgaben berechnet wurden; vgl. dazu Haller (1961) mit historischen Verweisen.

[101] Vgl. Olson (1969), S. 482-483.

[102] Im Finanzausgleich der Bundesrepublik Deutschland werden Stadtstaaten bei der Berechnung des Ausgleichs deshalb bevorzugt.

[103] Zum Trade-off von Internalitäten und Externalitäten vgl. formal Ellingsen (1995), S. 5-14.

[104] Zum Begriff s. Mueller (1989), S. 149.

[105] Zur Theorie der Clubgüter s. grundlegend Buchanan (1965) sowie die Überblicksartikel von Sandler/ Tschirhart (1980) und Sandler/ Tschirhart (1997).

[106] Zur Kritik des Optimierungsansatzes vgl. Abschnitt 5.2.3.

[107] Vgl. Olson (1969), S.483.

ente oder unerwünschte Produktion in Mehrproduktjurisdiktionen entstehen würden.

Bei der Produktion öffentlicher Güter können möglicherweise Skaleneffekte (economies of scale) eintreten[108]. Dann wäre es effizienter, das öffentliche Gut zentral zu produzieren. In der Praxis scheint die Existenz von Skaleneffekten bei der Produktion öffentlicher Güter nicht häufig zu sein; als Beispiel für Skaleneffekte wird das Gut militärische Sicherheit genannt[109].

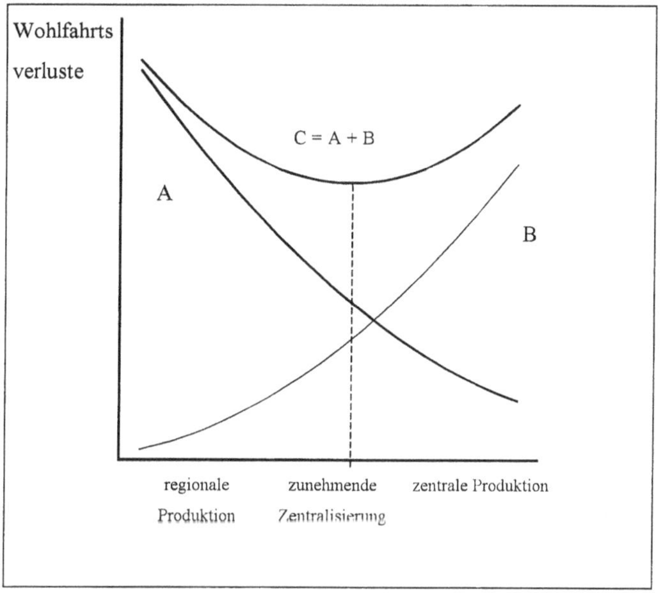

Abb. 5.5 Der optimale Zentralisierungsgrad
Quelle: Dickertmann/ Gelbhaar (1996), S. 394

Wanderung zwischen den Regionen kann dazu führen, daß sich die Bewohner dort ansiedeln, wo ein ihnen genehmes Angebot an öffentlichen Gütern besteht. Dieses Wanderungsmodell wurde zunächst von Tiebout (1956) entwickelt[110].

---

[108] Zu den Skaleneffekten vgl. Pratten (1988), insb. S. 6-24.
[109] Vgl. die Diskussion bei Tullock (1994), S. 78-82, der die Existenz von Skaleneffekten bei öffentlicher Produktion „some myths about efficiency" nennt.
[110] Für eine ausführlichere Würdigung vgl. Kapitel 6.

Unter Berücksichtigung dieser Aspekte führt das Dezentralisierungstheorem zu einem Optimierungskalkül, bei dem die Interdependenzkosten der Zentralisierung und der Dezentralisierung abgewogen werden[111]. Den Wohlfahrtsverlusten, die aufgrund steigender Zentralisierung entstehen (Kurve B) stehen solche gegenüber, die aufgrund fehlender Zentralisierung zustande kommen (Kurve A), z.B. wenn keine Economies of scale ausgenutzt werden. Das Minimum der Addition der beiden Kurven, der neuen Kurve C, entspricht dem optimalen Zentralisierungsgrad.

5.2.3. Die Kritik am Dezentralisierungstheorem und am optimalen Zentralisierungsgrad

So einleuchtend die theoretische Formulierung des Dezentralisierungstheorems und des optimalen Zentralisierungsgrades scheint, so problematisch ist ihre Anwendung. Erstens ist das Dezentralisierungstheorem als statisches Modell konzipiert und hat (in den Annahmen versteckt) eine Reihe von Informationserfordernissen ausgeklammert, an denen jede praktische Föderalismusdebatte scheitern muß. Oates selbst hat seine Darstellung des *fiscal federalism* mit einer dynamischen Betrachtung beendet[112] und später darauf hingewiesen, daß sein statisches Modell die pfadabhängige Entwicklung der Zentralisierung bzw. Dezentralisierung nicht abbildet[113]. Präferenzänderungen der Bürger, die zu einer Neueinteilung der Regionen führen müßten, werden ebensowenig wie intraregionale Präferenzunterschiede erfaßt.

Zweitens setzt sich das Dezentralisierungstheorem dem Vorwurf des Konstruktivismus aus[114]. Die relevanten Daten für den Aufbau eines Staates gemäß dem fiskalischen Föderalismus sind den Entscheidern nicht bekannt. Die Erfassung der Nachfrage durch regionale Wahlen ist aus Sicht der Public-Choice-Theorie schon problematisch (vgl. Kapitel 3). Spill-over-Effekte lassen sich zwar feststellen, ihre

---

[111] Diese Art Optimierung findet sich z.B. bei Dickertmann/ Gelbhaar (1996), S.394. Auch Füchsel (1985), S. 166, stellt den fiskalischen Föderalismus als neo-klassische Optimierungsaufgabe dar.

[112] Vgl. Oates (1972), S. 221-241.

[113] Vgl. Oates (1993), S. 6-9. Oates weist im folgenden (z.B. S. 12) auch auf die politökonomischen Probleme der Anwendung des Dezentralisierungstheorems hin.

[114] Tiebout sieht dieses Problem, wenn er seine Aufgabe (die Entwicklung einer ökonomische Theorie der fiskalischen Dezentralisierung) folgendmaßen eingrenzt: „Conversely, one may neutralize political variables and arrange governments solely on the basis of economic efficiency. This paper is concerned with fiscal federalism - fiscal decentralization - purely from the point of view of economic efficiency."; Tiebout (1961), S. 79. Breton/ Scott (1978), S. 68-69, sprechen von „least-cost models of federalism".

Höhe und Bedeutung aber nicht. Als Optimierungskonzept ist das Dezentralisierungstheorem (und das daraus abgeleitete Konzept des optimalen Zentralisierungsgrades) in der Realität ungeeignet. Es begegnet denselben Vorbehalten wie das neoklassische Gleichgewichtsmodell der Ökonomie (vgl. Kapitel 4). Selbst wenn die Meßprobleme überwunden würden, so wäre eine Neuzuschneidung von Gebieten nach Kriterien des fiskalischen Föderalismus nicht möglich, da sie auf historisch bedingten Widerstand stoßen würde und auch kein Kriterium dafür vorhanden ist, welches konkrete öffentliche Gut oder Güterbündel als Maßstab für diese Einteilung relevant ist.

Die Entwicklung zentralistischer Tendenzen im Zeitverlauf kann vom Dezentralisierungstheorem und dem Konzept des optimalen Zentralisierungsgrades weder analytisch erfaßt noch erklärt werden. Die Aussagekraft beider Modelle ist also für die praktische Föderalismusdebatte gering. Insbesondere das Konzept des optimalen Zentralisierungsgrades ist allenfalls als allgemeines Denkmodell für die Abbildung von Zentralisierungs- und Dezentralisierungsargumenten geeignet, nicht aber in concretu. In der Praxis ist eher zu befürchten, daß damit Zentralisierungswünsche begründet werden, da die polit-ökonomischen sowie die dynamischen Probleme der Zentralisierung schlechter erfaßt werden können als spill-over-Effekte[115].

Wenn man die Musgravesche Aufteilung der Staatsfunktionen in Stabilisierungs-, Distributions- und Allokationspolitik aufgreift, wird deutlich, warum das so ist: Allenfalls bei der Allokationspolitik ist es möglich, spill-overs bei bestimmten regionalen bzw. lokalen öffentlichen Gütern auszuschließen und so die Regelungskompetenz auf der regionalen oder lokalen Ebene anzusiedeln. Bei der Distributionspolitik kommt es immer dann zu spill-over-Effekten, wenn eine Gemeinde sich für eine Umverteilung entscheidet, die höher oder niedriger ist als die ihrer Nachbarn. Ceteris paribus hieße das nämlich, daß die stärker zur Finanzierung herangezogenen wohlhabenden Bürger bei einer hohen Umverteilungsquote aus der Gemeinde ziehen würden und daß die Begünstigten der Umverteilung, weniger Wohlhabende, in die Gemeinde zu ziehen. Ein Finanzierungsproblem würde unausweichlich sein. „Effizient" ließe sich Umverteilung also nur zentral bewerkstelligen. Diese Sicht des fiskalischen Föderalismus verkennt allerdings vollkommen, daß der Sinn der Ab- und Zuwanderung gerade die Begrenzung von

---

[115] Zum Problem, daß Zentralisierung weniger Möglichkeiten zum Erproben von politischen Innovationen bedeutet, siehe ausführlich das Kapitel 6. Diese dynamischen Wohlfahrtsverluste sind nicht meßbar im Gegensatz zu den zumindest potentiell meßbaren spill-over-Effekten und werden deshalb in der Diskussion oft nicht berücksichtigt.

Umverteilung sein kann[116]. Auch die Stabilisierungspolitik ist - wenn man von lokalen und regionalen Schocks absieht - auf regionaler Ebene im Modell des fiskalischen Föderalismus nicht effizient möglich: Jede Stabilisierungsmaßnahme (z.B. die Förderung von Investitionen in Humankapital oder nachfragewirksame Staatsausgaben) begünstigt nicht nur eine Region, sondern auch alle Nachbarregionen. Daraus folgt, daß das Interesse einzelner Regionen an Stabilisierungspolitik zu gering ist, da die Kosten von der Region zu tragen sind, die Nutzen aber teilweise externalisiert werden. In einem solchen neo-klassischen Modell des fiskalischen Föderalismus, das unter den Annahmen der Wohlfahrtstheorie arbeitet[117], ist also eine inhärente Zentralisierungstendenz gegeben.

Ein dritter Kritikpunkt ist, daß die polit-ökonomischen Zusammenhänge von der Theorie des fiskalischen Föderalismus völlig ausgeklammert werden[118]. Wie in Kapitel 3 deutlich wurde, spielen sie aber gerade in dem mehrgliedrigen Staatsaufbau eine solche Rolle, daß die heroische Annahme des wohlwollenden Staatslenkers keinen Bestand hat.

Das Verdienst der Theorie des fiskalischen Föderalismus bleibt allerdings, eine zusätzliche ökonomische Begründung für das in der Realität anzutreffende Phänomen des föderalen Staatsaufbaus gegeben zu haben. Zudem führte die Diskussion des fiskalischen Föderalismus zu einer ökonomischen Analyse der Finanzbeziehungen der Zentralstaaten zu den Regionen[119]. Mit der Definition und Erforschung der vertikalen und horizontalen Finanzbeziehungen wurde ein Rahmen geschaffen, der auch in einer klassisch-evolutorischen Untersuchung fortbesteht. Auch die Untersuchung der Transformation einer staatlichen Finanzordnung, die vor allem, aber nicht nur im Rahmen der Entwicklung der ehemals sozialistischen Zentralstaaten Osteuropas interessant ist, wurde durch die Theorie des fiskalischen Föderalismus angeregt[120].

Um die vorteilhafteste Aufgabenverteilung zwischen den verschiedenen staatlichen Ebenen bestimmen zu können, wurde von einigen Autoren auch die Theorie

---

[116] Zur Frage der Verteilungspolitik in Föderationen vgl. ausführlich Dercks (1996), der zeigt, wie - vertragstheoretisch begründet -Verteilung auch dezentral erfolgen kann und welche Effizienzvorteile dies bringt.

[117] Vgl. dazu die Anmerkungen in Kapitel 4.

[118] Vgl. Walsh (1993), S.32.

[119] In diesem Zusammenhang ist insbesondere auch die Analyse des Finanzausgleichs als eines zentralen Bausteins des fiskalischen Föderalismus zu sehen. Vgl. dazu die Bemerkungen im Abschnitt 5.1. sowie Folgenden, besonders im nächsten Abschnitt.

[120] Vgl. z.B. Giardas Analyse der Transformation Italiens zu einem fiskal-föderalistischen System; Giarda (1995).

der Transaktionskosten von Williamson[121] auf die staatliche Regulierung angewandt[122]. Williamson zeigte, wie die Organisationsformen Markt und Hierarchie aufgrund von Transaktionskosten (das sind Kosten des Abschlusses einer Transaktion[123], u.a. Anbahnungs- und Informationskosten, Durchführungs- und Kontrollkosten) ihre Grenzen finden. Diesen Ansatz kann man auf die staatliche Regulierungspolitik übertragen[124]. Die staatliche Intervention auf einer bestimmten Ebene ist immer mit spezifischen Transaktionskosten verbunden; beispielsweise können auf einer zentralen Ebene die Informations- oder Überwachungskosten für Programme, die auf die lokale öffentliche Produktion von Gütern abzielen, hoch sein. Andererseits können die Verhandlungskosten bei einer dezentralen Beschaffung von Produktionsfaktoren höher sein als bei einer zentralisierten Beschaffung. Auf derjenigen politischen Ebene, wo für eine spezifische Art der Intervention (sei es durch Gesetzgebung oder durch Produktion des Staates oder im staatlichen Auftrag) die Summe aus Produktions- und Transaktionskosten am geringsten ist, sollte diese Aufgabe angesiedelt sein. Dabei ist die Höhe der Transaktionskosten u.a. von der Häufigkeit von Transaktionen, der Spezifizität (Williamson spricht von Idiosynkrasie) und den Informationsvoraussetzungen[125] abhängig.

In der Theorie leistet die Einbeziehung von Transaktionskosten demnach eine klare Kompetenzverteilung. Allerdings treffen auf sie die selben Vorbehalte zu wie auf das Modell des optimalen Zentralisierungsgrades[126]. Zwar versuchen die Transaktionskostentheoretiker gerade durch die Einbeziehung von Transaktionskosten, eine realistischere Alternative zum neoklassischen Modell zu finden. Letztendlich steht aber wieder eine statische Optimierungslogik dahinter, die keine Entsprechung in der realen Welt hat: Die Transaktionskosten sind noch weniger erfaßbar als die Produktionskosten, das Modell kann also nur eine generelle Begründung für eine Aufgabenteilung zwischen verschiedenen staatlichen Ebenen liefern, aber keine „Handlungsanweisung für Verfassungsökonomen".

---

[121] Vgl. Williamson (1975), Williamson (1985).

[122] Vgl. Debande/ Drumaux (1995), Drumaux (1996).

[123] Transaktion meint in diesem Fall nicht nur Tausch auf Märkten, sondern auch die hierarchische Durchführung etwa von Produktionsprozessen oder die staatliche Intervention in Produktionsprozesse.

[124] Vgl. Drumaux (1996), S. 97-99, sowie Lotter (1995).

[125] Häufig sind die Informationen nur unscharf; man spricht dann von relationalen Verträgen.

[126] Im Grunde ist das Modell des optimalen Zentralisierungsgrades hier anwendbar, wobei in die Messung der Wohlfahrtsverluste auch die Transaktionskosten mit eingehen.

5.2.4. Die Finanzverfassung der Europäischen Union

„The fiscal *structure of a country is decentralized or centralized, depending on wether the* political *constitution is federalist or unitary, and not the reverse."*

D. Musgrave[127]

Die Finanzverfassung der Europäischen Union unterscheidet sich von den nationalen Haushalten durch eine Reihe von Besonderheiten, die dem „sui generis"-Charakter der EU entsprechen[128]. Rechtsgrundlagen der Haushaltspolitik sind die drei Verträge über die EGKS, die EWG sowie die EAG. Seit dem Fusionsvertrag von 1965 gibt es einen gemeinsamen EG-Haushalt (mit Ausnahme des Funktionshaushaltes der EGKS)[129].

Die Finanzierung der Ausgaben der EG erfolgte zu Beginn durch Finanzbeiträge der Mitgliedsstaaten. Mit dem sogenannten Eigenmittelbeschluß von 1970 wurden die Zölle und Abschöpfungen aus der Zollunion der EG als Eigenmittel zugewiesen, dazu ein Anteil am Mehrwertsteueraufkommen in den einzelnen Staaten[130]. Seit 1988 wurden diese Mittel durch sogenannte BSP-Eigenmittel ergänzt. Dadurch sollte eine gerechtere Finanzierung erreicht werden, da die ärmeren Mitgliedsstaaten der EG sich durch die Bemessungsgrundlage Mehrwertsteuer, also einer Konsumsteuer, besonders belastet sahen. Großbritannien setzte 1979 einen Beitragsrabatt durch, der auf dem Auseinanderklaffen von Nettozahlerposition und unterdurchschnittlichem Pro-Kopf-Einkommen beruhte[131].

---

[127] Musgrave (1969), S. 341.

[128] Für einen Überblick über die Entwicklung und Organisation des EU-Haushalts vgl. Wuermeling (1996) und Laffan (1997). Einen Überblick über die Entwicklung gibt Staender (1995), S. 190-192. Vgl. auch die früheren Beiträge von Zelletin (1965) und Strasser (1979).

[129] Dieser Haushalt finanziert vor allem Investitionen im Bereich Kohle und Stahl sowie flankierende soziale Maßnahmen. Da der EGKS-Vertrag im Jahr 2002 ausläuft und nicht verlängert werden soll, wird diese Finanzierungstätigkeit schrittweise zurückgeführt; vgl. Europäische Kommission (1996a).

[130] Von der vereinheitlichten Mehrwertsteuer-Bemessungsgrundlage der Staaten wurde ein gleicher Prozentsatz von zunächst 1,0% an die EG abgeführt. Dieser erhöhte sich 1985 auf 1,4%, soll aber bis 1999 wieder auf 1,0% zurückgeführt werden, da in der selben Zeit die neu eingeführten BSP-Eigenmittel wichtiger werden. Diese BSP-Mittel werden so errechnet, daß sie den Haushaltsausgleich der EG nach Abzug der Zölle und Abschöpfungen sowie der MWSt-Eigenmittel von den Ausgaben ermöglicht.

[131] Zunächst wurde 1975 ein Ausgleichsmechanismus beschlossen, der nie in Kraft trat. 1979 wurde dann beschlossen, Großbritannien bis 1983 Ausgleichszahlungen von jährlich 4.400 Mio. ECU zuzugestehen. Seit 1984 gibt es einen allgemeinen Ausgleichsmechanismus, nach dem 66% der Differenz zwischen dem britischen Anteil an den MWSt-Eigenmittelzahlungen

EINNAHMEN DER EU	
Mehrwertsteuer-Eigenmittel	57,3%
BSP-Eigenmittel	15,9%
Zölle	22,4%
Agrarabschöpfungen	2,1%
Zucker- und Isoglukoseabgaben	2,2%

Tab. 5.1 Die Zusammensetzung der Einnahmen der EU in % im Jahr 1991
Quelle: eigene Erstellung nach Läufer (1992), S. 230.

Die Ausgaben der EU setzen sich aus den sogenannten obligatorischen und den nicht-obligatorischen Ausgaben zusammen. Über die obligatorischen Ausgaben entscheidet der Ministerrat (also die nationalen Regierungen). Sie umfassen insbesondere die Agrarausgaben. Über die nicht obligatorischen Ausgaben entscheidet das Europäische Parlament innerhalb bestimmter Höchstgrenzen, die von der Europäischen Kommission vorgegeben werden. Damit ist ein Kernstück nationaler Parlamentsaufgaben, nämlich die Budgethoheit, innerhalb des europäischen Rahmens nur eingeschränkt verwirklicht. Dementsprechend versucht das Europäische Parlament stets, die nicht-obligatorischen Ausgaben auszuweiten[132]. Das kann ihm u.a. deshalb gelingen, weil obligatorische und nicht-obligatorische Aufgaben nicht genau voneinander getrennt sind[133]. Besonders problematisch ist dabei, daß es keine Verbindung der Entscheidung zwischen Finanzierung und Ausgaben gibt; diese Funktionen sind sowohl personell wie zeitlich getrennt[134]. Dadurch ist die Tendenz des Europäischen Parlaments, immer neue Ausgabenprogramme zu fordern, erklärlich, da es nicht für die Finanzierung solcher Programme verantwortlich ist.

In ihrer Struktur sind die Ausgaben der EG traditionell durch den hohen Anteil an Ausgaben für die Gemeinsame Agrarpolitik bestimmt, auch wenn dieser Anteil

---

und seinem umgelegten Anteil an den Gemeinschaftsausgaben erstattet werden. Begründet ist dies im Artikel 3 des Eigenmittelbeschlusses von 1985 damit, daß jeder Mitgliedsstaat, der gemessen an seiner Wohlstandsposition zu hohe Haushaltslasten trägt, eine Korrekturmaßnahme erreichen kann; vgl. DIHT (1994), S. 22, sowie Jenkins (1980).

[132] Bei den Verhandlungen über das Budget 1997 widersprach der EP-Haushaltsausschußvorsitzende Samland einer Kürzung der Strukturmittel um 2 Mrd. DM, weil diese „ungerechtfertigt“ und „reine Buchhalterei“ sei, während er keine Einwände gegen die Kürzung der Mittel für die GAP hatte; vgl. o.V. (25.7.1997).

[133] Vgl. Staender (1995), S. 196-197.

[134] Vgl. Caesar (1997), S. 286.

von 80% in den 60er Jahren auf jetzt etwa 50% zurückgegangen ist. Dagegen ist der Anteil der Strukturmittel, d.h. der Mittel, die im Europäischen Regionalfonds, im Europäischen Sozialfonds sowie im Europäischen Agrarfonds - Abteilung Ausrichtung für struktur- und regionalpolitische Maßnahmen verwendet werden, ständig angewachsen. Betrugen diese Mittel 1988 (bei der Reform der Regionalpolitik) erst 18%, sind es heute über 30%. Gemessen am BIP der Mitgliedsstaaten betrugen die Ausgaben des EU-Haushalts 1988 1,04% und 1996 1,20 %. Verglichen mit den nationalen Ausgaben ist dieser Anteil sehr gering, allerdings liegen die Zuwachsraten beim EU-Haushalt deutlich über denen der nationalen Haushalte, d.h. die relative Bedeutung des EU-Haushalts wird wichtiger[135].

	1988	**1996**
Landwirtschaft (EAGFL-Garantie)	59%	48%
Strukturpolitik	18%	31%
Forschungspolitik	2%	4%
Außenpolitik	2%	6%
Verwaltung	4%	5%
EGKS	1%	5%
Europäischer Entwicklungsfonds	3%	3%
Sonstiges	11%	3%

Tab. 5.2 Die Ausgaben der EU in % 1988 und 1996
Quelle: eigene Erstellung nach Eurostat (1997)

Die Frage nach fiskalischem Föderalismus innerhalb der EU kann in zweierlei Weise gestellt werden, nämlich als Frage nach der Existenz fiskalischen Föderalismus und als Frage nach der Sinnhaftigkeit.

Anhand der Ausgaben der EU sieht man, daß von fiskalischem Föderalismus in der EU im Sinne der theoretischen Ansätze keine Rede sein kann. Die beiden Hauptausgabeposten sind die Agrar- sowie die Regional- bzw. Strukturpolitik. In der Agrarpolitik wurde der Markt für Agrargüter durch sogenannte Marktordnungen faktisch außer Kraft gesetzt. Die Gemeinsame Agrarpolitik ist nicht nur unter Verletzung aller marktwirtschaftlichen Prinzipien gestaltet, sondern läßt sich auch nicht im Sinne der Oates'schen Theorie der Zentralregierung zuordnen. Sie stellt

135 Zu den Zahlen vgl. Europäische Kommission (1997), S. 37. Vgl. auch Caesar (1997), S. 282-283.

einen Eingriff in die Allokationsfunktion der Märkte dar (die nach Oates den Gliedstaaten zugeordnet sein sollte).

Ein Hauptgrund für die Einführung der GAP waren Verteilungserwägungen, die nach dem fiskalischen Föderalismus auf der zentralstaatlichen Ebene entschieden werden sollten[136]. Dennoch ist die Erreichung von Verteilungszielen durch Eingriffe in die Allokation auch aus Sicht der fiskalischen Föderalismus abzulehnen[137]. Zudem sind die Verteilungswirkungen der GAP unter Berücksichtigung der regionalen Verteilung „pervers", d.h. wegen der leistungsfähigen Landwirtschaft in den reicheren Staaten ist die Gefahr einer Umverteilung zu deren Gunsten gegeben[138].

In der Strukturpolitik der EU finden sich Programme von unterschiedlichem Charakter: Grundsätzlich könnte man das Kriterium für die Qualifikation als benachteiligte Region im Sinne der EU, nämlich ein Pro-Kopf-Einkommen unterhalb von 75% des EU-Durchschnitts, als ein verteilungspolitisches Kriterium ansehen. Die Umverteilungsziele, die mit den strukturpolitischen Programmen verfolgt werden, können durch den in der Präambel des EG-Vertrages ausgedrückten Wunsch nach einheitlichen Lebensverhältnissen sowie durch das in der Präambel des EU-Vertrages festgeschriebene Solidaritätsgebot begründet werden[139]. Von daher sind sie auch vereinbar mit dem fiskalischen Föderalismus.

Tatsächlich wird aber der Großteil der Programme - etwa die Programme zur Verbesserung der regionalen Infrastruktur - eindeutig mit allokativen Zwecken begründet. Andererseits lassen sich aus polit-ökonomischer Sicht alle Programme als durch Verteilungskämpfe bedingte Seitenzahlungen deuten[140]. Beispiele dafür sind die Einrichtung des Kohäsionsfonds als Seitenzahlung für die Marktöffnung der südlichen EU-Mitglieder oder die Schaffung des neuen Zieles 6 in der Regio-

---

136 Ziel der GAP ist es nach Art. 39 EGV u.a., den in der Landwirtschaft tätigen Personen eine angemessene Lebenshaltung zu gewährleisten und dabei den „sozialen Aufbau" der Landwirtschaft zu beachten.

137 D.h. letztlich aus Sicht der neoklassischen Wohlfahrtsökonomie, auf der die Theorie des fiskalischen Föderalismus beruht; vgl. zu den Implikationen für die Verwendung des Ansatzes zur Untersuchung der europäischen Integration Persson et al. (1996), S. 2-4.

138 Die Subventionen werden in Abhängigkeit von der produzierten Menge gezahlt.

139 Vgl. Lammers (1993), S. 195, sowie Ott (1987), S. 29-30, der das Äquivalenzprinzip des fiskalischen Föderalismus als mit dem EWG-Vertrag unvereinbar bezeichnet.

140 Vgl. dazu Persson et al. (1996), S. 4-6.

nalpolitik[141] als Seitenzahlung für die Nettozahlerposition der nördlichen Beitrittskandidaten.

Unter Berücksichtigung polit-ökonomischer Zusammenhänge läßt sich auch erklären, warum die verteilungspolitisch bedingten Programme allokationspolitisch getarnt werden: Die Unterschiedlichkeit der Präferenzen der Wähler in den EU-Mitgliedstaaten läßt Verteilungspolitik - etwa von reicheren zu ärmeren Ländern - nicht zu. Ein Beispiel dafür ist die heftige Diskussion um die „Nettozahlerposition" der einzelnen Staaten. Bei Großbritannien führte die Nettozahlerposition bereits zu einem Beitragsrabatt, in Deutschland, das etwa zwei Drittel der Nettoumverteilung in der EU finanziert[142], wird über den EU-Beitrag seit Jahren diskutiert[143].

Nettozahlerstaaten	**Nettobeitrag in Millionen ECU (in%)**	**Nettoempfängerstaaten**	**Nettotransfer in Millionen ECU (in %)**
Deutschland	10 900 (59,9)	**Finnland**	100 (0,5)
Niederlande	2 400 (13,2)	**Dänemark**	200 (1,1)
Großbritannien	2 300 (12,7)	**Luxemburg**	800 (4,4)
Italien	1 300 (7,1)	**Belgien**	1 900 (10,4)
Schweden	700 (3,8)	**Irland**	2 300 (12,6)
Frankreich	400 (2,2)	**Portugal**	2 800 (15,3)
Österreich	200 (1,1)	**Griechenland**	4 100 (22,4)
		Spanien	6 100 (33,3)

Tab. 5.3 Nettopositionen in der EU in Millionen ECU 1997 (in Klammer in %)[144]
Quelle: eigene Erstellung nach o.V. (14.10.1997), S. 19, nach Ursprungsdaten des Bundesministeriums für Finanzen.

141 Das neue Ziel 6 der Regionalpolitik umfaßt die Regionalhilfe für die wenig besiedelten Kältezonen Nordeuropas und war in den Verhandlungen zum EU-Beitritt Schwedens und Finnlands geschaffen worden.

142 Vgl. Stark (1997), S. 30.

143 Vgl. May (1984), DIHT (1994) sowie KAS (1997). Begründet wird die Kritik an den hohen deutschen Nettoleistungen damit, daß Deutschland einerseits keine Sondervorteile im Vergleich zu den übrigen EU-Staaten aus der europäischen Integration ziehe, andererseits die Beitragsgerechtigkeit eklatant verletzt sei, da reichere Staaten (etwa Luxemburg mit dem höchsten Pro-Kopf-Einkommen EU-weit) Nettoempfänger seien; vgl. Memminger (1997), S. 59.

144 Wegen gerundeter Zahlen stimmen Nettotransfer- und Nettobeitrag nicht genau überein.

Die Aufgabenverteilung innerhalb der EU ist also nicht nach den Kriterien der Theorie des fiskalischen Föderalismus gestaltet[145]. Aufgaben, die zentralstaatlich zu lösen wären, wie etwa die Verteidigung des Unionsgebietes, sind weiterhin national. Im Rahmen der Währungsunion bleibt die Fiskalpolitik national, obwohl unionsweite Schocks unionsweite Stabilisierung implizieren. Allerdings ist hier wie auch bei allen anderen Aufgabengebieten zu beachten, daß die zentralisierte Aufgabenlösung eine wichtige Alternative in der koordinierten, aber dezentral durchgeführten Lösung hat, wie sie etwa die NATO darstellt oder die fiskalpolitische Koordinierung in der WWU, etwa mittels eines Stabilitätspaktes[146].

Dazu kommt, daß für eine Reihe von Aufgaben nur konkurrierende Gestaltungsbefugnisse der EU herrschen[147]. Das führt zu Politikverflechtung und unklarer Kompetenzverteilung. Aus polit-ökonomischer Sicht kann man diese irrationale Aufgabenverteilung (im Sinne der Wohlfahrtsökonomie) sowohl auf den Versuch nationaler Politiker zurückführen, unliebsame Politiken auf die EU-Ebene abzuschieben, wie auch politische Kompetenzen der regionalen Ebene anstelle eigener Kompetenzen abzugeben. Nach Musgrave ist die fiskalische Verfassung eines Landes in Abhängigkeit von der politischen Verfassung gestaltet[148] (z.B. entweder föderal oder unitarisch) und so kann man auch sagen, daß die unklare politische Verfassung der EU zwangsläufig auch eine nicht kohärente Fiskalverfassung mit sich gebracht hat.

Walthes bezieht deshalb den politischen Konjunkturzyklus sowie das „Gleichgewicht zentrifugaler und zentripedaler Kräfte" in die Stabilisierungsfunktion ein, um so den Konflikt zwischen der normativen und der politökonomischen Sicht der Theorie des fiskalischen Föderalismus zu lösen; diese Lösung entfernt sich aber weit von der ursprünglichen Theorie und ist kaum noch als Lösung im Sinne des fiskalischen Föderalismus zu interpretieren[149].

Schon oben wurde deutlich, daß die fiskalische Verfassung der EU nicht ohne polit-ökonomische Erwägungen zu verstehen ist. Weitergehend muß dann gefragt werden, ob fiskalischer Föderalismus, sofern er die wohlfahrtstheoretischen Überlegungen in den Vordergrund stellt, überhaupt als Leitbild der Finanzverfassung der EU wünschenswert ist, m.a.W., ob es nicht eher um

---

[145] Vgl. dazu die Diskussion einzelner Aufgabenfelder bei Persson et al. (1996).

[146] Thomas (1997), S. 257-260, plädiert deshalb für einen zwischenstaatlichen, dezentralen Finanzausgleich anstelle eines zentralisierten Umverteilungsautomatismus.

[147] Das gilt für die meisten Politikfelder des Artikel 3 EGV. Nur die Handelspolitik und die GAP sowie demnächst die Geldpolitik sind ausschließlich durch die EU gestaltet.

[148] Vgl. Musgrave (1969), S. 341.

[149] Vgl. Walthes (1996), S. 111.

„Politikminimierung“, die Beschränkung des Leviathan, als um „Wohlfahrtsmaximierung“ geht[150].

Eine föderale Finanzverfassung für die EU würde dann insbesondere die Gefahr der Überzentralisierung berücksichtigen und dagegen wirksame Restriktionen einbauen müssen[151]. A priori ist dann die Finanzierungshoheit beim Ministerrat der immer wieder geforderten Einnahmenautonomie, etwa der vom Europaparlament geforderten Unionssteuer[152], vorzuziehen. Der klassische Charakter des Bundeshaushaltes als „ergänzende Finanzwirtschaft“[153] bleibt so eher erhalten. Inwieweit eine solche Fiskalverfassung einer Handelnsordnung für die Europäische Union entspricht, wird später in Kapitel 6 noch untersucht werden. Festzuhalten bleibt, daß der fiskalische Föderalismus keine ausreichende Grundlage für eine solche Fiskalverfassung ist.

5.3. Das Subsidiaritätsprinzip: Vollendung des Föderalismusgedankens?

Die bisherige Untersuchung hat gezeigt, daß den politischen und ökonomischen Föderalismustheorien keine sowohl theoretisch fundierte wie auch politisch (insbesondere im Zeitverlauf) stabile Lösung des Problems einer zunehmenden Zentralisierung gelang. Ein Grund dafür war, daß die Zentralisierung nicht in den Präferenzen der Staatsbürger, sondern in dem der Regierungen begründet war, was die vom benevolenten Regenten ausgehenden Theorien nicht berücksichtigten. Das Subsidiaritätsprinzip (von lat. subsidium = Hilfe, Unterstützung, ersatzweiser Beistand) ist ein allgemeines sozial- und staatsphilosophisches Ordnungsprinzip, das eben diese Beschränkung des Leviathan-Staates leisten soll. Im folgenden soll zunächst die Entstehung des Subsidiaritätsprinzips in der katholischen Soziallehre untersucht werden, gefolgt von einer Analyse des Subsidiaritätsprinzips in den europäischen Verträgen aus ökonomischer Sicht.

---

[150] Vgl. Caesar (1997), S. 285.

[151] Zu der dynamischen Entwicklung der Fiskalverfassung vgl. die theoretische Analyse von Fuest (1995), S. 187-206, sowie ebenda die Fallstudien und Lehren für die EU, S. 207-231.

[152] Vgl. zur Unionssteuer Johannsen (1997), S. 76.

[153] Heckel (1907), S. 34.

5.3.1. Das Subsidiaritätsprinzip als Zuständigkeits- und Verhaltensregel

> *„Wie dasjenige, was der Einzelmensch aus eigener Initiative und mit seinen eigenen Kräften leisten kann, ihm nicht entzogen oder der Gesellschaftstätigkeit zugewiesen werden darf, so verstößt es gegen die Gerechtigkeit, das, was die kleineren und untergeordneten Gemeinwesen leisten und zum guten Ende führen können, für die weitere und übergeordnete Gemeinschaft in Anspruch zu nehmen; zugleich ist es überaus nachteilig und verwirrt die ganze Gesellschaftsordnung. Jedwede Gesellschaftstätigkeit ist ja ihrem Wesen und Begriff nach subsidiär; sie soll die Glieder des Sozialkörpers unterstützen, darf sie aber niemals zerschlagen oder aufsaugen.“*
>
> Aus der Sozialenzyklika "Quadragesimo anno" (1931)

In der katholischen Soziallehre (d.h. denjenigen Schriften, die sich aus katholischer Sicht mit der Staats- und Gesellschaftsordnung befassen) stellt das Subsidiaritätsprinzip seit Augustinus eine Verhaltensnorm für die verschiedenen gesellschaftlichen Ebenen dar. Wie viele Prinzipien der spätantiken Kirchenlehre kann es auf Überlegungen der klassischen griechischen Philosphie, in diesem Falle des Aristoteles, zurückgeführt werden[154]. Im 19. Jahrhundert stellte es sich als *die* Norm der politischen Theorie der deutschen konservativen Föderalismustheoretiker (s.o.) schlechthin dar. Aber auch die Ordnungsvorstellungen des klassischen Liberalismus sind konform mit dem Subsidiaritätsprinzip[155]. Eine besondere Bedeutung gewann es in der Formulierung der Sozialenzyklika „Quadragesimo anno“ von Papst Pius XI., die von dem deutschen Sozialphilosophen Oswald von Nell-Breuning SJ redigiert wurde[156]. In dieser Formulierung diente es dazu, den

[154] Im zweiten Buch seiner staatsphilosophischen Betrachtung „Politik“ behandelt Aristoteles im zweiten Kapitel die platonische Behauptung, größtmögliche Einheit sei das Ziel des Staates und stellt ihr eine Staatsordnung gegenüber, die die in der Verschiedenheit begründete Vielfalt der Menschen erhält; diese Vorstellung entspricht der der katholischen Soziallehre über die Vielfalt der unterstützenden Rolle des Staates; vgl. Aristoteles (1994), S. 77-79.

[155] Nell-Breuning bezieht sich etwa auf eine Formulierung Abraham Lincolns, die Regierung solle nur diejenigen Tätigkeiten übernehmen, nach denen die Leute zwar ein Bedürfnis hätten, es aber selbst nicht vollenden könnten, und aus allem anderen solle sich der Staat heraushalten; vgl. Nell-Breuning (1962), S. 828; zur Geschichte des Subsidiaritätsprinzips vgl. weiter Bernzen (1966), S. 15-16, Eser (1996), S. 29-34.

[156] Zur Entstehung vgl. Nell-Breuning (1957).

totalen Herrschaftsanspruch des Staates, gipfelnd in den totalitären Systemen und auch der totalen wirtschaftlichen Staatsübermacht, zurückzuweisen. Dennoch ist diese klassische Formulierung keinesfalls allein auf totalitäre bzw. zentral geplante Gesellschafts- und Wirtschaftssysteme anzuwenden, sondern beinhaltet eine allgemeingültige Verhaltensnorm und Kompetenzzuweisung[157]. Im Kontext mit dem Solidaritätsprinzip und dem Ganzheitsprinzip begründet das Subsidiaritätsprinzip einen Staatsaufbau, der im Unterschied zum Kollektivismus den Wert des Individuums in den Mittelpunkt stellt. Im Unterschied zum normativen Individualismus sieht er aber den Menschen nur im Zusammenhang mit der Gemeinschaft als vollendet. Konflikte zwischen Gemeinwohl und Eigennutz können nicht durch ein zu errechnendes Nutzenkalkül entschieden werden[158].

Für die politische Ordnung hat das Subsidiaritätsprinzip eine doppelte Bedeutung: Einerseits läßt sich daraus - im Sinne der politischen Föderalismustheorien - ein gegliedertes Staatswesen bis hin zu einer gegliederten internationalen Ordnung ableiten. Dabei ist, wenn man sich an der Formulierung von „Quadragesimo Anno" orientiert, für die Übernnahme einer Aufgabe auf einer höheren staatlichen Ebene (z.B. beim Zentralstaat) ein zweifacher Subsidiaritätstest nötig: Einerseits müssen die untergeordneten Ebenen eine Aufgabe nicht „zum guten Ende führen" können, d.h. sie müssen bei der Lösung der Aufgabe versagen. Andererseits muß die Hilfeleistung der übergeordneten Ebene unterstützend wirken, nicht aber „aufsaugend" (d.h. zentralisierend).

Neben einer verfassungsmäßig-politischen Gliederung des Staatswesens erfordert das Subsidiaritätsprinzip auch die gegliederte Aufgabenverteilung zwischen Staat, kleineren Gemeinschaften und Individuum. Dabei ist die Kompetenzzuweisung ganz klar von der kleinsten Zelle, dem Individuum ausgehend, über die Familie, nachbarschaftliche und kooperative Gemeinschaften bis hin zu den größeren Interessenverbänden, den Sozialpartnern und zuallerletzt dem Staat.

---

[157] Deutlich wird dies in der Deutung als Ausgangspunkt der internationalen Ordnung durch Papst Johannes XXIII im Jahr 1963, in dessen Enzyklika „Pacem in terris" es heißt: „Wie in den Einzelstaaten die Beziehungen zwischen der öffentlichen Gewalt und den einzelnen Menschen, den Familien und den Verbänden durch das Subsidiaritätsprinzip gelenkt und geordnet werden müssen, so müssen durch dieses Prinzip natürlich auch jene Beziehungen geregelt werden, welche zwischen der Weltgemeinschaft und der öffentlichen Autorität der einzelnen Nationen bestehen."

[158] Vgl. dazu Nell-Breuning (1980), S. 25-43. Diese Kritik am Individualismus richtet sich nicht gegen den methodologischen Individualismus, sondern gegen das mechanistische, neoklassische Menschenbild, das das Nutzenkalkül des Individuums auf einen Rechenvorgang reduziert.

In der ökonomischen Theorie, insbesondere in der neoliberalen Ordnungstheorie, lassen sich zahlreiche Parallelen zum sozialphilosophischen Subsidiaritätsprinzip finden[159]. So entspricht der Forderung nach einer subsidiären, nicht „aufsaugenden" Tätigkeit des Staates die Kritik von Demsetz am nirvana-approach: Denn das Versagen einer politischen Ebene bedeutet nicht automatisch die Übertragung auf eine andere, da es noch nicht die bessere Lösung auf dieser anderen Ebene impliziert. Dazu müßte erst geprüft werden, ob diese andere Ebene wirklich besser mit dem Problem fertig werden kann (comparative institutions approach).

Die Gefahr einer „Verwirrung der Gesellschaftsordnung" durch die gezielte Übernahme staatlicher Verantwortung dort, wo eigentlich untergeordnete Gemeinschaften ausreichend sind, entspricht der von Ludwig von Mises beschworenen Gefahr des „Interventionismus"[160]. Die zweifache Bedeutung der Subsidiarität sowohl im politischen wie im gesellschaftlichen Raum entspricht der von Eucken postulierten (und normativ auch geforderten) Interdependenz der Ordnungen[161]. Darüber hinaus ist ein subsidiärer Staatsaufbau eher als ein zentralistischer Staatsaufbau in der Lage, eine möglichst bürgernahe, d.h. auch den Präferenzen der Bürger entsprechende Produktionsstruktur der öffentlich produzierten Güter herbeizuführen, da die Produktions- und die Finanzierungsentscheidungen tendenziell unter der Voraussetzung fiskalischer Äquivalenz gefällt werden[162].

5.3.2. Das Subsidiaritätsprinzip in der europäischen Integration I: Vom Beginn bis Maastricht

Die oben diskutierten ökonomischen Vorteile, die ein subsidiärer Staatsaufbau bewirken sollte, waren der Grund, auch in der EG über die Einführung eines solchen Prinzips zu diskutieren, als die immer weitergehende Kompetenzverlagerung zugunsten der supranationalen EG zu Befürchtungen wegen einer möglichen

---

[159] Dies ist auch zu erwarten, denn die katholische Soziallehre und die ordoliberale Schule sind durch zahlreiche Gemeinsamkeiten geprägt: Gemeinsame Erfahrungen (die Zeit des Interventionismus der Weimarer Republik ebenso wie die totalitäre Herrschaft des Nationalsozialismus), gemeinsame philosophische Grundlagen, teils sogar identische Vertreter (wie Alexander Rüstow). Im intensiven Gedankenaustausch wurden diese Gemeinsamkeiten - aber auch Trennendes - herausgearbeitet; vgl. etwa Nell-Breuning (1960), S. 81-98; vgl. auch Seliger (1996), S. 10-13.

[160] Vgl. Mises (1981).

[161] Vgl. Eucken (1952), S. 304-308.

[162] Zu einem Vergleich des „ökonomischen" Subsidiaritätsbegriffes mit dem der katholischen Soziallehre vgl. auch Homann/Kirchner (1995); zur Genese des „ökonomischen" Subsidiaritätsbegriffs s. Hensel (1995), S.13-17.

Aushöhlung nationaler Identitäten und Kompetenzen führte[163]. In den ersten Jahrzehnten der Existenz der EG waren diese Befürchtungen entsprechend ihren geringen Kompetenzen nicht vorhanden[164]. Die EG-Regierungschefs forderten die EG 1972 sogar auf, die „Generalermächtigung" des Art. 235 EWG-Vertrag zur Durchsetzung von Maßnahmen, die für den Binnenmarkt wichtig waren, großzügiger anzuwenden[165]. Ohnehin sorgte das faktische Einstimmigkeitsprinzip nach dem sogenannten Luxemburger Kompromiß von 1966 dafür, daß jede Kompetenzübertragung einstimmig erfolgen mußte. Bereits 1975 legte die EG-Kommission einen Bericht über die Europäische Gemeinschaft vor, der die Entwicklung des EWG-Vertrags zu einer Verfassung der Gemeinschaft vorsah. In dieser Verfassung sollte die Gemeinschaft neben der aussschließlichen eine konkurrierende und eine potentielle Konkurrenz erhalten. Dabei sollte die Verteilung der Kompetenzen insgesamt dem Subsidiaritätsprinzip entsprechen (Subsidiarität als Kompetenzverteilungsregel) und die Gemeinschaft in den beiden letztgenannten Bereichen nur subsidiär tätig werden (Subsidiarität als Kompetenzausübungsregel)[166].

Als das Europäische Parlament 1984 den sogenannten „Spinelli-Entwurf" für den „Vertrag über die Gründung einer Europäischen Union", also einen Entwurf für eine föderale, politische Union, verabschiedete, war dort das Subsidiaritätsprinzip sowohl in der Präambel als allgemeines Prinzip sowie auch konkret in einem justiziablen Artikel 12 enthalten, der der Gemeinschaft nur dann Handeln erlaubte, wenn sie dies effektiver als die Einzelstaaten könne, insbesondere bei grenzüberschreitenden externen Effekten[167]. Wegen seiner weitreichenden politischen Integrationsziele konnte dieser Entwurf in der Folgezeit nicht durchgesetzt werden.

Als durch die Einheitliche Europäische Akte (EEA) im Art. 130r ff. eine eigenständige umweltpolitische Kompetenz der EG begründet wurde, wurde dort auch

---

[163] Bereits im ersten europäischen Vertrag, dem EGKS-Vertrag, findet sich eine Machtbeschränkung der europäischen Ebene, weshalb einige Autoren die Meinung vertreten, der „Geist" des Subsidiaritätsprinzips durchziehe den gesamten Integrationsprozeß; vgl. dazu Juncker (1992), S. 30, Döring (1993), S. 23, Rideau (1994), S. 407-408 sowie Jung (1996), S. 6. Wenn auch die Mitgliedsstaaten der EG stets ihre Rechte wahrten, ist es doch m.E. ungerechtfertigt, hier von einer Existenz des Subsidiaritätsprinzips auszugehen, da diese Machtbeschränkungen der EG-Ebene unsystematisch und auf den gesamten Integrationsprozeß gesehen dynamisch wirkungslos waren.

[164] Vgl. Müller-Graf (1995), S. 50.

[165] Vgl. Kretschmer/ Mitzkewitz (1994), S.60.

[166] Vgl. Toht (1992), S. 1088.

[167] Vgl. Roumeliotis (1991), S.31-32, Toht (1992), S. 1089-1091.

zum ersten Mal das Subsidiaritätsprinzip eingeführt[168]. Das läßt sich daher verstehen, weil dort erstmalig nicht eine Maßnahme zur Marktintegration, sondern eine eigenständige politische Kompetenz begründet wurde[169]. In der Praxis wurde dieses Prinzip allerdings nie juristisch getestet, da weiterhin eine Einstimmigkeitsregel für umweltpolitische Maßnahmen bestand und demgemäß kaum Regeln zustandekommen konnten, die dem Willen einzelner Mitgliedstaaten widersprachen.

Infolge der EEA kam es zu zu einem raschen Ansteigen der Anzahl der Vorschläge für Rechtsvorschriften durch die Europäische Kommission, die mit dem Binnenmarktprogramm zusammenhingen. Während die Mitgliedstaaten eine Erosion ihrer Kompetenzen im Ministerrat zumindest potentiell verhindern konnten, beklagten sich Vertreter von Gliedstaaten unterer Ebenen, insbesondere deutsche Ländervertreter, über die „extensive Auslegung der EG-Rechte"[170]. Diese Klagen führten dazu, daß bei der Revision der europäischen Verträge in Maastricht sowohl in der Präambel des EUV[171] wie im Artikel 3b, Absatz 2, des EGV[172] ein Subsidiaritätsprinzip eingeführt wurde[173].

---

[168] Art. 130 r (4), Satz 1 EWGV, lautet: „Die Gemeinschaft wird im Bereich der Umwelt insoweit tätig, als die in Absatz 1 genannten Ziele besser auf Gemeinschaftsebene erreicht werden können als auf der Ebene der einzlnen Mitgliedstaaten." Seit der Maastrichter Vertragsänderung ist dieser Passus, der durch das allgemeine Subsidiaritätsprinzip des Art. 3b überflüssig wurde, geändert; zur juristischen Auslegung vgl. Pappas (1991), S. 119-125, zur politischen Diskussion vgl. Schaefer (1991), S.101-113, sowie die politikwissenschaftliche Analyse von Héritier (1995) zur umweltpolitischen Bedeutung vgl. Brinkhorst (1991), S. 89-100.

[169] Vgl. Müller-Graf (1995), S. 52-54. Das heißt nicht, daß alle Maßnahmen, die die EG davor getroffen hatte, tatsächlich einer marktwirtschaftlichen Integrationsform verpflichtet gewesen wären (man denke alleine an den Ausnahmebereich Landwirtschaft!), sie waren aber alle mit dem Ziel der Vollendung eines Binnenmarktes begründet worden.

[170] Vgl. Vetter (1995), S. 36.

[171] Dort heißt es, man wolle „den Prozeß der Schaffung einer immer engeren Union der Völker Europas, in der die Entscheidungen entsprechend dem Subsidiaritätsprinzip möglichst bürgernah getroffen werden, weiterführen".

[172] Der Absatz lautet: „In den Bereichen, die nicht in ihre ausschließliche Zuständigkeit fallen, wird die Gemeinschaft nach dem Subsidiaritätsprinzip nur tätig, sofern und soweit die Ziele der in Betracht gezogenen Maßnahmen auf Ebene der Mitgliedstaaten nicht ausreichend erreicht werden können und daher wegen ihres Umfangs oder ihrer Wirkungen besser auf Gemeinschaftsebene erreicht werden können." Nach der Revision der europäischen Verträge in Amsterdam im Rahmen der Regierungskonferenz heißt dieser Artikel nun Artikel 5 EGV. Da der überwiegende Teil der verwendeten Literatur die Bezeichnung Artikel 3, Absatz 2, verwendet, die bis Mitte 1997 galt, wird sie hier auch verwendet.

[173] Zur Unterscheidung beider Kriterien in ein „procedural criterion" und ein „substantive principle" s. Jeppesen (1995), S. 15.

5.3.3. Das Subsidiaritätsprinzip in der europäischen Integration II: Der Artikel 3, Absatz 2 EGV

Bei der Diskussion des Themas Subsidiarität wird meist auf die Formulierung verwiesen, wie sie im Artikel 3, Absatz 2 EGV verwendet wird. Dies ist dadurch erklärlich, daß sich erstens der EGV mit der ersten „Säule" der europäischen Integration, d.h. dem ökonomischen und damit zumindest bisher eindeutig prominentesten Teil der Integration befaßt und zweitens hier das Subsidiaritätsprinzip nicht nur evoziert, sondern auch definiert wird. Andererseits wird bei dieser Diskussion oft nicht beachtet, daß das Subsidiaritätsprinzip - auch wenn es im ersten Teil des Vertrages unter der Überschrift „Grundsätze" zu finden ist - in dieser Form ein juristisches, nicht aber politisches Prinzip ist. Es betrifft alleine die Kompetenzausübung und nicht die Kompetenzverteilung innerhalb der EU und soll kein allgemein gültiges Verfassungsordnungsprinzip darstellen [174].

Nach Artikel 3, Absatz 2, trifft die Europäische Union nur dann Entscheidungen gemäß dem Subsidiaritätsprinzip, wenn nicht-ausschließliche Kompetenzen der EU betroffen sind, Ziele „auf Ebene der Mitgliedstaaten nicht ausreichend erreicht werden können und daher wegen ihres Umfangs oder ihrer Wirkungen besser auf Gemeinschaftsebene erreicht werden können."

Diese Formulierung wirft drei Fragen auf: Welche Kompetenzen sind konkret nicht-ausschließlich? Zweitens: Wann sind die Anwendungsvoraussetzungen gegeben? Die erste Frage ist deshalb ein Problem, weil der EGV ebensowenig wie der EUV einen echten Verfassungsvertrag darstellt, in dem Kompetenzen klar verteilt sind, obwohl dies von Seite der Verfassungsjuristen häufig gefordert wird[175]. Und drittens: Ist das Subsidiaritätsprinzip in dieser Formel einklagbar und durchsetzbar (justiziabel)?

Die Kommission nimmt - wie aus polit-ökonomischen Gesichtspunkten verständlich - eine weite Auslegung ihrer ausschließlichen Kompetenzen (bei denen sie

---

[174] Eine Vermengung beider Aspekte findet sich z.B. bei Donat (1995), S. 11, Vetter (1995), S. 37, Drumaux (1996), S.94; vgl. auch weitere Literaturhinweise bei Müller-Graf (1995), S. 47, FN 63.

[175] Vgl. den Vorschlag des deutschen Verfassungsrechtlers Grimm in Kretschmer-Mitzkewitz (1994), S.61, sowie den Vorschlag des Ausschußes der Regionen nach einer Enumeration der Länder- und EG-Kompetenzen in der Stellungsnahme zur Regierungskonferenz; vgl. Ausschuß der Regionen (1995), S. 4. Auch Vetter fordert eine „Konsolidierung und Kodifizierung" wegen der „barocken Rechtszustände" im EG-Recht; vgl. Vetter (1995), S.38.

das Subsidiaritätsprinzip des Art. 3b nicht berücksichtigen muß) vor[176]. Nach ihrer Auffassung sind u.a. sämtliche Maßnahmen, die zur Verwirklichung des Binnenmarktes dienen, die Wettbewerbsregeln, die Organisation der Agrarmärkte sowie der Verkehrspolitik nicht an das Subsidiaritätsprinzip gebunden[177]. Demgegenüber erkennt die deutsche Bundesregierung nur die vom Europäischen Gerichtshof als ausschließliche Unionskompetenzen gerichtlich festgelegten Bereiche (nämlich die Handelspolitik, das Zollrecht und die Erhaltung der Fischereiressourcen) als ausschließliche Kompetenzen der EU an und lehnt insbesondere eine ausschließliche Kompetenz der EU für die Harmonisierungsmaßnahmen ab, die den Binnenmarkt betreffen, und die den weitaus größten Teil aller Regulierungen ausmachen[178].

Selbst wenn die ausschließlichen Kompetenzen der EU-Ebene eher eng gefaßt werden, macht eine Analyse der weiteren Anwendungsvoraussetzungen deutlich, daß das Subsidiaritätsprinzip nur wenig als klare Kompetenzausübungsregel taugt: In der gültigen Kompromißformulierung[179] wird nämlich einerseits ein Bezug auf das klassische Subsidiaritätsprinzip genommen, nämlich in der Formulierung vom Nichtausreichen der Maßnahmen auf unterer Ebene. Dieses Kriterium wird aber durch ein Effizienzkriterium (nämlich die effizientere Durchführung auf der zentralen Ebene) ergänzt. Es ist unklar, ob diese Kriterien kumulativ anzuwenden sind oder nicht, d.h. ob gleichzeitig ein Versagen der Mitgliedstaaten vorliegen muß und gesichert sein muß, daß die zentrale Ebene bessere Ergebnisse hervorbringt[180]. Zentral ist auch die Frage, welche politische Instanz das Versagen der unteren Gliedkörper feststellen soll, weil damit polit-ökonomische Prozesse verbunden sind[181]. Zugleich ist unklar, ob das Versagen alle Mitgliedstaaten

---

176 Zur Diskussion der „ausschließlichen Kompetenzen" vgl. Jung (1996), S. 8-12, sowie Callies (1995).

177 Vgl. Kommission der Europäischen Gemeinschaften (1992a), insbesondere S. 7-9.

178 Vgl. Hach (1995), S. 27-29.

179 Im ursprünglichen deutschen Vorschlag war das Subsidiaritätsprinzip eindeutiger formuliert und als Kompetenzverteilungsregel gedacht. Der Vorschlag lautete: „Die Gemeinschaft wird nur tätig, um die ihr im Rahmen dieses Vertrages übertragenen Maßnahmen durchzuführen und die darin festgelegten Ziele zu verwirklichen. Sie wird nur insoweit tätig, wie die Maßnahmen aufgrund ihrer Tragweit oder ihrer Auswirkungen die Grenzen eines Mitgliestaates überschreitende Lösungen erfordern und wenn und soweit der verfolgte Zweck durch Maßnahmen auf den Ebenen der einzelnen Mitgliedstaaten allein nicht ausreichend verwirklicht werden kann."; vgl. Hach (1995), S. 18.

180 Diese Auffassung vertreten die deutsche Bundesregierung sowie die deutschen Bundesländer; vgl. Hach (1995), S. 18-19, sowie Schmidhuber (1992), S. 6. Auch Jung (1996), S. 14, hält dies für evident. Vgl. auch Teasdale (1993), S. 190-192.

181 Dieses zentrale Thema wird weiter unten im Kapitel Systemwettbewerb bei der Frage der Möglichkeit einer Systemwettbewerbsordnung noch ausführlich diskutiert.

betreffen muß oder nur einzelne. Soll das leistungsstärkste oder das leistungsschwächste Mitglied als Maßstab für einen Eingriff genommen werden?[182] Die Kommission begründete z.B. eine europaweit gültige „Richtlinie über Vertragsabschlüsse im Fernabsatz“ damit, daß sie alle Mitgliedstaaten im Blick haben müsse, obwohl sie den bisherigen deutschen Regelungen ein ebenbürtiges Schutzniveau zubilligte[183]. Ein anderer Fall ist die Begründung des europäischen Studentenaustauschprogramms „ERASMUS“, das Ende der 80er Jahre eingerichtet wurde, obwohl der damalige EG-Kommissionspräsident Jacques Delors ausdrücklich die Austauschprogramme der deutschen Universitäten als ausreichend betrachtete, bei anderen Ländern aber zu wenig Elan sah[184]. Dieser Eingriff in die Länderkompetenz bezüglich der Wissenschaftspolitik war einer der Gründe für die Forderung deutscher Länder nach Einführung des Subsidiaritätsprinzips, offenbart aber schon die Schwäche des Subsidiaritätsprinzips in der dann gewählten Form. Die isolierte Betrachtung des Effizienzkriterium kann sogar dazu führen, daß die EU-Ebene mehr Kompetenzen als bisher - mit Berufung auf das Subsidiaritätsprinzip - an sich ziehen wird[185]. Dann wäre die ursprüngliche Intention des Subsidiaritäsprinzips auf den Kopf gestellt[186].

Die Unklarheiten in der Formulierung und Auslegung des Subsidiaritätsprinzips[187] führten dazu, daß die Mitgliedstaaten und Länder versuchten, durch zusätzliche Maßnahmen und Vereinbarungen eine klarere Auslegung zu erreichen. Besonderes Augenmerk galt dabei der Ausformulierung eines Subsidiaritätstests, wie ihn die deutsche Bundesregierung 1992 in einem Memorandum vorgeschlagen hat[188]. In diesem Memorandum wurde die Prüfung nicht nur des Regelungsbedarfs, sondern auch des Regelungsumfangs, der Regelungsintensität und der Rechtsform gefordert. Damit bezog die Bundesregierung das Prinzip der Verhältnismäßigkeit, das in Artikel 3, Absatz 3 EGV niedergelegt ist, mit in die Subsidiaritätsprüfung ein. Deshalb wird dieser Absatz auch als „erweitertes Subsidiaritätsprinzip“ be-

---

[182] Vgl. Weidenfeld (1994), S. 17.
[183] Vgl. Hach (1995), S. 29. Vgl. auch ebenda, S.30, als weiteres Beispiel die Richtlinie über Einlagensicherungssysteme.
[184] Vgl. Delors (1988), S. 342.
[185] Vgl. dazu Hach (1995), S. 21, Vetter (1995), S. 41, Hannowsky/ Renner (1996), S. 23-24 und Müller-Graf (1995), S. 58, Fußnoten 119 und 121 mit weiteren Hinweisen.
[186] Jachtenfuchs spricht deshalb von der Möglichkeit „massiver Zentralisierungsschübe“ unter Berufung auf das Subsidiaritätsprinzip; vgl. Jachtenfuchs (1992), S. 282.
[187] Vgl. z.B. Taylor: „This is an amazingly complex statement of intent which almost matches Jeremy Bentham's felicific calculus in terms of its belief in the possibility of scientific measurement of human behavior.“; Taylor (1995), S. 78.
[188] Vgl. Bundesregierung (1992).

zeichnet[189]. Die Einführung eines festgelegten Überprüfungsverfahrens in einem Subsidiaritätsprotokoll könnte ein Schritt hin zu mehr Rechtssicherheit sowie einer stärkeren Beachtung des Prinzips sein[190]

Die Europäische Kommission hat auf Aufforderung des Ministerrates im Jahr 1993 einen Bericht über die Anpassung des geltenden Rechts an das Subsidiaritätsprinzip vorgenommen sowie seit 1994 jährliche Berichte über dessen Verwirklichung erstellt[191]. Der Bericht von 1993 kommt zu dem Ergebnis, daß nur eine Vorschrift des umfassenden EG-Regelwerks wirklich aufzuheben sei und einige Vorschriften neu formuliert werden müßten. In den nachfolgenden Jahresberichten sieht die Kommission eine Tendenz zu sinkender Gesetzgebungstätigkeit als Bestätigung ihrer Ausrichtung am Subsidiaritätsprinzip. So sanken Vorschläge der EU zum abgeleiteten Recht (dem Sekundärrecht, das sich aus dem EGV ableitet) von 185 im Jahre 1990 auf nur 51 im Jahr 1994[192]. Ob das allerdings auf den Einfluß des Subsidiaritätsprinzips zurückzuführen ist, ist fraglich, da die hohe Anzahl im Jahr 1990 ursächlich mit den Vorschlägen zur Vollendung des Binnenmarktes verbunden ist, der bis Anfang 1993 vollendet sein sollte.

Die Gliedstaaten der EU haben nach der Verankerung des Art. 3, Absatz 2, auch versucht, durch eigene Vorschläge Einfluß auf die Verwirklichung des Subsidiaritätsprinzips zu nehmen[193]. Die deutsche Bundesregierung hat ebenso wie eine französisch-britische Gemeinschaftsinitiative und die bayerische Landesregierung versucht, eine „Streichliste" mit überflüssigen Vorhaben der EU aufzustellen. Der Erfolg dieser Listen war allerdings minimal.

Zusammenfassend läßt sich sagen, daß das Subsidiaritätsprinzip im Artikel 3, Absatz 2, zwar prima facie ein justiziables Rechtsprinzip ist, jedoch als wirksame Schranke für die Kompetenzverteilung nicht anwendbar ist und für die Kompetenzausübung großen praktischen Schwierigkeiten gegenübersteht[194]. Dies wird deutlich, wenn man sich den Kern einer juristischen Überprüfung einer Maßnah-

---

[189] Dieser Grundsatz lautet wörtlich: „Die Maßnahmen der Gemeinschaft gehen nicht über das für die Erreichung der Ziele dieses Vertrags erforderliche Maß hinaus." Dieser Grundsatz gilt nicht nur für die nicht-ausschließlichen Befugnisse der Kommission, sondern für alle Tätigkeiten. Vgl. Voss (1993), S. 12-13, der erst im Zusammenhang von Subsidiaritätsprinzip, Verhältnismäßigkeitsgrundsatz und Übermaßregelung das ordnungspolitische Anliegen des Subsidiaritätsprinzips für gewährleistet hält.

[190] Vgl. Borchmann (1996), S. 641.

[191] Vgl. Kommission der Europäischen Gemeinschaften (1993).

[192] Vgl. EU-Kommission (1995), S. 87.

[193] Vgl. Donat (1995), S. 13-14.

[194] Vgl. Müller-Graf (1995) S. 56-57, Fußnoten 111 und 113 mit weiteren Hinweisen sowie ebda. S. 59-63; vgl. auch Jung (1996), S. 17-19.

me, die von der EU-Kommission vorgeschlagen wird, vergegenwärtigt: Der Europäische Gerichtshof müßte bessere Erkenntnis über das Versagen der Mitgliedstaaten und prognostische Fähigkeiten über die Effizienz zentraler Maßnahmen haben als die EU-Kommission[195]. Da dies nicht einsichtig ist, wird er der Kommission (oder dem Ministerrat) einen weiten Ermessensspielraum für ihre Maßnahmen zubilligen müssen. Der ohnehin auf die konkurrierenden Tätigkeiten eingeschränkte Wirkungsbereich des Art. 3, Abs. 2, wird also noch weiter eingeengt. Der Verhältnismäßigkeitsgrundsatz kann demgegenüber zumindest im Bereich der Kompetenzausübung eine Schranke für unnötige Zentralisierung sein. Die eigentlich wirksame Schranke - zumindest im Verhältnis der Nationalstaaten zur EU -wird aber wohl das Prinzip der limitierten Einzelermächtigung für die EU-Ebene sowie die Abstimmung der Staaten im Ministerrat sein, wo entweder bei einstimmigen Entscheidungen jeder Staat ein Vetorecht hat oder bei nach Mehrheitsprinzip zu treffenden Entscheidungen besonders intensive Präferenzen für oder gegen eine Regelung im Verhandlungsprozeß (log-rolling) durchgesetzt werden können.

5.3.4. Das Subsidiaritätsprinzip in der europäischen Integration III: Die Präambel des EUV

Die zusätzliche Verankerung des Subsidiaritätsprinzips im EUV läßt sich als „globale politische Antwort“ [196] auf die Befürchtung der Überregulation verstehen. Im Gegensatz zum Art. 3, Abs. 2, ist dieses Prinzip hier als allgemeines Ordnungsprinzip der EU zu verstehen und wird in der Präambel mit dem Prinzip der bürgernahen Entscheidungen gleichgesetzt. Im Gegensatz zum justiziablen Art. 3, Abs. 2, ist die Formulierung hier allerdings allgemein und eine Definition, nach der die Einhaltung des Prinzips überprüft werden könnte, fehlt. Dementsprechend bleibt die unmittelbare juristische Wirkung dieses Prinzips aus. Dennoch kann die Verankerung im EUV für die zukünftige Aufgabenverteilung der Union dann entscheidender als die justiziable Form des Art. 3, Abs. 2, sein, wenn der Unionsvertrag zum regelrechten europäischen Verfassungsvertrag werden sollte.

Dies ist im Moment zwar noch nicht abzusehen, aber angesichts der neuen Kompetenzstreitigkeiten, die im Zusammenhang mit der Vollendung der Wirtschafts- und Währungsunion zu erwarten sind (z.B. im Bereich der Fiskalpolitik), wird ein Verfassungsvertrag zur Klärung solcher Fragen wahrscheinlicher[197]. Wenn dann

---

[195] Vgl. dazu auch Pipkorn (1992), S. 700.

[196] Müller-Graf (1995), S. 55.

[197] Das heißt nicht, daß unbedingt ein Bundesstaat Europa analog zu bestehenden Bundesstaaten gebildet wird. Ein Verfassungsvertrag kann auch lediglich eine klare Kompetenzzuordnung

das Subsidiaritätsprinzip als Gestaltungsprinzip der Union im Grundsatz schon anerkannt ist, kann das eine weiterreichende Zentralisierung verhindern.

Bevor im folgenden das eng mit dem föderalen und subsidiären Staatsaufbau verknüpfte Konzept einer „Regionalisierung" Europas diskutiert werden soll, soll anhand einer konkreten Ergänzung des EGV zu den sogenannten Gemeinwohlleistungen gezeigt werden, welche Probleme es bei der Durchsetzung des Subsidiaritätsprinzips in der Praxis gibt.

5.3.5. Gemeinwohlleistungen als Aufgabe der EU? Der neue Artikel 16 EGV[198]

Die Europäische Kommission hat im Rahmen der Regierungskonferenz zur Revision der europäischen Verträge einen Vorschlag zur Aufnahme eines neuen Artikels 3 u) des EG-Vertrags unterbreitet, nach dem die Tätigkeit der Gemeinschaft auch „einen Beitrag zur Förderung der gemeinwohlorientierten Leistungen" leisten soll[199]. Mit diesem Vorschlag konkretisiert die Kommission ihre Bewertung, daß zum Kern des europäischen Gesellschaftsmodells der „gleichberechtigte Zugang der Bürger zu Universaldienstleistungen sowie zu Versorgungs- und Dienstleistungen, die der solidarischen Daseinsvorsorge dienen", gehöre[200].

Den öffentlichen und monopolartigen Unternehmen waren bisher nach Artikel 90 EGV (2) gewisse Ausnahmeregelungen zugestanden worden, die zur Erfüllung ihrer Aufgaben unumgänglich waren, ohne daß diese Unternehmen von den allgemeinen Wettbewerbsregeln der Union ausgenommen waren. Maßnahmen oder Organisationsformen, die dem Funktionieren des Binnenmarktes widersprachen, mußten dem Prinzip der Verhältnismäßigkeit genügen. Ohne diese bisherigen Regelungen aufzuheben, soll jetzt die obige Formulierung als „Artikel mit programmatischem Charakter"[201] dazukommen, nicht als neue Rechtsgrundlage, sondern als zusätzliche Dimension der Gemeinschaft bei der Konzipierung ihrer Politiken. Inwieweit diese „zusätzliche Dimension" unter Einbeziehung des Subsidiaritätsprinzips gerechtfertigt werden kann, soll im folgenden diskutiert werden.

Die Errichtung des Binnenmarktes mit den vier Grundfreiheiten hat unbestreitbar in vielen Bereichen zu Deregulierung in ganz Europa geführt. Die Impulse gingen dabei sowohl vom verstärkten Wettbewerb aus, der (nationale) Deregulierung

---

(z.B. einen Negativkatalog für die europäische Ebene oder eine klare Aufteilung in ausschließliche und konkurrierende Tätigkeiten) für eine Union „sui generis" bedeuten.

[198] Vgl. dazu Seliger (1997a).

[199] Vgl. Europäische Kommission (1996b), Ziff. 73.

[200] Vgl. Europäische Kommission (1996c), S. 9.

[201] Vgl. Europäische Kommission (1996b), Ziff. 74.

nötig machte, als auch von Initiativen der Europäischen Kommission, etwa in den Bereichen Telekommunikation, Postdienste und Energieversorgung. Allerdings sind die Deregulierungsbemühungen der Europäischen Kommission keineswegs mit einer Präferenz für eine marktwirtschaftliche Ordnung in Europa zu erklären, sondern mit dem Versuch, den Vorrang der europäischen über die nationalen Bürokratien festzuschreiben. Dort wo - wie bei den staatlichen Monopolen - nationale Regulierungen das Funktionieren des Binnenmarktes behinderten, versucht man teilweise, diese zu deregulieren. Andererseits sieht die Kommission selbst den Binnenmarkt nicht als „Selbstzweck, sondern vielmehr als eines der Hauptinstrumente zur Erreichung einer ganzen Reihe von Zielen: ausgewogenes und nachhaltiges, umweltverträgliches Wachstum, hohes Beschäftigungs- und Sozialschutzniveau, bessere Lebenshaltung und Lebensqualität sowie wirtschaftlicher und sozialer Zusammenhalt.“[202]. Da also der Binnenmarkt nur instrumental betrachtet wird, kann er auch - wenn die genannten Ziele nicht erreicht werden - durch andere Instrumente ergänzt oder ersetzt werden. Insofern ist auch die Deregulierung nur instrumental begründbar, nicht aber ordnungspolitisch.

Die Bereiche, die die Europäische Kommission zu den „gemeinwohlorientierten Aufgaben“ zählt, wie etwa Post und Telekommunikation, Hörfunk und Fernsehen, Energieversorgung sowie die Sozialversicherungen, sind zum Teil bis heute durch staatliche oder staatlich geschützte Monopole oder öffentlich-rechtliche Anbieter mit Gebührenhoheit gekennzeichnet. Die Ergebnisse dieses Monopolschutzes haben schon seit längerem zu Kritik geführt, in Deutschland insbesondere seit dem Gutachten der Deregulierungskommission[203]. Dazu gehören statische Probleme wie X-Ineffizienz und insbesondere dynamische Probleme: Bei der Übernahme von Defiziten durch den Staat kommt es zur Kostenexplosion. Forschung und Entwicklung werden an den Bedürfnissen der Monopolisten ausgerichtet und liefern so neue Begründungen für die Aufrechterhaltung des Monopols. Die immer größer werdenden technischen Einheiten benötigen zur Vermeidung von Ausfällen in Knotenpunkten größere Vorhaltekapazitäten als ein Netzwerk kleinerer Anbieter. Dadurch werden die „economies of scale“, die der Monopolist eigentlich ausnutzen soll, zu „diseconomies of scale“, die Produktion verteuert sich insgesamt. Letztendlich produziert der Monopolist teuerer als im Wettbewerb und hat kein Interesse an der Lieferung eines kundenfreundlicheren Angebots[204].

---

[202] Vgl. Europäische Kommission (1995a), S. 7.
[203] Vgl. Deregulierungskommission (1991).
[204] Vgl. dazu genauer Prosi (1996b).

Die Europäische Kommission fordert die Erbringung „qualitativ hochwertiger Leistungen zu erschwinglichen Preisen" sowie den „gesicherten Zugang zur Grundversorgungsleistung"[205]. Gerade diese Ziele haben sich aber schon im nationalen Rahmen als sehr problematisch herausgestellt. Die Monopolisten haben keinen Anreiz zur Erbringung hochwertiger Leistungen, wenn es keinen Wettbewerbsdruck zur Verbesserung der eigenen Produkte gibt. Die Grundversorgungsleistung wird demgegenüber exzessiv definiert, wie man beispielhaft an der Einrichtung von etlichen Spartenkanälen durch den öffentlich-rechtlichen Rundfunk sehen kann. Wenn in jeder Sparte der gebührenfinanzierte Sender private Wettbewerber verdrängt hat, wird auf die Unabdingbarkeit des öffentlich-rechtlichen Rundfunks für die Sicherung der Grundversorgung (von Klassik bis hin zur Techno-Musik) verwiesen.

Wenn die Europäische Kommission die gemeinwohlorientierten Aufgaben künftig zu den Tätigkeitsfeldern der Union zählen lassen will, muß es dort einen Handlungsbedarf auf europäischer Ebene geben. Wie oben diskutiert, hat die bisherige Erbringung von gemeinwohlorientierten Leistungen zum Aufbau eines ineffizienten, mit hohen Kosten produzierenden öffentlich-rechtlichen bzw. staatlichen Sektors geführt. Insofern kann man den Nationalstaaten tatsächlich ein Versagen bei diesen Leistungen vorwerfen. Eine Reform des öffentlichen Sektors (hierzu zählen staatliche und öffentlich-rechtliche Unternehmen sowie Unternehmen, die in einer vom Staat privilegierten Form gemeinwohlorientierte Leistungen erbringen) müßte daher eine Zerschlagung der Monopolstrukturen mit dem Ziel der Stärkung der Konsumentensouveräntität verfolgen. Welche Ziele aber verfolgt der Vorschlag der Europäischen Kommission?

Als Begründung für das Tätigwerden der Kommission wird nicht die ineffiziente Erstellung, sondern das Fehlen einer „europäischen Komponente" bei den gemeinwohlorientierten Monopolleistungen genannt. Ihre Begründung für diesen Vorschlag im Rahmen der Regierungskonferenz ist das Ziel, ein „europäisches Gesellschaftsmodell, das untrennbar mit der Herausbildung einer Unionsbürgerschaft verbunden" sei, zu verwirklichen[206]. Diejenigen Wege sollten dabei gewählt werden, die „für die Weiterverfolgung der europäischen Integration am wirksamsten sind"[207]. Dies, Integration bis hin zur Herausbildung einer Unionsbürgerschaft, ist zunächst ein politisches Ziel, verbunden mit dem politökonomischen Ziel, im Rahmen dieses Prozesses weitere Kompetenzen auf die Gemeinschaft zu übertragen. Dem Subsidiaritätsprinzip widerspricht diese Ziel-

---

[205] Europäische Kommission (1996b), Ziff. 7 und 8.
[206] Europäische Kommission (1996b), Ziff. 14.
[207] Ebda., Ziff. 12.

vorstellung eindeutig, denn nicht das Versagen der Gliedstaaten, sondern Integration als Selbstzweck ist die Begründung für diese Kompetenzübertragung.

Noch problematischer ist, daß hierbei auch „langfristige strategische Interessen“[208] berücksichtigt werden sollen. Diese Interessen sind gerade wegen ihrer schwammigen Formulierung gefährlich, denn hierunter lassen sich alle Wünsche nach Kompetenzerweiterung der Zentrale subsumieren, so daß es sich hier in der Praxis um langfristige Interessen der Bürokratie und der Politiker handeln wird.

Den unterschiedlichen Präferenzen der Bürger in den Mitgliedsstaaten für das Verhältnis von Kosten und Leistungen bei der Daseinsvorsorge, z.B. der Sozialversicherung, und den Universaldiensten im Rundfunk, Energie- und Postbereich versucht die Kommission dadurch gerecht zu werden, daß nur Mindestnormen festgelegt werden, über die die Mitgliedsstaaten hinausgehen dürfen[209]. Doch bereits der Streit um die europäische Sozialcharta und die Sozialunion hat gezeigt, welche unterschiedlichen Auffassungen von Mindeststandards es gibt. Auch im Bereich der gemeinwohlorientierten Aufgaben sind diese Unterschiede zu erwarten. Da das Vorgehen der Kommission eine Einbeziehung aller Beteiligten vorsieht[210], wird es zu „log-rolling“ zwischen Politikern und Lobbyisten kommen. Ein Mindeststandard, den jedes Land tatsächlich akzeptiert, wird damit unwahrscheinlich. Die ständige Anpassung der Universaldienstleistungen an den technischen Fortschritt, aber auch neue Gemeinwohlerfordernisse, bedeuten vermutlich eine weitere Ausweitung der Universaldienste über echte *Mindest*standards hinaus.

Obwohl das Subsidiaritätsprinzip als Begründung für die Kompetenzübertragung nicht herangezogen werden kann, könnte eine europäische Regelung der gemeinwohlorientierten Leistungen zusammen mit einer Marktöffnung dennoch mehr Wettbewerb bringen. Die konkreten Vorschläge der Europäischen Kommission für diese Regelung sollen nun untersucht werden.[211]

Bei oberflächlicher Lektüre des Kommissions-Vorschlags könnte man glauben, eine Stärkung des Wettbewerbs durch die Europäisierung sei erreichbar: So ist von der „Dynamik der Marktöffnung“ sowie der Förderung der „Modernisierung der gemeinwohlorientierten Leistungen“ die Rede. Andererseits geht die Kommission davon aus, daß die Dynamik der Marktöffnung gerade der Gemeinwohl-

---

[208] Ebda., Ziff. 58.
[209] Ebda., Ziff. 30.
[210] Ebda., Ziff. 61.
[211] Europäische Kommission (1996b), Ziff. 33 und Ziff. 14.

verpflichtung entgegensteht, als ob Wettbewerb durch Marktöffnung einen Widerspruch zur Erhöhung des Gemeinwohls darstellen würde. Zudem bezieht sich der Wunsch nach Modernisierung nicht nur auf die Produktion der Leistungen, sondern auch darauf, daß diese immer wieder dem neuesten technischen Standard angepaßt werden: So wird aus der Grundversorgung, die einmal eine Minimalversorgung sein sollte, eine immer weiter ausufernde Maximalversorgung.

Bei der Erstellung der Leistungen wird von einem Nebeneinander wettbewerblicher und monopolistischer, öffentlich-rechtlicher, staatlicher und privater Anbieter gesprochen. Aus dieser „Situationsvielfalt", diesem „Reservoir an Organisationsformen"[212], könne man die jeweils besten Lösungen auswählen. Zusätzlich wird auf die Garantie verwiesen, daß die Eigentumsordnung der Mitgliedsstaaten durch eine Europäisierung der Gemeinwohlleistungen nicht berührt werde (Art. 222 EG-Vertrag). Mit anderen Worten: Kein Monopolist hat die Privatisierung zu befürchten[213]. Den Staaten oder den lokalen und regionalen Behörden soll weiterhin die Festschreibung der Träger- und Organisationsform erlaubt sein. Mit dieser Respektierung der Wirtschafts- und Sozialordnungen handele die Gemeinschaft nach dem Subsidiaritätsprinzip[214]. Diese Festschreibung bedeutet aber nichts anderes, als daß die Vermachtung der Strukturen bei der Produktion dieser Leistungen weiterhin aufrechterhalten wird. Wettbewerb wird nicht eingeführt, Wettbewerbsbeschränkungen durch die Staaten werden nochmal ausdrücklich erlaubt. Neu ist lediglich, daß nun auch noch die Europäische Kommission die Universaldienstleistungen, die diese Unternehmen zu erbringen haben, definieren kann, wobei den Staaten unbenommen bleibt, noch höhere Standards zu setzen.

Es kann also nicht zu einem Systemwettbewerb der Anbieter von gemeinwohlorientierten Leistungen kommen, in dem sich Quantität, Qualität und Kosten der vom Verbraucher erwünschten Leistungen herausstellen könnten. Gebührenordnungen und Kontrahierungszwang verhindern das Abwandern der Konsumenten von nicht erwünschten Anbietern zu kostengünstigeren Konkurrenten. Gebietsschutz soll nach den Vorstellungen der EU-Kommission weiterhin möglich sein, die Organisation der Gemeinwohlleistungen kann auch weiterhin monopolistisch erfolgen.

Dort, wo bisher die Arbitrage unterschiedlicher gesetzlicher Regelungen im Bereich der gemeinwohlorientierten Leistungen ausgenutzt werden konnte, z.B. beim „re-mailing", dem Versenden von Post über kostengünstigere Auslands-

---

[212] Ebda., Ziff. 12.
[213] Ebda., Ziff. 16.
[214] Ebda., Ziff. 17.

standorte, versuchen die Staaten, den Wettbewerb auszuschalten - entweder durch europäische Harmonisierung oder durch nationale Protektion und Entsendegesetze. Monopolisten werden so nicht zu Innovationen, zu niedrigeren Gebühren oder verbesserten Leistungen gezwungen. Die europäische Regelung der gemeinwohlorientierten Aufgaben erleichtert solche Behinderungen des Wettbewerbs, denn nun kann die Kommission von selbst Richtlinien zur Einschränkung des Wettbewerbs vorschlagen. Wegen ihres Wissensvorsprungs vor den Politikern und in Zusammenarbeit mit den nationalen und europäischen Lobbyisten dürfte die Durchsetzung ebenfalls wahrscheinlicher werden.

Insgesamt führt diese „zusätzliche Dimension" im EG-Vertrag also allenfalls zu zusätzlicher Regulierung auf europäischer Ebene, vermutlich gekoppelt mit zusätzlicher Bürokratie (der Generaldirektion ... für gemeinwohlorientierte Aufgaben?). Zusätzlicher Wettbewerb kommt dadurch nicht zustande.

Die Bedeutung des Wettbewerbs im allgemeinen, gerade auch im Bereich der gemeinwohlorientierten, öffentlich angebotenen Leistungen wurde bereits von Friedrich August von Hayek erkannt. Nicht das generelle Verbot von Staatstätigkeit im wirtschaftlichen Bereich, sondern die Gleichstellung von staatlichen Anbietern und privaten Wettbewerbern sei das Problem, so Hayek. Jede staatliche Tätigkeit außerhalb der Durchsetzung von Recht und Ordnung müsse bestreitbar sein[215].

Auf nationaler Ebene bedeutet das, daß gemeinwohlorientierte Leistungen grundsätzlich nicht mehr von Monopolanbietern hergestellt werden dürfen, sondern im Wettbewerb. Wo dies nicht möglich erscheint, etwa wegen sinkender Durchschnittskosten, muß der Wettbewerb im Markt durch einen Wettbewerb um den Markt ersetzt werden. Betreiberlizenzen müssen dann öffentlich versteigert werden und auf einige Jahre begrenzt sein. Es muß zu einer regelmäßigen Überprüfung der öffentlichen Monopole mit einer Beweislastumkehr kommen: Nicht die Deregulierung eines Bereichs muß begründet werden, sondern der Status des Monopols fällt automatisch weg, wenn nicht der Monopolist zeigen kann, daß er als einziger das Angebot sichern kann. Jeder Mitbewerber wird automatisch zugelassen. Subventionen des Staates, gerade auch im Bereich Forschung und Entwicklung, müssen, wenn sie überhaupt gewährt werden, allen Anbietern, öffentlich oder privat, gleichermassen zugänglich sein[216]. Damit ist die Gefahr der Fehl-

---

[215] „Im allgemeinen fordert eine freie Gesellschaft nicht nur, daß der Staat das Monopol auf Zwangsausübung hat, sondern auch, daß er kein andere Monopol als das der Zwangsausübung hat und daß er in jedem anderen Belang unter denselben Bedingungen arbeitet wie alle anderen."; Hayek (1971), S. 288.

[216] Ebda., S. 290.

entwicklung der Forschung in Richtung auf den Monopolisten begünstigende Techniken zumindest verringert.

Nur dort, wo der Wettbewerb keine flächendeckende Versorgung erreicht, kann ex post ein Universaldienst eingeführt werden - die bisherigen Erfahrungen im Luftverkehr, der Telekommunikation, bei der Post haben gezeigt, daß Universaldienstauflagen meist überflüssig sind und nur zur Rechtfertigung von Monopolrenten in anderen Bereichen herangezogen werden. Wo Universaldienste eingeführt werden, dürfen sie nicht automatisch dem bisherigen Monopolisten zugeschrieben werden, sondern müssen ausgeschrieben werden.

Auf europäischer Ebene kann der Wettbewerb von verschiedenen Systemen gemeinwohlorientierter Leistungen sowie die verschiedenartige Definition von Universaldiensten neue, kostengünstige und leistungsverbessernde Lösungen aufzeigen[217]. Dazu sind keine europäischen Mindeststandards notwendig, wohl aber die volle Freizügigkeit, dort zu arbeiten, zu leben und zu produzieren, wo das Angebot an diesen Leistungen den jeweiligen Präferenzen der Konsumenten und Produzenten entspricht. Da gemeinwohlorientierte Produktion nur ein Argument bei der Standortwahl ist und den jeweiligen unterschiedlichen Kosten auch unterschiedliche Leistungen gegenüberstehen, ist ein Wettbewerb der Leistungssenkung dieser Aufgaben nicht zu befürchten[218]. Unter Druck geraten würden allerdings Monopolisten, die ineffizient produzieren und deren Leistungsangebot entweder schlecht oder schlichtweg nicht nachgefragt ist. Damit würde der Systemwettbewerb über die Abwanderung von Menschen oder Kapital (exit) oder politischen Druck (voice) seine Aufgabe erfüllen, einen Hinweis auf die gewünschte Art und Menge der Gemeinwohlleistungen zu liefern.

Der Vorschlag der Kommission, die gemeinwohlorientierten Leistungen im EG-Vertrag festzuschreiben, entspricht wohl weniger dem Wunsch einer totalen Harmonisierung dieser Aufgaben; vielmehr hat er eher einen defensiven Charakter, um die Auswirkungen des Systemwettbewerbs für das ruhige Leben der Monopolisten zu unterbinden. Besonders deutlich wird dies im französischen Ergänzungsvorschlag: Der Wille der Union solle es sein, den öffentlichen Sektor zu verteidigen und fördern[219]. Dieser Vorschlag verdeutlicht den Versuch, weiterhin zwischen öffentlichen und (aktuellen oder potentiellen) privaten Anbietern dieser Leistungen zu diskriminieren. Er konnte sich bei der Vertragsrevision in Amster-

---

[217] Zu den Wirkungen des Systemwettbewerbs vgl. ausführlich Kapitel 6.

[218] Vgl. Abschnitt 6.2.6.

[219] „La France souhaite ... marquer 'l'attachement' de l'Union européenne 'à défendre et à promouvoir la service public' "; Barnier (1996).

dam zwar nicht durchsetzen, macht aber eine generelle Problematik des Integrationsprozesses deutlich, die auch durch die Einfügung des Subsidiaritätsprinzipes in den EGV nicht gelöst wurde: Für jede konkrete zentralisierende Maßnahme findet sich meist zumindest ein Mitgliedstaat, der sie - auch wenn sie dem Subsidiaritätsgedanken krass widersprechen sollte - unterstützt, z.B. weil eine entsprechende Politik nicht national durchzusetzen ist oder weil sie den Regulierungswettbewerb kartelliert. Insofern gelingt es der EU-Ebene leicht, für jede Maßnahme auch einen nationalen Befürworter zu finden, der dann wieder als Kronzeuge für die Notwendigkeit der Zentralisierung gilt. Seltener, aber noch krasser den Konsumentenwünschen widersprechend, sind die ersten Versuche zu einer tatsächlichen europäischen Definition von Gemeinwohlleistungen. Dazu gehört etwa die europäische Fernsehrichtlinie, die vorschreibt, daß 51% der Sendungen auf europäischen Kanälen aus europäischer Produktion stammen. Auch wenn dahinter der Wunsch nationaler Industrien (in diesem Fall der französischen Filmindustrie) nach Protektion steht, so ist doch die Bereitwilligkeit des Europäischen Parlaments, diese Richtlinie noch zu verschärfen, bedenklich. Sie bestätigt die Sorgen, daß im Zuge eines europäischen und weltweiten Wettbewerbs bei Gütern und bei Institutionen gerade die positiven Auswirkungen behindert oder rückgängig gemacht werden sollen. Ein Widerspruch von Marktlösung, besserer Konsumentenversorgung, d.h. Versorgung gemäß ihren Präferenzen, nicht gemäß den Präferenzen der Politiker und Lobbyisten sowie „erschwinglichen" Preisen besteht nur dort, wo gegen den Willen der Marktteilnehmer nicht nachgefragte Produkte subventioniert werden oder im Rahmen der Nivellierung teure Produkte zur Grundversorgung gerechnet werden. Ordnungswettbewerb kann diese Widersprüche aufdecken, Bestreitbarkeit der Märkte kann sie beseitigen. Eine europäische Kompetenz zur Regulierung der gemeinwohlorientierten Leistungen ist dazu nicht nötig. Die Kommission konnte ihren Vorschlag über die Aufnahme der Gemeinwohlleistungen in den Artikel 3 EG-Vertrag nicht durchsetzen. Die extensive Auslegung des Artikel 3 von der Kommission hätte möglicherweise eine sehr aktive Rolle der Kommission zur Folge gehabt, so daß der Europäische Rat sich auf eine abgeschwächte Formulierung und eine weniger prominente Position der Verankerung einer EU-Kompetenz für Gemeinwohlleistungen geeinigt hat. In einem neuen Artikel 16 wird die Aufgabenteilung zwischen Kommission und Mitgliedstaaten bei der Erfüllung dieser Aufgaben formuliert[220]. Damit zählt dieser Bereich künftig auch zu den nicht-ausschließlichen (konkurrierenden) Tätigkeitsfel-

[220] Artikel 16 EG-Vertrag lautet wörtlich: „Without prejudice to Articles 73, 86 and 87, and given the place occupied by services of general economic interest in the shared values of the Union as well as their role in promoting social and territorial cohesion, the Community and the Member States, each within their respective powers and within the scope of application of this Treaty, shall take care that such services operate on the basis of principles and conditions which enable them to fulfil their missions."

dern, in denen auch die EU Vorschriften gemäß dem „engeren“ Subsidiaritätsprinzip erlassen kann. Das „weitere“ Subsidiaritätsprinzip hat sich als wirkungslos erwiesen, diese Kompetenzerweiterung zu verhindern.

5.4. Ein Europa der Regionen als Ordnungsmodell für die EU?

Die Föderalisierung Europas soll die Effizienz- und Identitätsprobleme der Europäischen Union lösen. Sie muß notwendigerweise auf Gliedstaaten aufbauen - zunächst sicher auf den „klassischen“ Nationalstaaten, aber auch auf die Ebene unterhalb der Regionalstaaten. Denn dieselben Argumente, die gegen Zentralismus auf EU-Ebene sprechen, sprechen gegen eine Zentralisierung der verbleibenden (nicht bei der EU angesiedelten) Kompetenzen auf nationaler Ebene. Deshalb gibt es seit den siebziger Jahren eine Bewegung, die ein „Europa der Regionen“ als Ordnungsmodell der nach Meinung der Kritiker zu zentralistisch gewordenen EG und später EU gegenüberstellt. Die Beteiligung der Regionen wird von diesen als „conditio sine qua non“ der Integration gesehen[221], die die vorher herrschende „Regionenblindheit“[222] ausgleichen soll. Im folgenden soll zunächst der Begriff der Region und des Regionalismus definiert und die ökonomische Bedeutung einer Regionalisierung analysiert werden. Anschließend wird die Entwicklung zu einem Europa der Regionen hin diskutiert. Besonderes Augenmerk gilt dabei der institutionellen Verankerung der Regionen in der EU[223].

5.4.1. Regionen und Regionalismus

Die Schwierigkeit mit der politischen Bewegung des Regionalismus fängt schon bei der Definition des Begriffs Region an, der wie kaum ein anderer politischer Begriff unklar ist, ein „Modebegriff“, eine „mystische Einheit“[224], ja eine „Chimäre“ und „Artefakt“[225] ist. Einig ist allen Definitionen[226] ein Bezug auf die territoriale Einheit der Region. Der Begriff Region wird aber nicht allein nach

[221] Vgl. z.B. Frauenkron (1991), S. 196.
[222] Tauras (1997), S. 11.
[223] Die im Zusammenhang mit den Regionen wichtige Frage der Regionalpolitik bleibt hier ausgeklammert; s. dazu die Bemerkungen in Abschnitt 7.3.4.
[224] Scholle (1997), S. 94. Die Mystifikation des Begriffs der Region findet sich auch bei den Gegner des Konzepts einer Regionalisierung, die von „Kleinstaaterei“ oder einem „Flickenteppich“ sprechen; vgl. beispielsweise die Begriffsfindung bei Hasselbach (1996), S. 2 und S.5.
[225] Weichhart (1996).
[226] Vgl. z.B. Eser (1996), S. 131, Barisitz (1996), S. 38-42, Tauras (1997), S. 19-21 sowie die Literaturübersicht bei Weichhart (1996), S. 28.

natürlichen Gegebenheiten[227], sondern auch nach wirtschaftlichen[228], historisch-politischen[229], raumplanerischen[230], technologischen[231], sprachlich-kulturellen[232] Merkmalen gebildet, je nach Interesse des Forschers bzw. dem Zweck der Unterteilung in Regionen[233]. Die Gesamtheit der Merkmale, auf die sich eine Definition bezieht, wird auch als „regionale Identität" bezeichnet[234]. Die Unklarheit über diese Identität hat zur Folge, daß die Diskussion der „Regionalisierung" Europas meist nicht klärt, nach welchen der genannten Kriterien diese Regionen gebildet werden sollen oder welche tatsächlich vorhandenen Regionen die Träger der Regionalisierung sein sollen.

Mit Regionalismus werden zwei gänzlich verschiedene Phänomene gekennzeichnet: Einerseits wird damit der Zusammenschluß von Staaten zu einer größeren Wirtschaftsregion (z.B. in Form einer Zollunion, einer Freihandelszone oder einer Wirtschafts- und Währungsunion) gemeint - dann ist Regionalismus identisch mit dem Prozeß der Integration[235]. Neben dieser handelspolitischen Dimension, die in letzter Zeit im Zusammenhang mit der WTO wieder verstärkt diskutiert wird[236], wird mit dem Begriff Regionalismus seit dem 18. Jahrhundert auch eine Gegenbewegung zur „zentralistischen" Bewegung bezeichnet. Entstanden ist dieser Regionalismusbegriff im Frankreich im Zeitalter der absoluten Monarchie als Kampfbegriff, der sich ex negativo definierte[237].

Dies macht sich noch heute bemerkbar, wo so unterschiedliche Phänomene wie Minderheitenkonflikte (z.B. in Nordirland), kulturelle Autonomiebestrebungen (z.B. im Elsaß), föderale Bestrebungen (z.B. in Belgien), wirtschaftlich motivierte Autonomiebewegungen (wie in Nord- italien), Separatismus (z.B. in Südtirol) und sogar terroristische Bewegungen (wie in Korsika oder im Baskenland) als

---

[227] Vgl. dazu Blotevogel (1996).

[228] Vgl. Fürst (1996); Färber (1996), Benz (1996)..

[229] Vgl. Rohe (1996); Forsyth (1996), Ellwein (1996), Hesse (1996).

[230] Vgl. Kunzmann (1996). Dazu gehören die NUTS in der EU. S. dazu die Tabelle in Abschnitt 5.4.2.

[231] Vgl. die sogenannten „Standorte" bei Sempf (1996), S. 7-8.

[232] Z.B. Bausinger (1993), S. 473-477, der die Region maßgeblich als Kulturraum sieht, in den wirtschaftliche Vorgänge „eingebettet" sind.

[233] Bis hin zu der eher mystisch als wissenschaftlich konzipierten Theorie der autarken „Bio-Region"; vgl. dazu die Kritik von Eser (1996), S. 132-133; in etwas abgeschwächter Form findet sich dieses Konzept auch als „nachhaltiger Regionalismus"; vgl. dazu Spehl (1995), S. 307-330.

[234] Vgl. Nitschke (1996).

[235] Zu den Integrationstheorien vgl. Kapitel 2.

[236] Vgl. z.B. Senti (1994) sowie Langhammer (1997).

[237] Vgl. Bausinger (1993), S. 478.

„Regionalismus" gekennzeichnet werden[238], da sie sich gegen Zentralstaaten wenden, allerdings durch völlig verschiedene Ursachen motiviert[239].

Während all diese Bewegungen als Widerspruch im Sinne von Hirschman politische Defizite aufzeigen, sind auch bei der Fokussierung auf den europäischen Integrationsprozeß unter Ausklammerung der historisch bedingten Regionalismen verschiedene Phänomene zu beobachten, z.B. die Forderung nach Dezentralisierung und regionaler Autonomie, einer weniger vom Zentrum bestimmten Regionalpolitik, die stärkere Betonung kultureller Eigenständigkeit und die stärkere Beteiligung an nationalen oder supranationalen Entscheidungsprozessen[240]. Die Regionalisierung der EU kann dabei erstens eine Dezentralisierungsbewegung sein wie in Frankreich seit den siebziger Jahren[241]. Dezentralisierung bedeutet zunächst eine Verwaltungsreform, bei der mehr Aufgaben auf die unteren Verwaltungsebenen übertragen werden. Ökonomisch betrachtet kann Dezentralisierung zu einer Verringerung von Bürokratie[242] sowie zu einer besseren Einhaltung des Subsidiaritätsprinzips führen. Doch Regionalisierung kann zweitens auch weiterführen zur Errichtung von finanziell autonomen, durch gewählte Parlamente regierten Regionen[243]. Durch eine solche weiterführende Regionalisierung wird tendenziell eine größere fiskalische Äquivalenz bei den Staatsaufgaben herbeigeführt. Gleichzeitig verstärkt sich durch die Regionalisierung, die nicht nur die verwaltungsmäßige Durchführung von Aufgaben betrifft, die Möglichkeit des Wettbewerbs zwischen den Regionen[244]. Dabei kann die stärkere Beachtung regionaler kultureller und historischer Eigenheiten allerdings auch ein Grund für die Einführung oder Aufrechterhaltung protektionistischer Maßnahmen sein[245].

---

[238] Keating (1995), S. 9, spricht deshalb von „Regionalismen".

[239] Ein Überblick mit Literaturangaben findet sich bei Tauras (1997), S. 35-46.

[240] Vgl. Keating (1985), S. 2-3.

[241] Vgl. Sparwasser (1986) und Balme (1995).

[242] Durch die größere Nähe sinken Kontrollkosten und wird tendenziell Verschwendung eher sanktioniert; zudem ist das Planungswissen bei dezentralisierter Planung genauer, was wiederum zu höherer Effizienz führt.

[243] Vgl. dazu die Forderung der europäischen Regionalministerkonferenz in Europarat (1991), S. 1-2.

[244] Vgl. Kapitel 6.

[245] Ein Beispiel mag die Sonderregelung für die zu Finnland gehörenden, aber kulturell und sprachlich schwedischen Aland-Inseln sein, die trotz des Beitritts Finnlands zur EU weiterhin den Landerwerb für nicht Aland-Bürger verweigern. Aus dem historischen Kampf der Bewohner dieser Inseln um ihre schwedische Idenität mag dieses Schutzrecht durchaus berechtigt sein. Die Berechtigung solcher Interessen im Einzelfall ist aber nicht rational überprüfbar und führt unweigerlich zur Schaffung von Präzedenzfällen für weitere Ausnahmen hinsichtlich anderer Regionen.

Neben den Regionen, die politische Verwaltungseinheiten innerhalb von Nationalstaaten sind, wird der Regionenbegriff in Europa zunehmend auch auf zwischenstaatliche „Euro-Regionen“ angewandt[246]. Diese Grenzregionen können sich - analog zu den innerstaatlichen Regionen - durch eine Vielzahl von Merkmalen (historisch-kulturell-sprachlich-ökonomisch) unterscheiden. Ökonomisch sinnvoll ist die gemeinsame Aufgabenlösung durch solche Grenzregionen[247], durch die Skaleneffekte und economies of scope (bei der gemeinsamen Werbung) ausgenützt werden können oder spill-over-Effekte internalisiert werden (z.B. durch gemeinsame Planung von Vorhalteflächen im Bereich des Rheins im Kampf gegen das Hochwasser). Durch die punktuelle Zusammenarbeit wird eine größere Bürokratie dabei vermieden.

Eine weitere Aufgabe können diejenigen Grenzregionen übernehmen, die zwischen Mitgliedstaaten der EU und Drittstaaten, insbesondere an der Ostgrenze der EU, liegen[248]. Diese sind einerseits die adäquaten Adressaten für die jetzigen Probleme der Grenzregionen (hohe Mobilität im Grenzbereich bei großen Einkommensunterschieden), andererseits führt die Zusammenarbeit zu einer Vermittlung von know-how für die wahrscheinlichsten EU-Beitrittskandidaten.

Der Vorteil der Grenzregionen als Zweckgemeinschaften liegt in der großen Flexibilität und geringen Bürokratisierung. Für die institutionelle Entwicklung der EU sind diese Regionen allerdings (aus Sicht der EU-Institutionen) weniger interessant, da ihnen ein einheitlicher organisatorischer Aufbau fehlt und so die Einbeziehung in die formalen Entscheidungsabläufe nur schwer möglich ist. Dagegen ist aus Sicht der „etablierten“ EU-Institutionen insbesondere der Regionalismus als Wunsch nach einer stärkeren politischen Beteiligung der Regionen (im Sinne der Verwaltungseinheiten unterhalb der nationalstaatlichen Ebene) im Entscheidungsgefüge wichtig, der im folgenden diskutiert werden soll.

5.4.2. Regionalismus in der Europäischen Union

Im Rahmen der europäischen Integration spielten die politischen Regionen als aktive Teilnehmer am Integrationsprozeß zunächst keine Rolle. Dagegen wurden mit der immer wichtiger werdenden Rolle der Regionalpolitik in einer immer heterogeneren EG die Regionen als passive Empfänger von Regionalhilfen bedeutend. Diese Regionen mußten auch für statistische Zwecke definiert werden.

---

[246] Vgl. Sempf (1996), S. 16-17, sowie Gabbe (1997).
[247] S. z.B. die touristische Zusammenarbeit im Elsaß; vgl. Klinkert (1996), S. 107-114.
[248] Vgl. z.B. Troeger-Weiß (1996).

Land	NUTS 1		NUTS 2		NUTS 3	
Belgien	Régions	3	Provinces	9	Arrondissements	43
Dänemark		1		1	Amter	15
Deutschland	Länder	16	Regierungs-bezirke	38	Kreise	445
Griechenland	Groups of regional development	4	Development regions	13	Nomoi	51
Spanien	Agrupación de communidades autonomas	7	Communidades autonomas + Ceuta y Melilla	17 + 1	Provincias + Ceuta y Melilla	50 + 2
Frankreich	Z.E.A.T. + DOM	8 + 1	Régions + DOM	22 + 4	Départements + DOM	96 + 4
Irland		1		1	Regional Authority Regions	8
Italien	Gruppi di Regioni	11	Regioni	20	Provincie	103
Luxemburg		1		1		1
Niederlande	Landsdelen	4	Provincies	12	COROP + regio's	40
Österreich	Gruppen von Bundesländern	3	Bundesländer	9	Gruppen von Politischen Bezirken	35
Portugal	Continiente + Regiões autonomas	1 + 2	Comissaoes de Coordenacão regional + Regiones autonomas	5 + 2	Grupos de Concelhos	30
Finnland	Manner-Suomi/ Ahvenanmaa	2	Suuralueet	6	Maakunnat	19
Schweden		1	Riksomrlden	8	Län	24
Großbritannien	Standard regions	11	Group of counties	35	Counties/ Local authority regions	65
Σ EU 15		77		206		1031

Tab. 5.4 Die Regionen NUTS 1-3 in der Europäischen Union
Quelle: eigene Erstellung nach Europäische Kommission (1996f), S. 5.

Die einfachste Möglichkeit war es, die bestehenden Untergliederungen der Nationalstaaten zu übernehmen. Folglich entspricht die Systematik der Gebietseinheiten für die Statistik (Nomenclature des Unités Territoriales Statistiques oder kurz NUTS) den nationalen Gliederungen. Dabei werden europäische Regionen (NUTS 1), Hauptverwaltungseinheiten (Regionen i.S.d. Regionalberichterstattung NUTS 2) und deren weitere Untergliederungen (NUTS 3) unterschieden. Da etliche Länder nicht über ein dreistufiges Verwaltungssystem verfügten, sind in diesen Ländern (besonders den kleinen Ländern wie Luxemburg und Dänemark sowie den zentralisierten Ländern wie Irland) NUTS 1-3 Regionen teilweise identisch oder wurden (wie im Falle des zentralisierten Griechenlands) neu geschaffen, wie die Tabelle 5.4. zeigt.

Seit den siebziger Jahren, in denen auch die diversen „Regionalismen" großen Zulauf hatten, begannen die regionalen Vertreter, die Rolle der Regionen als bloßes Objekt der europäischen Politik zu hinterfragen[249]. Der Grund dafür war je nach der Form der politischen Regionen in den Staaten unterschiedlich: In den Staaten mit föderaler oder präföderaler Verfassung (wie Deutschland, Belgien und Spanien) monierten die Regionen, daß immer mehr Kompetenzen vom Ministerrat, in dem die Nationalstaaten vertreten waren, auf die europäische Ebene übertragen wurden, ohne daß die Regionen darauf Einfluß nehmen konnten[250]. In den Staaten, in denen die Regionen erst mit Beginn der Dezentralisierung eine gewisse Bedeutung bekamen, entstanden die Forderungen nach Einflußnahme auf die europäische Integration später und schwächer, im Rahmen der Kompetenzabgrenzung zu den jeweiligen Nationalstaaten.

Die Forderung der Regionen nach mehr Einflußmöglichkeiten drückte sich in verschiedenen Maßnahmen aus[251]: Einzelne Regionen versuchten, direkt Einfluß auf die Erarbeitung europäischer Politik in Brüssel zu nehmen und gründeten dazu Lobbying-Büros, die neben der besseren Informationsbeschaffung auch Einfluß auf die regionalpolitischen Maßnahmen der EG nehmen konnten[252]. Um insgesamt einen größeren Einfluß zu bekommen, schlossen sich die Regionen in der Versammlung der Regionen Europas, dem Rat der Gemeinden und Regionen Europas sowie der Konferenz Europa der Regionen zusammen[253].

---

[249] Vgl. dazu die Artikel in Delcamp (1994).

[250] In Deutschland wurden u.a. europäische Eingriffe in Länderkompetenzen bei Ausbildung, Hafenverkehrswirtschaft, im Gewässerschutz und der Strukturpolitik beklagt; vgl. Hrbek (1987), S. 122-125.

[251] Vgl. Tauras (1997), S. 50-58.

[252] Vgl. Hrbek (1987), S. 127.

[253] Während die ersten beiden Verbände heute noch diese Arbeit fortsetzen, war die Konferenz Europa der Regionen, die maßgeblich von den deutschen Ländern gegründet wurde, hauptsächlich in der Vorbereitung der Maastrichter Regierungskonferenz aktiv.

Diejenigen Regionen, die wie die deutschen Länder oder die belgischen Regionen schon über ausgeprägte politische Strukturen verfügten, wollten eine Mitsprache über europäische Angelegenheiten im Rahmen des nationalen Entscheidungsprozesses erlangen. Bereits 1957 hatten die deutschen Länder im Rahmen des sogenannten Zuleitungsverfahrens[254] im Ratifikationsgesetz zu den römischen Verträgen ein Informationsrecht erhalten[255]. Schon seit den Verhandlungen um die Verträge gab es den sogenannten Länderbeobachter, der an den Sitzungen im Wirtschaftsministerium zur Vorbereitung des EWG-Vertrags teilnahm. Auch an Sitzungen von EG-Gremien nahmen Ländervertreter teil - allerdings ohne Rechtsgrundlage.

Die Kritik an zunehmender Kompetenzverlagerung führte 1979 zum sogenannten Länderbeteiligungsverfahren, nach dem die Informationspflicht der Bundesregierung schon für Vorlagen und Initiativen der Kommission galt, worauf die Länder (unter Berücksichtigung gesamtstaatlicher Interessen) einen gemeinsamen Länderstandpunkt vereinbaren sollten. Die Koordination der einzelnen Länderstandpunkte erwies sich jedoch als sehr schwierig[256]. Nach der EEA mit neuerlichen Kompetenzübertragungen an die EG[257] wurde deshalb das sogenannte „neue Bundesratsverfahren" (in Art. 1a des Ratifikationsgesetzes zur EEA) eingeführt, das die Koordination der Länder über eine Bundesratsstellungnahme vorsah. Im folgenden wurde insbesondere die Einhaltung des Subsidiaritätsprinzips in Europa zu einem Dauerthema der deutschen Bundesländer[258].

Im Rahmen der Diskussion um die Maastrichter Verträge kam es neuerlich zu einem Streit über die Mitbeteiligung der Regionen in Europa, in den diesmal aber auch die stärker gewordenen Regionen anderer Länder, insbesondere die belgi-

---

[254] Dieses Verfahren wird auch „altes Bundesratsverfahren" genannt, da die Zuleitung an den Bundesrat erfolgte.

[255] Vgl. zum folgenden Hrbek (1987), S. 125-126. Sogar schon 1951, bei den Verhandlungen zum EGKS-Vertrag, waren einzelne Ländervertreter wie der NRW-Ministerpräsident Karl Arnold skeptisch, was die Durchsetzung von Länderinteressen betraf. Sie konnten aber lediglich eine Information durch die Bundesregierung - ohne eine Möglichkeit zur Reaktion - erreichen; vgl. Oschatz / Risse (1988), S. 10.

[256] Vgl. Tauras (1997), S. 52.

[257] Besonders kritisch wurde die Übertragung von Durchführungskompetenzen an die EG gesehen, da der Aufbau einer flächendeckenden EG-Parallelverwaltung befürchtet wurde; vgl. Oschatz/ Risse (1988), S. 9.

[258] Bereits 1988 forderte Franz-Josef Strauß bei einem Treffen der Länderministerpräsidenten mit EG-Kommissionspräsident Jacques Delors die bessere Durchsetzung des Subsidiaritätsprinzips; vgl. Strauß (1988), S. 338. Dieses Treffen, bei dem zum ersten Mal die subnationale Ebene als Verhandlungspartner der EG auftrat, ist für die weitere Behandlung der Regionen in der EG maßgeblich; vgl. dazu auch Delors (1988).

schen Regionen, eingriffen. Dabei wurde eine Beteiligung der Regionenvertreter auf drei verschiedene Weisen erreicht[259].

Einerseits konnten die deutschen Bundesländer erreichen, daß im Rahmen einer Grundgesetz- änderung nach der deutschen Wiedervereinigung im Artikel 23 GG festgelegt ist, daß der Bundesrat jeder weiteren Kompetenzverlagerung auf EU-Ebene zustimmen muß. Das „Hausgut" der Bundesländer ist damit vordergründig geschützt[260].

Zum zweiten besteht nach der Neufassung des Art. 146 EGV in Maastricht die Möglichkeit, daß künftig die regionalen Minister anstelle der nationalen Minister die Staaten im Ministerrat vertreten, wenn etwa über Länderkompetenzen verhandelt wird[261]. Da der Ministerrat neben der EU-Kommission das einflußreichste EU-Gremium ist, sind hier große Mitwirkungsmöglichkeiten vorhanden, für die sich besonders die belgischen Regionen eingesetzt haben[262].

Neben dieser Beteiligung am Ministerrat ist noch ein zweites „beteiligungsföderalistisches"[263] Element mit der Einrichtung des „Ausschußes der Regionen" (AdR) durchgesetzt worden[264]. Der Ausschuß der Regionen soll als Ausdruck „föderativer Vielstimmigkeit"[265] die Interessen der Regionen und Kommunen in der EU als beratendes Gremium vertreten. Er ist damit kein Gemeinschaftsorgan im Sinne des Artikels 7 (1) EGV[266]. Die Vertreter (deren Anzahl für die einzelnen Länder im Artikel 263 EGV [früher Artikel 198a] aufgeführt sind), werden vom Rat auf Vorschlag der Ministerpräsidenten einstimmig ernannt und müssen Mitglieder von „Gebietskörperschaften" sein, worunter so-

---

[259] Dies gilt für die deutschen Länder; für die Regionen anderer Staaten gelten nur teilweise ähnliche Regelungen bei der innerstaatlichen Beteiligung; vgl. dazu die Literaturhinweise bei Hasselbach 1996), S. 69, FN 272.

[260] Vgl. Wilhelm (1992); vgl. aber auch die pessimistische Analyse bei Hasselbach (1996), S. 69.

[261] Vgl. Tauras (1997), S. 61-62.

[262] Vgl. Hooghe (1995), S. 149.

[263] Hasselbach (1996), S. 69-71.

[264] Zur Gründungsgeschichte s. Hasselbach (1996), S. 79-108; Tauras (1997), S. 70-95. Bereits seit 1988 gab es einen Beirat der regionalen und lokalen Gebietskörperschaften bei der Kommission, der eine Art Vorgängergremium des AdR war, ohne allerdings rechtlich abgesichert zu sein; vgl. Tauras (1997), S. 58-61.

[265] Goppel (1993). Eine ähnliche Sicht findet sich bei Gray (1996), S. 272.

[266] Artikel 7 (1) (vor dem Amsterdamer Gipfel Artikel 4 (1)) benennt die Organe der EU. Sie werden unterschieden von den in Artikel 7 (2) aufgeführten beratenden Gremien, nämlich dem WSA und dem AdR.

wohl Regionen wie auch Kommunen fallen[267]. Dies führt zu einer großen Heterogenität der Mitgliederstruktur des AdR, die die regionale Interessenvertretung erschwert, da in manchen Staaten die Vertreter der kommunalen Ebene ebenbürtig (Niederlande), mit Übergewicht (Dänemark) oder sogar ausschließlich (Griechenland) im AdR vertreten sind[268].

Mitgliedstaat	Regionalvertreter	Lokalvertreter	Gesamtzahl
Belgien	12		12
Dänemark	4	5	9
Deutschland	21	3	24
Finnland		9	9
Frankreich	20	4	24
Griechenland		12	12
Großbritannien		24	24
Irland		9	9
Italien	17	7	24
Luxemburg		6	6
Niederlande	6	6	12
Österreich	9	3	12
Portugal	2	10	12
Schweden	4	8	12
Spanien	17	4	21
Gesamtzahl	112	110	222

Tab. 5.5 Vertreter im Ausschuß der Regionen in den EU-Mitgliedstaaten
Quelle: Fischer/ Laufer (1996), S. 116

Die Arbeit des AdR besteht laut Artikel 265 EGV (früher Artikel 198c) in der Beratung der Organe der EU[269], wobei die Anhörung des AdR obligatorisch sein kann, fakultativ, eine Annexstellungnahme zur Stellungnahme des WSA, wenn dort regionale Interessen berührt werden, und eine Initiativstellungnahme[270]. Die obligatorische Anhörung als Schwerpunkt der Rechte des AdR erfolgt u.a. in der Struktur- und Regionalpolitik, zu der der AdR auch am häufigsten Stellungnah-

[267] Eine Analyse der Entsendepraxis einzelnder Staaten findet sich bei Tauras (1997), S. 121-135.
[268] Vgl. Tauras (1997), S. 136-138.
[269] D.h. insbesondere Beratung des Ministerrats und der Kommission, nach der Neufassung der Verträge aber auch eine fakultative Anhörungsmöglichkeit durch das Europäische Parlament.
[270] Vgl. Hasselbach (1996), S. 141-153).

men abgibt. Die fakultative Anhörung erfolgt, wenn dies die Organe der EU für zweckmäßig erachten. Die Initiativstellungnahme gibt dem AdR die Möglichkeit, von sich aus Themen aufzugreifen, die auch häufig genutzt wurde[271].

5.4.3. Die Arbeit des Ausschusses der Regionen (AdR)

Der Einfluß des AdR auf die Politik der EU ist durch seine Beschränkung auf Stellungnahmen naturgemäß begrenzt. Wenn man die Stellungnahmen der ersten Jahre auswertet, fällt zudem auf, daß es inhaltlich kaum Differenzen mit dem Ministerrat und der EU-Kommission gab. Bei den wichtigen Stellungnahmen zum Weißbuch zur Wettbewerbsfähigkeit der EU und zur europäischen Sozialpolitik wurde lediglich mehr regionale Analyse gefordert und die zentrale Rolle der Regionen erwähnt[272]. Streitpunkte mit den Organen der EU gab es im wesentlichen nur über die juristische und finanzielle Stellung des Ausschußes[273]. Ansonsten wirkte der AdR als „body dedicated to compromise, to conciliation and to sensible user-friendly views“[274]. Die Machtlosigkeit führte dazu, daß der AdR bei der Regierungskonferenz 1996 eine stärkere Stellung für sich verlangte, u.a. ein eigenes Klagerecht vor dem EuGH, die Erwähnung der Regionen in einem neugefaßten Subsidiaritätsprinzip und die Festschreibung des Prinzips der lokalen Selbstverwaltung[275]. Insbesondere ein Klagerecht des AdR, der im Gegensatz zum EP ein starkes Interesse an einer wirksamen Kontrolle der Bewahrung regionaler Kompetenzen hat, hätte zu einer Stärkung des Subsidiaritätsprinzips führen können.

Doch alle diese Forderungen konnten beim Gipfeltreffen von Amsterdam nicht durchgesetzt werden. Wenn der Ausschuß der Regionen die Ergebnisse der Regierungskonferenz dennoch als eine Stärkung der Regionen empfindet[276], weil der

---

[271] Eine Analyse der Häufigkeit der einzelnen Stellungnahmearten sowie der Themen findet sich für die Jahre 1994-1995 bei Hasselbach (1996), S. 205-207. Danach waren in diesen Jahren 47,8% Initiativstellungnahmen und 41,7% Obligatorische Stellungnahmen aufgrund eines Ersuchens des Rats oder der EU-Kommission. Über 25% der Stellungnahmen befaßten sich mit der Strukturpolitik, das zweitwichtigste Thema waren die „Transeuropäischen Netze“ mit 14,9%.

[272] Vgl. Ausschuß der Regionen (1996a), S. 37-38 sowie S. 52-53.

[273] Vgl. ebda., S. 73-74.

[274] Gray (1996), S. 273.

[275] Vgl. genauer Ausschuß der Regionen (1995), S. 4-7, Ausschuß der Regionen (1996a), S. 73-74, Ausschuß der Regionen (1996b); vgl. auch die Diskussion bei Tauras (1997), S. 189-199.

[276] Vgl. Ausschuß der Regionen (1997).

AdR in einigen Bereichen neue obligatorische Anhörungsrechte bekommt[277], zeigt das, wie wenig beim AdR von der ursprünglichen Idee, eine „dritte Kammer" neben Ministerrat und EP[278] oder zumindest ein „einflußreiches Organ im Prozeß der Meinungs- und Willensbildung"[279] zu bilden, übrig geblieben ist[280].

Insgesamt kann man sagen, daß der AdR nur geringe Fortschritte für die Durchsetzung einer föderativen Ordnung gemäß dem Subsidiaritätsprinzip gebracht hat. Einerseits reflektiert er das seit den siebziger Jahren - auch in Reaktion auf zunehmende europäischen Zentralisierung - gewachsenen Identitätsbewußtsein der Regionen und kann diesem auch als Gremium der Europäischen Union Ausdruck verleihen. Andererseits ist dadurch weder ein größerer Einfluß der Regionen auf konkrete europäische Politiken sichtbar geworden, noch der Zentralisierung auf europäischer Ebene Einhalt geboten. Die Neufassung der europäischen Verträge nach dem Amsterdamer Gipfeltreffen 1997 zeigt dies deutlich, da dort wiederum eine Reihe von Kompetenzen „europäisiert" wurden (u.a. die Arbeitsmarktpolitik und die oben analysierten Gemeinwohldienstleistungen), die Stellung des AdR sich aber nur marginal verbesserte.

5.5. Föderalismuspraxis und Föderalismustheorien - eine Beurteilung

Wenn man die Kompetenzverteilung in der Europäischen Union empirisch untersucht, wird man am ehesten der „Central" - These zustimmen können, die besagt, daß es eine andauernde Kompetenzverteilung von Nationalstaaten und subnationaler Ebene zugunsten der EG gegeben hat. In der Anfangsphase der europäischen Integration war das - bei gegebener Regulationsmenge - nicht anders zu erwarten: Schritt um Schritt wurden die Kompetenzen, die zur Verwirklichung des Ziels „Zollunion" und „gemeinsamer Markt" erforderlich waren, an die EG abgegeben[281].

---

[277] U.a. in den Bereichen Arbeitsmarktpolitik, Sozialpolitik, Gesundheit, Umwelt und Transport, in denen der AdR ohnehin bisher durch Initiativstellungnahmen seine Meinung kundgetan hat.

[278] Dies war eine der Positionen, die die Ministerpräsidenten der deutschen Länder 1990 beschloßen; vgl. Tauras (1997), S. 74.

[279] Schelter (1992b), S. 7.

[280] Wie gering das Gewicht des AdR im Rahmen der Regierungskonferenz war, läßt sich u.a. daran ermessen, daß in der Textsammlung für die irische Ratspräsidentschaft von 140 Seiten unter der Überschrift „other institutional issues" ein einziger Teilsatz über den AdR enthalten ist, der dessen organisatorische Stellung betrifft; vgl. Rat der Europäischen Union (1997), S. 109.

[281] Allerdings waren von Beginn an auch schon weitere Kompetenzen aus politischen Gründen bei der EG angesiedelt, u.a. im Agrarbereich.

Die Gegenbewegung zur Zentralisierung, die seit den 70er Jahren an Gewicht gewann („Euro-Sklerose" und später „Euro-Skepsis"), ging sowohl von den Staaten wie auch den Ländern aus. Auf nationaler Ebene sorgte der Luxemburger Kompromiß dafür, daß allenfalls im Zuge des log-rolling von den einzelnen Staaten wichtige Kompetenzen abgegeben wurden, falls die Kompetenzverlagerung nicht ohnehin von den Nationalstaaten gewünscht war. Die Wiedereinführung des Mehrheitswahlrechts für viele Politikfelder nach dem Amsterdamer Gipfel sowie die Automatik im Bereich der Wirtschafts- und Währungsunion, die in den meisten Ländern von Regierungen beschlossen wurde, die heute nicht mehr existieren, führt aber erneut auch zu unfreiwilliger Machteinbuße[282].

Auf Ebene der Länder waren die Kompetenzverlagerungen insofern weitgehend, als sie im einzigen existierenden Bundesstaat Deutschland von Kompetenzabgaben an die nationale Ebene begleitet waren, während in den anderen Staaten die subnationale Ebene ohnehin nur sehr wenige Kompetenzen besaß, deren Verlust umso mehr ins Gewicht fiel. Die Einrichtung eines Ausschusses der Regionen sowie die Einführung des Subsidiaritätsprinzips konnte daran nur wenig ändern, auch wenn neue Zentralisierungsvorhaben eine Zeit lang weitaus zögerlicher verkündet wurden. Ein „institutionelles Gleichgewicht" gemäß der „all same weight"- These war zu keiner Zeit gegeben.

Normativ gesehen können die politischen Föderalismustheorien die Vorteile einer föderalen Staatsordnung erklären und Hinweise auf die Aufgabenverteilung in föderativen Gebilden geben. Allerdings können die politischen Theorien die Aufgabenverteilung nur anhand von Zustimmung oder Widerspruch zum politischen System nachzeichnen; dabei bleiben Effizienzgesichtspunkte außer acht[283]. Zudem ist allenfalls eine Beschreibung der Kompetenzverteilung im Zeitablauf mit „Zentralisierungs"- oder „Peripherialisierungs"-Theorien - etwa in Form von Zyklen - möglich, die aber mehr ad-hoc-Erklärungen als Kausalitäten gleichen. Eine Erweiterung der politischen Föderalismustheorien muß also dynamisch sein.

Die ökonomischen Föderalismustheorien geben Hinweise auf eine ökonomisch effiziente Aufgabenverteilung im Nirwana-Zustand einer neo-klassischen Öko-

---

[282] Die Beibehaltung der Einstimmigkeit in anderen Bereichen läßt den Staaten aber ein großes Erpressungspotential.

[283] Auch offensichtlich ineffiziente Aufgabenverteilung kann solange politische Zustimmung erhalten, solange die Kosten dafür auf Dritte abzuwälzen sind. So ist beispielsweise die ineffiziente Agrarpolitik der EU bei deren Politikern kaum umstritten, da die Kosten von den Konsumenten bzw. Drittstaaten zu tragen sind.

nomie. Die Formulierung einer ökonomischen Föderalismustheorie war zweifelsfrei ein Verdienst, da sie auf den bis dato vernachlässigten Aspekt des föderativen Staatsaufbaus verwies. Eine Aufgabenverteilung für reale Ökonomien bietet der fiskalische Föderalismus aber nicht, da er von zu restriktiven Annahmen ausgeht, die auch nicht modellendogen zu lockern sind. Dynamische Aspekte sind im fiskalischen Föderalismusmodell nur in Form von ex ante bekannten Datenänderungen einplanbar; ein evolutionäres Modell des Föderalismus muß auch ex ante unbekannte Datenänderungen einbeziehen können.

Das Subsidiaritätsprinzip als Theorie bietet - ähnlich wie der fiskalische Föderalismus - eine Theorie der Aufgabenverteilung zunächst unter Effizienzgesichtspunkten, berechnet dabei aber die Tendenz zur Zentralisierung mit ein, was es auch im Zeitverlauf zu einem robusten Prinzip der Aufgabenverteilung macht. In einer dynamischen Föderalismustheorie muß es ein wichtiges Element sein. Es bleibt zu beachten, daß das Subsidiaritätsprinzip als solches keine Einzelfallentscheidungen vorwegnimmt, sondern auf jeden Fall ein breiter Ermessensspielraum für die „Subsidiaritätsprüfung" bleibt. In der EU ist das Subsidiaritätsprinzip allerdings so mangelhaft umgesetzt, daß die Subsidiaritätsprüfung in jedem Fall zugunsten der zentralen Ebene ausgehen kann.

Die Bewegung des Regionalismus spiegelt im Praktischen Überlegungen der Föderalismustheorien wieder und war ein Grund, in der EU das Subsidiaritätsprinzip als Ordnungsprinzip einzuführen. Doch wie letzteres in seiner Formulierung nicht gelungen ist, so ist erstere nicht in der Lage gewesen, eine adäquate Mitwirkung der Regionen zu erreichen.

Insgesamt zeigt sich, daß der dynamische Aspekt - der in einem Teil der Theorien vernachlässigt wird, in einem anderen Teil allein deskriptiv vorhanden ist - einer Aufarbeitung harrt. Dabei heißt Dynamik nicht nur, die Entwicklung von Kompetenzverteilungen im Zeitverlauf zu betrachten, sondern auch die Erklärung derselben durch diejenigen Faktoren, die im Kapitel 4 als konstituierend für die wirtschaftliche und gesellschaftliche Entwicklung angesehen wurden: Die konstituierende Unwissenheit, die Kreativität des Menschen als unternehmendes Wesen und als Resultante daraus der Wettbewerb. Dort muß eine dynamische Theorie des Föderalismus sowie eine empirische Analyse der europäischen Integration ansetzen.

6. Systemwettbewerb als dynamisches Konzept des Föderalismus

6.1. Einleitung

Das Ziel der institutionellen Entwicklung der EU sollte aus normativer Sicht ein föderales System sein, das im Zeitverlauf Veränderungen gemäß veränderter Rahmenbedingungen (Präferenzen etc.) zuläßt[1], ohne zu einer Zentralisierungsspirale zu führen, und das dabei als Handelnsordnung gemäß der evolutionären Wirtschaftsentwicklung funktioniert. Ein solches System könnte eine im klassisch-evolutorischen Sinn adaptiv-effiziente Institutionenentwicklung herbeiführen. Im folgenden wird diskutiert, inwieweit der *Wettbewerb der Systeme* eine solche Entwicklung herbeiführen kann und wie er empirisch in Europa gewirkt hat.

Bei jeder Tauschhandlung im Gütermarkt und bei jeder Wahlhandlung auf dem politischen Markt wird implizit oder explizit auch über Institutionen mitabgestimmt: Wer ein Gut kauft, „kauft" damit auch die Regulierung, unter der dieses Gut hergestellt wurde. Wer eine politische Partei wählt, „wählt" damit auch bestimmte Institutionen, die diese Partei beeinflußen kann[2]. Da die (externen) Regulierungen i.d.R. von politischen Gebietsmonopolen angeboten werden, ist Handel eine notwendige Bedingung dafür, daß es auf Gütermärkten zu einer anderen Regulierungswahl als „kaufen - nicht kaufen" kommt, nämlich zum Angebot von Gütern, die unter alternativen Regulierungen hergestellt wurden. Die zunehmende Handelsausweitung und -verflechtung im Welthandel, besonders aber in der Europäischen Union, trägt dazu bei, daß diese Auswahlmöglichkeiten immer größer wurden. In Tabelle 6.1. ist die besonders schnelle Handelsausweitung der letzten Jahre dargestellt.

---

[1] Wobei dieser Rahmen, wie wir noch sehen werden, endogen ist, also selbst vom institutionellen System und den Wettbewerbshandlungen verändert wird.

[2] Beispielsweise kann man Parteien wählen, die bestimmte externe Institutionen verändern (oder beibehalten) wollen. Andererseits bedeutet die Wahl von Politikern auch die Wahl von internen Institutionen, die diese Politiker in der Perzeption ihrer Wähler verkörpern (etwa bestimmte ethische Einstellungen).

Region	**Exporte (f.o.b.)** durchschnittliche jährliche Änderung des Wertes in % 1990-1996	**Importe (c.i.f.)** durchschnittliche jährliche Änderung des Wertes in % 1990-1996
Welt	7%	7%
Nordamerika	8%	7,5%
Lateinamerika	9,5%	13,5%
EU (15)	5,5%	4,5%
MOEL	6,5%	12%
Afrika	1,5%	5%
Mittlerer Osten	3%	6,5%
Asien	10%	11%
China	16%	17,5%
Japan	6%	7%

Tab. 6.1 Wachstums des Welthandels 1990-1996 nach Regionen
Quelle: World Trade Organization (1997), S. 4.

Neben der Güterwanderung hat aber auch die Faktorwanderung einen Einfluß auf die Wahl von Institutionen[3]. Denn institutionelle Bedingungen sind einer der Gründe, warum Faktoren wandern können. Damit ist die Standortwahl gleichzeitig eine implizite oder explizite Institutionenwahl. Faktorwanderungen haben in der Geschichte der wirtschaftlichen Entwicklung immer eine bedeutende Rolle gespielt, insbesondere die Wanderung des Faktors Arbeit[4]. In den vergangenen Jahrzehnten ist die Mobilität der Faktoren nochmals deutlich

[3] Die hier vorgenommene Trennung von Güter- und Faktormärkten heißt nicht, daß es keine Interdependenz dieser Märkte gibt; vgl. etwa Schüller (1997).

[4] Angefangen bei den biblischen Israeliten, läßt sich ein Großteil der Menschheitsgeschichte als Wanderungsgeschichte darstellen. Die Wanderung der Israeliten war einerseits durch den Wunsch nach einem ressourcenreichen Land, in dem „Milch und Honig fließen" sollten, geprägt; andererseits spielte aber auch die institutionelle Entscheidung (Zwangsarbeiter mit gesicherter Versorgung in Ägypten versus Freiheit und Risiko) eine Rolle. Die deutsche Ostsiedlung im Mittelalter oder die Auswanderungswellen nach Amerika sind ursächlich durch die Wahl neuer politischer und wirtschaftlicher Institutionen bestimmt. Demgegenüber wird in wirtschaftstheoretischen Modellen der Faktor Arbeit teilweise als immobil dargestellt; dies ist allerdings mit der Empirie nicht vereinbar und führt (wenn es auch als modelltheoretische Vereinfachung verständlich ist) bei der Übertragung der Modelle auf die Wirklichkeit zu Problemen.

angestiegen, eine Entwicklung, die als „Globalisierung“ bezeichnet wird[5]. Einige Autoren sprechen bei Faktor Kapital inzwischen von „völliger Mobilität“[6]. In der Europäischen Union ist es durch die Vollendung des Binnenmarktes theoretisch zu einer vollkommenen Liberalisierung der Wanderungsbewegungen der Faktoren Arbeit und Kapital gekommen[7]. Deshalb ist zu vermuten, daß auch hier die Institutionenauswahl in ihrer Bedeutung spürbar zugenommen hat: zunehmende Auswahl führt zu einem zunehmenden Wettbewerb der institutionellen Systeme.

Im folgenden wird zunächst die Grundidee der Theorie des Systemwettbewerbs erläutert (6.2.)[8]. Dabei wird auch die Vermischung des politischen und wirtschaftlichen Wettbewerbs berücksichtigt. Zunächst werden die Merkmale dieses Wettbewerbs beschrieben (polit-ökonomische oder positive Analyse des Systemwettbewerbs). Danach soll gefragt werden, inwieweit und unter welchen Bedingungen Systemwettbewerb - zum Beispiel in der EU - genutzt werden kann, um den „Leviathan“-Staat zu zähmen[9] und die Adaptionsfähigkeit des Wirtschaftssystems verbessern zu können.

Im Rahmen der europäischen Integration stellt sich die Frage, welche Interdependenzen zwischen größerer Auswahl und erhöhter Faktormobilität und politischem Handeln bestehen. Die Antworten auf diese Frage, insbesondere die Strategien der Wettbewerbsbeschränkung und des freien Systemwettbewerbs und ihre Bedeutung in den Verträgen von Maastricht und Amsterdam, werden in Abschnitt 6.3 sowie 6.4. untersucht.

---

[5] Zum Begriff der Globalisierung s. Gundlach/ Nunnenkamp (1996), S. 5-7; Walter (1996); Weck-Hannemann (1997), insb. S. 3-5; Janssens (1997), S. 3-4. Neben der (technischen) Mobilität der Faktoren spielen auch die Veränderung der Märkte (Verkürzung der Produktlebenszyklen, höhere F&E-Kosten) sowie wirtschaftspolitische Liberalisierung (von 1990 bis 1995 haben z.B. 30 Länder die Transformation von Zentralverwaltungswirtschaften zu Marktwirtschaften begonnen und 80 Länder die Politik gegenüber ausländischen Direktinvestitionen geändert) eine wichtige Rolle für die Globalisierung; vgl. Dunning (1995), S. 127.

[6] Z.B. Daumann (1995), S. 54. Allerdings berücksichtigt Daumann offensichtlich nicht die Opportunitätskosten der Abwanderung von investiertem Sachkapital. Empirisch läßt sich ein stabiler Zusammenhang von Ersparnis und Investition auf nationaler Ebene feststellen, der mit einer internationalen Mobilität des Kapitals nicht vereinbar ist (da bei internationaler Mobilität Kapital dort hinfließt, wo seine (Grenz-)Produktivität am höchsten ist. Zu diesem als Feldstein-Horioka-Paradox bekanntgewordenen Phänomen s. Feldstein/ Horioka (1980) sowie die Literaturübersicht bei Lapp (1996). Zu einer Analyse der Kapitalmobilität in Zusammenhang mit Ersparnis und Investition in der EU s. Argimon/ Roldán (1994).

[7] De facto wird diese Freiheit aber vielfach eingeschränkt, etwa durch Entsendegesetze.

[8] Vgl. dazu auch Seliger (1996).

[9] Vgl. Sinn (1992).

Wenn Beschränkungen des Wettbewerbs auftreten, stellt sich die Frage nach einer Wettbewerbsordnung. Beschränkungen im Systemwettbewerb führen zu der Forderung nach einer Wettbewerbsordnung für den Systemwettbewerb. Dahinter verbirgt sich die Frage, ob durch einen Wettbewerb der Systeme eine adaptiv-effiziente Institutionenentwicklung erreicht wird und der Systemwettbewerb somit Wettbewerbsschutz genießen sollte. Doch auch die Frage, ob und wie ein solcher Schutz möglich ist, muß dabei berücksichtigt werden. Diese Fragen werden in Abschnitt 6.5. diskutiert.

Daraus können dann Grundelemente eines neuen Leitbildes des Systemwettbewerbs für die EU abgeleitet werden, das eine Handelnsordnung implementiert. Die Idee eines evolutionären Föderalismus als Ordnungssystem, das einem solchen Leitbild entspricht, soll zum Schluß dieses Kapitels als normative Empfehlung aus den theoretischen Überlegungen abgeleitet werden (Abschnitt 6.6.).

6.2. Theorie des Systemwettbewerbs - eine Einführung

Wenn grenzüberschreitende Gütermärkte Handel ermöglichen und grenzüberschreitende Faktormärkte die Faktorwanderung, dann haben die Konsumenten bzw. die Anbieter von Faktorleistungen die Möglichkeit, dort zu kaufen bzw. anzubieten, wo der institutionelle Rahmen dies am günstigsten erscheinen läßt[10]. Damit stellt sich die Frage, ob und wie diese Handlungen das Angebot an Institutionen mitentscheiden. Dann könnte die Einbeziehung dieses „Wettbewerbs der Systeme“ zu einer Endogenisierung der Institutionenentstehung in der ökonomischen Theorie beitragen[11].

---

[10] Natürlich spielen bei der Standortwahl und der Kaufentscheidung nicht nur institutionelle Faktoren eine Rolle.

[11] Wohlgemuth (1995), 1. Man beachte, daß die Entstehung und Weiterentwicklung von Institutionen bereits seit langer Zeit diskutiert wird. Die Theorie des Wettbewerbs der Institutionen ist eine relativ neue Theorie in diesem Zusammenhang. Die bahnbrechenden Arbeiten etwa von Hayek und der neuen Institutionenökonomie sind damit nicht obsolet. Es ist aber zu vermuten, daß der Wettbewerb der Systeme als neue Hypothese diejenigen Faktoren (besser) erklären kann, die in den älteren Theorien zwangsläufig noch nicht berücksichtigt waren, da es sie noch nicht gab, z.B. die Veränderungen durch die Kommunikations- und Informationstechnologie für den Systemwettbewerb. Insofern ist dieser Ansatz eher ergänzend als konkurrierend zu sehen.

Der Wettbewerb der Systeme kann eine Reihe verschiedener Ausprägungen annehmen, die im folgenden zunächst dargestellt werden sollen, wobei auf eine ökonomische Analyse zunächst verzichtet wird[12].

6.2.1. Dimensionen des Systemwettbewerbs I: Der Gegenstand des Wettbewerbs

Als *Standortwettbewerb* wird die räumliche Dimension des Systemwettbewerbs bezeichnet[13]. Standorte konkurrieren um Investitionen, allgemein um die Zuwanderung mobiler Faktoren (meist des mobilen Kapitals). Korrekterweise muß man allerdings sagen, daß nicht die „Standorte" miteinander konkurrieren, sondern die an einem Standort lebenden Wirtschaftssubjekte mit solchen konkurrieren, die an anderen Standorten leben. Giersch (1989) spricht deshalb auch von der Konkurrenz der immobilen Faktoren der Produktion (der Faktor Arbeit bis auf den eher klein einzuschätzenden Anteil des mobilen Humankapitals) um die mobilen Faktoren (insbesondere den Faktor Kapital)[14]. Diese Form des Institutionenwettbewerbs ist bei zunehmender Verflechtung der Weltwirtschaft immer wichtiger geworden[15]. Der rasante Anstieg der ausländischen Direktinvestitionen für wichtige Industrieländer ist in Tabelle 6.2. zu sehen. Er hat zu einer Diskussion darüber geführt, inwieweit Direktinvestitionen Anzeichen für die institutionelle Qualität verschiedener Standorte sein können[16].

---

[12] Der Begriff des Systemwettbewerbs ist in der Literatur nicht einheitlich verwendet. Meist wird er synonym mit Institutionenwettbewerb oder Ordnungswettbewerb gebraucht (im Englischen gewöhnlich institutional competition, während systemic competition dort meist den Konflikt zwischen dem marktwirtschaftlichen und dem sozialistischen System bezeichnet). Einzelne Dimensionen des Systemwettbewerbs werden je nach Gegenstand des Wettbewerbs als Standortwettbewerb, Regulationswettbewerb oder Steuerwettbewerb bezeichnet.

[13] Vgl. dazu Siebert (1995) und Siebert (1996).

[14] Man beachte, daß die Grenzziehung zwischen mobilen und immobilen Faktoren der Produktion keineswegs klar ist: Genau wie beim teils mobilen und teils immobilen Faktor Humankapital kann man auch den Faktor Kapital, bei dem üblicherweise Mobilität (in neoklassischen Modellen sogar vollkommene Mobilität) unterstellt wird, auf einem Kontinuum von immobil (Sachkapital wie Gebäude in der kurzen und mittleren Frist) bis mobil (Finanzkapital bei Freiheit des Kapitalverkehrs) einordnen.

[15] Vgl. Siebert/ Koop (1993), S. 2.

[16] In der ökonomischen Theorie wurden die ausländischen Direktinvestitionen traditionell entweder über die Differenz in den Kapitalkosten verschiedener Länder erklärt (vgl. Aliber (1970); Froot/ Stein (1989)) oder durch industrieökonomisch begründete Wettbewerbsvorteile; vgl. Kindleberger (1969); Caves (1971). Beide Erklärungen (insbesondere aber der Kapitalkostenansatz) können implizit auch institutionell begründete Faktoren enthalten. Normativ führte das zur Diskussion von Anreizen für Direktinvestitionen (Brander/ Spencer (1987)), die sich auch als Problem von Prinzipalen (Staaten) und Agenten (multinationale Unternehmen) darstellen läßt; vgl. Haaparanta (1994). In Deutschland führte eine sich ständig verschlechternde

Land	**Direktinvestionen (netto) im Ausland in Mrd. US-$**	
	1984/1989	**1990/1995**
Deutschland	56,9	138,1
Frankreich	52,5	101,8
Großbritannien	145,2	149,7
Japan	192,6	262,2
USA	126,5	330,1

Tab. 6.2 Direktinvestitionen wichtiger Industrieländer (1984/89 versus 1990/95)
Quelle: Bundesbank (1997a), S. 67.

Zu den vielfältigen Gründen, an bestimmten Standorten zu investieren, gehören auch institutionelle Faktoren, z.B. ein stabiler ordnungspolitischer Rahmen und eine stabile Rechtsordnung[17], eine erträgliche Regulationsdichte, die Möglichkeit zu sicherem Gewinntransfer. Standortpolitiken des Staates oder der gesellschaftlichen Gruppen (z.B. der Sozialpartner) können die Aussichten auf die Attraktion von mobilen Faktoren verbessern. Ein Beispiel dafür ist das deutsche sogenannte „Standortsicherungsgesetz", mit dem versucht wurde, einer perzipierten mangelnden Attraktivität des „Standortes D" durch staatliche Maßnahmen entgegenzuwirken[18]. Der manchmal gewählte Begriff der „Wettbewerbsfähigkeit" von Standorten kann allerdings irreführend sein, wenn er die individuelle Wettbewerbsfähigkeit von Unternehmen unzulässigerweise aggregiert[19].

FDI-Bilanz zu einer Diskussion über institutionell begründetes „exit" von Direktinvestitionen; vgl. Döhrn (1994), Klodt/ Maurer (1996) und Bundesbank (1997a), (1997b). Zur empirischen Evidenz vgl. auch OECD (1995).

[17] Vgl. Willgerodt (1989), S. 421.

[18] Vgl. auch die Begründung des „Aktionsprogramms für Investitionen und Arbeitsplätze" der deutschen Bundesregierung; Bundesministerium für Wirtschaft (1996), S. 1.

[19] Vgl. Küchler (1996); Straubhaar (1994). Koellreuter (1997), insb. S. 19-24, versucht, die komparativen Vorteile von Regionen darzustellen. Dies ist sicherlich für Standortentscheidungen von Unternehmen ein sinnvolles Konzept, darf aber nicht mit der Wettbewerbsfähigkeit - die im wesentlichen von unternehmensinternen Faktoren abhängt und individuell verschieden ist - verwechselt werden.

Als *Regulationswettbewerb* wird die Beeinflußung der staatlichen Regulierung durch die freie Wahl der Konsumenten bezeichnet[20]. Wenn Konsumenten die Auswahl zwischen zwei Produkten haben, die aufgrund unterschiedlicher Regulierung ein anderes Preis-Leistungsverhältnis haben, so können sie über die Produktwahl auch eine Regulierung wählen oder abwählen. Staatliche Normung oder Auszeichnung (wie der blaue Umweltengel für umweltfreundlich hergestellte Produkte) sollen die Wahl beeinflußen. Es ist zu beachten, daß nicht nur der Preis, sondern auch andere Parameter, allgemein das Preis-/Leistungsverhältnis in die Wahl mit eingehen, wozu auch Dimensionen wie „umweltfreundlich" gehören. Produktbezogene Regulierungen (also z.B. staatliche Vorschriften über bestimmte Qualitäten des Produktes) werden dabei eher bei der Konsumwahl berücksichtigt als prozeßbezogene Regulierungen (etwa die sozialen Mindeststandards für Industriebetriebe eines Staates), da sie besser zu vermarkten sind, einen direkten Nutzen stiften und dem Konsumenten eher bekannt sind bzw. bekannt gemacht werden können[21].

Neben dem Regulationswettbewerb durch Importe spielt in Grenzgebieten, wo Transportkosten gering sind, auch der Regulationswettbewerb durch Pendeln und grenzüberschreitenden Einkaufsverkehr eine Rolle.

Wenn verschiedene Staaten aufgrund von unterschiedlichen Steuersätzen für Unternehmen oder Arbeitnehmer unterschiedlich attraktiv sind, hat das Auswirkungen auf die Zuflüße an Kapital oder Migration. Diese Tatsache und die darauf folgenden Wettbewerbshandlungen der Staaten werden als *Steuerwettbewerb* bezeichnet[22]. Bei Investitions- oder Migrationsentscheidungen sind Steuersätze wiederum nur ein Argument, wobei jedem „Bündel an Steuern" auch ein Bündel damit finanzierter Leistungen gegenübersteht. Diese Leistungen nun sind allerdings nicht nur von der Höhe der Steuern, sondern auch von anderen

---

[20] Für eine neoklassische Analyse vgl. Sinn (1996), S.17-23; Scharpf (1997), S. 19-25..

[21] Es ist einfacher, eine bestimmte Garantie über die Inhaltsstoffe eines Produktes als Werbung anzubringen als allgemeine soziale Standards; zur Unterscheidung von produkt- und prozeßbezogener Regulierung im Systemwettbewerb vgl. Scharpf (1997), S. 21 und S. 23.

[22] Vgl. aus der inzwischen unzähligen Literatur Prosi (1991a), Prosi (1996b), Huber (1997). Die Steuerwettbewerbsmodelle lassen sich in zwei Klassen von Modellen unterteilen: Neoklassische Modelle gehen von benevolenten Regierungen aus; vgl. Sinn (1990), Sinn (1993), Sinn (1997). Public-Choice Modelle des Steuerwettbewerbs gehen vom „Leviathan-Staat" aus; vgl. Brennan/ Buchanan (1980), Kapitel 9. Dazwischen gibt es auch Modelle, die Spielraum sowohl für den benevolenten wie auch für den Leviathan-Staat lassen; vgl. Edwards/Keen (1996). Für die Einteilung vgl. Windisch (1997), S. 27-29. Eine frühe Analyse der Auswirkungen von wirtschaftlicher Integration auf die Besteuerung liefert bereits Machlup (1977), S. 74-79.

Aspekten, u.a. der Effizienz der staatlichen Leistungserstellung, abhängig. Dort, wo - wie im Fall der europäischen Integration - traditionelle Dimensionen der Ansiedlungsentscheidung (etwa rechtliche Rahmenbedingungen) nicht mehr entscheidend sind (weil sie harmonisiert sind oder in einem Binnenmarkt keine Rolle mehr spielen), wird tendenziell das Steuerbündel bei der Entscheidung wichtiger werden[23]. Gerade in der EU wird deshalb die Frage des Steuerwettbewerbs viel diskutiert[24]. 1997 hat sich der Ministerrat der EU darauf geeinigt, daß „unlauterer Steuerwettbewerb“ innerhalb der EU bei der Unternehmensbesteuerung bekämpft werden solle[25].

Betrachtet man die Gesamtordnung verschiedener Staaten, so können unterschiedliche institutionelle Arrangements auch zur Entscheidung für oder gegen eine Gesamtordnung führen. Die Wahl zwischen marktwirtschaftlichen Demokratien und zentralverwaltungswirtschaftlichen Diktaturen in Form von Migration ist eine mögliche Handlung im Systemwettbewerb, der dann auch als *systemischer Konflikt* bezeichnet wird[26]. Transformationsprozesse von einem institutionellen Ordnungsrahmen in einen anderen sind deshalb möglicherweise auch durch systemischen Wettbewerb erklärbar.

Insgesamt läßt sich sagen, daß prinzipiell jede institutionelle Regelung im Systemwettbewerb stehen kann, sofern eine technisch und rechtlich bzw. politisch erreichbare institutionelle Alternative zur Verfügung steht. Neben der Frage des Regulierungsgegenstands ist natürlich auch die Frage der Regulierungsebene entscheidend, die im folgenden diskutiert wird.

6.2.2. Dimensionen des Systemwettbewerbs II: Die Regulierungsebene

Systemwettbewerb kann sowohl zwischen verschiedenen Gebietskörperschaften einer institutionellen Ebene als auch zwischen den Gebietskörperschaften unterschiedlicher institutioneller Ebenen stattfinden[27].

Als horizontalen Systemwettbewerb bezeichnet man die Konkurrenz zwischen verschiedenen Staaten oder den Wettbewerb zwischen verschiedenen Regionen. Wie oben gesehen, kann es dabei um die Attraktion von mobilen Faktoren oder von Nachfrage gehen. Tiebouts Theorie des „voting with the feet“ von 1956 war

---

[23] Vogelaar bezeichnet die Steuerharmonisierung im Binnenmarkt deshalb als „most important“; vgl. Vogelaar (1980), S. 323.
[24] Vgl. Heinemann (1997).
[25] Vgl. Europäische Kommission (1997a); Europäische Kommission (1997b), S. 9.
[26] Vgl. Kaltefleiter (1982), S. 21.
[27] Vgl. Kenyon/ Kincaid (1991), S. 1-2.

eine erste Theorie des horizontalen Systemwettbewerbs[28]: Die Idee des Tiebout-Modells besteht darin, daß sich durch Wanderungen Wirtschaftssubjekte mit den gleichen Präferenzen für (lokale bzw. regionale) öffentliche Güter und die dazugehörige Leistungsfinanzierung zusammenfinden. Unter bestimmten Voraussetzungen entsteht dadurch ein solches Angebot an öffentlichen Gütern, daß kein Wirtschaftssubjekt seinen Nutzen durch Zu- oder Abwanderung erhöhen kann. Da das Tiebout-Modell als ein Grundmodell der neo-klassisch orientierten Modellierung des Systemwettbewerbs gelten kann, soll es im folgenden kurz dargestellt werden.
Tiebout geht in seinem Modell von sieben verschiedenen Bedingungen aus[29]:

(1) Es besteht vollkommene und kostenlose Mobilität zwischen Wählern, die dorthin ziehen, wo ihre Bedürfnisse gemäß ihren Präferenzen am besten erfüllt sind.
(2) Alle Bürger sind vollständig (und kostenlos) über die Angebote und ihre Veränderung bei marginaler Zu- und Abwanderung informiert.
(3) Es besteht ein hinreichendes Angebot an öffentlichen Güterbündeln[30].
(4) Es gibt keine geographischen Beschränkungen bei der Einkommenserzielung, d.h. es gibt keine regionale Differenzierung des Arbeitsmarktes[31].
(5) Es gibt keine externen Effekte (spill-overs) von einer Kommune in die andere. Damit ähneln die Kommunen ökonomischen Clubs.
(6) Die optimale Einwohnerzahl einer Kommune ist dort erreicht, wo das den Präferenzen der Einwohner entsprechende Angebot zu den niedrigsten Durchschnittskosten produziert werden kann[32].
(7) Diejenigen Kommunen, deren Größe noch nicht optimal ist (d.h. wo das Angebot öffentlicher Güter noch nicht bei den niedrigsten Durchschnittskosten produziert wird), versuchen Bürger anzuziehen, diejenigen, die zu groß sind, versuchen zu schrumpfen.

---

[28] Vgl. Tiebout (1956). S. auch die Literaturübersicht von Zodrow/ Mieskowski (1986)..
[29] Vgl. Tiebout (1956), S. 419.
[30] Tiebout geht in seinem Modell von dem Wettbewerb zwischen Kommunen aus. Da Kommunen in der Regel eine Vielzahl öffentlicher Güter anbieten, muß es auch eine entsprechende Vielzahl an Kombinationen der Produktion dieser Güter geben, die dann, wenn keine zwei Individuen genau gleiche Präferenzen für alle öffentlichen Güter haben, genauso groß ist wie die Anzahl der Population. „Optimalität" würde dann erfordern, daß jeder Bürger seine eigene Kommune bildet, in der ein genau auf ihn zugeschnittenes Angebot an öffentlichen Gütern produziert wird.
[31] Nach Tiebout (1956), S. 419, könnte man sich z.B. vorstellen, daß alle Bürger von Dividendeneinkommen leben.
[32] Der Verlauf der Durchschnittskostenkurve ist also zunächst fallend, dann wieder ansteigend. Tiebout begründet das mit fixen Faktoren wie z.B. Bauland, die eine beliebige Größe der Kommune nicht zulassen.

Der Wettbewerb von „City-Managern", also der lokalen Verwaltungen, durch das Angebot bestimmter Leistungs-/ Finanzierungsbündel für die bei ihnen lebende Bevölkerung und das Verhalten der Bevölkerung wie auf einem „shopping trip"[33] führt dazu, daß ein den Bürgern erwünschtes pareto-optimales Angebot an lokalen öffentlichen Gütern erstellt wird.

$$\Sigma\Delta\, U^i_A = \Sigma\Delta C^i_B \qquad \textit{für } i=1\ldots n$$

Im Optimum des Tiebout-Modells gilt, daß der Grenznutzen, der dadurch entsteht, daß ein Individuum i in der Kommune A zuwandert ($\Sigma\Delta\, U^i_A$), genauso groß ist wie die Grenzkosten, die dadurch entstehen, daß es die Kommune A verläßt und nach B wandert ($\Sigma\Delta\, C^i_B$). Tiebout wollte zeigen, daß grundsätzlich ein Aufdeckungsmechanismus für die Präferenzen für öffentliche Güter gefunden werden kann, nämlich dann, wenn ein entsprechendes wettbewerbliches Angebot gegeben ist: Systemwettbewerb wird also als Instrument der Wirtschaftspolitik zur Präferenzaufdeckung gesehen und damit als ein Argument für ein dezentrales Angebot öffentlicher Güter[34]. Wenn man die Existenz von externen Effekten zuläßt, läßt sich allerdings zeigen, daß auch nicht global optimale Wanderungsgleichgewichte erreicht werden können[35]. Bereits Tiebout hat gesehen, daß dieses Modell (insbesondere in den Bedingungen 1, 2 und 4) ein „extremes Modell" ist, daß es aber die Existenz von Ansiedlungspolitiken sowohl von Firmen wie von Menschen erklärt[36]. Eine Diskussion des Tiebout-Modells und seiner Abwandlungen soll hier deshalb nicht weitergeführt werden, weil diese Modelle in einem neo-klassischen Rahmen verharren, der insbesondere auf Grund der Homogenitäts- und Wissensannahmen fragwürdig erscheint[37].

---

[33] Tiebout (1956), S. 422.

[34] Tiebout bestritt mit diesem Artikel die Ansicht von Samuelson, daß „no decentralized pricing system can serve to determine optimally these levels of collective consumption"; vgl. Samuelson (1954), S. 388.

[35] Zur Definition der global effizienten Allokation im neoklassischen Ansatz vgl. Richter/ Wellisch (1993), S. 4-9. Zu den Strategien der Gebietskörperschaften, externe Effekte zu vermeiden, vgl. Schweizer (1982).

[36] In der Literatur gibt es eine ausführliche kritische Diskussion über das Tiebout-Modell. Ein Teil der Kritiker versucht, durch Modifizierung der Annahmen eine größere Nähe zur Realität zu erzeugen; vgl. Miller/ Tabs (1973); Stahl/ Varaiya (1983). Ein anderer Teil versucht, die Ergebnisse (Oates (1981)) oder die Modellkonsistenz (Bewley (1981)) zu bestreiten. Auch die Allokations- und Distributionswirkung von Steuern im Tiebout-Modell wird untersucht; vgl. Miecszkowski/ Zodrow (1989). Oates (1969) versucht, die empirische Relevanz des Modells zu testen. Für einen Überblick vgl. Zodrow (1983) sowie Stiglitz (1982).

[37] Vgl. dazu die Kritik in Abschnitt 6.2.6.

Ausgehend vom Tiebout-Modell läßt sich der horizontale Systemwettbewerb auch graphisch darstellen.

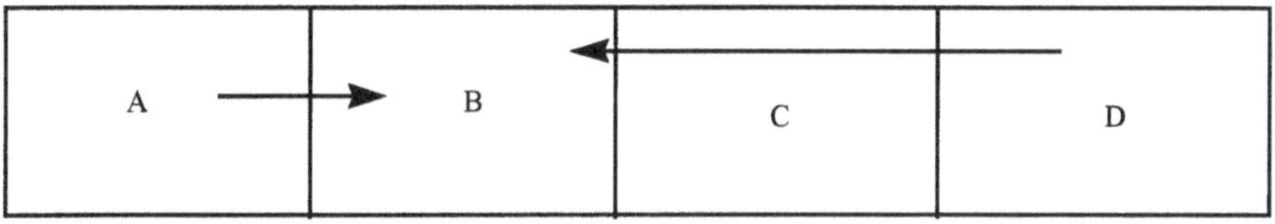

Abb. 6.1 Horizontaler Systemwettbewerb
Quelle: eigene Erstellung

Wanderungsbewegungen (Pfeile) können beim Wettbewerb von vier fiktiven Kommunen A-D z.B. durch unterschiedliche Angebote für Investoren (Standortpolitik wie ein befristeter Steuernachlaß), Bürger (ein bestimmtes öffentliches Leistungsangebot) oder Nachfrager (unter bestimmten Institutionen produzierte Güter) ausgelöst werden. Im oben gezeigten Fall erfolgt eine Abwanderung von Kapital aus den Kommunen A und D in die Kommune B, weil dort günstigere Standortbedingungen herrschen. Aus Kommune C erfolgt keine Abwanderung, z.B. weil die Unterschiede in den Standortbedingungen von C und B geringer sind als die Transaktionskosten der Mobilisierung des Kapitals. Es erfolgt aber auch keine Zuwanderung, z.B. weil Kommune C kein „Standortmarketing" betreibt.

Wenn als Folge der Wanderungsbewegungen (Pfeile) Nutzenveränderungen für die Kommunen entstehen, z.B. Steuermindereinnahmen durch Abwanderung, kann dies ein verändertes Angebotsverhalten der betroffenen Kommunen herbeiführen. Kommune A könnte daran interessiert sein, durch ein verbessertes Angebot selber Kapital zu attrahieren.

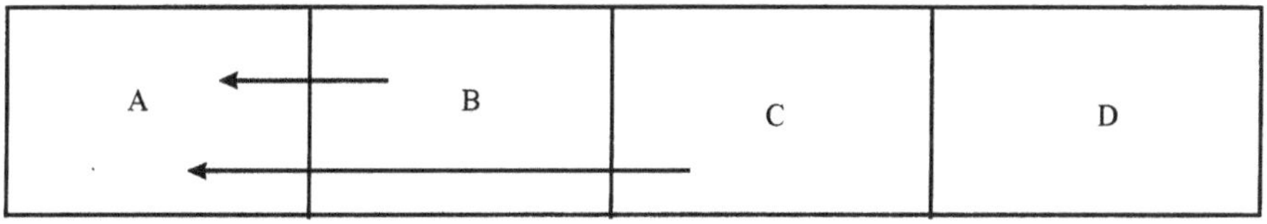

Abb. 6.2 Reaktionen im horizontalen Systemwettbewerb
Quelle: eigene Erstellung

Das veränderte Angebot hat nun einerseits Rückkoppelungseffekte (Pfeile): Es kann zu Rückwanderung oder teilweisen Rückwanderung kommen. Aber das veränderte Angebotsverhalten hat auch Auswirkungen auf solche Bürger und damit auch Kommunen, für die Wanderung bisher keine rationale Alternative war (Kommune C). Systemwettbewerb führt damit zu einer Tendenz zum für die Bürger verbesserten Angebot. Inwieweit diese Tendenz ein Gleichgewicht herbeiführen kann, wird weiter unten diskutiert.

Neben dem horizontalen Systemwettbewerb kann es auch zum vertikalen Systemwettbewerb kommen[38]. Bereits bei der Diskussion der Modelle des Föderalismus wurde deutlich, daß die Regulationskompetenz zwischen den verschiedenen staatlichen Ebenen keinesfalls klar abgegrenzt ist. Üblicherweise unterscheidet man ausschließliche und konkurrierende Gesetzgebungsbefugnisse staatlicher Ebenen. Wenn es einen horizontalen Wettbewerb verschiedener Institutionen - z.B. Steuerwettbewerb - gibt, so kann dieser Wettbewerb leicht auch zu einem Wettbewerb einer höheren Ebene mit den unteren Ebenen werden, nämlich dann, wenn der horizontale Wettbewerb zu Ergebnissen führt, die politisch von der oberen Ebene nicht gewünscht sind oder wenn eine Region sich als Lobbyist für eine Regulierung der höheren Ebene einsetzt. In diesem Fall ist der vertikale Systemwettbewerb also aus horizontalem Wettbewerb abgeleitet.

Unabhängig davon kann vertikaler Systemwettbewerb entstehen, wenn im Rahmen konkurrierender Rechtssetzungsbefugnisse Legislatoren der oberen institutionellen Ebene einen Rechtsrahmen festlegen, und die unteren Ebenen daraufhin durch eigene Füllung des Rahmens eine den Besonderheiten des jeweiligen Gebiets entsprechende Regulierung erreichen wollen. Diese Regulierung kann wieder Rückwirkung auf Wanderungsbewegungen haben und damit wieder ein Regulierungsbedürfnis der oberen Ebene wecken. Damit wird der vertikale Wettbewerb der Institutionen zu einem Kompetenzwettbewerb, bei dem die Frage, welche staatliche Ebene welche Regulierungsbefugnis hat, im Vordergrund steht. Wanderungsbewegungen zwischen den unteren staatlichen Ebenen (→) führen nicht nur zu Wettbewerbshandlungen zwischen diesen Ebenen, sondern auch zu veränderter Regulierungstätigkeit zwischen den staatlichen Ebenen A_1-A_3. Diese Tätigkeit kann beispielsweise in der Harmonisierung von Gesetzen (s.u.) bestehen. Dabei führt eine veränderte Regulierung der oberen Ebene wieder zu neuen Wettbewerbshandlungen im horizontalen Wettbewerb.

---

[38] Vgl. Gerken (1995a), S. 19-23.

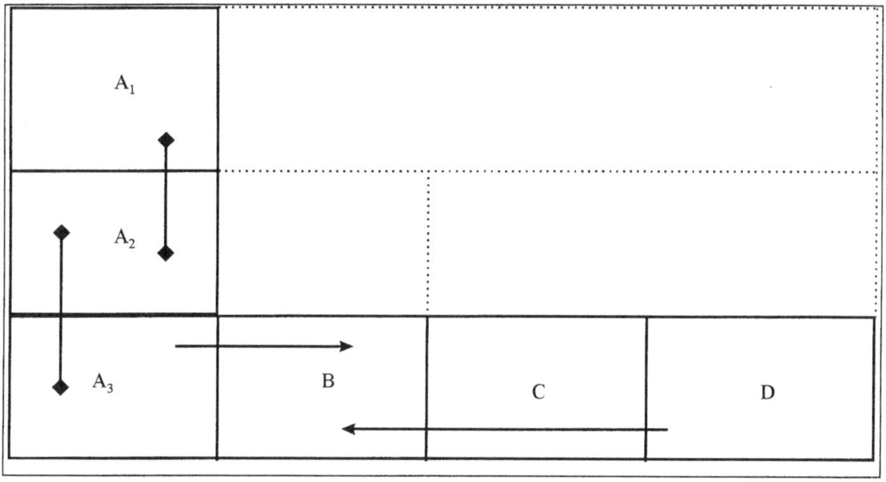

Abb. 6.3 Vertikaler Systemwettbewerb
Quelle: eigene Erstellung

Dieser Wettbewerb kann auch die horinzontalen Ebenen überhalb der Ebene der Kommunen (z.B. Regionen oder Nationalstaaten, die in der Abbildung durch die gepunktete Linie angedeutet sind) betreffen.

Systemwettbewerb findet also entweder vertikal oder horizontal statt und betrifft die verschiedensten sachlichen Dimensionen. Welche Optionen in diesem Fall die Nachfrager im Systemwettbewerb haben und welche Auswirkungen das auf das Angebot an Institutionen hat, soll im folgenden untersucht werden.

6.2.3. Optionen im Systemwettbewerb I: Optionen der Nachfrager

Die Auswahl bestimmter institutioneller Regelungen entspricht dem „exit"-Mechanismus von Hirschman[39]. Denn in der Auswahl einer institutionellen Alternative ist die Nicht-Wahl einer anderen („exit"; zu deutsch Abwanderung) impliziert, was bei Wanderungsbewegungen unmittelbar einsichtig ist[40]. Der Grund für diese Wahl kann die Durchführung „institutioneller Arbitrage" sein: Regelungen werden deshalb ausgewählt, weil sie dem Wirtschaftssubjekt ein höheres Nutzenniveau (z.B. vorteilhaftere ordnungspolitische Rahmen-

[39] Vgl. Hirschman (1974), insb. S. 17-21. Hirschman (1981), S. 277-284, hat diesen Ansatz auch zuerst auf die europäische Integration angewandt.
[40] Vgl. zur Migration den Sammelband von Siebert (1994).

bedingungen bei gleichen Kosten) bieten. Dabei kann die Abwanderung die Form von dauernder physischer Abwanderung (Migration), Gastarbeit, Kapitalflucht oder Einkaufstourismus annehmen. Mit jeder „exit"- Entscheidung ist also auch eine „entry"-Entscheidung verbunden, d.h. Abwanderung ist nur dann möglich, wenn erstens keine technischen Probleme entgegenstehen (d.h. der jeweilige Faktor oder die Nachfrage mobil ist) und zweitens eine alternative Option vorhanden ist. Beides ist nicht immer der Fall.

Komplementär oder als Alternative zur Abwanderung bleibt die Möglichkeit der Institutionenveränderung in einem Land („voice" oder Widerspruch)[41]. Wenn Faktoren (weitgehend) immobil sind, wie etwa ungelernte Arbeit in den westeuropäischen Industriestaaten[42], dann bleibt nur die Möglichkeit, über den politischen Prozeß auf eine Veränderung der Rahmenbedingungen hinzuwirken. Widerspruch kann sich einmal in der Wahlentscheidung äußern, wobei dort das schon oben diskutierte Problem der rationalen Ignoranz des Wählers beachtet werden muß (s. Kapitel 3). Daneben ist jede andere Einwirkung auf den politischen Prozeß (etwa durch Lobbying, Arbeitsniederlegung, Blockade, Öffentlichkeitsarbeit) als „voice"-Handlung zu verstehen.

Technische Gründe spielen für die Immobilität von Faktoren in der heutigen Zeit eine geringer werdende Rolle, da sich durch veränderte Transport-, Kommunikations- und Informationstechniken das Potential für Abwanderung erhöht hat[43]. „Voice"-Handlungen sind dagegen insbesondere dort wichtig, wo „exit" aufgrund von Regulierung nicht möglich ist: Kapitalverkehrskontrollen oder Mobilitätskontrollen, Protektionismus, Aus- und Einwanderungsverbote machen Abwanderung unmöglich oder zu teuer und führen zu Widerspruch.

6.2.4. Optionen im Systemwettbewerb II: Optionen der Anbieter

Die Anbieter von Institutionen lassen sich zunächst in die Anbieter interner und die Anbieter externer Institutionen einteilen. Das Problem des Angebots interner

---

[41] Vgl. Hirschman (1974), S. 28-36.

[42] Es wäre falsch, zu behaupten, ungelernte Arbeit sei an sich immobil. Wanderungsbewegungen in Afrika und aus Osteuropa zeigen, daß dieser Faktor durchaus mobil ist. In Westeuropa muß die Immobilität vielmehr auf die großzügige soziale Alimentierung zurückgeführt werden, die als Opportunitätskosten die Wanderung auch bei hoher Arbeitslosigkeit nicht attraktiv erscheinen lassen. Immobilität ist dann also weniger technisch, sondern mehr institutionell bedingt.

[43] Einen (unvollständigen) Einblick in die Entwicklung der Transport- und Kommunikationskosten gibt Hufbauer (1991), S. 26-27. Danach sind die Kosten für See- und Lufttransport von 1920 bis 1990 stark gefallen, bei der Telekommunikation sogar um das 74fache.

Institutionen ist, daß zwar potentiell alle Mitglieder der Gesellschaft Institutionen anbieten können, wegen des Durchsetzungsproblems bei fehlender staatlicher Zwangsdurchsetzung aber nur solche internen Institutionen wirksam werden, die entweder bei Fehlen des Rechtsschutzstaats durch privaten Zwang durchgesetzt werden[44], sich von selbst durchsetzen[45] oder wo soziale Kontrolle (z.B. räumliche Nähe, sehr gute Kenntnis des Tauschpartners bei häufigen Transaktionen) eine Durchsetzung ermöglicht. Wettbewerb bei internen Institutionen (etwa mit den externen Institutionen) läßt sich zwar im Einzelfall beobachten[46], ist aber nur schwer erfaßbar und damit einer ökonomischen vergleichenden Analyse nur im Extremfall zugänglich. Zudem führt die Persistenz von internen Institutionen unter völlig verschiedenen externen Institutionen zu einem Zurechenbarkeitsproblem[47].

Der Wettbewerb interner mit externen Institutionen kann auch als „systeminterner Wettbewerb" bezeichnet werden, da er stattfindet, egal ob (wie die Theorie des Systemwettbewerbs annimmt) externe Alternativen da sind oder nicht. Insofern kann auch von der „Unvermeidbarkeit des Wettbewerbs"[48] gesprochen werden. Wichtig ist, daß dabei auch Institutionen im Wettbewerb stehen[49]. Dem systeminternen Wettbewerb steht der Wettbewerb der Systeme i.e.S. gegenüber, der durch (mindestens zwei) alternative Systeme gekennzeichnet ist.

Die Anbieter externer Institutionen sind „politische Unternehmer" im oben diskutierten Sinn, also Politiker, Richter, Lobbyisten und Beamte, die alle auf die vom Staat mit Monopolgewalt angebotenen externen Institutionen auf der Angebotsseite einwirken[50]. Damit bedeutet Systemwettbewerb, daß hier einerseits Mechanismen des Güterwettbewerbs eine Rolle spielen (z.B. der Kauf

[44] Dazu gehört z.B. die Mafia, die mit ihrem jeweiligen „Ehren"-Codex quasi-staatliche Funktionen einnimmt.

[45] Wenn keine free-rider -Probleme auftreten.

[46] Vgl. dazu Kiwit/ Voigt (1995a) und Kiwit/ Voigt (1995b).

[47] Dies führt z.B. bei der Frage der Transformation von Wirtschaftsordnungen häufig zu falschen Schlüssen, da dort interne und externe Institutionen weit auseinanderklaffen.

[48] Vanberg (1994) , S. 187.

[49] Selbst im völlig abgeschlossenen Staat wird es Opposition geben können, auch wenn unter solchen Bedingungen Richtung und Stärke des Wettbewerbs völlig anders sind als in einer Gemeinschaft offener und handelnder Staaten.

[50] Allerdings muß dabei beachtet werden, daß Schumpeter den „(politischen) Unternehmern", die innovativ neue Kombinationen durchsetzen, die „Wirte schlechtweg" gegenüberstellt; vgl. Schumpeter (1952), S. 122. Diese „Wirte" zeichnen sich durch konservative Verhaltensweisen aus und reagieren hauptsächlich im Systemwettbewerb; dennoch sind sie im Systemwettbewerb als politische Unternehmer zu bezeichnen, da sie ihren eigenen Nutzen unter der Restriktion der Wiederwahl (oder des Beamtenrechts) maximieren.

von Import- statt heimischer Ware), andererseits aber auch Mechanismen des politischen Wettbewerbs.

Die Optionen des Systemwettbewerbs lassen sich je nach Art der Reaktion einmal durch die Begriffe Imitation und Innovation beschreiben, andererseits auch durch die Einteilung in wettbewerbsfördernde und wettbewerbsbeschränkende Maßnahmen.

Als Innovation im Systemwettbewerb wird die Einführung neuer Institutionen bezeichnet: Die Einführung einer Sozialversicherung als Antwort auf die soziale Frage des 19. Jahrhunderts und die politische Bedrohung des Kaiserreichs durch die Sozialdemokratie war eine institutionelle Innovation in der Bismarck-Ära. Die Einführung der sozialen Marktwirtschaft in der bundesdeutschen Nachkriegszeit mit Elementen eines starken, aber liberalen Rechtsschutzstaats war eine institutionelle Innovation als Antwort auf das Versagen der Ordnungssysteme der Weimarer Republik und des Nationalsozialismus.

Als Imitation wird die Einführung von anderswo schon bestehenden Institutionen bezeichnet, die „gut“ funktioniert haben. Eine „gute“ Funktionsweise kann einmal die Hervorbringung vorteilhafter wirtschaftlicher Ergebnisse sein. Die Einführung von Marktwirtschaften in Osteuropa, die Einführung einer unabhängigen Zentralbank in fast allen EU-Staaten sowie des unabhängigen Status für die neue EZB sind Beispiele für die Imitation von Institutionen mit „Vorbildcharakter“. Die „gute“ Funktion kann sich aber auch lediglich auf die Nutzenfunktion der politischen Entscheidungsträger beziehen. Die „Welthandelsspirale“ der Jahre 1929-1933[51], d.h. die Kontraktion des Weltimportvolumens[52] von 2998 Mio. US-$ im Janur 1929 auf nur 992 Mio. US-$ im Januar 1933, ist eine Folge einer Imitation der Zolltarifsteigerungen der USA in allen andernen Ländern. Diese Zollerhöhungen waren politisch aufgrund des Einflusses der Lobbyisten vorteilhaft, führten aber ökonomisch zu schlechten Ergebnissen.

Diese Ambivalenz der Wettbewerbshandlungen im Systemwettbewerb führt dazu, daß sie nach einer weiteren Einteilung unterschieden werden müssen: Wettbewerbsfördernde Maßnahmen im Systemwettbewerb sind solche, die die Wettbewerbsposition (z.B. eine bestimmte Institution eines bestimmten Landes) im Leistungswettbewerb fördern. Ihnen stehen wettbewerbsbeschränkende (oder -schädigende) Maßnahmen gegenüber, die die Position eines Landes bzw. seiner politischen Entscheider durch den Einsatz von Behinderungsstrategien verbessern

---

[51] Vgl. Kindleberger (1973), S. 172.

[52] Kindleberger hat das Importvolumen von 75 Staaten einberechnet.

sollen[53]. In der Wettbewerbspolitik werden solchen Strategien als „Mißbrauch" der Wettbewerbsfreiheit klassifiziert[54]. Während Leistungswettbewerb indirekt über die verbesserten Rahmenbedingungen auf die Wohlfahrtsposition der Konkurrenten im Systemwettbewerb einwirken, wirkt sich Behinderungswettbewerb (etwa protektionistische Maßnahmen) direkt aus. Im Einzelfall ist es allerdings schwierig, beide Arten des Wettbewerbs voneinander zu trennen[55].

Die Analyse der Reaktion der Anbieter und Nachfrager macht es möglich, ein erstes Fazit bezüglich des Systemwettbewerbs zu ziehen: Systemwettbewerb kann - analog zum Wettbewerb auf Güternmärkten - als Innovations- und Imitationsprozeß funktionieren. Allerdings stehen die Anbieter (externer) Institutionen im *politischen* Wettbewerb zueinander; die Verzahnung des politischen und wirtschaftlichen Wettbewerbs ist deshalb Thema der folgenden Überlegungen.

6.2.5. Systemwettbewerb als wirtschaftlicher und politischer Wettbewerb

In Gütermärkten erfolgt über Preissignale eine positive oder negative Sanktion der Anbieter: Wenn Güter nicht oder nur mit starken Preisnachlässen verkauft werden können, wird sich dementsprechend das Verhalten der Anbieter ändern. Im politischen Wettbewerb sind die Anbieter durch die schon oben diskutierte Wiederwahlrestriktion zu Handlungen gezwungen. Wegen der Undifferenziertheit der Wahlen und wegen der rationalen Ignoranz der Wähler funktioniert dieser Mechanismus allerdings noch unvollkommener als der Wettbewerb auf Gütermärkten[56]. Wie funktioniert nun der Transmissionsmechanismus, der politische Akteure im Systemwettbewerb zu Handlungen bringt?

Wenn durch institutionelle Standortbedingungen Investitionen ins Ausland verlagert werden, wenn durch hohe Steuersätze eine legale oder illegale „Steuerflucht" in „Steueroasen" erfolgt und wenn Nachfrage sich zu

---

[53] Vgl. Gerken (1995a), S. 15-18; Gerken (1995b). Die Begriffe stammen von Eucken; vgl. Eucken (1952), S. 296.

[54] Zum Begriff des Mißbrauchs vgl. Willeke (1980), S. 386-409, insbesondere auch die auf S. 386 angegebene Literatur.

[55] Beispielsweise ist es unstrittig, daß Subventionen wettbewerbverzerrend wirken. Es ist aber möglich, Steuersenkungen für Unternehmen einerseits dem Bereich des Leistungswettbewerbs zuzuordnen (z.B. wenn eine effizientere Staatsorganisation Steuersenkungen ermöglicht), andererseits als versteckte Subvention dem Bereich des Behinderungswettbewerbs.

[56] Vgl. Kaltefleiter (1997).

Importprodukten verschiebt, so hat dies eine direkte und eine indirekte Wirkung auf die politischen Unternehmer[57].

Der direkte Effekt ist das Wegbleiben von Steuereinnahmen (Abwanderung), der den budgetären Spielraum der Politiker einschränkt. Wenn im Standortwettbewerb Unternehmen ihren Standort in das Ausland verlegen und dadurch im Inland Arbeitslosigkeit entsteht, bedeutet das neben wegfallenden Steuereinnahmen erhöhte Auszahlungen an Arbeitslosenunterstützung und den Wegfall von konsumbedingten Steuern - die Einnahmen werden kleiner und die Ausgaben größer. Da nach der Public-Choice-Theorie die Umverteilung über das Budget eine wichtige Rolle bei der Bedienung von special interests hat, ist durch die Verringerung dieser Umverteilungsmöglichkeiten tendenziell die Wiederwahl der Politiker gefährdet.

Der indirekte Effekt tritt auf, wenn sich die Wohlfahrtsverluste im Inland in politischen Protest (Widerspruch) umsetzen. Wenn Arbeitsplätze durch eine Verlagerung von Unternehmen ins Ausland gefährdet sind, führt Kritik am „Arbeitsplatzexport“ zu öffentlichkeitswirksamen Protesten. Verschlechterungen der Arbeitslosenstatistik sind ebenso wie erhöhte Budgetdefizite Kritikpunkte, die das Ansehen einer Regierung und damit ihre Wiederwahl gefährden können.

Sowohl der direkte wie auch der indirekte Effekt des Systemwettbewerbs bedrohen demnach die Stellung des politischen Unternehmers. Der Unternehmer hat einen Anreiz, erfolgreiche ausländische Institutionen zu kopieren oder neue Institutionen einzuführen; damit wirkt Systemwettbewerb als „Entdeckungsverfahren“ für erfolgreiche institutionelle Innovationen, als wissenschaffender Prozeß[58]. Welche Maßnahmen wird ein politischer Unternehmer nun im Systemwettbewerb ergreifen? Zunächst muß man davon ausgehen, daß das Ergebnis des wissengenerierenden Wettbewerbs ex ante nicht voraussehbar und vorhersagbar ist. Wenn auch der politische Transmissionsmechanismus Druck auf politische Unternehmer ausübt und damit Innovationen (oder Imitationen) im Sinne einer „Muster-Voraussage“ wahrscheinlich werden, sind Innovationen weder der Quantität noch der Qualität nach vorherzusagen.

Zweitens muß der politische Unternehmer eine sachlich angemessene Antwort finden: Dies wäre dann möglich, wenn der Systemwettbewerb klare Signale über

---

[57] Mussler und Wohlgemuth sprechen von „budgetären und politischen externen Effekten“ der institutionellen Arbitrage; vgl. Mussler/ Wohlgemuth (1994), S. 7.

[58] Vgl. Hayek (1969c).

Optionen aussenden würde, z.B. Regeln, die einen bestimmten Prozentsatz an Steuersenkung mit einer bestimmten Zunahme an Arbeitsplätzen im Inland und dieses wiederum mit einer bestimmten Wiederwahlchance verbindet. Dies ist jedoch nicht der Fall; vom Systemwettbewerb gehen „nur interpretationsbedürftige Signale und nicht konkrete Handlungsanweisungen“[59] für die Politiker aus.

Ein Beispiel für solche „interpretationsbedürftigen Signale“ ist die Zunahme deutscher Direktinvestionen im Ausland bei gleichzeitiger Abnahme ausländischer Direktinvestitionen in Deutschland, die in Tabelle 6.3. zu sehen ist.

	1992	**1993**	**1994**	**1995**	**1996**	**1997**
Deutsche Investitionen im Ausland	29,0	26,8	27,8	52,2	38,8	46,9
Ausländische Investitionen in Deutschland	4,2	6,2	12,5	18,2	1,1	4,5

Tab. 6.3 Bilanz der deutschen Direktinvestionen 1994-1996 in Mrd. DM
Quelle: Institut der deutschen Wirtschaft (1998b), S. 1[60].

Einerseits wird dies als Beleg für eine verschlechterte Standortqualität Deutschlands gesehen[61]. Andererseits kann die Verlagerung der Produktion ins Ausland auch durch eine zunehmende Tertiarisierung Deutschlands als entwickelter Industrienation erklärt werden, die zwar im industriellen Sektor Arbeitskräfte freisetzt, aber mehr Arbeitsplätze bei sogenannten „headquarter-services“ schafft[62]. Die politischen Reaktionen müssen dementsprechend differenziert ausfallen.

---

[59] Mussler/ Wohlgemuth (1994), S. 9; vgl. zu dieser Problematik auch die Ausführungen von North (1992b), S. 27-30, Streit (1995a), S. 122-123, sowie Wegner (1997), insbesondere S. 16-18.

[60] Direktinvestitionen gemessen als Netto-Beteiligungskapital ohne reinvestierte Gewinne. Vgl. auch die genauere Aufschlüsselung nach Regionen bei Vereinte Nationen (1997), S. 47.

[61] Vgl. Institut der deutschen Wirtschaft (1995).

[62] Vgl. Klodt/ Maurer (1996), S. 35.

Ein zweites Beispiel für die Interpretationsbedürftigkeit der Signale des Systemwettbewerbs mag die massenhafte Migration in die entwickelten Wohlfahrtsstaaten sein: Einerseits ist das sicher ein Signal dafür, daß diese Staaten ein für viele Menschen attraktives Institutionengefüge haben. Migration ist insofern eine Bestätigung der bisherigen Politiken. Andererseits kann Migration aber auch der Ausdruck dafür sein, daß von den sozialen Sicherungssystemen der Wohlfahrtsstaaten Fehlanreize ausgehen, die nicht eine (normativ vielleicht erwünschte) Zuwanderung besonders produktiver Wirtschaftssubjekte hervorruft[63], sondern gerade die Unproduktiven anzieht, die durch die großzügige soziale Absicherung angelockt werden und mit ihrer Zuwanderung eine Tendenz zur Erosion eben dieser Systeme bewirken. Auch in diesem Fall sind die Reaktionen auf die Signale nicht eindeutig.

Ein weiteres Problem der Handlungen politischer Unternehmer liegt in der Natur des kollektiven Entscheidungsprozesses[64]: Der Unternehmer in Märkten kann schnell entscheiden und ist nur begrenzt an Restriktionen gebunden[65], während dies im politischen Prozeß genau umgekehrt ist. Politische Entscheidungsprozeße sind durch die doppelte Schwierigkeit belastet, daß einerseits die Kompetenz und die Verantwortung für Handlungen häufig auseinanderklaffen - beispielsweise sind Produktions- und Finanzierungsentscheidung öffentlich produzierter Güter nicht immer deckungsgleich - andererseits kollektive Entscheidungen nur in einem langwierigen Prozeß zu fällen sind und Abwahlentscheidungen sogar in der Regel an feste Wahltermine gebunden sind. Zudem kann es sein, daß ein Teil der politischen Entscheider entweder die Signale des Systemwettbewerbs anders deutet als der Rest[66] oder aufgrund politischer Überlegungen eine verschlechterte Lage des jeweiligen Landes im Systemwettbewerb in Kauf nimmt[67].

---

[63] Die besonders produktiven Wirtschaftssubjekte haben vielleicht eher ein Interesse an einem freiheitlichen Staat mit möglichst geringen sozialen Sicherungssystemen.

[64] Vgl. Mussler/ Wohlgemuth (1994), S. 15.

[65] Das heißt nicht, daß alle Unternehmen effizient und rasch auf Marktsignale reagieren würden. North spricht davon, daß die Marktsignale so verwirrend sein können, daß eine Anpassung langsam oder fehlgeleitet sein kann; vgl. North (1992b), S. 30. Aber dort, wo Unternehmen sich nicht anpassen, haben potentielle Innovatoren von außerhalb die Möglichkeit, die Marktpositionen der Insider zu bestreiten. Damit ist nicht die reibungslose Funktion von Märkten garantiert, wohl aber eine im Vergleich mit dem politischen Wettbewerb höhere Reaktionsgeschwindigkeit.

[66] In Europa werden z.B. die Konsequenzen der Globalisierung völlig gegensätzlich gedeutet, wobei die Bandbreite der Politikempfehlungen von „mehr Wettbewerb“ bis „Protektionismus“ reichen; vgl. dazu idealtypisch die Positionen von Solms (1997) und Lafontaine (1996).

[67] Beispielsweise kann in Deutschland die Bundesratsmehrheit, wenn sie von der Opposition auf Bundesebene gebildet wird, ein Interesse am Scheitern von Vorhaben der Bundesregierung haben.

North sieht die Tatsache, daß der politische Unternehmer nicht genau an die Präferenzen seiner Wähler gebunden ist, bei der Institutioneninnovation als möglichen „Vorteil“: Dadurch wird er zumindest teilweise frei von den Zwängen der Interessengruppen und kann neue Entwicklungspfade ausprobieren, deren Verlauf genausogut Erfolge wie Mißerfolge bringen kann[68]. Ansonsten wäre zum Beispiel die Umgestaltung des britischen Arbeitsmarktes durch Margaret Thatcher kaum vorstellbar gewesen. Die repräsentative Demokratie bringt diese Freiheitsgrade des Politikers u.a. durch das Verbot des imperativen Mandats zum Ausdruck.

Die verzögerte oder ausbleibende Reaktion der Anbieter von Institutionen im politischen Wettbewerb kann dazu führen, daß als Ersatz für externe Institutionen interne Institutionen „angeboten“ werden, d.h. sie entweder von privaten Organisationen angeboten werden oder im Wettbewerb spontan entstehen. Das Angebot an internen Institutionen kann dann in zwei Richtungen wirken: Entweder führen interne Institutionen dazu, daß der Druck des Systemwettbewerbs geringer und damit eine Reaktion der politischen Anbieter noch unwahrscheinlicher wird. Die Versorgung der Bevölkerung mit Nahrungsmitteln auf Schwarzmärkten oder staatlich nur geduldeten Kolchosemärkten in der Sowjetunion ließ z.B. den Druck auf die offiziellen Märkte, Konsumgüter anstelle von „politischen“ Konsumgütern herzustellen, geringer werden. Der Wunsch nach einer besseren Versorgung, u.a. im Systemwettbewerb mit den Ergebnissen des kapitalistischen Wirtschaftssystems entstanden, wurde teilweise erfüllt, ohne am staatlichen Planprogramm Änderungen vorzunehmen. Interne Institutionen können aber auch dazu führen, daß externe Institutionen noch weiter unter Druck geraten. Dort wo Sozialsysteme wegen zu hoher Kosten einen Nachteil im Standortwettbewerb bedeuten, führt die Reaktion der Nachfrager, auf Schattenmärkte auszuweichen, zu einer weiteren Belastung der Systeme.

Dort, wo staatliche Maßnahmen den Systemwettbewerb durch Harmonisierung oder Zentralisierung von Aufgaben beschränken wollen, wird er meist nur auf eine andere Ebene verlagert: Nach Vanberg findet deshalb immer Systemwettbewerb statt und es kommt nur darauf an, nach welchen Regeln dies geschieht[69]. Insgesamt zeichnet sich der Systemwettbewerb also durch eine Reihe von Unwägbarkeiten aus: die Signale der Nachfrager sind undeutlich, die Reaktionen der Anbieter erfolgen verzögert oder gar nicht und ihre Wirkung ist

---

[68] Vgl. North (1994), S. 66.
[69] Vgl. Vanberg (1993).

unklar. Die Rückkoppelungseffekte im Systemwettbewerb sind nicht genau berechenbar und der Erfolg von Maßnahmen politischer Anbieter hängt auch von den vorhandenen oder sich entwickelnden internen Institutionen und ihrem Zusammenspiel mit den externen Institutionen ab. Es stellt sich also die Frage, ob Systemwettbewerb, der ja generell als wissensschaffendes Verfahren bei der Institutionenwahl wirkt, aus normativer Sicht ein wünschenswertes Phänomen ist. Diese Frage läßt sich nur in Zusammenhang mit dem dazu verwendeten Modell klären. Im folgenden wird zunächst Systemwettbewerb aus neoklassischer Sicht auf seine Vorteilhaftigkeit untersucht und danach aus klassisch-evolutorischer Sicht.

6.2.6. Systemwettbewerb aus neoklassischer Sicht

Neoklassische Modelle des Systemwettbewerbs versuchen, die Fragestellung der Wohlfahrtsökonomie, wie eine Wohlfahrtsmaximierung erreicht werden kann, bei der Existenz von Systemwettbewerb anzuwenden. Es wird ein allgemeines Gleichgewicht des Systemwettbewerbs, eine optimale Allokation der Ressourcen unter Berücksichtigung der optimalen Aufgabenverteilung zwischen Staat und Privatwirtschaft sowie zwischen den staatlichen Ebenen abgeleitet[70].

Für die Aufgabendezentralisierung spricht dabei die Wirkung des neoklassisch modellierten Wettbewerbs dann, wenn dadurch kein „Wettbewerbsversagen", d.h. Marktversagen im Systemwettbewerb, auftritt. Ausgangspunkt der neoklassischen Modelle ist meist ein partialanalytisches Zwei-Länder-Modell der vollständigen Konkurrenz[71]. Dieses Modell bildet dann den Wettbewerb zweier Länder mit unterschiedlichen institutionellen Arrangements in Form einer ceteris-paribus-Analyse ab. Die Wettbewerbsparameter sind die staatlichen Steuerungsinstrumente (Steuern, Regulation etc.)[72]. „Wettbewerbsversagen" tritt dann auf, wenn die Ergebnisse des Systemwettbewerbs wohlfahrtsökonomisch (d.h. bei Betrachtung der Konsumenten- und Produzentenrente) entweder unerwünscht oder schlechter sind als die Ergebnisse, die anhand eines staatlichen, zentralen Eingriffs erzielt werden[73]. Im folgenden wird zunächst diskutiert, wie sich Systemwettbewerb auf die Möglichkeiten der staatlich erwünschte Umverteilung durch Besteuerung der mobilen Faktoren auswirkt (sogenanntes „race-to-the-bottom"-

---

[70] Vgl. u.a. Oates/ Schwab (1988), Siebert (1990), Siebert/ Koop (1990), (1993); Sinn (1990), (1993), (1996), und die Anwendung dieser Modelle bei Scharpf (1997).

[71] Z.B. Siebert (1990), S. 63-66.

[72] Siebert (1990), S. 66.

[73] Die traditionellen, einfachen wohlfahrtsökonomischen Analysen werden zunehmend auch durch spieltheoretische Abbildungen des Systemwettbewerbs ergänzt. Vgl. für die Umweltpolitik Ulph (1997) und für den Steuerwettbewerb Grazzini/ Ypersele (1997).

Problem). Danach werden die Marktversagensgründe diskutiert. Im wesentlichen sind die Marktversagensgründe diejenigen, die auch aus der traditionellen Wohlfahrtsökonomie bekannt sind: öffentliche Güter, externe Effekte sowie meritorische Güter[74].

Als Beispiel für Wettbewerbsversagen wird die Unmöglichkeit von Redistributionspolitik durch die Besteuerung mobiler Faktoren im Systemwettbewerb genannt[75]. Korrekterweise muß man allerdings hier (auch modellimmanent) nicht vom Versagen des Wettbewerbs, sondern von politisch unerwünschten Folgen des Wettbewerbs sprechen[76]. Sinn geht von der Annahme aus[77], daß die mobilen Faktoren Kapital und ausgebildete Arbeit einerseits den immobilen Faktoren Land und ungelernte Arbeit gegenüberstehen[78]. Die politischen Entscheidungsträger in jedem Land werden als Wohlfahrtsmaximierer abgebildet, die das Inlandseinkommen maximieren wollen, das aus dem Einkommen der immobilen Faktoren sowie aus den Steuereinnahmen entsteht. Die Besteuerung des mobilen Faktors, dessen Erträge annahmegemäß eher den reicheren Wirtschaftssubjekten zufließen[79], ermöglicht eine staatlich erwünschte Umverteilung.

Das mobile Kapital wird solange eingesetzt, bis das Grenzprodukt des Kapitals dem international fixen Zinssatz i sowie der Kapitalsteuer t entspricht, die zusammen die Kapitalkosten darstellen (Punkt E). Würde es darüber hinaus eingesetzt, wären die zusätzlichen Faktorkosten höher als das Grenzprodukt des Kapitals. Statt eines solchen ineffizienten Einsatzes würde das Kapital dem Land fernbleiben und in einem anderen Land eingesetzt.

---

[74] Im Augenblick sollen diese traditionellen Gründe als gegeben angesehen werden, die Kritik erfolgt weiter unten; vgl. aber zur Kritik Prosi (1979), Buchanan (1988), sowie Streit (1992), insb. S. 56-57.

[75] Vgl. Sinn (1993).

[76] In der Tradition von Friedman (1953) läßt sich Umverteilung auch als Versicherung interpretieren, der alle Individuen unter dem „Schleier der Ungewißheit" zustimmen und die möglicherweise eine verbesserte Allokation (durch die Ausschaltung unkalkulierbarer Risiken) ermöglicht. Diese Umverteilung wäre dann nicht mehr politisch begründet, sondern wohlfahrtsökonomisch; vgl. Mueller (1997b), S. 3-5.

[77] Vgl. Sinn (1993), S. 18.

[78] Die Annahme immobiler ungelernter bzw. schlecht qualifizierter Arbeit scheint fraglich, wenn sie mit empirischen Ergebnissen verglichen wird. Die Immobilität der ungelernten Arbeit hängt wesentlich von eben den institutionellen Arrangements (insbesondere Sozialleistungen bei Arbeitslosigkeit) ab, die eigentlich durch die Faktorwanderung erst ermittelt werden sollen.

[79] Sinn (1993), S. 24.

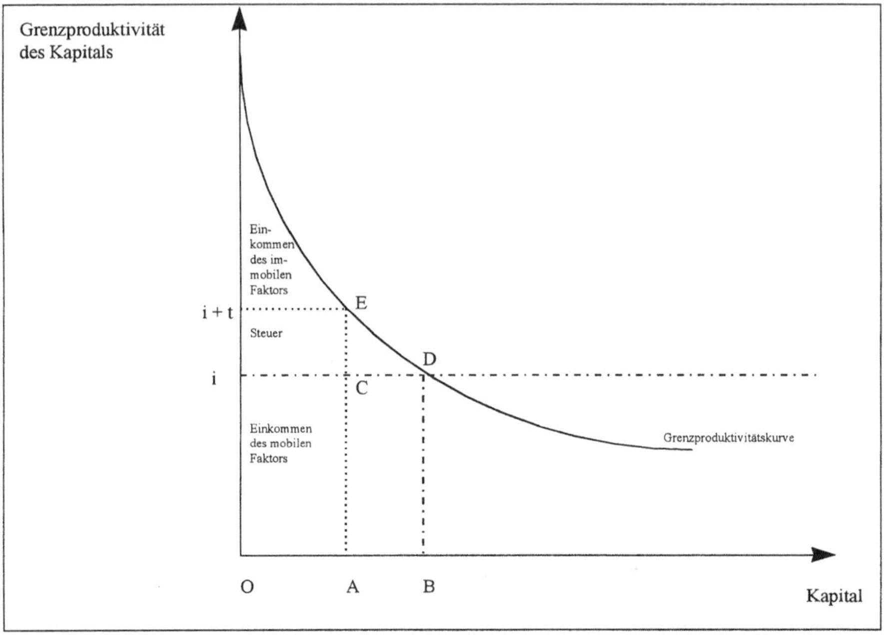

Abb. 6.4 Besteuerung mobiler Faktoren und Umverteilung
Quelle: Sinn (1993), S. 19

Wenn es keine Besteuerung auf den mobilen Faktor Kapital gibt, lohnt sich eine Ausdehnung des Kapitaleinsatzes von 0A nach 0B. Damit wird das Inlandseinkommen insgesamt, das aus dem Integral unter der Grenzproduktkurve minus dem Einkommen des mobilen Faktors, um den Betrag CDE erhöht. Eine Umverteilung durch die Besteuerung des Faktors Kapital ist unter diesen Annahmen nicht möglich. In diesem Modell ist die Gefahr des „race to the bottom“ gegeben, da alle Länder die Einkommensmaximierung durch Absenkung der direkten Steuern erreichen wollen[80]. Als einzige mögliche Besteuerung bleibt die Besteuerung der immobilen Faktoren. Wenn aus politischen Gründen eine Besteuerung des Faktors Kapital gewünscht ist, so muß die Besteuerung durch eine zentrale Instanz erfolgen[81].

---

80 Vgl. Petersen (1989), S. 15, sowie Sinn (1993), S. 19, und die dort angegebene Literatur.
81 Sinn (1993), S. 18.

Im Fall einer zentralen Besteuerung wäre tatsächlich die Attraktion von Kapital durch Steuererleichterungen nicht möglich, d.h. eine Besteuerung würde zu Lasten des mobilen Faktors gehen. Allerdings geht Sinn zunächst von einer Analyse der Europäischen Union als zentraler Instanz aus (die im Steuerwettbewerbsmodell nicht mehr explizit erwähnt wird). Würde nur innerhalb der EU die Kapitalbesteuerung zentral erfolgen, so wäre unter der Voraussetzung von vollkommener Kapitalmobilität immer noch ein Abfluß des Kapitals in Länder außerhalb der Union möglich. Für die Bestimmung der Aufgabenverteilung in der Union ist dieses Modell also nicht geeignet.

Die Produktion internationaler öffentlicher Güter ist im Systemwettbewerb deshalb problematisch, weil ein starker Anreiz für Staaten besteht, sich als Trittbrettfahrer zu verhalten[82]. So läßt sich empirisch beobachten, daß kleinere Staaten auch bei hohem Pro-Kopf-Einkommen der Bevölkerung tendenziell unterproportionale Verteidigungsausgaben haben. Die zentrale Produktion des Gutes Verteidigung, wie sie etwa Sinn vorschlägt[83], ist aber weder erforderlich noch unbedingt sinnvoll, um Trittbrettfahren zu verhindern.

Einerseits ist der proportionale Beitrag zu den Verteidigungsausgaben auch in Allianzen wie der NATO zu erreichen, wenn er politisch gewollt ist: Die kleineren Staaten sind ja gerade auf den Schutz der größeren Mächte angewiesen. Deshalb läßt sich in der Geschichte auch die umgekehrte Problematik einer überproportionalen Finanzierung der Verteidigung durch die kleineren, abhängigen Mächte (im attischen Seebund) zeigen. Zweitens ist die Zentralisierung der Verteidigung mit der Schwierigkeit verbunden, daß damit Innovationen in der Militärtechnik schwieriger werden: Neue Produkte müssen zentral beschafft und ausprobiert werden und Lobbyismus wird billiger und lohnender (da nur noch beim zentralen Verteidungsministerium Lobbyarbeit betrieben wird). Die politische Wissenschaft hat zudem ein Argument dafür geliefert, warum Großmächte dazu bereit sein können, sich überproportional an der Finanzierung des Kollektivgutes Sicherheit zu beteiligen: Im Gegenzug für die Bereitstellung von Sicherheit erhalten sie das „Positionsgut" Prestigegewinn, das in der internationalen Politik, die nicht nur durch Wettbewerbs- sondern auch durch Machtbeziehungen gekennzeichnet ist, wichtige Möglichkeiten eröffnet[84].

---

[82] Vgl. Sinn (1993), S. 9-10.

[83] Vgl. ebda, S. 10.

[84] Die Bereitstellung internationaler öffentlicher Güter wird ausführlich unter dem Stichwort „internationale Hegemonie" diskutiert; vgl. dazu Kindleberger (1986), Streit/ Voigt (1993), S. 48-51, sowie Kammler (1997), S. 69-70. Eine differenzierte ökonomische Analyse bietet Hamada (1996).

Neben der Möglichkeit der Finanzierung internationaler öffentlicher Güter durch dezentrale Entscheidungen der Nationalstaaten wird auch die Möglichkeit der Finanzierung lokaler (oder nationaler) öffentlicher Güter im Systemwettbewerb bestritten[85]. Sinn geht bei seiner Modellierung dieses Falls davon aus, daß der Staat solche Güter produziert, deren Grenzkosten im relevanten Bereich unterhalb der Durchschnittskosten liegen, bei deren privater Finanzierung bei Grenzkostenpreissetzung also ein Defizit entstehen würde[86]. Diese öffentlichen Güter sind zur Attraktion des mobilen Faktors Kapital notwendig (etwa Infrastrukturgüter, ohne die keine Investitionen stattfinden). Wenn die Regierung in diesem Fall durch die Setzung eines Grenzkostenpreises das wohlfahrtsökonomische Optimum erreichen will, nimmt sie ein Defizit in Kauf. Dieses Optimum liegt dort, wo Nachfragekurve (Grenzprodukt des Kapitals) und Angebotskurve (Steuern und international fixer Zinssatz) für Kapital sich schneiden. Das Defizit kann die Regierung nicht durch eine entsprechend höhere Besteuerung des Kapitals ausgleichen, da eine Steuererhöhung zu einer Abwanderung von Kapital ins Ausland führt. Da alle Staaten sich so „wohlfahrtsmaximierend" verhalten, führt der Wettbewerb um Kapital zu einem Defizit in allen Staaten, das nur durch entsprechende Koordination (also im Fall der EU durch unionsweite Steuern oder durch Harmonisierung der Steuersätze) verhindert werden kann.

Würde es keine Harmonisierung geben, dann müßten die Staaten eine Deckung des Defizits durch eine Besteuerung des immobilen Produktionsfaktors vornehmen; es würde - unter der Prämisse, daß der mobile Produktionsfaktor tendenziell in Besitz der Gutsituierten ist - zu einer inversen Umverteilung kommen[87].

Der neo-klassische Systemwettbewerb bei Umverteilung und lokalen öffentlichen Gütern ist nur unter sehr restriktiven Voraussetzungen zu modellieren, die die Problematik dieses Ansatzes sehr deutlich werden lassen. Der erste Kritikpunkt ist die Modellierung in Form einer ceteris-paribus-Analyse[88]: Der Steuersatz wird als der einzige Parameter der Politik gesehen, der verändert wird, die Auswirkungen werden allein in Kapitalab- oder -zuflüssen gesehen. Tatsächlich hängen diese Abflüsse aber entscheidend von alternativen Anlagemöglichkeiten ab, den Op-

---

[85] Vgl. Sinn (1993), S. 23-26; Sinn (1996), S. 3-10.

[86] Dies betrifft sogenannte „natürliche" Monopole. Allerdings diskutiert Sinn nicht die Möglichkeit einer Monopol- oder Durchschnittskostenpreissetzung und die Marktprozesse, die das möglich machen würden, sondern nimmt lediglich an, daß kein privates Angebot erfolgt; vgl. Sinn (1993), S. 23-24.

[87] Vgl. Sinn (1993), S. 24.

[88] Vgl. Prosi (1990b), S. 76-77.

portunitätskosten der Abwanderung[89] und von der Veränderung des Angebots an öffentlichen Gütern durch die Steuererhöhung oder -senkung.

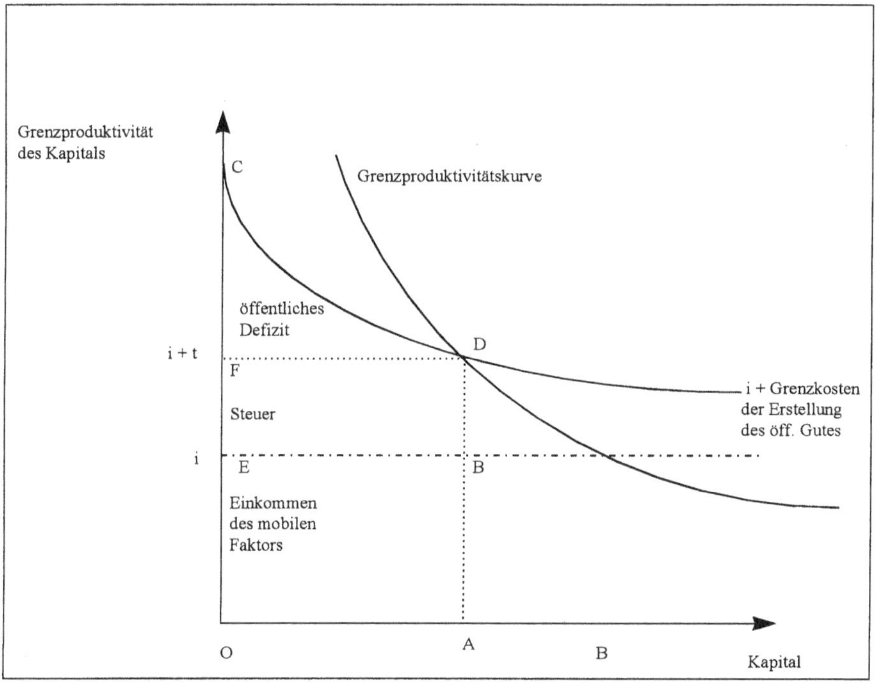

Abb. 6.5 Besteuerung mobiler Faktoren und öffentliche Güter im Systemwettbewerb
Quelle: Sinn (1993), S. 25

Kapital wird in der Regel, wenn es einem Land nicht allein als Finanzkapital zufließt, nicht vollkommen mobil sein. Wenn Kapital investiert wird, um neue Märkte zu erschließen, sind die Opportunitätskosten möglicherweise der Verlust bzw. die Schrumpfung des Marktanteils in dem entsprechenden Land. Vollkommene Kapitalmobilität sagt auch nichts über die Mobilität auf den Gütermärkten aus: Wenn dort private oder staatliche Handelsschranken bestehen, ist die Direktinvestition (das Ausschalten dieser Handelsschranken) Grund für die Investition. Risikoprämien und die fehlende Information sorgen zudem dafür, daß der Welt-

[89] Vgl. Mayer (1997), S. 20-21.

kapitalmarkt nicht vollständig integriert ist. Die Partialanalyse ist ungeeignet, diese Interdependenzen abzubilden[90].

Als (komparativ)- statische Modelle verzichten die neo-klassichen Modelle auf eine Analyse der Anpassungsprozesse, von denen allein angenommen wird, daß sie vollständig sind („race to the bottom"). Die Marktstruktur und das (rationale) Marktverhalten der Akteure wird als gegeben angenommen[91]. Insbesondere die Modellierung des Systemwettbewerbs bei lokalen öffentlichen Gütern geht von einem gegebenen Verlauf der Kostenkurven für die Erstellung dieser Güter aus, der sich jedoch im Lauf der Zeit im höchsten Maß als variabel herausgestellt hat.

Ein weiterer Kritikpunkt betrifft die Informationsannahmen, die diesen Modellen zugrunde liegen und die schon ausführlich diskutiert wurden[92]. Der Verlauf der Grenzproduktkurve sowie der Grenzkostenkurve zur Erstellung des öffentlichen Gutes sind weder den Politikern noch den Unternehmen bekannt. In diesem Sinn sind Handlungen der Unternehmen im Systemwettbewerb eben nur die „interpretationsbedürftigen Signale", die keine Handlungsanweisungen, etwa genaue Informationen über die Höhe der wohlfahrtsmaximierenden Steuer, vermitteln.

Das weitere Problem einer Modellierung des Politikers als Wohlfahrtsmaximierer wurde oben schon hinreichend diskutiert. Es ist keineswegs sicher, daß im demokratischen Prozeß die Maximierung des wie auch immer verstandenen Gemeinwohls durchgesetzt wird. Eine hohe nominale Besteuerung mobiler Faktoren, die zu massiver Abwanderung führt, kann politisch höhere Akzeptanz finden als eine niedrige Besteuerung, die die Steuereinnahmen insgesamt erhöhen würde[93]. Die Annahme des homogenen Politikerverhaltens ist besonders problematisch bei der

---

[90] Die Schwierigkeiten von Partialanalysen sind nicht nur auf den Steuerwettbewerb beschränkt; wegen der Interdependenz der Ordnungen ist jede Regulierung in ihren Wettbewerbswirkungen nur im Kontext zu verstehen; vgl. z.B. die Analyse der Umweltschutzanforderungen an die deutsche Mineralölwirtschaft in Bundesministerium für Wirtschaft (1995).

[91] Vgl. Wohlgemuth (1995), S. 3-4.

[92] Vgl. in diesem Zusammenhang die Diskussion der neo-klassischen Modelle im Kapitel 4. Selbst dort, wo die Informationsannahmen der Wirtschaftssubjekte als unvollkommen angenommen werden (die Immobilität des Faktors ungelernte Arbeit beruht zum Teil auf dieser Unvollkommenheitsannahme), wird zumindest die vollkommene Information des außenstehenden Modellbetrachters angenommen; vgl. Wohlgemuth (1995), S. 4, FN 2.

[93] Deutschland hat ein ähnliches Problem mit den hohen Grenzsteuersätzen, die im internationalen Vergleich sehr hoch sind, während die effektive Besteuerung durch Schlupflöcher eher durchschnittlich ist. Aus politischen Gründen ist eine Senkung der hohen Grenzbesteuerung nicht möglich.

Empfehlung zentralisierter Politikmaßnahmen, da diese Politikmaßnahmen dann wirklich international koordiniert werden müßten[94], der Bezugsrahmen aber meist die EU ist.

Die Steuerwettbewerbsmodelle neo-klassischer Provenienz sind entstanden, um das empirisch zu beobachtende Verhalten von Regierungen und Unternehmen im Steuerwettbewerb abzubilden. Die Annahmen dieser Modelle zusammen mit der völligen Vernachlässigung von Transaktionskosten machen sie allerdings zu ungeeigneten Modellen. Die neo-klassische Theorie hat darauf mit der Einführung von Transaktionskosten in die Systemwettbewerbsmodelle reagiert[95]. Siebert modelliert den Fall eines Regulationswettbewerbs zweier Länder, beim dem der Wettbewerbsparameter ein Politikinstrument (z.B. eine Steuer) ist, das auf die Produktion öffentlicher und privater Güter Einfluß nimmt[96]. Die Produktion der Güter ist - wegen Ressourcenknappheit - voneinander abhängig in dem Sinn, daß die erhöhte Produktion des öffentlichen Gutes eine Reduktion der Produktion des privaten Gutes nach sich zieht. Im Fall eines Landes ist dann dort ein Optimum erreicht, wo die Kombination aus privatem und öffentlichem Gut das höchste Nutzenniveau für die Bürger des Landes erzielt[97].

Die Transformationskurve zwischen öffentlichem und privatem Gut ist aber nicht nur abhängig von der Anwendung des Politikinstruments im Inland, sondern auch von der Anwendung im Ausland: Ein höheres Steuerniveau im Ausland kann etwa Kapitalzuflüsse und damit erhöhte Produktionsmöglichkeiten bedeuten, umgekehrtes gilt für ein niedriges Steuerniveau.

---

[94] Das hiergegen vorgebrachte ad-hoc-Argument, das Verhalten der Unternehmer und Politiker sei international anders als innerhalb Europas, oder die Mobilität sei international weniger vollkommen als im europäischen Rahmen, macht die Fragwürdigkeit der neo-klassischen Annahmen deutlich, und liefert implizit auch ein Argument für eine Differenzierung innerhalb der Analyse der europäischen Staaten.

[95] Die Einführung von Transaktionskosten in die Systemwettbewerbstheorie erfolgt analog zur Ei

Während Steuerwettbewerb im Sinn'schen Sinn nun ein Wegkonkurrieren der Steuersätze vorhersagt (da immer geringere Steuersätze im jeweiligen Land zu Kapitalzuflüssen und damit einer Veränderung der Transformationskurve und einen Tangentialpunkt mit einem höheren Nutzenniveau führen), führt Siebert Opportunitätskosten des Einsatzes des Politikinstruments ein[98]: Den marginalen Nutzen aus einer Steuersenkung in Form zusätzlichen Kapitals stehen marginale Kosten (in Form eines Budgetdefizits oder eines verringerten Angebots an öffentlichen Gütern) gegenüber; dort wo diese gleich sind, ist ein „Gleichgewicht" im Regulierungswettbewerb in einem Land erreicht - ein „race to the bottom" findet also nicht statt[99]. Wenn die Präferenzen der Bürger sowie die Faktorausstattung in beiden Staaten gleich sind, wird sich auch das Regulierungsniveau im Wettbewerbsprozeß angleichen[100].

Die Einführung von Transaktionskosten in die Systemwettbewerbsanalyse führt zwar zu einer Verwerfung der „race-to-the-bottom"-Hypothese, allerdings bleiben die grundlegenden Kritikpunkte an der neo-klassischen Modellierung bestehen. Eine Harmonisierung von Aufgaben hat sich nach der bisherigen Analyse des Systemwettbewerbs noch nicht als vorzuziehende Alternative herausgestellt, wenn man von einem evolutionären Wettbewerbsverständnis ausgeht. Gleichzeitig ist auch die Harmonisierung durch Systemwettbewerb weder garantiert noch erwünscht.

Neben den öffentlichen Gütern führt auch die Existenz von negativen externen Effekten zu Marktversagen, das nach Meinung der neo-klassischen Theoretiker nur durch staatliche Harmonisierung behoben werden kann[101]. Wenn Umweltprobleme grenzüberschreitend auftreten, hat das Land, von dem sie ausgehen, einen zu geringen Anreiz, die Schäden zu beseitigen: Es trägt die gesamten Kosten der Beseitigung, kann aber nicht den gesamten Nutzen daraus internalisieren. Insofern wird hier eine supranationale Intervention, z.B. durch Umweltsteuern, gefor-

---

[98] Siebert (1990), S. 66.

[99] Vgl. Siebert (1990), S. 65-66.

[100] Siebert scheint diese heroische Annahme zu treffen, da er von „ex post harmonization" durch den Wettbewerbsprozeß spricht; Siebert (1990), S. 53 und S. 73. Streit (1996a), S. 12, kritisiert diese „simple answer" wegen ihrer Homogenitätsannahmen. Vgl. dazu auch der Kritik von Prosi (1990b), S. 77, der die Diversität der Präferenzen in den Vordergrund stellt und darauf hinweist, daß, „if we permit institutional innovations by competing political agents, harmonization may never be achieved in this process of trial and errror needed for the production of new political knowledge".

[101] Vgl. dazu Sinn (1993), S. 10-12, Siebert (1989) und die Diskussion bei Streit (1996a), S. 17.

dert. Die Logik dieser Intervention läßt sich in einem neo-klassischen Zwei-Länder-Modell darstellen[102].

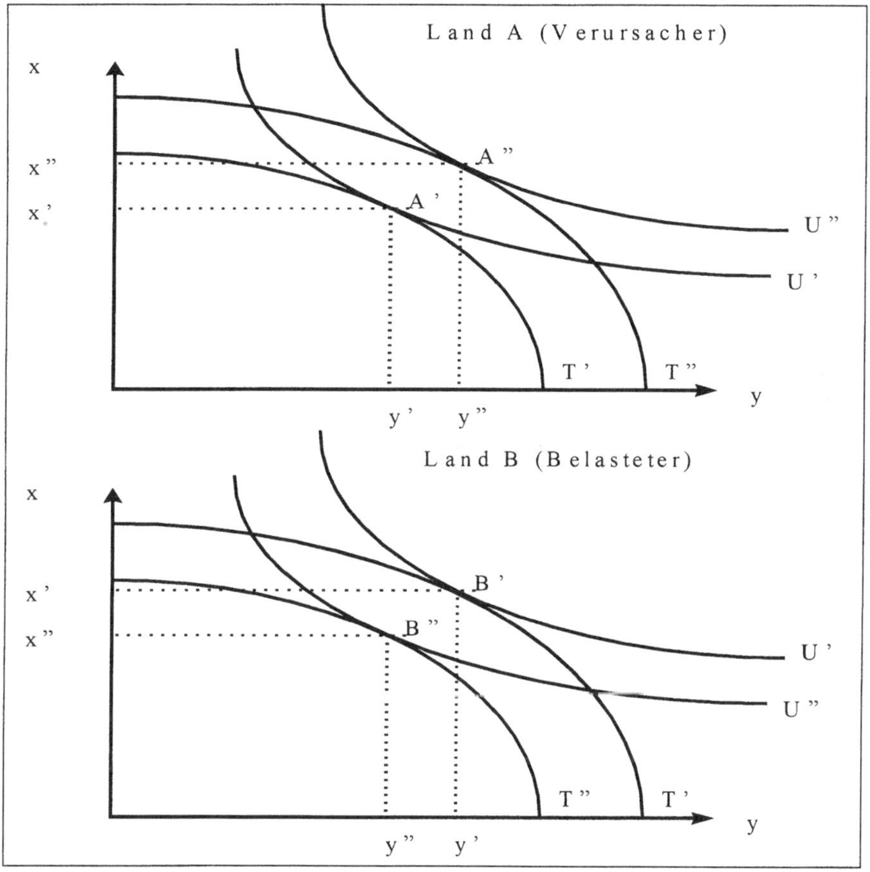

Abb. 6.6 Negative externe Effekte im Systemwettbewerb
Quelle: Seidel (1992), S. 39

Dargestellt werden zwei Länder, die jeweils die Güter x und y produzieren, wobei die Transformationskurve die Produktionsmöglichkeitsmenge angibt. Im Zwei-Länder-Modell geht von Land A ein negativer externer Effekt aus, der die

---

[102] Zur Kritik vgl. aber Prosi (1990b), S. 78.

Produktion in Land B belastet; beispielsweise wird der Produktionsfaktor Umwelt im Land B durch Produktionsanlagen belastet, die an den Grenzen von Land A errichtet sind. Wenn Land A die Kosten der Verschmutzung (des negativen externen Effektes) selbst zu tragen hätte, würde es die Mengen y' und x' realisieren. Da aber die Kosten in Land B anfallen (bzw. teilweise in Land B anfallen), kann Land A mit gegebenen Mitteln mehr produzieren, d.h. seine Transformationskurve T' verschiebt sich vom Ursprung nach T''. Für Land B stellt sich die Lage umgekehrt da. Wegen der negativen Spill-over-Effekte kann es mit gegebenen Mitteln weniger produzieren, d.h. seine Transformationskurve verschiebt sich zum Ursprung hin, von T' nach T''. Da die Kosten für die Umweltnutzung nicht in Land A anfallen, kommt es zu einer Übernutzung des Gutes Umwelt. Der Ausgleich des externen Effektes - so die Argumentation der neo-klassischen Modelle des Systemwettbewerbs - kann dann nicht mehr im Systemwettbewerb erfolgen. Land A hat kein Interesse an einer Kompensation des externen Effektes. Im Gegenteil, in dynamischer Perspektive läßt sich sogar Forschung und Entwicklung in Hinblick auf eine weitere Nutzung des für Land A kostenlosen Faktors „Umwelt des Landes B" erwarten.

Eine zentrale Regelung der Umweltnutzung kann nun die Übernutzung der Umwelt des Landes B durch die Produktion im Land A auf zweierlei Art beenden: Einerseits kann die Einführung einer Pigou-Steuer für Umweltgüter erfolgen, die im Gesamtgebiet der Föderation Umweltgebrauch entsprechend seinen sozialen Kosten belastet. Andererseits kann auch ein Finanzausgleich des Landes A an das Land B erfolgen[103], der in der Höhe des externen Effektes erfolgt. Beide Fälle würden graphisch einer Rückverlagerung der Transformationskurven T' zu T'' in Land A entsprechen.

Die Harmonisierung aufgrund grenzüberschreitender externer Effekte hält wiederum einer Analyse der geforderten Informationsvoraussetzungen nicht stand: Bereits aus der allgemeinen umweltökonomischen Diskussion ist die Schwierigkeit der Erhebung einer Pigou-Steuer bekannt. Bei einer zentralisierten supranationalen Lösung wird sich diese Schwierigkeit noch erhöhen.

Die zentralisierte Umweltpolitik ist zudem aufgrund des meist nur bilateralen externen Effekts fragwürdig: Eine unionsweite Umweltpolitik würde vielleicht externe Effekte verringern, aber gleichzeitig könnten die unterschiedlichen Präfe-

---

[103] Dieser Fall wäre z.B. dann realistisch, wenn die externen Effekte bei der Produktion öffentlicher Güter entstehen. Im Fall positiver Externalitäten könnte etwa die Versorgung des Umlandes durch eine Stadt mit Kulturgütern zu einem Finanzausgleich von Stadt und Land führen; vgl. z.B. Massat (1984), S. 37-38.

renzen für Umwelt auch dort nicht mehr ausgedrückt werden, wo keine externen Effekte vorliegen. Bilaterale Verhandlungen - auch ein unionsweites Regelwerk für solche Verhandlungen[104] - führen zu maßgeschneiderten Lösungen, die Präferenzen sowie unterschiedliche Umweltausstattungen mitberücksichtigen[105]. Interessant ist in diesem Zusammenhang, daß die neo-klassischen Modelle völlig von der umweltökonomischen Diskussion um die Internalisierung externer Effekte durch die Schaffung von Eigentumsrechten abstrahieren. Hier wird der „institutionenlose“ Ansatz der neo-klassischen Ökonomie nochmals deutlich[106].

„Europäische“ externe Effekte treten bei Umweltproblemen kaum auf: entweder sind grenzüberschreitende Effekte hauptsächlich bilateral (Verschmutzung von Flüssen), oder sie sind global (die Erderwärmung). Während letztere durch globale Verhandlungen verringert werden sollen, sind erstere am besten bilateral zu behandeln. Eine Ausnahme wäre nur die starke Präferenz aller europäischen Staaten für eine saubere Umwelt, die bei globalen Umweltproblemen selbst dann zu Aktionen führt, wenn es keine internationalen Vereinbarungen gibt[107]. Die Annahme einer homogen Präferenz scheint aber völlig unrealistisch, wenn man unterschiedliche Einkommensniveaus, Institutionen und relative Umweltausstattungen berücksichtigt. Auch die Existenz externer Effekte führt also nicht zu einem Argument für Harmonisierung, sondern zu der Frage, wie und (bei der Existenz von Transaktionskosten) bis zu welchem Grad unter Berücksichtigung tatsächlicher Institutionen (im Sinne von Demsetz' comparative-institutions-approach) externe Effekte internalisiert werden können.

Sinn sieht ein weiteres Marktversagen bei der dezentralen Erhaltung des gemeinsamen kulturellen europäischen Erbes auftreten[108]. Die Argumentation verläuft ähnlich wie bei den negativen externen Effekten: Nicht nur die jeweilige Nation hat Interesse an der Erhaltung „ihres“ kulturellen Erbes, sondern auch die anderen Nationen profitieren davon, d.h. ein positiver externer Effekt liegt vor. Die Nutzen aus einer Erhaltung der Kulturgüter fließen also nicht voll der finanzierenden Nation zu, es kommt zu einer Unterinvestition. Eine europaweite Finan-

---

[104] Die wettbewerbspolitische Notwendigkeit von Regeln beim Auftreten externer Effekte ist evident. Diese Regeln werden weiter unten behandelt.

[105] Vgl. Revesz (1992) sowie Schoenbrod (1996).

[106] Streit spricht von der von „der Wohlfahrtsökonomik erhobenen Forderung nach institutioneller Neutralität der Analyse“; vgl. Streit (1992), S. 55.

[107] Diese Präferenz könnte etwa mit dem hohen europäischen Einkommensniveau begründet werden. Allerdings müßte dann auch wieder die Umweltpräferenz der reicheren und ärmeren europäischen Staaten ermittelt werden - eine homogene Präferenz ist nicht vorhanden und damit auch keine Basis für harmonisierte Politik.

[108] Sinn (1993), S. 12-13.

zierung der Kulturgüter hätte dieses Problem nicht, also sei im Fall von Kulturgütern eine Harmonisierung nötig.

Abgesehen davon, daß diese Argumentation wieder auf unrealistischen Annahmen bezüglich der Informationsvoraussetzungen basiert (der europäische Planer müßte tatsächlich die Präferenz für die Erhaltung der Kulturgüter messen können), ist dieser Ansatz in mehrfacher Hinsicht fragwürdig: Die Präferenzen der Bürger eines Landes für die Erhaltung ihrer Kulturgüter, insbesondere wo diese mit anderen Werten kollidieren[109], spielen keine Rolle mehr bei der europäischen Festsetzung des Schutzniveaus. Die Probleme, die sich bei einem „europäischen Gemeingut Kultur“ in der Anreizwirkung ergeben, werden nicht beachtet[110]. Internalisierungsmöglichkeiten außerhalb der Harmonisierung auf europäischer Ebene werden im institutionellen Nirvana nicht diskutiert[111].

Die Begriffsbestimmung des „kulturellen Erbes“ außerhalb der Präferenzen der Nachfrager führt zu dem Problem, daß der Planer letztlich eine Entscheidung zum Wohl der Menschen gegen ihren Willen trifft, die nur meritorisch durch die bessere Informiertheit des Planers erklärt werden kann: Harmonisierung wird zum meritorischen Gut. In diesem Fall ist aber die Gefahr von europäischem Protektionismus (wie er zum Beispiel in der Fernsehrichtlinie praktiziert wird) besonders groß[112]. Wettbewerb zur Entdeckung der Präferenzen der Nachfrager nach Kultur im Vergleich zu anderen Gütern wird als Entscheidungsverfahren ausgeschaltet[113].

Die neo-klassische Theorie modelliert die privaten Wirtschaftssubjekte im einfachsten Fall als reine Mengenanpasser, in fortgeschrittenen Modellen stehen sie unter unvollständiger Konkurrenz und Information (d.h. der Existenz von Transaktionskosten). Der Staat wird demgegenüber als omnipotenter Wohlfahrtsmaximierer dargestellt, bei dessen Aktionen keine Transaktionskosten entstehen. Bei einem solchen Referenzsystem kann es zu Marktversagen im Bereich der Normung und Standardisierung kommen, das durch einen zentralen staatlichen Eingriff behoben werden kann[114]. Denn staatliche Eingriffe können Normen, die wettbewerbsfördernd sind, mit Transaktionskosten von Null durchsetzen, wäh-

---

[109] Etwa bei der Nutzungskonkurrenz von Bauland oder Gewerbeland mit Ruinen.
[110] Vgl. Prosi (1984).
[111] Ein Beispiel für solche Internalisierung ist die beachtliche freiwillige Zahlungsbereitschaft in Form von Spenden für die Rettung von Kulturgütern im Ausland.
[112] Entlarvend ist die Äußerung von Sinn, Europa werde von einer Flut billiger Filme überschwemmt; vgl. Sinn (1993), S. 12-13.
[113] Vgl. Prosi (1991b).
[114] Vgl. Sinn (1993), S. 13-14.

rend die Kosten der Koordination der Privaten sehr hoch sind und zudem der Wille der Koordination dann nicht gegeben ist, wenn unterschiedliche Normen Wettbewerbshindernisse darstellen.

Wenn man von diesem neo-klassischen Gedankengebäude abrückt und sowohl Politikversagen und Informationsmängel als auch Transaktionskosten im staatlichen Bereich zuläßt, sind die Argumente für eine Harmonisierung im Bereich der Normen weitaus weniger stabil: In diesem Fall kann ex-ante-Harmonisierung zur Entscheidung für eine wenig vorteilhafte Norm führen und durch die Ausschaltung des Wettbewerbs eine Entdeckung neuer, besserer Normen von vorneherein beschränkt werden. Zugleich ist die Vorteilhaftigkeit einer Einigung auf Normen nicht mit der Vorteilhaftigkeit einer zentral geregelten Normung gleichzusetzen, wie privatwirtschaftlich organisierte Normungsinstitute zeigen. Auch in diesem Bereich ist also Harmonisierung nur unter sehr heroischen Annahmen die vorteilhaftere Alternative zum Systemwettbewerb.

Die Analyse der neo-klassischen Systemwettbewerbsmodelle zeigte, daß einerseits die theoretische Fundierung dieser Modelle eine Abbildung der Realität und insbesondere dynamischer Prozesse nicht zuläßt, andererseits die Politikempfehlungen, die auf der neo-klassischen Theorie basieren, nicht erfüllbare Informationserfordernisse voraussetzen. Wenn dem Planer (oder zumindest dem Volkswirt als außenstehenden Betrachter[115]) alle relevanten Informationen - auch über künftige Innovationsprozesse - gegeben sind, wird Wettbewerb zur „verschwenderischen Methode“[116], die durch die effizientere Methode „Harmonisierung“ oder „zentrale Planung“ ersetzt werden sollte. Das Systemwettbewerbsversagen, das aus den neo-klassischen Modellen abgeleitet wird, stellt sich also eher als Versagen der neo-klassischen Modellierung von Wettbewerb und des darauf aufbauenden Ordnungsleitbilds dar[117]. Diesen theoretischen Erwägungen muß noch eine Analyse der empirischen Ergebnisse folgen. Für den Institutionenwettbewerb innerhalb der EU geschieht dies weiter unten. Zum Steuerwettbewerb können hier nur einige Hinweise erfolgen: Die Einkommenssteuern für Unternehmen (die Beiträge der mobilen Faktoren) sind von 1980-1994 durchwegs gefallen und die Sozialversicherungsbeiträge (also die Beiträge der immobilen Faktoren) sowie die indirekten Steuern gestiegen. Es läßt sich hieraus also eine mögliche Reaktion auf Steuerwettbewerb ableiten. Eine „zero level taxation“ wurde allerdings nirgendwo erreicht, die Unternehmenssteuerraten lagen 1985 zwischen 35 und 57% (in Spanien bzw. Schweden und Finnland) und

---

[115] Vgl. zur Beobachter- versus Akteurperspektive Streit/ Wegner (1989), S. 184.
[116] Hayek (1969c), S. 249.
[117] Vgl. Kiwit/ Voigt (1997), S. 22.

1995 zwischen 25 und 58,9% (in Finnland bzw. Westdeutschland)[118]. Es ist nun zu untersuchen, inwieweit eine klassisch-evolutionäre Modellierung des Systemwettbewerbs zu anderen theoretischen Ergebnissen kommt, die auch besser mit den zu beobachtenden Verhaltensweisen und Ergebnissen des Systemwettbewerbs übereinstimmen.

6.2.7. Systemwettbewerb aus klassisch-evolutionärer Sicht[119]

> *„Die Kartelle können nun in der Tat einen gerechten Preis festsetzen, der nicht höher ist als der bei vollständigem und freiem Wettbewerb und bei Atomisierung des Angebots zsutande gekommene Preis. Allerdings wird in der Praxis der Preis öfters überspannt sein. Denn Kartell ist Einheit, und Einheit ist Macht, und es wäre ein Mangel an Realismus, zu erwarten, daß die Macht nicht mißbraucht würde. Demgegenüber bedeutet der Wettbewerb die Zerteilung der Macht, und das ist sein vorzüglicher Sinn."*
>
> *Oswald von Nell- Breuning*[120]

Die klassisch-evolutionäre Theorie[121] des Systemwettbewerbs betont einerseits die Analogie zum Wettbewerb auf Gütermärkten, auf denen Unternehmer im vorstoßenden oder nachahmenden Wettbewerb auf der Basis konstitutioneller Unwissenheit agieren. Andererseits beachtet sie die Tatsache, daß im Gegensatz zum Güterwettbewerb Unternehmer im politischen Wettbewerb zueinander stehen[122]; Systemwettbewerb ist also ein Mischung aus wirtschaftlichem und politischem Wettbewerb[123]. Es stellt sich deshalb aus polit-ökonomischer Sicht die Frage, inwieweit sich Mustervorhersagen über die Verhaltensweisen in

---

[118]Vgl. ausführlich mit weiteren Literaturhinweisen Tanzi (1996), insbesondere S. 13-14.

[119] Es folgt zunächst eine theoretische Analyse mit illustrativem Bezug auf die Europäische Union, danach im Abschnitt 6.3. und 6.4. eine ausführlichere Analyse der Entwicklung des Systemwettbewerbs innerhalb der EU.

[120] Nell-Breuning/ Sacher (1949), S. 94.

[121] Zum Begriff klassisch-evolutionäre Theorie sei nochmals auf Kapitel 4 verwiesen. North (1992b), S. 30, definiert den Begriff enger, unter Ausschluß der neuen Institutionenökonomie.

[122] Auch die evolutionären Modell bildeten Systemwettbewerb zunächst als Wettbewerb zwischen Regierungen als „black boxes" ab, ohne die Erkenntnisse der Public-Choice-Theorie einzubeziehen; vgl. Kerber/ Vanberg (1994), insb. S. 197. Die Einführung eines politischen Unternehmers (z.B. Kunz (1985), S. 159-162; Mussler/ Wohlgemuth (1994), S. 13-16) und die Disaggregation „der Regierung" erweitern diese Analyse und haben insbesondere wichtige Implikationen für das Wettbewerbsleitbild im Systemwettbewerb; vgl. Daumann (1995), S. 57.

[123] Vgl. dazu Vanberg (1996), insb. S. 89-91.

diesem Wettbewerbsprozeß machen lassen und aus normativer Frage die Sicht, wie Wettbewerbsfreiheit im Systemwettbewerb erhalten werden kann. Letzteres Problem läßt sich auch in die Feststellung umwandeln, daß es a priori kein Wettbewerbssystem für den Systemwettbewerb gibt und deshalb die Erhaltung eines freien Systemwettbewerb eine zentrale Aufgabe der Wirtschaftspolitik bei der Existenz von Faktorwanderungen sein muß[124].

Um auf die Frage nach dem Marktverhalten der Akteure eine Antwort zu geben, müssen zunächst Aussagen über die Marktstruktur gemacht werden[125]. Die Anbieterseite auf dem politischen Markt besteht in der Regel aus einem überschaubaren Kreis an Parteien und Verbänden[126], deren Angebot sich durch zwei Eigenschaften auszeichnet: Es ist oligopolistisch und es ist differenziert, d.h. ein heterogenes Gut[127] bzw. Güterbündel[128].

Da die Anbieter im Systemwettbewerb von einem relativ großen Handlungsspielraum profitieren, können sie versuchen, ihre Wiederwahlrestriktion durch das Ergreifen politischer Harmonisierungsmaßnahmen, die die Bedrohung durch

---

[124] S. dazu unten Abschnitt 6.5.

[125] Dabei ist das Marktverhalten aber nicht als reine mechanische Determinante aus der Marktstruktur zu sehen, denn dann wären Kreativität und unternehmerische Findigkeit verloren; es geht also um Mustervorhersagen für das Marktverhalten.

[126] Für die Verbände mag dies nicht so unmittelbar einsichtig sein wie für die Parteien. Auf dem jeweils relevanten Markt für Regulierungen o.ä. sind aber nur wenige Anbieter tätig, genau wie auf dem Markt für Wahlämter immer nur recht wenige Parteien miteinander konkurrieren bzw. einige wenige marktmächtige, große Parteien mit einer Reihe unbedeutender Parteien konkurrieren.

[127] Vgl. Prosi (1990b), S.77.

[128] Die Tatsache, daß im politischen Wettbewerb zumeist Güterbündel angeboten werden, wird in der Literatur allein im Hinblick auf die Undifferenziertheit der Wahl im Vergleich zum Wettbewerb in Gütermärkten diskutiert (vgl. das Kapitel 3). Sie hat aber auch eine wichtige Implikation für den Systemwettbewerb, denn dort führt sie dazu, daß weder für Anbieter (politische Unternehmer) noch für Nachfrager eine Kosten-Nutzen-Analyse - wie sie etwa die neoklassischen Systemwettbewerbsmodelle abbilden - möglich ist. Die unterschiedlichen Inhalte der von Politikern angebotenen Güterbündel führen nicht nur zu erhöhten Informationskosten (die wieder in einer neo-klassischen Kosten-Nutzen-Rechnung einzuberechnen sind), sondern dazu, daß bestimmte Kombinationen von Gütern überhaupt nicht angeboten werden, also eine Restriktion der Nachfrage stattfindet. Eines der größten Probleme der neo-klassischen Analyse ist die vorgenomme künstliche Aufteilung in einzelne Regulierungen, bei denen die Wirkungen des Systemwettbewerbs untersucht werden. Diese Aufteilung ist einerseits im Sinne der Klarheit über die Ziele der handelnden Akteure geboten, andererseits nur in den seltesten Fällen wirklich gegeben, etwa dann, wenn eine einzelne Politikmaßnahme oder ein einzelnes Politikfeld mit wenigen Interdependenzen zu anderen Bereichen untersucht wird. Gerade für die am meisten diskutierten Probleme des Systemwettbewerbs trifft dies nicht zu, besonders auch nicht für die Wahlhandlungen der Wirtschaftssubjekte bzw. Wähler in diesen Politikbereichen.

„exit" verhindern, zu senken: Politische Kartelle werden gebildet[129]. Wenn die Staaten der EU etwa einen einheitlichen, gleich hohen Mehrwertsteuersatz beschließen, ist einer der Wettbewerbsparameter im Systemwettbewerb ausgeschaltet. Die Analogie zum Kartell im wirtschaftlichen Wettbewerb ist dabei nicht nur eine Metapher, sondern es lassen sich ähnliche Grundstrukturen feststellen[130]. Genauso, wie Unternehmer den wirtschaftlichen Wettbewerb zur Verminderung des Unternehmensrisikos ausschalten, haben Politiker Anreize, das Wiederwahlrisiko durch Harmonisierung zu vermindern[131].

In der wettbewerbspolitischen und industrieökonomischen Diskussion sind die Faktoren, die die Kartellbildung und die Robustheit eines Kartells begünstigen, bekannt[132]. Analog gibt es auch Einflußfaktoren, die die Möglichkeiten zur Kartellbildung im politischen Kartell bestimmen.

Logische Voraussetzung für die Kartellbildung ist eine enge oligopolistische Reaktionsverbundenheit der Kartellteilnehmer[133]. Wenn die Änderungen von Parametern keine Auswirkungen auf das Verhalten der Nachfrageseite und der anderen Anbieter hat, herrscht kein zwischenstaatlicher Systemwettbewerb. Allerdings reicht es, wenn diese Reaktionsverbundenheit in der Perzeption der politischen Akteure vorhanden ist[134], d.h. auch nur vermutete Reaktionen anderer Anbieter im Systemwettbewerb können den Wunsch nach Harmonisierung hervorrufen.

---

[129] Vgl. Prosi (1991c), S. 130.

[130] Die Tatsache, daß der Begriff des Kartells weitgehend metaphorisch genutzt wird (wie etwa bei Schwarz (1996), S. 217; Fels (1997), S. 2), ist vielleicht ein Grund dafür, warum das Wettbewerbssystem für den Systemwettbewerb bisher erst ansatzweise identifiziert werden konnte. Ohne eine Klassifizierung des Kartellverhaltens können auch keine wettbewerbspolitischen Maßnahmen zur Offenhaltung des Systemwettbewerbs gefunden werden.

[131] Für den wirtschaftlichen Wettbewerb vgl. Bernholz (1979), S. 225.

[132] Vgl. hierzu einführend Schmidt (1993), S. 109-113, sowie Ross/ Scherer (1990), Kapitel 7. Während die deutsche ordo-liberale Tradition auf die wohlfahrtsökonomischen Implikationen der Kartellbildung fokussiert war (vgl. Böhm (1980a); Erhard (1992a)), diskutierte die amerikanische Industrieökonomik, ausgehend von Stiglers Einführung der Trittbrettfahrerproblematik in die Kartelltheorie, die Verhandlungs- und Durchsetzungsprobleme von Kartellen; vgl. dazu Stigler (1964) sowie Osborne (1976) und Holahan (1978).

[133] Als Kartellteilnehmer werden hier die Staaten bezeichnet; d.h. natürlich nicht, daß der interne Wettbewerb, der zur Bildung einer Regierung und zur ihrer Meinungsbildung beiträgt, ausgeschaltet ist.

[134] Wegner (1997), S. 11-13, weist auf die unsichere empirische Datenlage zum Systemwettbewerb hin und kommt anhand einer Analyse der Reformen der Niederlande und Neuseelands Anfang der achtziger Jahre zu dem Schluß, daß es sich in beiden Fällen eher um innenpolitischen Wettbewerb als um Systemwettbewerb gehandelt habe. Dennoch würden - z.B. in Deutschland - diese Staaten als Beispiel für Reformen im Systemwettbewerb herangezogen.

Eine zweite Voraussetzung für oligopolistische Koordination ist die Homogenität oder zumindest Substituierbarkeit der angebotenen Güter[135]. Ohne eine Mindesthomogenität der öffentlich angebotenen Güter, z.B. der Regulierungen, ist eine Kartellisierung, die ein gemeinsam festgelegtes Angebot bedeutet, nicht möglich. Daraus läßt sich erklären, warum z.B. in der Europäischen Union eine starke Tendenz zur Einführung von Normierung und Vereinheitlichung von Produktionsbedingungen gegeben ist[136]: Normen oder Mindeststandards und die Vereinheitlichung von Produktionsbedingungen (etwa im sozialen Bereich) entsprechen dem Normen- oder dem Konditionenkartell.

Die Ausschaltung der Wettbewerbsparameter „soziale Standards" oder „Produktionsbedingungen" sind inzwischen ein zentrales Thema des Harmonisierungskartells Europäische Union geworden. Als Begründung wird die Furcht vor einem „race to the bottom" im sozialen Bereich, d.h. einer Anpassung der Arbeits- und Sozialbedingungen an den niedrigstmöglichen Standard (wohlmöglich sogar eine „zero level regulation", d.h. das Fehlen jeglicher Standards) genannt. Dabei wird der Zusammenhang von Sozialstandards, Einkommensniveau und Produktivität allerdings nicht beachtet: Einerseits kann die Nachfrage nach Sozialstandards eine positive Funktion des Einkommens sein, andererseits kann die Produktivität eine positive Funktion bestimmter Sozialstandards sein[137].

Eine dritte Voraussetzung für erfolgreiche Kartellbildung ist die Ähnlichkeit der Kostenverläufe bei den Beteiligten[138]. Wenn die Regierung eines Landes im Systemwettbewerb etwa mit deutlich niedrigeren Kosten öffentlich produzierter Güter (bei vergleichbarem Angebot) und damit mit geringeren Steuersätzen konkurriert und so mobiles Kapital attrahiert, das Wirtschaftswachstum und Arbeitsplätze schafft und so die Wiederwahlrestriktion der Regierung senkt, hat diese Regierung kein Interesse an einem Festschreiben kostenträchtiger Standards (etwa Mindeststandards bei öffentlich produzierten Gütern). Das gleiche gilt für Konditionenvereinbarung im sozialen Bereich. In Europa läßt sich dies zum

---

[135] Sie ist unmittelbar aus der ersten Voraussetzung abzuleiten, da ohne Substituierbarkeit bzw. Homogenität auch keine Reaktion zu erwarten wäre.

[136] Vgl. dazu Knieps (1995), insb. S. 290-291.

[137] Genau wie bei allen anderen Regulationen ist zu erwarten, daß eine Tendenz zur Durchsetzung desjenigen Modells besteht, welches gute Ergebnisse bringt. Insofern ist sogar ein „race to the top" möglich, falls sich eine Institution als klar überlegen herausstellt; vgl. dazu schon früh im Zusammenhang mit der EG-Kartellpolitik Stegemann (1966), S. 74.

[138] Zur Diskussion der Kostenproblematik beim Wettbewerb auf Gütermärkten vgl. Donsimoni (1985), Donsimoni et al. (1986).

Beispiel anhand eines Vergleichs der Politiken derjenigen Staaten sehen, die einen großen Anteil des Staatssektors haben mit denjenigen, wo der Anteil klein ist und viele Güter auch oder ausschließlich privat produziert werden. Letztere können als Außenseiter agieren und von der Verweigerung der Kartellbildung profitieren. Beispielhaft dafür ist die Weigerung Großbritanniens, sich dem Konditionenkartell „Sozialcharta" bei der sozialen Sicherung anzuschließen, da es selber durch die Reform der sozialen Sicherungssysteme andere Kostenverläufe und so ein Interesse an der Einnahme einer Außenseiterposition hatte.

Die Kostenverläufe für das Gut Regulierung in Form von Opportunitätskosten und Transaktionskosten dürften in der Europäischen Union sehr unterschiedlich sein, da sie wesentlich vom Pro-Kopf-Einkommen abhängen. Die Übernahme von Sozialstandards der am höchsten regulierten (und reichsten) Staaten sind deshalb folgerichtig bei den ärmeren Staaten auf Widerstand gestoßen, der durch Seitenzahlung der reicheren Staaten in Form erhöhter Umverteilungsaktivitäten aufgehoben wurde[139].

Markteintrittsbarrieren sind im Systemwettbewerb allein im politischen Bereich gegeben. Die Theorie des Protektionismus befaßt sich damit, aus welchen Gründen Eintrittsbarrieren auf Gütermärkten sowie Einschränkungen der Faktormobilität geschaffen werden[140]. Auch auf dem politischen Markt lassen sich Marktzutrittsbarrieren beobachten, insbesondere beim hochgradig kartellisierten Parteienwettbewerb in vielen westlichen Industriestaaten. Im Systemwettbewerb ist der Neuzutritt von institutionellen Anbietern innerhalb einer Jurisdiktion im Regelfall ausgeschlossen, da staatliche Gebietskörperschaften die Eigenschaft von Gebietsmonopolen haben[141]: die „überlegene Organisationsfähigkeit der Privilegierten"[142] verhindert Marktzutritte. Es wird zu untersuchen sein, inwieweit die Bestreitbarkeit von Gebietsmonopolen möglich ist[143]. Dem Markteintritt im wirtschaftlichen Wettbewerb ist auch der Beitritt zur EU bzw. zum EWR vergleichbar. Wie bei der Lizenzierung kann dabei strategisches Verhalten der Verkäufer der Lizenz (oder im spieltheoretischen Sinn strategisches Verhalten der Insider im Vergleich

---

[139] Auch dieses Ergebnis ist aus der Kartelltheorie des wirtschaftlichen Wettbewerbs bekannt.

[140] Vgl. dazu Freytag (1995a).

[141] In den USA wurden z.B. die sogenannten Local Agency Formation Commissions gebildet, die aus den Vertretern der existierenden Gebietskörperschaften bestehen und die die Bildung neuer, konkurrierender Gebietskörperschaften verhindern sollen; zu diesem typischen Fall von Markteintrittsbarrieren vgl. Bish (1988), S. 358-359.

[142] Popitz (1968), S. 9.

[143] S. dazu Abschnitt 6.6.

zu den Outsidern) erfolgen: Die Schaffung eines „acquis communautaire“, der von Marktneulingen erfüllt werden muß, kann in diesem Fall als Beitritt zum Kartell interpretiert werden.

Wenn innerhalb bestimmter Gebietskörperschaften kein Außenseiterwettbewerb möglich ist, so ist zu fragen, inwieweit die Abwanderung der Nachfrage zu Wettbewerb führen kann. Deshalb ist für die Existenz einer Kartellbildung auch die Elastizität der Marktnachfrage von Bedeutung. Erst die Mobilisierung der Nachfrage über Grenzen hinweg hat zu einer Steigerung des Systemwettbewerbs geführt. Die effektive Beschränkung der Nachfrage auf das Angebot des harmonisierten Marktes ist deshalb einerseits Voraussetzung für das Gelingen, andererseits oft auch Inhalt der Harmonisierung[144].

Die Bedingungen für die Existenz eines Kartells sind in der europäischen Union nach der obigen Analyse gegeben. Welche Verhaltensweisen zeigen sich nun in diesem Kartell?[145].

Ein Unterschied zu den Kartellvereinigungen in der Wirtschaft ist, daß dort bei der Existenz von Kartellgesetzen mit grundsätzlichen Kartellverboten die Instabilität durch die Notwendigkeit der Geheimhaltung erhöht wird. Im Systemwettbewerb sind geheime Absprachen dagegen nur in Ausnahmefällen gegeben. Zu diesen Ausnahmefällen gehört in der EU die Geheimhaltung der Ministerratsprotokolle, die oft widersprüchliche Vereinbarungen gegenüber den offiziellen Verlautbarungen enthalten[146]. Geheime Absprachen sind auch gar nicht nötig, da das bisherige Verfassungsrecht der EU kein generelles Verbot der

---

[144] Diese Unterscheidung wird leichter an einem Beispiel deutlich: Die Entsenderichtlinie, die europäische Mindeststandards in Form des jeweiligen Tariflohns für die Beschäftigung im Bauwesen zum Inhalt hat, führt zur effektiven Beschränkung der Arbeitsnachfrage auf den Bereich der inländischen Arbeitnehmer; die Beschränkung der Nachfrage ist hier also Inhalt der Harmonisierung. Gleichzeitig ist die effektive Beschränkung der Nachfrage auch eine Voraussetzung dafür, daß eine weitergehende Harmonisierung sozialer Maßnahmen überhaupt stattfinden kann.

[145] Es ist zu beachten, daß die EU an sich eher einen Club als ein Kartell darstellt. Die Kartellisierung betrifft nur einzelne Bereiche, deshalb ist es besser, hier von *Kartellen in der EU* zu sprechen. Hier wird wieder die Problematik der Analyse des Güterbündels deutlich, das die Regierungen anbieten, in dem sich gleichzeitig so unterschiedliche Güter wie Harmonisierung in einem Bereich und Freihandel oder Liberalisierung in einem anderen Bereich befinden können.

[146] Vgl. Kapitel 3.

Kartellabsprachen des Ministerrats kennt[147]. Andererseits ist durch die offene Kartellabsprache auch kein „Geheimwettbewerb“ (d.h. das heimliche Unterbieten der Kartellteilnehmer) möglich, wodurch die Stabilität des politischen Kartells noch weiter erhöht wird.

In der EU führt die Offenheit des Kartells auch dazu, daß die Rücksichtnahme auf andere Kartellteilnehmer bei Entscheidungen des Kartells eine wichtige Rolle spielt, insbesondere bei den wichtigsten Mitgliedern des Kartells, Deutschland und Frankreich. So durchbrechen politische Ausnahmen[148] das vereinbarte Regelwerk und so sind politische Interpretationen der europäischen Verträge zu erklären[149]. Bei der Analyse der Wettbewerbsvorgänge in der EU ist diese Rücksichtnahme zwar nicht meßbar, darf aber nicht vernachläßigt werden[150].

Die Tatsache, daß sich die Regulierung in vieler Hinsicht schon in der „Reifephase“ befindet, erhöht die Kollusionsmöglichkeiten innerhalb der schon relativ lange bestehenden EU weiter[151]. Hier ist deutlich ein Unterschied zwischen solchen Regulierungen zu sehen, die schon seit langem bestehen (etwa im sozialen Bereich) und die nach und nach in den „acquis communautaire“ aufgenommen werden, und solchen Regulierungen, die noch in der innovativen Phase sind, wo sich eine Standardisierung noch nicht durchgesetzt hat. Die Standardisierung erfolgt entweder durch Lernprozesse (Imitationsprozesse im Wettbewerb)[152], durch ex-ante-Harmonisierung oder durch eine Mischung aus beidem[153]. Dabei lassen sich - wenn man institutionelle Innovationen, z.B. bei der

---

[147] Das heißt nicht, daß es überhaupt kein Verbot wettbewerbsbeschränkender Maßnahmen gibt, u.a. sind die vier Grundfreiheiten entsprechend zu interpretieren. Vgl. dazu aber weiter unten.

[148] Etwa bei der Subventionierung in den neuen Bundesländern oder des Credit Lyonnais, die eindeutig gegen Regeln der EU verstoßen.

[149] Etwa bei der Interpretation des Schulden - und Defizitkriteriums für die Teilnahme an der Währungsunion.

[150] Ein Beispiel dafür ist die Prüfung der Wirksamkeit von Verfassungsregeln, etwa des Stabilitätspaktes. Es stellt sich die Frage, ob die durch den Stabilitätsrat vorgenommene Prüfung der Erfüllung des Defizitkriteriums nicht zwangsläufig durch die persönlichen und politischen Interessensvermengungen der Mitglieder des Stabilitätsrates entwertet wird.

[151] Dies gilt im wirtschaftlichen Wettbewerb genauso. Ein Grund ist, daß in der Reifephase der Produkte Massenproduktion mit standardisierten Verfahren und homogenisierten Gütern stattfindet; vgl. Schmidt (1993), S. 110.

[152] Ein Beispiel dafür ist die freiwillige Übernahme wesentlicher Politikinstrumente der Bundesbank durch andere europäische Zentralbanken in den achtziger Jahren.

[153] Oft führt gerade eine partielle Imitation von Regeln zum Wunsch einer Totalharmonisierung, da man dadurch bei der Gewißheit politischer Mehrheiten (durch die Regierungen mit schon vereinheitlichten Regeln) Außenseiterkonkurrenz abbauen kann.

Regulierung eines neu entstehenden Marktes wie des Internets, betrachtet - drei Phasen der Regulierung unterscheiden.

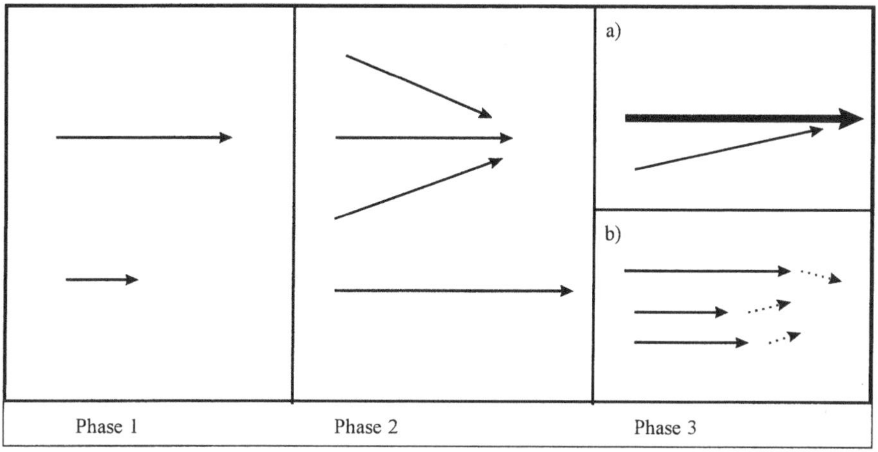

Abb. 6.7 Phasen des Regulierungswettbewerb
Quelle: eigene Erstellung

In der ersten Phase ist entweder keine Regulierung vorhanden oder nur eine partielle Regulierung. Diese Wettbewerbsvorstöße einzelner Länder führen zu Imitationen oder konkurrierenden Innovationen in einer zweiten Phase des institutionellen Wettbewerbs[154]. Dabei hängt die Intensität des Wettbewerbs einerseits mit der Güte der first-mover-regulation zusammen, andererseits mit der Reaktionsstärke der Nachfrager oder Faktoren auf die Regulierung. In der dritten Phase kommt es entweder zur harmonisierten Regulierung (Fall a) oder zu einem Nebeneinander der verschiedenen Regulierungen (nach dem Ursprungslandprinzip), wobei auch dann häufig zumindest der Wunsch nach Kompatibilität zu einer Konvergenz der Regulierungen führt (Fall b).

Die Stabilität des politischen Kartells im Systemwettbewerb ist nicht unbegrenzt; es gibt eine Reihe von Faktoren, die sie erschweren[155]. Der Ausbruch aus dem Kartell durch Außenseiter wurde schon oben als Bedrohung der Kartellstabilität dargestellt. Insbesondere bei einem Erfolg der institutionellen Reformen des Außenseiters ist das Verlassen des Kartells durch weitere bisherige Teilnehmer

---

[154] Das sogenannte „pacesetter phenomenon"; vgl. Shannon (1991), S. 119.
[155] Vgl. für den Bereich des wirtschaftlichen Wettbewerbs Ross/ Scherer (1990), Kapitel 8.

möglich. Im Fall der Europäischen Union kann dabei die Außenseiterkonkurrenz sowohl von einem Teilnehmerstaat kommen (der nur an einem bestimmten Regulierungskartell nicht teilnimmt)[156], aber auch von außerhalb der EU.

Wenn die Außenseiterkonkurrenz die Position der kartellisierten Staaten im Systemwettbewerb bedroht, sind drei Reaktionen möglich: Sind die institutionellen Arrangements des Außenseiters besonders erfolgreich, dann kann eine Übernahme dieser Position durch das bisherige Kartell erfolgen. Dieser Fall ist jedoch eher selten, da er für die Politiker der imitierenden Staaten meist mit dem Verlust bisheriger Umverteilungspositionen (etwa zugunsten von Lobbygruppen) verbunden ist. Die zweite mögliche Strategie ist die vertikale Integration, im Fall der EU die gesamteuropäische Regulierung, auch gegen den Willen des Außenseiterstaates. Dies ist der Fall, wo Mehrheitsentscheidungen in der EU getroffen werden oder wo log-rolling oder Seitenzahlungen in Betracht kommen. Es ist aber auch politische Erpressung unterschiedlichen Ausmaßes möglich. Dies hängt mit der dritten Möglichkeit zusammen, nämlich der Durchsetzung der Kartellverträge gegenüber Insidern durch inneren Kartellzwang und der Verhängung von Sanktionen für Außenseiter (sogenannter äußerer Kartellzwang)[157]. Der innere Kartellzwang wird in der EU bei der Diskussion der Bestrafung sowie Haftbarkeit von Staaten bei Nichteinführung bzw. -durchsetzung von EU-Recht deutlich. Äußerer Kartellzwang („Erpressungen“) sind in der EU durch die gemeinsame Zielsetzung in den meisten Bereichen, den langen Bestand des Kartells inklusive persönlicher Verbundenheiten und das Veto-Recht einzelner Staaten im Ministerrat eher unwahrscheinlich[158]. Weniger schwere Formen des politischen Drucks sind aber an der Tagesordnung; siehe dazu beispielsweise die Diskussion um die Teilnahme Großbritannines am TARGET-Projekt auch bei Nichtteilnahme an der Währungsunion[159].

---

[156] Diese Fälle mögen auf den ersten Blick als weitgehend ausgeschlossen betrachtet werden, da bis auf wenige, abzählbare Beispiele die EU bisher keine opt-out-Klauseln kennt. Wenn man aber neben den offiziellen Harmonisierungskartellen (also den durch EU-Recht abgesicherten Bereichen) auch die *tacit collusion* analysiert, wird die Außenseiterkonkurrenz innerhalb der EU wichtiger. Ein Beispiel dafür ist die derzeitige Diskussion um das „europäische Gesellschaftsmodell“ (s. auch Abschnitt 5.3.5.), das einige Staaten (bzw. Regierungen) im Systemwettbewerb durch die Infragestellung bisher schweigend als staatlich akzeptierter Aufgabenbereiche gefährdet sehen.

[157] Vgl. hier für den Güterwettbewerb Abreu (1984) mit der Diskussion von „optimal penal codes“ im Kartell.

[158] Vgl. aber bereits Machlup (1977), S. 29.

[159] Vgl. zu TARGET Europäisches Währungsinstitut (1997), S. 35-39, insb. S. 38.

Die wichtigste Rolle für die Stabilität eines Kartells spielt die Anzahl und Größenverteilung der Anbieter, wobei ein negativer Zusammenhang zwischen Anzahl der Teilnehmer und Möglichkeiten der Koordinierung besteht. Für die EU ist dies insbesondere im Zusammenhang mit dem Wachstum einer Union von sechs Staaten auf jetzt fünfzehn und - im Verlauf der Osterweiterung - zunächst bis zu 25 Staaten wichtig[160]. Es läßt sich also erwarten, daß eine Veränderung vom engen zum weiten Oligopol auch mit einer Erschwerung der oligopolistischen Koordination verbunden ist. Bereits bei den Süderweiterungen führte die unterschiedliche Wohlstandsposition zu einer Heterogenisierung der Interessenslagen, die durch die Norderweiterung 1995 nochmals zunahm. Andererseits steht dieser Verringerung der Reaktionsverbundenheit die Zunahme der (technischen und institutionellen) Mobilität der Faktoren in einem liberalisierten Wirtschaftsraum entgegen. Ein Nettoeffekt läßt sich dabei nicht analysieren.

Auch die Größenverhältnisse bei den Erweiterungen der EU, die insbesondere bei der Osterweiterung zu einer Zunnahme der Anzahl (wirtschaftlich) kleiner Staaten führt, ist für die Stabilität des Kartells wichtig. Je mehr kleine Staaten mit unterschiedlichen Interessenslagen und heterogenen politischen Angeboten am Systemwettbewerb innerhalb der EU teilnehmen, desto schwieriger wird es für die Marktführer Deutschland und Frankreich, durch Seitenzahlungen oder log-rolling die Koordination zu erzwingen.

Die Marktzutrittsschranken für Außenseiterkonkurrenz außerhalb der EU sind durch internationale Vereinbarungen, insbesondere das GATT und die WTO, geringer geworden[161]. Zwar ist die europäische Handelspolitik keineswegs insgesamt freihandelsorientierter geworden, das Niveau der Zölle ist aber konform zu den GATT Regeln deutlich gesenkt worden. Neue Marktschranken sind im Bereich der nichttarifären Handelshemmnisse entstanden und neue Begründungen protektionistischer Außenhandelspolitik liefert die Anwendung der strategischen Handelspolitik[162]. Der Gesamteffekt ist wiederum nicht meßbar.

Systemwettbewerb tendiert, wie gezeigt werden konnte, zur Kartellbildung und in der Europäischen Union sind die Voraussetzung für diese Kartellisierung gegeben. Das politische Anbieterkartell kann zwar Außenseiterwettbewerb nicht

---

[160] S. dazu ausführlich Kapitel 7.

[161] Der Einfluß des GATT war schon bei der Entstehung von EGKS und EWG wichtig. Allerdings hat sich gezeigt, daß das GATT gegenüber der einheitlich auftretenden EWG weitaus weniger erreichen konnte als gegenüber der erst in der Gründung befindlichen EGKS; vgl. Finger (1993), S. 136-137.

[162] Vgl. Seliger (1997b).

völlig ausschließen und ist aufgrund der unklaren Reaktionsbeziehungen und der Heterogenität der Angebote nur höchst unvollständig, dennoch ist es aufgrund des fehlenden Kartellverbots als stabiles Kartell zu bezeichnen. Es stellt sich also die Frage, welche Folgen die Kartellisierung der Institutionen für den Wirtschaftsprozeß hat.

Zunächst führt Zentralisierung bzw. Harmonisierung dazu, daß eine Reihe unterschiedlicher institutioneller Arrangements zugunsten eines einzigen aufgegeben werden. Statisch wäre das allein optimal, wenn homogene Präferenzen und wirtschaftliche Leistungsfähigkeit der beteiligten Ökonomien gewährleistet sind[163], was - wie oben gezeigt - nicht gegeben ist. Zudem führt auch in der statischen Perspektive die Kartellisierung dazu, daß es zu keinem Ausscheiden dauerhaft leistungsschwacher Anbieter (Politiker) kommt, da harmonisierte Regulierungen die Leistungsschwäche unionsweit festsetzen.

In der dynamischen Perspektive führt eine Vereinheitlichung zu einer Verringerung der Innovationskraft aus zwei Gründen[164]: Einerseits sinken die Anreize für Innovationen, da der Systemwettbewerb, der die Schwächen der bisherigen institutionellen Regelungen aufdeckte und über Faktorwanderung Druck zu ihrer Behebung schaffte, nicht mehr greift. Andererseits wird Innovation teurer, da (im Falle der EU fünfzehn) unterschiedliche „Labors" zum Austesten von Regelungen durch ein einziges ersetzt werden[165]: Dies erhöht die Kosten bei einem Fehlschlag der Innovation (die alle Teilnehmer des Kartells trifft) und zudem die Gefahr einer Verschlechterung des möglichen Entwicklungspfads bei der Auswahl einer unvorteilhaften Regulierung. Damit verschwindet das „Recht der Politiker auf Irrtum": Die höheren Transaktionskosten von politischen Innovationen führen dazu, daß bisher lohnenswerte Innovationen unterbleiben, es kommt zu einer Sklerotisierung des politischen Systems[166].

Harmonisierung bringt also für die Entwicklung integrierter Volkswirtschaften schwere Probleme mit sich, die im Zeitverlauf zunehmend sind und das

---

[163] Vgl. Vaubel (1995a), S. 135-146.

[164] Vgl. Prosi (1991c), S. 130-131.

[165] Baumberger spricht von „Evolutionsdefiziten" durch einen verarmten „genetischen Pool" für institutionelle Innovationen; vgl. Baumberger (1995), S. 173.

[166] Prosi (1972), S. 101, verweist beim Wettbewerb in Märkten auf eine weitere Folge der Konzentration hin, die auch für den Systemwettbewerb entscheidend sein kann: Konzentrierte Märkte tendieren dazu, Innovationen hervorzubringen, die die Konzentration weiter begünstigen. Analog ist es im Systemwettbewerb wahrscheinlich, daß Harmonisierungskartelle wie die EU solche Innovationen hervorbringt, deren Umsetzung nur auf EU-Ebene möglich ist. Es besteht also ein Teufelskreis der zunehmenden Zentralisierung.

wirtschaftliche Potential in seiner Entfaltung hemmen. Deshalb muß die Frage gestellt werden, inwieweit die Schlußfolgerungen der Kartelltheorie bei wirtschaftlichem Wettbewerb (nämlich die Einführung eines Wettbewerbssystems, das die Kartellisierung weitgehend verhindert) auch auf den Systemwettbewerb übertragen werden können. Vor die Erläuterung dieser Frage soll eine Zusammenfassung der empirischen Entwicklung des Systemwettbewerbs in der EU eingeschoben werden.

6.3. Europäische Integration und Systemwettbewerb

> *„Die europäischen Völker sind an einem Wendepunkte angelangt: die Wendung aber wird die europäische Integration sein. Und um diese geht es. Die Nationen sind nicht zu nivellieren, sondern zu integrieren, so daß das ganze vielgestaltige Relief Europas erhalten bleibt."*
>
> *José Ortega y Gasset*[167]

6.3.1. Die Gründungsphase der Europäischen Gemeinschaften

> *„Was wir brauchen, ist nicht ein Planungsprogramm, sondern ein Ordnungsprogramm."*
>
> *Ludwig Erhard*[168]

Die europäische Geschichte hat im Laufe der Jahrhunderte eine Reihe von Idealvorstellungen über eine Einigung der europäischen Staaten hervorgebracht, die entweder kulturell, religiös oder politisch bestimmt waren[169]. Demgegenüber ist die ökonomische Dimension einer europäischen Einigung erst relativ spät diskutiert worden, hat dann aber alle anderen Dimensionen überlagert. Eine der allerersten Überlegungen zur europäischen Integration nach dem Ende des zweiten Weltkriegs, die Züricher Rede von Winston Churchill vom 19. September 1946, enthält mit der Vision von den „Vereinigten Staaten von Europa" bereits ein klares und heute noch vertretenes politisches Leitbild der Integration[170]. Wenn auch das Endziel, nämlich ein europäischer Bundesstaat,

---

[167] Ortega y Gasset (1960), S. 274.

[168] Zitiert nach Hallstein (1973), S. 112. Diese Feststellung Erhards leitete im November 1962 seinen Streit mit dem damaligen Kommissionpräsidenten Hallstein um die Aktionsprogramme der Europäischen Gemeinschaften mit den zentralplanerischen Tendenzen ein.

[169] Vgl. dazu die Dokumentensammlung von Foerster (1963).

[170] Vgl. Churchill (1996), S. 46. Noch 1972 schreibt Pescatore: „Je suis convaincu d'exprimer une conviction commune à tous ceux qui s'occupent de la construction européenne en disant

aufgrund der Widerstände gegen nationalen Souveränitätsverzicht und der Angst vor der zunehmenden europäischen Zentralisierung heute nur noch als vages Fernziel diskutiert wird, ist doch die politische Zielvorstellung der Europäischen Union, eine „immer engere Union der Völker Europas" zu schaffen, weitgehend unumstritten. Drei Argumente werden für diese politische Integration vor allem diskutiert[171]: Die europäische Integration hat Kriege zwischen den (west-)europäischen Nationalstaaten sehr unwahrscheinlich gemacht und dient insofern dem Frieden (Friedensargument). Daneben bedeutet eine Union der europäischen Staaten auch eine größere internationale Macht dieser Staaten, was insbesondere aus Sicht der ehemaligen Kolonialmächten Frankreich und Großbritannien als Ausgleich für die verlorengegangene Machtposition interessant ist (imperiales Argument)[172]. Als drittes politisches Argument wird der Wille zur Einbindung Deutschlands mit seiner wirtschaftlichen und nach der Wiedervereinigung auch politischen Macht durch die kleineren Partner in Europa genannt (Deutschenargument)[173]. Es existieren also verschiedene Begründungen des politisches Leitbild einer Vertiefung der europäischen Integration[174].

Die wirtschaftliche Integration Europas, die den Beginn der heutigen Europäischen Union darstellt, wurde zunächst nur als Vehikel für die wegen der Aufgabe der Souveränitätsrechte als inakzeptabel betrachtete politische Integration benutzt, ohne daß ein einheitliches Leitbild dieser Wirtschaftsintegration vorhanden war[175]. Im folgenden soll untersucht werden, welche Leitbilder der wirtschaftlichen Integration sich bei der Gestaltung des europäischen ordnungspolitischen Rahmens durchsetzen konnten, inwieweit

---

que celle-ci n'a un sens et un dynamisme qu'à la condition d'évoluer vers une plus grande unité politique de l'Europe occidentale."; vgl. Pescatore (1972), S. 28.

171 Vgl. Möschel (1993), S. 23-27. Als ökonomisches Argument benennt Möschel das unten diskutierte Binnenmarktargument, d.h. die Erlangung effizienterer Wirtschaftsstrukturen durch wirtschaftliche Integration.

172 Vgl. für Großbritannien z.B. Johnson (1968), S. 131.

173 Dieses Argument ist politisch meist unausgesprochen. Dennoch wird es von zahlreichen Autoren zitiert, etwa Hrbek/ Wessels (1984), S. 38-41, Vogel (1992), S. 436-437, sowie Kreile (1997), S. 20.

174 Die Existenz eines solchen Leitbildes heißt nicht, daß es keine Widerstände und Ablehnung dagegen gebe. Insbesondere in Zusammenhang mit Brüsseler Zentralismus werden immer wieder Ressentiments gegen dieses Leitbild artikuliert. Die auffälligsten „euro-skeptischen" Bewegungen hängen allerdings nur zum Teil (insbesondere bei den nationalen Regierungen) mit Widerstand gegen politische Integration zusammen, zum Großteil aber auch mit der unten diskutierten wirtschaftlichen Zentralisierung und Aufgabe wirtschaftlicher Souveränitätsrechte.

175 Die Präambel des EGKS-Vertrages nennt die Sicherung des Weltfriedens und die Überwindung der europäischen Rivalitäten der Nationalstaaten als übergreifende Ziele des Vertrags; vgl. Wissenschaftlicher Beirat beim BMWi (1994), S. 2.

dadurch eine europäische Wirtschaftsverfassung entstanden ist und ob diese Wirtschaftsverfassung den Wettbewerb der Systeme ermöglicht[176].

Bereits der Beginn der europäischen wirtschaftlichen Integration zeichnet sich dabei durch eine Dichotomie von Wettbewerbsgedanken und Planungsgedanken aus, die für den ganzen späteren Integrationsprozeß entscheidend ist und der sowohl auf dem Ausgleich unterschiedlicher wirtschaftspolitischer Konzeptionen als auch auf dem Ausgleich wirtschaftlicher mit politischen Zielen im Sinne des „log-rolling“ zu deuten ist[177]. Die erste europäische Gemeinschaft, die EGKS von 1951, ist darin bereits Vorbild für die anderen europäischen Gemeinschaften gewesen[178]. Auf der politischen Ebene gab die Bundesrepublik Deutschland[179] der Hohen Behörde (und damit Frankreich) die Kontrolle über seine Kohle- und Stahlindustrie, wodurch eine Kriegsgefahr zwischen Deutschland und Frankreich deutlich verringert wurde[180]. Dafür wurde Deutschland aber über die EGKS (als noch nicht souveräner Staat) wieder international verhandlungsfähig. Auch organisatorisch ist die EGKS durch das Zusammenspiel intergouvernmentaler (Rat) und supranationaler Elemente (Hohe Behörde und parlamentarische Versammlung) vorbildlich gewesen[181].

---

[176] Die Diskussion ordnungspolitischer Leitbilder der europäischen Integration ist deshalb unerläßlich, weil diese Leitbilder als „modellhafte Rationalisierungen von Ansätzen europapolitischer Praxis“ (Schneider (1992), S. 4) eine Reduzierung der empirisch vorfindbaren Datenfülle und dabei den Blick sowohl auf die vorwärtsgerichteten Visionen (Zielvorstellungen) als auch die Wahrnehmungs- und Deutungsmuster vergangener Europapolitik erlaubt; vgl. Schneider (1992), S. 5. In einer komparativ-statischen Betrachtung kann man den jetzigen Zustand der Integration mit einem Endziel vergleichen (finale Leitbilder), während eine dynamische Analyse die Frage des Endzustands offenläßt und stattdessen den Ordnungsrahmen für den Integrationsprozeß diskutiert; vgl. Wessels (1992), S. 36. Die komparativ-statische Analyse, die ein Endziel nicht nur als Gedankenexperiment beschreibt, sondern als logisches Endergebnis postuliert, ist im Sinne der Hayekschen Theorie eine „Anmaßung von Wissen“, da sie nur unter Ausschluß von (in diesem Fall technisch-wirtschaftlichen und politischen) Innovationen zustandekommt.

[177] Vgl. bereits die frühe Klassifikation in „Planer“ und „Liberale“ bei Beloff (1959), S. 114.

[178] Die EGKS basiert auf dem Schuman-Plan vom 9. Mai 1950; der Wortlaut findet sich in Lecerf (1965), S. 28-31. Bereits 1949 hatte Konrad Adenauer den Vorschlag einer gemeinsamen Verwaltung der Kohle-und Stahlindustrie gemacht; vgl. Zorgbibe (1978), S. 25-26. Zu den Verhandlungen um den Schuman-Plan vgl. Mosler (1966). Zur Geschichte der EGKS vgl. Lecerf (1965), S. 25-48.

[179] Im Folgenden nur kurz Deutschland genannt.

[180] Vgl. Jansen (1975), S. 36.

[181] Einen Überblick über den EGKS-Vertrag gibt Grunwald (1996), S. 54-56; vgl. auch Sannwald/ Stohler (1958), S. 87-93.

Auf der ökonomischen Ebene zeichnet sich der EGKS-Vertrag durch ein Nebeneinander von Bestimmungen aus, die den Wettbewerb sichern sollen (bahnbrechende Artikel zur Fusionskontrolle und zum Subventionsverbot) und solchen, die den integrierten Sektor „Kohle und Stahl“ zum Betätigungsfeld lenkender - und damit nicht mehr marktkonformer - Wirtschaftspolitik machten (Lenkung mittels Höchst- und Mindestpreisen, Mengensteuerung und Investitionslenkung [Art. 54 EGKSV])[182]. Die Orientierung an spezifischen Marktergebnissen, die der Offenheit spontaner Koordinierung als Kennzeichen marktwirtschaftlicher Prozesse widersprach, war von Anfang an umstritten[183]. Die nichtmarktliche Teilintegration mußte notwendigerweise durch die wirtschaftlichen Interdependenzen zu Ergebnissen führen, die entweder eine Aufgabe der Teilintegration oder eine Integration weiterer Sektoren herbeiführte[184]. Diese schon von Ludwig von Mises erkannte Problematik des fortschreitenden Interventionismus[185] führte dazu, daß der Wissenschaftliche Beirat beim Bundeswirtschaftsministerium schon 1953 vor der additiven Integration weiterer Wirtschaftszweige warnte[186]. Zwar ist es zu keiner Abkehr von der sektoralen Teilintegration im Bereich Kohle und Stahl gekommen, aber auch zu keiner fortschreitenden sektoralen Teilintegration (mit Ausnahme der Landwirtschaft). Dementsprechend verlief die ökonomische Entwicklung dieses Sektors äußerst problematisch[187].

Bereits vor der Gründung der Europäischen Gemeinschaften im Jahre 1957 standen sich also Verfechter einer Integration durch Wettbewerb und Verfechter einer Integration durch Harmonisierung und Zentralisierung gegenüber. Beide Strategien sollen im folgenden kurz dargestellt werden[188].

Zu den Vertretern der Integration durch Wettbewerb zählte die deutsche Bundesregierung, deren Wirtschaftsminister Ludwig Erhard die europäische Integration vornehmlich als das „Fallenlassen“ nationaler Regulierung anstelle

---

182 Vgl. Gröner (1993), S. 4-6.

183 Vgl. besonders Röpke (1955).

184 Vgl. zu dieser funktionalistischen Integrationstheorie Abschnitt 2.1. sowie Weidenfeld (1992), S. 15.

185 Vgl. Mises (1981), insb. S. 215-216.

186 Vgl. Wissenschaftlicher Beirat beim BMWi (1955).

187 Vgl. dazu Dicke (1991), S. 169.

188 Zu den Strategien der „Integration durch Wettbewerb“ bzw. „Integration durch Harmonisierung (oder Intervention)“ s. Streit/ Mussler (1995), S. 2-10. Aus Sicht der Theorie des Systemwettbewerbs erscheinen diese beiden Begriffe irreführend, da Harmonisierung bereits eine Strategie im Systemwettbewerb ist. Wegen ihrer Gebräuchlichkeit sollen die Begriffe hier beibehalten werden.

des „Arrangierens", d.h. der Harmonisierung, definierte[189]. Dieses Fallenlassen schloß eine „Harmonie durch Harmonisierung" expressis verbis aus[190]. Dieser Ansatz, der auch „negative Integration" genannt wird[191], sieht den sich entwickelnden Wettbewerb bei Abschaffung nationaler Protektion (zunächst vornehmlich der nationalen Handelsschranken) als Prozeß an, der zu einem völlig integrierten Markt führt, ohne daß die Strukturen und die ökonomischen Ergebnisse dieses Prozesses schon an seinem Anfang bekannt sind. Die interne Liberalisierung der westeuropäischen Volkswirtschaften (insbesondere Deutschlands und Italiens) sowie die mit dem Marshall-Plan beginnende externe Liberalisierung im Rahmen der Organisation für europäische wirtschaftliche Zusammenarbeit (OEEC) und des Allgemeinen Zoll- und Handelsabkommens (GATT) bildeten dafür den Rahmen[192].

Zu den Vertretern der Integration durch Harmonisierung und Intervention gehörte die französische Regierung, die damit ihr ordnungspolitisches Leitbild der „planification" auf den europäischen Integrationsprozeß übertragen wollte[193]. Die Vertreter der „positiven" Integration versuchen, Integration durch die Schaffung neuer Organe und direkte staatliche Eingriffe, also das Ersetzen nationaler Regulierung durch supranationale Regulierung zu erreichen. Der französische Planungs-Generalkommissar Etienne Hirsch sprach von den „französischen Planungsmethoden und ihrer Ausdehnung auf den gemeinsamen Markt"[194]. Dabei ähneln die Ziele der Planung, nämlich sie als „zentrales Instrument der wirtschaftlichen Expansion und des sozialen Fortschritts" zu nutzen, den heutigen Begründungen interventionistischer Maßnahmen in der EU, etwa im Weißbuch „Wachstum, Wettbewerbfähigkeit, Beschäftigung" der EU[195]. Die „planification" als Ordnungsmodell zwischen Marktwirtschaft und Zentralverwaltungswirtschaft wurde im Frankreich der Nachkriegszeit schrittweise ausgebaut und erreichte Ende der 50er Jahre, also während der Begründung der Europäischen Gemeinschaften, ihren Höhepunkt[196]. Bereits 1946 wurde in Frankreich der 1. Wiederaufbauplan der Nachkriegszeit im Konsens liberaler und zentralplanerisch

---

[189] Erhard (1957), S. 329.

[190] Vgl. Erhard (1992b). Erhard schreibt wörtlich: „Der Staat hat die freiheitliche Ordnung zu gewährleisten und zu verteidigen; es ist aber nicht seine Aufgabe, die vermeintliche Harmonie in allen Bereichen behördlich zu manipulieren." Vgl. dazu auch die Anmerkungen von Meyer-Cording (1972).

[191] Vgl. zur positiven versus negativen Integration Pinder (1969), S. 88-110, Machlup (1977), S. 20.

[192] Vgl. Dicke (1991), S. 165.

[193] Vgl. Balassa (1975b), S. 225-229, Dürr (1980), S. 147-149..

[194] Hirsch (1962).

[195] Vgl. Kommission der Europäischen Gemeinschaften (1993), S. 3.

[196] Für eine ausführliche Darstellung vgl. Quinet (1990).

orientierter Politiker unter Jean Monnet beschlossen. In der französischen planification kam dem Staat als „Etat-patron" die Rolle der Lenkung der privaten Wirtschaft über indikative Planung und gleichzeitig als größter Arbeitgeber und Investor zu. Die Ziele des Plans sollen durch die Mitwirkung aller Gruppen erreicht werden (sogenannte économie concertée). Während die indikative Planung für private Unternehmen nur eine Richtschnur darstellte, war sie für Staatsbetriebe bindend. Die Mittel der Planung sind Staatsinvestitionen, Preiskontrollen und Konzentrationsförderung[197].

Die Aufstellung und Kontrolle des Plans obliegt dem „Commissariat du Plan", einer - im Vergleich zu den Planbehörden der sozialistischen Zentralverwaltungswirtschaft - kleinen Behörde mit ungefähr 150 Mitarbeitern. Ihr sind sogenannte Modernisierungskommissionen (Commissions de modernisation) beigeordnet, in denen horizontale Probleme (wie Beschäftigung und Finanzierung) und vertikale (Branchen-) Probleme bearbeitet werden. Ein Wirtschafts- und Sozialrat (Conseil économique et social), in dem Gewerkschaften und Unternehmer vertreten sind, soll die Mitwirkung der Gruppen sicherstellen. Die „Direction de la prévision" ist als Prognoseinstitut für die Erstellung der „grandes options", der großen Planungsleitlinien, verantwortlich, die teilweise einen 20-Jahres-Prognosezeitraum haben. Die französische Regierung erkannte den Widerspruch marktwirtschaftlicher europäischer Integration und interventionistischer planification und forderte deshalb eine „planification européenne", bei der die Gemeinschaft allgemeine Leitlinien aufstellen sollte, die dann in Einzelplänen der nationalen Regierungen umgesetzt werden sollten.

Im organisatorischen Aufbau der europäischen Institutionen finden sich viele Ähnlichkeiten mit der Organisation der planification, u.a. die Errichtung des Wirtschafts- und Sozialrats[198]. Doch Planungsexperimente waren in der Nachkriegszeit nicht nur auf Frankreich beschränkt, sondern wurden auch in Großbritannien[199], Belgien und den Niederlanden durchgeführt[200]. Auch die

---

[197] Vgl. dazu auch das Arbeitsdokument Monnets vom Juni 1950, in dem explizit die interventionistischen Mittel (z.B. der direkte Einfluß auf Preise und Löhne) und die ergebnisorientierte, teleologische Politik (etwa bei den Löhnen) festgeschrieben sind; vgl. Monnet (1980), S. 112-113.

[198] Besonders relevant wird diese Ähnlichkeit bei der Übernahme des Amts des EG-Kommissionspräsidenten durch Jacques Delors, der selber von 1962-1969 in der französischen Planbehörde gearbeitet hatte und die Technik der Prognosen und daraus abgeleiteter wirtschaftspolitischer Interventionen durch Einrichtung einer „Cellule des prospectives" auf EG-Ebene übertrug.

[199] Bailey (1968).

„Globalsteuerung“ Karl Schillers knüpft an die Idee der „économie concertée“ an[201]. Die Möglichkeit einer Globalsteuerung auf europäischer Ebene wurden intensiv diskutiert[202]. Die eher an ordnungspolitischen Grundsätzen orientierte Bundesregierung Ludwig Erhards wurde 1965 von der Kommission der Europäischen Gemeinschaften aufgefordert, ihre konjunkturpolitischen Instrumente zu ergänzen, also eine stärker keynesianisch orientierte Politik zu betreiben[203]. Letztlich scheiterte die keynesianisch orientierte europäische Interventionspolitik aber an nationalen Gegensätzen innerhalb der EG, besonders nach dem Beitritt Großbritanniens, sowie an den auf nationaler Ebene sichtbaren negativen Auswirkungen dieser Politik[204]. Seit Ende der 60er Jahre setzte eine Periode der „deplanification“ ein, da die Ergebnisse der staatlichen Planung nicht befriedigend waren. Dennoch wurde in der „Konvergenzentscheidung“ von 1974 ein System der Konjunktursteuerung in den einzelnen Ländern durch Gemeinschaftsrichtlinien festgelegt, das der französischen indikativen Planung ähnelt[205]. Insgesamt ist der Einfluß des zentralplanerisch ausgerichteten Integrationsleitbildes für die europäische Integration bedeutend[206].

Während die Gründung der EGKS dem Leitbild der Integration durch Harmonisierung entspricht, ist die Gründung der Europäischen Wirtschaftsgemeinschaft von 1957 im wesentlichen durch die Gewährung von vier „Grundfreiheiten“ gekennzeichnet[207], die eine Integration durch verstärkten europäischen Wettbewerb auf den Gütermärkten sichern sollten[208]. Sie entspricht also (mit einigen wichtigen, unten erwähnten Ausnahmen) dem Leitbild der Integration durch Wettbewerb[209]. Kernpunkt war die Gründung einer Zollunion

---

200 Einen Überblick gibt Verloren van Themaat (1970).

201 Vgl. Schiller (1966), Klaus (o.J.), insb. S. 10-11, Tuchtfeld (1981), insb. S. 89-104..

202 Vgl. Groeben/ Mestmäcker (1974), S. 86-92 sowie Kees (1970).

203 Vgl. Groeben (1982), S. 312, FN 57.

204 Vgl. bereits Rohloff (1970), S. 9-10.

205 Zum Erfolg vgl. Padoa-Schioppa (1987), S. 51-52.

206 Vgl. auch Denton (1969).

207 Vgl. den Versuch einer Dogmatik der Grundfreiheiten bei Jarass (1995), zur wirtschaftspolitischen Beurteilung vgl. Groeben/ Mestmäcker (1974), S. 27-45.

208 Zur Entstehung der Europäischen Gemeinschaften vgl. ausführlich Küsters (1982), insb. S. 161-202 und S. 335-424.

209 Die Einrichtung eines Wettbewerbssystems war allerdings nicht das eigentliche Ziel der Errichtung des gemeinsamen Marktes, sondern das Fernziel, das auch in der Präambel des EGV niedergelegt wurde, war die politische Union. Da 1954 sowohl Pläne zur Politischen Union wie zur Europäischen Verteidigungsgemeinschaft (EVG) keine Mehrheit gefunden hatten, versuchte man über das Vehikel des gemeinsamen Marktes ein Zusammenwachsen Europas zu erreichen. Diese instrumentale Sichtweise des Wettbewerbs innerhalb der EG (EU), der wahlweise auch durch andere, z.B. interventionistische oder politische Instrumente ersetzt werden kann, hat sich bis heute erhalten; zur EVG vgl. Zorgbibe (1978), S. 28-33.

mit Gemeinsamen Zolltarifen und gemeinsamer Handelspolitik (Art. 18-29 sowie Art. 110-116 EGV) bei gleichzeitiger Abschaffung der innergemeinschaftlichen Zölle (Art. 12-17 EGV) und Mengenbeschränkungen (Art. 30-37 EGV). Die Zollunion konnte bis 1968 verwirklicht werden. Neben der Freiheit des Güterverkehrs gewährt der EGV auch die Freiheit des Dienstleistungsverkehrs (Art. 59-66 EGV), des Kapitalverkehrs (Art. 67-73 EGV) sowie des Personenverkehrs, d.h. die Freizügigkeit der Arbeitskräfte und die Niederlassungsfreiheit (Art. 48-58 EGV). Damit ist sowohl der Wettbewerb auf den Gütermärkten als auch auf den Faktormärkten, die eine notwendige Bedingung für den Systemwettbewerb sind, gegeben. Allerdings sind diese Grundfreiheiten durch ihre Verankerung im EG-Vertrag noch nicht eindeutig definiert, sondern unterliegen einer wechselhaften Ausdeutung durch europäische Institutionen, insbesondere den Europäischen Gerichtshof[210].

Zur Sicherung des Wettbewerbs im gemeinsamen Markt wurde der EG die Kompetenz für die grenzüberschreitende Wettbewerbspolitik gegeben (Art. 85-94 EGV). Dies ist besonders deshalb wichtig, weil hier auch eine supranationale Beihilfenkontrolle vereinbart wurde, die - bei einer entsprechenden Anwendung - den staatlichen Behinderungswettbewerb durch Subventionen verhindern kann[211]. Gleichzeitig erhielt die EG die Kompetenz zur Angleichung der Rechtsvorschriften im Rahmen des Gemeinsamen Marktes (Art. 100-102 EGV).

Die Errichtung eines Wettbewerbssystem für den gemeinsamen Markt gelang jedoch nur unvollständig. Einerseits wurde die Zollsenkung innerhalb der EG nicht von einem analogen Abbau der nicht-tarifären Handelshemmnisse begleitet. Andererseits führte der EGV selbst bedeutende Ausnahmebereiche von den Wettbewerbsregeln ein: Das war einerseits die weiterhin fortbestehende EGKS und die neugegründete Europäische Atomgemeinschaft Euratom, dann die Verkehrspolitik (Art. 74-84 EGV) und die Gemeinsame Agrarpolitik (Art. 38-47 EGV). Letztere war insbesondere für Frankreich bedeutend, da dort die landwirtschaftliche Bevölkerung ein beachtliches politisches Mobilisierungspotential besaß und deshalb der Wunsch zu einer Umverteilung zugunsten des landwirtschaftlichen Sektors bei französischen Politikern

[210] Vgl. Eberhartinger (1997).

[211] Vgl. ausführlich Steinberger (1994). Kerber (1998), S. 21-22, weist darauf hin, daß der Subventionswettlauf nicht notwendigerweise den Wettbewerb in Gütermärkten verzerrt, sondern alleine den Standortwettbewerb. Wenn eine Region Ansiedlungen mit Subventionen honoriert, dann steht es allen Unternehmen frei, sich um die Ansiedlung in dieser Region zu bemühen. Verzerrungen im Gütermarktwettbewerb ergeben sich nur dann, wenn die Subventionierung in ausgewählten Einzelfällen (etwa nur für nationale Unternehmen) erfolgt.

besonders groß war[212]. Der Wille zu einer weiteren sektoralen Integration war auch der Grund dafür, daß ein Teil der westeuropäischen Staaten unter Führung von Großbritannien, die schon der sektoralen Integration des Montanbereichs skeptisch gegenüberstanden[213], nicht der EG beitraten, sondern 1960 die Europäische Freihandelszone EFTA gründeten.

Die Errichtung eines gemeinsamen Marktes führte in der EG zu der Möglichkeit, Arbitrage durch Standortentscheidungen oder bei der Konsumwahl auszuüben. Die Reaktion der politischen Unternehmer darauf war meist der Versuch, durch Kartellbildung oder die Behinderung des Wettbewerbs den durch den Systemwettbewerb entstandenen Druck abzubauen. Unterschiede in den Verbrauchs- und Umsatzsteuern führten z.B. von Anfang an zu einer Forderung nach der Harmonisierung von Steuersätzen[214]. Auch die Auswirkungen unterschiedlicher Sozialleistungen und eines unterschiedlichen Sozialrechts bei einem gemeinsamen Markt waren umstritten, wobei sich die Alternativen einer Vorabharmonisierung und eines allmählichen Angleichens im Zuge der Integration gegenüberstanden[215].

6.3.2. Die EG zwischen Erweiterung und Stillstand

Mit fortschreitender Zollsenkung und Integration wurde - insbesondere im Wettbewerbsrecht - eine Asymmetrie zugunsten der Europäischen Gemeinschaften deutlich: Während die nationalen Interventionen und Monopole der Wettbewerbskontrolle unterstanden, war die EG selbst bei ihren Interventionen nicht an irgendwelche Beschränkungen gebunden[216]. Das führte zu einer gespaltenen Entwicklung in der EG: Einerseits wurde die Interventionspolitik - insbesondere in der Landwirtschaft - auf zentraler Ebene dauernd verstärkt, andererseits wurde in der Sekundärrechtssprechung des EuGH

---

[212] Vgl. Küsters (1982), S. 347-351.

[213] Vgl. Sahm (1965). Zum Verhältnis Großbritanniens zur EWG vgl. auch Lindemann (1960), S. 397-401.

[214] Vgl. Hallstein 1969), S. 94. Vgl. auch Kommission der Europäischen Gemeinschaften (1964), S. 89.

[215] Vgl. Erhard (1957), S. 311. Erhard weist dabei ausdrücklich darauf hin, daß es nicht nur zu einer Angleichung kommen kann, sondern daß auch der Erhalt der Unterschiedlichkeit der Bedingungen in den einzelnen Ländern eine Bedingung für einen erfolgreichen gemeinsamen Markt ist. Einen Überblick über die europäische Sozialpolitik bis zur EEA findet sich bei Schnorpfeil (1996), S. 105-114.

[216] Vgl. Baumberger (1995), S. 175; vgl. auch Streit (1997), S. 16.

die Stellung des Einzelnen gegenüber nationalen Wettbewerbsbeschränkungen und nichttarifären Handelshemmnissen geklärt und verbessert.

Der Ausbau der zentralen Interventionspolitik betraf zunächst neben dem Montanbereich den Bereich der Landwirtschaft am deutlichsten. Seit den 70er Jahren wurde auch die Struktur- und Regionalpolitik als Betätigungsfeld lenkender Interventionen wichtig, besonders nach der Erweiterung der EG um die strukturschwachen Länder Irland (1973), Griechenland (1981) sowie Spanien und Portugal (1986). Die Begründung der Strukturpolitik, die heute mit einem Anteil von über 30% am EU-Haushalt zu den wichtigsten Politiken der EU gehört, erfolgte auf Grundlage des Art. 235 EGV, der sogenannten „Generalermächtigung“.

Die Einführung immer neuer Kompetenzen für die zentrale Ebene, die meistens die Stärkung des Wettbewerbs durch staatliche Subventionsprogramme konterkarierten oder die die Durchführung zentralgeplanter Aktionen zur Erhöhung der wirtschaftlichen Effizienz bei „Versagen“ der Marktkräfte erlauben sollte, war eine in den 70er Jahren häufig erhobene Forderung. Die Ausstattung der EU mit Kompetenzen nach einem Katalog (Enumerationsprinzip) machte dies allerdings nur auf dem aufwendigen Weg über eine Änderung der europäischen Verträge möglich. Um dies zu umgehen, wurde immer wieder die sogenannte Generalermächtigung des Artikel 235 EG-Vertrag angewendet. Nach dieser Formel kann die Gemeinschaft im Rahmen des Gemeinsamen Marktes tätig werden, um eines ihrer Ziele zu erreichen, auch wenn sie dazu keine ausdrücklichen Befugnisse hat. Da die Ziele sehr weit gefaßt sind[217], wurde der Art. 235 EG-Vertrag „exorbitant“[218] genutzt. Das Beispiel der Regionalpolitik, die hauptsächlich zur Bedienung von *special (regional) interests* dient, macht deutlich, wie weit diese Ermächtigung gefaßt ist[219]. Allein bis 1980 wurde der Art. 235 EG-Vertrag fast 200 mal als Grundlage für die Beanspruchung einer Gemeinschaftskompetenz genutzt[220], meist bei sogenannten flankierenden Politik zum Binnenmarkt[221].

---

[217] Die in der Präambel des EG-Vertrages formulierten Ziele umfassen sämtliche denkbaren wirtschaftspolitischen Maßnahmen.
[218] Kaiser (1980), S. 118.
[219] Erst mit Inkrafttreten der EEA im Jahr 1987 wurde die Regionalpolitik explizit im EGV erwähnt.
[220] Von Inkrafttreten des EWG-Vertrages bis 1973 wurden 35 Maßnahmen damit begründet, von 1973 bis 1980 schon 150 Maßnahmen; vgl. Lachmann (1981), S. 447-448.
[221] Vgl. Lauwaars (1976).

Dabei wurden auch in Politikfeldern wie dem Arbeitsrecht auf Grundlage des Art. 235 entschieden, wo ein Zusammenhang mit dem Ziel des Binnenmarktes kaum zu erkennen ist[222].

Jahr	Gebrauch von Art. 235	Jahr	Gebrauch von Art. 235	Jahr	Gebrauch von Art. 235
1972	2	1980	23	1988	30
1973	10	1981	38	1989	30
1974	8	1982	40	1990	39
1975	26	1983	34	1991	41
1976	15	1984	39	1992	34
1977	22	1985	38	1993	24
1978	29	1986	37	1994	24
1979	27	1987	23	1995	18

Tab. 6.4 Gebrauch des Art. 235 EG-Vertrag 1972-1995
Quelle: o.V., European Voice vom 6.3.1997, S. 11

Die Legitimationsprobleme zentraler Eingriffe wurden besonders 1965 deutlich, als Frankreich die vertragsgemäße Einführung von Mehrheitsentscheidungen in der Agrarpolitik durch die Politik des leeren Stuhls solange blockierte, bis im Luxemburger Kompromiß jedem Staat bei nationalem Interesse ein Veto eingeräumt wurde[223]. Die Einschränkung der zentralen Interventionstätigkeit wurde erst seit den 80er Jahren diskutiert (vgl. oben die Diskussion des Subsidiaritätsprinzips).

Neben der ausschließlichen Zuständigkeit der EG im Montan- und Agrarbereich wurde auch im Binnenmarktbereich zunächst versucht, durch eine Standardisierung der wichtigsten politischen Wettbewerbsparameter ein „level playing field" zu schaffen. Diese Parameter wurden als „Wettbewerbsverfälschungen" gesehen[224], die durch die Rechtsangleichung verschwinden sollten[225]. Bei der Umsetzung der Rechtsangleichung hatte die EG die Möglichkeit, durch den Erlaß von Richtlinien (die von den Nationalstaaten in

---

[222] Vgl. Konzen (1995), S. 41.
[223] Vgl. auch Kapitel 3.
[224] Vgl. z.B. Groeben (1982), S. 296. Vgl. auch Hallstein (1969), S. 102, der allerdings schon auf die Möglichkeit der gegenseitigen Anerkennung von Regeln hinweist.
[225] Vgl. zur Rechtsangleichung in der EWG Verloren van Themaat (1965) sowie Schwartz (1966).

nationales Recht umgesetzt werden müssen) anstelle von Verordnungen zumindest bei der administrativen Umsetzung gewisse Unterschiede zuzulassen[226]. Systemwettbewerb war damit aber kaum möglich gemacht. Die Rechtsangleichung betraf etwa Lebensmittel- und Veterinärrecht sowie Vorschriften, die die Qualität, Zusammensetzung, Verpackung, Kennzeichung und Kontrolle von Erzeugnissen betrafen. Doch auch Beschränkungen von Niederlassungsfreiheit, Dienstleistungs- und Kapitalverkehr sollten durch gemeinsame Regelungen ersetzt werden[227]. Diese Art der Integration erwies sich allerdings als zeitraubend und (politisch und wirtschaftlich) kostspielig. Zudem tauchte das Problem auf, daß die Vereinheitlichung der Regeln (d.h. die Außerkraftsetzung des Systemwettbewerbs) nur dann Vorteile bringen würde, wenn die bestmögliche Regelung für das gesamte Integrationsgebiet gleich wäre, sie bekannt wäre und keinen dynamischen Änderungen unterliege[228]. Ein weiteres Problem war, daß eine Trennung von protektionistischen Regelungen, die heimische Industriezweige schützen sollten, und solchen, die dem Verbraucherschutz dienten (und die damit tendenziell auch auf EG-Ebene Bestand haben sollten) nicht möglich war.

Dort, wo die EG keine gemeinsame Regelung erreicht hatte, wurden die wirtschaftlichen Grundfreiheiten durch eine Vielzahl von nichttarifären Handelshemmnissen eingeschränkt[229]. Wenn das Gebot der Gleichbehandlung von Inländern und Ausländern durch nationale Gesetze eingehalten wurde (Diskriminierungsverbot), hatten auch solche Regelungen Bestand, die de facto zu einer Protektion der heimischen Industrie führten. Damit war der Behinderungswettbewerb durch nationale Regulierung weiterhin möglich.

In der Folgezeit gab es deshalb immer wieder Klagen über die Diskriminierung ausländischer Anbieter durch nichttarifäre Handelshemmnisse[230]. Im EG-Vertrag ist in den Art. 30-37 nicht nur die Beseitigung aller mengenmäßigen Beschränkungen zwischen den Mitgliedstaaten geregelt, sondern auch die Diskriminierung durch „Maßnahmen gleicher Wirkungen“ verboten (Art. 30 EGV). Darauf basierend wurde der Fortbestand der nationalen Protektionismen allerdings durch die Rechtssprechung des Europäischen Gerichtshofes mehrfach eingeschränkt[231]: 1974 definierte der EuGH die „Maßnahmen gleicher Wirkung“ des Art. 30 EGV als „[j]ede Handelsregelung der Mitgliedstaaten, die geeignet

[226] Vgl. ausführlich Schuster (1977), S. 3-75.
[227] Vgl. den Überblick bei Kommission der Europäischen Gemeinschaften (1970).
[228] Vgl. schon Groeben/ Mestmäcker (1974), S. 65.
[229] Vgl. Liesner (1969), Tsoukalis (1993), S. 77-87, sowie ausführlich Tigges (1991).
[230] Vgl. Barents (1981), S. 304-305, mit Fallbeispielen.
[231] Vgl. Becker (1994).

ist, den innergemeinschaftlichen Handel unmittelbar oder mittelbar, tatsächlich oder potentiell zu behindern...“[232]. Damit war ein prinzipielles Verbot jeglicher Beschränkungen des zwischenstaatlichen Handels ausgesprochen, das auch für nichttarifäre Hemmnisse galt[233]. Die weite Fassung der „Dassonville“-Formulierung führte allerdings zu Unsicherheit darüber, welchen Spielraum es für unterschiedliche nationale Regelungen überhaupt geben sollte, da fast jede national abweichende Regelung aus Sicht des exportierenden Landes als Handelshemmnis interpretiert werden kann[234].

In der Entscheidung zum Streit um die Einführung von französischem „Cassis de Dijon“ mit niedrigem Alkoholgehalt nach Deutschland präzisierte der EuGH dann das Ursprungslandprinzip, nach dem eine Ware, die in einem Mitgliedstaat rechtmäßig in Verkehr gebracht wurde, in allen anderen Mitgliedstaaten ebenfalls ohne Behinderungen handelbar sein müsse[235]. Damit ist eine für den Systemwettbewerb entscheidende Abkehr von der Möglichkeit nationaler Protektion durch Regulierungen erfolgt: Wenn rechtskräftig in Verkehr gebrachte Waren eines Landes in allen anderen Ländern der Gemeinschaft handelbar sind, dann ist die Möglichkeit für Arbitrage durch Verbraucher wieder gegeben und gleichzeitig der Druck des Systemwettbewerbs, der zu Innovationen oder Imitationen anreizt, erhalten. Das Ursprungslandprinzip führt also zu einer Auswahl von Regulierungen durch die Konsumwahl, bei der diejenigen Regulierungen entdeckt werden, die am ehesten den Präferenzen der Bürger im gemeinsamen Markt entsprechen[236].

Dies führt dazu, daß Hersteller im Inland möglicherweise unter höheren Schutzniveaus als im Ausland produzieren mußten und so eine „Inländerdiskriminierung“ beklagten[237]. Das „Cassis de Dijon“-Urteil enthält deshalb eine Einschränkung betreffs sogenannter „zwingender Erfordernisse“ der nationalen Regulierungen, um eine wirksame steuerliche Kontrolle, den Schutz der öffentlichen Gesundheit, die Lauterkeit des Handelsverkehrs und den Verbraucherschutz weiterhin zu ermöglichen. Diese Ausnahmeregelung muß sich aber am Grundsatz der Verhältnismäßigkeit orientieren.

Die Auslegung der „zwingenden Erfordernisse“ eines Mitgliedstaates blieb ein Problem der Binnenmarktrechtsprechung und setzte den EuGH unter politischen

---

[232] EuGH (1974).
[233] Vgl. Dichtl (1990), S. 20-21, sowie Meij/ Winter (1976), S. 97-102.
[234] Vgl. White (1989), S. 279.
[235] Vgl. EuGH (1979).
[236] Vgl. Unternehmerinstitut (1994), S. 21.
[237] Vgl. Nicolaysen (1991) sowie Lackhoff/ Raczinski (1997).

Druck, Protektionionsmöglichkeiten nicht völlig abzuschaffen. In der sogenannten „Keck"-Entscheidung von 1994 wurde deshalb unterschieden zwischen Produktregelungen (z.B. Regelungen über Bezeichnungen, Form, Abmessungen, Gewicht, Zusammensetzung, Aufmachung, Etikettierung und Verpackung) , die im Sinne des „Cassis de Dijon"-Urteils zu den Maßnahmen gleicher Wirkung zählen und „sonstigen Verkaufsmodalitäten" (etwa dem Verbot des Sonntagsverkaufs), die weiterhin von Land zu Land unterschiedlich geregelt sein können und allein dem Gebot der Inländerbehandlung (Diskriminierungsverbot) genügen müssen[238]. Diese zunächst willkürlich erscheinende Abgrenzung ist aus Sicht des Systemwettbewerbs deshalb wünschenswert, weil ansonsten, wenn jede national unterschiedliche Regulierung ein Hindernis für ausländische Exporteure darstellt, eine völlige Angleichung der Regulierungen erfolgen müßte, dann also trotz Ursprungslandprinzip der Systemwettbewerb seinen Sinn verlöre[239]. Insgesamt haben die drei Urteile zum Binnenmarkt eine steigende Rechtssicherheit sowie eine Zunahme des Systemwettbewerbs im Warenverkehr ermöglicht, ohne daß schon jetzt alle Regulierungen mit protektionistischen Wirkungen verschwunden sind[240].

Die Rechtsprechung des EuGH zugunsten des Ursprungslandprinzips entsprach einem Scheitern des Versuchs der administrativen Vorabharmonisierung, die bis zu Beginn der 80er Jahre Leitbild der Rechtsetzung in der EG war[241]. Der Versuch, bei der Rechtsangleichung aus verschiedenen, häufig nur aufgrund einer Rechtstradition verständlichen Normen eine einheitliche, „beste" Norm zu machen, erwies sich als zu kostspielig[242]. Bis Ende 1983 waren z.B. 158 Direktiven zur technischen Standardisierung einstimmig vom Ministerrat der EG erlassen worden; dem standen allein 23000 deutsche DIN-Normen gegenüber[243]. Die Erweiterungen der EG von 1973 sowie 1981 und 1986 führten dazu, daß die Bandbreite zwischen freihändlerisch und protektionistisch orientierten Leitbildern der Wirtschaftspolitik noch größer wurde als in der ursprünglichen Gemeinschaft.

---

[238] Vgl. Roth (1995), S. 86-87.

[239] Zudem ergeben sich in der praktischen Anwendung nach dem „Keck"-Urteil kaum Abweichungen gegenüber Rechtssprechungen nach der „Dassonville"-Formel; vgl. Weyer (1994), S. 94. Allerdings führt Lüder (1996) einige Widersprüche des Keck-Urteils zu anderen vor dem EuGH verhandelten Fällen auf.

[240] Vgl. Koenig/ Sander (1996). Zu einigen weiteren Fällen, u.a. dem Bosnan-Urteil, s. Weatherill (1996).

[241] In der ausführlichen Studie von Schmeder (1978), die sich mit allen Aspekten der technischen, wirtschaftlichen und politischen Rechtsangleichung befaßt, findet sich kein einziger Hinweis auf die Möglichkeit der gegenseitigen Anerkennung von Normen.

[242] Vgl. Tsoukalis (1993), S. 141; Ehlermann (1995), S. 18.

[243] Vgl. Padoa-Schioppa et al. (1987), S. 35-36.

Auch die wirtschaftlichen Schwierigkeiten der 70er Jahre, bedingt durch die Ölpreiskrisen und insbesondere das Scheitern des Werner-Planes zur Währungsunion sowie die Probleme im EWS machten die Koordination innerhalb der EG schwieriger. Auf makroökonomischer Ebene zeigte sich, daß eine wirtschaftspolitische Koordination nicht möglich war. Seit den 60er Jahren war es zudem parallel zu den Zollsenkungen und der Schaffung der Zollunion zu einem steigenden Protektionismus durch nichttarifäre Handelshemmnisse gekommen[244], der nach den Ölschocks nochmals an Bedeutung zunahm[245].

6.3.3. Vom Binnenmarktprogramm bis zu den Beschlüssen von Maastricht

Zu Beginn der 80er Jahre war die EG deshalb von dem Ziel eines gemeinsamen Marktes noch weit entfernt. Verteilungskämpfe und Diskussionen über das EG-Budget, die Dauerkrise der gemeinsamen Agrarpolitik sowie das Scheitern der Währungsintegration machten die geographisch gewachsene EG handlungsunfähig[246]. Das Weißbuch „Vollendung des Binnenmarktes" von 1985 sollte in dieser Situation nicht nur ökonomische, sondern auch politische Impulse geben[247]. Für den Systemwettbewerb innerhalb der EG hatte dieses Weißbuch wichtige Auswirkungen[248]: Insgesamt 279 Vorschläge wurden gemacht, die zum Verschwinden nichttarifärer Handelshemmnisse, nationaler Protektion und Grenzkontrollen führen sollten[249]. Regionale und nationale Importquoten sowie zahlungsbilanzbedingte Quoten sollten wegfallen (§ 35 bzw. § 37)[250], die gemeinsame Agrarpolitik sollte so geändert werden, daß keine Grenzkontrollen mehr nötig sind (§ 38), das Transportwesen sollte dereguliert werden (§ 44 sowie § 109), Finanzdienstleistungen sollten dereguliert werden (§ 102 und § 103). Normen betreffs Sicherheit und Gesundheit sollten bei einer weitgehenden Anwendung des Ursprungslandprinzips (§ 58; § 77) harmonisiert werden können (§ 65), ausländische Unternehmen sollten im öffentlichen Auftragswesen faktisch

---

[244] Vgl. Hansen et al. (1991), S. 45.
[245] Vgl. Mette (1994), S. 22.
[246] Pelkmans (1989) zeigt den Zusammenhang der Einführung des EWS nach dem Scheitern der Währungsintegration mit nationaler Protektion.
[247] „Genauso wie die Zollunion der wirtschaftlichen Integration vorangehen mußte, muß auch die Wirtschaftsintegration der europäischen Einheit vorangehen."; Kommission der Europäischen Gemeinschaften (1985), S. 52.
[248] Vgl. Giersch (1987), S. 13-16. Giersch weist allerdings auch auf die Kritikpunkte am Weißbuch hin, die bis heute Probleme bei der Integration aufwerfen, nämlich die Normung, die Industriepolitik sowie die Harmonisierungswünsche bei Steuern.
[249] Zum Überblick vgl. Hansen et al. (1991), S. 47-49.
[250] Die Paragraphen im folgenden beziehen sich auf das Weißbuch.

nicht mehr diskriminiert werden (§ 85), die Freizügigkeit aller Berufsgruppen gewährleistet sein (§ 91) und alle Grenzkontrollen bis 1992 wegfallen (§ 1; § 27).

Da nach Schätzungen von Mattera etwa 80% der Handelshemmnisse innerhalb der EG durch nationale Regulierung bedingt war[251], war die Durchsetzung des Ursprungslandprinzips und das Verschwinden der Quotierungen besonders wichtig für die Ermöglichung von Wettbewerb innerhalb der EG. Dementsprechend optimistisch waren die Untersuchungen über die ökonomischen Folgen der Vollendung des Binnenmarktes: Man erwartete eine Steigerung des EU-BIP um 4,25 bis 6,4% (das waren 1988 etwa 350-500 Mrd. DM) sowie eine spürbare Senkung von Arbeitslosigkeit und Inflation[252].

Im Binnenmarktweißbuch wird die gegenseitige Anerkennung von Normen bei der Möglichkeit einer Mindestharmonisierung aus Verbraucherschutzgründen nur dort, wo das „unerläßlich" sei, als „neuer Ansatz" der EG bezeichnet[253]. Technische Organisationen wie das CEN (Comité Européen de Normalisation) und CENELEC (Comité Européen de Normalisation Electronique) sollten bei ihren Aufgaben gestärkt werden. Dieser neue Ansatz würde - konsequent durchgeführt - den Systemwettbewerb innerhalb der EU ermöglichen, dadurch daß er die nationalen Spielräume zu protektionistischen Maßnahmen stark einschränkt[254].

Obwohl das Binnenmarktprogramm auch in den folgenden Jahren aktuell blieb, verschob sich das Augenmerk der europäischen Institutionen bereits mit der Einheitlichen Europäischen Akte (EEA) von 1986, die 1987 in Kraft trat, wieder

---

[251] Vgl. Mattera (1988), S. 270.

[252] Diese Zahl nennt der „Ceccini"-Report; vgl. Ceccini et al. (1988), 15-18. Der Ceccini-Report basiert auf der Studie von Emerson et al. (1988). Vgl. auch die Schätzung bei Harrop (1989), S. 53. Allerdings weist Franzmeyer darauf hin, daß die Schätzungen des Ceccini-Reports von unrealistischen Annahmen ausgehen; vgl. Franzmeyer (1989), S. 314. Einen Überblick mit weiteren Literaturhinweisen gibt Welfens (1997), S. 295-296.

[253] Europäische Gemeinschaften (1995); vgl. dazu Pelkmans (1987) sowie Tsoukalis (1993), S. 141-147. Allerdings ist dieser neue Ansatz schon Anfang der 80er Jahre entstanden; vgl. Padoa-Schioppa et al. (1987), S. 36.

[254] Vgl. allerdings einschränkend Streit/ Mussler (1995), S. 16-17 und die dort angegebene Literatur: Wenn die nationalen Regulierungen im Kern gleichwertig sind, dann ist auch eine Mindestharmonisierung, wie sie der EG-Kommission vorschwebte, überflüssig. Insbesondere ist auch fraglich, ob eine - statisch vielleicht zu rechtfertigende - Sockelharmonisierung nicht dynamisch problematisch ist, da sie den Einsatz völlig andersartiger Alternativen umso mehr behindert, je höher der harmonisierte Sockel ist.

zugunsten der Harmonisierung[255]. Dies läßt sich mit dem Kompromißcharakter erklären, den das Binnenmarktprogramms aufgrund der unterschiedlichen politischen und wirtschaftspolitischen Vorstellungen der EG-Mitgliedsstaaten notwendigerweise annehmen mußte und der zu einer Vielzahl teilweise widersprüchlicher Regelungen in der EEA führte[256]. Während Großbritannien den Aspekt der Marktintegration (negativen Integration) in den Vordergrund stellte[257], wurde in Frankreich der Binnenmarkt nur dann als tolerierbar angesehen, wenn er auch entsprechende Schritte der Politikintegration, d.h. der Politikharmonisierung, mit sich brächte[258]. Dazu gehörte u.a. der Wunsch nach einer harmonisierten Technologiepolitik, Sozialpolitik, Koordination der Geld- und Währungspolitik sowie Umweltpolitik[259].

Die Kritik an der ausufernden Benutzung des Artikel 235 EGV (Ermächtigungsartikel)[260] führte dazu, daß die EEA in vielen Fällen mittels einer Vertragsänderung die Schaffung einer regulären europäischen Kompetenz erreichte, u.a. beim Umweltschutz. Letzteres ist deshalb bedeutsam, weil damit erstmals eine Kompetenz für ein Ziel in den Vertrag aufgenommen wurde, das nichts mit dem Binnenmarkt zu tun hat und auch rein nationale Regulierungstatbestände umfassen kann. Damit wird der Systemwettbewerb in diesen Bereichen zumindest potentiell durch europäische Regulierung verhindert.

Die EEA, die auch Änderungen des EWGV mit dem Ziel der Vorbereitung auf den gemeinsamen Markt enthält, fügt mit Art. 100a einen Artikel ein, der die Ermächtigung für die EG enthält, mit Mehrheitsentscheidung Richtlinien für die Angleichung der Regeln zu erlassen, die die Errichtung und das Funktionieren des Binnenmarktes zum Gegenstand haben[261]. Während bereits vorher ein ähnlich lautender Artikel 100 Gültigkeit hatte[262], handelt es sich inhaltlich doch um eine deutliche Erweiterung des Ermessensspielraums, besonders wegen der Abkehr

---

[255] Vgl. Streit/ Mussler (1995), S. 17-20, sowie ausführlich Müller-Graf (1989), S. 120-150, mit einem Vergleich von Binnenmarktprogramm und EEA.
[256] Für einen Überblick vgl. ausführlich Glaesner (1986).
[257] Vgl. Mette (1994), S. 29-30.
[258] Vgl. ebda (1994), S. 30-32.
[259] Vgl. ebda (1994), S. 31-32.
[260] S. bereits Lachmann (1981).
[261] Von der Mehrheitsentscheidung ausgenommen bleiben Entscheidungen über Sozialpolitik, Freizügigkeit und Steuerpoltik. Deshalb wurde die EEA von Verfechtern der Bildung eines europäischen Staatenverbundes als nicht weitgehend genug kritisiert; vgl. Pescatore (1986), S. 168-169.
[262] Laut Artikel 100 konnte die Gemeinschaft einstimmig solche Maßnahmen erlassen, die sich unmittelbar auf die Errichtung oder das Funktionieren des Binnenmarktes auswirken.

vom Einstimmigkeitsprinzip. Die Angleichung, also Harmonisierung von Vorschriften steht in der EEA eindeutig gegenüber dem Regulierungswettbewerb im Vordergrund. Deutlich wird dies im neu eingefügten Art. 100 a, Absatz (3) EGV: Die Kommission soll danach bei ihren Vorschlägen zur Angleichung der für den Binnenmarkt erforderlichen Rechtsvorschriften in den Bereichen Gesundheit, Sicherheit, Umweltschutz und Verbraucherschutz von einem hohen Schutzniveau ausgehen. Gleichzeitig wird einzelnen Staaten ermöglicht, ein höheres Schutzniveau als das harmonisierte beizubehalten (Absatz 4). Es handelt sich also nicht um das Modell einer „Sockelharmonisierung", die Spielraum für weiteren Systemwettbewerb läßt, sondern um die Angleichung auf hohem Niveau, wobei letztlich jede einzelstaatliche Maßnahme, die ein höheres als das harmonisierte Schutzniveau enthält, letztlich wieder zu einer Initiative der Kommission für ein höheres harmonisiertes Schutzniveau führen müßte, da man sich ja zur Einhaltung eines hohen Niveaus verpflichtet hat. Die Kennzeichen eines „hohen Niveaus" werden durch die EEA nicht näher konkretisiert, was dazu führt, daß letztlich jeder Vorschlag zur Harmonisierung begründbar ist, sofern er nur ein höheres Schutzniveau als in einem der fünfzehn Mitgliedsstaaten der EU enthält[263].

Eine Ausdifferenzierung der Regulierung gemäß den Präferenzen der Bevölkerung, gemäß kulturellen oder wirtschaftlichen Unterschieden wird dadurch nur noch schwer möglich. Besonders problematisch ist, daß es - da es sich um EU-weite Regelungen handelt und somit keine Diskriminierung eines Staates vorliegt - nicht möglich ist, mit Berufung auf das Ursprungslandprinzip eine ausufernde Auslegung des Art. 100a, Absatz (3), zu verhindern. Die Gewährung neuer Kompetenzen in der EEA, insbesondere im Umweltschutz, führte zudem dazu, daß weit mehr Bereiche als vorher Tätigkeitsfeld der Gemeinschaft wurden und es so potentiell zu einer Harmonisierung von Regeln in diesen Bereichen kommen konnte. Die Einführung von einer Art Subsidiaritätsprinzips im Art. 130r[264] wird durch die generelle Festlegung auf ein hohes Schutzniveau konterkariert.

Insgesamt beginnt mit der EEA wieder eine Periode der verstärkten Harmonisierung. Zwar wird bei technischen Detailfragen eine gegenseitige

---

263 Zur Problematik solcher Mindeststandards vgl. auch die Diskussion der Bestimmungen zu den öffentlichen Dienstleistungen in Abschnitt 5.3.5.

264 Die Gemeinschaft muß die Vor- und Nachteile ihres Tätigwerdens abwägen und die unterschiedlichen Gegebenheiten der einzelnen Länder berücksichtigen. Zudem haben die Staaten die Möglichkeit, aus wirtschaftlichen oder anderen Erwägungen auf die Einführung gemeinsamer Maßnahmen zu verzichten. Zur weiteren Diskussion des Subsidiaritätsprinzips vgl. Abschnitt 5.3.

Anerkennung von Normen die Regel. In anderen Gebieten, z.B. im Umweltschutz und in der Sozialpolitik, wird aber mit wichtigen Harmonisierungsvorhaben begonnen. Die europäische Sozialpolitik, die seit der Gründung der EG nur ein Schattendasein geführt hatte, ist eines der für die Harmonisierung ausgesuchten Gebiete. Allerdings scheitern die Vereinheitlichungsversuche bis 1997 weitgehend an der Weigerung der britischen konservativen Regierung, die sogennante „Gemeinschaftscharta der Sozialen Grundrechte der Arbeitnehmer" von 1989 zu unterzeichnen[265].

Die makroökonomische Koordinierung wird erneut mit dem sogenannten „Delors-Report" aktuell: Unter dem Vorsitz von Kommissionspräsident Jacques Delors untersuchte seit der Tagung des Europäischen Rates in Hannover im Juni 1988 eine Kommission die Möglichkeit, die Anfang der 70er Jahre gescheiterte Wirtschafts- und Währungsunion wieder aufzugreifen. Das Ziel der Schaffung einer Währungsunion war bereits in der Präambel der EEA enthalten gewesen. Dem Binnenmarktprojekt (d.h. der freien Güter- und Faktormobilität) sollte damit eine „intensivere und effektivere Politikkoordination" gegenübergestellt werden, die zu einer größeren Konvergenz der ökonomischen Ergebnisse führen sollte[266].

Die verstärkte politische Koordination führte auch zum erneuten Einsatz nichttarifärer Handelshemmnisse als Mittel der Handelspolitik, wie man an dem starken Anstieg der Drittländern aufgezwungenen „freiwilligen" Selbstbeschränkungsabkommen (vgl. Tabelle 6.5.) sehen kann. Dieses Mittel der Handelspolitik war zwar nicht nur auf die EU beschränkt, die EU setzte sie aber bei weitem am konsequentesten ein, um ihre Märkte abzuschotten. Der 1989 von Delors vorgelegte Bericht führte zum Beschluß der ersten Stufe einer Währungsunion ab 1990, in der der Kapitalverkehr - wie bereits in der EEA vorgesehen - mit wenigen Ausnahmen vollständig liberalisiert werden sollte. Die Vorbereitung auf eine Wirtschafts- und Währungsunion bedeutete gleichzeitig, daß die Römischen Verträge, die mit der EEA zum erstenmal seit 1957 weitgehend verändert wurden, schon einige Jahre später durch die Regierungskonferenz, die mit den Gipfeltreffen in Maastricht (im Dezember 1991 sowie Februar 1992) endete, wieder umgestaltet wurden. Dadurch ergaben sich erneut Veränderungen für den Systemwettbewerb in der EG. Bevor diese diskutiert werden, soll nochmals die Entwicklung des Systemwettbewerbs in der EG zusammengefaßt werden. Hier lassen sich fünf verschiedene Phasen unterteilen:

---

[265] Zur Entwicklung der Sozialpolitik in der EG seit der EEA bis zum Vertrag von Maastricht vgl. Schnorpfeil (1996), S. 114-118, mit weiteren Literaturhinweisen.
[266] Vgl. Committee for the Study of Economic and Monetary Union (1989), S. 15.

	4/1987-9/1987	10/1987-3/1988	4/1988-9/1988
Australien	1	2	5
EG	69	136	154
Finnland	-	3	3
Japan	6	13	13
Kanada	7	11	12
Norwegen	4	4	3
Österreich	-	3	3
Schweden	-	11	12
Schweiz	-	10	10
USA	48	65	73

Tab. 6.5 Anzahl der Selbstbeschränkungsabkommen für Drittländer 1987-1988
Quelle: Gatzke (1990), S. 18.

In der ersten Phase, der „Prä-EG-Phase“, war der Systemwettbewerb nur schwach vorhanden. Im integrierten Montanbereich war die Lenkungstendenz besonders ausgeprägt, die den Wettbewerb national verschiedener Sektoren von vorneherein ausschloß. Im nicht-integrierten Güter- und Faktormarktbereich führten Barrieren, insbesondere die Zölle, dazu, daß keine Wahlfreiheit für Anbieter und Nachfrager gegeben war und so die Signale des Systemwettbewerbs allenfalls schwach waren.

In der zweiten Phase, die von den römischen Verträgen von 1957 bis ungefähr 1968 dauerte[267], wurde mit den Zollsenkungen die Möglichkeit zu erhöhtem Wettbewerb im Gütermarkt und damit durch die Substitution durch Importe zu Wettbewerb im Regulierungsbereich geschaffen. Dennoch war der Systemwettbewerb in dieser Phase aus verschiedenen Gründen noch nicht besonders stark. Ein Grund war, daß die wirtschaftlichen Unterschiede zwischen den Gründungsmitgliedern der EG (mit Ausnahme des italienischen Südens) nicht besonders groß waren. Die Abwanderung von Produktion in Niedriglohnländer war nicht möglich, da die europäischen Niedriglohnländer noch nicht Mitglied der EG bzw. Mitglied des Ostblocks waren und das niedrige Entwicklungniveau der außereuropäischen Länder (damals meist noch Kolonien bzw. gerade unabhängig gewordene Staaten) und fehlende Transport- und Kommunikationsmöglichkeiten

---

[267] Diese Phasen sind natürlich nicht eindeutig voneinander abgrenzbar; sie gehen ineinander über und beschreiben jeweils nur die Grundtendenz im Hinblick auf den Systemwettbewerb und können so nicht alle beobachtbaren Fakten gleichermaßen gut erklären.

die Faktorwanderung erschwerten. Im Hinblick auf die Firmenorganisation, auf die ordnungspolitischen Grundvorstellungen und die soziale und Verbraucherschutzregulierung kam es allerdings auch in den Gründungsstaaten der EG schon zu Systemwettbewerb.

Dies führte dazu, daß in einer dritten Phase, der Phase der „Euro-Sklerose", die abgeschafften Zölle durch neue oder verstärkte nichttarifäre Handelshemmnisse ersetzt wurden (etwa 1970-1980). Dadurch wurde der Systemwettbewerb wieder etwas eingeschränkt. Allerdings stieß der Versuch, zu einer Harmonisierung der wichtigsten Normen zu kommen, also ein level playing field zu schaffen und so Handelshemmnisse überflüssig zu machen, bald an seine Grenzen.

In einer vierten Phase (etwa 1980-1987) stand deshalb die Beseitigung von Handelshemmnissen nach dem Ursprungslandprinzip, der gegenseitigen Anerkennung von Normen und Standards, im Vordergrund. Diese schon 1974 (Dassonville-Entscheidung) und 1979 (Cassis de Dijon-Urteil) vorbereitete Phase führte wieder zu verstärktem Systemwettbewerb. Gleichzeitig wurde durch die erneute Angleichung ordnungspolitischer Vorstellungen (im Rahmen des GATT), den Aufstieg vieler (insbesondere südostasiatischer) Entwicklungsländer sowie durch technische Entwicklungen die Faktormobilität erhöht und so der Systemwettbewerb um die mobilen Faktoren bedeutender als bisher.

In einer fünften Phase der europäischen Integration, die mit der EEA beginnt, ist eine gespaltene Entwicklung vorhanden: Einerseits wird der Systemwettbewerb (später durch die Transformation der ehemals sozialistischen Staaten Mittel- und Osteuropas noch verstärkt) intensiver und durch das Binnenmarktprojekt auch als Mittel der europaischen Integration politisch akzeptiert. Andererseits führt die EEA wiederum die Möglichkeit verstärkter Harmonisierung in die europäischen Verträge ein. Die erneute Planung einer Wirtschafts- und Währungsunion öffnete zudem das weite Feld der Geld- und Fiskalpolitik prinzipiell Harmonisierungsbestrebungen.

Die Phasen der Integration spiegeln sich auch in der zunächst zunehmenden, dann stagnierenden und nach 1985 wieder zunehmenden Handelsverflechtung der EG-Mitgliedstaaten wieder, wie die folgenden Tabelle zeigt.

	EG - 12	EFTA	Osteuropa, Mittelmeerraum und AKP-Staaten	übrige Staaten
		EXPORTE		
1958	37,2	12,2	17,1	33,5
1965	49,6	13,0	12,1	25,3
1970	53,4	11,7	11,8	23,1
1975	52,4	10,6	15,2	21,8
1980	56,1	11,2	12,9	19,8
1985	55,2	10,0	10,3	24,5
1990	61,2	10,4	8,1	20,3
		IMPORTE		
1958	35,2	9,3	14,2	41,3
1965	44,9	9,0	13,3	32,8
1970	50,3	8,7	12,3	28,7
1975	49,5	7.9	11,1	31,5
1980	49,3	8,6	11,7	30,4
1985	53,4	9,4	12,5	24,7
1990	59,0	9,6	8,3	23,1

Tab. 6.6 Handelsverflechtungen der EG (in %) zwischen 1958 und 1990
Quelle: Sapir (1992), S. 14.

Die europäische Integration hat also bis Anfang der 90er Jahre zu keiner ordnungspolitischen Entscheidung für oder gegen den Systemwettbewerb geführt. Die gespaltene Entwicklung wird deutlich, wenn man die Außenwirtschaftspolitik der EG betrachtet. Die „harmonische Entwicklung des Welthandels" mit schrittweiser Beseitigung der Beschränkungen im internationalen Handelsverkehr und der Abbau von Zollschranken waren von Beginn an vertragliche Ziele der EG (Art. 110 EGV). Andererseits war die tatsächliche Handelspolitik in vielen Bereichen durch hohe Außenzölle, nichttarifäre Handelshemmnisse und Exportsubventionen gekennzeichnet, die einem Systemwettbewerb bei Regulierungen entgegenstehen[268]. Dennoch haben die technischen und außen-(wirtschafts-)politischen Rahmenbedingungen eine stete Zunahme von Systemwettbewerb ermöglicht. Im folgenden ist also zu untersuchen, inwieweit in den Verträgen von Maastricht und Amsterdam von der Möglichkeit einer ordnungspolitischen Grundentscheidung Gebrauch gemacht wurde.

---

[268] Vgl. Seliger (1997b).

6.4. Die Vertragsänderungen von Maastricht und von Amsterdam

6.4.1. Der Vertrag von Maastricht

> *„Mais l'Europe doit se doter de politiques plus offensives, notamment en matière de nouvelles technologies. Quand elle agit de concert, elle réussit."*
>
> *Jacques F. Poos*[269]

Ab Dezember 1990 bis Anfang 1992 tagten parallel zwei verschiedene Regierungskonferenzen in der EG. Das Ziel war einmal die Schaffung der Wirtschafts- und Währungsunion nach dem Delors-Report, andererseits die Schaffung einer Europäischen Union. Der Vertrag über die Europäische Union soll den Einstieg in die politische Union unter Einschluß von Wirtschafts- und Währungsunion, Innenpolitik und Außenpolitik darstellen. Die enge Verbindung von wirtschaftlicher Integration (Mittel) und politischer Integration (Ziel) wird hier wieder deutlich: Den erfolgreichen wirtschaftlichen Integrationsschritte auf dem Weg zu einem Binnenmarkt sollte eine politische Integration folgen.

Die Errichtung einer Europäischen Union, die letztlich schon in Churchills Wunsch nach den „Vereinigten Staaten von Europa" und den ersten Integrationsplänen der späten 40er Jahre als Idee auftaucht, war besonders seit den 70er Jahren immer wieder angestrebt worden. Wenn auch die unterschiedlichen Europäischen Gemeinschaften eine Form gefunden hatten, die als Verfassung zu werten ist[270], so war dies doch eine Sammlung mehr oder weniger konsistenter Einzelverträge. Bereits auf der Gipfelkonferenz von Paris 1972 hatten die Staats- und Regierungschefs grundsätzlich der Errichtung einer Europäischen Union zugestimmt[271], ein Projekt, das im Tindemans-Bericht von 1975 konkretisiert wurde[272]. 1984 hatte dann das Europäische Parlament einen Verfassungsentwurf für eine Europäische Union verabschiedet.

Aufbauend auf diesen Vorläufern, allerdings mit einem deutlichen Kompromißcharakter gegenüber den stärker werdenden nationalen und regionalen Bedenken, stellt sich die EG (seit 1995 EU) als ein Gebilde mit den

---

[269] Poos (1993), S. 9.
[270] Vgl. Ophüls (1966).
[271] Vgl. die Erklärung vom 19./20.Oktober 1972 in Schwarz (1980), S. 485-490.
[272] Abgedruckt in Schwarz (1980), S. 527-552.

drei „Säulen" Europäische Gemeinschaft, Gemeinsame Außen- und Sicherheitspolitik sowie Zusammenarbeit in der Innen- und Justizpolitik dar[273].

DIE DREI SÄULEN DER EUROPÄISCHEN UNION		
Erste Säule: Europäische Gemeinschaft	**Zweite Säule: Gemeinsame Außen- und Sicherheitspolitik**	**Dritte Säule: Zusammenarbeit in der Innen- und Justizpolitik**
Zollunion und Binnenmarkt	***Außenpolitik:***	Asylpolitik
Gemeinsame Agrarpolitik	Kooperation und gemeinsame Standpunkte	Außengrenzen
Strukturpolitik	Friedenserhaltende Maßnahmen	Einwanderungspolitik
Handelspolitik	Menschenrechte	Drogenpolitik
Wirtschafts- und Währungsunion	Demokratie	Bekämpfung des organisierten Verbrechens
Unionsbürgerschaft	***Sicherheitspolitik (mit WEU):***	Zusammenarbeit in Zivil- und Strafsachen
Bildung und Kultur	Abrüstung	Polizeiliche Zusammenarbeit
Transeuropäische Netze	wirtschaftliche Aspekte der Rüstung	
Verbraucherschutz	langfristig: Europäische Sicherheitsordnung	
Gesundheitswesen		
Forschung		
Umweltpolitik		
Sozialpolitik		
Entscheidungsverfahren gemäß EG-Vertrag	**Entscheidungsverfahren intergouvernmental**	**Entscheidungsverfahren intergouvernmental**

Abb. 6.8 Die drei Säulen der Europäischen Union
Quelle: eigene Erstellung

273 Vgl. den Überblick bei Gerken (1993), S. 27-33 sowie ausführlich Piepenschneider/ Steppacher (1992), S. 9-50.

Einerseits wurden der Gemeinschaft durch diesen Vertrag neue Kompetenzen zugebilligt[274]: Neben und unabhängig von der Vollendung des gemeinsamen Marktes sind dies die Errichtung der Wirtschafts- und Währungsunion sowie die enumerierten Tätigkeitsgebiete in den Artikeln 3 und 3a. Letztere Kompetenzen kann die Gemeinschaft also auch ohne konkreten Bezug zum Binnenmarkt in Anspruch nehmen, wie es schon bei der gemeinsamen Umweltschutzpolitik auf Basis der EEA der Fall gewesen war. War die Vollendung des Binnenmarktes noch das vorherrschende Ziel des EWGV gewesen, so bringt die „gleichrangige" Erwähnung der enumerierten Tätigkeiten im EGV eine Verschiebung zugunsten einzelner Politikbereiche mit teilweise hohem Regulierungs- und Interventionspotential mit sich[275].

Zudem erfolgte mit der Verschiebung des Gewichtes zugunsten der Intervention auch eine Ausweitung der Bereiche, in denen diese erfolgen durfte: Neue Kompetenzen für die Gemeinschaft wurden insbesondere in der Forschungs- und Technologiepolitik, beim Verbraucherschutz und Umweltschutz sowie der Industriepolitik geschaffen[276]. Besonders der Artikel 130 EGV, der die Erhöhung der Wettbewerbsfähigkeit der europäischen Industrie zur Aufgabe europäischer Industriepolitik macht, wurde als „Wendemarke der Ordnungspolitik" kritisiert[277], mit der eine Wendung von der allgemeinen ordnungspolitischen Rahmensetzung hin zur Intervention in Richtung bestimmter Ergebnisse erfolgen würde.

Die Änderungen bei den politischen Entscheidungsverfahren hatten insbesondere eine Ausweitung des Mehrheitsprinzips, verstärkte Rechte für das Europäische Parlament sowie die Festschreibung des Subsidiaritätsprinzips zum Inhalt[278].

Die Idee der Schaffung eines einheitlichen europäischen Vertragswerkes - so, wie in Ansätzen auch die EEA eine Vereinheitlichung darstellte - ist für das Funktionieren von Systemwettbewerb in der EG grundsätzlich wichtig. Die Interdependenz der Teilordnungen verlangt eine konsistente Fassung[279], in der auch der zentrale Aspekt der vier Grundfreiheiten als Basis von

---

[274] Vgl. ausführlich Lane (1993).
[275] Vgl. Gerken (1993), S. 30.
[276] Weniger wichtig waren neue Kompetenzen beim Katastrophenschutz, der Verkehrspolitik, der Bildungs- und der Kulturpolitik.
[277] Starbatty (1994), S. 13.
[278] Vgl. Kapitel 3 sowie Abschnitt 5.3.
[279] Zum Problem der Konsistenz der Teilordnungen in der Verfassung vgl. Krüsselberg (1989), S. 237.

Systemwettbewerb zu den konstituierenden Prinzipien der Union gezählt wird[280]. Die Festlegung der Wirtschaftspolitik der EG auf den „Grundsatz einer offenen Marktwirtschaft mit freiem Wettbewerb“[281] bedeutet in diesem Sinn eine verfassungsmäßige Festlegung auf Wettbewerb, die notwendigerweise bei freier Faktormobilität auch die Möglichkeit des Systemwettbewerbs mit einschließt. Die einzelnen Änderungen des EG-Vertrages, insbesondere die zusätzlichen Kompetenzen, sind andererseits für den Systemwettbewerb in der EG oft kontraproduktiv gewesen. Da hier nicht jede Ermächtigung analysiert werden kann, soll dies exemplarisch anhand der Auswirkungen der neu geschaffenen Unionskompetenz für Industrie- sowie Forschungs- und Technologiepolitik geschehen[282].

Bereits die Einheitliche Europäische Akte legitimierte die Durchführung einer Forschungspolitik für die Europäische Gemeinschaft. Damit wurde zum ersten Mal sektorale Industriepolitik - die schon einmal Anfang der 70er Jahre von der Kommission der EG angemahnt wurde[283] - ausdrücklich in die Kompetenzen der Gemeinschaft aufgenommen. Bereits vorher war aufgrund der „Generalklausel“ (Art. 235) das ESPRIT-Programm durchgeführt worden, mit dem die europäische Elektronikindustrie ihren Rückstand gegenüber der Konkurrenz aus Japan und den USA aufholen sollte[284]. 1990 veröffentlichte die Kommission der Europäischen Gemeinschaften ein Strategiepapier über „Industriepolitik in einem offenen und wettbewerbsorientierten Umfeld“ (sogenannntes Bangemann-Papier)[285], mit dem eine Abkehr von der bis dahin vorherrschenden sektoralen Industriepolitik, d.h. der Unterstützung ausgewählter Industrien, hin zu einer offensiven, horizontalen Industriepolitik, d.h. der Unterstützung von industrieller Forschung und Entwicklung, postuliert wurde[286]. Allerdings war dieser neue Ansatz eher mit der Forderung nach zusätzlicher Umverteilung von Mitteln als nach einer echten Abkehr von der sektoralen Industriepolitik (die weiterhin betrieben wurde) gekennzeichnet und so kaum mit den zur Begründung herangezogenen Theorien der strategischen Industriepolitik kohärent[287].

---

[280] In Art. 3 c) EGV sowie durch viele Hinweise auf die Beseitigung wettbewerbsschädlicher Schranken in der Präambel des EGV.

[281] In Art. 3a , Abs. 1 EGV.

[282] Vgl. dazu ausführlich Holzem (1995), S. 157-253.

[283] Vgl. Kommission der Europäischen Gemeinschaften (1970). Zur Forderung nach gemeinschaftlicher Industriepolitik vgl. auch Chorafas (1968), S. 127-136.

[284] Vgl. Simons (1997), S. 223-225.

[285] Vgl. Kommission der Europäischen Gemeinschaften (1990).

[286] Vgl. Nicolaides (1993), S. 9-10.

[287] Vgl. Nicolaides (1993), S. 10-11; Simons (1997), S. 227.

In Maastricht wurde beschlossen, die „Stärkung der Wettbewerbsfähigkeit der Industrie der Gemeinschaft“ in den Zielkatalog der EG aufzunehmen sowie in einem Artikel XIII Industrie (Art. 130) dieses Ziel zu konkretisieren. Die Förderung kleiner und mittlerer Unternehmen gehörte dabei genauso wie die Nutzung des industriellen Potentials der Politik in den Bereichen Innovation, Forschung und technologische Entwicklung zu den Mitteln[288].

Letzteres ermöglicht die direkte staatliche Förderung von Projekten der Industrie. Die Förderung der Unternehmen wird in sogenannten Rahmenprogrammen, die jeweils für fünf Jahre laufen, festgelegt. Im derzeitigen vierten Rahmenprogramm, das von 1994 bis 1998 läuft, sollen insgesamt 24. Mrd. DM für Forschung und Technologie ausgegeben werden[289]. Davon sollen 28% für die Förderung von Kommunikations- und Informationstechnologien, 16% für die industriellen Technologien und 13% für Biotechnologien ausgegeben werden. Kleine und mittlere Unternehmen sollen dabei besonders berücksichtigt werden.

Diese Art der staatlichen Innovationspolitik steht allerdings vor großen Problemen[290]. In der Theorie der strategischen Industriepolitik ist „picking the winner“ die Aufgabe der staatlichen Forschungspolitik[291]: Es sollen genau diejenigen jungen Unternehmen gefördert werden, die erfolgreiche Innovationen und damit die Schaffung von Arbeitsplätzen versprechen. Dazu wurden sogenannte „task forces“ gegründet, die die Wettbewerbsfähigkeit in besonders zukunftsträchtigen Bereichen gemeinsam mit der Industrie sichern sollten. Zugleich sollte die Förderung europäischer „champions“ - wenn nötig auch durch Ausnahmen von EG-Wettbewerbsregeln[292] - nach französischem Vorbild erfolgen[293]. In der Praxis kann staatliche Bürokratie diese Aufgabe allerdings nicht erfüllen.

Das Hauptproblem der staatlichen Bürokratie ist die fehlende Information über die Erfolgs- chancen der Unternehmen[294]. Wettbewerb dient dazu, durch Preissignale die relevanten Informationen über die Präferenzen der Konsumenten

---

[288] Vgl. einführend Berthold/ Hilpert (1996),S. 6-7, sowie Buigues/ Sapir (1993), S. 24-33; zu den rechtlichen Bedingungen sowie zur Ausgestaltung der Programme vgl. Marien-Dusak (1996).

[289] Vgl. Europäische Kommission (1995b).

[290] Vgl. Schüller (1994), S. 98.

[291] Vgl. zur strategischen Industrie- und Handelspolitik ausführlich Freytag (1995b).

[292] Dieser Ausnahmetatbestand wurde in die Europäsiche Fusionskontrollverordnung eingebaut.

[293] Vgl. Davis (1993), S. 56-59, sowie Simons (1997), S. 192-193.

[294] Vgl. Krüger (1996), S. 188-189.

und die Qualität des Angebots hervorzubringen. Ob Firmen erfolgreich sind, zeigt sich nur im Markt. Dieser Prozeß, den zuerst Hayek in seinem Artikel über „Economics and Knowledge“ beschrieb, kann nicht ex ante durch staatliche Bürokratie simuliert werden[295]. Dieses generelle Problem staatlicher Planung, das auch zum Zusammenbruch der Zentralverwaltungswirtschaften führte, macht die Strategie des „picking the winner“ irrational.

Diese Gewinner aber will die EU mit ihrer Politik auswählen. Sie argumentiert dabei, daß dabei „the risk of unnecessary duplication of effort“, also die teure Doppelforschung an denselben wissenschaftlichen Problemen, vermieden werden kann[296]. Dies geschieht unter der Prämisse, daß es nur ein einziges „effizientes“ Forschungsergebnis geben kann, impliziert also die Existenz einer allwissenden Bürokratie, die ex ante (nämlich bei der Vergabe der Forschungsaufträge) sagen kann, ob Forschung überflüssige Doppelforschung ist oder nicht. Deutlich sichtbar wird diese Auffassung darin, daß die EG schon 1982 von der „Beherrschung der technischen Entwicklung“ als Ziel ihrer Industriepolitik sprach[297]. Dies ist Anmassung von Wissen im Sinne Hayeks[298].

Empirisch läßt sich deshalb das genaue Gegenteil beobachten: Nicht junge, innovative Unternehmen sondern hauptsächlich Großunternehmen werden von der EU gefördert[299]. Die Förderung von kleinen, risikoreichen Unternehmen durch staatliche Mittel, d.h. den Steuerzahler, führt im Fall des Versagens unweigerlich zum Vorwurf der Verschwendung von Steuergeldern. Werden dagegen Großunternehmen gefördert, kann der Beamte, der die Förderung genehmigt, immer auf die Geschichte des Unternehmens und ehemalige Erfolge verweisen: Die Förderung durch den Staat ist also hauptsächlich konservativ[300].

Dazu kommt, daß die bürokratische Abwicklung der Forschungsförderung ein besonderes Hindernis für kleine Unternehmen ist. Großunternehmen haben oft ein eigenes Büro in Brüssel, das einerseits durch Lobbying die Erfolgschancen bei

---

295 Vgl. Hayek (1952a).
296 Groutage/ Zangl (1992), S. 5; sie beziehen sich dabei ausdrücklich auf die Vergabe von Geldern, nicht auf die Erhöhung von Transparenz von Informationssystemen zur Vermeidung doppelter Forschung.
297 Vgl. Kommission der Europäischen Gemeinschaften (1982), S. 20.
298 Vgl. Freytag (1995c), S. 337.
299 Nur so läßt sich auch das Extra-Programm für die Förderung von KMU erklären.
300 Vgl. Prosi (1990c), S. 13. Dazu kommt, daß diejenigen Wissenschaftler, die die Projekte auswählen, ihren eigenen Projekten besonders hohe Chancen einräumen; vgl. Krüger (1996), S. 189.

der Projektvergabe erhöht und andererseits schnell an alle relevanten Informationen kommt. Für kleine Unternehmen sind dagegen die Informationskosten sehr hoch. Außerdem wirkt die personalintensive Bürokratie abschreckend.

Während die generelle Kritik an dieser Art der staatlichen Forschungsförderung seit Hayek bekannt ist, entsteht aus Sicht der Theorie des Systemwettbewerbs das zusätzliche Problem, daß durch die zentralstaatliche Förderung die Möglichkeit zu Innovationen in der Innovationsförderung weitgehend verschwindet. Wie bei den meisten gemeinsamen Politiken in der Union liegt hier wieder die Theorie einer „optimalen“ Gestaltung der Innovationspolitik zugrunde, nicht aber ein evolutionäres Verständnis des Innovationsprozesses. Deshalb war die europäische Industriepolitik von Anfang an besonders in ihrem Verhältnis zur Wettbewerbspolitik umstritten[301]: Denn eine gemeinsame Industriepolitik, die auf der staatlichen Auswahl von Projekten einzelner Unternehmen (oder häufiger: mehrerer kooperierender Unternehmen) basierte, konnte Wettbewerb in diesem Bereich nur als Verursacher von (verschwenderischer) Doppelforschung ansehen.

Die europäische Fusionskontrollverordnung von 1989 läßt deshalb ausdrücklich die Förderung des technischen oder wirtschaftlichen Fortschritts als einen Grund zur Ausnahme von Wettbewerb gelten[302]. Das Wettbewerbsrecht verliert damit an Konsistenz mit Konsequenzen auch für den Systemwettbewerb[303]. Genauso, wie hier der wirtschaftliche Wettbewerb zugunsten politischer Ziele aufgegeben wird, die zudem noch überhaupt nicht objektivierbar und erfaßbar sind, wird der Systemwettbewerb bei der Innovationsförderung aufgegeben.

Diese Kritik läßt sich - mutatis mutandis - auch auf die übrigen Kompetenzausweitungen von Maastricht anwenden: Die Verbraucherschutzpolitik etwa, die gemeinsame Sozialpolitik sowie die gemeinsame Umweltpolitik und insbesondere die in ihrer Bedeutung stetig gewachsene Regionalpolitik haben mit demselben Auswahlproblem zu kämpfen wie die Technologiepolitik: Die Unmöglichkeit, das relevante Wissen zu zentralisieren und zentral einzusetzen, führt zu konservativem Behördenverhalten und Fehlallokationen bei verminderter institutioneller Innovationsfähigkeit. In dieser Hinsicht führen die Vertragsänderungen von Maastricht also zu einer Verminderung des Systemwettbewerbs in Europa.

---

[301] Vgl. etwa Mestmäcker (1988), S. 355-361. Die deutsche Zustimmung zu diesem aus der Tradition der Freiburger Schule stets bekämpften Konzept der Industriepolitik findet sich typisch bei Kantzenbach (1996), der die ordnungspolitischen Bedenken gegen die Industriepolitik mit a priori - Argumenten zugunsten der europäischen Integration wegwischt.

[302] Vgl. Simons (1997), S. 225-226.

[303] Vgl. Becker-Celek (1997), S. 339.

6.4.2. Europäische Wirtschafts- und Währungsunion und Systemwettbewerb

Eine der wichtigsten Vertragsänderungen von Maastricht war der Stufenplan zur Einführung einer Wirtschafts- und Währungsunion in die Europäischen Verträge. Die Idee einer Wirtschafts- und Währungsunion war nicht neu[304]. Bereits Anfang der 70er Jahre war der sogenannte Werner-Plan verabschiedet worden, der die stufenweise Einführung einer Währungsunion vorsah. Die Abwertungstendenzen des französischen Francs Ende der 60er Jahre und deren Auswirkung auf die gemeinschaftlichen Agrarpreise waren damals einer der wichtigsten Gründe, die für eine gemeinsame Währung genannt wurden[305]. Die Währungsturbulenzen am Ende des Bretton Woods Systems und zwei aufeinanderfolgende Ölpreisschocks machten den Werner-Plan allerdings obsolet. Nach der Errichtung und dem Erfolg des Europäischen Währungssystems (EWS) legte der Delors-Ausschuß 1989 einen Drei-Stufen-Plan zur Wirtschafts- und Währungsunion (WWU) vor, der mit den Vertragsänderungen von Maastricht auch in die europäischen Verträge einging. Die geld- und währungspolitischen Implikationen der WWU sollen hier nicht weiter diskutiert werden. Es geht allein um die Frage der Bedeutung der WWU für den Systemwettbewerb[306].

Eine gemeinsame Währung im Systemwettbewerb bedeutet zunächst eine Senkung der Transaktionskosten beim Vergleich und dadurch eine erhöhte Transparenz im Wettbewerb auf Güter- und Faktormärkten. Auch das Risiko grenzüberschreitender Transaktionen, das mit Währungsschwankungen verbunden ist, nimmt ab. Dadurch wird also tendenziell eine Zunahme des Wettbewerbs auf den Güter- und Faktormärkten erreicht. Dies dürfte insbesondere dort Auswirkungen haben, wo die Konsumenten direkt über die Substitution einheimischer Waren (und damit Regulierungen) entscheiden, z.B. im grenznahen Einkauf. Denn bei den Konsumenten sind die Transaktionskosten des grenzüberschreitenden Vergleichs höher anzusetzen als bei Unternehmen[307].

Diese Entwicklung wird allerdings dadurch abgeschwächt, daß in der WWU nur solche Länder teilnehmen sollen, die bestimmte (hier zu vernachlässigende) Sta-

---

304 Zur Geschichte der europäischen Währungsunion vgl. Westerhoff (1997).

305 Vgl. Everling (1971), S. 495. Tietmeyer (1995), S. 14-15, weist darauf hin, daß bereits die Diskussion des Werner-Plans dieselbe Problematik wie die der späteren WWU beinhaltete, nämlich die Frage, ob wirtschaftliche Konvergenz Voraussetzung zum Erfolg der Währungsunion sein solle, oder ob ökonomische Integration durch monetäre Vereinheitlichung erzwungen werde.

306 Zur geld- und währungspolitischen Diskussion seien stellvertretend aus der immensen Literatur genannt: De Grauwe (1992), Willms (1992), S. 213-228, Breuss (1996b).

307 Das hängt damit zusammen, daß die Vergleichskosten und Informationskosten zum Teil als Fixkosten zu werten sind und so bei den Unternehmen im Vergleich zu den Verbrauchern eher eine Fixkostendegression bei den Informationskosten einsetzt.

bilitätskriterien erfüllen[308]. Dies sind aber tendenziell die Länder, in denen auch die Regulierungen am ehesten konvergieren, nämlich Länder des europäischen „Kerns", die allesamt ausgebaute Wohlfahrtsstaaten darstellen. Die Länder mit den am meisten divergierenden Regulierungen (wie etwa Griechenland und Großbritannien) werden zunächst eher nicht an der WWU teilnehmen. Dennoch kann die WWU also tendenziell als systemwettbewerbsfördernd gelten.

Die Annahme eines verstärkten Systemwettbewerbs durch die WWU hängt entscheidend von zwei weiteren Faktoren ab: Zum ersten muß die Stabilität sowohl der neuen Währung als auch der Finanzlage der EU-Mitgliedstaaten gewährleistet sein[309]. Verstärkte Inflationstendenzen führen zur Fehlallokation von Ressourcen und werden insbesondere zu einer Abnahme der Investitionen in risikoreicheren Randgebieten führen, da die Firmen sich bei unsicherer geldpolitischer Situation entweder auf ihr Heimatgebiet konzentrieren werden oder völlig aus dem Währungsgebiet der gemeinsamen Währung ausziehen[310]. Der Standortwettbewerb würde also bei einer gemeinsamen Inflationswährung zum Auszug des Kapitals führen. Dies gilt genauso, wenn die Finanzlage entweder einzelner Mitgliedstaaten - oder, bei politisch bedingter Nichtanwendung der no-bailout-Klausel[311] - der gesamten Union sich verschlechtert. Die potentielle Gefahr einer Abwälzung der Kosten unsolider Finanzpolitik über das gemeinsame Zinsniveau sowie über die strukturpolitischen Maßnahmen der EU spielen hier eine Rolle[312]. Andererseits würde eine glaubwürdige no-bailout-Klausel den Systemwettbewerb verstärken, da dann die Politiken der EU-Mitgliedstaaten ohne die Schockabsorption durch Wechselkurse direkt miteinander konkurrieren würden[313].

Ein zweiter Faktor, der die Auswirkungen der WWU auf den Systemwettbewerb in der EU bestimmt, ist die Entwicklung der Faktorpreise bei erhöhter Transparenz. Aus polit-ökonomischer Sicht ist zu erwarten, daß der Druck auf die Annäherung der Faktorpreise beim Faktor Arbeit in der WWU zumindest steigen wird, auch wenn dies nicht zu einer sofortigen Angleichung führen wird[314]. Wenn politische Maßnahmen (vgl. die unten diskutierte Einführung einer beschäftigungspolitischen Kompetenz bei der Regierungskonferenz 1996/1997) zu einer (Teil-)

---

308 Zu den Stabilitätskriterien vgl. De Grauwe (1996).
309 Vgl. dazu die Vorschläge von Giersch (1997).
310 Zum letzteren vgl. Jungmittag/ Welfens (1998), S. 20. Die Exit-Bewegungen werden allerdings nur dort auftreten, wenn es stabilitätsorientierte Alternativen gibt, die *relative Stabilität* der Euro-Währung ist also wichtig.
311 Vgl. zur bail-out-Problematik Hamacher/ Klein (1993), S. 182-183.
312 Vgl. Feldmann (1997a), S. 110.
313 Prosi (1996c), S. 3-4, weist darauf hin, daß die Abwertung einer Währung der Teilenteignung ausländischer Anleger ohne Entschädigung gleichkommt und damit die Kosten innenpolitischer Fehlentwicklungen auf ausländische Anleger externalisiert werden.
314 Vgl. Becker/ Dallmeyer (1995), S. 35.

harmonisierung führen, dann bedeutet dies gleichzeitig eine Abnahme von möglichem Systemwettbewerb, der ja wesentlich von der Möglichkeit der Arbitrage bei Faktorkosten abhängt[315]. Auch die erhöhte Umverteilungsaktivität als Alternative zur politischen Faktorpreisharmonisierung bedeutet eine Abschwächung des Systemwettbewerbs, da dadurch der Faktor Arbeit an Mobilität verliert und so der „exit"-Mechanismus nicht mehr funktioniert. Die immer wieder geforderte Einführung einer kollektiven Verantwortung für die Fiskalpolitik als Gegengewicht zur gemeinsamen Geldpolitik birgt also die Gefahr einer weiteren Kartellisierung der Wirtschaftspolitik auf europäischer Ebene in sich.

Die Auswirkungen der WWU auf den Systemwettbewerb sind also von der Erreichung geldpolitischer Stabilität und fiskalpolitischer Solidität abhängig. Die geldpolitische Verfassung des Einheitsgeldes wird weitgehend positiv beurteilt[316]. Die institutionelle Ausgestaltung der Europäischen Zentralbank läßt sich als eine institutionelle Imitation des deutschen Modells der unabhängigen Zentralbank interpretieren. Die deutsche Zentralbank hat über Jahrzehnte hinweg durch eine glaubwürdige Inflationsbekämpfung Vertrauen in die deutsche Währung geschaffen. Dieses Vertrauen wird durch eine institutionelle Imitation auf europäischer Ebene zumindest teilweise auf die neu entstandenen Institutionen übertragen.

Diese institutionelle Imitation im Systemwettbewerb unterscheidet sich von der wissenschaftlichen Diskussion gemeinsamer Währungsräume seit dem grundlegenden Artikel von Mundell[317], die weitgehend dem neo-klassischen Paradigma der Erreichung von Effizienz, hier verkörpert in der Optimalität eines gemeinsamen Währungsraums[318], folgte. Dieser Ansatz ist wegen der schon oben diskutierten Probleme, die insbesondere aus seinen Annahmen resultieren, nicht für die Umsetzung der Wirtschaftspolitik geeignet. Bei der Formulierung der Stabilitätskriterien, insbesondere des Kriteriums der Wechselkursstabilität vor der Währungsunion, in den Beschlüssen von Maastricht spielte zwar die Idee eines optimalen Währungsraums eine Rolle[319]. Für die Stabilität der neuen Währung ist aber die institutionelle Ausgestaltung sowohl der Geldpolitik als auch der Fiskal-

---

[315] Vgl. Siebert (1998), S. 4-7.

[316] Vgl. den Abschnitt 3.3.2.

[317] Vgl. Mundell (1961).

[318] Breuss (1996b), Übersicht 2, führt eine Reihe von Studien auf, die - je nach Indikator - entweder die Optimalität der EU als Währungsraum konstatieren oder verneinen oder einen Teil der EU als optimalen Währungsraum anführen.

[319] In der Folgezeit hat sich allerdings gerade dieses Kriterium, dessen Erfüllung innerhalb eines „optimalen" Währungsraums gegeben sein müßte, als unhaltbar erwiesen: Die Währungskrise von 1993 führte zum faktischen Auseinanderbrechen des EWS mit den engen Bandbreiten, die bei den Konvergenzkriterien zugrunde liegen sollten.

politik in der Währungsunion entscheidend[320]. Während die Unabhängigkeit der Zentralbank eine unabhängige Geldpolitik erwarten läßt, sind in der Währungspolitik Möglichkeiten der politischen Einflußnahme in der politischen Festlegung der Wechselkurspolitik zu sehen[321].

---

[320] Eine weitere in der Literatur vorgeschlagene Lösung des Stabilitätsproblems der Währung soll hier nur kurz angedeutet werdern: Hayek hat auf die Möglichkeit des Wettbewerbs der Währungen verwiesen, der im Extremfall sogar zur Entnationalisierung des Geldes führen könnte; vgl. Hayek (1979), sowie die Diskussion von Brennan/ Buchanan (1991), S. 81-84; für die EU vgl. Mayer/ Scheinpflug (1996), S. 68-74. Dieser Währungswettbewerb ist in zweierlei Form denkbar: Zum ersten könnten alle Währungen innerhalb der Europäischen Union zu gültigen Zahlungsmitteln erklärt werden Die Probleme, die sich bei diesem Vorschlag für die Geldmengensteuerung, insbesondere im Land mit der dominierenden Währung, ergeben, sollen hier ausgeklammert werden; vgl. dazu Prosi (1996c), S. 9-10. Damit würden diese Währungen im Wettbewerb zueinander stehen, bei dem vermutlich weniger stabile Währungen weniger stark nachgefragt würden und vielleicht sogar aus dem Wettbewerb ausscheiden müßten. Allerdings ist diese Lösung beim gleichzeitigen Wettbewerb von sehr vielen Währungen, die alle als Zahlungsmittel akzeptiert werden, mit sehr hohen Transaktionskosten verbunden. Andererseits würde der Währungswettbewerb in der EU ohne die Schaffung einer zusätzlichen bürokratischen Ebene, der EZB, auskommen; vgl. Buchanan (1990b), S. 13. Allerdings wären die politischen Widerstände sehr hoch, wenn sich eine oder einige Währungen als dominant durchsetzen würden. Die Bildung des DM-Blocks und der Verlust der nationalen Souveränität der französischen Geldpolitik, die nur noch die Schritte der Bundesbank nachvollziehen konnten, waren einer der Hauptgründe für den französischen Wunsch nach der gemeinsamen Währung; vgl. Hama (1996), S. 35. Für die Stabilität der neuen Euro-Währung ist das Verhalten der französischen Politiker entscheidend. Einerseits hat Frankreich zwar seit den 80er Jahren selbst eine Politik des stabilen „franc fort" betrieben, aber andererseits war es gerade diese Politik, die zum Wunsch einer europäischen Einheitswährung führte. Es besteht also die Gefahr, daß versucht wird, die Politik der Einheitswährung anders zu gestalten als die Politik des „franc fort", nämlich mehr an politischen Vorgaben (wie Beschäftigungszielen) orientiert; vgl. dazu auch Vaubel (1997). Eine völlige Verdrängung anderer Währungen würde vermutlich zu unüberwindbarem politischen Streit führen; vgl. Prosi (1996c), S. 6-8. Eine zweite Möglichkeit wäre die Einführung einer europäischen Parallelwährung, die gleichzeitig mit den nationalen Währungen als Zahlungsmittel gelten würde. Diese Parallelwährung wäre durch deutlich geringere Transaktionskosten gekennzeichnet als der Wettbewerb aller Währungen untereinander. Gleichzeitig würde jedoch die Möglichkeit einer Auswahl der Währung eine disziplinierende Wirkung auf nationale Geld- und Finanzpolitiken haben. Zudem wäre dieser Vorschlag politisch eher durchsetzbar als die dominierende Position einer nationalen Fremdwährung Für diejenigen Staaten der EU, die zunächst freiwillig nicht an der WWU teilnehmen, stellt der Euro eine Art Parallelwährung dar, die - wenn sie erfolgreich ist - die eigene Währung ersetzen kann; vgl. Howell (1996), S. 8.

[321] Die politische Einflußnahme wird auch im Vorfeld der WWU im Streit um die Ernennung des EZB-Präsidenten deutlich.

Im internationalen Systemwettbewerb kann damit die Wechselkurspolitik wieder strategisch eingesetzt werden[322]. Damit wird die Argumentation verbunden, daß bei zunehmender Globalisierung eine (starke) gemeinsame Währung das Machtpotential der Europäischen Union erhöhe[323]. Die Befürworter eines europäischen Bundesstaates sehen die Währungsunion (gemäß einer „Krönungstheorie", die von der WWU „spill overs" für die Finanzpolitik und dann auch für die politische Union sehen) als Vehikel für die politische Einigung[324]. Dabei bleiben die umgekehrten Erfahrungen des 19. Jahrhunderts unbeachtet, wo nur solche Währungsunionen von Erfolg gekrönt waren, die innerhalb eines politisch geeinigten Staatswesens zustande kamen[325].

Wenn die europäische Geldpolitik nur am Stabilitätsziel ausgerichtet ist, wie sich erwarten läßt, dann ergeben sich für diejenigen Staaten, die bisher durch die Wechselkurse die Folgen institutioneller Fehlentwicklungen kaschieren konnten, Nachteile im stärker werdenden Systemwettbewerb. Für den Erfolg der Währungsunion als Mittel zur Schaffung von mehr Systemwettbewerb ist es zentral, daß dann nicht eine Unterordnung der Ordnungspolitik unter politische Rationalität erfolgt: Der Systemwettbewerb darf nicht dort, wo er - u.a. durch die gemeinsame Währung - besonders schmerzhaft für einzelne Staaten (d.h. die dortigen Wähler und dadurch die dort regierenden Politiker) ist, durch Harmonisierungsmaßnahmen wieder eingeschränkt werden.

Die Wirkungen der WWU auf den Systemwettbewerb sind deshalb nicht so eindeutig, wie es die Analyse der institutionellen Ausgestaltung der WWU erwarten ließe. Der Erfolg der WWU ist davon abhängig, daß politische Ziele (die Schaf-

---

[322] Die Europäische Kommission konstatiert den Wandel des einpoligen Weltwährungssystems (mit dem Dollar als einziger Reservewährung) zum multipolaren System folgendermaßen: „Such a system is not inherently less stable than a unipolar system but, by definition, appropriate arrangements for co-operation between poles will be crucial to the stability of the system."; Europäische Kommission (1997d), S. 15. Je nach Art der Koordinierung könnte damit ein weltweites Harmonisierungskartell der größten Währungen entstehen, was einer Abschwächung des Systemwettbewerbs gleichkäme.

[323] Vgl. u.a. Friedrich-Ebert-Stiftung (1997), S. 90; Waigel (1998), S. 17. Diese Argumentation ist allerdings absurd, da sie die Größe des Währungsraums als Indikator für die wirtschaftliche Stärke der Währung sieht. Als Gegenbeispiele können Rußland (großer Währungsraum mit äußerst schwacher Währung) und Schweiz (kleiner Währungsraum mit einer der Weltreservewährungen) gelten. Zu den Faktoren, die die Nutzung des Euro als internationale Reservewährung bestimmen, s. Bénassy-Quéré (1996), insb. S. 50-52, sowie Saint-Marc (1998).

[324] Vgl. etwa Jochimsen (1992), S. 2; Schlesinger (1996).

[325] Vgl. den Überblick bei Meier-Bergfeld (1996), S. 14.

fung eines europäischen Staates durch die WWU) nicht das geldpolitische Ziel dominieren und daß fiskalpolitische Harmonisierungsmaßnahmen es nicht konterkarieren. Deshalb bleibt die Gesamtwirkung auf den Systemwettbewerb so ungewiß, wie es schon Fritz Machlup beschrieben hat: „*Ending on a note of disharmony or dissonance had not been my design, but it may, after all, serve a good purpose: to make it quite clear that the economic profession has not reached a consensus on monetary integration.*“[326]

6.4.3. Die Diskussion um die Integrationsstrategien im Vorfeld der Regierungskonferenz 1996

Bereits zum Zeitpunkt ihrer Entstehung war klar, daß die Vertragsänderungen von Maastricht keinen Schlußpunkt der europäischen Integration und nicht einmal ihr vorläufiges Ende darstellten. Einerseits war der Konflikt zwischen wettbewerblicher und interventionistischer Integration wieder nicht entschieden worden. Andererseits machten der sich abzeichende Beitrittswunsch der mittel- und osteuropäischen Staaten ebenso wie die Vereinbarungen zur Währungsunion eine Folgekonferenz notwendig, die insbesondere die institutionelle Reform zum Thema haben sollte.

Die Ratifizierung der Beschlüsse von Maastricht in den einzelnen Ländern machte dann deutlich, daß in der Bevölkerung eine sehr große Skepsis in Bezug auf die europapolitischen Zielvorstellungen der neuen Verträge vorhanden war. In den Staaten, wo es zu einem Referendum über die Verträge kam, war die Mehrheit entweder nur hauchdünn für die Verträge (wie in Frankreich) oder sogar dagegen, wie in Dänemark, wo ein zweites Mal über einige dänische Sonderregelungen abgestimmt werden mußte[327]. Die Diskussion um die Neuregelung für Dänemark, die rechtlich als nicht unbedenklich galt, da sie in Teilen zu Widersprüchen mit dem EG-Vertrag führte[328], entfachte ebenso wie das britische „opt out“ bei Währungsunion und europäischer Sozialpolitik die Diskussion über die Alternativen eines monolithischen Europas versus eines Europas mehrerer Geschwindigkeiten und sogar mehrerer Ziele[329].

---

[326] Machlup (1977), S. 299.

[327] Vgl. Schuster (1993). Die dänische Skepsis gegenüber einer als zu weitgehend empfundenen europäischen Integration war nicht neu; bereits die Ratifizierung der EEA erfolgte mit nur 56% Ja-Stimmen; vgl. Gulman (1987), S. 31-34.

[328] Vgl. Howarth (1994), S. 797-799.

[329] Vgl. Kühnhardt (1993), S. 126. Eine ausführliche Würdigung unterschiedlicher Integrationskonzepte liefert Wimmer (1995).

De facto hatte es ein Europa mehrerer Geschwindigkeiten seit Beginn der europäischen Integration gegeben: Von Anfang an hatte es zu bestimmten Zeiten nationale Ausnahmen gegeben, die eigentlich nicht mit dem Gemeinschaftsrecht zu vereinbaren waren[330]. Bei der Süderweiterungsrunde der EU hatte es zudem eine große Anzahl von Ausnahmebereichen gegeben, in denen erst sukzessive die Gemeinschaftsregeln eingeführt wurden. Diese Ausnahmeregelungen, die entweder den Neumitgliedern oder der Gemeinschaft strukturelle Anpassungen ermöglichen sollten, hatten oft jahrelange Laufzeiten[331]. Deshalb konnte auch die Einführung eines Europas mehrerer Geschwindigkeiten in der Währungsunion ohne größere Schwierigkeiten durchgesetzt werden. Die Wirtschafts- und Währungsunion blieb trotzdem Teil des „acquis communautaire", der nur (wie auch andere Bereiche der gemeinschaftlichen Gesetzgebung) nicht in allen Ländern gleich schnell eingeführt wurde.

Demgegenüber war das „opting out" von Großbritannien und Dänemark bei der Währungsunion etwas neues: Die Möglichkeit, an einer Gemeinschaftspolitik nicht teilzunehmen bedeutete, daß nicht die Geschwindigkeit, sondern das Ziel der Integration anders gesehen wurde. De facto hatte es von Anfang der europäischen Integration an unterschiedliche Vorstellungen über die Ziele der Integration gegeben. Im Prinzip war auch die Problematik von Anfang an klar, daß eine immer weitere Vertiefung der Union zu immer größeren Akzeptanzproblemen führen würde[332]. Hier wurde das Europa verschiedener Ziele aber zum ersten Mal in den Verträgen festgeschrieben.

Deshalb wurde über neue Möglichkeiten der europäischen Integration diskutiert, da der Erhalt des „acquis communautaire" in zweierlei Weise bedroht gesehen wurde: Einerseits wurde durch die Aufnahme dreier neuer Mitglieder 1995 und die Perspektive der Aufnahme von bis zu zehn neuen Mitgliedern aus Mittel- und Osteuropa die Gefahr einer Verwässerung der Verträge gesehen. Vorschläge,

---

[330] Beispielsweise hat die Bundesrepublik Deutschland Anfang der 70er Jahre wegen der starken DM-Aufwertung Importe mit Zöllen belegt und Exporte subventioniert; vgl. Ingram (1973), S. 4-5.

[331] Für die Neumitglieder Spanien, Portugal und Griechenland gab es beispielsweise mehrjährige Ausnahmen bei der vollen Liberalisierung der Kapitalmärkte. Die mit Spanien getroffenen Ausnahmeregelungen waren dazu gedacht, die EG-Sektoren, die von einem spanischen Beitritt betroffen waren, vor Wettbewerb zu schützen. Deshalb wurde für den Zugang Spaniens zu den EG-Fischgründen eine 16-jährige Wartezeit (später bis 1996 verkürzt) vereinbart, für spanische Agrarexporte eine zehnjährige Frist und für die Freizügigkeit sowie den Freihandel mit Industriegütern eine siebenjährige Wartezeit; vgl. Bideleux (1996a), S. 145.

[332] Vgl. dazu schon Ingram (1973), S. 27: „Europe has so far resolved the potential conflict between sovereignty and federalism through negotiation and compromise. Such resolution may become increasingly difficult as integration becomes closer."

zunächst einen Aufnahmestop für diese Staaten zu beschließen, bis sie in ihrer wirtschaftlichen Struktur und bei den Wohlstandsindikatoren mit den westeuropäischen Ländern eine größere Konvergenz aufwiesen, waren politisch nicht durchsetzbar[333]. Andererseits fürchtete man wegen der Entscheidungsstrukturen der EU eine Möglichkeit der Blockade gegen weitere Integrationsschritte, wie sie insbesondere von Großbritannien angedroht wurde.

Um einer solchen Blockade zu entgehen, wurde die Zusammenarbeit einzelner EU-Staaten in Bereichen angestrebt, wo eine gemeinschaftliche Regelung (noch) nicht möglich war. Zunächst wurde eine solche Zusammenarbeit beim Schengener Abkommen über die Abschaffung der Grenzkontrollen praktiziert.

Die Möglichkeit einer weitergehenden Integration eines Teils der EU-Mitglieder, die dazu wirtschaftlich fähig und politisch willens sind, war auch die Grundidee der „Überlegungen zur europäischen Politik" (sog. „Schäuble-Lamers-Papier") der CDU/ CSU - Bundestagsfraktion von 1994[334]. Diese Staaten sollten als „Kerneuropa" diejenigen Integrationsschritte vollziehen, zu denen die anderen EU-Staaten (noch) nicht bereit seien, damit nicht die integrationsunwilligsten Staaten die Geschwindigkeit der Integration bestimmten[335]. Dabei sollte dieser Kern keine neue supranationale Ebene bilden, sondern im Rahmen der EU und offen für alle weiteren integrationswilligen Staaten sein[336].

Die Konsequenzen einer solchen Integrationsstrategie für die Möglichkeit von Systemwettbewerb sind bedeutend. Einerseits kann Systemwettbewerb (im Sinne nicht wettbewerbsbeschränkender Maßnahmen) nur dann möglich sein, wenn man von einer einheitlichen Integrationsstrategie für alle EU-Mitglieder (Totalharmonisierung der Integrationsbemühungen) abgeht. Denn nur dies kann unter der Voraussetzung unterschiedlicher Präferenzen in den verschiedenen EU-Staaten die Wahl der Bürger ermöglichen. Deshalb ist ein Kerneuropa

---

333 Vgl. Janning (1994), S. 529.

334 Vgl. CDU/ CSU - Fraktion des Deutschen Bundestages (1994).

335 Die Idee eines Kerneuropas, das zunächst eine Wirtschafts-, Währungs- und politische Union bildet, stammt bereits aus den 80er Jahren; vgl. Tuchtfeldt (1985).

336 Aus konstitutioneller Sicht ist die Offenheit des „Kerneuropas" für alle Teilnehmerstaaten eine wichtige Bedingung für eine Entwicklung der EU, die keine neuen Wettbewerbsschranken zuläßt. Demgegenüber steht eine Auffassung von Kerneuropa, die die wirtschaftliche Verflechtung (und damit die Optimalität des Wärhungs- bzw. Wirtschaftsraums) als Bedingung für eine Teilnahme am Kern prüft; vgl. Jacquemin/ Sapir (1996). Danach könnte Kerneuropa nur aus einem begrenzten Teilnehmerkreis bestehen und Offenheit wäre (wie bei den Konvergenzkriterien der WWU) an das Erreichen bestimmter Kriterien gebunden. Ein solches Kerneuropa läßt sich aber wissenschaftlich nur schwer abgrenzen.

wettbewerbsermöglichend, da es ein „Randeuropa“ dort zuläßt, wo die Bürger entweder bestimmte Integrationsschritte nicht vollziehen können (wie etwa neue EU-Mitglieder oder EU-Mitglieder, die bestimmte wirtschaftliche Strukturmerkmale nicht aufweisen) oder wollen.

Andererseits kann ein „Kerneuropa“ auch eine Gefahr für den gemeinsamen Markt (und damit für die Grundlage des Systemwettbewerbs) bedeuten, nämlich dann, wenn die weitergehenden Integrationsfortschritte neue Barrieren für die Freizügigkeit und den Freihandel darstellen. Die weitergehenden Schutzniveaus etwa, deren Bestand seit der EEA im Umweltschutz gesichert ist, stellen bei Geltung des Bestimmungslandprinzips ein Hindernis im Systemwettbewerb dar. Diese Einschränkung ist nicht absolut: Systemwettbewerb ist immer noch insofern möglich, als daß es mehrere verschiedene Regulierungen (etwa beim Umweltschutz) gibt, die Auswirkungen auf die Standortqualität haben (und damit Standortwettbewerb hervorrufen) und die eine größere Anzahl von Innovationen zulassen als harmonisierte Regulierungen. Das höhere Schutzniveau bringt dennoch weniger Systemwettbewerb, weil die Konsumenten nicht direkt durch den Kauf einer Ware über die Regulierung entscheiden, unter der die Ware hergestellt wurde. Der Systemwettbewerb funktioniert dann nur über eine Änderung der politischen Rahmenbedingungen (voice), wenn die Konsumenten die Vorteilhaftigkeit der ausländischen Regulierung erkennen.

Die Flexibilität der Integrationmethode ist also nur ein notwendiges Kriterium für Systemwettbewerb im Rahmen der europäischen Integration, aber kein hinreichendes. In Abschnitt 6.5. wird gezeigt, welche hinreichenden Kriterien Systemwettbewerb kennzeichnen.

Neben der Idee der abgestuften Integration gab es noch weitere Integrationskonzepte, die als Alternative zur „Gemeinschaftsorthodoxie“ einer immer weitergehenden Vertiefung der Integration durch alle Mitgliedstaaten konzipiert wurden.

Die Idee eines Europas der konzentrischen Kreise sieht - ausgehend von einem sehr eng integrierten Kern - mehrere geographische „Kreise“ rund um diesen Kern vor. Diese sind je nach Entfernung zum Kern immer lockerer mit diesem integriert[337]. Diese Kreise könnten neben dem Kerneuropa mit einer WWU ein zweiter Kreis von EU-Mitgliedern sein, die die Kriterien für die WWU noch nicht

---

[337] Vgl. De Michelis (1990); dieses Konzept ist auch als „Balladur-Doktrin“ bekanntgeworden; vgl. Granell (1995), S. 137.

erfüllen, ein dritter Kreis der EWR-Staaten und ein vierter Kreis der assoziierten Staaten[338].

Die konzentrischen Kreise fanden ihre Rationalität einmal in einem wirtschaftlichen und einmal in einem politischen Argument begründet. Wirtschaftlich wurden sie im Zusammenhang mit der Theorie optimaler Währungsräume verbunden: Das Auftreten asymmetrischer Schocks ist im am meisten miteinander verflochtenen Integrationsgebiet am unwahrscheinlichsten, deshalb entspricht der Kern Europas am ehesten einem optimalen Währungsraum. Politisch wurde die Länge der Zugehörigkeit zur EU als Kriterium für die Zugehörigkeit zum Kern gewertet und bei den später hinzugekommenen Mitgliedern entweder mangelnde Fähigkeit oder mangelnder Wille zur Integration konstatiert[339].

Gegenüber einer monolithischen Integration ohne Ausnahmen ist im Konzept der konzentrischen Kreise zwar eine bessere Berücksichtigung unterschiedlicher Wirtschaftsbedingungen, dennoch ist es für die Fortschritte der Integration eines Landes in die Gemeinschaft unerheblich, in welchem geographischen Kreis es (zufällig) liegt. Da Integration entweder die Folge wirtschaftlicher Entscheidungen dezentral planender Einheiten oder die Folge einer politisch getroffenen Entscheidung im Systemwettbewerb ist, kann die geographische Lage nicht als Indikator für Integration in Frage kommen.

Noch radikaler als die beiden obigen Konzepte stellte die Idee eines „Europe à la carte“ (oder Europas der variablen Geometrie) die einheitliche Richtung der Integration in Frage. Dieses schon seit den 70er Jahren diskutierte Konzept[340] schlägt vor, daß sich funktional - etwa wie beim Schengener Abkommen - europäische „Gemeinschaften“ bilden, die jeweils mit einem bestimmten Zweck verbunden sind. Der Vorteil bei diesem Konzept ist, daß die Staaten (d.h. die Regierungen) nicht „Europa“ als ein Paket mit vielen Kompromissen akzeptieren müssen, sondern daß sie nur diejenigen Integrationsbereiche wählen, die ihren Präferenzen entsprechen. So könnte etwa eine Europäische Agrargemeinschaft (mit der GAP) existieren, ohne daß alle Staaten zwangsläufig daran teilnehmen. Allerdings ist auch dieses Integrationskonzept nicht hinreichend für die Gewährleistung von Systemwettbewerb. Denn ein „Europe à la carte“ ohne

---

[338] Vgl. Brunner/ Ochel (1995), S. 17.

[339] Dies kann durchaus begründet werden: Ein Teil der später hinzugekommenen Mitglieder wie Dänemark und Großbritannien hatte sich zu Beginn der europäischen Integration bewußt für eine Freihandelszone entschieden, ein anderer Teil (die Südländer) war tatsächlich in seiner Wirtschaftsstruktur sehr unterschiedlich zum Kern.

[340] Vgl. Dahrendorf (1972), S. 81-83, sowie ausführlich Dahrendorf (1979).

Grundfreiheiten würde dazu führen, daß Staaten nur dort Wettbewerb zulassen, wo sie selber Wettbewerbsvorteile sehen, etwa in bestimmten Sektoren. Eine Aufsplittung der Union durch ein „Europe sectorielle à la carte“ würde zu einer noch stärkeren Beschränkung des Systemwettbewerbs führen als ein einheitliches Integrationsgebiet, in dem zwar einige Politiken vergemeinschaftet sind, ansonsten aber die Grundfreiheiten respektiert werden.

Die Diskussion der europäischen Integrationsmethoden führte insbesondere in der Politik zu hohen Erwartungen an die Regierungskonferenz von 1996, die die Konflikte zwischen Osterweiterung und Vertiefung, zwischen Zentralisierung und Subsidiarität und zwischen den konkurrierenden Leitbildern der Finalität des Integrationsprozesses lösen sollte. Dabei wurde die Diskussion durch die Forderung nach einer Verfassung als kohärenter Lösung bestimmt, die klare Aufgabengebiete zuweist und eine klare Hierarchie der politischen Ebenen anstelle der bisherigen Mischstruktur präferierte. Der „Kompetenz-Wildwuchs“ sollte beschnitten werden und dadurch eine „Optimierung der Kompetenzverteilung“ erreicht werden[341]. Für den Systemwettbewerb bedeutet eine solche Ordnung - so wünschenswert eine klare Kompetenzverteilung ist - immer die Gefahr einer Ausschaltung durch Harmonisierung. Da zudem in der Bevölkerung die Skepsis in Bezug auf europäische Utopien nach der EEA und den Maastrichter Vertragsänderungen deutlich zugenommen hatte, war die Regierungskonferenz 1996 mit einer Erwartungshaltung befrachtet, der sie notwendigerweise nicht entsprechen konnte.

Die unterschiedlichen Integrationskonzepte, die als Antwort auf die zunehmenden Zweifel an der monolithischen Integration diskutiert wurden, werden in Tabelle 6.7. nochmals zusammenfassend dargestellt.

---

[341] Weidenfeld (1994), S. 26.

Integrationstrategie	Charakterisierung	Konsequenzen für Systemwettbewerb	Literatur
monolithische Integration	Integration aller Staaten mit einer Geschwindigkeit und einem Ziel	Totalharmonisierung, kein Systemwett-bewerb in den harmonisierten Politikfeldern möglich[342]	Schneider (1994)
Europa mehrerer Geschwindigkeiten	Integration mit mehreren Geschwin-digkeiten, aber einem Ziel	Systemwettbewerb ist in den harmonisierten Politikfeldern nur in einem begrenzten Zeitraum möglich	Janning (1994)
Europa der kon-zentrischen Kreise	verschiedene (geo-graphisch-historisch bestimmte) Kreise der Integration	Systemwettbewerb ist zwischen den Kreisen möglich. Im innersten Kreis ist die Gefahr einer Kartellisierung am größten	De Michelis (1990);
Abgestufte Integra-tion (Kerneuropa)	es existiert ein Kern integrationswilliger Staaten; die Integration der anderen Mitglieder ist nicht so weit fortgeschritten und eine vollige Angleichung ist nicht garantiert	Systemwettbewerb ist möglich. Im Kern ist die Gefahr einer Kartellisierung am größten.	Schäuble-Lamers-Papier; Lamers (1994)
Europe à la carte	Je nach funktionalem Gebiet können Staaten eine Teilintegration vornehmen.	Systemwettbewerb ist generell möglich, be-sonders bei der Existenz von Se-zessionsklauseln.	Dahrendorf (1979)

Tab. 6.7 Integrationsstrategien und Systemwettbewerb - ein Überblick
Quelle: eigene Erstellung

[342] Hierbei ist zu beachten, daß häufig die Gesetzgebung der EU nur komplementär zur nationalen und regionalen Regulierung erfolgt, wo auch weiterhin Politikwettbewerb möglich ist.

6.4.4. Die Regierungskonferenz 1996 und die EU nach den Beschlüssen von Amsterdam

Die bereits im EU-Vertrag in Maastricht in Artikel N festgeschriebene Regierungskonferenz nach fünf Jahren hatte den Auftrag, zu prüfen, „inwieweit die durch diesen Vertrag eingeführten Politiken und Formen der Zusammenarbeit mit dem Ziel zu revidieren sind, die Wirksamkeit der Mechanismen und Organe der Gemeinschaft sicherzustellen“[343]. Zu diesem Zweck erarbeitete zunächst eine Reflexionsgruppe (in der EU-Kommission, Mitgliedstaaten und das Europäische Parlament vertreten waren) Vorschläge, die dann die Grundlage für die bis Mitte 1997 dauernde Regierungskonferenz waren. Bereits diese Vorschläge deuteten darauf hin, daß eine Reform der Europäischen Union mit dem Ziel einer „Generalrevision“ der Verträge nicht möglich war und daß stattdessen die Verträge fortgeschrieben würden und so weiter an Unübersichtlichkeit zunehmen würden[344]. Die Reformvorschläge der einzelnen Mitgliedstaaten sowie der Organe der Europäischen Union und der Interessengruppen umfaßten alle denkbaren Bereiche, fanden ihre Schnittmenge aber in der Forderung nach einer effizienzsteigernden Reform der Institutionen der EU[345]. Diese Institutionenreform ist praktisch gescheitert. Während 1996 die konservative britische Regierung die Vorschläge einer Effizienzsteigerung auf Kosten der nationalen Souveränität (insbesondere bei der Frage der Mehrheitsentscheidungen) abblockte, führte 1997 der Streit um die näherrückende Währungsunion dazu, daß die institutionellen Reformen der EU minimal waren[346].

Der Vorschlag eines Kerneuropas bzw. einer flexiblen Methode der Integration wurde in die Verträge eingeführt, allerdings dürfen die Mitgliedstaaten nur unter besonderen Bedingungen verstärkt zusammenarbeiten[347]:

* Die Zusammenarbeit darf nicht in das Feld der ausschließlichen Kompetenzen der Union fallen. Damit ist gesichert, daß jede Form der erweiterten Zusammenarbeit sich auf Felder erstreckt, in der bisher die nationalen Regierungen (oder ihre Untergliederungen) selbständig gehandelt haben.

---

[343] Dazu finden sich in einzelnen Artikeln des EU-Vertrags sowie in Art. 189 b) (8) Aufträge zur Überprüfung einzelner institutioneller oder die Gemeinschaftspolitiken betreffender Fragen; vgl. den Überblick bei Rat der Europäischen Union (Hrsg.), 1995, S. 33-34.

[344] Vgl. Berg (1996), S. 4.

[345] Für eine Synopse aus deutscher Sicht vgl. Piepenschneider (1995).

[346] Vgl. Vibert (1997), S. 10.

[347] Vgl. Artikel 11 des EG-Vertrags in der neuen Fassung sowie die Artikel 43 und 44 des EU-Vertrags in der neuen Fassung.

Verstärkte Zusammenarbeit wirkt also notwendigerweise zentralisierend. Eine Flexibilisierung der europäischen Landwirtschaftspolitik, wie sie mit Berufung auf das Subsidiaritätsprinzips u.a. von deutschen Ländern gefordert wurde, ist im Rahmen dieser Integrationsstrategie nicht möglich. Allerdings wird gleichzeitig festgelegt, daß die Zusammenarbeit nicht außerhalb der Zuständigkeiten erfolgen darf, in denen die Gemeinschaft schon jetzt konkurrierende Kompetenzen hat. Also kann dadurch auch keine Ausweitung der Kompetenzen auf neue Bereiche begründet werden.

* Die Zusammenarbeit darf die Verträge nicht gefährden und darf insbesondere keine Barrieren für den Handel der Mitgliedstaaten darstellen. Damit wird die Einheit des Binnenmarktes und die Gültigkeit der Grundfreiheiten gewährleistet.

* Die Zusammenarbeit gilt nur als „last resort“ (letztes Mittel), wenn eine Verständigung über den Integrationsbereich nicht in der Gemeinschaft möglich ist. Sie muß mindestens eine Mehrheit der europäischen Staaten umfassen und offen für alle Interessenten sein. Einer Zersplitterung der EU soll so entgegengewirkt werden.

* Die Zusammenarbeit erfolgt aufgrund einer qualifizierten Mehrheitsentscheidung des Ministerrates auf Vorschlag der Europäischen Kommission. Damit besitzt die EU-Kommission eine starke Stellung: Nur dort, wo es in ihrem Interesse ist, können die Staaten verstärkt zusammenarbeiten.

Diese Regelungen lassen die flexible Methode der Integration als Ausweg zwischen zentripetalen und zentrifugalen Kräften in der EU sowie als systemwettbewerbskonforme Methode der Integration sehr zweifelhaft erscheinen. Die Stellung der Kommission bei der Zulassung verstärkter Zusammenarbeit sowie die anderen Erfordernisse lassen eher erwarten, daß eine verstärkte Integration einzelner Staaten eine große Ausnahme bleiben wird. Die eigentliche Idee der Schaffung eines europäischen Kerns wird durch die Erfordernis einer Teilnahme der Staatenmehrheit an der Integration ad absurdum geführt, da bereits jetzt die Gründungsmitglieder der EG (wenn man diese einmal als potentiellen Kern annimmt) eine Minderheit darstellen, was sich durch die Osterweiterungen noch verstärkten wird. Deshalb ist die Flexibilität in diesen Verträgen wohl eher im Zusammenhang mit der Frage nach der Einstimmigkeit zu sehen: Die flexible Methode der Integration bei Entscheidung mit qualifizierter Mehrheit reduziert die Erpressungs- bzw. Blockademöglichkeiten, die von einem einzelnen Staat ausgehen. Bei einer solchen Blockade kann jetzt die verstärkte Zusammenarbeit unter Nutzung der Unionsorgane stattfinden.

Die sonstigen institutionellen Änderungen, die eine geringe Ausdehnung der Befugnisse des Europäischen Parlaments sowie eine Ausweitung derjenigen Fälle beinhalten, in denen im Ministerrat Mehrheitsentscheidungen getroffen werden, führen zu keinen nennenswerten Veränderungen im Vergleich mit den Verträgen nach Maastricht. Beschlüsse, die die Arbeitsfähigkeit insbesondere der EU-Kommission nach einer möglichen Osterweiterung sichern könnten, wurden vertagt.

Dagegen wurden einige Vertragsänderungen aufgenommen, die für den Systemwettbewerb in der EU eine Gefahr darstellen: Im Bereich des Umweltschutzes sowie des Schutzes der Arbeitsumwelt wurde ermöglicht, daß einzelne Staaten - trotz des ohnehin für die gesamte Union verbindlichen hohen anzustrebenden Schutzniveaus - Ausnahmeregelungen treffen könnten, die den Handel beschränken, falls diese nach neuen wissenschaftlichen Erkenntnissen formuliert seien und nach einem Votum der EU-Kommission keine zu starken Handelsbeschränkungen zu erwarten sind. Es ist aber fraglich, ob das Votum der Kommission und dessen Durchsetzung einen Erfolg gegen neue protektionistische Bestrebungen im Binnenmarkt darstellen[348] . Eher ist damit eine Restriktion von Systemwettbewerb in diesem Bereich zu erwarten, die besonders dann wichtig wird, falls es zur Osterweiterung der EU kommt, wo Staaten mit sehr unterschiedlichen Regulierungsniveaus und Wohlstandspositionen integriert werden.

Die öffentlichen Dienstleistungen wurden unter Schutz vor Wettbewerb gestellt. Dies geschah unter Berufung auf ein „europäisches Gesellschaftsmodell“, das auf einer systemwettbewerbsverhindernden Grundlage basiert[349]. In einem Zusatzprotokoll über die Subventionierung öffentlicher Radio- und Fernsehersender wird zudem die Rechtmäßigkeit von Subventionen festlegt, so lange diese im öffentlichen Interesse seien. Damit ist eine wettbewerbsbehindernde staatliche Maßnahme in einem der wichtigsten Bereiche gebilligt, nämlich gerade dort, wo wegen der Konkurrenz privater mit staatlichen Anbietern besonders große Vorteile vom Systemwettbewerb als Entdeckungsverfahren der günstigsten institutionellen Arrangements zu erwarten sind. Die Tendenz in der EU, den Systemwettbewerb gerade dort zu beschränken, wo er die größten Auswirkungen hat, wird damit fortgesetzt.

---

[348] Vgl. Coleman/ Wolf (1997), S. 4.
[349] Vgl. Abschnitt 5.3.5.

Das gilt auch für die Einführung eines Kapitels zur Beschäftigung in den EG-Vertrag. Dieses Beschäftigungskapitel ist der neue Titel VIII des EG-Vertrages, der durch die Einfügung des Ziels eines „hohen Beschäftigungsniveaus" in die Präambel des EU-Vertrages sowie in den Artikel 2 EGV begründet wird. Die generelle Kompetenz der Union für Beschäftigung wird hier u.a. als Koordinierung der Wirtschaftspolitiken der Nationalstaaten im Hinblick auf das Beschäftigungsziel oder die Ergänzung der nationalstaatlichen Maßnahmen durch Gemeinschaftsaktionen konkretisiert. Andererseits ist im Beschäftigungskapitel klar ausgedrück, daß damit keine Harmonisierung der Regulierung der einzelnen Mitgliedstaaten erfolgen soll[350].

Diese widersprüchliche Formulierung läßt sich durch den Kompromißcharakter der neuen Vertragsfassung erklären. Die Einführung eines Kapitels zur Beschäftigungspolitik geschah auf den ausdrücklichen Wunsch Frankreichs (genauer der französischen Linksregierung unter Lionel Jospin), das damit ein Gegengewicht zur unabhängigen Zentralbank in der WWU schaffen wollte. Andererseits weigerte sich besonders die deutsche Regierung, neue Kompetenzen mit neuen Finanzierungsverpflichtungen auf die Gemeinschaft zu übertragen. Die unterschiedliche Beurteilung der hinter dem Beschäftigungskapitel stehenden post-keynesianischen Wirtschaftspolitik wurde auf dem sogenannten „Beschäftigungsgipfel" deutlich, auf dem die Staats- und Regierungschefs der EU über die konkreten Maßnahmen diskutierten, die das Beschäftigungskapitel mit sich bringen sollte. Die beschäftigungspolitischen Leitlinien des Ministerrats stellen - egal wie die konkrete Beschäftigungspolitik aussieht - ein Anmaßung von Wissen dar, daß nur im Wettbewerb zu erzeugen ist[351].

Für eine erfolgreiche Politik im Systemwettbewerb ist eine ordnungskonforme Gestaltung des Arbeitsmarktes von sehr großer Wichtigkeit, da die Möglichkeit der Faktorwanderung sowie der differenzierten Faktorentlohnung wesentliche Anreize im Wettbewerb darstellen. Wenn diese Anreize wegfallen, da der Arbeitsmarkt (teilweise) zentral geregelt ist, ist eine Verringerung der institutionellen Innovationen (und Imitationen) zu erwarten. Die sklerotisierten „koordinierten" Arbeitsmärkte führen zum Ausschluß eines Teils der Arbeitssuchenden durch die Protektion und verschärfen so das Problem, welches sie lösen sollen. Die Erhaltung der Anpassungsfähigkeit der Arbeitsmärkte hat gleichzeitig (da der Wettbewerb auf den Faktormärkten auch Grundlage für den Wettbewerb auf den Gütermärkten ist) direkte Auswirkungen auf das Wachstumspotential und die Wohlstandsentwicklung in der EU.

---

[350] Vgl. Feldmann (1997b).
[351] Vgl. Feldmann (1997c).

Politische Fehlentwicklungen, die durch Abwanderung oder Widerspruch auf den Arbeitsmärkten deutlich werden (etwa die Erhaltung von veralteten Industriestrukturen mit der Folge der Massenarbeitslosigkeit) werden dann nicht mehr durch Wettbewerb beschränkt, wenn beschäftigungspolitische Maßnahmen der EU diese Fehlentwicklungen ausgleichen. Damit wäre ein hoher Anreiz zu arbeitsmarktpolitischem *moral hazard* gegeben, da die Kosten der Fehlentwicklungen auf die Gemeinschaft überwälzt werden können.

Da eine solche Überwälzung nicht durch Harmonisierung von oben oder durch kostenträchtige EU-Programme durchgeführt werden kann, ist ein Versuch der Bildung eines Konditionenkartells durch die EU-Staaten am wahrscheinlichsten (möglicherweise - da bei diesem Thema eine qualifizierte Mehrheitsentscheidung vonnöten ist - mit Kostenüberwälzung auf eine Minderheit ordnungskonform handelnder Staaten). Die Kompetenz der EU für den Bereich der Beschäftigung erweist sich also in jedem Fall als Gefährdung für den Systemwettbewerb in der EU.

Insgesamt bringt der Vertrag von Amsterdam, mit dem die europäischen Verträge geändert wurden, eher eine weitere Verschärfung der Probleme der Union. Die drängenden Fragen im Zusammenhang mit der Osterweiterung, die häufig nur (eher einfache) Probleme der Quantität (etwa die Anzahl der Kommissare) betrafen, konnten dennoch nicht beantwortet werden. Die Grundfrage, ob wettbewerbliche oder interventionistische Maßnahmen die Integration Europas bestimmen, wurde wieder nicht gelöst. Stattdessen wurden - wie auch schon bei den vorherigen Vertragsänderungen - neue Gebiete zumindest potentiell vom Wettbewerb ausgenommen. Auch die Einführung der Möglichkeit flexiblerer Integrationsmethoden kann bei der Ausgestaltung dieses Bereichs keine Hilfe gegen die wettbewerbsbeschränkenden Tendenzen sein.

6.4.5. Europäische Integration im Systemwettbewerb - eine Zusammenfassung

Die bisherige europäische Integration steckte von Anfang an im Dilemma zwischen freiheitlicher, wettbewerbsfördernder (negativer) Integration und interventionistischer, kartellisierender (positiver) Integration. Eine besondere Schwierigkeit der Beurteilung der politischen Integrationsmaßnahmen ist die Tatsache, daß sie häufig in ihrer Wirkung nicht eindeutig sind. Es reicht nicht, die politische Struktur zu analysieren, sondern die materiellen Inhalte der Politik machen häufig den wettbewerbsbeschränkenden Gehalt von Regelungen aus. Deshalb stellt sich bei der Beurteilung der Integrationsgeschichte die Frage, ob es neben den notwendigen Bedingungen für Systemwettbewerb, die in der

Europäischen Union in der Form der Grundfreiheiten vorhanden sind, auch hinreichende Bedingungen gibt, die den Wettbewerb in der Union garantieren.

Dabei soll die Garantie des Wettbewerbs (wie am Beispiel der Diskussion des „Europe à la carte“ deutlich wurde) eine Garantie des Leistungswettbewerbs in der Union sein, nicht eine Garantie jedweder nationalen Maßnahme[352]. Wenn es um den Schutz des Leistungswettbewerbs in der Union geht, kann die Frage nach den hinreichenden Bedingungen für Systemwettbewerb so formuliert werden: Gibt es eine Wettbewerbsordnung, die den Systemwettbewerb in der Europäischen Union erhalten kann? Dazu muß zunächst eine normative Theorie des Systemwettbewerbs aufgestellt werden (Abschnitt 6.5.) und diese dann auf die Europäische Union übertragen werden (Abschnitt 6.6.).

6.5. Ein Wettbewerbssystem für den Systemwettbewerb

„Wettbewerb ist kein Naturgewächs; Wettbewerb ist eine Kulturpflanze.“
Wilhelm Röpke[353]

6.5.1. Schutz des Wettbewerbs als Aufgabe der Ordnungspolitik auch im Systemwettbewerb

Die Idee, daß der Wettbewerb gegen Wettbewerbsbeschränkungen und Wettbewerbsverfälschungen geschützt werden müsse, ist nicht neu. Bereits Adam Smith stellt seinem durch die unsichtbare Hand geleiteten Wettbewerbsprozeß die steten Versuche der Marktteilnehmer gegenüber, diesen Prozeß wieder zu beschränken[354]. Die normative Wettbewerbstheorie hat deshalb immer versucht, Wettbewerbsbeschränkungen und Wettbewerbsverfälschungen durch ordnungspolitische Maßnahmen auszuschließen. Die dabei entwickelten Leitbilder waren die Grundlage für die Schaffung ganzer Wettbewerbsordnungen. Im Bereich des Gütermarktwettbewerbs haben sich im Laufe des letzten und dieses Jahrhunderts eine Reihe von Wettbewerbsleitbildern herausgebildet, die - basierend auf einer unterschiedlichen Modellierung des Wettbewerbsprozesses -

---

[352] Dies wird häufig deshalb verwechselt, weil de facto zwischen Zentralisierung (dem Verlust nationaler Souveränität) und Wettbewerbsbeschränkung in der EU ein enger Zusammenhang besteht. Beides sind aber unterschiedliche (und unterschiedlich zu bewertende) Tendenzen.

[353] Zitiert nach Nell-Breuning (1975), S. 39.

[354] „People of the same trade seldom meet together, even for merriment and diversion, but the conversation ends in a conspiracy against the public, or in some contrivance to raise prices“ ; vgl. Smith (1952), S. 55.

unterschiedliche Maßnahmen zum Schutz des Wettbewerbs fordern[355]. Wenn man den evolutionären Prozeß als die adäquate Darstellung wirtschaftlicher Vorgänge akzeptiert, so sind diejenigen Leitbilder der Wettbewerbspolitik, die auf der neo-klassischen Modellierung von Wirtschaft basieren, abzulehnen. Hayek (1969c) und Hoppmann (1967) haben deshalb die Grundzüge einer Wettbewerbsordnung dargestellt, die einem evolutionären Wirtschaftsprozeß angemessen ist: das Konzept der Wettbewerbsfreiheit.

Die dem ungeordneten Wettbewerb innewohnende Tendenz, durch Machtbeziehungen und Wettbewerbsbeschränkungen aufgehoben zu werden, ist auch im Systemwettbewerb relevant[356]. Daher wurde die Analyse des Systemwettbewerbs von Anfang an mit der Forderung nach einer Regulierung des Systemwettbewerbs durch ein Ordnungssystem verbunden[357]. Über die Ausgestaltung eines solchen Wettbewerbssystems gehen die Meinungen - entsprechend dem zugrundegelegten Wirtschaftsmodell - auseinander. Das evolutionäre Wirtschaftsmodell läßt die konkrete Forderung von Marktstrukturen oder Marktergebnissen nicht zu. Vielmehr steht hier die Offenheit des Innovations- und Imitationsprozesses sowie die Anpassungsfähigkeit der Institutionen an neue - im Marktprozeß signalisierte - Daten im Mittelpunkt. Deshalb kann ein evolutionäres Wettbewerbssystem nur die Sicherung der Freiheit der handelnden Wirtschaftssubjekte in Form negativer Verbote, nicht aber die Erreichung konkreter Ergebnisse in Form positiver Gebote zum Ziel haben.

Das Problem der Unterscheidung von Leistungswettbewerb und Behinderungswettbewerb wird bei der Frage nach einem Wettbewerbssystem für den Systemwettbewerb zu einem zentralen Problem: Denn wenn Leistungs- und Behinderungswettbewerb nicht voneinander unterschieden werden können, ist auch keine Aussage über ein Wettbewerbssystem möglich.

Hoppmann hat die Wettbewerbsfreiheit als Freiheit im Austauschprozeß und Freiheit im Parallelprozeß definiert. Der Austauschprozeß ist der Prozeß, der zwischen den verschiedenen Marktseiten (Anbieter und Nachfrager) stattfindet. Je größer die Anzahl der angebotenen Alternativen ist und je einfacher diese Alternativen substituierbar sind, desto geringer ist die Abhängigkeit der Nachfragerseite von der Angebotsseite. Umgekehrt ist die Freiheit der Anbieter

[355] Vgl. Graumann (1993); Berg (1992), S. 245-261; Schmidt (1993), S. 11-27.

[356] Vgl. die Analyse der oligopolistischen Beziehungen in Abschnitt 6.2.7.

[357] Vgl. Siebert (1990), S. 68, der in einem neoklassischen Analyserahmen auf die Wichtigkeit der ausreichenden Definition von Eigentumsrechten, der Internalisierung externer Effekte und die Konstanz der Wirtschaftspolitik hinweist .

umso größer, je eher sie das aktuelle Angebot (entweder die Art der angebotenen Güter oder die Produktionsprozesse) ändern können[358]. Der Parallelprozeß, der innerhalb beider Marktseiten stattfindet, hat drei verschiedene Charakteristika: Die Anzahl der Marktteilnehmer (inklusive der potentiellen Konkurrenz), die Parameter des Wettbewerbs sowie die Phasen des Wettbewerb (als dynamischer Imitations- und Innovationsprozeß)[359]. Im folgenden soll untersucht werden, inwieweit diese beiden Kategorien dazu geeignet sind, ein Wettbewerbssystem für den Systemwettbewerb zu bilden. Dabei kann die Eignung des Systems mit zwei verschiedenen Maßstäben gemessen werden.

Der grundlegende Eignungsmaßstab ist der der Zielerreichung. Da es in einer evolutionären, katallaktischen Wirtschaft keine vorgegebenen Ziele, sondern nur die Ziele der Individuen gibt, muß die möglichst große Freiheit der Individuen, ihre eigenen Ziele zu erreichen, das ultimative Ziel der Wettbewerbsordnung im Systemwettbewerb sein. Eine hohe Anpassungsfähigkeit der Institutionen an neue Gegebenheiten ist eine notwendige Bedingung dafür[360]. Wettbewerb im institutionellen Bereich funktioniert als Entdeckungsverfahren für neue, vorteilhafte Institutionen, zumindest dann, wenn er nicht in einer Beschränkung einiger Marktteilnehmer oder einer Marktseite endet.

Die Beschränkung der Marktteilnehmer durch Wettbewerb muß aber noch genauer definiert werden: Wenn Wettbewerb unter Ausschluß aller für den einzelnen unerwünschten Wettbewerbsfolgen funktionieren würde, dann werden nur solche Institutionen (neu) ausgewählt, die von mindestens einem Marktteilnehmer vorgezogen werden, während alle anderen zumindest gleichgültig sind. Der Institutionenwettbewerb würde dann auf einer Art Einstimmigkcitsprinzip beruhen.

Dabei stellt sich aber die zweite Frage, die mit dem Leitbild der Wettbewerbsfreiheit verbunden ist: Ist dieses Leitbild operational und durchsetzbar? Der Wettbewerbsprozeß mit seiner kreativen Zerstörung bringt immer auch Verlierer hervor, da er nicht den status quo garantiert. Insofern kann er niemals auf Einstimmigkeit beruhen. Deshalb ist die Art der Wettbewerbsbeschränkungen, die definiert und ausgeschlossen werden können, näher zu untersuchen.

---

[358] Vgl. Hoppmann (1967), S. 88-89.
[359] Vgl. Hoppmann (1967), S. 89-90.
[360] S. Abschnitt 4.7.

6.5.2. Freiheit im Austausch- und Parallelprozeß des Systemwettbewerbs

Die Freiheit im Austauschprozeß bedeutet im Systemwettbewerb einmal die Freiheit der Nachfrager, diejenigen Institutionen zu wählen, die ihnen am vorteilhaftesten erscheinen, andererseits die Freiheit der Anbieter, neue oder veränderte Institutionen anbieten zu können. Auf dem (nationalen, europäischen und internationalen) Markt für Regulierung findet hier die Selektion von Regeln statt[361]. Wettbewerbsfreiheit auf diesem Markt ist einmal mit der Möglichkeit verbunden, inländische Regeln durch ausländische Regeln ohne Behinderungen zu substituieren (z.B. beim Import von Waren). Allerdings ist bei der Auswahl immer ein Bündel aus Gütern und Regulierungen zu betrachten: So bedeutet Freiheit im Wettbewerb nicht, im Sinne des Rosinenpickens z.B. Steuern im Land mit dem niedrigsten Steuersatz zu zahlen, aber die öffentlichen Leistungen aus dem Land mit der besten bereitgestellten Infrastruktur in Anspruch zu nehmen. Dies würde die Freiheit anderer Marktteilnehmer (nämlich die Freiheit derjenigen, die die Kosten des *free riding* zu bezahlen haben) beeinträchtigen. Neben der Auswahl in einem Land muß dem Konsumenten politischer Regulierung die Möglichkeit von Abwanderung (wozu streng genommen der obige Fall der Wahl eines Importgutes schon gehört) und Widerspruch bleiben.

Jede Abwanderung bedeutet aber gleichzeitig anderswo eine Zuwanderung. Ohne das Recht, Mitglied (mit allen Rechten und Pflichten) in zumindest einem alternativen Club zu werden, ist das Recht auf Abwanderung inhaltslos. Deshalb muß eine Wettbewerbsordnung für den Systemwettbewerb auch eine Ordnung der Migration, eine Wanderungsordnung, umfassen[362]. Durch die Wanderungsordnung sollte einerseits die Möglichkeit von Trittbrettfahrerverhalten ausgeschlossen werden (also eine Leistungsbeschränkung bei Zuwanderung geregelt sein), andererseits die Möglichkeit zur Zuwanderung offen gehalten werden (als Teil der Wettbewerbsfreiheit). Der Transfer bereits erbrachter Vorsorgeleistungen in Sozialversicherungssystemen kann dabei durch die gegenseitige Anerkennung innerhalb der EU ermöglicht werden. Damit wäre ein weiteres Hindernis für die Mobilität in der EU beseitigt. Abwanderung bzw. die Drohung mit Abwanderung würden glaubwürdiger und die institutionelle Anpassungsfähigkeit würde

---

[361] Vgl. Desai (1997), S. 56.
[362] Vgl. Kerber (1997), S. 13.

erhöht[363]. Neben einer Regelung der intragemeinschaftlichen Wanderung muß die EU auch eine Einwanderungsordnung formulieren[364].

Auf der Angebotsseite bedeutet Freiheit im Austauschprozeß die Möglichkeit politischer Anbieter, verschiedene Güterbündel anzubieten sowie die zur Güterproduktion nötigen Produktionsprozesse zu verändern. Letzteres schließt etwa den Bestandsschutz für öffentlich-rechtliche Anbieter von Leistungen aus: Prinzipiell muß bei jeder öffentlich angebotenen Leistung eine Substitutionsmöglichkeit der öffentlichen Produktion durch private Produktion gegeben sein, was auch eine Subventionierung öffentlicher Anbieter ausschließt. Die in der Public-Choice-Analyse deutlich gewordene Gefahr der Sicherung von staatlich geschützten Monopolrenten würde verringert[365], insbesondere würde die Wettbewerbsfreiheit der politischen Anbieter die Möglichkeit des Vergleichs von (staatlich versus privat produzierten oder im Wettbewerb auf freien Märkten produzierten) Leistungen beinhalten. Dort, wo Leitungsnetze und daraus resultierende Skaleneffekte bestehen, können Durchleitungsrechte und die Trennung von Leitungsnetz (natürliches Monopol) und durchgeleitetem Gut Wettbewerb schaffen.

Die Deregulierung, die in den europäischen Staaten seit den 80er Jahren eingesetzt hat, zeigt die ökonomischen Vorteile der Wettbewerbsfreiheit im Austauschprozeß der Anbieter deutlich auf[366]. Der eigentliche Vorteil dieser Lösung ist allerdings nicht in der Schaffung effizienterer Strukturen der Leistungserstellung zu sehen, sondern in der freiheitsschaffenden und machtbegrenzenden Wirkung des Wettbewerbs bei denjenigen Leistungen, die bisher sowohl im Austauschprozeß für die Nachfrager als auch die Anbieter unverändert starr waren. Wettbewerb ermöglicht hier in erster Linie nicht nur gesamtwirtschaftliche, sondern individuelle Vorteilhaftigkeit[367].

---

[363] Allein die glaubwürdige Drohung von Abwanderung ist ausreichend, Änderungen des Politikangebots zu erzwingen; vgl. Kiwit/ Voigt (1997), S. 14.

[364] Zu den Grundzügen einer solchen Ordnung s. Fortescue (1993). Ein Hauptproblem für die Einwanderungspolitik wird die Trennung von Wirtschaftsflüchtlingen (mit der Gefahr des Trittbrettfahrens und des Zusammenbruchs der sozialen Sicherungssysteme) und politischen Flüchtlingen sein; vgl. dazu Ogata (1993), S. 16. Einen Überblick über die Literatur zur Wanderung geben Blanchard et al. (1992), S. 73-75.

[365] Vgl. Abschnitt 3.2.2.

[366] Vgl. zur Deregulierung Prosi (1996a). Einen umfassenden Überblick für Deutschland geben die Deregulierungskommission (1991) sowie Boss et al. (1996).

[367] Ganz im Sinne der Non-Dilemma-These Hoppmanns; vgl. Hoppmann (1967), S. 83.

Der schon im dritten Kapitel diskutierte Transmissionsmechanismus „Wahlen", mit dem die Nachfrager ihre Präferenzen gegenüber den Anbietern darlegen, führt dazu, daß der Spielraum der Politiker zu nicht präferenzkonformem Verhalten zwar groß ist, andererseits aber Innovationen weniger schnell eingeführt werden können als im privatwirtschaftlichen Bereich, da sie auf Konsensfindung und -bildung beruhen. Im Zusammenhang mit der Forderung Euckens nach einer „Konstanz der Wirtschaftspolitik" wird diese Restriktion als Gegenmittel gegen „übertriebene Experimentierfreude" begrüßt[368]. In diesem Sinne könnte auch die konstitutionelle Beschränkung des Leviathan Staat sowie der Politiker, wie sie die konstitutionelle Ökonomik fordert, als eine Beschränkung der Politiker im Austauschprozeß gedeutet werden.

Der „contrat social" muß einerseits Stabilität aufweisen, um einen sicheren Rahmen für individuelles Handeln abzugeben[369], darf aber andererseits nicht zu starr sein, um der Möglichkeit von politischer Innovation Raum zu lassen. Die Wirtschaftsordnungsentwicklung ist nicht konstruktivistisch zu verändern, sie ist pfadabhängig. Andererseits heißt das nicht, daß jede - auch größere - Verfassungsänderung „konstruktivistisch" ist. Wenn Verfassungsänderungen die Informationsvoraussetzungen für politisches Handeln verringern, können sie als „marktunterstützend"[370] gelten. Beschränkungen des Staates, die diese Voraussetzungen erfüllen, sind nie Beschränkungen des Wettbewerbs auf der Anbieterseite, sondern Beschränkungen der Wettbewerbsbeschränkungen[371].

Damit kann jede politische Innovation, die zu einer Erhöhung der Mobilität (eine Erleichterung von Abwanderung) und zu einer verbesserten Rückkoppelung der Politik an die Wähler (eine Erleichterung von Widerspruch) führt, als marktunter-

---

[368] Vgl. die Kritik von Desai (1997), S. 65 mit Literaturhinweisen.

[369] Im Sinne der Euckenschen „Konstanz der Wirtschaftspolitik" ; vgl. Eucken (1981), S. 158.

[370] Es sei darauf hingewiesen, daß diese Forderung schon bei Müller-Armack (1974b), 120-121, begründet ist. Dort heißt es: „Der Staat nimmt durch seine Wirtschaftspolitik soziale Umschichtungen, soziale Interventionen vor, die aber - und das ist, auf einen einfachen Nenner gebracht, der Grundgedanke - dadurch auf das System der Marktwirtschaft abgestellt werden, daß sie dem Grundsatz der *Marktkonformität* unterworfen werden, das heisst, dass hinter den Eingriffen der staatlichen Wirtschaftspolitik die Funktionsweise des Marktes sichtbar bleibt, dass diese nicht gestört und, wenn möglich, gar noch verbessert wird." Der letzte Gedanke, die Verbesserung der Marktfunktion durch Institutionen, darf nicht im Sinne des Konstruktivismus aufgefaßt werden, wo der Staat als „benevolenter Diktator" Verbesserungen des unvollkommenen Marktes vornimmt. Vielmehr kommt es darauf an, Institutionen so zu gestalten, daß Wettbewerbsfreiheit möglich ist (Marktkonformität) und Wettbewerb ermuntert wird (Marktunterstützung), z.B. Nichtdiskriminierung des Wettbewerbsgedankens in der staatlichen Erziehung.

[371] Zur Regelgebundenheit der Wettbewerbsordnung vgl. Brendel (1997), S. 98.

stützend gelten. Die Konstanz der Wirtschaftspolitik ist dann zwar für die Unternehmen keine Garantie des status quo (als welche sie auch bei Eucken nie gilt), wohl aber eine Sicherung vor Eingriffen in den Freiheitsbereich der Unternehmen (Absicherung vor staatlichen Interventionen) oder eine Erleichterung der Flucht vor staatlicher Intervention.

Der Schutz der Freiheit im Parallelprozeß hängt unauflöslich mit den im Austauschprozeß gewährleisteten Freiheiten zusammen. Eine Wettbewerbspolitik, die die politischen Markteintrittsbarrieren auf den Märkten für öffentlich produzierte Güter abschafft, würde diesen Märkten die Struktur eines heterogenen Oligopols sowie eines Pleiopols (contestable monopoly) verleihen[372]. Die zusätzlichen Anbieter würden durch ihr potentielles oder tatsächliches Angebot die X-Ineffizienzen bei der monopolistischen Produktion im öffentlichen Auftrag senken.

Der freie Einsatz der Wettbewerbsparameter ist beim Angebot von Institutionen und Regulierung von entscheidender Bedeutung. Dies hängt damit zusammen, daß der Preis der Regulierung in Form der direkten Kosten (der Steuern) relativ gering ist, die durch die Konditionen der Regulierung ausgelösten wirtschaftlichen Veränderungen aber sehr groß sein können[373]. Aus diesem Grund spielt der Preiswettbewerb bei der Regulierung in Form von Steuerwettbewerb nur eine untergeordnete Rolle. Die Rolle des Preiswettbewerbs ist selbst beim Standortwettbewerb nicht zu überschätzen: Wichtiger als die Kosten sind häufiger noch die damit nur indirekt verbundenen Regulierungsregimes.

Deshalb ist die Kartellierung der Konditionen der Regulierung mit der Freiheit im Parallelprozeß nicht vereinbar, denn gerade diese Konditionen machen den Kern der Regulierung aus, anders als etwa bei Gütern, wo die Konditionen nur eine weniger wichtige Rolle gegenüber Preis und Qualität spielen. Eine Wettbewerbspolitik für den Systemwettbewerb, die Konditionenkartelle verhindert, muß den Schutz der Vertragsfreiheit (mit Ausnahme der Verträge zu Lasten Dritter, d.h. der Externalisierung, und der wettbewerbsbeschränkenden Verträge, der Kartelle) gewährleisten.

Eng damit verbunden ist die Gewährleistung der Möglichkeit zu Innovation und Imitation im Systemwettbewerb, die nur dort möglich sind, wo keine

---

372 Vgl. Machlup (1952), S. 107.

373 Die direkten Kosten der Erstellung von wirtschaftlich nachteiligen Regulierungen sind zu vernachlässigen. Ein interventionistischer Staat kostet nicht wesentlich mehr als ein Staat, der nur Ordungspolitik betreibt. Die Auswirkungen auf die Wirtschaft sind aber fundamental unterschiedlich.

Kartellierung stattgefunden hat und so eine Anzahl (wettbewerblich konkurrierender) „Labors" verschiedene Regulierungen testet. Im Parallelprozeß der Anbieter wirkt dies als Anreiz- und Entdeckungsverfahren, im Parallelprozeß der Nachfrager als Informationsquelle und Vergleichsmaßstab.

In der Theorie scheint also eine Wettbewerbspolitik für den Systemwettbewerb möglich, deren Aufgaben sich weitgehend mit den ordoliberalen Grundvorstellungen von der „Politik zur Herstellung einer Wettbewerbsordnung" Euckens decken[374]. Die Ermöglichung potentieller Konkurrenz und der Abbau von Markteintrittsbarrieren sind die Kernpunkte dieser Wettbewerbskonzeption. Das Problem dieser Wettbewerbspolitik ist also nicht ihre Formulierung, auch wenn in Randbereichen die Unterscheidung leistungswettbewerblicher und behinderungswettbewerblicher Strategien schwierig scheint. Allerdings müssen diese Wettbewerbsregeln nicht nur formuliert, sondern auch durchgesetzt werden[375]. Die Wettbewerbspolitik in Gütermärkten bedient sich dazu eines (im Idealfall unabhängigen) Kartellamtes oder einer politischen Behörde. Die Durchsetzung von Regeln im Systemwettbewerb geschieht im Prinzip durch den politischen Prozeß. Bei der internationalen Dimension des Wettbewerbs der Systeme in verschiedenen Staaten geschieht sie in internationaler Koordinierung (Harmonisierung oder Schaffung einer internationalen Wettbewerbsordnung) oder in regionalen Integrationsgebieten wie der EU. Hier ist zu untersuchen, welche Probleme die Durchsetzung von Regeln im Wettbewerb mehr oder weniger souveräner Staaten bereitet.

6.5.3. Macht und die Wettbewerbspolitik im Systemwettbewerb

> *„For the world economy to be stabilized there has to be a stabilizer, one stabilizer."*
>
> *Charles P. Kindleberger*[376]

Die reine Handelstheorie wie auch die reine Integrationstheorie klammern das Phänomen politischer und wirtschaftlicher Macht aus. Das hängt damit zusam-

---

[374] Zur Kompatibilität der evolutionären Theorie Hayeks, die ja im wesentlichen das Referenzsystem für den hier vorgestellten Systemwettbewerb ist, mit der ordo-liberalen Sicht Euckens s. Streit/ Wohlgemuth (1997).

[375] Das heißt nicht, daß die Regeln schon irgendwo erfolgreich funktionieren, es reicht eine potentielle Durchsetzungsmöglichkeit der Regeln. Die Formulierung von Regeln, deren Durchsetzung von vorneherein als illusorisch gelten können, insbesondere solcher, die ein Menschenbild zugrundelegen, welches nicht vom methodologischen Individualismus und vom Eigennutzaxion ausgehen, wäre jedoch ein nirvana-approach.

[376] Kindleberger (1974), S. 305.

men, daß diese Theorien als normative Theorie der zwischenstaatlichen Beziehungen formuliert sind. Für die politische Ökonomie des internationalen Handels und des zwischenstaatlichen Systemwettbewerbs ist die Kategorie Macht allerdings zentral[377]. Als Macht in zwischenstaatlichen Beziehungen kann dabei der Spielraum eines Staates zu autonomen Entscheidungen definiert werden[378]. Die Autonomie kann dabei einerseits auf einem großen militärischen Potential, andererseits auf wirtschaftlicher Stärke basieren, insbesondere auf wirtschaftlicher Autarkie. Damit ist die Macht eine zunehmende Funktion militärischer Stärke und eine abnehmende Funktion wirtschaftlicher Verflechtung. Die Wettbewerbsaufsicht auf Gütermärkten kann in der Regel auf das Gewaltmonopol des Staates zurückgreifen, um Sanktionen durchzusetzen. Im zwischenstaatlichen Bereich ist diese Art der Durchsetzung von Wettbewerbszielen nicht möglich. Andererseits sind die Subjekte des Wettbewerbs beidemale dieselben. Bei Gültigkeit des Eigennutzaxioms können also Regierungen, die mit Macht ausgestattet sind, den Wettbewerb außer Kraft setzen[379].

Diese Sichtweise der zwischenstaatlichen ökonomischen Beziehungen wurde zuerst in der Internationalen Politischen Ökonomie (der Public Choice - Analyse der internationalen Wirtschaftsbeziehungen) formuliert[380]. Mit Hilfe der Spieltheorie wurde versucht, strategisches Verhalten in das Studium der internationalen Wirt-

---

[377] Vgl. Frey (1991), S. 7, sowie Bergeijk (1994), S. 102-107. Während die Handelstheorie die Machtrelation vernachlässigte, hat der Ordoliberalismus das Problem erkannt, ohne das es im Mittelpunkt seiner Forschung gestanden hätte; vgl. Eucken (1952), S. 169-175.

[378] Vgl. Prosi (1977), S. 1. Zum Problem der adäquaten Definition von Macht vgl. auch Rose (1967), S. 43 und die dort angegebene Literatur. In der ökonomischen Theorie wird teilweise versucht, mit Hilfe von spieltheoretischen Machtindizes die Fähigkeit eines Akteurs A abzubilden, das Verhalten eines Akteurs B zu ändern; vgl. dazu Wilmig (1995), S. 161-175, sowie allgemein zum Machtbegriff in der Spieltheorie Morgenstern (1973), S. 385-387. Für die Macht bei politischen Abstimmungen (etwa im Ministerrat der EU) können diese Indizes sinnvoll sein. Die komplexeren Zusammenhänge der Außenpolitik lassen sich dadurch allerdings nicht abbilden; vgl. dazu die verschiedenen Definitionen, die Hermens (1968), S. 57-58, FN 10, diskutiert.

[379] Dabei ist zu beachten, daß nicht die Regierungen „eigennützig“ handeln, sondern die in ihnen vertretenen Individuen. Die aus der politikwissenschaftlichen Theorie des Realismus stammende Idee der „eigennützigen Regierungen“ als black boxes hat sich als nicht geeignet erwiesen, das Handeln tatsächlicher Regierungen zu erfassen. Die Definition eines „nationalen Interesses“ kann immer nur die Definition des Interesses der nationalen Entscheidungsträger sein. Dennoch läßt sich deren Interesse vereinfachend als „nationales Interesse“ zusammenfassen, wenn man dieses Interesse nicht als statisch gegeben, sondern als abhängig und veränderbar sieht; vgl. Krasner (1978), insb. S. 35-45.

[380] Vgl. den Überblick bei Frey/ Buhofer (1986) sowie ausführlich Frey (1985b).

schaftsbeziehungen zu integrieren[381]. Die Verbindung von Macht und strategischem Verhalten bei internationalen Verträgen von Staaten und Institutionen stellt in zweierlei Hinsicht eine Änderung gegenüber der herkömmlichen Institutionenanalyse dar: Einerseits versucht die Verfassungsökonomie im nationalen Rahmen, den „prism of interest" durch das Konstrukt eines „veil of ignorance" auszuschalten. Strategische Politik kann unter dem Schleier der Ungewißheit nicht stattfinden[382]. Andererseits bedeutet Macht im internationalen Bereich die Möglichkeit, Verträge zu ignorieren oder zu brechen[383]. Beides ist zwar auch im nationalen Bereich möglich (sowohl der Einfluß von Interessen auf Verfassungs- bzw. Gesetzesformulierung als auch die Möglichkeit des Vertragsbruchs ist real), allerdings weniger wichtig und prinzipiell durch einen durchsetzungsfähigen Staat auszuschließen.

Boulding versuchte mit seiner auf der Oligopoltheorie basierenden *theory of viability*, die Staaten in ihren Außenbeziehungen je nach ihrer Machtposition in Gruppen zu ordnen[384]. Diejenigen Staaten, die „autark" und damit ohne Bedingungen lebensfähig sind, sind „unconditionally viable". Sie stellen die Minderheit der existierenden Staaten dar, nämlich gleichermaßen große und prosperierende Staaten[385]. Daneben gibt es Staaten, die „conditionally viable" sind: Einmal diejenigen Staaten, die im internationalen Wettbewerb keine Rolle spielen und damit für Angriffe oder Handelskriege der großen Staaten uninteressant sind („sicher bedingt lebensfähige Staaten"), zum anderen diejenigen Staaten, bei denen ein Angriff oder Handelskrieg der großen Staaten sich zwar lohnen würde, aber aus gutem Willen unterbleibt („unsicher bedingt lebensfähige Staaten").

Diese drei Gruppen von Staaten finden sich auch im Systemwettbewerb: Einmal sind es die großen Staaten, deren Handlungsweisen im Systemwettbewerb sehr großen Einfluß auf die anderen Staaten ausüben, die aber selber nur relativ wenig betroffen sind von Signalen im Systemwettbewerb, die von anderen Staaten ausgehen. Daneben gibt es solche Staaten, deren Einfluß im Systemwettbewerb sehr

---

[381] Vgl. z.B. Putnam (1988). Vgl. auch die ausführlichen Literaturhinweise bei Forte (1996), Endnote 30, S. 164-165.
[382] Vgl. Smith (1991), S. 52.
[383] Vgl. Smith (1991), S. 53-54.
[384] Vgl. Boulding (1968) sowie Prosi (1977), S. 8-10, Prosi (1997b).
[385] Der ursprüngliche Focus bei Boulding auf die militärische viability soll hier analog zu Prosi zugunsten einer Besprechung der wirtschaftlichen viability aufgegeben werden.

gering ist, zu dieser Kategorie gehören z.B. die unterentwickelten Länder[386]. Die dritte Gruppe (der unsicher bedingt lebensfähigen Staaten) übt untereinander, aber auch im Wettbewerb mit den großen Staaten einen spürbaren Einfluß im Systemwettbewerb aus. Handelskriege und protektionistische Verhaltensweisen lohnen sich und werden hier auch eingesetzt[387]. Die zwar insgesamt stabilen wirtschaftlichen Beziehungen zwischen den USA und der Europäischen Union sowie Japan, die immer wieder von Handelskriegen oder der Drohung mit Handelskriegen unterbrochen wurden, sind ein Beispiel dafür.

In der Weltwirtschaftsordnung läßt sich seit dem Ende der 80er Jahre die Gleichzeitigkeit von neuen versteckten Handelsbarrieren und einer Tendenz zur Zollsenkung und Marktöffnung beobachten. Die Marktöffnung, die insbesondere vom „Hegemon“ USA vorangetrieben wird, läßt sich mit dem Interesse der amerikanischen Wirtschaft an mehr Wettbewerb erklären, nachdem die amerikanische Wirtschaft durch die frühe Deregulierung sowie Umstrukturierung in der Reagan-Ära in vielen Bereichen Wettbewerbsvorsprünge aufweist[388].

Die neuen, maßgeschneiderten Handelsbarrieren hängen demgegenüber mit der zunehmenden Regionalisierung von Handelsbeziehungen in Form von regionalen Handelsblöcken zusammen. Diese Handelsblöcke weisen zwei Charakteristika auf, nämlich den Freihandel im innern sowie die Möglichkeit von Protektionismus nach außen. Der innere Freihandel führt zu einer stärkeren Integration der beteiligten Wirtschaften mit einer bedeutenden Folge für die Handlungen dieser Staaten im Systemwettbewerb: Die Interdependenz zwischen den Staaten nimmt zu[389]. Handelskriege zwischen eng verflochtenen Staaten richten dort einen großen Schaden an. Die Staaten sind nun nach Boulding „mutual conditional viable“[390]. Damit läßt sich auch erklären, warum Zollunionen oder gemeinsame Märkte wie die EG und EU über lange Jahre trotz häufig divergierender Wirtschaftspolitiken und konjunktureller Entwicklungen so stabil sind: Das (generell mögliche) Verlassen des Wirtschaftsraums ist für die nur gegenseitig bedingt lebensfähigen Staaten sehr teuer. Je verflochtener die regionalen Blöcke sowie die

---

[386] Allerdings wird selbst gegenüber den unterentwickeltenen Ländern dann eine deutlich protektionistische Politik gemacht, wenn von ihnen „Bedrohungen“ heimischer Industrien ausgehen.

[387] Im Gegensatz zum militärischen Eingreifen ist der Handelskrieg weitaus eher möglich und wird auch zwischen befreundeten Staaten mit ähnlichen politischen Zielen von Fall zu Fall angewandt.

[388] Vgl. Prosi (1997b), S. 2.

[389] Zur Messung von Interdependenz vgl. Keohane/ Nye (1977), S. 8-19.

[390] Vgl. Boulding (1968), S. 331.

Weltwirtschaft sind, desto eher kann eine Ächtung des Handelskriegs erwartet werden[391].

Die Auswirkungen der Interdependenz auf den Systemwettbewerb sind allerdings nicht eindeutig: Denn genauso, wie sich Handelskriege und Protektionismus nicht mehr lohnen, kann die Abhängigkeit auch dazu führen, daß gegen den Wettbewerb gerichtete Kartellisierung hingenommen wird, da die Kosten eines Verlassens des Kartells für den einzelnen Staat zu teuer sind. Die Substitution von Regeln im Systemwettbewerb funktioniert damit weitaus schlechter als in Gütermärkten, da jeweils über ein Paket von Regeln (in der EU über den gesamten „acquis communautaire“) abgestimmt wird[392]. Es werden bei hoher Interdependenz also auch wettbewerbsbeschränkende Maßnahmen möglich, die alle Staaten gleichermaßen betreffen, sofern diese Staaten in einem regionalen Wirtschaftsblock sind. So ist der verstärkte Wettbewerbsdruck, der auf Westeuropa von den wieder in den Welthandel einbezogenen osteuropäischen Staaten ausgeht, für alle Regierungen der EU und die dahinter stehenden Interessengruppen mehr oder weniger schmerzhaft.

Natürlich kann es auch Außenseiter geben, die in diesem Fall von Freihandel profitieren würden. Bezogen auf den Welthandel gibt es dagegen bei Systemwettbewerb immer mindestens einen Staat, der davon profitiert (ansonsten wäre keine Abwanderung möglich). In diesem Fall ist also die Stabilität des Systems geringer. Damit wird jede Kartellisierung im Systemwettbewerb schwieriger, je mehr Teilnehmer und je heterogenere Teilnehmer das Kartell umfaßt. Ein Welthandelskartell würde tendenziell die instabilste Form haben. Umgekehrt weist aber auch eine weltweite Verpflichtung auf eine ordnungskonforme Handelspolitik die größte Instabilität von allen möglichen Handelsabkommen auf, da auch hier die Möglichkeit von free riding hoch ist.

Damit läßt sich aus der Analyse der viability eine wichtige Schlußfolgerung für den Systemwettbewerb ziehen: Die Existenz von Machtpositionen im zwischenstaatlichen Wettbewerb führt dazu, daß es kein „optimales“ Wettbewerbssystem im Systemwettbewerb geben kann. Denn eine externe, unbeteiligte Kontrolle im Systemwettbewerb gibt es nicht. Die Errichtung eines Weltkartellamts ist zwar möglicherweise in der Form der WTO gegeben[393], die Funktionsfähigkeit des Kartellamts ist aber begrenzt, da die unconditionally viable states jederzeit ihre

---

[391] Vgl. Prosi (1977), S. 9-10.

[392] Vgl. Kiwit/ Voigt (1997), S. 22.

[393] Stehn (1996) befürwortet den Ausbau der WTO zum „open subsidy club“, in dem Subventionen notifiziert und bewertet werden sollten. Dies kann als Einstieg in ein Weltkartellamt gedeutet werden.

Einwilligung zu Maßnahmen des Kartellamtes versagen können. Damit ist auch die Forderung nach einer „Weltordnungspolitik“, wie sie etwa von Giersch erhoben wird, weitgehend illusorisch[394]. Wenn eine Weltordnungspolitik, die auf vorab vereinbarten, negativ formuierten Regeln basiert, wünschenswert ist[395], so kann ein Wettbewerbssystem für den Systemwettbewerb daraus im Moment nicht als erreichbares Ziel abgeleitet werden[396].

Allerdings gibt es wirtschaftspolitische Maßnahmen, die Ansätze eines Weltordnungssystems zumindest erleichtern: Wenn man einmal von militärischer Macht abstrahiert, so wird man im ökonomischen Bereich durch die Deregulierungsbemühungen seit den 80er Jahren einen Prozeß der Machtzerteilung analysieren können. Privatisierung und neue Wettbewerber auf ehemaligen staatlichen oder öffentlich-rechtlichen Monopolmärkten vermindern staatliche Macht im innen- wie auch außenpolitischen Bereich. Die steigende Interdependenz durch multinationale Firmen oder Handelsverflechtungen hat zur Folge, daß protektionistische Maßnahmen in einem Bereich, die zu Vergeltungsmaßnahmen in anderen Bereichen führen können, politisch schwieriger durchzusetzen sind. Wirtschaftsunternehmen haben kein Interesse an „nationalen“ Vorteilen, wenn ihre Märkte international sind und auch den von Protektionismus getroffenen Markt umfassen.

Gleichzeitig aber muß beachtet werden, daß steigende ökonomische Interdependenz nicht nur Konflikte teurer macht, sondern sie auch wahrscheinlicher macht[397]: Systemwettbewerb wird dadurch stärker, wirtschaftspolitische Maßnahmen eines Staates betreffen eher andere Staaten. Steigende Interdependenz führt also auch zu einer höheren Nachfrage nach dem öffentlichen Gut „internationale Wirtschaftsordnung“[398].

Diese Tendenzen erhöhen die Möglichkeit, ein wettbewerbskonformes Verhalten im Systemwettbewerb zu erreichen. Im folgenden soll untersucht werden, welche institutionellen Voraussetzungen im horizontalen und vertikalen Systemwettbewerb damit korrespondieren. Dabei beschränkt sich die Analyse auf solche Regeln, die durchsetzbar scheinen und setzt sie zum institutionellen Rahmen der EU in Beziehung.

---

[394] Vgl. Giersch (1995), S. 28. Schon Hermens (1968), S. 60, meint apodiktisch: „Zwischen den Staaten aber besteht keine wirksame Rechtsordnung...“

[395] Vgl. Streit/ Voigt (1993), S. 41-43.

[396] Vgl. bereits Spero (1982), S. 334.

[397] Vgl. Keohane (1984), S. 243.

[398] Diese Sicht stimmt auch mit den Erkenntnissen der Spieltheorie überein, daß häufigere Wiederholung eines Spiels (hier häufigere Handelsaktivität) zu einer Selbstkoordination der Spielteilnehmer führen kann.

6.5.4. Wettbewerbsregeln für den horizontalen Systemwettbewerb

> *„Dabei darf ich gleich eines klarstellen: die Durchsetzung wettbewerblicher Prinzipien ist nicht ein Zweck an sich. Wettbewerbspolitik ist vielmehr ein Instrument, das zur Erreichung der grundlegenden Ziele der Gemeinschaft beiträgt. Die Wettbewerbspolitik der Kommission findet nicht in einem Vakuum statt. Sie hat stets auch ihre Auswirkungen in anderen Politikbereichen der Kommission mit in Betracht zu ziehen, wie etwa Industrie-, Regional-, Sozial- und Umweltpolitik."*
>
> *Karel van Miert*[399]

Die Wettbewerbsregeln für den horizontalen Systemwettbewerb müssen einmal beim Staatenwettbewerb im Rahmen der EU, zum zweiten beim Wettbewerb der EU-Staaten mit anderen Staaten betrachtet werden. Der horizontale Systemwettbewerb in der EU zeichnet sich dadurch aus, daß es mit der Europäischen Union eine Ebene gibt, die zumindest prinzipiell als Wächter der Wettbewerbsvorschriften geeignet ist.

Die erste Aufgabe für die Wettbewerbspolitik im Systemwettbewerb muß die Durchsetzung der vier Grundfreiheiten sein. Wettbewerbspolitik im Systemwettbewerb ist in erster Linie Wettbewerbspolitik auf Gütermärkten im Rahmen der EU, denn die Kompetenzen der EU bei der Wettbewerbspolitik erstrecken sich auf die Offenhaltung des gemeinsamen Marktes gegenüber grenzüberschreitenden Wettbewerbsbeschränkungen. Während die institutionellen Grundlagen dafür durch die europäischen Verträge geschaffen sind, ist die Kontrolle privater und staatlicher Wettbewerbsbeschränkungen noch unvollständig.

Die Kontrolle privater und staatlicher Wettbewerbsbeschränkungen in der EU leidet darunter, daß die Wettbewerbspolitik der EU nur als eine der Politiken im Rahmen der europäischen Integration gesehen wird, die bei Kollision mit anderen Politiken im Zweifelsfall zurückstehen muß. Bei Inkrafttreten des EWG-Vertrages gab es in den meisten europäischen Staaten kein spezielles Recht zur

---

[399] Van Miert (1995), S. 2.

Ordnung des Wettbewerbs[400]. Ausnahmen waren nur die Bundesrepublik Deutschland, Frankreich und die Niederlande. Auch in den Ländern, wo es ein Kartellgesetz gab - wie in Deutschland - war es oft Thema langwieriger Auseinandersetzungen. Insofern ist es nicht verwunderlich, daß auch die Wettbewerbspolitik der EG keinesfalls kohärent war. Insbesondere das Verhältnis von Staat und Wirtschaft, entscheidend für die Wettbewerbspolitik, war umstritten[401].

Allerdings war der Optimismus, mit fortschreitender Integration der Märkte zu einem gemeinsamen Wettbewerbsleitbild zu kommen, groß. Man erwartete eine Angleichung der Wettbewerbsregeln, wie sie etwa in den amerikanischen Bundesstaaten erfolgte[402]. Der erste Kommissionspräsident Walter Hallstein glaubte sogar, man sei zu einer gemeinsamen „Philosophie" gekommen, „wonach der Wettbewerb die Doppelfunktion zu erfüllen hat, Quelle des Wohlstands und Garant wirtschaftlicher Freiheit zu sein"[403]. In den Anfangsjahren der EG, in den Zeiten wirtschaftlichen Wachstums, wurden die staatlichen Beihilfen, selbst wenn sie in einigen Bereichen schon beträchtlich waren[404], hingenommen. Mit der stärkeren Konkurrenz im Binnenmarkt und den Rezessionen der 70er und 80er Jahre gerieten allerdings gerade diese Beihilfen häufig in den politischen Streit. Das lag auch daran, daß seit dem ersten Bericht der Kommission über staatliche Beihilfen im Jahr 1988 die Transparenz solcher Maßnahmen wuchs. Die steigende Aufmerksamkeit für die wettbewerbsverzerrende Wirkung von Beihilfen führte allerdings nicht zu einem stringenten Eingreifen der Union: 1995 etwa wurden von 680 Notifizierungen (neu angemeldeten oder geänderten Beihilfen) nur 9 abgelehnt und 5 mit Auflagen versehen[405]. Als Grund für die Genehmigung dieser Beihilfen wird genannt, daß sie der Verwirklichung von Zielen von allgemeinem Gemeinschaftsinteresse dienten[406]. Da der Katalog der grundlegenden Ziele der Gemeinschaft, wie er in der Präambel der Europäischen Verträge und im Artikel 3 EG-Vertrag zu finden ist, ständig ausgeweitet wurde, findet sich für jede beliebige Beihilfe auch ein passendes Ziel im EG-Vertrag.

---

[400] Allerdings wurde im Zusammenhang mit der Integration auch die Auswirkung auf die Möglichkeiten der Kartellbildung diskutiert; vgl. Houssiaux (1960), S. 55-59.

[401] Vgl. Möller (1968), S. 95-101. Die unterschiedlichen Auffassungen über die Rolle des Wettbewerbs hängen eng mit den unterschiedlichen Auffassungen über die Wirtschaftsordnung sowie die Art und das Ziel der europäischen Integration zusammen; vgl. Abschnitt 6.3.

[402] Vgl. Möller (1968), S. 101.

[403] Hallstein (1969), S.103.

[404] Zum Beispiel beim Schiffbau; vgl. Kommission der Europäischen Gemeinschaften (1969), S.58.

[405] Vgl. Europäische Kommission (1996e), S.83.

[406] Vgl. Europäische Kommission (1996e), S.13-14.

Staatliche Beihilfen werden oft nach ausgeprägtem log-rolling als „europäische Paketlösungen" genehmigt[407], bei denen das nationale Interesse eines Staates an Wettbewerbsverzerrungen durch das der anderen aufgewogen wird und es so zu einer ständig wachsenden Anzahl an Ausnahmen vom Wettbewerb kommt. Die Entscheidungen der Europäischen Kommission als „kollegiales Organ" erleichtern es, die Verantwortung für solche Entscheidungen zu verschleiern: Nicht der einzelne Kommissar, in diesem Fall der für den Wettbewerb zuständige Kommissar, ist verantwortlich, sondern nur die Kommission als ganzes[408]. Die Veranwortung für Fehlentscheidungen wird also sozialisiert. Die Wettbewerbspolitik der EU gegenüber staatlichen Beihilfen hat sich als stumpfe Waffe erwiesen.

Aber auch in der wettbewerbspolitischen Beurteilung des privaten Sektors sind politische Motive häufig wettbewerblichen Vorstellungen überlegen. Die Einführung eines Artikels 130 EGV zur Industriepolitik ist dafür ebenso wie die Betonung der Wettbewerbsfähigkeit der Industrie anstelle des Wettbewerbs im Weißbuch der EU von 1993 ein häufig kritisiertes Beispiel[409]. Immer wieder wird betont, daß Wettbewerb nur ein Instrument sei, um die Ziele der EU zu erreichen[410]. Wenn aber Wettbewerb nur instrumental gesehen wird, um Ziele wie „ausgewogenes und nachhaltiges, umweltverträgliches Wachstum, hohes Beschäftigungs- und Sozialschutzniveau, bessere Lebenshaltung und Lebensqualität sowie wirtschaftlicher und sozialer Zusammenhalt"[411] zu erreichen, dann ist es klar, daß er dort, wo diese Ziele scheinbar anders besser erreicht werden können, durch andere Instrumente ergänzt und ersetzt werden kann. Diesem Zweck dient auch die Freistellungsklausel des Art. 85 Absatz 3 des EG-Vertrages, die Ausnahmen vom Kartellverbot zuläßt, soweit sie zur Förderung des technischen oder wirtschaftlichen Fortschritts notwendig sind. Auch bei der Fusionskontrollverordnung gibt es diese Möglichkeit der Ausnahme, hinter der die Annahme steht, daß fusionierende (oder im Fall des Kartells kooperierende) Unternehmen nötig seien, um besser im Wettbewerb (mit großen amerikanischen oder ostasiatischen Kon-

---

[407] Das heißt nicht, daß der Mißbrauch von Subventionen überall gleich groß ist: Frankreich mit seinen Milliardensummen für Staatsfirmen wie Air France, Bull oder den Crédit Lyonnais ist ein Beispiel dafür, daß es auch auf den Willen zur Durchsetzung eigener Interessen ankommt, wenn man „Erfolge" gegen die Wettbewerbspolitik erzielen will.

[408] Der öffentlich ausgetragene Streit zwischen den Generaldirektionen III (Industriepolitik) und IV (Wettbewerb) über die Fusion Aerospatiale/ De Havilland ist eine große Ausnahme gewesen; vgl. Mc Gowan/ Wilks (1995), S. 265.

[409] Vgl. Abschnitt 6.4.1.

[410] Vgl. das Zitat von van Miert oben.

[411] Das ist der Zielkatalog, der in den Europa-Abkommen der EU definiert wird; vgl. Wirtschafts- und Sozialausschuß der Europäischen Gemeinschaften (1993), S. 23.

zernen) zu bestehen, was wiederum zur Erreichung der oben genannten Ziele nötig sei[412].

Wettbewerb als Koordinationsverfahren, mit dem Individuen ihre persönlichen Ziele durchsetzen können[413], als einzige Norm der Wettbewerbspolitik[414], ist mit einem solchen instrumentalen Leitbild von Wettbewerb nicht zu vereinbaren[415]. Wenn die Wettbewerbspolitik, die auf die Freiheitspielräume des Individuums abstellt, als „dogmatisch" bezeichnet wird[416], heißt das, daß im Zweifelsfall (in den Ausnahmefällen, die aus politischen Erwägungen geduldet werden) die Freiheit des Individuums aufgrund übergeordneter Ziele aufgegeben wird - die Gesellschaft wird nicht mehr durch Recht regiert (nomokratisch), sondern aufgrund bestimmter „höherer" Ziele (teleokratisch)[417].

Insbesondere die Erhaltung von Arbeitsplätzen wird so (im Sinne des Zieles, ein hohes Beschäftigungsniveau zu erreichen) immer wieder als Grund angeführt, um wettbewerbspolitische Bedenken zu zerstreuen. Selbst überragende Marktpositionen, wie im deutschen Fall bei der Fusion von Mercedes und Kässbohrer, werden genehmigt, sofern dadurch kurzfristig Arbeitsplätze gesichert werden. In den Beratungen, die dem Votum der Europäischen Kommission über solche Fusionsentscheidungen vorausgehen, ist die Möglichkeit massiver politischer Beeinflussung gegeben[418]. Auch zugunsten anderer Ziele der Union kann die Wettbewerbspolitik eingeschränkt werden: So wurde wettbewerbsbeschränkendes Verhalten von Unternehmen in Portugal freigestellt, weil diese Unternehmen aufgrund regionalpolitischer Zielvorstellungen von der EU-Regionalpolitik gefördert werden sollten[419].

Insgesamt zeigt sich, daß die europäische Wettbewerbspolitik sowohl bei der Subventionspolitik als auch bei der Kontrolle wettbewerbsbeschränkenden Verhaltens und der Konzentration keine Garantie gegen die Durchsetzung außerwettbewerblicher Gesichtspunkte bietet. Das Problem dieser außerwettbewerblichen Gesichtspunkte ist, daß sie letztlich nicht kontrollierbar sind und Politikern

---

[412] Die instrumentale Sicht des Wettbewerbs hängt also eng mit einem neo-klassischen Wettbewerbsleitbild zusammen.

[413] Vgl. Hayek (1969c), S. 254-255. sowie Hayek (1971), S.45-46.

[414] Vgl. Hoppmann (1967).

[415] Zum Zusammenspiel individueller Vorteile mit denen der anderen Marktteilnehmer s. Prosi (1996a), S.973-975.

[416] So der Wettbewerbskommissar Karel van Miert (1996), S. 2.

[417] Vgl. dazu Hayek (1969d), S. 111.

[418] Und diese Möglichkeit wird auch genutzt; vgl. o.V. (11.2.1995), S. 11.

[419] Vgl. Wissenschaftlicher Beirat beim BMWi (1996), S. 9.

und Bürokraten einen weiten diskretionären Spielraum für Politiken öffnen, die die Freiheit des Individuums einschränken. Die positiven Folgen der wettbewerbspolitischen Ausnahmen lassen sich leicht quantifizieren - im Fall der Fusion von Mercedes und Kässbohrer ging es um die Erhaltung von 3200 Arbeitsplätzen - und zurechnen, nämlich denjenigen Politikern und der EU-Kommission, die die Fusion befürwortet haben. So senkt die Zustimmung zu „arbeitsplatzerhaltenden" Ausnahmen vom Wettbewerb die Wiederwahlrestriktion der Politiker. Die negativen Folgen sind dagegen viel schwerer zu messen: Denn dazu gehören nicht nur die - mit einiger Schwierigkeit vielleicht noch zu errechnenden - statischen Folgen der Konzentration (etwa Preiserhöhungen), sondern dynamische Verluste im Sinne von geringeren Innovationsanreizen auf vermachteten Märkten. Im Falle der staatlichen Beihilfen sind diese Verluste vielleicht noch eher nachzuvollziehen, da jede Subventionsmark in einem produktiven Sektor erwirtschaftet wurde und dort für Innovationen fehlt (und Leistungsanreize vermindert). Polit-ökonomisch werden sich die Befürworter von Beihilfen und wettbewerblichen Ausnahmebereichen also immer relativ leicht durchsetzen können, da sie auf konzentrierte Vorteile verweisen können und die Nachteile nur schwer meßbar sind: die Wettbewerbspolitik ist in der Rationalitätenfalle.

Wettbewerbliche Ausnahmen führen aber nicht nur im Einzelfall zu einer verschlechterten Anpassungsfähigkeit im Systemwettbewerb, sondern auch kumuliert zu einer Verknöcherung (Sklerotisierung) der gesamten Volkswirtschaft[420]. Eine effektive Wettbewerbspolitik muß also jede einzelne Wettbewerbsbeschränkung per se verhindern. Eine Möglichkeit, einen besseren Wettbewerbsschutz im Systemwettbewerb zu erreichen, ist die Einführung eines europäischen Kartellamtes anstelle der bisherigen Generaldirektion IV der Europäischen Kommission[421].

Bereits am Anfang einer gemeinsamen Wettbewerbspolitik kam der Vorschlag auf, ein unabhängiges Kartellamt mit Sitz in Luxemburg zu etablieren[422]. Allerdings wurde er nie umgesetzt; die dynamische Entwicklung der EG schien zunächst andere Prioritäten zu erfordern. Mit der steigenden Bedeutung der supranationalen Wettbewerbspolitik, insbesondere durch die Vollendung des Binnenmarktes, die nur durch die Ausmerzung des „tailor made protectionism" der versteckten Handelshemmnisse möglich ist, wurde auch die Debatte um ein unabhängiges Kartellamt wieder akut. Sie mündete im deutschen Vorschlag zur Regierungskonferenz 1996, die Funktionen der Aufsicht über wettbewerbsbeschrän-

---

[420] Vgl. Olson (1982).
[421] Vgl. Seliger (1997c).
[422] Vgl. Holderbaum (1967), S. 132.

kendes Verhalten (Art. 85) und Monopolkontrolle (Art. 86) sowie Fusionskontrolle (Fusionskontrollverordnung) an ein Kartellamt zu übertragen, während die Generaldirektion IV weiterhin für die Grundlinien der Wettbewerbs -politik und die Subventionskontrolle verantwortlich sein sollte.

Für ein europäisches Kartellamt anstelle einer politischen Kommission spricht, daß sich ein Kartellamt voll und ganz auf ein Ziel - nämlich den Schutz des Wettbewerbs - konzentrieren kann. Wenn man akzeptiert, daß der Schutz des Wettbewerbs den Freiheitsspielraum der Individuen gegenüber dem anderer Individuen (also gegenüber privaten Wettbewerbsbeschränkungen) und gegenüber dem Staat offen halten soll, so ist eine Behörde, die sich nicht von außerwettbewerblichen Gesichtspunkten leiten läßt, ein großer Vorteil.

Die Unabhängigkeit vom politischen Prozeß würde dabei nie vollständig sein: Immer noch können Politiker Druck ausüben, werden die interessierten Parteien angehört und können Beamte insgeheim vermeintliche nationale Interessen vertreten. Aber dennoch würde ein unabhängiges Kartellamt ein großer Schritt in Richtung Verminderung des politischen Einflusses sein.

Erstens sind die Beamten im Gegensatz zu den Kommissaren, die bisher über die Wettbewerbs- politik entscheiden, nicht ehemalige (und vielleicht zukünftige) nationale Politiker; von daher wird ihr Interesse an nationaler Politik eher geringer sein. Zweitens - auch wenn die Beamten eines unabhängigen Kartellamts eigennützige Bürokraten im Sinne von Niskanen sind - ändert sich doch der Focus ihrer Eigennützigkeit: Ein Beamter gilt generell dann als „erfolgreich", wenn er die von der Politik vorgegebenen Ziele erfolgreich erreicht. Ein Beamter, dessen Erfolg auf einem großen Budget beruht, wird deshalb immer versuchen, sein Budget zu vergrößern, selbst wenn es ökonomisch nicht zu rechtfertigen ist. Ein Beamter, dessen einziges Ziel der Schutz des Wettbewerbs ist, kann sich naturgemäß nur bei diesem Ziel als „erfolgreicher Beamter" profilieren. Eine derartige Profilierung (oder ein Versuch dazu) läßt sich bei vielen „single purpose agencies" beobachten, am deutlichsten vielleicht bei der Deutschen Bundesbank.

Ein wichtiger Vorteil einer unabhängigen Kartellbehörde ist, daß es dort keine geteilten Verantwortlichkeiten wie bei der „kollegialen Verantwortlichkeit" der Europäischen Kommission gibt. Die Beamten sind an den Rechtsweg gebunden; ihr Ermessensspielraum kann klein gehalten und gerichtlich überprüfbar gemacht werden.

Der Wettbewerbskommissar Karel van Miert wendet gegen eine solche unabhängige Behörde ein, daß sie die enge Verbundenheit der Wettbewerbspolitik mit den anderen Politiken, um die Ziele der Gemeinschaft zu verwirklichen, nicht genügend berücksichtigen kann[423]. Obwohl es zweifelhaft ist, ob eine solche Verbundenheit überhaupt erwünscht ist (s.o.), könnte selbst dann, wenn man außerwettbewerbliche Gesichtspunkte im Einzelfall berücksichtigen will, eine unabhängige Kartellbehörde von Vorteil sein: Sie könnte dann die „reinen" wettbewerblichen Gesichtspunkte einer Entscheidung vorgeben. Die politische Entscheidung, den Wettbewerb aus außerökonomischen Gesichtspunkten ausser Kraft zu setzen, könnte dann - analog zur deutschen Ministererlaubnis - in der zweiten Stufe eines Kartell- oder Fusionsverfahrens mit einer „Kommissionserlaubnis" oder besser noch „Ministerratserlaubnis" erfolgen.

Das hätte gleich einen doppelten Vorteil: Einerseits wären die politischen Gremien (am besten der Ministerrat, wo auch das nationale politische Element deutlich hervortreten würde) gezwungen, das „nationale Interesse" oder die anderen außerökonomischen Gesichtspunkte offenzulegen. Ein Verstecken hinter weit gefaßten, allgemeinen Zielen der Union wäre nicht mehr möglich. Zweitens ist es politisch schwieriger, eine solche außerordentliche Erlaubnis durchzusetzen als eine „normale" Kommissionsentscheidung. Die selten gebrauchte Ministererlaubnis in Deutschland zeigt das. Das Interesse der Öffentlichkeit würde durch kontroverse Entscheidungen geweckt. Indirekter Druck, um eine Ministerratserlaubnis zu vermeiden, wäre zwar nicht ausgeschlossen, aber doch vermindert gegenüber der bisherigen politischen Praxis.

Wirtschaftspolitische Vorschläge sollten nie im institutionenleeren „nirvana" gemacht werden, sondern immer die Erfahrungen mit real exisitierenden Institutionen mit einbeziehen („comparative institution approach")[424]. In diesem Sinn sind also auch die Erfahrungen zu beachten, die bisher mit den verschiedenen Institutionen in der Wettbewerbspolitik und in allgemeiner Wirtschaftspolitik gemacht wurden. Die Deutsche Bundesbank kann in diesem Sinn als „klassisches" Beispiel für den Erfolg einer unabhängigen, vorrangig einem Ziel (der Preisstabilität) verpflichteten, Behörde gelten. Besonders die Unabhängigkeit von der Politik wird von Befürwortern und Gegnern der Bundesbank immer wieder betont.

Der Erfolg des Bundeskartellamtes als Hüter des Wettbewerbs ist weniger augenfällig. Ein Grund dafür dürfte sein, daß seit Bestehen des Kartellamtes über das Wettbewerbsleitbild gestritten wird und so das eigentliche Ziel - Schutz des

---

[423] Van Miert (1996), S. 1.

[424] Vgl. dazu Demsetz (1969), S.1.

Wettbewerbs - bei der Operationalisierung ständig umgeändert wird[425]; das läßt sich auch an den häufigen Novellen des GWB (bis zur jetzigen sechsten Novelle) ablesen. Auch die Schaffung weitgefaßter Ausnahmebereiche (etwa im Bereich der „natürlichen" Monopole) diente nicht dazu, die Stellung des Kartellamtes zu stärken. Trotz dieser Mängel ist es dem Kartellamt gelungen, in der Öffentlichkeit ein Profil bei Wettbewerbsfragen zu bekommen. Gerade die Gegner eines europäischen Kartellamtes beweisen das, indem sie auf die vermeintlichen Probleme des Bundeskartellamtes hinweisen: eine strikte Begrenzung der Rolle des politischen Einflusses und einen legalistischen, strikten Wettbewerbstest[426].

Während es dennoch schwierig ist, ein abschließendes Urteil über den Erfolg des Bundeskartellamtes abzugeben, so können die Veränderungen, die sich im *Wettbewerb der Institutionen* in anderen Staaten ergeben, mit in die Analyse einbezogen werden. Im Institutionenwettbewerb kann es sowohl zu Innovationen als auch zur Imitation vorhandener, erfolgreicher Institutionen aus anderen Staaten kommen. Der Status der unabhängigen Zentralbank auf europäischer Ebene ist eine Imitation der erfolgreichen unabhängigen Zentralbank in Deutschland (und inzwischen auch fast allen anderen europäischen Staaten). In diesem Zusammenhang ist es interessant, daß Italien und die Niederlande in den letzten Jahren die Einführung unabhängiger Kartellbehörden betrieben haben. Ein Vorteil einer Imitation eines solchen Modells auf europäischer Ebene wäre es, daß ein Teil der Glaubwürdigkeit der Wettbewerbspolitik auf diese Weise nach Europa „importiert" werden könnte und die verloren gegangene Glaubwürdigkeit der bisherigen europäischen Wettbewerbspolitik teilweise ersetzen könnte. Das ist ein zentrales Problem für die Wettbewerbspolitik, denn wenn sie glaubwürdige Sanktionen bei wettbewerbsbeschränkendem Verhalten androht, ersetzt die abschreckende Wirkung das eigentliche Eingreifen zu einem großen Teil.

Der deutsche Vorschlag für ein unabhängiges Kartellamt bleibt dennoch unbefriedigend. Gerade da, wo der staatliche Einfluß und die Intransparenz am größten ist, nämlich bei den Subventionen, sollte die Kompetenz bei der politischen EU-Kommission bleiben. Natürlich hat auch Deutschland, man denke nur an die neuen Bundesländer, ein Interesse an einer großzügigen Behandlung von Subventionsanträgen. Aber dem Kartellamt würde damit der vermutlich fruchtbarste

---

[425] Legt man das Eucken'sche Leitbild vollständiger Konkurrenz zugrunde, sind die wettbewerbspolitischen Implikationen ganz andere als bei Kantzenbachs Modell des funktionsfähigen Wettbewerbs oder bei Hoppmanns Leitbild der Wettbewerbsfreiheit.

[426] Vgl. McGowan/ Wilks (1995), S. 269. Im Original: „The German system is based on a strict competition test. It is highly legalistic with appeal to the Courts and with a strict limitation on the role of political influence. Ultimate ministerial decision is allowed but only under highly tranparent conditions in the rarely used *Ministererlaubnis* procedure." (kursiv im Original).

Aufgabenbereich für eine unabhängige Behörde genommen und gleichzeitig setzte sich der deutsche Vorschlag dem Vorwurf der „Aufsplittung von Gewalt" und „Inkonsequenz" aus[427].

Ein glaubwürdiges und effizientes europäisches unabhängiges Kartellamt müßte also sowohl die privaten als auch die staatlichen Wettbewerbsbeschränkungen kontrollieren. Damit würde auch ein weiterer Streitpunkt der europäischen Politik entschärft werden können: Der Streit um Wettbewerbsbeschränkungen in der Handelspolitik, insbesondere die sogenannte „anti-dumping"-Politik[428]. Wenn eine unabhängige Behörde im Einklang mit den Regeln der WTO über „anti-dumping" entscheiden würde, wäre dieser sensible Bereich der Handelspolitik dem ständigen politischen Einfluß entzogen, was zu einer Verbesserung der Beziehungen der EU zum Rest der Welt beitragen würde. Gleichzeitig wären aber auch ständige Subventions- oder Protektionsanliegen von Interessengruppen oder Mitgliedsstaaten von den Politikern leichter abzuwehren, wenn sie dies mit einem Hinweis auf die Zuständigkeit der unabhängigen Wettbewerbsbehörde tun könnten. Der horizontale Systemwettbewerb in der EU wäre damit weitgehend gesichert.

Allerdings muß die Sicherung des horizontalen Systemwettbewerbs nicht nur die unilateralen Beschränkungen erfassen, sondern auch die Möglichkeit der Kartellisierung innerhalb der Union ins Auge fassen. Die Diskussion um ein Europa verschiedener Geschwindigkeiten[429] hat gezeigt, daß die verstärkte Integration eines Teils der EU-Staaten zwar besser auf Präferenz-unterschiede der einzelnen Staaten eingehen kann, aber auch mit der Gefahr einer Kartellisierung unter Ausschluß der „langsameren" EU-Mitglieder einhergeht. Die Kontrolle der unabhängigen Kartellbehörde bzw. der Europäischen Kommission und der europäischen Gerichtshöfe muß also auch die Konformität von bilateralen Vereinbarungen umfassen[430].

Die Einführung unabhängiger Regulierungsbehörden hat in der Europäischen Union und den meisten ihrer Länder keine Tradition[431]. Ihre Einrichtung kann im Vergleich zur bisherigen politisierten Regulierung einen Fortschritt bringen, besonders wenn das Ziel der Behörde eindimensional und die Unabhängigkeit de

---

[427] Vgl. van Miert (1996), S. 4.
[428] S. hierzu Seliger (1997a), S. 79-85.
[429] Vgl. Abschnitt 6.3.
[430] Zur Kritik des mit der Amsterdamer Vertragsrevision eingeführten Verfahrens der flexiblen Zusammenarbeit vgl. Abschnitt 6.4.4.
[431] Vgl. Majone (1997), S. 11.

facto gewährleistet ist[432]. Dennoch muß auch bei unabhängigen Behörden die Gefahr übermäßiger Bürokratisierung sowie der Verantwortlichkeit beachtet werden[433]. Deshalb ist eine Regelbindung, die ganz ohne Behörde (d.h. nur mit gerichtlicher Überprüfung) auskommt, vorzuziehen. Dort, wo - wie bei der Wettbewerbspolitik - juristischer Sachverstand allein nicht ausreicht und ökonomische Beurteilung notwendig ist, sind aber unabhängige Behörden in der Regel erfolgreicher als politische Kommissare[434].

Die Diskussion der Wettbewerbsregeln für den horizontalen Systemwettbewerb hat gezeigt, daß prinzipiell der Wettbewerbsschutz als Ziel in der EU verankert ist, daß jedoch die institutionelle Ausgestaltung der Wettbewerbspolitik für die Sicherung des Systemwettbewerbs nicht ausreichend erscheint. Die Schwierigkeiten hängen dabei teilweise mit der Ausgestaltung der intergouvernmentalen Zusammenarbeit im Ministerrat (Möglichkeit des log-rolling) zusammen, teilweise aber auch mit der supranationalen Europäischen Kommission. Im vertikalen Systemwettbewerb, in dem die Kommission direkt ein Marktpartner auf dem politischen Markt ist, verstärken sich diese Probleme noch.

6.5.5. Wettbewerbsregeln für den vertikalen Systemwettbewerb

> *„What we need are not international authorities possessing powers of direction but merely international bodies (or, rather, international treaties which are effectively enforced) which can prohibit certain actions of governments that will harm other people."*
>
> *Friedrich August von Hayek*[435]

Wettbewerbspolitik im vertikalen Systemwettbewerb bedeutet, die Freiheit der Wettbewerber auf den unteren staatlichen Ebenen (Kommunen, Länder und Nationen) gegen die wettbewerbsbeschränkenden Eingriffe der jeweils höheren staatlichen Ebenen zu schützen. Die zunehmenden Verflechtungstendenzen im Föderalismus, die die Freiheit zum Einsatz von Wettbewerbsparametern wie

---

[432] Die Unabhängigkeit wurde insbesondere im Zusammenhang mit der Gründung einer Europäischen Zentralbank diskutiert; vgl. Issing (1982); Bruni (1996); Erber/ Hagemann (1997).

[433] Vgl. Majone (1993), S. 6-11.

[434] Vgl. allerdings kritisch Kaltefleiter (1994b), S. 55, der auf die Gefahr der Technokratisierung hinweist, das sich bei einer Auslagerung aller politischen Entscheidungen auf unabhängige Behörden ergibt. Diese Kritik muß unter dem Aspekt der Konsumentensouveränität auch bei öffentlichen Gütern ernst genommen werden.

[435] Hayek (1979), S. 102.

Steuersätzen oder Umweltregulierungen beschränken, wurden schon oben diskutiert[436]. Auch das Problem der Zentralisierung auf europäischer Ebene wurde polit-ökonomisch analysiert[437].

Das Subsidiaritätsprinzip, das die zentralisierende Tendenz stoppen sollte, nimmt im europäischen Recht eine ähnliche Stellung ein wie die Wettbewerbspolitik für den horizontalen Systemwettbewerb: Eine strikte Auslegung des Subsidiariätsprinzips wäre zwar schon anhand der jetzigen Rechtslage möglich, die institutionelle Ausgestaltung der Union läßt diese Auslegung aber nicht zu. Deshalb muß die Einführung des Subsidiaritätsprinzips mit einer weitreichenden Änderung der Zuständigkeiten für die Feststellung von Verletzungen des Prinzips verbunden werden. Dabei bieten sich zwei Lösungen an.

Die erste (konventionelle) Lösung ist die Festlegung ausschließlicher Kompetenzen in einem Katalog, der alle staatlichen Ebenen von der EU bis zu den Kommunen umfaßt. Wenn es keine konkurrierenden Kompetenzen mehr gibt, dann kann auch keine Kompetenzverlagerung mehr von einer zur anderen Ebene stattfinden[438]. Allerdings stößt diese Lösung auf die Schwierigkeit, daß ein Katalog ausschließlicher Kompetenzen immer nur den Status Quo der Staatsaufgaben erfassen kann: Einerseits ist nichts über die Kompetenzzuweisung bei der Regulierung neuer Tatbestände gesagt[439]. Mindestens dabei träte also wieder das Problem der Instanzenwahl für die Kompetenzzuordnung auf. Zum zweiten würde ein ausschließlicher Katalog auch Kompetenzen für staatliche Ebenen festschreiben, die möglicherweise technisch bedingt sind und sich im Zeitverlauf ändern oder die durch die jetzigen Präferenzen der Konsumenten (oder realistischer: der politischen Entscheider) bedingt sind[440]. Wenn diese Kompetenzen nun in einem Dokument mit Verfassungsrang wie dem EG-Vertrag

---

[436] Vgl. Abschnitt 5.1.3.

[437] Vgl. Abschnitt 3.3. sowie Abschnitt 5.2.

[438] Verstöße wären bei einer Eindeutigkeit der Rechtslage durch einen funktionierenden Rechtsstaat (was in der EU der Fall ist) zu verhindern.

[439] Ein Beispiel dafür ist die Einführung des Internets: Unter den Gesichtspunkten Sicherheit (bei ökonomischen Transaktionen im Internet) sowie Zugänglichkeit (Jugendschutz) muß das Internet sicherlich reguliert werden, aber der Umfang der Regulierung sowie die Regulierungsebene ist umstritten. Das hierbei auftretende Problem ist, daß zwar eine Regulierung auf der niedrigsten Ebene möglich ist, aber daß diese Lösung möglicherweise im politischen Prozeß nicht akzeptiert wird, da die Verbreitung des Internets es leicht möglich macht, die Regulierung in einem Land zu umgehen (spill over - Effekte); vgl. Beck/ Prinz (1998).

[440] Als Beispiel für den ersten Fall kann die staatliche Regulierung der sogenannten natürlichen Monopole gelten, die im Zeitverlauf durch technische Änderungen obsolet wurde. Als Beispiel für den zweiten Fall können Trends wie der zu verschärfter Umweltschutzregulierung genannt werden.

niedergelegt sind, ist eine Änderung nur schwer möglich: Die Anpassungsfähigkeit der Institutionen ist gering. Die Aufzählung ausschließlicher Kompetenzen darf also nicht zu detailliert sein. Andererseits nimmt bei einer zu allgemeinen Formulierung der Kompetenzen die Wahrscheinlichkeit von Konflikten zu. Eine Definition von ausschließlichen Kompetenzen für die zentrale Ebene würde zudem die politisch umstrittene Anerkennung der Föderalisierung der EU (also die Wandlung vom Staatenbund zu einem Bundesstaat) zementieren.

Eine weitreichendere zweite Lösung wäre es deshalb, die Kompetenz-Kompetenz ausdrücklich von unten nach oben festzulegen[441]. Dazu müßte zunächst der acquis communautaire völlig neu gestaltet werden: Nicht mehr die Kumulation aller bisher beschlossenen Regeln, sondern die Essentialia der Verträge, nämlich die vier Grundfreiheiten, sollten den acquis communautaire darstellen. Die Überwachung dieser Freiheiten könnte durch das oben beschriebene unabhängige Kartellamt durchgeführt werden. Die oberste Ebene (und damit auch der aus den nationalen Regierungen bestehende Ministerrat) hätte jedoch außer der Vertragsüberwachung keine eigenen, sondern nur abgeleitete Kompetenzen.

Wichtig ist dabei, daß diejenigen unteren Ebenen (z.B. Regionen), die in einem Bereich ihre Kompetenz nicht an obere Ebenen abgeben wollten, dies auch nicht zu tun brauchen. Beispielsweise könnte so die Sozialpolitik in einigen Staaten harmonisiert werden (dort, wo die gleiche Präferenz für bestimmte Sozialpolitiken herrscht), in anderen Staaten nicht. Die Staaten mit der eigenen Sozialpolitik könnten (da die Kompetenz-Kompetenz für Sozialpolitik bei ihnen verblieben ist) nicht zur Finanzierung der gemeinschaftlichen Sozialpolitik herangezogen werden, würden aber auch keine Mittel von der Union erhalten.

Damit würde sich eine Vielzahl von europäischen Unionen mit unterschiedlichem Teilnehmerkreis bilden können. Die Tendenz zur Zentralisierung wäre durch die Kompetenz-Kompetenz auf der unteren Ebene gebremst. Dabei könnte die Verlagerung der Komptenenz-Kompetenz von den oberen staatlichen Ebenen (die sie im Moment de facto haben) zu den unteren gleichzeitig von einer Verlagerung der Zuweisungskompetenz vom Staat auf die Privaten begleitet werden. Allerdings könnte es im Zeitverlauf immer noch zur schleichenden Zentralisierung kommen, wenn es bei der Verlagerung von Kompetenzen auf höhere Ebenen einen Sperrklinkeneffekt gibt, der eine Rückverlagerung unmöglich macht. Deshalb muß ein zweites Element in die Neufassung der europäischen

[441] Zu diesem „bottom up"-Ansatz vgl. Kerber (1997), S. 28-29. Kerber nennt als Argumente für diese Zuordnung der Kompetenz-Kompetenz das konstitutionelle Wissensproblem sowie die erhöhte Möglichkeit von rent-seeking auf zentralerer Ebene.

Institutionen aufgenommen werden: Die Möglichkeit des opting out, die Institutionalisierung der Sezession.

Sezession bedeutet die Abspaltung eines Teilgebietes von einer größeren Einheit, wohingegen das opting out nur die Abstention einer kleineren Einheit von einem Teil der gemeinsamen Politik bedeutet. Der Unterschied zwischen beidem ist nur graduell, nicht grundsätzlich[442].

Der Grund für Sezessionen kann sehr unterschiedlich sein, meistens liegt er aber in der ethnischen, kulturellen oder religiösen Unterschiedlichkeit einer Teilregion zum Föderationsgebiet[443]. Demgegenüber spielen ökonomische Gesichtspunkte eher eine untergeordnete Rolle: Ökonomische Ungleichheit (insbesondere Unterentwicklung oder das Gefühl, ökonomisch ausgenutzt zu werden) kann zwar sezessionistische Bewegungen verstärken, ist aber selten ihr Auslöser[444]. Deshalb sind Sezessionen auch meistens aus politikwissenschaftlicher Sicht diskutiert worden, während die Ökonomie die Sezession allenfalls unter dem Gesichtspunkt der ökonomischen Lebensfähigkeit des abgespalteten Gebiets oder der wirtschaftlichen Folgen für das Unionsgebiet gesehen hat. Die Anzahl sezessionistischer Bewegungen ist heute wie zu allen Zeiten beträchtlich[445].

Im Rahmen der europäischen Integration, die kein eigentliches Sezessionsrecht kennt, ist die Frage einer Abspaltung eines Teilgebiets nur einmal akut geworden, nämlich bei der Abspaltung Grönlands von der EG Anfang der 80er Jahre[446]. Wegen der Randlage, der geringen Bevölkerungszahl und der wirtschaftlichen Bedeutungslosigkeit war diese Sezession aber eher untypisch. Wichtiger ist, daß Großbritannien in den 70er Jahren über die Möglichkeit eines Austrittsreferendums diskutierte, was aber niemals durchgeführt wurde. Während die empirische Evidenz für Westeuropa also eher gering ist, wurde - zeitgleich mit den verstärkten politischen Integrationsbemühungen der Delors-Kommission sowie dem Auseinanderbrechen des Ostblocks und der Sowjetunion Anfang der

---

[442] Insofern gilt das hier für die Sezession gesagte auch für opting out-Verfahren.

[443] Vgl. Bookman (1993), S. 6-8.

[444] Vgl. Bookman (1993), S. 41-43. Bookman (1992) nennt als die wichtigsten ökonomischen Faktoren, die bei der Sezession eine Rolle spielen, das absolute und relative Einkommen in der Region im Vergleich zum Zentralstaat, Handelsströme und -abhängigkeit, fiskalische Zuflüsse bzw. Abflüsse sowie den Grad der wirtschaftlichen Dezentralisation; vgl. Bookman (1992), S. 113.

[445] Vgl. für einen aktuellen Überblick Bookman (1993), S. 26-34.

[446] Vgl. Harhoff (1983), insb. S. 27-31, wo die Legalität der Abspaltung aus juristischer Sicht diskutiert wird.

90er Jahre[447] - das Sezessionsrecht für die EU-Staaten gefordert, um damit dem „Leviathan Brüssel" eine Schranke zu setzen[448].

Die Grundidee des Rechts auf Sezession ist mit den Argumenten der ökonomischen Föderalismustheorie eng verbunden[449]: Die aufgrund historischer, kultureller und ökonomischer gemeinsamer Erfahrungen geprägten Präferenzen der Einwohner einer Region dürften in der Regel ähnlicher sein als die der Bewohner unterschiedlicher Regionen. Deshalb muß Regionen die Möglichkeit gegeben werden, unerwünschten Entwicklungen im Unionsgebiet (etwa einer zentralisierenden Tendenz, die immer neue Politikbereiche erfaßt) durch Abwanderung zu entgehen. Diese Abwanderung kann tatsächlich oder potentiell erfolgen, wobei allein die Existenz der Sezessionsklausel den Zentralstaat zu einem anderen Verhalten führen kann[450].

Das so interpretierte Sezessionsrecht läßt sich spieltheoretisch im „Falken und Tauben"-Spiel darstellen: In diesem Spiel sind zwei Regionen vorhanden, die jeweils zwei unterschiedliche Strategien verfolgen können. Einmal können sie als „Falke" agieren, z.B. in dem sie über den Zentralstaat eine (für die andere Region unerwünschte) Umverteilung zu ihren Gunsten erreichen. Sie können aber auch als „Taube" auftreten, in unserem Fall also eine wettbewerbskonforme Politik durchführen. Wenn eine Region nicht mehr dieses Spiel mitspielen will, steht ihr die Möglichkeit der Sezession offen. Die daraus resultierende Auszahlungsmatrix sieht wie folgt aus:

---

447 Zu den Sezessionen im ehemaligen Ostblock s. Tietzel (1997), S. 108-113, sowie Flores Juberiás für die Spaltung der Tschechoslowakei; diese ist zwar keine Sezession im wörtlichen Sinne, sondern ein Auseinanderbrechen, kann aber auch als Sezession der Slowakei aus der von Tschechien dominierten CSFR verstanden werden. Zu den ethnischen Minderheiten in den MOEL vgl. Europäische Kommission (1996h); S. 55.

448 Vgl. z.B. Welter (1995), S. 75-76. Vgl. auch Apolte (1995), S. 3, mit Literaturhinweisen zu dieser Forderung.

449 Vgl. Abschnitt 5.2.

450 Vgl. Buchanan/ Faith (1987), S. 1023-1024, sowie Buchanan (1990), S. 5.

Region A\ Region B	**Taube**	**Falke**	**Sezession**
Taube	β β	δ α	γ γ
Falke	α δ	ε ε	γ γ
Sezession	γ γ	γ γ	γ γ

mit $\alpha > \beta > \gamma > \delta > \varepsilon$

Abb. 6.9 „Falken, Tauben und Sezession"
Quelle: Forte (1996), S. 160

Wenn beide Regionen sich wettbewerbskonform verhalten, ist die gemeinsame Auszahlung am größten (β/β). Die Sezession - wenn sie auch mit schlechteren Ergebnissen als eine gemeinsame wettbewerbskonforme Strategie verbunden ist, z.B. durch das Wegfallen eines gemeinsamen Marktes - würde für den nun unabhängigen Staat einen Vorteil gegenüber einer Situation erbringen, in der er sich wettbewerbskonform verhält, der andere Staat aber nicht (γ/γ gegenüber α/δ). Bei einem solchen „Sezessionsspiel" würde also alleine die Drohung mit der Sezession dazu ausreichen, daß beide Staaten ein wechselseitiges Interesse an der Einhaltung der Wettbewerbskonformität ihrer wirtschaftspolitischen Maßnahmen haben. Damit führt das Modell zum „taming of Leviathan". Allerdings ist diese Analyse eine starke Vereinfachung eines realistischen Sezessionsrechts: Grundvoraussetzung ist, daß die Auszahlungen berechenbar und beiden Spielteilnehmern bekannt sind. Dies ist bei realen Sezessionen nicht der Fall, außerdem sind die gewählten Auszahlungswerte Hypothesen[451]. Zudem wird die Auszahlung als Auszahlung in Form eines Aggregats (z.B. Wirtschaftswachstum oder „Nutzen für die Bevölkerung") dargestellt. Damit wird erstens von polit-ökonomischen Problemen abstrahiert. Zweitens entsteht das Problem, daß die Abwanderung in diesem Fall nicht individuellen Präferenzen, sondern kollektiven Präferenzen folgt: Nicht Einzelpersonen erklären ihren Austritt aus der Union, sondern Kollektive, z.B. Regionen oder Nationen. Apolte kritisiert deshalb, daß die Sezession die Ersetzung des „large-group collectivism" durch „small-group collectivism" sei, die aus Sicht eines freiheitserhaltenden Wettbewerbssystems abzulehnen sein[452]: Denn die Gefahr sei groß, daß die relativ homogene Gruppe in der sich abspaltenden Region, die durch die Sezession der Egalisierung im Gesamtstaat entgehen wolle, ihrerseits wieder

---

[451] Young stellt z.B. das Sezessionsspiel für den Fall Quebecs und Kanadas in zwei alternativen Darstellungen als Chicken game und Gefangenendilemma dar; vgl. Young (1994), S. 236-241.
[452] Apolte (1995), S. 20.

Minoritäten unterdrücke[453]. Deshalb könne eine Sezession nur dann sinnvoll sein, wenn sie wie andere Verfassungsentscheidungen (im Rahmen der Verfassungsökonomie) mit Einstimmigkeit beschlossen werde.

Diese Einstimmigkeit macht die Sezessionsentscheidung allerdings realistischerweise unmöglich. Andererseits ist die meist bei Verfassungsentscheidungen notwendige qualifizierte Mehrheit - wenn man vom methodologischen Individualismus ausgeht - kein Ersatz für eine einstimmige Entscheidung. Es stellt sich die Frage, ob man ein Sezessionsrecht so ausgestalten kann, daß es sowohl einen freiheitsbewahrenden Charakter hat als auch die Funktion des „taming of Leviathan" erfüllen kann.

Zunächst müßte dieses Sezessionsrecht so ausgestaltet sein, daß mit dem Verlassen des Unionsgebietes nicht automatisch der ehemalige Teilnehmerstaat alle Verbindungen zur Union verliert. Die realen Sezessionsbewegungen sind häufig nicht gegen alle Institutionen des Gesamtstaates gerichtet, sondern nur gegen einige, manchmal sogar nur eine einzige. Teilweise ist sogar nur eine symbolische Anerkennung als autonomes Gebilde erwünscht. Deshalb sollte über die Ausgestaltung eines partiellen Sezessionsrechts im Sinne des Opting out oder des Subsidiaritätsprinzips nachgedacht werden. Dieses Recht würde voraussetzen, daß die Union all diejenigen Beziehungen abbricht, die mit der Gewährung von Vorteilen zu Lasten anderer verbunden sind (z.B. interregionale Umverteilung), da ansonsten Trittbrettfahrerverhalten auftritt. Umgekehrt sind diejenigen Beziehungen aufrechtzuerhalten, die nicht die Gewährung einseitiger Vorteile darstellen, sondern die Verfolgung einer als richtig erkannten Unionspolitik. Dazu gehören die vier Grundfreiheiten, die ja nicht als gegenseitige Vorteilsgewährung eingeführt wurden, sondern weil alle bisherigen Teilnehmerstaaten der Union sich auf die Freiheiten als vorteilhaftes Prinzip geeinigt haben. In diesem Sinne könnte z.B. die Sezession eines ganzen Staates eine Art Rückstufung in den EWR bedeuten[454].

Die weltweiten Liberalisierungsbemühungen im Rahmen der WTO machen diese Art von Sezession, die die Bildung relativ homogener kleiner politischer Einheiten nach sich zieht, die friedlich mit ihren Nachbarn Handel treiben und ökonomisch mit diesen integriert sind, wahrscheinlicher: Weltweite ökonomische Integration im Rahmen des Regelwerkes der WTO fördert also politische

---

[453] Als Beispiel benennt Apolte die vielen Gruppen von religiös Verfolgten, die nach Amerika ausgewandert seien und dort selber - konzentriert auf ein Gebiet - Andersgläubige verfolgten; vgl. Apolte (1995), S. 17.

[454] Allerdings besteht im EWR das Problem, daß dort nicht nur die Grundfreiheiten im Prinzip durchgesetzt sind, sondern auch ein Großteil der EU-Regulierung nachvollzogen werden muß.

Desintegration in denjenigen Staaten oder Staatenverbünden, die bei weltweitem Protektionismus große Vorteile aus freiem Binnenhandel hatten, die jetzt aber ihren Sinn verloren haben[455].

Im Rahmen der EU wäre es möglich, daß sogar eine Sezession von einzelnen Politiken erfolgt, beispielsweise von der Agrarpolitik. Die bisherige Integrationsstrategie, die ein Fortschreiten der Integration meist auf dem Wege der Pakettechnik erreicht hat, macht allerdings einen solchen Schritt schwer vorstellbar. Voraussetzung wäre die Aufteilung des bisherigen „acquis communautaire“ in verschiedene Bereiche, die auch rechtlich nur relativ lose unter dem Dach der Union verbunden sind.

Wenn man die freiheitssichernde Funktion der Gesamtunion gegenüber möglichen Freiheitsbeschränkungen durch die Teilstaaten als gegeben annimmt, könnte man sich auch vorstellen, daß eine Sezession nur dann erfolgen dürfte, wenn die Gründe dafür nicht im Wunsch nach der Diskriminierung von Minderheiten oder nach der Einführung von Protektion bestehen. Allerdings stößt eine solche - theoretisch denkbare - Unterscheidung dort an ihre Grenzen, wo es um die glaubwürdige Umsetzung geht[456]. Dann müßten nämlich unter Umständen sezessionistische Bestrebungen mit Gewalt verhindert (d.h. unterdrückt) werden. Dies wäre aber der gravierendste denkbare Eingriff in die Freiheit der Individuen.

Historische Erfahrungen mit fast unausweichlich erscheinenden Sezessionstendenzen in immer größeren Gesamtstaaten sollten deshalb einen Staat, der die (Wettbewerbs-)Freiheit sichern will, auf jeden Fall zur Schaffung eines Sezessionsrechts veranlassen. Dieses Recht könnte auch mit dem Recht von Individuen des abgespaltenen Gebiets verbunden werden, in den Gesamtstaat einzuwandern[457].

Ein solches Sezessionsrecht könnte zwar die im Extremfall freiheitsbeschränkenden Maßnahmen von Sezessionsgebieten nicht verhindern, würde aber deren Wirkung weniger negativ werden lassen. Zudem ist eine Sezession umso unwahrscheinlicher, je freiheitlicher und damit für den einzelnen (und auch die aus einzelnen bestehenden Kollektive) vorteilhafter die Verfassung des Gesamtstaates ist. Eine Union, die aus vielen Freiheitsrechten und möglichst wenigen (im Idealfall gar keinen) Sonderrechten (wie Umverteilungsrechten)

---

455 Vgl. Alesina et al. (1997).
456 Vgl. Chen/ Ordeshook (1994), S. 46.
457 Dies müßte ein Teil einer geforderten „Wanderungsordnung“ werden; vgl. auch 7.3.2.

besteht, ist voraussichtlich stabiler als eine Union, deren wesentliche Aufgabe in der Schaffung immer neuer Sonderrechte auf der Basis gegenseitigen Kuhhandels besteht. Deshalb ist eine freiheitliche Verfassung zwar zwingend mit einem Sezessionsrecht auszustatten, macht dieses gleichzeitig aber wieder als realistische Option unwahrscheinlich.

Das Sezessionsrecht sollte dabei nicht nur als Recht eines Nationalstaates gegenüber der EU verstanden werden, sondern auch die Sezession von Regionen aus Nationen und von Kommunen aus Regionen regeln[458]. Der Werdegang der Nationalstaaten hat diese oft mythisch überhöht und so eine Sezession als Bruch mit dem „Wert Nation" angesehen, weshalb noch heute auch in vielen westeuropäischen Regionen gewaltsame Forderungen nach Sezession und deren gewaltsame Bekämpfung an der Tagesordnung sind. Die Europäische Union begibt sich, wenn sie kein Sezessionsrecht entwickelt und andererseits die Zusammenarbeit in der EU auf eine ebenso mythisch überhöhte Basis stellt, in die Gefahr, im Zeitverlauf genauso von gewaltsamen Sezessionsversuchen betroffen zu sein. Die Anerkennung von möglichst weitgehenden Freiheiten und von Verschiedenheit innerhalb der Union würde diese Gefahr weitgehend verschwinden lassen.

---

[458] Bernholz schlägt z.B. vor, daß Regionen von mindestens 10 Millionen Einwohnern (eine willkürlich gesetzte Zahl, die der Praktikabilität des Vorschlags dienen soll) sich - durch Mehrheitsentscheidung bei einem Referendum - als unabhängige Region in der EU etablieren können; benachbarte Regionen anderer Nationen könnten diesen Regionen beitreten. Diese Regelung steht offensichtlich in Verbindung mit dem Problem von Mischgebieten in Grenzregionen der EU; vgl. Bernholz (1992), S. 55.

6.5.6. Checks and Balances als Grundelemente eines Wettbewerbssystems für die EU

> *„In the compound government of America, the power surrendered by the people is first divided between two distinct governments, and then the portion allotted to each subdivided among distinct and separate departments. Hence a double security arises to the rights of the people. The different governments will control each other, at the same time that each will be controlled by itself."*
>
> *The Federalist, N° 51*[459]

Die bisherige Analyse der Möglichkeiten eines Wettbewerbssystems für den Systemwettbewerb hat gezeigt, daß zwar der horizontale Systemwettbewerb durch ein Wettbewerbssystem zu ordnen ist, welches in der EU auch in Ansätzen vorhanden ist. Der vertikale Systemwettbewerb ist dagegen prinzipiell nicht regulierbar: Die auf Gütermärkten funktionierende Kontrolle durch „unparteiische Dritte", nämlich Kartellämter und Gerichte, ist im vertikalen Systemwettbewerb nicht möglich. Hier tritt das Problem des infiniten Regresses auf, da jede höhere staatliche Ebene wiederum an Machtzuwachs und damit Zentralisierung und so direkt an Ergebnissen im Systemwettbewerb der unteren Ebenen interessiert ist, nicht aber an der Durchsetzung von Regeln. Ein „Alien-Kartellamt", das selbst nicht materiell an den Ergebnissen des Systemwettbewerbs interessiert ist und deshalb Weltordnungspolitik betreiben kann, ist unrealistisch. Deshalb ist die Durchsetzung von Regeln im Systemwettbewerb allerdings nicht völlig unmöglich. Was unmöglich ist, ist eine „optimale" Funktionsweise des Systemwettbewerbs, die durch eine „optimal" funktionierende Wettbewerbsbehörde geschützt und erhalten wird[460].

Eine zwar schwächere, aber realistischere Alternative ist die Einführung eines Systems von „checks and balances" im Systemwettbewerb. Checks and Balances in der amerikanischen Verfassungstradition sollen verhindern, daß die Machtpole (die drei Gewalten) ihre Macht einmal gegenüber den Bürgern, aber auch gegenüber den anderen Gewalten unzulässigerweise mißbrauchen[461]. Dabei trat dasselbe Problem wie beim Systemwettbewerb auf, nämlich das Fehlen einer

---

[459] Zitiert nach Bolick (1994), S. 25.

[460] Zu einer analogen Schlußfolgerung kommt Kaltefleiter in einer politischen Analyse der Demokratie bei der Diskussion, ob es ein freiheitsgarantierendes Gerichtswesen in Demokratien geben kann; vgl. Kaltefleiter (1986), S. 139. Vgl. auch die Diskussion bei Riker (1964), S. 102-103, sowie Inman/ Rubinfeld (1997), S. 104-105.

[461] Vgl. Bolick (1994), S. 24-26; Zehnpfenning (1997).

wirklich „unparteiischen“ Instanz, der man eine solche Kontrolle anvertrauen könnte: Die drei Gewalten sind „separate-but-equal“[462]. Deshalb entschied man sich für die Einführung eines Systems gegenseitiger Kontrolle[463], oder in den Worten des Federalist-Autors James Madison: „Ambition must be made to counteract ambition.“[464] Dabei muß beachtet werden, daß die gegenseitige Kontrolle durch eine gegenseitige Verschränkung der Gewalten erreicht wird; damit ist die Reinform der Gewaltenteilung, wie sie etwa Montesquieu vorschwebte, nicht mehr gegeben[465]. Gerade im Systemwettbewerb in der Europäischen Union ist dies wichtig, da hier ein Konflikt zwischen dem Wunsch nach Transparenz (der Teilung der Gewalten auf der vertikalen Ebene und die Aufhebung des kooperativen Föderalismus) und dem Wunsch nach Kontrolle („checks“) durch die Mitspracherechte der Staaten und Regionen auf der EU-Ebene besteht. Ein „optimales“ Kontrollsystem ist wegen dieser Interdependenz nicht möglich[466].

Die Möglichkeit gegenseitiger Kontrolle kann einmal in den Verfassungsaufbau der EU integriert werden[467]. In der EU hat sich besonders die Kontrolle der EU-Kommission als schwierig erwiesen, die gleichzeitig exekutive (administrative), legislative und judikative Funktionen in sich vereint. Das Fehlen einer starken Legislative wird in diesem Zusammenhang häufig als „Demokratiedefizit“ der EU bezeichnet[468]. Allerdings wäre eine Zuweisung von mehr Kompetenzen an das EP keineswegs mit einer automatischen Verbesserung der Kontrolle der Kommission verbunden. Das Hauptproblem ist die mangelnde öffentliche Kontrolle aufgrund der hohen Informationskosten[469]. Dies ist auch durch Kompetenzänderungen nicht aufzuheben.

---

462 Vgl. Fraenkel (1980), S. 52.

463 Vgl. zur Einführung MacGregor Burns / Peltason (1957), S. 66-71, sowie Bentley (1967), S. 321-329.

464 James Madison im Federalist N° 51, zitiert nach Lasser (1992), S. 34.

465 Vgl. Fraenkel (1981), S. 221-222.

466 Huntington sieht es sogar als einen Vorteil der amerikanischen „checks and balances“ an, daß dadurch die Institutionen im Zusammenspiel mit den sie stützenden sozialen Gruppen in ihrer Macht flexibel sind, d.h. daß sich auch Machtverschiebungen ergeben können, die jeweils die Reformfähigkeit des politischen Systems gegenüber Verkrustungen stärken; vgl. Huntington (1981), S. 127-129.

467 Damit muß nicht die Existenz einer geschriebenen Verfassung verbunden sein.

468 Vgl. Hassel (1976), S. 9, sowie Bauer (1994), S. 445-447; vgl. auch kritisch Majone (1997), S. 13.

469 Vgl. Abschnitt 3.3.2.

Die Kontrolle durch den Ministerrat gegenüber der EU-Kommission funktioniert nicht notwendigerweise schlechter als die des EP: Solange es sich um originäre Kompetenzen der nationalen Regierungen handelt, ist der Kontrollanreiz hoch. Allerdings ist damit das Problem der Kompetenzverlagerung der unteren staatlichen Ebenen auf die EU-Ebene verbunden. Hier ist weder das EP noch der Ministerrat der geeignete Kontrolleur. Deshalb sollten Checks und Balances auch für die Kompetenzverteilung und Wahrnehmung zwischen der EU und ihren Regionen bzw. Kommunen gefunden werden, die z.B. in der ausschließlichen Verhandlungskompetenz regionaler oder kommunaler Vertreter bei sie betreffenden Politikfeldern im Ministerrat (oder in Form analog erweiterter Rechte des AdR in diesen Feldern) besteht.

In den Bereichen, die ausschließliche Kompetenz der EU sind, sollte wiederum das EP voll in seine Rechte als Parlament eingesetzt werden. Zu diesen Rechten gehört auch das Haushaltsrecht und damit die Entscheidung über eigene Einnahmen der EU. Diese eigenen Einnahmen (die auch aus Steuern bestehen könnten) sind polit-ökonomisch bedenklich, da damit bei der bisherigen mangelhaften Information über das Parlament, der Nichtexistenz europäischer politischer Parteien und der nichtexistierenden europäischen Öffentlichkeit die Gefahr groß ist, daß lediglich eine neue Schicht an Bürokratie erzeugt wird, die eine neue Welle redistributiver Politiken durchführt. Hier zeigt sich wieder, daß das theoretisch „optimale" Design (nämlich die gleichzeitige Zuweisung von Aufgaben und Möglichkeiten zur deren Finanzierung) in einer dynamischen Perspektive zu schlechteren Ergebnissen führen kann.

Wenn in der EU eine strikte Trennung von Aufgaben je nach Ebene gegeben wäre, wäre diese Befürchtung allerdings unbegründet. Wenn die EU-Ebene nur diejenigen Aufgaben wahrnehmen würde, die gemäß dem Subsidiaritätsprinzip nicht auf den unteren Ebenen oder im privaten Sektor wahrgenommen würden, wäre eine Finanzierungskompetenz für das EP unerheblich, da diese nur für einen sehr kleinen Teil der aktuell möglichen Politiken nach Art. 3 EG-Vertrag eingesetzt werden könnte. Deshalb ist im Sinne der Machtbalance zwischen den staatlichen Ebenen eine solche Festschreibung erwünscht. Sie würde Konflikte über die Ausfüllung der Aufgaben zwar nicht völlig, aber doch weitgehend verschwinden lassen.

Der Idee eines Kerneuropas käme in diesem Zusammenhang eine neue Bedeutung zu: In einem ordnungspolitischen Kerneuropa könnten diejenigen Staaten zusammenarbeiten, die bereits bisher konvergierende ordnungs- und wettbewerbspolitische Vorstellungen haben. In diesem Kerneuropa könnten diejenigen Regulierungen und Marktordnungen wegfallen, die bisher auf europäischer Ebene die volle Wirksamkeit des Systemwettbewerbs verhindert haben. Andere Staaten könnten diese Regelungen wieder auf nationaler Ebene einführen. Das ordnungspolitische Kerneuropa stünde so im Ordnungswettbewerb mit den konkurrierenden Modellen[470]. Der Modellcharakter einer anpassungsfähigen Wirtschaft als Vorbild für Imitatoren schränkt durch seine Existenz und seinen Erfolg, der in der Anpassungsfähigkeit an neue Tatsachen begründet ist, dann die Möglichkeit der interventionistischen Staaten zu Wettbewerbsbeschränkungen ein.

6.6. Evolutionärer Föderalismus

„People come to believe that because they have states, they need them."

Anthony de Jasay[471]

Die bisherige Analyse der Wettbewerbsregeln für den Systemwettbewerb hat gezeigt, daß Systemwettbewerb als ein Wettbewerb auf einem unvollständigen Markt gesehen werden muß, der auch nur ein unvollkommenes Wettbewerbssystem zuläßt. Wenn der Ordnungswettbewerb völlig regellos abliefe, dann würde er sich durch die Tendenz zur Vermachtung (Zentralisierung oder Harmonisierung) selbst aufheben. Die Regeln, die die Vermachtung verhindern sollen, sollen im folgenden zu einem kohärenten *System des evolutionären Föderalismus* zusammengefügt werden.

---

[470] Natürlich würde Ordnungswettbewerb auch entstehen, wenn nur ein Staat dieses System der Wettbewerbsfreiheit einführt. Der Zusammenschluß ordnungskonformer Staaten in einem Kerneuropa hätte aber den Vorteil der Ausnutzung eines größeren Integrationsgebiets zu bieten. Gleichzeitig würde der dann grenzüberschreitende Ordnungswettbewerb innerhalb des ordnungspolitischen Kerneuropas, der einer Vergrößerung des relevanten Marktes für Ordnungsformen gleichkommt, eine Erhöhung der Innovationsmöglichkeiten in Aussicht stellen.
[471] Vgl. Jasay (1985), S. 32.

6.6.1. Die Evolution von Jurisdiktionen im Systemwettbewerb: Die Idee der competing bureaus

> *„The most important change in the present structure of bureaucracy would be to increase the competition among bureaus in the supply of the same or similar services."*
>
> *William Niskanen*[472]

Im Systemwettbewerb kann der Zentralisierungsgrad, der die Aufgabenverteilung der verschiedenen staatlichen Ebenen bei der öffentlichen Erstellung von Gütern beschreibt, nicht mehr - wie im heute vorherrschenden Verfassungsverständnis - statisch zu ermitteln sein, sondern nur durch den Wettbewerb selbst; es existiert kein optimaler Zentralisierungsgrad[473]. Damit ist nicht nur die Aufgabenteilung zwischen bestehenden Jurisdiktionen, sondern auch die Anzahl dieser Körperschaften eine endogene Variable im Systemwettbewerb. Die statischen Föderalismuskonzepte gehen von dem (horizontalen oder vertikalen) Wettbewerb einer vorher bestimmten Anzahl von Regierungsebenen aus. Der Begriff „Gebietskörperschaft" weist darauf hin, daß diese in der Regel ein genau umgrenztes Gebiet umfaßt. Bei Tiebout (1956) war Migration der entscheidende Auslöser zum Wettbewerb zwischen solchen Gebietskörperschaften. Wettbewerb findet deshalb auch hauptsächlich an den Grenzen statt, z.B. beim grenzüberschreitenden Konsum oder bei grenzüberschreitender Beschäftigung.

Doch Systemwettbewerb, der durch ein Wettbewerbssystem geleitet wird, daß die Wettbewerbsfreiheit sichert, ist auch ein Entdeckungsverfahren für den Grad der Heterogenität institutioneller Arrangements[474]. Dieses Entdeckungsverfahren wird zuerst in der Forderung von Niskanen nach „competing bureaus" deutlich[475]. Büros, d.h. die öffentlichen Anbieter von Leistungen, sollen einerseits untereinander, andererseits aber auch mit privaten Anbietern konkurrieren[476]. Die Gebiete, in denen diese Büros dann ihre Leistungen anbieten, sind dann weder sachlich noch räumlich voneinander getrennt.

---

[472] Niskanen (1971), S. 195.
[473] Vgl. Eichenberger (1996), S. 112.
[474] Vgl. Mussler/Wohlgemuth (1994), S. 11.
[475] Vgl. Niskanen (1973), S. 37-42.
[476] Zum Wettbewerb mit privaten Anbietern vgl. Niskanen (1973), S. 57-59. Bereits Hayek (1971), S. 288, fordert, daß der Staat überall dort, wo nicht sein Zwangsmonopol berührt ist, den Wettbewerb privater Anbieter bei der Erstellung zulassen solle.

Sachlich kann es sein, daß dieselbe Leistung von verschiedenen Ebenen der Verwaltung angeboten wird. So könnten z.B. Gemeinde- und Kreisverwaltungen in den Wettbewerb um die Erstellung von Bau- bzw. Bauverwaltungsdienstleistungen treten, ein Wettbewerb, bei dem die Bürger aus den Angeboten wählen können. Verwaltungsstellen, die aufgrund ihrer Produktionsstruktur zu günstigen Angeboten fähig sind, können andere unterbieten. Dies liegt einerseits im Interesse der Bürger, die nun über einen Vergleich bei den Kosten der öffentlichen Herstellung von Gütern verfügen[477]. Es liegt aber auch im Interesse der Bürokraten, denn für diese bedeutet die Unterbietung gleichzeitig eine höhere Produktion, damit auch tendenziell ein höheres Budget - diejenige Behörde, die aufgrund ihrer Kostenstruktur günstig anbietet, bekommt im Haushaltsprozeß auch mehr Kompetenzen. Wettbewerb zwischen „competing bureaus" funktioniert dabei, solange er durch ein Wettbewerbssystem geregelt ist. Dazu sind aber drei Einschränkungen zu machen:

* Da die Qualität öffentlicher Dienstleistungen häufig schlecht überwachbar ist und bei ihrer Überwachung das Trittbrettfahrerproblem virulent ist, kann es zu einer zentralstaatlichen Festsetzung von Mindeststandards kommen (beispielsweise, wenn es beim Wettbewerb um die Instandsetzung von Straßen um bestimmte Sicherheitsstandards geht)[478].

* Das gleichzeitige Angebot von Diensten auf verschiedenen Ebenen birgt zweitens die Gefahr einer vertikalen Kollusion in sich. In der Bundesrepublik Deutschland ist der Föderalismus heute durch die Mischfinanzierung von „Gemeinschaftsaufgaben" gekennzeichnet. Wegen der Zustimmungspflicht des Bundesrates und zur Verschleierung von politischer Verantwortung erkaufte die Bundesregierung die Zustimmung der Länder häufig durch gemeinsame Aufgabenfinanzierung und -erledigung. Dieses System widerspricht der Idee von wettbewerblich organisierten Verwaltungen[479].

* Auch im horizontalen Wettbewerb besteht die Gefahr von Kartellbildung, deshalb ist drittens die räumliche Kollusion zu verhindern. Räumlich ist der Wettbewerb dann nicht mehr getrennt, wenn Gebietskörperschaften auch Dienstleistungen anbieten können für die Bürger, die nicht in ihrem vormaligen „Einzugsgebiet" wohnen. Wichtig ist, daß auch die Schaffung neuer Körperschaften durch Austritt aus bestehenden oder aber durch ihre Zusammenlegung möglich ist.

---

[477] Vgl. Niskanen (1971), S.198.

[478] Das Problem jeden Mindeststandards ist es, daß er dazu tendiert, ein Normalstandard zu werden und daß er von der ihn vorschreibenden Institution möglichst genau auf die Bedürfnisse dieser Institution oder der sie tragenden Lobbygruppen zugeschnitten ist. Dieses Problem ist in keinem Fall vermeidbar, auch nicht bei Wettbewerb.

[479] Vgl. Lambsdorff (1998).

Diese Ideen widersprechen dem bisherigen Verwaltungsaufbau in den meisten Staaten deutlich. Dieser war mehr von der klaren Kompetenzzuweisung, häufig von hierarchischer Ordnung, sowie der Ablehnung von Wettbewerb als schädlichem Element geprägt. Tatsächlich darf der Wettbewerb innerhalb der Verwaltung nicht dazu führen, daß die Kompetenzen weniger klar zugeordnet sind. Es soll allein die ex ante - Festlegung der Zuständigkeit einer staatlichen Ebene zugunsten einer sich im Wettbewerb herausbildenden Festlegung aufgegeben werden. Trotz der bisher vorherrschenden hierarchischen Gliederung der Verwaltung gibt es eine Reihe von empirischen Belegen für die Funktionsfähigket von „competing bureaus"[480]. Olson schätzt, daß es allein in New York 1969 über 1400 verschiedene Körperschaften, von school districts und water districts über Polizeibehörden bis hin zur bundesstaatlichen Verwaltung gab[481].

Die Evolution von Jurisdiktionen im Systemwettbewerb ist durch einen Wettbewerbsprozeß in mehrfacher Hinsicht gekennzeichnet:

- Im (horizontalen) Wettbewerb der Regionen (Nationen) werden verschiedene institutionelle Arrangements auf ihre Tauglichkeit getestet sowie auf ihre Anpassung an regionale Präferenzen.

- Im (vertikalen) Wettbewerb der staatlichen Ebenen wird die Tauglichkeit verschiedener staatlicher Ebenen für die Lösung eines Problems getestet.

- Im intrastaatlichen Wettbewerb bieten konkurrierende Administrationen dieselben oder ähnliche öffentliche Leistungen an.

Damit sind die entstehenden öffentlichen Körperschaften nicht mehr klar voneinander räumlich oder sachlich abzutrennen. Es entstehen funktionale, überlappende, konkurrierende Jurisdiktionen.

---

480 Vgl. Eichenberger (1996), S.120-123, der sowohl Beispiele aus der europäischen Geschichte als auch das Schweizer und US-amerikanische Beispiel in der Gegenwart anführt.

481 Vgl. Olson (1969), S.479.

6.6.2. Das Konzept funktionaler, überlappender, konkurrierender Jurisdiktionen

> *„Thus competition among governments encompassed by fixed boundaries is not sufficient to eliminate those governments' monopoly power."*
>
> *D. Epple/ A. Zelenitz*[482]

Das Grundmodell des evolutionären Föderalismus geht davon aus, daß die Nachfrager nach öffentlichen Leistungen zwar obligatorisch in Körperschaften eintreten müssen, die bestimmte Mindestanforderungen erfüllen, aber daß das Angebot an Körperschaften nicht mehr monopolistisch und mit Gebietshoheiten verbunden ist. Die Verankerung der Freiheit zur Gründung solcher Clubs fordert Frey und Eichenberger als „fünfte Freiheit" neben den vier Grundfreiheiten im EG-Vertrag[483]. Der Zwang zum Eintritt in einen Club, der auch zwingend Mindestleistungen erbringt und für diese Leistungen eigene Steuern erheben kann, ist damit gerechtfertigt, daß ansonsten ein Trittbrettfahrerverhalten bei der Bereitstellung öffentlicher Güter auftritt[484]. Wenn die Bereitstellung öffentlicher Güter (oder öffentlich produzierter Güter) in Clubs erfolgt, die jeweils nur ein einziges dieser Produkte herstellen (oder bereitstellen), dann könnte die Anpassung an die Präferenzen der Nachfrager am besten sein. Dem stehen die relativ hohen Transaktionskosten gegenüber, die die Nachfrager bei der Entscheidung über den Eintritt in verschiedene Clubs tragen müssen. Es wäre also denkbar, daß aus diesem Grund ein System von Anbietern ensteht, die entweder selber verschiedene Leistungen anbieten oder die bei dem Angebot (verschiedener) Leistungen kooperieren[485]. Das Angebot verschiedener Leistungen würde dort seine Grenze finden, wo neue Anbieter ein wesentlich günstigeres Angebot machen, dessen Annahme sich trotz der Transaktionskosten für den Wechsel des Anbieters lohnt.

---

[482] Epple/ Zelenitz (1981), S. 1206.

[483] Vgl. Eichenberger/ Frey (1995).

[484] Beispielsweise könnten kinderlose Ehepaare entweder ganz auf die Mitgliedschaft in Schuldistrikten verzichten oder nur in solchen Schuldistrikten beitreten, die überhaupt keine Leistungen anbieten; um dies zu vermeiden, kann es eine Zwangsmitgliedschaft und zu erfüllende Mindeststandards geben; vgl. Eichenberger (1996), S. 115-116.

[485] Die Kooperation wäre dann nicht wettbewerbsbeschränkend (da sie sich auf verschiedene Leistungen bezieht und nicht für den Nachfrager zwingend ist, sondern eine Erleichterung für Nachfrager durch das Angebot eines „one stop shops", in dem gleichzeitig alle Leistungen angeboten werden. Casella und Frey sprechen deshalb nicht von Clubs mit einem einzigen Clubgut, sonder von der Bereitstellung einer „specific class of public goods"; vgl. Casella/ Frey (1992), S. 640.

Zu den Vorteilen dieses evolutionären Föderalismus gehört einmal die durch die weitergehende Dezentralisierung bessere Anpassung an Konsumentenpräferenzen, die bessere Überwachung des dezentralisierten Angebots wegen niedrigerer Informationskosten für den Nachfrager sowie das Verschwinden von X-Ineffizienzen bei einer höheren Transparenz und Vergleichbarkeit des Angebots in Ein- oder Wenigproduktunternehmen.

Ein solches Wettbewerbssystem der Jurisdiktionen würde nicht dazu führen, daß die Marktstruktur des Angebots öffentlicher Güter sich dem vollständigen Wettbewerb nähert. Wegen der Skaleneffekte und der Transaktionskosten wäre eher die Marktform eines (je nach Gut engen oder weiten) Oligopols zu erwarten. Wichtig ist aber, daß auch dort, wo nur ein einziger Anbieter übrig bleibt - wie es z.B. in ländlichen Regionen mit kleinen Dörfern tendenziell weiterhin regionale Monopolisten bei Verwaltungsdienstleistungen geben wird - dieser Anbieter immer unter dem Druck der potentiellen Konkurrenz steht. Damit wird einerseits ein Prozeß ständiger Innovation bzw. Imitation erzwungen, andererseits eine Preisobergrenze für lokale Monopolisten errichtet (nämlich ein limit price, der den Markteintritt für andere Wettbewerber unattraktiv macht).

Ein weiterer Vorteil ist, daß nicht nur neue Jurisdiktionen entstehen können, sondern daß auch alte verschwinden können. Damit wird die Sanktion des Staatsbankrotts möglich, ohne daß damit ein völliger Zusammenbruch staatlichen Handelns oder eine völlige Enteignung von allen staatlichen Gläubigern notwendig ist. Alleine diejenigen staatlichen Leistungsanbieter, die ineffizient sind, müssen sich anpassen oder verschwinden. Da es kein ökonomisches Interesse mehr an Quersubventionierung gibt, kann es zur (bisher faktisch unmöglichen) Insolvenz einiger, nämlich der ineffizient arbeitenden staatlichen Verwaltungen kommen. Zugleich wäre der Lobbyismus zugunsten der Aufrechterhaltung nicht mehr benötigter Verwaltungseinheiten geringer. Diese würden nämlich - alleine mit einer einzigen Aufgabe betraut - nicht mehr durch die Stellung in irgendeiner administrativen Hierarchie mit wechselseitigen Verflechtungen wirksam Lobbyismus betreiben können.

Die Überwachung der Erfüllung der Mindeststandards könnte z.B. durch eine unabhängige Kartellbehörde erfolgen. Dabei würde ihr eine doppelte Funktion zukommen, nämlich einmal die Verhaltenskontrolle der bisherigen Marktteilnehmer, dann aber auch eine Kontrolle des Offenhaltens des Marktes. Da bei konkurrierenden Jurisdiktionen der Wettbewerb prinzipiell zugelassen ist, wird sich das Bestreben der bisherigen Anbieter darauf richten, möglichst hohe Markteintrittsschranken für neue Anbieter aufzurichten. Die geeignete Festsetzung der Mindeststandards und des Zulassungsverfahrens erweisen sich deshalb als die Kernpunkte eines funktionierenden Wettbewerbs der Jurisdiktionen.

Damit scheint wieder die Funktionsfähigkeit eines föderalistischen Konzeptes von politischen Faktoren (nämlich der Arbeit der Kartellbehörde) abzuhängen. Allerdings liegt ein großer Unterschied zum bisherigen Föderalismus in der Anreizwirkung, die vom Konzept konkurrierender Jurisdiktionen ausgeht, die man als „market preserving federalism" bezeichnen kann[486]. Bisher war die Zurechenbarkeit von sparsamen Verhalten (etwa Steuersenkungen) kaum gegeben, während sie bei Subventionierung sehr hoch war: Damit war das Dilemma entstanden, daß politisch Steuersenkungen kaum Erfolge brachten (da die Wirkung für den einzelnen oft nur marginal war), während Subventionierung attraktiv ist.

Die Steuerautonomie der konkurrierenden Jurisdiktionen führt nun dazu, daß eine direkte Zurechenbarkeit sparsamen Verhaltens zu einer Behörde erkennbar ist. Damit ist der Anreiz groß, durch ein günstigeres Angebot zu werben. Gleichzeitig kann dieses günstigere Angebot im Wettbewerb vor allem von Fachleuten erstellt werden, die nicht im Suchen politischer Mehrheiten durch Kompromiße, sondern in der Erstellung bestimmter Leistungen erfolgreich sind. Die Konzentration auf bestimmte Leistungen findet sich auch auf der Nachfragerseite, wo „Einthemengruppierungen" auftreten können, die Informationsleistungen für alle Nachfrager erbringen und so die Informationskosten senken. Bisher wurden solche Einthemengruppierungen bei der Erstellung öffentlicher Leistungen kaum berücksichtigt, da das Angebot öffentlicher Leistungen hauptsächlich in Wahlen festgelegt wurde, in denen die Wähler Leistungsbündel wählten. Bei konkurrierenden Jurisdiktionen ist dagegen die Arbeit der Einthemengruppierungen besonders nützlich, da aus ihnen die Überwachung des Angebots (oder gegebenfalls sogar die Eigenproduktion bzw. Eigenbereitstellung erfolgen kann). Dadurch würde der bisherige politische Prozeß, der durch ein enges Oligopol der Parteien mit einer homogenen politischen Klasse gekennzeichnet ist, zugunsten einer größeren Offenheit des politischen Prozesses unter Mitwirkung von Fachleuten aufgegeben[487].

Die Durchsetzung eines evolutionären Föderalismuskonzeptes, wie es oben beschrieben ist, würde einen starken Bruch mit der bisherigen Verfassungsentwicklung der Europäischen Union bedeuten. Dennoch ist die Durchsetzung sowohl theoretisch als auch praktisch möglich, wie die nachfolgenden Überlegungen zeigen werden. Die Durchsetzungsmöglichkeit auf theoretischer Ebene hängt von der Ausgestaltung des politischen Systems der konkurrierenden Verwaltungen unter Annahme eigennützigen Verhaltens ab. Hierzu ist zu sagen, daß die Konkurrenz der Verwaltungen so ausgestaltet werden kann, daß eine Anreizkompatibilität zwischen Wettbewerb (und damit der Erstellung eines präferenzkonformen und kostengünstigen Angebots) und

---

[486] Vgl. Weingast (1993), S. 289.

[487] Vgl. Eichenberger (1996), S. 117.

Vorteilen für die Anbieter (nämlich ein möglichst hohes Einkommen nach Abzug der Kosten für die Leistungsbereitstellung) entsteht. Konkurrierende Verwaltungen existieren nicht nur im „nirvana", da ihr Funktionieren kein heroisches Verhalten, sondern lediglich eine Verfolgung eigener (Einkommens-)Ziele von der Verwaltung verlangt. Das Problem der zentralisierenden Staatsgewalt ist zugleich soweit wie möglich (wenn auch nicht völlig) ausgeschaltet. Insbesondere, wenn die „Kartellbehörde" für den evolutionären Föderalismus unabhängig und so ausgestaltet ist, daß Wettbewerbsschutz das einzige Ziel der Kartellhüter ist, bestehen für die Offenhaltung des politischen Prozesses und damit für den Verwaltungswettbewerb große Chancen.

Schwieriger ist die Frage zu klären ,ob die Durchsetzung des evolutionären Föderalismus auch praktisch möglich ist. Es ist sicher, daß eine Durchsetzung in Europa nicht geschehen wird, wenn sich nicht der Leidensdruck am bisherigen System verschärft[488]. Andererseits gibt es eine Reihe von Erfahrungen aus der Schweiz sowie der USA, sowie historische Erfahrungen, die die Durchführbarkeit des evolutionären Föderalismus beweisen[489]. Dabei gilt es zwei häufige Einwendungen zu entkräften.

Evolutionärer Wettbewerb führt nicht zu einer Überforderung der Konsumenten. Dort, wo die Transaktionskosten zu hoch sind, werden sie durch die Schaffung geeigneter Institutionen gesenkt, oder, wenn sie nicht gesenkt werden können, in die Kosten-Nutzen-Rechnung einbezogen. Zu den Institutionen, die durch den Verwaltungswettbewerb geschaffen werden könnten, gehören etwa Rating-Institute für das Leistungsangebot verschiedener Jurisdiktionen. Ein weiterer wichtiger Punkt ist die

---

488 Vgl. bereits Hayek (1973), S. 38, der auf die schmerzhaften Anpassungsprozesse verweist, die mit spontaner Koordination notwendigerweise verbunden sind. Streit (1996c), S. 15, nennt dies den „Umweg über pathologisches Lernen."

489 Vgl. zahlreiche Beispiele bei Eichenberger (1996), S. 121-123. Zum Fall der Schweiz vgl. auch Straubhaar (1997), S. 16-20. Die erwähnten Beispiele sind zwar nicht mit dem hier entworfenen Bild vom evolutionären Föderalismus identisch, aber haben starke Ähnlichkeiten damit. Eine weitergehende Diskussion der Beispiele ist an dieser Stelle nicht möglich. Die genannten Arbeiten zeigen aber, daß Systemwettbewerb in diesen Fällen gemäß den Mustervoraussagen dieses Kapitel funktioniert hat. Die historischen Erfahrungen, die Europa (und die USA als europäisch geprägte Enklave) mit dem Systemwettbewerb gemacht hat, werden häufig mit dem Sonderweg erklärt, den Europa durch die mittelalterliche Trennung von Staat und Kirche gegangen ist. Auch die politische Fragmentierung, die u.a. auch durch geographische Bedingungen begünstigt wurde und die die für den Systemwettbewerb notwendige Anzahl an konkurrierenden Jurisdiktionen hervorbrachte, ist dadurch beeinflußt worden. Die historische Dimension des Systemwettbewerbs ist noch nicht erschöpfend erforscht. Es läßt sich aber erwarten, daß weitere Forschungen ein besseres Verständnis der Mechanismen des Systemwettbewerbs ermöglichen. Vgl. Albert (1986), S. 62-63, Rosenberg/ Birdzell (1986); Weede (1989), Weede (1991) sowie Berman (1995).

Möglichkeit der Werbung für Institutionen, die die bisherigen, mit Gebietsmonopolhoheit ausgestatteten Verwaltungen nicht nötig haben. Werbung ist aber eine notwendige Bedingung für das Funktionieren von Wettbewerb[490].

Zweitens führt evolutionärer Wettbewerb nicht zu einem chaotischen System, das sich der Regelbindung entzieht. Dies ist vielleicht zu vermuten, wenn man die Möglichkeit zur Bildung von Jurisdiktionen auf jedermann ausdehnt. Erstens sprechen die Transaktionskosten sowie die Skaleneffekte, die Netzwerkeffekte und die Unteilbarkeiten in der Produktion dagegen, daß sich ein chaotisches System von Jurisdiktionen ausbreitet. So ist beispielsweise zu erwarten, daß häufig die eigene Herstellung von Leistungen zugunsten des günstigeren Fremdbezugs aufgegeben wird[491]. Im heutigen System der Verwaltung ist die Eigenerstellung immer vorzuziehen, sofern nach dem Prinzip der Kostendeckung gearbeitet wird, weil damit neue Stellen im öffentlichen Dienst sowie ein größeres Budget entstehen. Dies ist bei konkurrierenden Jurisdiktionen nicht mehr der Fall. Mit dem Wettbewerb der Verwaltungen geht also auch ein Rückgang der staatlichen Produktion zugunsten privater Produktion einher, der die Freiheitsspielräume der Individuen zusätzlich stärkt.

Gegen ein chaotisches System von Jurisdiktionen spricht zudem, daß der Aufbau und die Leitung von Jurisdiktionen die Investition in spezifisches Human- sowie Sachkapital erfordert, die auch einer (staatlichen) Qualitätskontrolle zugänglich ist. Diese Investition wird sich aber nur für denjenigen lohnen, der damit auch ein aussichtsreiches Konzept der Gewinnerzielung verbindet. Die Kontrolle über den Aufbau der konkurrierenden Jurisdiktionen erfolgt also nicht nur durch die staatliche (Qualitäts-) Kontrolle, sondern auch durch das Marktsystem.

Was an der Idee konkurrierender Jurisdiktionen „chaotisch“ anmutet, ist die spontane Ordnung, die gemäß den Präferenzen der Konsumenten entsteht, die ex ante unbekannt ist und die keinen Gleichgewichtspunkt kennt. Gegenüber dem bisherigen Ewigkeitsanspruch von Verwaltungen ist das zwar ein sehr stark differierendes Konzept, aber kein „chaotisches“, sondern ein regelgebundenes: Alle Jurisdiktionen sind an die Regeln des Wettbewerbssystems gebunden, dessen einziges Ziel die Wettbewerbsfreiheit ist.

---

[490] Vgl. Hoppmann (1983), S. 778. Bereits heute hat der Standortwettbewerb dazu geführt, daß sich Staaten, Regionen oder Kommunen mit ihren Leistungen präsentieren und so die Nachfrager verbesserte Informationsmöglichkeiten haben. Diese Informationsmöglichkeiten müssen im Wettbewerb der Jurisdiktionen auch von einzelnen Verwaltungen (Körperschaften) bereitgestellt werden, die um Kunden werben. Die Werbung kann dabei sowohl rationale (kognitive) Aspekte (etwa wirtschaftliche Daten) als auch emotionale Aspekte (etwa die Verbundenheit mit einer Region oder die kulturelle Identität) umfassen.

[491] Vgl. Eichenberger (1996), S. 117.

Wenn es also keine theoretischen wie praktischen Einwände gegen das Konzept des evolutionären Föderalismus gibt, so heißt das nicht, daß die Durchsetzung eines solchen institutionellen Konzepts einfach wäre. Die Vorteile für die Konsumenten politischer Leistungen liegen zwar auf der Hand; sie sind aber dem einzelnen Konsumenten aufgrund seiner rationalen Unwissenheit nicht bekannt. Umgekehrt sieht es für die Produzenten aus: Die bisherigen Produzenten öffentlicher Leistungen (Politiker, Lobbyisten und Bürokraten) haben kein Interesse an Wettbewerb, der Renten verkleinert und „das geruhsame Leben der Monopolisten" stört. Zukünftige Produzenten öffentlicher Leistungen sind sich aber wegen des ausschließenden Charakters der Verwaltungsproduktion gar nicht darüber im klaren, daß sie auch potentielle Anbieter sind. Die Auflösung dieser Informationsasymmetrie erscheint nicht „konstruktivistisch" zu erzwingen zu sein, sie ist allenfalls zufälliges Ergebnis eines Prozesses, in dem diejenigen wenigen Staaten im internationalen Staatenwettbewerb, die ein solches Konzept jetzt schon ansatzweise verwirklicht haben, deutliche wirtschaftliche Vorteile gegenüber den anderen Staaten erlangen und dadurch die Imitation des Wettbewerbs der Jurisdiktionen ein erfolgversprechendes politisches Konzept wird.

Die Verwirklichung des evolutionären Föderalismus läßt klare ökonomische Vorteile gegenüber dem jetzigen Konzept monopolistischer Jurisdiktionen erwarten. Dies ist aber nicht ihr einziger, vermutlich nicht einmal ihr wichtigster Vorteil, wie Kasper hervorhebt: „Ultimately, greater individual liberty from unnecessary strictures and collective controls is the most important reward of inter-jurisdictional competition. Civil and economic liberties are likely be asserted in such a regime."[492]

---

[492] Kasper (1996), S. 24-25.

7. Die Osterweiterung der Europäischen Union

7.1. Die Osterweiterung als historische Herausforderung - ein Überblick

Seit 1989 und 1990 das sowjetische Imperium zerbrochen ist und die Staaten Mittel- und Osteuropas die Wandlung von Diktaturen zu Demokratien und von Zentralverwaltungswirtschaften zu Marktwirtschaften begonnen haben, ist für die EU eine völlig neue Lage entstanden. Insgesamt haben seitdem zehn Staaten ihren Wunsch zum Beitritt zur EU geäußert, dem jedoch weitere Staaten, möglicherweise sogar Rußland, folgen wollen. Dies ist deutlich mehr als bei den bisherigen Erweiterungen der EU. Zudem sind die Einkommensunterschiede zwischen den bisherigen EU-Staaten und den Beitrittskandidaten Mittel- und Osteuropas weitaus größér als bei den vorangegangenen Erweiterungen. Es stellt sich deshalb die Frage, ob die Osterweiterung allein eine quantitative Herausforderung für die EU darstellt, oder ob sich dadurch die EU auch in ihrer Qualität ändern wird.

7.1.1. Die bisherige EU-Erweiterungspolitik

Die EG hat als eine kleine Gemeinschaft von sechs Staaten (Deutschland, Frankreich, Benelux und Italien) begonnen, wobei - abgesehen vom italienischen Süden - diese Gemeinschaft sich durch eine relativ große Homogenität auszeichnete. Andere europäische Staaten wie Großbritannien waren der EG wegen Differenzen insbesondere über wirtschaftspolitische Ziele ferngeblieben, dann aber wegen des Erfolgs der EG an einem Beitritt interessiert[1]. Nachdem sich de Gaulle lange gegen eine Aufnahme Großbritanniens in die EG gesträubt hatte und das Beitrittsgesuch von 1961 nicht behandelt wurde[2], kam es nach dessen Rücktritt zu neuerlichen Verhandlungen, die 1973 mit dem EG-Beitritt Dänemarks, Großbritanniens und Irlands beendet wurden. Diese erste Erweiterungsrunde war deshalb wichtig, weil seitdem ein ständiger Gegensatz von freihandelsorientierten und interventionistischen Mitgliedstaaten zu beobachten ist[3].

Die Erweiterungen von 1981 (Griechenland) und 1986 (Spanien und Portugal) sind für die heutige Osterweiterung deshalb interessant, weil in diesen Staaten eine Reihe von Merkmalen auftraten, die auch auf die mittel- und osteuropäischen

---

[1] Vgl. Harrop (1989), S. 15.20.

[2] Das Veto de Gaulles war möglich, da nach Artikel 237 EG-Vertrag Einstimmigkeit unter den bisherigen Mitgliedern die Voraussetzung für die Aufnahme neuer Mitglieder ist; vgl. Winters (1993), S. 212.

[3] Vgl. Baldwin (1994), S. 144.

Staaten zutreffen: Es handelt sich einerseits um Staaten, die erst vor kurzem von der Diktatur zur Demokratie gekommen waren, andererseits waren diese südlichen Staaten genau wie die heutigen Beitrittskandidaten durch verkrustete wirtschaftliche Strukturen gekennzeichnet und im Entwicklungsstand wesentlich hinter dem Rest der EG zurückgeblieben[4]. Schwierigkeiten bei der Integration der Südländer ergaben sich vor allem daraus, daß der wirtschaftliche Aufholprozeß in diesen Staaten mit Hilfe von Transfers gestützt werden sollte, gleichzeitig aber die bisherigen EG-Mitgliedstaaten (insbesondere Frankreich und Italien) vor der neuen Konkurrenz geschützt werden sollten[5].

Land	Beitrittsantrag	Eröffnung der Beitrittsverhandlungen	Vollmitgliedschaft (ohne Berücksichtigung von Ausnahmeregelungen)
Großbritannien	1967	1970	1973
Dänemark	1967	1970	1973
Irland	1967	1970	1973
Norwegen	1992	1993	-
Griechenland	1975	1976	1981
Portugal	1977	1978	1986
Spanien	1977	1979	1986
Türkei	1987	-	-
Österreich	1989	1993	1995
Zypern	1990	-	-
Malta	1990	-	-
Schweden	1991	1993	1995
Finnland	1992	1993	1995
Schweiz	1992	-	-

Tab. 7.1 Erweiterungen von EG und EU
Quelle: eigene Erstellung nach Granell (1995), S. 119.

Unproblematisch war demgegenüber die EU-Erweiterung von 1995, da mit Schweden, Finnland und Österreich funktionierende und relativ wohlhabende Staaten betroffen waren, bei denen es keine längeren Anpassungsfristen brauchte und bei denen die Nettotransfers zugunsten des bisherigen EU-Raums ausfielen[6].

---

[4] Vgl. Laaser (1997), S. 2.
[5] Vgl. Tsoukalis (1981), insb. S. 196-241, sowie Donges et al. (1982), S. 144-147.
[6] Vgl. ausführlich Busch (1994).

Neben den erfolgten Erweiterungen gab es jedoch auch mit einer Reihe anderer Staaten Erweiterungsverhandlungen, die entweder an negativen Entscheidungen der EU oder an ablehnenden Voten der Beitrittskandidaten (häufig in Volksabstimmungen) scheiterten. In Tabelle 7.1. ist ein Überblick über diese Verhandlungen gegeben. Daran ist zu sehen, daß die Verhandlungsdauer deutlich mit der oben beschriebenen Schwierigkeit bei den Verhandlungen korreliert. Dies deutet auf langwierige Beitrittsverhandlungen mit den Reformstaaten Mittel - und Osteuropas hin.

7.1.2. Die Transformation der Zentralverwaltungswirtschaften in Mittel- und Osteuropa und die Osterweiterung der EU

Als ab 1989 die kommunistischen Regime in Mittel- und Osteuropa zusammenbrachen, war nicht nur der Wunsch nach der Einführung freiheitlicher Demokratien Auslöser der Reformen, sondern genauso die offensichtlich höhere Leistungsfähigkeit des kapitalistischen Systems. Deshalb war der Umbau der Zentralverwaltungswirtschaften eine der wichtigsten Aufgaben der Reformregierungen in Mittel- und Osteuropa[7]. Die jahrzehntealten Zentralverwaltungswirtschaften waren in den 80er Jahren durch eine mangelnde Innovationsfähigkeit, immer ausgeprägtere Wachstumsschwäche, wachsende schattenwirtschaftliche Tätigkeit sowie Orientierung auf die Bedürfnisse der Nomenklatura anstelle der Konsumenten gekennzeichnet.

Nachdem die kurzen Gedankenspiele eines „dritten Wegs" zwischen Zentralverwaltungswirtschaft und Marktwirtschaft schnell in sich zusammenbrachen[8], standen dabei im wesentlichen zwei Reformmodelle im Vordergrund, nämlich die Durchführung gradualistischer Reformen versus die Durchführung einer Schocktherapie[9]. Für die Durchführung gradualistischer Reformen sprach die offensichtliche Unmöglichkeit, externe und insbesondere interne Institutionen der Marktwirtschaft aus dem Stand zu schaffen bzw. zu imitieren. Für einen „big bang" mit zeitgleichen Reformen in allen Gebieten sprach, daß bei gradualistischen Reformen notwendigerweise Unstimmigkeiten zwischen den schon reformierten und

[7] Für eine ausführliche Würdigung der Transformationsdebatte fehlt hier der Platz. Vgl. dazu Gros/ Steinherr (1995). Zu den politischen Problemen der Transformation vgl. McSweeney/ Tempest (1993) sowie Kaltefleiter (1994a).

[8] Vgl. etwa Artzt (1997), S. 24-29. Optimistisch war noch Engelhardt (1991), insb. S. 142-143.

[9] Vgl. dazu auch die Ausführungen und Literaturhinweise in Abschnitt 4.6.

den noch alten Systemelementen auftreten würden[10]. Die Schwierigkeiten, die besonders die Veränderung der internen Institutionen mit sich brachte, wurde von der zunächst vorherrschenden neo-klassischen Transformationstheorie nicht erkannt[11]. Wegen der praktischen Umsetzungsschwierigkeiten sowie der politischen Friktionen der Reformpolitiken, die häufig zu einer Rückkehr postkommunistischer Regierungen führte, wurden die beiden Reformkonzepte nirgendwo in Reinform umgesetzt. Heute scheinen diejenigen Reformländer, die wie Estland und Polen zunächst auf einen institutionellen „big bang" gesetzt haben, ebenso erfolgreich bei der Transformation wie andere Staaten, die wie Ungarn zwar zunächst nur gradualistische Reformen durchgeführt haben, dann aber diesen Weg konsequent vorangeschritten sind. Besonders erfolglos im Transformationsprozeß scheinen diejenigen Staaten zu sein, bei denen gradualistische Reformen und politische Instabilität zusammenfallen[12].

Unabhängig von der gewählten Reformstrategie waren die Reformerfordernisse in allen Staaten sehr ähnlich[13]: Die Preise in den Zentralverwaltungswirtschaften waren fast hundertprozentig administriert und mußten freigegeben werden. Der Außenhandel mußte nach der Auflösung des Rates für gegenseitige Wirtschaftshilfe (RGW) und dem Zusammenbruch der Sowjetunion als dem Haupthandelpartner im Jahre 1991 völlig umstrukturiert werden[14]. Dazu gehörte in erster Linie die Öffnung der Reformstaaten für Produkte aus dem Ausland, die bei der Tranformation in Wettbewerbswirtschaften eine wichtige Rolle spielte. Die Beseitigung der zurückgestauten Inflation mit Geldüberhang war die Hauptaufgabe der makroökonomischen Stabilisierung. Dazu gehörte auch die Stabilisierung der Wechselkurse, die Bekämpfung der Inflation sowie der Stop des freien Falls des Bruttosozialproduktes. Diese Aufgaben der Transformation sind in den meisten Ländern, die einen Beitrittsantrag zur EU gestellt haben, inzwischen weitgehend erledigt.

---

[10] So ist z.B. eine Preisliberalisierung unsinnig, wenn nicht gleichzeitig durch Öffnung der Märkte für Konkurrenz von außen und Privatisierung die monopolistische Stellung der großen Kombinate aufgehoben würde.

[11] Vgl. Mummert/ Streit (1996), S. 8-9.

[12] Vgl. Csaba (1997b), S. 1-2. Leipold (1997), S. 46, verweist auf die Bedeutung der gewachsenen Ordnung mit der Anerkennung insbesondere der Rechtsordnung als entscheidenden Faktor beim Erfolg der Transformation.

[13] Vgl. ausführlich Lohmann (1997), S. 125-184.

[14] Der Zusammenbruch der Sowjetunion traf die Reformstaaten in dreierlei Weise: der wichtigste Absatzmarkt brach weg, die verbilligten Energielieferungen fielen weg und die Sowjetunion hinterließ Schulden in Milliardenhöhe; vgl. Gumpel (1994), S. 179.

Die Privatisierung der Staatsbetriebe, die 90-100 Prozent des offiziellen BIP erstellten, sowie die Privatisierung von Land und Wohnungen sind zwar schon weit fortgeschritten. Hier lassen sich aber deutliche Unterschiede zwischen den verschiedenen Reformländern sehen. Dies gilt auch für die Reform des Finanzsektors als Voraussetzung für den Transformationserfolg.

Als schwierigste Aufgabe bei der Einführung von Marktwirtschaften hat sich die Erreichung mit der Wettbewerbswirtschaft kompatibler interner Institutionen erwiesen[15]. Dies ist insbesondere im Bereich der Unternehmensführung (corporate governance) ein wichtiges Reformhindernis. Hier zeigen sich auch die Probleme der von den Reformstaaten erhofften Hilfe aus der EU am deutlichsten: Während die Umstrukturierung der externen Institutionen relativ reibungslos möglich war[16] und die Imitation von Institutionen dort erfolgreich war, gilt dies für die internen Institutionen nur in begrenztem Maße. Ein gewißes Maß an Inkonsistenz interner und externer Institutionen kennzeichnet deshalb den Transformationsprozeß[17]. Der Beitritt zur EU kann also den Transformationsprozeß nur bedingt stützen; die große Unterstützung, die ein EU-Beitritt dennoch bei den politischen Entscheidungsträgern findet, läßt sich aber durch politische Gründe (vgl. 7.1.3.) und politökonomische Gründe (vgl. 7.2.) erklären, die im folgenden diskutiert werden.

7.1.3. Politische und sicherheitspolitische Aspekte der Osterweiterung

Die jetzigen EU-Beitrittsanträge dürfen nicht nur von einer wirtschaftspolitischen Warte aus gesehen werden, auch wenn wirtschaftliche Zusammenhänge eine wichtige Rolle spielen. Darüber hinaus sind es jedoch politische und sicherheitspolitische Interessen, die in Mittel- und Osteuropa zu den Beitrittsanträgen führten. Dahinter steht insbesondere der Wunsch, die bisherige Machtsphäre Rußlands zu verlassen und dafür nicht ein politisch unsicheres „Zwischeneuropa" als Ersatz einzutauschen, sondern die Zugehörigkeit zur westlichen Staatengemeinschaft mit den Kennzeichen politische Demokratie und Marktwirtschaft[18].

Über eine wirtschaftliche Überlegung hinaus ist damit das Bekenntnis zu einer historischen Wertegemeinschaft wichtig[19]. Dies wird dadurch sichtbar, daß die

---

[15] Vgl. Jäger (1994), S. 13; Mummert/ Streit (1996), S. 12, sowie Brinkmann (1995), S. 110, mit einer Gegenüberstellung typisierter kognitiver Attitüden in Zentralverwaltungswirtschaft und Marktwirtschaft. Philippe (1995) beschreibt die internen Institutionen der sozialistischen Zentralverwaltungswirtschaften zusammenfassend als „modèle de la société bureaucratique".
[16] Vgl. hierzu aber Abschnitt 4.6.
[17] Theurl (1997), S. 144.
[18] Vgl. Deubner/ Kramer (1994), S. 12.
[19] Vgl. Zschiedrich (1992), S. 202.

meisten Reformstaaten etwa zeitgleich einen Antrag auf Mitgliedschaft in der EU und in der militärischen Gemeinschaft NATO gestellt haben. In der Bevölkerung gibt es eine große Mehrheit für den NATO-Beitritt[20]. Für die drei baltischen Staaten, die aus politischen Gründen derzeit wenig Aussicht auf Aufnahme in die NATO haben, ist die EU-Mitgliedschaft sogar eine Art Ersatz für die NATO-Mitgliedschaft[21]. Sie ist aber zuallererst ein Zeichen einer deutlichen kulturellen Abgrenzung gegenüber dem Rest der ehemaligen Sowjetunion.

Andererseits stellt sich die Frage, inwieweit der Erfolg der bisherigen EU-Erweiterungen (wenn man den Erfolg an der großen Kapazität an friedlicher Problemlösung in der EU im Gegensatz zu den vorher häufigen kriegerischen Auseinandersetzungen in Europa mißt) nicht auch durch eine relativ homogene katholisch-protestantische abendländische Kultur bedingt ist, die durch die Aufnahme neuer Mitglieder aus dem orthodoxen Kulturkreis gefährdet ist[22]. Für die EU bedeutet die Aufnahme der Reformstaaten darüberhinaus das Risiko, dauerhaft ethnische und politische Krisenherde zu integrieren, weshalb sie auch besonderen Wert auf die Lösung von Grenzstreitigkeiten und Minderheitenproblemen legt[23].

7.1.4. Die Schritte der Osterweiterung

Bis 1990 war der Handel der Zentralverwaltungswirtschaften Mittel- und Osteuropas hauptsächlich Handel innerhalb des RGW mittels des Transferrubelsystems, wobei der Handel eindeutig auf die Bedürfnisse der Sowjetunion ausgerichtet war[24]. Beim Zusammenbruch der politischen Vorherrschaft der UdSSR zerfiel auch dieses Systems und in den Staaten Mittel- und Osteuropas wurde der Wunsch nach verstärktem Handel mit der EU wach[25].

Dieser Wunsch war durch mehrere Faktoren bedingt: Hoffnung auf das Aufbrechen der monopolistischen Strukturen im Inland, Wunsch nach Unterstützung im Reformprozeß sowie der Wunsch nach „Know-how"-Transfer über den Handel und nicht zuletzt eine Versicherung gegenüber einer post-kommunistischen

---

[20] Für Polen spricht Ludwig von etwa 90 Prozent; vgl. Ludwig (1997), S. 9.
[21] Vgl. Girnius (1997), S. 6; o.V. (13.1.1997). Aus Sicht der EU vgl. Burghardt (1994), S. 88-89.
[22] Balázs (1995), S. 12-13, sowie Zwass (1995), S. 2-3; vgl. dazu auch Huntington (1994). Leipold (1997) macht für den westlichen Sonderweg dabei die durch die Trennung kirchlicher und weltlicher Macht entstandene Entwicklung verantwortlich; vgl. Leipold (1997), S. 63.
[23] Vgl. Balázs (1995), S. 18-19; vgl. auch Opitz (1993), S. 5-7.
[24] Zum RGW vgl. genauer Machowski (1987). Zum Transferrubelsystem vgl. Schröder (1987), S. 70-74.
[25] Vgl. Bideleux (1996b), S. 195-204.

Kehrtwendung. Neben den Erwartungen, die an die Liberalisierung des beiderseitigen Handels geknüpft waren[26], war die Zusammenarbeit mit Westeuropa von Hoffnungen auf politische und wirtschaftliche (finanzielle) Hilfe verbunden.

Nr.	Sachgebiet	Ausgaben
1	Infrastruktur (Transport, Energie, Telekommunikation)	19,2%
2	Entwicklung des privaten Sektors	15,9%
3	Bildung, Weiterbildung und Forschung	13,8%
4	andere Sektoren	10,0%
5	Umwelt und Kernenergie (Sicherheit)	9,0%
6	Landwirtschaft	8,1%
7	Soforthilfen	7,2%
8	Finanzsektor	4,6%
9	Verwaltungsreform	4,3%
10	Soziales und Beschäftigung	3,3%
11	integrierte Regionalprogramme	1,9%
12	Bürgergesellschaft und Demokratie	1,5%
13	Verbraucherschutz	0,2%
14	Annäherung der Gesetzgebung	0,03%

Tab. 7.2 Ausgaben des PHARE-Programms 1990-1995 nach Sektoren in Prozent
Quelle: eigene Erstellung nach Hallet (1997), S. 22.

Die Erwartungshaltung an die Europäische Union, die den Zusammenbruch der kommunistischen Regime begrüßt hatte, waren deshalb groß. Zu den ersten Schritten, die die EU zur Unterstützung des Reformprozesses und Annäherung West- und Osteuropas machte, gehörte die Errichtung der Europäischen Bank für Wiederaufbau und Entwicklung (Osteuropabank) sowie die Einrichtung zweier Hilfsprogramme: Phare für Mittel- und Osteuropa (und damit die künftigen Beitrittskandidaten) und Tacis für die Nachfolgestaaten der Sowjetunion (mit Ausnahme der eine Sonderstellung einnehmenden baltischen Staaten) [27]. Der größte Teil der Ausgaben des Phare-Programms ist für Infrastrukturprojekte gedacht. Diese sollen einerseits die Infrastrukturausstattung der Reformländer verbessern und andererseits dazu dienen, diese Länder an die EU anzubinden. Neben der zweiten Hauptaufgabe, nämlich der Hilfe zur sektoralen Umstrukturierung, insbe-

[26] Genauso, wie die Staatshandelsländer des Ostblocks sich gegen Importe abgeschottet hatten, bestanden für sie Exportschwierigkeiten durch Handelshemmnisse der EG.
[27] Vgl. Europäische Kommission (1995c); Europäische Kommission (1995d).

sondere im Privatsektor, hat eine Vielzahl kleinerer Programme im Rahmen von Phare auch die Vorbereitung auf die Angleichung an europäische Regulierung, etwa in den Gebieten Umwelt, Soziales oder Verbraucherschutz, zum Ziel (vgl. Tabelle 7.2.). Zu den im Rahmen von Phare gewährten Hilfsleistungen gehört u.a. die Entsendung von europäischen Beamten bzw. Spezialisten, die bei der Angleichung der Regulierung in den Reformländern an die EU-Regulierung beratend tätig werden.

Bereits zu Beginn des Transformationsprozesses hatte die EU Handels- und Wirtschaftskooperationsabkommen mit Ungarn (1988), Polen (1989) und der Tschechoslowakei (1990) auf Grundlage von Art. 113 EG-Vertrag abgeschlossen. Diese wurden im Dezember 1991 durch die ersten Assoziierungsabkommen (die sogenannten Europaabkommen auf Grundlage von Art. 238 EG-Vertrag) mit Polen, Ungarn und CSFR (seit 1993 Tschechien und Slowakei) ersetzt[28]. Diese Europa-Abkommen führten schrittweise den Freihandel zwischen der EU und den beteiligten Reformstaaten mit Ausnahme der sogenannten sensiblen Produkte ein, bei denen die EU komparative Nachteile für die eigenen Industrien fürchtete[29]. Die Arbeitsmärkte sind von der Liberalisierung ausgenommen. Die Reformstaaten verpflichten sich in den Europa-Abkommen zu einer schrittweisen Rechtsangleichung an das EU-Recht[30]. Die Europa-Abkommen enthalten in der Präambel zugleich einen Hinweis auf eine künftige Mitgliedschaft in der EU, der allerdings sehr vage ausfällt und keine Zeitangaben oder sonstigen Bedingungen enthält. Mit Rumänien und Bulgarien wurden 1993 Europa-Abkommen abgeschlossen, mit den drei baltischen Staaten 1995 und mit Slowenien 1996. Polen, Ungarn, Tschechien und die Slowakei schlossen sich 1992 zur sogenannten Viségrad-Gruppe zusammen, die auch untereinander Freihandel vereinbarte (später die Central European Free Trade Association CEFTA)[31]. Die von der EU erwünschte regionale Integration innerhalb der CEFTA ist in den Augen der Reformstaaten aber kein Ersatz für die spätere EU-Mitgliedschaft[32]. Die vereinbarte politische Zusammenarbeit auf dem Weg in die EU blieb rudimentär, da jeder der Reformstaaten versuchte, sich als einzelner Staat schneller als die anderen für die Mitgliedschaft in

---

[28] Vgl. Herrnfeld (1995), S. 92; vgl. auch ausführlich Kuschel (1992).
[29] Vgl. Abschnitt 7.2.

[30] Vgl. Herrnfeld (1995), S. 95-98; vgl. auch die ausführliche Analyse von Kohlmann (1997), insb. S. 71-125.
[31] Vgl. Poláčková (1994).
[32] Vgl. Körösi (1996), S. 13-14.

der EU zu qualifizieren und nicht in ein „Wartezimmer“ [33] auf dem Weg zur EU komplimentiert zu werden.

Bereits zu Beginn des Reformprozesses in Mittel- und Osteuropa wurde vielfach der Wunsch nach einer schnellen Mitgliedschaft in der EU ausgesprochen. Die EU mußte - in einer Zeit, als nach den Vertragsänderungen von Maastricht die innere Weiterentwicklung äußerst umstritten war - gleichzeitig die Aufnahme dreier neuer Mitglieder vorbereiten (Schweden, Österreich und Finnland)[34] und sich über die Möglichkeit einer Aufnahme einer (vorerst noch unabsehbaren) Zahl neuer Mitglieder mit einem von der bisherigen EU sehr verschiedenen politischen und wirtschaftlichen Hintergrund klar werden[35]. 1993 wurden auf einem Gipfeltreffen der Staats- und Regierungschefs der EU (Europäischer Rat) in Kopenhagen die Kriterien einer Mitgliedschaft von Reformländern festgelegt[36]. Die Kriterien betreffen einerseits politische, andererseits wirtschaftliche Faktoren[37].

Die politischen Kriterien der Aufnahme betreffen

a) die Einführung demokratischer Rechtsstaaten in den Reformländern und
b) die Achtung der Menschenrechte und den Schutz der Minderheiten.

Die Einführung der Voraussetzungen demokratischer Rechtsstaaten, d.h. externer Institutionen wie unabhängige Gerichte, neue Verfassungen und Gesetzbücher, war zwar relativ schnell geschehen, die Durchsetzung rechtsstaatlicher Strukturen ist aber damit nicht gleichzusetzen[38]. Der Schutz der Minderheiten ist in Mittel- und Osteuropa, das durch eine historisch bedingte Vermischung im Gegensatz zu

[33] Altmann/ Ochmann (1995), S. 42; zu weiteren regionalen Kooperationen vgl. Tatham (1995).

[34] Ursprünglich war auch die Aufnahme Norwegens vorgesehen, das aber in einem Referendum den EU-Beitritt ablehnte.

[35] Vgl. die unterschiedlichen diskutierten Erweiterungskonzepte bei Lippert/ Wessels (1993), S. 442-449.

[36] Vgl. Presse- und Informationsdienst der Bundesregierung (1993). Die Kriterien wurden bereits 1992 von der EU-Kommission entwickelt; vgl. Kommission der Europäischen Gemeinschaften (1992b), S. 11.

[37] Diese Kriterien für die Erweiterung sind in der Geschichte der europäischen Integration neu; zwar war bei den Süderweiterungen der EU implizit die Transformation zu demokratischen Regierungen der Beginn der Integration gewesen, das einzige feststehende Kriterium nach dem Vertrag von Rom war aber die Zugehörigkeit zu Europa; vgl. Inotai (1995), S. 3.

[38] Bei der Slowakei haben z.B. die Zweifel an der Funktionsweise der demokratischen Institutionen dazu geführt, daß die Slowakei trotz relativ guter makroökonomischer Ausgangsbedingungen nicht zu den ersten Teilnehmern bei den Beitrittsverhandlungen gehören.

den relativ homogenen Nationalstaaten Westeuropas gekennzeichnet ist, ein besonders wichtiges Thema.

Neben diese politischen Ziele treten drei wirtschaftliche Kriterien für die Beitrittskandidaten. Sie müssen

a) funktionsfähige Marktwirtschaften aufbauen,
b) ihre Wettbewerbsfähigkeit im Binnenmarkt beweisen und
c) den „acquis communautaire", insb. die Ziele der politischen Union sowie der Wirtschafts- und Währungsunion akzeptieren.

Der Aufbau funktionsfähiger Marktwirtschaften ist sicherlich für die Beteiligung am Binnenmarkt eine conditio sine qua non. Allerdings ist bei einer Entscheidung für den Aufbau funktionsfähiger Marktwirtschaften noch keine Entscheidung über die konkrete Ordnungsform getroffen, die diese Marktwirtschaft annehmen wird. Dies ist für die Transformationsstaaten im Systemwettbewerb eine entscheidende Fragestellung[39]. Schwierig ist auch die Meßbarkeit dieses Kriteriums, insbesondere im Zusammenhang mit dem Kriterium des Standhaltens im Binnenmarkt. Die Frage ist, ob damit eine Vorabangleichung der wirtschaftlichen Strukturen an die EU gemeint ist, oder ob regionale Spezialisierungen, die komparative Vorteile im Binnenmarkt verschaffen, auch zum Standhalten gerechnet werden können. Dies ist besonders auch im Zusammenhang mit der Akzeptanz des acquis communautaire wichtig, der möglicherweise eine solche Spezialisierung verhindert[40].

Angresano wendet z.B. zur Beantwortung der Frage nach der Funktionsfähigkeit der Marktwirtschaft eine Reihe zuerst von Gunnar Myrdal entwickelter Kriterien an[41]. Ein Teil dieser Kriterien (Verteilungskriterien wie „soziale Gleichheit", politische Kriterien wie „rationale Planung") ist kaum meßbar, ein anderer Teil (Pro-Kopf-Einkommen) stellt auf „economic wealth" ab, nicht aber auf „economic health", also die Entwicklung einer ordnungskonformen Marktwirtschaft. Eine gemeinsame Studie von Osteuropa-Institut und ifo-Institut weist dagegen auf die Kausalbeziehung zwischen Wirtschaftswachstum (und damit Pro-Kopf-Einkommen) und institutionellen sowie mikro-ökonomischen Anpassungsprozessen hin[42]. Damit rückt der Aspekt der „economic health", des ordnungskonformen Rahmens, in den Vordergrund[43]. Insgesamt ist die Messung der Funk-

---

[39] Vgl. Abschnitt 7.3.1.
[40] Vgl. die Abschnitte 7.2. sowie 7.3.
[41] Vgl. Angresano (1997), S. 12-16, sowie Myrdal (1968), S. 54-69.
[42] Vgl. Osteuropa-Institut/ Ifo-Institut (1997), S. 15.
[43] Zur möglichen Doppelbedeutung von Zielen und Instrumenten bei der Transformation vgl. auch Stern/ Stiglitz (1997), S. 1-2.

tionsfähigkeit also wesentlich eine Frage der Definition der dafür benutzten Indikatoren; die EU hat solche Indikatoren nicht definiert.

Neben den Anforderungen an die Beitrittskandidaten für eine Aufnahme hat die EU auf dem Gipfel in Kopenhagen auch festgelegt, daß die EU fähig sein muß, neue Mitglieder aufzunehmen. Damit ist ein Automatismus „Erfüllung der Kriterien = Anspruch auf EU-Mitgliedschaft" ausgeschlossen. Gleichzeitig hat die EU damit anerkannt, daß sie vor einer Osterweiterung selbst noch Reformbedarf hat. Insbesondere wird damit auch das Dilemma von Erweiterung und Vertiefung zumindest vorerst zugunsten der Vertiefung gelöst: Denn zu den notwendigen Reformen vor einer Osterweiterung wurde die Vollendung der Wirtschafts- und Währungsunion durch die bisherigen EU-Mitglieder gerechnet. Auf das Gipfeltreffen von Kopenhagen erfolgte die Erarbeitung eines Weißbuches für die Integration der Reformstaaten in die EU, das diesen Staaten - insbesondere durch einen umfangreichen technischen Anhang - eine Leitschnur für die Angleichung ihrer Wirtschafts- und Rechtssysteme an das der EU geben sollte[44]. Neben diesem Weißbuch wurde 1994 auch (auf dem Europäischen Rat von Essen) die Einführung einer ständigen Konsultation im sogenannten „strukturierten Dialog" zwischen den Reformstaaten und der EU beschlossen. Diese engen Verbindungen, die von einem Austausch der Verwaltungen begleitet waren, sollen die politischen und technischen Probleme der Angleichungsprozesse lösen.

Die ersten offiziellen Beitrittsanträge von den Reformstaaten wurden im April 1994 von Ungarn und Polen gestellt. Danach folgten im Juni 1995 Anträge von Rumänien und der Slowakei, im Herbst 1995 Anträge der drei baltischen Staaten und im Januar 1996 der Beitrittsantrag der Tschechischen Republik. Der Europäische Rat von Madrid im Dezember 1995 beschloß, die Beitrittsanträge ein halbes Jahr nach Ende der Regierungskonferenz zu behandeln.

Die Frage, wie diese Beitrittsanträge behandelt werden sollten, wurde auf der Regierungskonferenz von 1996 und 1997 entschieden[45]. Ein halbes Jahr später wurde die Entscheidung über die ersten Beitrittsverhandlungen bekanntgegeben. Dabei wurde das sogenannte Startlinienmodell, nach dem alle Staaten gleichzeitig Beitrittsverhandlungen anfangen sollten, diese aber je nach Reformstand der Staaten unterschiedlich schnell verlaufen sollten, abgelehnt[46]. Stattdessen wurden

---

[44] Während das Weißbuch selbst nur eine kurze Darstellung der allgemeinen Problematik der Rechtsangleichung im Zuge der Osterweiterung enthält, konzentriert sich der Anhang auf die Heranführung der Reformstaaten an den Binnenmarkt, wozu 800 verschiedene Rechtsakte als wesentliche Grundlage ausgewählt wurden; vgl. Herrnfeld (1995), S. 99.

[45] Vgl. zur Diskussion Inotai (1995), S. 17-20, sowie Kumar (1996), S. 65-69.

[46] Vgl. dazu kritisch Hellström (1997), S. 8-9.

zunächst nur Beitrittsverhandlungen mit Ungarn, Tschechien, Polen und Estland angekündigt. Allerdings können schon vor dem Ablauf dieser Verhandlungen neue Verhandlungen mit anderen Staaten beginnen.

Die Auswahl der Reformstaaten ist teilweise als Ergebnis der Reformorientierung, teilweise aber auch als politischen Ergebnis zu betrachten. So kann der Einbezug Estlands in die erste Staatengruppe sicherlich durch die bessere ökomische Ausgangslage und ordnungspolitische Verfassung im Vergleich zu den anderen beiden baltischen Staaten erklärt werden. Sie ist aber auch ein Zeichen, daß die EU generell - trotz der politischen Widerstände Rußlands - die baltischen Staaten als Beitrittskandidaten akzeptiert[47].

7.2. Die Osterweiterung der Europäischen Union als Public Choice - Problem

Mit der Ankündigung der ersten Beitrittsverhandlungen nach dem Amsterdamer EU-Gipfel zeichnet sich für die Beitrittskandidaten der Weg in die EU ab. Dabei ist die Zustimmung besonders der Politiker egal welcher Partei für die Mitgliedschaft in der EU in diesen Staaten sehr groß. Die Vorteile der Mitgliedschaft in der EU werden vor allem in zusätzlicher politischer Stabilität gesehen[48], aber man erhofft sich auch eine Angleichung an das Wohlstandsniveau Westeuropas durch eine marktwirtschaftliche Politik im Rahmen des Binnenmarktes[49]. Die ökonomische Diskussion um die Osterweiterung der EU fokussiert sich im wesentlichen auf die makro- und mikroökonomische sowie institutionelle „Reife“ der Beitrittskandidaten, die Reformerfordernisse der EU[50] sowie die Frage der Finanzierbarkeit einer Erweiterung[51].

---

[47] Vgl. Girnius (1997), S. 6.

[48] Zur Diskussion des Imports von Glaubwürdigkeit durch EU-Mitgliedschaft vgl. Piazolo (1997), S. 12-16.

[49] Als z.B. das estnische Parlament im August 1995 dem Europa-Abkommen mit großer Mehrheit zustimmte, sprach Europaminister Endel Lippmaa von der enormen politischen und ökonomischen Bedeutung der EU für Estland; vgl. o.V. (4.8.1995). Die frühere Beraterin des lettischen Parlamentsausschusses für Europäische Fragen, Karina Petersone, nennt „security and development“ die „key interests“ Lettlands bei der Frage der EU-Integration; vgl. Petersone (1996), S. 24.

[50] Damit ist besonders die Frage der Funktionsfähigkeit der europäischen Institutionen bei einer Erweiterung der „Union der 15“ auf eine „Union der 20 oder mehr Staaten“ gemeint, aber auch die Frage der Reform der sektoriellen Politiken der EU.

[51] Vgl. idealtypisch Achten, (1996). Eine Diskussion der Erweiterung der EU aus Sicht der Verfassungsökonomik, insbesondere der Clubtheorie, bieten Streit/ Voigt (1995). Eine handelspolitische Analyse aus Sicht der Public-Choice-Theorie bietet Barisitz (1994).

Die Analyse der Nachfrage und des Angebots von Politik in Kapitel 3 ermöglicht eine Erweiterung der Diskussion um die Osterweiterung, wobei eine Public Choice-Analyse den politischen Markt im Beitrittsland sowie den bisherigen EU-Staaten und die Interaktionen beider, insbesondere bei den Beitrittsverhandlungen, einbeziehen muß. Die polit-ökonomische Analyse muß dabei den Besonderheiten der Transformationsökonomie gerecht werden[52].

Für die Wähler in den Beitrittsstaaten bringt die Mitgliedschaft in der EU das Problem der schlechteren Kontrolle der Politiker mit sich. Dem stehen aber die großen wirtschaftlichen Möglichkeiten des Binnenmarktes sowie die mögliche Einbeziehung in die Umverteilung durch die Regional- und Strukturpolitik der Union gegenüber. Dazu kommt der Prestige-Gewinn (z.B. bei Visumsangelegenheiten) der EU-Bürgerschaft sowie die politisch stabilere Lage. 1994 lag die Zustimmung zu einem EU-Beitritt in den Reformstaaten durchschnittlich bei über 90 Prozent, auch wenn das Image der EU im Zeitverlauf von 1992-1995 in den meisten Reformstaaten schlechter geworden ist.

Die Arbeitnehmer der Beitrittskandidaten profitieren von den gesteigerten Erwerbsmöglichkeiten durch Wanderung im Binnenmarkt. Inwieweit Wanderung durch „Entsendegesetze“ faktisch ausgeschlossen wird, bleibt abzuwarten[53].

Die Politiker sehen die EU-Mitgliedschaft als Chance zum Import von politischer Stabilität[54], wirtschaftlichem Wohlstand und möglicher Einbeziehung in Umverteilungspolitiken. Sie können durch Transfers der drei EU-Fonds (Europäischer Regionalfonds, Europäischer Sozialfonds sowie die Abteilung Ausrichtung des Europäischen Agrarfonds) möglicherweise die Belastungen, die die Bevölkerung in den Transformationsstaaten trägt und die aus der Umstrukturierung der Wirtschaft resultieren, lindern. Gros und Steinherr haben errechnet, daß bei einer Fortschreibung der bisherigen Strukturpolitik der EU die Nettozuflüsse für die Beitrittskandidaten zwischen 11 % des BIP (für die Viségrad-Staaten, wenn man

[52] Eine polit-ökonomische Analyse der Transformation soll hier unterbleiben; vgl. dazu Apolte (1992), Klein (1995), S. 156-175, sowie Lohmann (1997), S. 202-209. Die polit-ökonomische Analyse untersucht insbesondere die Frage, ob restriktive makroökonomische Stabilisierung und schnelle mikroökonomische Liberalisierung nicht den Reformkonsens in den Transformationsstaaten untergraben; vgl. Boroch (1997), S. 133-135. Diese Frage taucht bei der Analyse der Osterweiterung dahingehend wieder auf, daß die Vorteile von hohen Transfers zur Linderung der Transformationsschwierigkeiten für die Politiken in den Reformstaaten möglicherweise attraktiver erscheinen als die Aussichten auf langfristiges hohes Wachstum.

[53] Vgl. dazu Abschnitt 7.3.2.

[54] Dies trifft insbesondere in den drei baltischen Staaten zu; vgl. aber die kritische Diskussion bei Nölke (1997), S. 125-126.

die Agrarproduktion von 1994 zugrunde legt) und über 60% des BIP (für die baltischen Staaten bei einer teilweisen Steigerung der Agrarproduktion) betragen[55]. Die Transfers, sofern sie von den Politikern für Ausgabenprogramme verwendet werden, führen zu einer erhöhten Wiederwahlchance.

Der Einsatz strukturpolitischer Mittel im politischen Konjunkturzyklus wurde z.B. von der griechischen sozialistischen Partei PASOK „erfolgreich" vorgemacht[56]: Ein Großteil der Mittel (insgesamt wurden 30% der öffentlichen Investitionen mit EU-Geldern finanziert) wurde zur Verzögerung struktureller Anpassungsmaßnahmen in den staatlichen Sektoren (z.B. Eisenbahn, Fluggesellschaft, Telekom und Elektrizität) eingesetzt. Die griechische Arbeitslosenquote konnte durch die expansionistische Politik zwar unter dem EU-Durchschnitt gehalten werden, allerdings nur mit Hilfe von Defiziten bis zu 20% des BIP.

Durch die Reform der EU-Regionalpolitik von 1988[57] sollte eine kohärentere Regionalpolitik und eine verbesserte Kontrolle durch die EU-Kommission erreicht werden[58]. Am Beispiel des Prinzips der Additionalität der Geldmittel (EU-Mittel sollten nur ergänzend zu nationalen bzw. regionalen Mitteln fließen) läßt sich allerdings das polit-ökonomische Problem solcher Ziele aufzeigen: Zeitgleich und parallel zur Steigerung der in den Strukturfonds eingesetzten Mittel (die von 17% des EU-Budgets 1986 auf ca. 35% 1996 gestiegen sind) kam es zu einer Senkung nationaler regionalpolitischer Budgets. Offensichtlich wurde das Ziel der EU verfehlt, nur „subsidiär" (unterstützend) tätig zu werden.

Schäfers spricht im Zusammenhang mit der Kohäsions-(Umverteilungs-)politik der EU in Griechenland von einem „soft budget constraint" für die Regierung[59]: Ausgaben und Einnahmen müssen nicht mehr in Beziehung zueinander stehen. Das griechische Beispiel macht deutlich, daß die Umverteilung schon mittelfristig sogar zu einer Wohlstandssenkung im begünstigten Land führen kann, wenn sie von interventionistischer Politik und verzögerter Strukturanpassung geprägt ist.

---

[55] Vgl. Gros/ Steinherr (1995), S. 505.

[56] Vgl. zum Folgenden Toulakis (1993), S. 253-256, Schäfers (1993), S. 180-182, sowie Plaskovitis (1994). Insbesondere die öffentlichen Defizite und die Inflationsentwicklung vor der Wahl 1989/1990 durch die staatlichen Ausgabenprogrammen sind ein „klassisches" Beispiel des politischen Konjunkturzyklus.

[57] Für einen Überblick vgl. Doutriaux (1992). Die Reform basierte auf den Prinzipien der Subsidiarität, der Effizienz, der Partnerschaft und der Additionalität der eingesetzten Mittel. Die Bilanz ist allerdings nach zehn Jahren eher ernüchternd.

[58] Vgl. Franzmeyer et al. (1993).

[59] Vgl. Schäfers (1993), S. 182.

Die Zustimmung zum EU-Beitritt im gesamten Parteienspektrum - von den Postkommunisten bis hin zu den Nationalisten - ist groß, obwohl der Wettbewerb um Wählerstimmen in Mehrparteiendemokratien[60] die Entstehung einer Anti-Europa-Partei begünstigt, die die Interessen der „Verlierer" der Integration bündelt. Der Grund für das Fehlen einer solchen Partei läßt sich möglicherweise mit dem erst rudimentär entwickelten Parteiensystem in den mittel- und osteuropäischen Staaten erklären, die erst eine eigene ideologische Position finden müssen[61]. Auch ist bisher der Verlauf der Transformation das überragende politische Thema in diesen Staaten, so daß die Europapolitik und insbesondere die Implikationen der Beitrittsanträge noch nicht erfaßt bzw. diskutiert sind[62]. Ob sich Anti-Europa-Parteien bilden werden, hängt somit von Art dieser Implikationen ab, d.h. der Frage der den Beitrittskandidaten gewährten Bedingungen der Erweiterung (in Bezug auf das Budget, die Wettbewerbsregeln, die Umverteilung)[63].

Für die wirtschaftlichen Interessenverbände spielt vor allem der Zugang zum Binnenmarkt eine Rolle, die sozialen Interessenverbände und Gewerkschaften haben demgegenüber Interesse an den Umverteilungspolitiken. Der Einfluß der sektoriellen Politiken wird zu einer unterschiedlichen Beurteilung des EU-Beitritts in den verschiedenen Sektoren beitragen[64]. Solange allerdings noch der Vorteil der niedrigen Arbeitskosten in Osteuropa besteht[65], wird der größte Teil der Sektoren (und damit auch der Interessengruppen) von den Grundfreiheiten des EG-

---

[60] In den meisten unter den zehn beitrittswilligen Staaten gibt es eine Reihe von Parteien ohne eine dominierende Partei (eine Ausnahme bildet die Slowakei). Zur Entwicklung des Parteiensystems vgl. Dandrige (1997), S. 20-25.

[61] Vgl. hierzu Klingemann (1994).

[62] Möglicherweise könnten allerdings die negativen Erfahrungen mit dem bisherigen Transformationsprozeß zum Entstehen einer Europa-skeptischen Partei führen; vgl. Kawecke-Wyrzykowska (1996), S. 102. Dies würde mit den bisherigen Umfrageergebnissen einer abnehmenden positiven Beurteilung der EU übereinstimmen.

[63] Zudem ist noch entscheidend, ob der Beitritt durch eine Volksabstimmung oder durch eine Parlamentsabstimmung vollzogen wird. Bei einer Parlamentsabstimmung ist die Bildung einer Anti-Europa-Partei als „single issue party" weniger wahrscheinlich, da die im Parlament vertretenen Parteien den politischen Zusammenschluß für eine Reihe von Sachgebieten repräsentieren, während das Entstehen von Anti-Europa-Parteien bei Volksabstimmungen wesentlich wahrscheinlicher ist (vgl. u.a. den Verlauf der Ratifizierung des Maastrichter Vertrags in Dänemark und Frankreich einerseits und in Deutschland andererseits).

[64] Pehe (1996), S. 6, vermutet z.B., daß die Unsicherheit über die Wettbewerbssituation der ungarischen Landwirtschaft ein Grund für die zögerliche Zustimmung Ungarns zum EU-Beitritt ist. Nach einer Eurobarometer-Befragung fürchten auch die Landwirte in Slwowenien, Tschechien, Polen und Estland besonders in diesem Sektor Nachteile; vgl. Europäische Kommission (1996g), S. 63.

[65] Vgl. Institut der deutschen Wirtschaft (8.2.1996), S. 3.

Vertrags profitieren[66]. Zudem sind die Wirtschaftsverbände - die möglicherweise an verlängertem Protektionismus gegenüber Westeuropa Interesse haben könnten - relativ jung und schlecht organisiert[67]. Mittelfristig ist von einer verstärkten Integration im Zusammenhang mit Handel und Direktinvestitionen auch zu erwarten, daß die Reformstaaten bei technischen höherwertigen Gütern in humankapitalintensiven Branchen wettbewerbsfähig werden und dort verstärkt - wenn die Vorteile bei den Lohnkosten erhalten bleiben - intraindustrieller Handel mit der bisherigen EU zustande kommt[68].

Die nationalen Bürokratien profitieren von der EU-Mitgliedschaft insoweit, als daß sie auch an der Implementierung zahlreicher neuer Politiken beteiligt sind. Schon heute wird die EU-Hilfe des PHARE-Programms weitgehend über die nationale Bürokratie, ergänzt um externe Berater, abgewickelt.

Insgesamt stehen der Osterweiterung alle relevanten Gruppen positiv gegenüber. Negativ könnten (müssen aber nicht) nationale Minderheiten zur Erweiterung stehen (die russische Bevölkerung in den baltischen Staaten). Die bisherige Erfahrung aus den baltischen Staaten zeigt allerdings, daß die russische Minderheit den „exit“-Mechanismus trotz der teilweise geäußerten Kritik nicht nutzt[69]. Angesichts der politisch wie wirtschaftlich instabilen Lage in den GUS-Staaten ist dies auch nicht (zumindest nicht von der Mehrheit der Angehörigen der Minderheit) zu erwarten.

Mögliche langfristige wirtschaftliche Erwägungen finden in den Entscheidungen über den EU-Beitritt kaum Niederschlag.

In den jetzigen Mitgliedsstaaten der EU wird die ökonomische Integration Osteuropas Prozesse auslösen[70], die eine unterschiedliche Haltung verschiedener Gruppen hervorruft. Im Bereich der Importe aus Osteuropa dürften die arbeitsintensiven, aber technologisch unbedeutenden oder mittleren Sektoren, z.B. die Montan- und Schwerindustrie, die Textilindustrie oder die Landwirtschaft in einen ver-

---

[66] Eine Analyse der Standortqualitäten der MOEL ergibt zwar, daß dort wegen der niedrigen Produktivität und fehlender Infrastrukturausstattung die Wettbewerbsfähigkeit bisher für die meisten Sektoren gering ist, daß aber insbesondere bei westlichen Direktinvestitionen mit Ausgleich der Know-how- sowie Infrastrukturnachteile zu rechnen ist; vgl. Beyfuß (1995).

[67] Vgl. Wiesenthal (1997), S. 110-111.

[68] Vgl. Frankfurter Institut (1998), S. 21; zu der Möglichkeit des wirtschaftlichen Aufholens durch „low cost“ oder „high-tech“ - Strategien vgl. Berke/ Trabold (1997).

[69] Allerdings war in Estland 1995 die Zustimmung zur EU mit 76% der Befragten am geringsten von allen Reformstaaten; vgl. Europäische Kommission (1996g), S. 59.

[70] Vgl. Holzmann et al. (1994).

schärften Wettbewerb treten[71]. Dort sind die Spezialinteressen in der EU schon jetzt gut organisiert und haben über Jahrzehnte erhebliche Subventionen bekommen und/oder waren durch tarifäre oder nicht-tarifäre Handelshemmnisse geschützt[72]. Auch in den Europa-Verträgen sind diese Sektoren, die einen erheblichen Anteil am Export der Reformstaaten haben, vom allgemeinen Freihandel ausgenommen[73]. Zudem wurden in diesen Bereichen, insbesondere bei der Schwerindustrie, die Anti-Dumping-Regeln der Europa-Abkommen (Assoziierungsverträge) besonders häufig benutzt, um Exporte der Reformstaaten zu verhindern oder zu verteuern[74].

	Bulgarien	**Rumänien**	**Ungarn**	**Polen**	**ehemalige CSFR**
Eisen und Stahl	7%	7%	4%	12%	11%
Lederwaren, Textil, Bekleidung	38%	49%	23%	21%	17%
Agrarprodukte	18%	5%	18%	11%	4%
Σ	**63%**	**61%**	**45%**	**44%**	**32%**

Tab. 7.3 Anteil der sensiblen Produkte am Export von Reformländern in die EU 1992/1993
Quelle: Achten (1996), S. 5.

Wenn diese Sektoren in den Staaten Osteuropas umstrukturiert, modernisiert und verkehrs- technisch an Westeuropa angeschlossen sind - was sicherlich insbesondere im Bereich der Landwirtschaft noch einige Jahre dauert, aber möglicherweise zusammen mit dem EU-Beitritt abgeschlossen ist[75] - werden sie ihren Lohnkostenvorteil ausspielen können, was zur Bedrohung von Arbeitsplätzen in Westeuropa führt. Die Ausnahme dieser Bereiche vom Wettbewerb in den Europa-Abkommen verhindert allerdings die von den Reformstaaten erwünschte Einbeziehung in die Vorteile des internationalen Handels mit wettbewerbsfähigen Produkten[76].

---

[71] Zur erwarteten Handelsstruktur s. Graziani (1994).
[72] Der deutsche Interessenverband der Landwirtschaft, der Deutsche Bauernverband, spricht sich im Vorfeld der Osterweiterung deshalb selbst gegen die marginalen Reformschritte im Rahmen der von der EU-Kommission vorgeschlagenen Agenda 2000 aus; vgl. Buchenau/ Haupt (1998).
[73] Vgl. Gabrisch (1995), S. 23-24.
[74] Vgl. Pereyra López (1997), S. 77, sowie Mareuge (1996), S. 23.
[75] Wenn man von einem EU-Beitritt der MOEL um das Jahr 2005 ausgeht.
[76] Vgl. Kohlmann (1997), S. 117.

Die davon betroffenen Gruppen werden auf ihre Regierungen einwirken, daß sie nur dann der Osterweiterung zustimmen, wenn die Verschlechterung der Wettbewerbsposition durch Subventionierung oder Schutzzäune kompensiert wird. Ein Beispiel wären Entsendegesetze oder europäische Entsenderichtlinien oder neue Sonderprogramme im Bereich der Regionalpolitik, wie z.B. die integrierten Mittelmeerprogramme, die für die Mittelmeerregionen Griechenlands, Italiens und Frankreichs als Kompensation beim EU-Beitritt von Spanien und Portugal 1986 ausgehandelt wurden[77]. Eine andere Möglichkeit für diese Gruppen ist es, im Sinne von „raising competitors' cost" eine schnelle Ausdehnung der sozialpolitischen Regulierung der EU auf die MOEL zu fordern. Die Forderung der EU, „Umwelt"-und „Sozial"-Dumping im Rahmen der WTO als Grund für Vergeltungsmaßnahmen zuzulassen, zeigt, daß solche Forderungen durchaus Erfolg haben können.

Bereits im Rahmen des Hilfsprogramms PHARE für die MOEL wird die Umstrukturierung des sozialen Sektors „unter Nutzung der in Westeuropa gesammelten Erfahrungen" gefördert[78]. Dabei besteht die Gefahr, daß das hohe Regulierungsniveau Westeuropas auf die Beitrittskandidaten ausgedehnt wird und die Wettbewerbsfähigkeit von deren Industrie beeinträchtigt.

Die Sektoren, die weniger die komparativen Vorteile Osteuropas zu fürchten haben (wie die technologieintensiven Sektoren oder die multinationalen Firmen mit Markenprodukten), profitieren von der Öffnung Osteuropas[79] und sind deshalb auch generell Befürworter der schnellen Integration der Beitrittskandidaten. Allein die mitteleuropäischen Länder der CEFTA machen mit 70 Millionen Einwohnern ungefähr ein Fünftel der bisherigen EU-Bevölkerung aus und stellen so - bei entsprechender Kaufkraft - einen attraktiven Markt dar[80]. Die EU-Mitgliedschaft dieser Staaten hat für sie insbesondere den Vorteil, daß Direktinvestitionen in diese Länder besser vor politischem Risiko geschützt sind[81] und daß die letzten Handelsbarrieren von Seiten der MOEL fallen werden. Diejenigen Länder, die in der ersten Reihe der Beitrittskandidaten zur EU stehen, haben mit die höchsten Direktinvestitionen pro Kopf, so daß sich hier der Import politischer Stabilität durch eine erwartete Osterweiterung bestätigt. Umgekehrt haben die Reformstaaten, die keine Beitrittsperspektive haben (Rußland und die Ukraine), die geringsten Pro-Kopf-Direktinvestitionen in ihr Land ziehen können.

---

[77] Vgl. DATAR (1987), S. 70-76; Romus (1989), S. 168-170.

[78] Vgl. PHARE-Informationsbüro (1995), S. 11.

[79] Vgl. Aiginger (1993), S. 64, mit empirischen Ergebnissen für Österreich.

[80] Vgl. Harvie (1996), S. 35.

[81] Vgl. o.V. (2./3.2.96), S. 4, sowie Turek (1996).

Land	Direktinvestitionen in $ pro Kopf	Direktinvestitionen in Millionen $
Ungarn	1300	13260
Tschechien	692	7120
Estland	477	735
Slowenien	372	743
Lettland	258	644
Polen	140	5398
Slowakei	117	623
Litauen (ab 1993)	76	285
Rumänien	52	1186
Bulgarien	51	425
Rußland	40	5843
Ukraine	25	1270

Tab. 7.4 Kumulierte Direktinvestitionen 1989-1996
Quelle: Institut der deutschen Wirtschaft (1998a), S. 5 nach EBRD-Daten.

Die Funktion der Beitrittskandidaten als „verlängerte Werkbank" der in den EU-Staaten ansässigen Firmen[82] macht es aber entscheidend für die dort investierenden Unternehmen, daß die Vorteile, insbesondere bei den Lohnkosten, aber auch bei der geringeren sozialpolitischen Regulierung, für eine gewisse Zeit erhalten bleiben[83].

Neben der unterschiedlichen Unterstützung für eine Osterweiterung der EU nach Sektoren spielt auch die geographische und handelspolitische Situation der einzelnen EU-Staaten eine Rolle. Diejenigen Staaten, aus denen ein Großteil der Direktinvestitionen in den Reformstaaten kommen und die intensive Handelsbeziehungen mit diesen Staaten haben (z.B. Deutschland), tendieren zu einer größeren Unterstützung der Osterweiterung als die EU-Staaten, bei denen geographische Nähe oder handelspolitische Beziehungen keine Rolle spielen[84]. Dazu kommt, daß die Osterweiterung eine Neuverteilung der regional- und kohäsionspolitischen Mittel nach sich ziehen wird[85]. Da die bisherigen Nettoempfänger (insbesondere die Südländer) deutlich reicher sind als die Beitrittskandidaten, ist eine Umverteilung zuungunsten der Altmitglieder zu erwarten. Von ihnen ist be-

---

[82] Vgl. UNICE (1995), S. 4.
[83] Vgl. o.V. (6.2.1996), S. 10. Dies gilt nur solange, wie nicht andere Vorteile (z.B. Produktivitätssteigerungen) den Lohnkostenvorteil ersetzen oder ergänzen.
[84] Vgl. Field (1996), S. 7.
[85] Vgl. Abschnitt 7.3.4.

ders bei einer zu raschen Osterweiterung oder bei einer zu radikalen Reform der bisherigen Umverteilung Widerstand zu erwarten[86].

Für die europäischen Institutionen ist die Erweiterung für sich genommen positiv, da sie einer Ausdehnung des Machtbereiches dieser Institutionen inklusive eines höheren Personalbestandes und neuer Aufgaben bei der Integration der Staaten entspricht. Allerdings kommt es dann zu einem Interessenkonflikt, wenn sich die beiden Optionen „Vertiefung" und „Erweiterung" gegenüberstehen[87]. Für die politischen Entscheidungsträger ist die Vollendung der Währungsunion eine Prestigefrage mit erheblichem Einfluß auf die Wiederwahlchancen. Sie würden insofern eine Erschwerung des Beitritts der MOEL zur EU in Kauf nehmen, wenn ansonsten die WWU in Frage gestellt würde.

Für die nationalen Politiker spielt zudem die Frage der Finanztransfers nach der Osterweiterung eine wichtige Rolle[88]. Schon um die bisherigen Beiträge zum EU-Budget gibt es regelmäßig politischen Streit[89]. Eine Erhöhung der Beiträge für die Strukturpolitik wird politisch nur schwer durchsetzbar sein. Andererseits ist eine grundlegende Reform der Strukturpolitik ebenso wenig wahrscheinlich, da sie den Widerstand der gut organisierten Interessengruppen hervorrufen würde. Da die Transferleistungen zum Teil in einem Zusammenhang mit dem Einkommensniveau und damit den Erfolgen bei der Transformation stehen, führt eine Verzögerung der Aufnahme neuer EU-Mitglieder möglicherweise zu geringeren Transferzahlungen[90] und ist damit politisch leichter durchzusetzen. Allerdings wird eine Angleichung des Einkommensniveau der MOEL an dasjenige der EU selbst unter sehr optimistischen Voraussetzungen jahrzehntelang dauern, wie die nachfolgende Tabelle zeigt.

[86] Vgl. Mallossek (1996), S. 20.
[87] Vgl. Vaubel (1993), S. 23.
[88] Zur Transferzahlungsdiskussion vgl. ausführlich Achten (1996), S. 151-189.
[89] Vgl. Hotze (1996), S. 31.
[90] Man beachte, daß in der Agrarpolitik genau der entgegengesetzte Zusammenhang besteht: Je höher die Produktivität ist, umso höher die Subventionen. Also wird eine erfolgreiche Umstrukturierung dort auch zu höheren Transfers führen.

	Anzahl der zur Angleichung des BIP-Niveaus notwendigen Jahre bei einem jährlichen Wachstum des EU-BIP um 2,5%					
	15	20	30	40	50	60
Anfängliches Einkommen der MOEL in % des EU-BIP	bei einer jährlichen Wachstumsrate von	bei einer jährlichen Wachstumsrate von	bei einer jährlichen Wachstumsrate von	bei einer jährlichen Wachstumsrate von	bei einer jährlichen Wachstumsrate von	bei einer jährlichen Wachstumsrate von
50%	7%	6%	5%			
40%		7%	6%	5%		
30%			7%	6%	5%	4%

Tab. 7.5 Prognosen zur Einkommensangleichung der MOEL an die EU
Quelle: Europäische Kommission (1996h), S. 114.

Aus polit-ökonomischen Gründen erscheint es wahrscheinlich, daß kleine Reformschritte und eine zeitlich gestreckte Einbindung der MOEL in die Strukturfonds anstelle einer echten Reform erfolgen[91]. Aufgrund der bisherigen Erfahrungen mit den Teilreformen in der Agrar- und Strukturpolitik kann man erwarten, daß die Komplexität dieser Politiken noch zunehmen wird[92]. Die Schwierigkeiten, die sich insbesondere durch die Einbeziehung der Reformstaaten in die Transferpolitik der EU ergeben, könnten zu einer Verzögerung der Osterweiterung insgesamt führen. Damit diese Verzögerung politisch akzeptabel erscheint, haben verschiedene Autoren Teilmitgliedschaften der Reformstaaten in den unproblematischen Bereichen der EU oder die Bildung einer Freihandelszone mit den MOEL als Vorstufe der Integration befürwortet[93]. Es ist allerdings zu befürchten, daß diese Teilmitgliedschaften nur zu einer weiteren Verkrustung der reformbedürftigen Transferpolitiken führt.

---

91 Vgl. dazu die Vorschläge der EU-Kommissarin für Regionalpolitik, Wulf-Mathies (1996).

92 Diese Tendenz läßt sich schon bei der Reform der bisherigen Hilfsprogramme für Osteuropa (PHARE) feststellen. Die bessere Kontrolle der Hilfen durch die Kommission ist einerseits durch den Wunsch nach besserem Schutz vor Betrug und politischen, unproduktiven Ausgaben sowie besserer Zielgenauigkeit zu begründen. Andererseits ist es fraglich, ob die EU-Bürokratie besser als die bisherigen (teuer bezahlten) externen Spezialisten die Projekte identifizieren kann, in denen die Hilfe nutzbringender als bisher eingesetzt werden kann; vgl. Turner (1997), S. 6, und Murray/ Wolf (1996), S. 4. Vgl. zur Regionalpolitik auch Abschnitt 7.3.4.

93 Vgl. Gabrisch (1995), S. 29; vgl. auch die Diskussion bei Baldwin (1994), S. 196-205.

Die Bürokratie der EU profitiert ebenso wie die Politiker mehr von der Vertiefung als von der Erweiterung. Die Erweiterung wird erhebliche Lobbyingaktivitäten der „bedrohten Sektoren“ auslösen, die Politiker werden (politisch annehmbare) Einsparungen verlangen, um neue Transfers bezahlbar zu machen.

Der Machtzuwachs dagegen ist begrenzt, da die Erweiterung des Gebiets mit der Aufnahme neuer Mitglieder in die Bürokratie einhergeht. Zudem haben die bisherigen Erweiterungen auch ein stetes Anwachsen der zentrifugalen Kräfte bewirkt[94]. Die Zahl der Konflikte innerhalb der EU wird also zunehmen und auch die Arbeit der Bürokratie der EU erschweren.

Aus diesen verschiedenen Interessen entsteht nun das Problem, daß eine Erweiterung der Union nur politische Zustimmung findet, wenn sie gleichzeitig eine vermehrte Umverteilungsaktivität mit sich bringt: Nach Osteuropa, weil die dortigen Politiker eine Gleichbehandlung mit den westlichen Mitgliedsstaaten der EU bei der Strukturpolitik und Hilfen für die Systemtransformation reklamieren werden. Und nach Westeuropa, weil dort Kompensationen für die verschlechterte Wettbewerbsposition von Regionen oder Sektoren nach der Osterweiterung eingefordert werden. Langfristig werden damit Aussichten auf Wachstum und Arbeitsplätze gefährdet und könnten die positiven Effekte des erweiterten Handelsraums zunichte gemacht werden[95].

7.3. Die Osterweiterung der EU und der Systemwettbewerb

7.3.1. Der EU-Beitritt als Einschränkung der Möglichkeiten im Systemwettbewerb

Die Reformstaaten Mittel- und Osteuropas stehen vor dem Problem, daß der Umbau einer Zentralverwaltungswirtschaft in eine Marktwirtschaft nicht der Erreichung eines fest definierten Referenzmodells gleicht, sondern daß innerhalb der

---

[94] Das soll nicht heißen, daß die jeweiligen Beitrittskandidaten eher zentrifugal ausgerichtet waren: Die Süderweiterungen haben eher den zentralistischen, die Norderweiterungen den freihandelsorientierten Teil der EU gestärkt. Aber die wachsende Heterogenität der Staaten führte in allen Staaten zu höheren Frustrationskosten der Einigung, die sich teilweise in Anti-Europa-Bewegungen niederschlugen.

[95] Dies gilt auch für die Beitrittskandidaten selbst. Beispielsweise verschlechterte sich die relative wirtschaftliche Position Griechenlands trotz großer Transfers der EG seit dem Beitritt 1981 erheblich; für eine Analyse der Auswirkungen der Regionalpolitik der EU auf die baltischen Staaten s. Seliger (1996).

weit gefaßten Ordnungsform Marktwirtschaft viele Ausprägungen möglich sind[96]. Die ordoliberale Wirtschaftstheorie hat immer versucht, solche Ordnungstypen zu identifizieren. Die dadurch erfaßbare Wirtschaftsordnung ist kein einheitlicher Maßstab, sondern es „handelt sich vielmehr um den Versuch, unter pointierender Hervorhebung von Strukturmerkmalen ein komplexes Gesamtphänomen annäherungsweise zu kennzeichnen."[97] Dies sind die sogenannten Idealtypen der Wirtschaftsordnung[98]. Um die Wirkung des EU-Beitritts für die Reformstaaten Mittel- und Osteuropas zu untersuchen, kann man sich innerhalb der Ordnungsform Marktwirtschaft idealtypisch auf vier verschiedene Ausprägungen konzentrieren[99].

Marktwirtschaft
laissez-faire Wirtschaft
ordoliberale Wettbewerbswirtschaft
moderater Wohlfahrtsstaat
korporatistischer Wohlfahrtsstaat

Tab. 7.6 Ausprägungen der Ordnungsform Marktwirtschaft
Quelle: eigene Erstellung

Die laissez-faire Wirtschaft ist durch eine weitgehende Reduzierung der Staatsaufgaben auf die Aufgaben des klassischen Nachtwächterstaates gekennzeichnet. Interventionen und Regulationen finden nicht oder nur sehr begrenzt statt.

Die ordo-liberale Wettbewerbswirtschaft ist durch die Aufgabe des Staates als Hüter des Wettbewerbs gekennzeichnet. Wettbewerb wird nicht als regelloses System begriffen, sondern bedarf einer Wettbewerbsbehörde, die Wettbewerbsfreiheit garantiert.

Die Gruppe der moderaten Wohlfahrtsstaaten, zu denen die meisten EU-Staaten gehören, ist durch eine wichtige Rolle des Staates in der Verteilungspolitik gekennzeichnet. Die Privatwirtschaft wird zwar durch freien Wettbewerb geordnet, der Anteil des Staates an der Wirtschaft, der durch Interventionen bestimmt wird,

---

[96] Dies gilt sowohl für die idealtypischen Klassifizierungen (etwa die Unterscheidung der freien von der sozialen Marktwirtschaft) als auch für die realtypischen Klassifizierungen.

[97] Möschel (1998), S. 3.

[98] Vgl. Eucken (1965), S. 123, sowie Machlup (1961), S. 47-49. Zum Unterschied von Real- und Idealtypen vgl. auch Peters (1997), S. 63, sowie die ausführliche Diskussion bei von Kempski (1964), S. 117-125. Kritisch vgl. Myrdal (1963), S. 190-191.

[99] Diese Idealtypen stellen bei weitem nicht die einzige Möglichkeit der Unterscheidung dar. Für den hier verfolgten Zweck reicht sie aber.

ist aber relativ hoch. Zunehmende Interventionen des Staates in die Allokation der Ressourcen führen dazu, daß der Anreiz zu „profit seeking" verschwindet und „rent seeking" an dessen Stelle tritt. Es kommt zur allmählichen Degeneration der Marktfunktion[100].

Der korporatistische Wohlfahrtsstat ist die degenerierte Form des moderaten Wohlfahrtsstaates. Der Staat erfüllt im Namen der „sozialen Gerechtigkeit"[101] hauptsächlich Umverteilungsbegehren der wohlorganisierten Interessengruppen, die ein Kartell zu Lasten der nicht oder nur schlecht organisierten Wirtschaftsgruppen bilden. Wirtschaftlicher Wettbewerb wird zugunsten der durch logrolling erreichten Konsensbildung weitgehend aufgegeben.

Die Wahl der Ordnungsform in den Reformstaaten erfolgt nicht „konstruktivistisch", durch einen politischen Entschluß, sondern resultiert aus einer Vielzahl von Einzelentscheidungen der politischen und wirtschaftlichen Entscheider. Diese Entscheider sind aber an die jeweiligen Ordnungsregeln gebunden. Dabei bedeutet die Entscheidung für einen Beitritt zur Europäischen Union eine Restriktion der Auswahlmöglichkeiten durch die zwingende Angleichung des Rechts- und Wirtschaftssystems an die EU. Das Prinzip der gegenseitigen Anerkennung von Normen (Ursprungslandprinzip) läßt zwar eine divergierende Entwicklung innerhalb des durch die Verträge gesetzten Rahmens zu, aber der große Einfluß der Beratung durch EU-Kräfte bei der Angleichung des Rechts führt zu einer besonders engen Anbindung des Rechts der Reformstaaten an den von der EU vorgeschlagenen Rahmen. Damit schränken die Reformstaaten ihre Auswahlmöglichkeiten im Systemwettbewerb ein. Wenn man von einer pfadabhängigen Evolution der Wirtschaftsordnung ausgeht[102], dann hat die EU in einem Korridor möglicher institutioneller Entwicklungen eine bestimmte Wahl getroffen. Ausgehend von der Public-Choice-Analyse der EU (Kapitel 3) und den obigen Analyse der Politiken der EU in den Kapiteln 5 und 6 kann man diese Entwicklung als eine moderat wohlfahrtsstaatliche Entwicklung mit Tendenzen zum kor-

---

[100] Buchanan beschreibt diesen Übergang so: „If, however, governmental action moves significantly beyond the limits defined by the minimal or protective state, if government commences, as it has done on a sweeping scale, to interfere piecemeal in the market adjustment process, the tendency toward the erosion or dissipation of rents is countered and may be wholly blocked."; Buchanan (1980), S. 9. Die Degenerierung hängt wesentlich mit der Aufgabenzuweisung als „Sozialstaat" an die moderaten Wohlfahrtsstaaten zusammen: Dieser unbestimmte Rechtsbegriff, den der Staat schrankenlos füllen kann, verwischt die Grenzen für staatliche Eingriffe; vgl. Streit (1996b), S. 262, sowie Woll (1989), S. 95-96.

[101] Vgl. dazu Hayek (1977), S. 23-38.

[102] Vgl. Abschnitt 4.3.3.

poratistischen Wohlfahrtsstaat bezeichnen. Wenn die Reformstaaten Mittel- und Osteuropas möglichst schnell der EU beitreten wollen, so bedeutet das für sie eine Einschränkung ihrer institutionellen Entwicklungsmöglichkeiten. Insofern entstehen bei der Angleichung der Wirtschaftssysteme an die EU Opportunitätskosten in Form einer entgangenen institutionellen Entwicklung, die die Reformstaaten möglicherweise auf einen anderen (höheren) Wachstumspfad bringen würde.

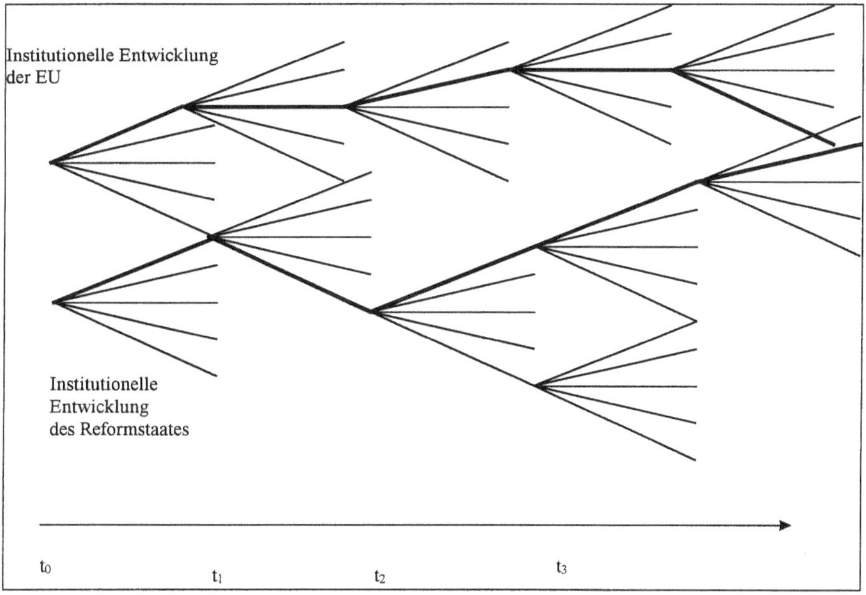

Abb. 7.1 Einschränkung der Transformationsmöglichkeiten durch die Osterweiterung
Quelle: eigene Erstellung

Dabei ist davon auszugehen, daß die institutionelle Entwicklung der Reformstaaten generell weniger beschränkt ist als die der Staaten Westeuropas, da den alten Interessengruppen (Nomenklatura) mehr oder weniger radikal ihre Priviliegien entzogen wurden und der Prozeß der Sklerotisierung der Demokratie durch Interessengruppen noch nicht eingesetzt hat. Gerade deshalb stellt die Regulierungspolitik der EU für die langfristigen Wachstumsaussichten der Beitrittskandidaten eine Gefahr dar. Denn dadurch kann es bei einer noch unzureichenden Transformation in Marktwirtschaften dennoch zu einem künstlich hervorgerufenen Sklerotisierungsprozeß kommen.

Deshalb sollten die Regierungen der Reformstaaten versuchen, ihre Freiheiten im Systemwettbewerb der EU dafür zu nutzen, durch eine auf die Wettbewerbsfreiheit der Marktakteure konzentrierte Politik die negativen Auswirkungen, die in den alten EU-Staaten von dem Zusammentreffen von starker Regulierungsaktivität und vielfältigen Interventionen (insbesondere Subventionen) in Märkte ausgehen, zu vermeiden. Aus polit-ökonomischer Sicht ist dies aber - wie in Abschnitt 7.2. gezeigt - kurzfristig weder für die politischen Entscheidungsträger der EU noch die Entscheidungsträger und die potentiellen Subventionsempfänger in den Reformstaaten attraktiv.

7.3.2. Die Nachfrageseite im Systemwettbewerb in der EU nach der Osterweiterung

Die Erweiterung um die Staaten Mittel- und Osteuropas hat für die EU Auswirkungen auf die Angebots- sowie die Nachfrageseite[103]. Auf der Nachfrageseite wird die Osterweiterung eine Erhöhung der Anzahl relativ gut qualifizierter Arbeitskräfte bringen, die in ihren Heimatstaaten Reallöhne verdienen, die deutlich unter den Reallöhnen in den bisherigen EU-Staaten liegen[104]. Dies bedeutet eine Veränderung des exit-Mechanismus im Systemwettbewerb.

Das Vorhandensein eines großen Arbeitskräftereservoirs in den Beitrittsstaaten stellt eine potentielle Konkurrenz für die Arbeitnehmer in den jetzigen EU-Staaten dar, da Firmen - unter Beibehaltung der sonstigen Vorteile des Binnenmarktes - mit Abwanderung bzw. der Anwerbung ausländischer Arbeitnehmer drohen können. Für die Arbeitskräfte in den Reformstaaten ist ein hoher Anreiz vorhanden, in Westeuropa Arbeit zu suchen. Dies gilt insbesondere dann, wenn in Folge der Restrukturierung im ehemaligen Staatssektor die bisher verdeckte Ar-

---

[103] Die hier vorgenommene Trennung in Angebots- und Nachfrageseite begegnet denselben Problemen wie die Identifizierung von Angebot und Nachfrage im Rahmen der Public-Choice-Analyse (Kapitel 3) sowie der Analyse des Systemwettbewerb (Abschnitt 6). Sie soll trotz der manchmal auftretenden Probleme der Zuordnung von nachfrage- und angebotsseitigen Veränderungen im Systemwettbewerb beibehalten werden. Eine Alternative wäre die Darstellung des EU-Beitritts in Form eines spieltheoretischen Modells; vgl. dazu Hagen (1996), S. 20-31.

[104] 1993 waren z.B. die ungarischen Löhne für Industriearbeiter bei etwa zehn Prozent des deutschen Niveaus. Auch wenn sich die Lohnhöhe im Integrationsprozeß angleichen wird, so wird sie doch auf Jahre hinaus in den Reformstaaten deutlich niedriger sein als in Westeuropa; vgl. Salowsky (1993).

beitslosigkeit zu offener Arbeitslosigkeit wird. Zu einer Massenabwanderung oder einer „neuen Völkerwanderung", die teilweise befürchtet wird[105], haben die Lohnunterschiede bisher allerdings nicht geführt[106]. Dennoch sorgt die potentielle Drohung mit Abwanderung (der Firmen) bzw. Zuwanderung (der Arbeitskräfte) für eine Verringerung der Macht der beschäftigten westeuropäischen Insider, nicht-marktgerechte Löhne durchzusetzen.

Auf diese neue Entwicklung können die Insider mit leistungswettbewerblichen bzw. schädigungswettbewerblichen Strategien reagieren. Eine leistungswettbewerbliche Strategien wäre die Einführung marktgerechter Lohnniveaus in Westeuropa. Unter Berücksichtigung der unterschiedlichen Produktivität können diese Lohnniveaus sich sehr deutlich von denen in den Reformstaaten unterscheiden.

Land	**Bruttolohnkosten je beschäftigten Arbeitnehmer in 1000 ECU**
Belgien	25,286
Dänemark	23,879
Deutschland	25,250
Griechenland	10,797
Spanien	18,578
Frankreich	25,513
Irland	20,134
Italien	24,603
Luxemburg	25,495
Niederlande	25,504
Portugal	6,555
Großbritannien	18,669

Tab. 7.7 Jährliche Bruttolohnkosten in der EG 1990
Quelle: Hardes/ Schmitz (1994), S. 649.

Zu einer völligen Angleichung der Lohnniveaus innerhalb der EU wird es nicht kommen, wie auch die Unterschiede in den Lohnniveaus der jetzigen EU-Mitglieder zeigen, wohl aber zu Angleichungstendenzen[107]. 1991 war das Lohn-

[105] Vgl. Hoffmann-Nowotny (1992), S. 32.
[106] Vgl. die Länderstudien in Fassmann/ Münz (1994a), S. 171-273, sowie Widgren (1994), S. 112.
[107] Die Folge einer völligen Angleichung der Lohnniveaus bei unterschiedlicher Produktivität wäre Massenarbeitslosigkeit, wie sie etwa in den neuen Bundesländern nach der sehr starken

niveau in den reichsten EG-Staaten ungefähr viermal so hoch wie in den ärmsten, wobei die Schwankungen dem Unterschied bei der Wertschöpfung der Arbeitnehmer entsprachen[108]. Selbst bei den langjährigen EG-Mitgliedern wie Großbritannien ist bei den Bruttolohnkosten ein deutlicher Unterschied zu den Gründungsmitgliedern der EG feststellbar, wie die Tabelle 7.7. mit den Bruttolohnkosten in der EU zeigt. Die Löhne müßten dann flexibel auch nach unten sein, wenn gleich-produktive Arbeitnehmer aus den Reformstaaten ihre Arbeit auch in Westeuropa anbieten. Auch wenn in Europa (insbesondere als Reaktion auf die im Vergleich zu den USA deutlich höhere Arbeitslosigkeit) inzwischen über die mangelnde Flexibilität in der Regulierung sowie Bezahlung des Faktors Arbeit diskutiert wird, ist aus polit-ökonomischen Gründen eine schnelle Flexibilisierung der Arbeitsmärkte unwahrscheinlich.

Stattdessen werden im Rahmen der EU-Freizügigkeitspolitik institutionelle Barrieren gegen die Wirksamkeit der Arbeitswanderung durchgesetzt. Die volle Freizügigkeit der Arbeitnehmer im Binnenmarkt war seit den römischen Verträgen von 1957 einer der Kernpunkte der EU-Politik. Die Arbeitsmärkte waren zu dieser Zeit durch geringe Arbeitslosigkeit, teilweise sogar durch Arbeitskräftemangel gekennzeichnet, der zur Verpflichtung von Gastarbeitern aus EG-Staaten und anderen Staaten führte[109]. Ost-West-Migration war (besonders seit dem Mauerbau von 1961) auf die zahlenmäßig relativ kleine Gruppe politisch Verfolgter sowie auf ethnische und religiöse Minderheiten beschränkt[110]. Die wachsende Problematik der Zunahme der Asylbegehren führte neben der in der EG zunehmenden Arbeitslosigkeit dazu, daß die Einwanderung für Nicht-EG-Bürger erschwert wurde[111].

Doch auch innerhalb der EG wurde die Freizügigkeit der Arbeitnehmer zu einem politischen Problem[112]: Einerseits wurden mit der Binnenmarktpolitik der 80er Jahre viele Hindernisse für die Freizügigkeit und die freie Ausübung des Berufs im EG-Ausland erleichtert. Für besonders hoch qualifizierte Arbeitnehmer führte

---

Lohnangleichung in den ersten zwei Jahren nach der Wiedervereinigung (von 30% auf 70% des westdeutschen Lohnniveaus) zu beobachten war; vgl. Göbel (1995), S. 78.

[108] Vgl. Europäische Kommission (1994), S. 134. Peneder kommt bei einem Vergleich der Lohnkosten und Produktivität in den Visegrád-Staaten zu einem ähnlichen Zusammenhang von Lohnhöhe und Produktivität; allerdings ist die Schwankungsbreite im Vergleich zum als Maßstab gewählten Österreich deutlich höher; sie beträgt etwa 1:10; vgl. Peneder (1993), S. 52-53.

[109] Vgl. Zimmermann (1994), S. 316-321; Fassmann/ Münz (1994b), S. 7-9.

[110] Vgl. Doomernik (1997), S. 287.

[111] Einen kurzen Überblick über die Einwanderungspolitiken der wichtigsten EG-Länder gibt Nürnberger (1993), S. 10-14.

[112] Zum Zusammenhang interner (inter-regionaler) und internationaler Migration vgl. theoretisch Korcelli (1994).

die immer häufiger grenzüberschreitende Aktivität der Firmen zu einem europäischen Arbeitsmarkt[113]. Dies betrifft aber nur einen kleinen Teil der Arbeitnehmer.

Andererseits führte die Aufnahme der südeuropäischen Staaten in die EG dazu, daß die Gemeinschaft erheblich inhomogener wurde. Während dies für die Migration nicht sehr bedeutsam war (da alleine schon sprachliche und kulturelle Barrieren bei einem solchen Schritt in Europa zu hohen Opportunitätskosten führen), gerieten die Arbeitsmärkte besonders im Baubereich unter Konkurrenzdruck. Arbeitnehmer z.B. aus Portugal wurden für einige Monate nach Deutschland oder in andere reichere Staaten der EU geschickt, um hier (als Angestellte portugiesischer Firmen, die in Deutschland als Subunternehmer für deutsche Baufirmen tätig waren) zu portugiesischen Löhnen tätig zu werden. Freiheitssichernde Maßnahmen im Systemwettbewerb (nämlich die vier Grundfreiheiten) führten im Systemwettbewerb zu einem Substitutionsprozeß.

Die entsprechenden Tätigkeiten, die von den Subunternehmern ausgeführt werden, betreffen oft Bereiche, in denen die Arbeit wenig qualifiziert ist. In diesem Bereich ist gerade in Deutschland hohe Arbeitslosigkeit im Zusammenhang mit den besonders in den siebziger Jahren vereinbarten überproportionalen Lohnsteigerungen entstanden. Deshalb versuchten die Gewerkschaften und die Politiker, die nun unter dem „Widerspruchsdruck" der Arbeitslosen standen, durch behinderungswettbewerbliche Strategien diese Konkurrenz im Systemwettbewerb zu verhindern[114].

Unter dem Vorwurf des „Lohndumpings" wurde zunächst in Deutschland ein Entsendegesetz beschlossen, nachdem ausländischen Arbeitnehmern derselbe Lohn wie inländischen Arbeitnehmern (in Form eines mit den Tarifpartnern ausgehandelten Mindestlohnes) gezahlt werden muß[115]. Dieses Entsendegesetz wurde durch die nach jahrelangem Streit mit den Entsendestaaten 1997 beschlossene Entsenderichtlinie der EU ergänzt, die dieses Prinzip für ganz Europa festschreibt. Damit sind die Insider (die beschäftigten Arbeitnehmer) der Bauindustrie gegen die Außenseiterkonkurrenz im Systemwettbewerb geschützt.

Bei einer Osterweiterung der EU ist die Ausweitung der Anwendung solcher binnenprotektionistischer Maßnahmen durch die alten EU-Mitgliedstaaten zu erwarten, da dann die Attraktivität der Substitution inländischer Arbeit im unge-

---

[113] Vgl. Straubhaar/ Wolter (1997), insb. S. 9-14.
[114] Vgl. Schreiner (1995).
[115] Zu den Auswirkungen vgl. Lehment (1995).

lernten Bereich noch mehr zunimmt[116]. Entsenderichtlinien (die de facto ein Arbeitsverbot für ausländische Arbeitnehmer darstellen) verhindern dann die Ausnutzung komparativer Kostenvorteile durch die Reformstaaten und führen damit zu einer Verlangsamung des möglichen Aufholprozesses und zu der weiteren Notwendigkeit von Transfers in die Reformstaaten. Die institutionelle Anpassung der westeuropäischen Arbeitsmärkte an veränderte Umstände wird verlangsamt. Die Folgen eines solchen gesetzlich verhinderten Strukturwandels sind z.B. aus dem deutschen Steinkohlebergbau bekannt. Die mögliche positive Wirkung von Systemwettbewerb, nämlich die Aufdeckung der Schwachstellen institutioneller Arrangements durch Wahlhandlungen in Märkten, kann nicht mehr erreicht werden.

Die Veränderungen auf den Arbeitsmärkten sind sicherlich die wichtigste, aber nicht die einzige Änderung, die sich auf der Nachfrageseite im Systemwettbewerb bei einer Osterweiterung der EU ergibt. Auch die Nachfrage nach Politiken in anderen Bereichen wird von der sehr unterschiedlichen wirtschaftlichen Lage, den Präferenzen und den bisherigen Erfahrungen bei der Systemtransformation verändert. Diese Veränderungen werden besonders durch zwei (gegenläufige) Entwicklungen gekennzeichnet sein:

Einerseits spielt die Vergangenheit der totalitären Zentralverwaltungswirtschaften eine nicht zu unterschätzende Rolle. Die Transformation vom „homo sovieticus" zum Mises'schen „homo agens" ist ein zeitraubender Prozeß. Deshalb wird u.U. die Nachfrage nach bestimmten Sozialpolitiken (Vollbeschäftigungsgarantie, staatlich subventionierter Wohnraum) hoch sein. Da diese Politiken in den Reformstaaten häufig von den post-kommunistischen ehemaligen Einheitsparteien vertreten werden, werden diese auch im Angebotsprozeß der Politik weiterhin eine wichtige Rolle spielen. Beispielsweise könnte die hohe Arbeitslosigkeit in den Reformstaaten, die möglicherweise sogar noch steigt, wenn der Wettbewerb im Binnenmarkt die Unternehmen in den Transformationstaaten zur Umstrukturierung zwingt, auch Wünsche nach einer damit einhergehenden EU-Beschäftigungspolitik auslösen.

Dem steht ein zweiter Trend entgegen, nämlich die Erfahrungen der bisherigen Transformation. Für viele Staaten war die Transformation mit der Wiedererlangung der vollen staatlichen Souveränität und teilweise sogar der Unabhängigkeit

---

[116] Während Nijkamp/ Spies (1995), S. 73, davon ausgehen, daß in Zukunft kein zusätzlicher Bedarf an ungelernten Arbeitskräften besteht, ist die aktuelle Arbeitsmigration gerade im Bereich flexibler, aber ungelernter Arbeit vorhanden, sofern EU-Ländern dies erlauben (wie im Falle des polnischen Gastarbeiterkontingents in Deutschland); vgl. Doomernik (1997), S. 289.

verbunden. Diese Entwicklung hat zu sehr diversifizierten Transformationspolitiken geführt (s. Abschnitt 7.1.2.) sowie zu einem Unbehagen an zentralistischen Lösungen, das z.B. in den Verzögerungen der Gründung der CEFTA und der Ablehnung eines uniformen Wegs zu Beitrittsverhandlungen mit der EU gerade bei den erfolgreichsten Transformationsstaaten geführt hat[117].

Es ist also zu vermuten, daß ein EU-Beitritt zu einer erneuten Erschwerung von zentralistischen Lösungen in der EU führen wird. Zwar müssen die Beitrittskandidaten den „acquis communautaire" mit allen wesentlichen Politikprojekten wie der politischen Union und der WWU anerkennen. Ob diese Projekte aber langfristig von den Beitrittskandidaten unterstützt werden, ist zumindest fraglich. Insgesamt wird die Nachfrage also weitaus inhomogener, als sie schon bisher ist. Damit stellt sich auch die Frage, welche Veränderungen der Angebotsseite und der bisherigen EU-Politiken daraus resultieren. Diese Fragen werden in den folgenden beiden Abschnitten behandelt.

7.3.3. Die Angebotsseite im Systemwettbewerb in der EU nach der Osterweiterung

Auf der Angebotsseite im Systemwettbewerb wird sich das bisherige enge Oligopol der nationalstaatlichen Anbieter erweitern und so den schon durch die vorhergehenden Erweiterungsrunden begonnenen Weg zum heterogenen Oligopol fortsetzen. Die Wandlung zu einem immer heterogeneren Oligopol führt dazu, daß die Kartellisierung durch den Ministerrat in Zukunft nur noch erschwert möglich sein wird.

Für einzelne Außenseiter ist die Versuchung, durch eine Nichtbeachtung des Kartells höhere Vorteile zu erlangen, sehr groß. Beispielsweise sind die Kosten der Kartellisierung auf dem Arbeitsmarkt durch zunehmende EU-Regulierung unter maßgeblichem Einfluß der im Wirtschafts- und Sozialausschuß vertretenen Verbände für die Staaten Mittel- und Osteuropas besonders hoch. Deshalb ist zu erwarten, daß die Reformstaaten neuen Regulierungen nur dann zustimmen werden, wenn sie mit einer Subventionierung durch die reicheren Altmitgliedstaaten verbunden ist.

---

[117] Schüller und Weber schlagen deshalb sogar einen „wirtschaftspolitischen Alleingang" der erfolgreichsten Transformationsstaaten wie Polen und Ungarn ohne Beitritt in die EU vor; allerdings berücksichtigen sie dabei hauptsächlich die Erfolge der wirtschaftlichen Transformation, nicht aber die Möglichkeiten der politischen Stabilisierung durch den EU-Beitritt und der handelspolitischen Hemmnisse für EU-Outsider; vgl. Schüller/ Weber (1993), S. 459-463.

Für einzelne dieser bisherigen Mitgliedstaaten ist es dann attraktiv, sich dem logrolling „Regulierung und Subventionen" zu widersetzen, besonders wenn sie - wie etwa Großbritannien - selber über einen relativ weit deregulierten Arbeitsmarkt verfügen und deshalb der Druck der Verbände zugunsten der Regulierung dort nicht so stark ist. In dieser Situation können die Außenseiter die Vorteile des deregulierten Marktes (relativ niedrige Arbeitslosigkeit) höher schätzen als die möglichen polit-ökonomischen Vorteile aus einer Kartellisierung (weniger Druck durch die Reformstaaten), die zudem noch mit erhöhten Transferzahlungen verbunden wäre.

Allerdings sind die bisherigen EU-Mitgliedstaaten dieser Problematik der Osterweiterung bereits mit der Bedingung für Reformstaaten in den Kriterien von Kopenhagen begegnet, den vollen „acquis communautaire" anzuerkennen. Da dieser Besitzstand die Vertragsänderungen von Amsterdam mit den neuen Regulierungsmöglichkeiten auf den Arbeitsmärkten sowie im Bereich der Gemeinwohlleistungen mit einschließt, ist dort zumindest die Basis für weitere Regulierung geschaffen. Auf dieser Basis können z.B. die Leitlinien der europäischen Beschäftiungspolitik nach dem neuen Artikel 128 EG-Vertrag mit qualifizierter Mehrheit beschlossen werden. Dadurch wird eine Kartellisierung möglich, die sich hauptsächlich auf die alten EU-Mitgliedstaaten stützt. Die Außenseiterkonkurrenz verliert so ihre disziplinierende Wirkung im Systemwettbewerb.

In den bisherigen EU-Erweiterungsrunden wurden die Institutionen der EU allein quantitativ, nicht aber qualitativ an die neue Größe der EU angepaßt. So wurden jedem kleineren Land ein EU-Kommissar und jedem größeren Land zwei Kommissare zugestanden, wobei die Arbeitsbereiche der Kommissare jeweils neu verteilt wurden. Eine Osterweiterung der EU, die auf absehbare Zeit bis zu zehn (mit Zypern elf) neue Mitglieder in die EU bringt, kann dieses Verfahren nur noch schwer fortschreiben. Bei einer Erweiterung um die zehn Reformstaaten würde der Ministerrat von bisher 87 Stimmen um 43 Stimmen auf 130 Stimmen zunehmen, das EU-Parlament würde voraussichtlich von bisher 626 Abgeordneten um 227 Abgeordnete auf 853 Abgeordnete anwachsen[118]. Die Arbeitsfähigkeit von EU-Kommission, Ministerrat und Parlament wird auf jeden Fall durch eine solche Erweiterung leiden. Es ist ein Anwachsen der Entscheidungskosten zu erwarten[119].

Dennoch ist es auf dem EU-Gipfel in Amsterdam nicht zu einer grundlegenden Reform der Institutionen der EU gekommen. Dies hängt einerseits damit zusam-

---

[118] Vgl. Bempt/ Theelen (1996), S. 150-151.
[119] Vgl. Wilmig (1995), S. 150.

men, daß die Reform im Vergleich zum status quo eine Einschränkung der Positionen der bisherigen EU-Staaten mit sich bringen kann (z.B. den Verlust des „Rechtes auf einen EU-Kommissar"). Andererseits besteht auch über die Richtung der Reform kein Kompromiß. Idealtypisch sind zwei Richtungen vorstellbar:

Einmal kann die EU den Weg zu einer politischen Union weiter fortschreiben und die EU-Kommission zu einer Regierung machen, die über weite Bereiche, die bisher von den Mitgliedstaaten entschieden werden, autonom entscheidet. Möglich wäre in diesem Zusammenhang auch die Stärkung der Rechte des EP. Dieser Weg ist allerdings wenig wahrscheinlich, da er polit-ökonomisch einen Verzicht auf Macht durch die bisherigen Entscheidungsträger (den Ministerrat) voraussetzt und zudem dem Verlangen nach mehr Dezentralisierung und der Einhaltung des Subsidiaritätsprinzips widerspricht.

Andererseits kann die EU sich - wie in Abschnitt 6.6. skizziert - auf die Erfüllung weniger Kernkompetenzen beim Wettbewerbsschutz konzentrieren und dadurch den Bedarf an Koordinierung innerhalb der EU insgesamt senken, da in einer Systemwettbewerbsordnung die Koordinierung durch die Märkte vonstatten ginge. Der Abstimmungsbedarf würde dann nur noch in der ex ante - Festlegung der Wettbewerbsregeln bestehen, während die konkreten Ergebnisse durch spontane Koordination der Marktteilnehmer zustande kommen würden. Diese Möglichkeit ist zwar denkbar, aber aus polit-ökonomischen Gründen ebenso unwahrscheinlich wie die obige zentralistische Lösung. Die ex-ante Einigung auf Wettbewerbsregeln wäre dann möglich, wenn sie wirklich unter dem Schleier der Ungewißheit über künftige Ergebnisse stattfindet. Innerhalb der EU gibt es aber sowohl Sektoren (Landwirtschaft als augenfälliges Beispiel) als auch Gruppen (die Gewerkschaften der bisherigen EU-Mitgliedstaaten etwa), die die Gewißheit haben, daß sie im freien Wettbewerb bisher erlangte politische Renten - die es dann ex definitionem nicht mehr geben würde - einbüßen werden.

Die wahrscheinlichste Lösung ist deshalb eine Fortsetzung des bisherigen „muddling through", nämlich die Verbindung von kleinen Reformen dort, wo sie unausweichlich sind (die Landwirtschaftspolitik mit den seit Jahren andauernden kleinen Reformschritten ist ein gutes Beispiel dafür) mit dem Fortschreiben der bisherigen EU-Politik unter immer unbeweglicher werdenden Institutionen[120]. Von Hagen schlägt beispielweise vor, unausweichliche Reformen zur Effizienzsteigerung der Umverteilungspolitiken mit einem zeitweiligen Verzicht der Reformstaaten Mittel- und Osteuropas auf die Teilnahme an diesen Politiken zu ver-

---

[120] Vgl. Csaba (1996), S. 19.

binden[121]. Die Gefahr, daß die dadurch entstehende institutionelle Sklerose der EU irgendwann zu einer deutlichen Beeinträchtigung der Funktionsfähigkeit der Gemeinschaft führt, ist allerdings sehr hoch.

7.3.4. Implikationen für die Politiken der EU

Die Politiken der EU lassen sich im Hinblick auf die Osterweiterung in drei verschiedene Gruppen einteilen.

In die erste Gruppe kann man diejenigen Politiken der EU einordnen, in denen die Osterweiterung keine *qualitativen* Änderungen bewirken wird. Die Binnenmarktpolitik kann beispielsweise - sofern die Wettbewerbsfreiheit gewährleistet ist - durch eine Vergrößerung des Binnenmarktes um die Länder Mittel- und Osteuropas noch vorteilhaftere Ergebnisse hervorbringen als bisher. Die internationale Arbeitsteilung kann besser funktionieren, wenn die tarifären und nicht-tarifären Handelshemmnisse zwischen der EU und den Reformstaaten verschwinden. Die Änderungen in Bezug auf die Wettbewerbspolitik im Binnenmarkt oder die Fragen der Rechtsangleichung sind nur *quantitativ*, aber nicht *qualitativ* von den bisherigen Erweiterungen unterschieden.

Eine zweite Gruppe umfaßt diejenigen Politiken, die durch eine Harmonisierung die Ergebnisse des Wettbewerbs korrigieren sollen. Dazu gehören insbesondere die europäische Sozialpolitik, die Beschäftigungspolitik und die Freizügigkeitspolitik, die Gesundheitspolitik, Verbraucherschutzpolitik sowie die Umweltpolitik. In diesen Bereichen ist die Versuchung zu einer weiteren Harmonisierung, um die Folgen des verschärften Wettbewerbs mit den Reformstaaten zu vermeiden, sehr hoch[122]. Die möglichen Folgen einer Harmonisierung bei unterschiedlichen Präferenzen, Faktorausstattungen und institutionellen Gegebenheiten wurden schon oben diskutiert[123].

Die dritte Gruppe der Politiken umfaßt diejenigen, die die Korrektur der Marktergebnisse durch Transferleistungen lösen soll, nämlich insbesondere die Gemeinsame Agrarpolitik (GAP) und die Regional-, Struktur- und Kohäsionspolitik. In diesen Bereichen führt die Höhe der Transfers, die nach einer Osterweiterung der EU bei einer Fortschreibung notwendig wären, dazu, daß eine Reform der Politiken wahrscheinlich wird, auch unter Berücksichtigung der schon oben diskutier-

---

[121] Hagen (1996), S. 31.
[122] Vgl. Schüller (1994), S. 90-93.
[123] Vgl. Kapitel 6.

ten Tatsache, daß in diesen Bereichen die Lobbytätigkeit besonders ausgeprägt ist.

Die Landwirtschaft war von Beginn der europäischen Integration an einer der vergemeinschafteten Ausnahmebereiche, in denen Wettbewerb durch eine „Marktordnung" ersetzt wurde, die im wesentlichen drei Ziele erreichen sollte: Die ausreichende Versorgung der Bevölkerung mit Agrarprodukten, eine hohe Produktivität im Agrarsektor sowie eine Anpassung der landwirtschaftlichen Einkommensentwicklung an die durchschnittliche Einkommensentwicklung[124]. Die interventionistischen Marktordnungen führten jedoch schon in den ersten Jahren nach der Vergemeinschaftung (die 1968 abgeschlossen war) zu dauernden Fehlallokationen[125] und einer Subventionsspirale, die einerseits das Budget für Agrarausgaben zum bei weitem wichtigsten Posten im EG-Haushalt machte, andererseits zu Stützpreisen weit über dem Weltmarktpreis für Agrarprodukte in der EG und später EU führte[126]. Das zunächst angestrebte Ziel der Eigenversorgung wurde weit überschritten, wie die nachfolgende Tabelle zeigt.

	1960-1964	1985	1996
Getreide	84	127	120
Zucker	99	132	130
Butter	100	113	104
Fleisch	98	102	119 (Rindfleisch) 104 (Schweinefleisch)
Wein	94	112	97

Tab. 7.8 Selbstversorgungsgrad der EG (10) 1960-1964/ 1985 sowie EU (15) 1996 in %

Quelle: Winters (1993), S. 205 (Zahlen für 1960-1964; 1985); Bundesministerium für Ernährung, Landwirtschaft und Forsten (1997), S. 85- 95.

Die GAP war ein ständiger Krisenherd in der EG[127], woran auch eine Reihe von Reformen - zuletzt 1992 - nichts ändern konnte[128]. Bereits die bisherigen Erweite-

---

[124] Zur Diskussion dieser Ziele s. Koester (1981), S. 222-228; Schrader (1993), S. 14-16.

[125] Vgl. die frühe Kritik von Albers (1972), insb. 175-177, sowie Schlecht (1997), S. 17-18.

[126] Vgl. zur GAP-Entwicklung ausführlich Rosenblatt (1988) mit zahlreichen bibliographischen Hinweisen.

[127] Kapteyn (1996), S. 57, spricht euphemistisch vom „binding agent" Agrarpolitik. Dieser „binding agent" führte jedoch nicht zur Entwicklung eines nicht-existenten „Gemeinschaftsinteresses", sondern muß als Hauptschuldiger für eine Reihe europäischer Krisen gesehen werden.

rungen haben für die EG das Problem ständig steigender Agrarausgaben gebracht[129]. Im Rahmen der Osterweiterung wirft die GAP jedoch besondere Probleme auf. Wie Tabelle 7.9. deutlich zeigt, hat der der landwirtschaftliche Sektor in den Reformstaaten eine deutlich höhere Bedeutung für die Gesamtwirtschaft hat als in der bisherigen EU[130]. In den Reformstaaten sind durchschnittlich 25% der Bevölkerung in der Landwirtschaft tätig im Gegensatz zu 6% in der EU[131]. Deshalb würde sich - selbst wenn Anpassungsprozesse in der Landwirtschaft die landwirtschaftliche Beschäftigung bis zum EU-Beitritt deutlich verringern - die Anzahl der in der Landwirtschaft Beschäftigten bei einer Osterweiterung verdoppeln. Die bebaubare Fläche wird sich bei einer Osterweiterung um ca. 55% erhöhen. Demgegenüber macht das Bruttoinlandsprodukt der Reformstaaten nur einen Bruchteil des EU-BIP aus (vgl. Tabelle 7.9.). Die bisherige Haushaltspolitik der EU sieht vor, daß bei einer BIP-Steigerung um ein Prozent der GAP-Haushalt nur um 0,74% gesteigert werden darf. Danach dürfte die Steigerung der Agrarausgaben bei einer Osterweiterung um alle zehn Reformstaaten nur um ca. 4% steigen. Tatsächlich gehen selbst vorsichtige Schätzungen der EU-Kommission von einer Steigerung um mindestens 30 Prozent aus, falls die bisherige GAP nicht reformiert wird[132]. Die dazu erforderlichen Milliardensummen müßten von den bisherigen EU-Mitgliedern aufgebracht werden. Die obige Diskussion der politökonomischen Aspekte sowie die Diskussion um die bisherigen Beitragszahlungen in der EU zeigen jedoch, daß für die Finanzierung solcher Summen keine genügende Solidarität zwischen bisherigen EU-Mitgliedern und Reformstaaten besteht[133].

---

128 Vgl. Wissenschaftlicher Beirat beim BML (1997), S. 89.

129 Vgl. Tangermann (1996), S. 29.

130 Die Landwirtschaft war in den sozialistischen Zentralverwaltungswirtschaften durch niedrige Produktivität und hohe Ressourcenvergeudung gekennzeichnet; vgl. Zotschew (1980). In der ersten Transformationsphase hat die Landwirtschaft in den MOEL einen tiefgreifenden Wandel mit stark sinkenden Produktionszahlen durchgemacht. Die Gründe dafür liegen hauptsächlich in der Wandlung von den mit Ausnahme Polens und Sloweniens stark zentralisierten Landwirtschaftsindustrien. In der Transformationsphase war die Landwirtschaft durch die Bedeutung der Subsistenzwirtschaft gekennzeichnet. Dieser Wandel ist - im Gegensatz zur Restrukturierung der übrigen Sektoren - noch nicht besonders weit fortgeschritten. Besonders das Fehlen eines leistungsfähigen Verarbeitungssektors macht sich bemerkbar. Zu den Problemen der Landwirtschaft in der Transformation vgl. ausführlich Europäische Kommission (1995f) mit den dazugehörigen Länderberichten sowie Pouliquen (1997).

131 Vgl. Europäische Kommission (1995e), S. 5.

132 Vgl. Tangermann (1996), S. 39-40.

133 Zur Beziehung von Umverteilungsmöglichkeiten und Solidarität vgl. Hayek (1952), S. 334-335, sowie Waniek (1994), S. 49.

	Reformstaaten	EU 15
BIP	4,4	100
Bevölkerung	28,0	100
Schweinefleisch-produktion	25,1	100
Rindfleisch-produktion	17,0	100
Milchproduktion	22,2	100
Getreideproduktion	42,2	100
Fläche Ackerbau	54,0	100
landwirtschaftliche Fläche	44,4	100
Beschäftigung in der Landwirtschaft	115,2	100

Tab. 7.9 Landwirtschaftliche Daten der Reformstaaten Mittel- und Osteuropas (1995)[134]
Quelle: eigene Erstellung nach Tangermann (1996), S. 43.

Die Osterweiterung bringt also die GAP unter Reformdruck[135]. Die einfachste Strategie der Osterweiterung könnte in der Ausdehnung des status quo auf die Reformstaaten bestehen[136]. Die Preisanpassung der meist niedrigeren Preise für Agrarprodukte an das hohe EU-Niveau würde zu einer starken Produktionszunahme und hohen Überschüssen führen. Die Kosten dafür würden einerseits auf die Steuerzahler und Verbraucher der bisherigen EU-Mitglieder überwälzt. Andererseits würde auch die Gefahr von crowding-out-Effekten und realen Aufwertungsproblemen bestehen, wenn der Absatz der Agrarprodukte zum garantierten hohen Preis zu einer sprunghaften Zunahme an Deviseneinahmen führen würde. Die Umstrukturierung im industriellen Sektor würde damit möglicherweise stark behindert (dutch disease- Problem)[137]. Allerdings ist diese Strategie nicht nur we-

---

[134] Zu den Reformstaaten zählen die Viségrad-Gruppe, die baltischen Staaten, Bulgarien und Rumänien sowie Slowenien.
[135] Vgl. Schlecht (1997), S. 20-21.
[136] Vgl. Tangermann (1996), S. 20-21.
[137] Vgl. Gabrisch (1996), S. 136. Vgl. aber auch kritisch Cassel (1996), S. 159-161, der darauf hinweist, daß die gewählte Annahme einer Übertragung des status quo bei den Transfers sowie ein fixes Wechselkurssystem (EWS II) eher wenig wahrscheinlich sind.

gen der oben erwähnten finanziellen Probleme unwahrscheinlich, sondern auch wegen der im GATT übernommenen Verpflichtung zur Liberalisierung der Agrarmärkte nicht möglich[138]. Zudem würde die Preiserhöhung für die Verbraucher in den Reformstaaten, in denen Lebensmittelausgaben einen sehr großen Anteil an den Haushaltsausgaben haben, zu sozialen Spannungen führen[139].

Die nicht mehr an die größere EU angepaßten Institutionen müssen durch neue Institutionen ersetzt werden, wobei sich wiederum wettbewerbliche oder Behinderungsstrategien unterscheiden lassen. Eine wettbewerbliche Reformstrategie der GAP würde auf der Anpassung der EU-Preise an das weit niedrigere Weltmarktniveau basieren[140]. Dadurch würde die bisherige wettbewerbsverzerrende Subventionierung von Agrarexporten aufhören. Einkommenspolitik könnte - falls das politisch erwünscht ist - von der EU-Ebene auf die Mitgliedstaaten zurückverlagert werden, um dem Subsidiaritätsprinzip zu genügen[141]. Die direkten Einkommensbeihilfen könnten z.B. an Umweltleistungen der Landwirtschaft (Landschaftspflege) gekoppelt sein. Allerdings wäre auch bei direkten Beihilfen ein Subventionswettlauf möglich[142]. Die Agrarausgaben der Gemeinschaft könnten weitgehend wegfallen und bei der Osterweiterung wären keine Probleme durch zu starke Produktionszunahme zu erwarten. Die komparativen Vorteile der Reformstaaten (billige Arbeitskräfte) würden mit denen der bisherigen EU-

---

[138] Vgl. dazu Schrader (1993), S. 10-13, sowie Europäische Kommission (1995e), S. 14. Auch die Reformstaaten haben im Rahmen des GATT Verpflichtungen zu Obergrenzen der Preisunterstützung übernommen. Diese sind - da sie in den nationalen, stark inflationären Währungen ausgedrückt sind - teilweise schon überschritten; vgl. Charpiot-Michaud (1997), S. 31.

[139] Die durchschnittlichen Haushaltsausgaben für Lebensmittel betragen in den MOEL 30-60% der Gesamtausgaben; vgl. Josling/ Tangermann (1994), S. 35. Da dies Durchschnittswerte sind, dürfte der Anteil der Haushaltsausgaben der ärmeren Haushalte für Nahrungsmittel noch weitaus höher liegen; vgl. Hartmann (1995), S. 45. Allerdings darf man nicht die Preise für Agrarprodukte der EU auf die MOEL übertragen und gleichzeitig für die Einkommen den status quo annehmen.

[140] Vgl. Europäische Kommission (1995e), S. 21-22; Tangermann (1996), S.40-41.

[141] Das unterschiedliche Durchschnittseinkommen in den EU-Ländern macht es unsinnig, direkte Einkommensbeihilfen wie bisher auf EU-Ebene festzulegen.

[142] Vgl. Schlecht (1997), S. 22. Diejenigen Landwirte, die hohe direkte Einkommensbeihilfen bekommen, müßten nicht mehr auf rentable Produktion achten. Dadurch würde es zu einer verminderten Anpassungsfähigkeit im landwirtschaftlichen Sektor kommen. Dicke schlägt stattdessen eine Einmalzahlung an die EU-Landwirte vor, die ihnen die Härte der Strukturanpassung erleichtern soll, nachdem ein impliziter Vertrag zwischen Gesellschaft und Produzenten diese Anpassung jahrelang verhindert hat; damit würden verzerrende Subventionen ganz entfallen; vgl. Dicke (1995), S. 24-25. Einen ähnlichen Vorschlag macht Giersch (1991), S. 26-27, der für eine Entschädigung der Landwirte durch festverzinsliche Staatspapiere votiert.

Staaten (hohe Qualität und Produktivität) zu neuen Spezialisierungsmustern im Agrarsektor führen.

Eine nicht wettbewerbliche Strategie der Osterweiterung im Agrarsektor könnte verschiedene Formen annehmen: Einerseits könnte eine Osterweiterung unter Ausschluß der Landwirtschaft bzw. mit sehr langen Ausnahmeregelungen für die Landwirtschaft stattfinden. Damit würde die Landwirtschaft vom (ohnehin begrenzten) Wettbewerb im Binnenmarkt ausgenommen. Dies ist allerdings wegen der Wichtigkeit des Agrarsektors für die Reformstaaten wenig wahrscheinlich[143]. Andererseits könnte die Landwirtschaft zwar (bei einem insgesamt an den Weltmarktpreis angenäherten Preisniveau für Agrarprodukte) bei der Osterweiterung mit einbezogen werden, aber den landwirtschaftlichen Sonderinteressen in den bisherigen EU-Staaten Rechnung getragen werden. So könnten die Preisausgleichszahlungen, die Landwirte in der EU für die Annäherung des hohen Preisniveaus an den Weltmarktpreis derzeit erhalten, bei den MOEL-Landwirten nicht gezahlt werden, da für sie das EU-Preisniveau in der Regel keine Senkung, sondern eine Erhöhung gegenüber dem bisherigen Preisniveau darstellt[144]. Ob dies von den Reformstaaten akzeptiert würde, ist allerdings fraglich.

Die bisherige Politik der Osterweiterung der EU sieht eine Mischung aus wettbewerblichen und Behinderungsstrategien vor. Bei den Europa-Abkommen ist die Landwirtschaft vom Freihandel ausgenommen; für Agrarprodukte gelten Quoten und Zölle, die (mit Ausnahme Polens) deutlich höher sind als die Zölle, die die MOEL bei den subventionierten Agrarexporten aus der EU abschöpfen[145]. Andererseits bereitet die EU Reformen vor, die als Antwort auf eine Osterweiterung eine Annäherung der Agrarpreise an das Weltmarktniveau sowie eine Entkopplung von Einkommensbeihilfen und Produktion vorsehen[146]. Diese Reformen sollen aber schrittweise geschehen und durch eine „integrierte ländliche Strategie" ergänzt werden, die die Hilfe für die Landwirtschaft regionalpolitisch begründet. Insbesondere soll keine völlige Liberalisierung des Agrarsektors erreicht werden, denn „Community control over the whole system could become increasingly difficult"[147]. Die durch die Vergemeinschaftung der Agrarpolitik entstandenen Macht- und Einkommenserzielungsmöglichkeiten für die europäische Bürokratie sollen also auch bei einer Osterweiterung bestehen bleiben. Trotz dieser Strategie des „muddling through" gehen die Reformschritte der EU aus Sicht einer Forderung nach wettbewerblichem Verhalten in die richtige Richtung. Die künftige

---

143 Vgl. Tangermann (1996), S. 35-38.
144 Vgl. Tangermann (1996), S. 41-42.
145 Vgl. Europäische Kommission (1995f), S. 32-33.
146 Vgl. Europäische Kommission (1995e), S. 22-24.
147 Europäische Union (1995e), S. 22.

Agrarpolitik der EU wird zumindest tendenziell mehr Platz für das Verfahren Wettbewerb haben und weniger auf Angebotssteuerung zurückgreifen. Damit hat der Systemwettbewerb auch bei einer extrem verkrusteten Politik wie der GAP Innovationen erzwingen können.

Neben der GAP ist die Struktur- und Regionalpolitik von einer Osterweiterung der EU in besonderem Maße betroffen. Das Ziel einer ausgewogenen regionalen Entwicklung war schon in der Präambel des EWG-Vertrags von Rom 1957 festgeschrieben worden. Allerdings wurde erst 1967 eine Generaldirektion (XVI) für Regionalpolitik bei der Kommission geschaffen. Da es keine Gemeinschaftskompetenz für Regionalpolitik gab, konnte 1975 der Europäische Fonds für Regionale Entwicklung (EFRE) nur auf Grundlage des Ermächtigungsartikels 235 EG-Vertrag begründet werden[148]. Seitdem hat die Bedeutung der Regionalpolitik, die heute etwa ein Drittel der EU-Ausgaben ausmacht, stetig zugenommen[149]. Neben dem EFRE sind auch der Europäische Sozialfonds (ESF), die Abteilung Ausrichtung des Europäischen Agrarfonds sowie der Kohäsionsfonds hauptsächlich an den regionalpolitischen Aktivitäten der EU beteiligt[150].

Die Regional- und Strukturpolitik der EU versucht, das Ziel wirtschaftlicher Kohäsion[151] durch Transfers in die ärmeren Regionen der EU zu erreichen. Seit Beginn der Integration in den 50er Jahren gab es nämlich die Furcht davor, daß die Integration hauptsächlich den reicheren, zentralen Regionen zugute käme[152]. Während die theoretischen Begründungen für die Regionalpolitik sowie die empi-

---

[148] Zur Geschichte der EG-Regionalpolitik s. Doutriaux (1992), S. 11-28, sowie Franzmeyer et al. (1993), S. 15-28;

[149] Für einen Überblick vgl. Doutriaux (1992) sowie Armstrong et al. (1994).

[150] Dazu kommen weitere kleinere regionalpolitische Töpfe wie das Finanzierungsinstrument für die Ausrichtung der Fischerei, die integrierten Mittelmeerprogramme und EGKS-Mittel.

[151] Kohäsion wird definiert als „the degree to which disparities in social and economic welfare between different regions or groups within the Community are politically and socially tolerable.“; vgl. Molle (1994), S. 421. In der EU wird dies vor allem anhand des Bruttoinlandsproduktes pro Kopf gemessen: Die Regionen, in denen das BIP kleiner als 75% des durchschnittlichen Gemeinschafts-BIP ist, gelten als arme Regionen. Dieses Kriterium ist politisch, nicht ökonomisch begründet. Während die Regionalpolitik schon seit ihrer Begründung versucht, Kohäsion zwischen den EU-Mitgliedstaaten zu erreichen, ist seit den Maastrichter Vertragsänderungen noch eine Kohäsionspolitik im engeren Sinne dazu gekommen, die die ärmsten EU-Länder Griechenland, Irland, Portugal und Spanien mit Mitteln aus dem Kohäsionsfonds, insbesondere für Infrastrukturzwecke, versorgt; vgl. zu dieser Kohäsionspolitik im engeren Sinne und ihrer Übertragbarkeit auf die MOEL Axt (1991).

[152] Vgl. z.B. Perroux (1958), S. 203.

rischen Ergebnisse der Regionalpolitik in der EU eher dürftig ausfallen[153], läßt sich anhand der polit-ökonomischen Analyse die Nachfrage nach interregionaler Umverteilung erklären[154]. Sie ist zu einer Art „indirektem Finanzausgleich"[155] geworden, der polit-ökonomisch als Seitenzahlungen der reicheren Staaten an die ärmeren Staaten für Integrationsfortschritte interpretiert werden kann[156]. Nach dem bisherigen Verteilungsschlüssel der Regionalpolitik leben etwa 50% der EU-Bevölkerung in „benachteiligten" Regionen[157].

Wenn das bisherigen Kriterium für die Benachteiligung von Regionen (nämlich ein Pro-Kopf-Einkommen von weniger als 75% des EU-Durchschnitts) auf die Reformstaaten Mittel- und Osteuropas angewendet würde, würden diese Staaten insgesamt zu den benachteiligten Regionen zählen[158]. Dies würde bedeuten, daß die Reformstaaten - bei einer Übertragung des status quo - mit einer jährlichen Regionalförderung rechnen könnten, die einen erheblichen Teil ihres BIP ausmachen würde. Dies wirft - analog zur GAP - die Frage der Finanzierung der Transfers auf, aber auch die Frage nach ihrer Absorption. Wie in Abschnitt 7.2. dargestellt, ist die Möglichkeit zum Einsatz regionalpolitischer Mittel zur Verzögerung des Strukturwandels gegeben. Generell ist fraglich, ob nicht effiziente Kapitalmärkte das in den Reformstaaten benötigte Kapital zur Verbesserung der (institutionellen, sachlichen und humanen) Infrastruktur bereitstellen können und damit der allokative Zweck der Regionalpolitik ganz entfällt[159]. Bei einer ordnungskonformen Politik der Reformstaaten könnte dann der Vergleich von Olson zutreffen: „An economy with free markets and no government or cartel interven-

---

[153] Zu den theoretischen Begründungen s. die Diskussion von Krieger-Boden (1995), insb. S. 208-212, sowie Schäfers (1993), S. 184-189. Zum Grad der Kohäsion in der EU s. Begg/ Mayes (1993). Zur ordnungspolitischen Beurteilung vgl. Schüller (1994), S. 93-97.
[154] Vgl. dazu bereits Abschnitt 7.2.
[155] Schäfers/ Starbatty (1990), S. 9; vgl. auch Seidel (1992), S. 243.
[156] Vgl. Frick et al. (1996), S. 361.
[157] Die Strukturpolitik der EU kennt sechs verschiedene Ziele, von denen vier regional definiert sind. Die Vielzahl der Ziele läßt sich mit dem Wunsch jedes Staates erklären, an den regionalpolitischen Programmen zu partizipieren.
[158] Nach Daten von 1993 würden allenfalls die Städte Prag und Budapest davon eine Ausnahme bilden; vgl. Hallet (1997), S. 13. Selbst wenn die Reformstaaten mit der von der EU prognostizierten höheren Wachstumsrate als die bisherigen EU-Mitglieder wachsen, wird der Aufholprozeß Jahrzehnte dauern; vgl. auch Leipold (1994), S. 62.
[159] Diese Frage wird auch intensiv im Zusammenhang damit diskutiert, ob die Reformstaaten einen neuen „Marshallplan" brauchen. Zur aus ordnungspolitischer Sicht negativen Antwort vgl. Mayrzedt (1995); vgl. auch Kozul-Wright/ Rayment (1996), S. 211. Vgl. auch die Diskussion der Kapitalmärkte und internationalen Kapitalgeber bei Flemming (1993) und Prosi (1991d), insb. S. 31, sowie zu den Voraussetzungen für Investionen Prosi (1997c), insb. S. 3-4.

tion is like a teen-aged youth; it makes a lot of mistakes but nonetheless grows rapidly without special effort or encouragement."[160]

Aus ordnungspolitischer Sicht erweist sich insbesondere die Zentralisierung der Mittel der Regionalpolitik bei der EU als bedenklich: Selbst wenn die regionalpolitischen Begründungen für die Umverteilung der Mittel zwischen den Regionen bzw. die politischen Begründungen der Solidarität akzeptiert werden, heißt das nicht, daß die Projektauswahl und -definition zentral erfolgen müßte. Vielmehr würde eine wettbewerbspolitische Kontrolle der Beihilfen mit einer Definition unzulässiger Beihilfen (wie bisher) ausreichend sein. Die Verteilung der Mittel könnte dann dezentral über die Nationen bzw. Regionen erfolgen. Damit wäre allerdings der distributive Charakter der EU-Regionalpolitik erwiesen, was wiederum die politische Akzeptanz der Regionalpolitik bei den reicheren EU-Mitgliedern verringern würde. Die institutionelle Anpassungsfähigkeit wäre bei einem solchen Finanzausgleich tendenziell höher als bisher, da die nationalen oder regionalen Bürokratien geringere Informationsprobleme haben als die europäische Bürokratie. Zu dem Wettbewerb der Regionen kann dann ein Wettbewerb der Regionalpolitiken treten. Dies heißt allerdings nicht, daß ein solcher Finanzausgleich überhaupt wünschenswert ist. Die Wirkungen des Finanzausgleichs hängen wesentlich davon ob, ob die daraus den ärmeren Staaten zufließenden Mittel ordnungskonform eingesetzt werden. Ohne einen *Kodex der Ordnungskonformität*, der für alle Mitgliedstaaten verbindlich und überwachbar ist, ist ein Einsatz regionalpolitischer Mittel für politische Konsumgüter (Prestigeprojekte) und im politischen Konjunkturzyklus zu befürchten[161]. Während die Forderung nach einem solchen Kodex einsichtig ist[162], ist eine realistische Chance der Umsetzung - bei den gegebenen polit-ökonomischen Verhältnissen - nicht gegeben.

Die bisherige Strategie, die Regional- und Kohäsionsfonds als Seitenzahlungen bei der Durchsetzung neuer Integrationsschritte zu benutzen, dürfte gegenüber den Beitrittskandidaten aus zwei Gründen nicht verfolgt werden. Einerseits müssen die Beitrittskandidaten bereits den gesamten acquis communautaire akzeptie-

---

[160] Olson (1982), S. 177; vgl. auch Olsons weitere Diskussion der wachstumspolitischen Maßnahmen in Entwicklungsländer, S. 175-177.

[161] Ein weiteres Problem bei der Rückverlagerung der regionalpolitischen Kompetenzen auf die nationale Ebene liegt in der mangelnden Effizienz der Verwaltungen gerade der ärmeren EU-Mitgliedsländer und auch der Reformstaaten; vgl. dazu Franzmeyer et al. (1993), S. 113-114. Es ist allerdings fraglich, ob die Antwort auf die Ineffizienz wirklich in stärkerer Zentralisierung liegen muß - wie es Franzmeyer et al. befürworten - oder ob nicht eine Vereinfachung der Verfahren besser ist, so daß sie auch von den weniger effizienten Verwaltungen gehandhabt werden können.

[162] Vgl. z.B. Leschke (1994), S. 36.

sen die Beitrittskandidaten bereits den gesamten acquis communautaire akzeptieren. Andererseits ist die politische Stabilisierung in den meisten Reformstaaten bereits so weit fortgeschritten, daß ein Rückschritt von Demokratie und Marktwirtschaft eher unwahrscheinlich erscheint[163]. Den bisherigen ärmeren EU-Mitgliedern bleibt aber die Möglichkeit, durch die Drohung mit einem Veto bei der Erweiterung neue kohäsionspolitische Mittel zu erlangen.

Die Reformvorschläge der Europäischen Union, die in der sogenannten „Agenda 2000“ zusammengefaßt sind, sehen eine Vereinfachung (drei Ziele statt bisher sechs) sowie Fokussierung der Regionalpolitik in den bisherigen Mitgliedsländern vor[164]. Während bisher etwa 50% der Bevölkerung in benachteiligten Regionen leben, sollen diese zukünftig nur noch 35-40% der Bevölkerung umfassen. Unter dieser Voraussetzung rechnet die EU-Kommission damit, die bisherige Beitragsobergrenze von 1,27 Prozent des BIP beibehalten zu können, wenn die EU eine Erweiterung um die ersten sechs Kandidaten (Polen, Ungarn, Tschechien, Slowenien, Estland und Zypern) vornimmt[165]. Der Nettobeitrag der alten EU-Länder würde allerdings steigen, da durch die Konzentration auf die Beitrittskandidaten mit weniger Rückflüssen zu rechnen sei[166].

Aus ordnungspolitischer Sicht ist diese Reform zwar noch nicht vollständig, da immer noch dem Subsidiaritätsprinzip in der Regionalpolitik widersprochen wird, aber die Konzentration auf die relativ ärmsten Regionen sowie die angestrebte Vereinfachung verbessern die künftige EU-Regionalpolitik im Vergleich mit dem bisherigen System. Eine grundsätzliche Steigerung der Wirksamkeit der Regionalpolitik ist dadurch aber nicht zu erwarten[167].

Wenn man die Ausgaben zusammenrechnet, die bei einer Osterweiterung der EU für die europäische Agrar- und Regionalpolitik unter Beibehaltung des status quo ausgegeben werden müßten, wird die Notwendigkeit von Reformen sehr deutlich: Die Schätzungen für die Ausgaben - die insbesondere bei der GAP wegen der noch nicht eindeutig bestimmbaren Anpassungsprozesse im Agrarsektor schwanken - liegen zwischen gut 20 Mrd. DM jährlich (Kommissionsschätzung

---

[163] Dies gilt nur für die zehn oben genannten Reformstaaten, nicht für die GUS-Staaten, das ehemalige Jugoslawien und Albanien.
[164] Vgl. Bollen (1997), S. 22-23.
[165] Bisher gibt die EU etwa 1,13% des EU-Bruttosozialproduktes aus. Ob die 1,27% des BSP reichen werden, ist allerdings ungewiß. Spanien hat bereits eine Erhöhung vorgeschlagen, um die Osterweiterung und die Subventionierung der bisherigen Mitglieder fortsetzen zu können. Die Nettozahlerstaaten der EU lehnen die Erhöhung aber ab; vgl. Steger (1997), S. 2.
[166] Vgl. Europäische Kommission (1997e).
[167] Vgl. Holtzmann (1996), S. 25.

bei einer Erweiterung um die sechs ersten Kandidaten)[168] und 70 Mrd. DM jährlich (bei einer Erweiterung um die zehn MOEL)[169].

Diese Summe mag - im Zusammenhang mit der durch wachsenden Einfluß der Interessengruppen verkrusteten Struktur Westeuropas - als ein großes Hindernis für die Osterweiterung der EU angesehen werden. Forderungen nach einer Verzögerung des Beitritts oder einer Mitgliedschaft „2. Klasse" sind die Folge[170]. Andererseits kann die offensichtliche Unmöglichkeit, den status quo beizubehalten, für die EU auch langfristige Vorteile bringen, die über die aus der handels- und wettbewerbspolitischen Analyse bekannten Vorteile eines größeren Marktes mit mehr Wettbewerb hinausgehen. Die bisherige institutionelle Entwicklung der EU war eine Entwicklung hin zu einem korporatistischen Wohlfahrtsstaat, in dem wohlgeordnete Interessengruppen als „distributional coalitions" für eine fortschreitende Verkrustung mit der Folge niedrigen Wirtschaftswachtums gesorgt haben[171]. Diese Entwicklung ist eines der Hauptmerkmale der fortschreitenden europäischen Integration, obwohl sie nicht das einzige ist: Durch die Schaffung des Binnenmarktes und den daraus erwachsenden Systemwettbewerb wurde z.B. der Reformdruck bei einzelnen Institutionen so groß, daß Reformen möglich wurden, die vorher als politisch nicht durchsetzbar galten[172]. Dennoch nahm der Grad der Verkrustung insgesamt zu.

Die Transformation als Grenzfall der institutionellen Evolution hat nun dazu geführt, daß nicht nur die Reformstaaten Mittel- und Osteuropas einen - wenn auch durch interne Institutionen gebundenen - institutionellen Neuanfang gemacht haben, der zunächst durch eine schwache Position der Interessengruppen gekennzeichnet ist und so bei entsprechenden ordnungspolitischen Rahmenbedingungen hohe Wachstumsraten ermöglicht. Die Transformation hat gleichzeitig einen Einfluß auf die Evolution der mit den Reformstaaten mittlerweile interdependenten westeuropäischen Ökonomien. Der Systemwettbewerb wird sich durch die - politisch gewünschte - Aufnahme der MOEL so verstärken, daß auch hier (schon im

---

[168] Vgl. o.V. (17.7.1997), S. 13.

[169] Vgl. Leipold (1994), S. 63. Gros/ Steinherr (1995), S. 505, gehen sogar bei einer partiellen Anpassung der Agrarproduktion und einer Osterweiterung um die MOEL außer Slowenien von fast 120 Mrd. DM jährlichen Nettozuflüssen in den MOEL aus, eine ähnliche Zahl (58 Milliarden ECU) nennt Baldwin (1995), S. 32, allein für die Viségrad-Staaten. Vgl. auch die Diskussion bei Pautola (1997), S. 18, sowie den Überblick über weitere Schätzungen bei Gabrisch (1996), S. 146.

[170] Welfens (1995), S. 31, plädiert etwa für eine modifizierte EWR-Mitgliedschaft, weist aber gleichzeitig auf die Schwäche dieser Lösung gegenüber dem vorzugswürdigen schnelleren Strukturwandel in Westeuropa hin; vgl. auch Baldwin (1994), S. 196-205.

[171] Vgl. die Analyse von Olson (1982), S. 75-117.

[172] Die Angleichung der Geldpolitiken in der EU ist ein Beispiel dafür.

Vorfeld der Osterweiterung) die institutionelle Sklerose zumindest teilweise aufgebrochen wird. Für einzelne sektorale oder regionale Interessengruppen ist dies ein schmerzhafter Prozeß. Für die Entwicklung der EU insgesamt kann er sich aber als Glücksfall erweisen. Wenn die EU es schafft, die Osterweiterung zu einer generellen Reform der verteilungspolitischen Politiken zu nutzen, dann kann sie damit möglicherweise ihre langfristige Wachstumsschwäche mit der Folge sozialer Spannungen beenden. Dem Aufbrechen institutioneller Verkrustungen durch totalitäre Regierungen und Kriege, wie es Olson beschreibt[173], ist der Systemwettbewerb einer erweiterten EU sicherlich vorzuziehen.

Die weitere Entwicklung der europäischen Integration ist weder als eine Sackgasse in Richtung einer institutionellen Sklerose noch als ein garantierter Weg zu höherem Wohlstand durch mehr Wettbewerb zu verstehen. Die politökonomischen Erwägungen, die für eine fortgesetzte Verkrustung sprechen, kann man nicht mathematisch berechnen. Ebensowenig kann man ex ante die Wirkung der Innovationen beschreiben, die der institutionelle Wettbewerb hervorbringt. Allerdings lassen sich aufgrund der Analyse der bisherigen europäischen Integration Mustervoraussagen über die weitere Entwicklung treffen. Diese Mustervoraussagen sollen zum Schluß in Form von zwei Szenarien dargestellt werden. Das negative Szenario geht dabei von fortdauernder Sklerose und verstärkter Kartellisierung im Systemwettbewerb aus, das positive Szenario geht vom Aufbrechen der Verkrustung aus. Beide Szenarien sind Grenzfälle, zwischen denen sich die reale Entwicklung der EU bewegen dürfte.

---

[173] Vgl. Olson (1982), S. 75-77.

8. Schlußfolgerungen und Ausblick

8.1. The Road to Serfdom

> *„When the course of civilization takes an unexpected turn - when instead of the continuous progress which we have come to expect, we find ourselves threatened by evils associated by us with past ages of barbarism - we naturally blame anything but ourselves. ... We are ready to accept almost any explanation of the present crisis of our civilization except one: that the present state of the world may be the result of genuine error on our own part and that the pursuit of some of our most cherished ideals has apparently produced results utterly different from those which we expected."*
>
> *Friedrich August von Hayek*[1]

Ein negatives Szenario der künftigen Entwicklung der EU kann so aussehen: Die Osterweiterung der EU wird weder zu einer grundlegenden Reform der EU-Institutionen noch zu einer Reform der EU-Politiken führen. Die Umverteilungspolitiken der EU werden so weit wie möglich in der jetzigen Form beibehalten. Die Interessengruppen in den bisherigen EU-Mitgliedstaaten können in diesem Zusammenhang neue Umverteilung für sich durchsetzen. Lange Ausnahmefristen in den Bereichen, in denen die Reformstaaten Mittel- und Osteuropas besonders wettbewerbsfähig sind, erschweren dort eine adäquate Spezialisierung. Andererseits erleichtern sie in den betroffenen Industrien der MOEL die Bildung von starken Interessengruppen analog zur westeuropäischen Entwicklung.

Die Wirtschafts- und Währungsunion führt nicht zur Schaffung einer stabilen Währung, sondern schafft eine Inflationswährung, die durch den ständigen Druck der Politik auf Wechselkurs- und Zinsentwicklung gekennzeichnet ist. Da die Folgen struktureller Rigiditäten nicht mehr über Wechselkurse aufgefangen werden, wird der Forderung nach einer gemeinsamen Finanzpolitik nachgegeben. Diese gemeinsame Finanzpolitik führt zur Externalisierung der Folgen ordnungspolitischen Fehlverhaltens über einen Finanzausgleich.

Die Handelspolitik der Union ist durch einen wachsenden nichttarifären Protektionismus - insbesondere durch Anti-Dumping-Maßnahmen - charakterisiert. Den

---

[1] Hayek (1994), S. 14.

Schwierigkeiten einer solchen Politik im Rahmen der WTO begegnet die Union mit der Forderung nach neuen sozialen und ökologischen Anti-Dumping-Tatbeständen. Die Maßnahmen der EU führen zu Vergeltungsmaßnahmen der anderen regionalen Handelsblöcke. Besonders die Entwicklungsländer, die keine Bindung an Frankreich haben (also die Nicht-AKP-Staaten), sind davon betroffen. Die WTO wird zu einer Handelsbehinderungsbehörde. Auch gegenüber den noch nicht der EU beigetretenen MOEL ist das handelspolitische Verhalten aggressiv, da jede weitere Runde der Osterweiterung den Kampf der Verteilungskoalitionen verschärft.

Die institutionelle Entwicklung der EU ist durch einen steigenden Zentralisierungsgrad gekennzeichnet. Das Subsidiaritätsprinzip wird zum Hebel für neue Zentralisierung pervertiert; die Verkrustung innerhalb der Union rechtfertigt jede neue Zentralisierung. Die Bürger insbesondere der reicheren EU-Staaten, die eine wachsende Umverteilung hinnehmen müssen, werden zunehmend von der EU entfremdet. Dies äußert sich in radikalen, europaskeptischen Bewegungen. Doch auch in den ärmeren EU-Staaten nimmt die Unzufriedenheit mit der Union zu, wenn ihre Unfähigkeit zur Problemlösung offenbar wird: Steigende Arbeitslosigkeit, die durch Transfers nur sozial entschärft wird, aber nicht verschwindet, herrscht in Westeuropa. Für die Reformstaaten Mittel- und Osteuropas erfüllen sich die Erwartungen von höherem Wohlstand durch den EU-Beitritt nicht. Die Abstention von politischen Entscheidungen nimmt bei zunehmender Zentralisierung der Aufgaben zu. Für die Interessengruppen und die Bürokratie bedeutet das einen größeren diskretionären Spielraum, da gleichzeitig die Kontrolle durch die Bürger abnimmt.

Die Folge dieser institutionellen Entwicklung ist ein niedriges Wachstum. Nicht die MOEL holen gegenüber dem Rest der EU auf, sondern diese paßt sich dem niedrigeren Wohlstandsniveau der Transformationsstaaten an. Die steigenden sozialen Spannungen und politischen Unzufriedenheiten können dann zum Zerbrechen der EU, möglicherweise zunächst zum Austritt einiger Staaten oder zum Zerbrechen der WWU führen. Dies ist mit hohen Opportunitätskosten verbunden. Auch wenn die EU nicht zerbricht, wird sie langfristig stagnieren. Der in Europa über Jahrhunderte einzigartige Wettbewerb politischer, ökonomischer und religiös-kultureller Konzepte verarmt. Interessengruppen in diesen Bereichen sorgen dafür, daß jeder Außenseiterwettbewerb unterbunden wird. Der EU droht dann ein ähnliches Schicksal wie den chinesischen oder indischen Großreichen der Vergangenheit.

8.2. The Road to Freedom

> *„We shall not rebuild civilization on the large scale. It is no accident that on the whole there was more beauty and decency to be found in the life of the small peoples, and that among the large ones there was more happiness and content in proportion as they had avoided the deadly blight of centralization. Least of all shall we preserve democracy or foster its growth if all the power and most of the important decisions rest with an organization far too big for the common man to survey or comprehend."*
>
> *Friedrich August von Hayek*[2]

Gemäß einem positiven Szenario kann die europäische Integration den folgenden weiteren Verlauf annehmen: Die Osterweiterung der EU führt zu einer grundlegenden Reform der institutionellen Strukturen sowie der EU-Politiken. Diejenigen politischen Reformmaßnahmen, die bisher aus polit-ökonomischen Gründen nicht durchführbar erschienen, werden nun möglich: Die institutionelle Sklerose wird durch den Systemwettbewerb aufgebrochen. Die MOEL verzichten (zumindest teilweise) auf eine Teilnahme an den kostspieligen und ineffizienten Umverteilungspolitiken der EU und werden dafür mit einer höheren ökonomischen Adaptionsfähigkeit und langfristig höheren Wachstumsraten belohnt. Die Nettozahlerstaaten in der EU werden durch diese Regelung entlastet und verpflichten sich im Gegenzug, ihre Märkte schnell und vollständig für alle Reformstaaten zu öffnen. Die Verbraucher in ganz Europa profitieren vom verstärkten Wettbewerb und honorieren die wettbewerbsfreundlichen Regierungen mit ihrer Wählerstimme.

Die Wirtschafts- und Währungsunion führt zur Schaffung einer stabilen Währung, die von einer unabhängigen Zentralbank wirkungsvoll garantiert wird. Dies bringt nicht nur verstärkten Wettbewerb im WWU-Gebiet mit sich. Die Regierungen werden zu soliden Fiskalpolitiken angehalten, da eine konsequente no-bailout-Politik und effizient arbeitende Kapitalmärkte unsolides Verhalten sanktionieren. Dadurch wird die Verschuldung in den WWU-Teilnehmerstaaten gesenkt. Der staatliche und private Spielraum für Investitionen wird erhöht. Auch diejenigen Staaten, die zunächst nicht an der WWU teilnehmen, werden entweder ihre Ablehnung aufgeben oder durch eigene Stabilitätspolitik ihre Währung konkurrenzfähig machen.

Die Handelspolitik der EU verbindet rasche Öffnung der Märkte zu den Reformstaaten mit verbesserten Marktzugangsbedingungen für alle anderen Staaten. Der

---

[2] Hayek (1994), S. 257.

Grund dafür liegt in dem sinkenden Einfluß der Lobbygruppen, die bisher eine Marktöffnung verhindert haben. Bei einer Reform der EU-Politiken werden sich die bisher nicht wettbewerbsfähigen Industrien umstrukturieren, d.h. es entstehen entweder wettbewerbsfähige Unternehmen oder die Unternehmen scheiden aus dem Markt aus. Dadurch wird das Interesse an Lobbying umgekehrt in Richtung gegenseitiger Marktöffnung, wie es etwa in den USA beim Übergang von den 80er Jahren in die 90er Jahre nach erfolgter Umstrukturierung der Industrie zu beobachten war.

Die WTO wird als Wettbewerbsbehörde angesehen, die den Protektionismus weiter eindämmen soll. Regionale Handelsblöcke verlieren bei erleichtertem weltweiten Marktzugang ihre diskriminierende Wirkung. Die Außengrenzen der EU werden ähnlich ihren Binnengrenzen allmählich bedeutungsloser.

Die institutionelle Entwicklung der EU ist von der konsequenten Einhaltung des Subsidiaritätsprinzips gekennzeichnet. Die EU-Ebene der Verwaltung ist hauptsächlich für die Garantierung des Leistungswettbewerbs im privaten Sektor sowie zwischen den lokalen, regionalen und nationalen Bürokratien da. Dies ist auch verfassungsmäßig durch ein System von checks und balances abgesichert.

Dadurch wird eine bessere Kontrolle von Politik und Bürokratie durch die Wähler erreicht und dadurch die Reduzierung bestehender X-Ineffizienzen bei der öffentlichen Versorgung mit Gütern. Competing bureaus ersetzen die bisherigen monolithischen Verwaltungen, was zu einer steigenden Befriedigung der Konsumentenpräferenzen führt. Die Bürger können sich einerseits mehr als bisher mit ihren jeweiligen regionalen, nationalen und auch europäischen Verwaltungen identifizieren. Andererseits verlieren diese Verwaltungen aber ihren monopolistischen Charakter: Mit der kulturellen Identität geht nicht mehr zwangsläufig ein bestimmtes Maß an zu konsumierenden öffentlich produzierten Gütern einher. Der Wettbewerb der Verwaltungen führt zu institutionellen Innovationen, die auch im Zeitverlauf eine genügende Anpassungsfähigkeit an neue Entwicklungen garantieren.

Der Einfluß von Verteilungskoalitionen auf den europäischen Integrationsprozeß wird - eingeschränkt durch die Verfassung und unhaltbar gemacht durch die Garantierung der Wettbewerbsfreiheit in der EU - geringer. Für Politiker und Lobbyisten ist das Erreichen von insgesamt wohlstandsfördernden Maßnahmen auch polit-ökonomisch sinnvoll, wenn sich die Kostenexternalisierung zugunsten bestimmter Interessen nicht mehr durchführen läßt.

Als Folge daraus ergibt sich für die EU eine Erhöhung des langfristigen Wachstumspfades. Zunächst werden die Reformstaaten davon besonders profitieren, da dort die Interessengruppen noch gar nicht voll ausgebildet sind. Auch diejenigen EU-Staaten, die eine besonders ordnungskonforme Politik betreiben, erlangen Vorteile im Systemwettbewerb und lösen dadurch Innovations- und Imitationsprozesse bei den anderen Staaten aus. Bei sinkendem Einfluß der Interessengruppen und einer erhöhten institutionellen Innovationstätigkeit wird auch die bisherige EU ihre Wachstumsraten steigern und damit auch das Problem der Arbeitslosigkeit verkleinern können. Diese dynamische Entwicklung der EU hat auch Modellcharakter für die an die EU angrenzenden Regionen.

„If we are to build a better world, we must have the courage to make a new start - even if that means some *reculer pour mieux sauter*."[3]

[3] Hayek (1994), S. 262 (kursiv im Original).

Literaturverzeichnis

ABREU, D., Infinitely Repeated Games with Discounting General Theory, Harvard Institute for Economic Research, Discussion Paper N° 1083, Harvard 1984.

ACHTEN, P., Die Osterweiterung der Europäischen Union , Bergisch Gladbach/ Köln, 1996.

AGENCE EUROPE, Grundsatzpapier Flexibilität / Verstärkte Zusammenarbeit, in: Europe Dokumente, N° 2022, 19.1.1997, 1-4.

AIGINGER, K., Zusammenfassung, in: ders. (Hrsg.), Chancen und Gefährdungspotentiale der Ostöffnung: Konsequenzen für die österreichische Wirtschaft, Teil 2: Freihandelsabkommen, Unternehmerbefragung, Kostenvergleich, Wien 1993, S. 63-67.

ALBACH, H., Die Rolle des Schumpeter-Unternehmers heute, in: D. Bös - H.-D. Stolper, Schumpeter oder Keynes? Studies in Contemporary Economics, Band 12, Berlin 1984, S. 125-146.

ALBERS, W., Einkommens- und Anpassungsprobleme der Landwirtschaft in der Europäischen Wirtschaftsgemeinschaft, in: Weltwirtschaftliches Archiv, 108 (1972) 2, S. 169-190.

ALBERT, H., Der Gesetzesbegriff im ökonomischen Denken, in: H.K. Schneider - C. Watrin (Hrsg.), Macht und ökonomisches Gesetz, 1. Halbband, Berlin 1973, S. 129-162.

ALBERT, H., Freiheit und Ordnung. Der europäische Beitrag zur Lösung des ordnungspolitischen Problems, in: M. Kaase (Hrsg.), Politische Wissenschaft und politische Ordnung. Analysen zur Theorie und Empirie demokratischer Regierungsweise, Festschrift zum 65. Geburtstag von Rudolf Wildenmann, Opladen 1986, S. 61-69.

ALCHIAN, A.A., Uncertainty, Evolution and Economic Theory (1950), in: ders. (Hrsg.), Economic Forces at Work, Indianapolis 1977, S. 15-35.

ALESINA, A. - E. SPOLAORE - R. WACZIARG, Economic Integration and Political Disintegration, NBER Working Paper N° 6163, 1997.

ALIBER, R.Z., A Theory of Direct Foreign Investment, in: C. P. Kindleberger (Hrsg.), The International Corporation, Cambridge 1970, S. 17-34.

ALTMANN, F.-L., C. OCHMANN, Mittel- und Osteuropa auf dem Weg in die EU, in: Europäische Rundschau, 23 (1995) 1, S. 41-61.

ALTNER, G., Der Begriff der Evolution in Biologie und Sozialwissenschaften - Zur Differenzierung einer pauschalen Grundkategorie, in: B. Biervert - M. Held (Hrsg.), Evolutorische Ökonomik: Neuerungen, Normen, Institutionen, Frankfurt/M. /New York 1992, S. 56-70.

AMT FÜR AMTLICHE VERÖFFENTLICHUNGEN DER EUROPÄISCHEN GEMEINSCHAFTEN (HRSG.), Im Dienste Europas, Luxemburg 1996.

ANGRESANE, J., The Political Economy of Gunnar Myrdal. An Institutional Basis for the Transformation Problem, Cheltenham 1997.

APOLTE, T., Politische Ökonomie der Systemtransformation, Dusiburger Volkswirtschaftliche Schriften Band 15, Hamburg 1992.

APOLTE, T., Secession Clauses: A Tool for Taming of an Arising Leviathan in Brussels?, Diskussionsbeiträge des Fachbereichs Wirtschaftswissenschaft der Gerhard-Mercator-Universität-Gesamthochschule Duisburg, N° 220, Duisburg 1995.

ARBEITSGRUPPE „EUROPÄISCHE VERFASSUNG“, Wie Europa verfaßt sein soll. Vorschläge zur institutionellen Weiterentwicklung der Europäischen Gemeinschaft, in: W. Weidenfeld (Hrsg.), Wie Europa verfaßt sein soll. Materialien zur Politischen Union, Gütersloh 1991, S. 11-37.

ARGIMON, I. - J.M. ROLDÁN, Saving, Investment and International Capital Mobility in the EC-Countries, in: European Economic Review, 38 (1994), S. 56-67.

ARISTOTELES, Politik, Hamburg 1994.

ARMSTRONG, H. - J. TAYLOR - A. WILLIAMS, Regional policy, in: M. Artis - N. Lee (Hrsg.), The Economics of the European Union, Oxford 1994, S. 172-201.

ARNDT, H., Schöpferischer Wettbewerb und klassenlose Gesellschaft, Berlin 1952.

ARNDT, H., Irrwege der Politische Ökonomie, München 1979.

ARNDT, H., Die Evolutorische Wirtschaftstheorie in ihrer Bedeutung für die Wirtschafts- und Finanzpolitik, Berlin 1992.

ARROW, K. - G. DEBREU , Existence of an Equilibrium for a Competitive Economy, in: Econometrica 22 (1954), 265-290.

ARTZT, M., Der Übergang zur Marktwirtschaft und die Demokratisierung. Zielvorstellungen der Reformer der ehemaligen DDR, in: M. Miegel (Hrsg.), Transformation. Leipziger Beiträge zu Wirtschaft und Gesellschaft N° 5, Leipzig 1997, S. 17-35.

AUDRETSCH, D.B., Überblick über Stand und Entwicklung der Industrieökonomik, Discussion Paper FS IV 95 - 16, Wissenschaftszentrum Berlin 1995.

AUGUSTINUS, A., Vom Gottesstaat, Buch 1 bis 10, München 1977.

AUSSCHUß DER REGIONEN, Stellungnahme zu der Revision des Vertrages über die Europäische Union, Brüssel 20./21.04.1995.

AUSSCHUß DER REGIONEN, Zwei Jahre beratende Arbeiten 1994-1995, Brüssel 1996a.

AUSSCHUß DER REGIONEN, Erklärung für die Regierungskonferenz vom 8.3.1996, Brüssel 1996b.

AUSSCHUß DER REGIONEN, After the Amsterdam European Council: „A growing awareness of the role of the Committee of the Regions“, DCP/ 97182, Brüssel, 20.06.1997.

AXT, H.-J., Europäische Gemeinschaft: Osteuropa ante portas, in: Südosteuropa, 40 (1991) 6, S. 283-306.

BAILEY, R., Managing the British Economy, London 1968.

BAILLIE, S., The Seat of the European Institutions, EUI Working Paper RSC N° 96/28, Florenz 1996.

BALASSA, B., The Theory of Economic Integration (1962), 4. Auflage, London 1973.

BALASSA, B., Trade Creation and Diversion in the European Common Market: An Appraisal of the Evidence, in: ders. (Hrsg.), European Economic Integration, Amsterdam et al., 1975a, S. 79-118.

BALASSA, B., Structural policies in the European Common Market, in: ders. (Hrsg.), European Economic Integration, Amsterdam et al., 1975b, S. 225-274.

BALASSA, B., Types of economic Integration, in: F. Machlup (Hrsg.), Integration Worldwide, Regional, Sectoral, London 1976, S. 17-31.

BALÁZS, P., Strategies for the Eastern enlargement of the European Union. An Integration Theory Approach, CORE working paper 15/1995, Kopenhagen 1995.

BALDWIN, R.E., Towards an Integrated Europe, London 1994.

BALDWIN, R.E., Osterweiterung der Europäischen Union, in: Internationale Politik, 50 (1995) 6, S. 27-34.

BALME, R., French Regionalization and European Integration: Teeritorial Adaptation and Change in a Unitary State, in: M. Keating - B. Jones, The European Union and the Regions, Oxford 1995, S. 167-188.

BARENTS, R., New Developments in Measures having equivalent effect, in: Common Market Law Review, 18 (1981), S. 271-308.

BARENTS, R., The Internal Market Unlimited: Some Observations on the legal Basis of Community Legislation, in: Common Market Law Review, 30 (1993), S. 85-109.

BARISITZ, S., Osteuropa und die europäische ökonomische Integration - politökonomische Analyse und historischer Abriß, in: Österreichische Osthefte, 36 (1994) 1, 37-67.

BARISITZ, S., Zur Rolle er Wirtschaft in europäischen Regionen, in: G. Stangler - E. Vyslonzil, Europa und seine Regionen, Frankfurt/ Main 1996, S. 38-65.

BARNIER, M., La Position de la France sur les services publics, in: La Tribune, 18.9.1996.

BAUER, G.F., Observation et réflexions sur la situation et l'évolution de l'Union Européenne, in: Aussenwirtschaft, 49 (1994) 4, S. 431-460.

BAUMBERGER, J., Anatomie der EU-Wirtschaftsfreiheit, in: R. Baader (Hrsg.), Die Enkel des Perikles. Liberale Positionen zu Sozialstaat und Gesellschaft, Gräfeling 1995, S. 169-185.

BAUMOL, W.J., Entrepreneurship in Economic Theory, in: American Economic Review, 58 (1968), 64-71.

BAUSINGER, H., Europa der Regionen: Kulturelle Perspektiven, in: Leviathan, 21 (1993) 4, S. 473-516.

BECK, H. - A. PRINZ, Das globale Internet-Dorf regieren, in: Frankfurter Allgemeine Zeitung, N° 56, 7.3.1998, S. 15.

BECKER, U., Von „Dassonville" über „Cassis" zu „Keck" - Der Begriff der Maßnahmen gleicher Wirkung in Art. 30 EGV, in: Europarecht, 29 (1994), S. 162-174.

BECKER, W. - J. DALLMEYER, Eine stabile Währung für Europa, Deutsche Bank Sonderbericht, Frankfurt/ Main 1995.

BECKER-CELEK, A., Europäisches Wettbewerbsrecht - ein Konzept?, in: Europäisches Wirtschafts- und Steuerrecht, 8 (1997) 10, S. 334-340.

BEER, S.H., A Political Scientists's View of Fiscal Federalism, in: W.E. Oates (Hrsg.), The Political Economy of Fiscal Federalism, Lexington/ Toronto 1977, S. 21-46.

BEGG, I. - D. MAYES, Cohesion in the European Community, in: Regional Science and Urban Economics, 23 (1993), S. 427-448.

BELOFF, M., Europa und die Europäer, Mönchengladbach 1959.

BEMPT, P.V.D. - G. THEELEN, From Europe Agreements to Accession. The Integration of the Central and Eastern European Countries into the European Union, Brüssel 1996.

BÉNARD, J., Economie Publique, Paris 1985.

BÉNASSY-QUÉRÉ, A., Potentialities and Opportunities of the Euro as an International Currency, European Commission Economic Papers N° 115, Brüssel 1996.

BENTLEY, A.F., The Process of Governmen (1908), Cambridge (Mass.) 1967.

BENZ, A., Föderalismus als dynamisches System, Opladen 1985.

BENZ, A., Die ökonomische Komponente, in: T. Ellwein - J. Mittelstraß (Hrsg.), Regionen. Regionalismus. Regionalentwicklung, Oldenburg 1996, S.54-60.

BERG, H., Wettbewerbspolitik, in: ders. et al. (Hrsg.), Vahlens Kompendium der Wirtschaftstheorie und Wirtschaftspolitik, Band 2, 5. Auflage, München 1992, S. 241-300.

BERG, H., Reformerfordernisse, Reformmöglichkeiten und Reformhemmnisse einer erweiterten Europäischen Union, in: Volkswirtschaftliche Korrespondenz der Adolf-Weber-Stiftung, 35 (1996) 8.

BERGEIJK, P.A.G. VAN, Economic Diplomacy, Trade and Commercial Policy, Aldershot 1994.

BERKE, C. - H. TRABOLD, „Low-cost" oder „High-tech"? Strategische Außenwirtschaftsoptionen für die mittel- und osteuropäischen Länder, in: D. Schumacher et al. (Hrsg.), Transformation des Wirtschaftssystems in den mittel- und osteuropäischen Ländern: Außenwirtschaftliche Bedingungen und Auswirkungen, Berlin 1997, S. 287- 324.

BERMAN, H., Recht und Revolution: Die Bildung der westlichen Rechtstradition, Frankfurt/ Main 1995.

BERNHOLZ, P., Grundlagen der Politischen Ökonomie, 3. Band, Tübingen 1979.

BERNHOLZ, P., Constitutional Aspects of the European Integration, in: S. Borner - H. Grubel (Hrsg.), The European Community after 1992, London 1992.

BERNHOLZ, P. - F. BREYER, Grundlagen der Politischen Ökonomie, 2. Auflage, Tübingen 1984.

BERNZEN, U., Das Subsidiaritätsprinzip als Prinzip des deutschen Staatsrechts, Düsseldorf 1966.

BERTHOLD, N. - J. HILPERT, Wettbewerbspolitik, Industriepolitik und Handelspolitik in der Europäischen Union: Der Weg zur richtigen Balance, Wirtschaftswissenschaftliche Beiträge des Lehrstuhls für Volkswirtschaftslehre, Wirtschaftsordnung und Sozialpolitik N° 9, Würzburg 1996.

BEWLEY, T.F., A Critique of Tiebout's Theory of Local Public Expenditures, in: Econometrica, 49 (1981), S. 713-139.

BEYFUß, J., Standortqualitäten der Länder Mittel- und Osteuropas, in: iw-trends, 22 (1995) 2, S. 31-42.

BIDELEUX, R., The Southern enlargement of the EC: Greece, Portugal and Spain, in: R. Bideleux - R. Taylor (Hrsg.), European Integration and Disintegration, London 1996a, S. 127-153.

BIDELEUX, R., The Comecon experiment, , in: R. Bideleux - R. Taylor (Hrsg.), European Integration and Disintegration, London 1996b, S. 174-204.

BISH, R.L., Federalism: A Market Economic Perspective, in: J.D. Gwartney - R.E. Wagner (Hrsg.), Public Choice and Constitutional Economics, Greenwich 1988, S. 351-368.

BLANCHARD, O. ET AL., East-West Migration. The Alternatives, Cambrigde (Mass.) 1992.

BLOTEVOGEL, H.H., Auf dem Wege zu einer „Theorie der Regionalität": Die Region als Forschungsobjekt der Geographie, in: G. Brunn (Hrsg.), Region und Regionsbildung in Europa, Baden-Baden 1996, S. 44-68.

BOADWAY, R.W. - D.E. WILDASIN, Public sector economics, 2. Auflage, Boston/ Toronto, 1984.

BÖHM, F., Wettbewerbsfreiheit und Kartellfreiheit, in: E.-J. Mestmäcker (Hrsg.), Freiheit und Ordnung in der Marktwirtschaft, Baden-Baden 1980, S. 233-262.

BÖHM-BAWERK, E. VON, Die österreichische Schule, in: ders., Gesammelte Schriften I, Wien 1924, S. 205-229.

BOETTKE, P.J., What is wrong with neoclassical economics (and what is still wrong with Austrian economics)?, in: F.E. Foldvary (Hrsg.), Beyond Neoclassical Economics. Heterodox Approaches to Economic Theory, Cheltenham 1996, S. 22-40.

BOHLEY, P., Europäische Einheit, föderatives Prinzip und Währungsunion: Wurde in Maastricht der richtige Weg beschritten? , in: Aus Politik und Zeitgeschichte, 1/1993, S. 34-45.

BOHNET-JOSCHKO, S., Leviathan Europa? Föderalistische und institutionelle Aspekte der Staatswerdung Europas, Marburg 1996.

BOLICK, C., European Federalism: Lessons from America, Institute of Economic Affairs, London 1994.

BOLLEN, F., Cohesion Policy in an Ever Larger Union, in: EIPASCOPE, 1997, N° 3, S. 19-23.

BONUS, H., The Political Party as a Firm, Universität Konstanz, Fakultät für Wirtschaftswissenschaften und Statistik, Diskussionsbeiträge, Serie B, N° 20, Konstanz 1981.

BOOKMAN, M.Z., Economic Issues Underlying Secession: the Case of Slovenia and Slovakia, in: Communist Economies and Economic Transformation, 4 (1992) 1, S. 111-134.

BOOKMAN, M.Z., The Economics of Secession, London 1993.

BORCHARDT, K.-D., Die rechtlichen Grundlagen der Europäischen Gemeinschaften - Rechtsquellen, Rechtshandlungen, Rechtsetzung, in: M. Röttinger - C. Weyringer, Handbuch der europäischen Integration, 2. Auflage, Wien 1996, S. 72-112.

BORCHMANN, M., Ein Subsidiaritätsprotokoll - ein richtiger Schritt auf dem Weg zu einem stabilen Einigungsprozeß, in: Europäische Zeitschrift für Wirtschaftsrecht, 7 (1996) 21, S. 641.

BOROCH, W., Transformation und soziale Sicherung: Zum Spannungsverhältnis von Wirtschafts- und Sozialpolitik im Übergang von der Plan- zur Marktwirtschaft, in: D. Cassel (Hrsg.), Institutionelle Probleme der Systemtransformation, Schriften des Vereins für Socialpolitik, Band 254, Berlin 1997, S. 123-139.

BOSC, L., Zollalliancen und Zollunionen in ihrer Bedeutung für die Handelspolitik der Vergangenheit und Zukunft, Berlin 1907.

BOSS, A. ET AL., Deregulierung in Deutschland, Kieler Studie N° 275, Tübingen 1996.

BOULDING, K.E., The Theory of Viability, in: B.M. Russett (Hrsg.), Economic Theories of International Politics, Chicago 1968, S. 323-340.

BRANDER, J. - B. SPENCER, Foreign Direct Investment with Unemployment and Endogenous taxes and Tariffs, in: Journal of International Economics, 22 (1987), S. 257-279.

BRENDEL, H., Wettbewerbspolitische Konzeptionen. Positive Theorie in normativer Einbindung, in: K. van Delhaes - U. Fehl (Hrsg.), Dimensionen des Wettbewerbs, Stuttgart 1957, S. 79-101.

BRENNAN, G., Irrational Action, Individual Sovereignty and Political Process: Why There is a Coherent 'Merit Goods' Argument, in: G. Brennan - C. Walsh, Rationality, Individualism and Public Policy, Canberra 1990, S. 97-118.

BRENNAN, G. - J. M. BUCHANAN, The Power to Tax - Analytical foundations of a fiscal constitution, Cambridge (Mass.) 1980.

BRENNAN, G. - J. M. BUCHANAN, The reason of rules, Cambridge 1985.

BRENNAN, G. - J.M. BUCHANAN, Monopoly in Money and Inflation, in: J. M. Buchanan (Hrsg.), Constitutional Political Economy, London 1991, S. 47-90.

BRETON, A., The Economics of Nationalism, in: Journal of Political Economy, 72 (1964) 4, S. 376-386.

BRETON, A. - A. SCOTT, The economic constitution of federal states, Toronto et al. 1978.

BREUSS, F., Der aktuelle Stand der integrationstheoretischen Diskussion, in: WIFO Monatsberichte, 1996a, N° 8, S. 525-544.

BREUSS, F., Die Wirtschafts- und Währungsunion. Abschluss oder Ende der Europäischen Integration?, WIFO Working Papers 86/ 1996b, Wien 1996.

BRINKHORST, L.J., Subsidiarity and European Environmental Policy, in: European Institue of Public Administration (Hrsg.), Subsidiarity: The Challenge of Change, Working Document, Proceedings of the Jacques Delors Colloquium 1991, S. 89-100.

BRINKMANN, M., Ordnungspolitik und Transformation, Bayreuth 1995.

BROCHIER, H., Critères de scientificité en économie, in: X. Greffe - J. Mairesse - J.-L. Reiffers (Hrsg.): Encyclopaedie Economique, Paris 1990.

BRÜNNECK, A.V., Die öffentliche Meinung in der EG als Verfassungsproblem, in: Europarecht, 24 (1989) 3, S. 249-261.

BRUNI, F., Central Bank Independence in the European Union, Bank of Japan Discussion Paper 96-E-18, Tokyo 1996.

BRUNNER, K., The Perception of Man and the Conception of Society: Two Approaches to Understanding Society, in: Economic Inquiry, 25 (1987), 367-388.

BRUNNER, K. - W.H. MECKLING, The Perception of Man and the Conception of Government, in: Money, Credit and Banking, 9 (1977) 1, S. 70-85.

BRUNNER, P. - W. OCHEL, Die Europäische Union zwischen Vertiefung und Erweiterung, in: IFO Schnelldienst, N° 32/ 95, S. 9-20.

BUCHANAN, J.M., Federalism and Fiscal Equity, in: American Economic Review, 40 (1950), S. 583-599.

BUCHANAN, J.M., An Economic Theory of Clubs, in: Economica, 32 (1965), S. 1-14.

BUCHANAN, J.M., The limits of liberty: between anarchy and Leviathan, Chicago 1975.

BUCHANAN, J.M., Rent Seeking and Profit Seeking, in: J.M. Buchanan - R.D. Tollison - G. Tullock (Hrsg.), Toward a Theory of the Rent-Seeking Society, College Station 1980, S. 3-15.

BUCHANAN, J. M., Liberty, Market and State, Brighton 1986.

BUCHANAN, J.M., Market Failure and Political Failure, in: The Cato Journal, 8 (1988) 1, S. 1-13.

BUCHANAN, J. M., The Domain of Constitutional Economics, in: Constitutional Economics, 1 (1990a) 1, S.1-18.

BUCHANAN, J.M., Europe's Constitutional Opportunity, in: Institute of Economic Affairs (Hrsg.), Europe's Constitutional Future, London 1990b, S. 1-20.

BUCHANAN, J.M., Möglichkeiten für eine europäische Verfassung: Eine amerikanische Sicht, in: ORDO, 42 (1991), 127-137.

BUCHANAN, J.M., Public Choice After the Revolutions: 1989-1991, in: Economia delle scelte pubbliche, N° 2-3, 1992, 93-101.

BUCHANAN, J.M., Foundational concerns: a criticism of public choice theory, in: J.C. Pardo - F. Schneider (Hrsg.): Current issues in public choice, Cheltenham 1996, 3-20.

BUCHANAN, J.M. - R. L. FAITH, Secession and the Limits of Taxation: Toward a Theory of Internal Exit, in: American Economic Review, 77 (1987) 5, S. 1023-1031.

BUCHANAN, J. M. - G. TULLOCK, The Calculus of Consent, Ann Arbor 1962.

BUCHENAU, M. - S. HAUPT, Bauernlobby verteidigt die Subventionswirtschaft, in: Handelsblatt, N° 14, 21.1.1998, S. 8.

BUIGUES, P. - A. SAPIR, Community Industrial Policies, in: P. Nicolaides (Hrsg.), Industrial Policy in the European Community: A Necessary Response to Economic Integration?, S. 21-37, Dordrecht 1993.

BUNDESBANK (HRSG.), Entwicklung und Bestimmungsgründe grenzüberschreitender Direktinvestitionen, in: Deutsche Bundesbank Monatsbericht August 1997, 49 (1997a) 8, S. 63-82.

BUNDESBANK (HRSG.), Zur Unternehmensrentabilität im internationalen Vergleich, in: Deutsche Bundesbank Monatsbericht Oktober 1997, 49 (1997b) 10, S. 33-44.

BUNDESMINISTERIUM FÜR ERNÄHRUNG, LANDWIRTSCHAFT UND FORSTEN (HRSG.), Agrarbe-richt der Bundesregierung 1997, Bonn 1997.

BUNDESMINISTERIUM FÜR WIRTSCHAFT (HRSG.), Auswirkungen der in Deutschland und den Ländern der EU bestehenden Umweltschutzanforderungen auf die Wettbewerbssituation der deutschen Mineralölwirtschaft, BMWi Dokumentation N° 389, Bonn 1995.

BUNDESMINISTERIUM FÜR WIRTSCHAFT (HRSG.), Aktionsprogramm für Investitionen und Arbeitsplätze, o.O., 1996.

BUNDESREGIERUNG, Memorandum der Regierung der Bundesrepublik Deutschland zum Subsidiaritätsprinzip vom 18.09.1992, Bonn 1992.

BUNSE, B., Elemente der Gestaltbarkeit sozialer Ordnungen: Institutionalisierung und Organisation, Marburg 1994.

BURGHARDT, G., Die Erweiterung der Europäischen Union um die Länder Mittel- und Osteuropas, in: KAS Auslandsinformationen, 5/1994, S. 85-98.

BUSCH, B., Perspektiven einer Erweiterung der Europäischen Union, Beiträge zur Wirtschafts- und Sozialpolitik N° 216, Köln 1994.

BUSCH, B., Die Anleihe- und Darlehensaktivitäten der Europäischen Union, in: iw-trends, N° 2/ 1995, 67-79.

CAESAR, R., Haushalts- und Finanzwirtschaft, in: R. Hrbek (Hrsg.), Die Reform der Europäischen Union, Baden-Baden 1997, S. 281-299.

CAHUZAC, P. - L. CHAMBADAL - A. PIETIER, Economie et Mathématiques, Bd. 1, Paris 1965.

CALLIES, C., Der Schlüsselbegriff der „ausschließlichen Zuständigkeit" im Subsidiaritätsprinzip des Art. 3 b II EGV, in: Europäische Zeitschrift für Wirtschaftsrecht, 6 (1995) 20, S. 693-700.

CASELLA, A. - B.S. FREY, Federalism and clubs: Towards an economic theory of overlapping political jurisdictions, in: European Economic Review, 36 1992), S. 639-646.

CASSEL, D., Anpassungsbedarf der Europäischen Union bei der Osterweiterung, Korreferat zu Hubert Gabrisch, in: Beihefte zur Konjunkturpolitik, Maastricht II - Entwicklungschancen und Risiken der EU, 1996, S. 157-167.

CAVES, R.E., International Corporations: The Industrial Economics of Foreign Investment, in: Economica, Februar 1971, S. 1-27.

CDU/CSU - FRAKTION IM DEUTSCHEN BUNDESTAG, Überlegungen zur europäischen Politik, Bonn 1994.

CECCINI, P., Europa 1992. Der Vorteil des Binnenmarktes, Baden-Baden 1988.

CHARPIOT-MICHAUD, F., Central and East European Countries Joining the European Union: Implications for Agriculture, in: M. Somai (Hrsg.), Agricultural Accession of the Central and Eastern European Countries to the European Union, Budapest 1997, S. 16-40.

CHEN, Y. - P.C. ORDESHOOK, Constitutional Secession Clauses, in: Constitutional Political Economy, 5 (1994) 1, S. 45-60.

CHORAFAS, D.N., The Knowledge Revolution, London 1968.

CHURCHILL, W., Churchill on Europe (1946), in: Giustino, D.d. (Hrsg.), A Reader in European Integration, Harlow 1996, S. 44-47.

CLAUDE, I.L., Power and International Relations, New York 1962.

CLAUSON-KAAS, J.A. - C. GULMANN, Control by the Danish Parliament of Community legislation, in: Common Market Law Review, 16 (1979), S. 227-234.

COASE, R., The Nature of the Firm, in: Economica, 4 (1937), 386-405.

COLEMAN, B., Auditors Fault EU Members for lax Control of Budget, in: Wall Street Journal Europe, 13.11.1996, S. 2.

COLEMAN, B. - J. WOLF, Business Isn't Thrilled With Treaty Language, in: Wall Street Journal Europe, 23.6.1997, S. 4.

COLEMAN, J.S., Macht und Gesellschaftsstruktur, Tübingen 1979.

COLEMAN, J.S., Markets, Morals and the Law, Cambridge 1988.

COMMITTEE FOR THE STUDY OF ECONOMIC AND MONETARY UNION (HRSG.), Report on economic and monetary union in the European Community, Luxemburg 1989.

CONLAN, T., New Federalism: Intergovernmental Reform from Nixon to Reagan, Washington/ D.C. 1988.

COOPER, R.N., Worldwide *versus* Regional Integration: Is there an Optimum Size of the Integrated Area?, in: F. Machlup (Hrsg.), Economic Integration Worldwide, Regional, Sectoral, London 1976, S. 41-53.

CORDEN, W.M., Economies of Scale and Customs Union Theory, in: Journal of Political Economy, 80 (1972), S. 456-475.

COSTELLO, D., Intergovernmental grants: What role for the European Community?, in: Commission of the European Communities (Hrsg.), The Economics of Community Public Finance, European Economy, N° 5, 1993, S. 101-119.

CSABA, L., Enlargement of the EU: Dynamics and Problems, Kopint-Datorg Discussion Papers N° 43, Budapest 1996.

CSABA, L., Mittel- und Osteuropa, in: J.v.Hagen et al. (Hrsg.), Springers Handbuch der Volkswirtschaftslehre 2, Wirtschaftspolitik und Weltwirtschaft, Heidelberg 1997a, S. 377-405.

CSABA, L., Economic Transformation: State of Art and Some Theoretical Reflections, Frankfurter Institut für Transformationsstudien, Arbeitsberichte N° 9/97, Frankfurt/ Oder 1997b.

DAHRENDORF, R., A New Goal for Europe, in: M. Hodges (Hrsg.), European Inte-gration, Harmondsworth 1972, S. 74-87.

DAHRENDORF, R., A Third Europe? Third Jean Monnet Lecture, EUI, Florenz 1979.

DAMASCHKE, A., Geschichte der Nationalökonomie, Jena 1912.

DANDRIGE, B., EU political parties extend a helping hand eastwards, in: European Dialogue, 1997, N° 1, 20-25.

DATAR (DÉLÉGATION À L'AMÉNAGEMENT DU TERRITOIRE ET À L'ACTION RÉGIONALE) (HRSG.), La politique régionale européenne en France, Paris 1987.

DAUMANN, F., Faktormobilität, Systemwettbewerb und die Evolution der Rechtsordnung, in: P. Oberender - M.E. Streit (Hrsg.), Europas Arbeitsmärkte im Integrationsprozeß, Baden-Baden 1995, S. 53-76.

DAVID, P.A., Clio and the Economics of QWERTY, in: American Economic Review, Papers and Proceedings, 75 (1985), S. 332-337.

DAVIS, E., Industrial Policy in an Integrated European Economy, in: P. Nicolaides (Hrsg.), Industrial Policy in the European Community: A Necessary Response to Economic Integration?, S. 39-65, Dordrecht 1993.

DAWKINS, R., Das egoistische Gen, Berlin et al. 1978.

DEBANDE, O. - A. DRUMAUX, Overlapping Regulatory Institutions: An Analysis of the Infrastructure Policies in Europe, in: Annals of Public and Cooperative Economics, 66 (1995) 2, S. 185-200.

DEBREU, G., Theory of Value, New York 1959.

DE GRAUWE, P., The Economics of Monetary Integration, Oxford 1992.

DE GRAUWE, P., The Economics of Convergence towards Monetary Union in Europe, in: Weltwirtschaftliches Archiv, 132 (1996) 1, S. 1-27.

DELCAMP, A., Les collectivités décentralisées de l'Union européenne, Paris 1994.

DELORS, J., Arbeitsdokument des Präsidenten der EG-Kommission, Jacques Delors, für das Treffen mit den Ministerpräsidenten der Bundesländer am 19. Mai 1988 in Bonn, in: Europa-Archiv, Folge 12/1988, S. 340-343.

DELWAIDE, J., Staatsvorming en Europese eenwording, in: A. van Staden (Hrsg.), De nationale staat. Onhoudbaar maar onmisbaar?, Den Haag 1996, S. 31-48.

DE MICHELIS, G., Die EG als Gravitationszentraum. Für ein Europa der vier Kreise, in: Integration, 4 (1990), S. 143-.

DEMMER, M., Europäische Sozialpolitik im Spannungsfeld zwischen institutionellem Wettbewerb und institutioneller Integration, Köln 1994.

DEMSETZ, H., Information and Efficiency: Another Viewpoint, in: Journal of Law and Economics, 12 (1969), 1-22.

DENTON, G.R., Planning and Integration: Medium-term Policy as an Instrument of Integration, in: ders. (Hrsg.), Economic Integration in Europe, London 1969, S. 330-356.

DERCKS, A., Redistributionspolitik und föderale Ordnung, Köln 1996.

DEREGULIERUNGSKOMMISSION (HRSG.), Marktöffnung und Wettbewerb, Gutachten 1990/1991, Stuttgart 1991.

DESAI, P.A., Möglichkeiten und Grenzen des Wettbewerbs zwischen Regelsystemen, Bayreuth 1997.

DEUBNER, C. - H. KRAMER, Die Erweiterung der EU nach Mittel - und Osteuropa: Wende oder Ende der Gemeinschaftsbildung, in: Aus Politik und Zeitgeschichte, B 18-19/1994, S. 12-19.

DEUERLEIN, E., Föderalismus, München 1972.

DEUTSCH, K.W., Political Community at the International Level, New York 1954.

DEUTSCH, K.W., Nationalism and Social Communication, 2. Auflage, Cambridge (Mass.) 1966.

DE VILLIERS, B., Bundestreue: The Soul of Intergovernmental Partnership, Konrad Adenauer Stiftung Occasional Papers, Johannesburg 1995.

DHANJI, F., Transformation Programs: Content and Sequencing, in: American Economic Review, 81 (1991) 2, 323-328.

DICHTL, E., Die Beseitigung von Grenzkontrollen und technischen Hemmnissen im Warenverkehr, in: ders. (Hrsg.), Schritte zum europäischen Binnenmarkt, München 1990, S. 13-34.

DICKE, H., Europa '92: Unzeitgemäßes Integrationskonzept?, in: Außenpolitik, (1991) 2, S. 161-

DICKE, H., The Envisaged Accession of Poland to the EC and ist Implications for the Common Agricultural Policy of the EC, Kiel Working Paper N° 684, Kiel 1995.

DIHT (DEUTSCHER INDUSTRIE- UND HANDELSTAG), Deutschland - Zahlmeister in Euro-pa? Ein Beitrag zur Versachlichung der „Nettozahler-Diskussion", Brüssel 1994.

DINKEL, R., Collusion in spatial models of party competition, in: Public Choice, 27 (1976), S. 97-99.

DIXIT, A.K. - J.E. STIGLITZ, Monopolistic Competition and Optimum Product Diversity, in: American Economic Review, 67 (1977) 3, S. 297-308.

DOBBERTIN, C., Regionale Integrationen der neueren Wirtschaftsgeschichte, unveröffentlichte Diplomarbeit, Kiel 1962.

DÖHRN, R., Deutsche Direktinvestitionen in der Europäischen Union: Produktions- oder Finanzintegration, in: RWI-Mitteilungen, 45 (1994), S. 261-281.

DÖRING, T., Subsidiaritätsprinzip und EG-Regionalpolitik, Schriftenreihe der Gesellschaft für Regionale Strukturentwicklung, Band 19, Bonn 1993.

DOLAN, M., International Integration Theory: An Analysis and Evaluation, Ann Arbor 1975.

DONAT, M.V., Das Subsidiaritätsprinzip in der Europäischen Union aus Perspektive der Europäischen Kommission, in: R. Hrbek (Hrsg.), Das Subsidiaritätsprinzip in der Europäischen Union - Bedeutung und Wirkung für ausgewählte Politikbereiche, Baden-Baden 1995, S. 9-16.

DONGES, J.B. ET AL., The Second Enlargement of the European Community, Kieler Studien N° 171, Tübingen 1982.

DONSIMONI, M.P., Stable Heterogenous Cartels, in: International Journal of Industrial Organization, 4 (1985), S.

DONSIMONI, M.P. - N. ECONOMIDES - H. POLEMARCHAKIS, Stable Cartels, in: International Economic Review, 27 (1986), S.

DOOMERNIK, J., Current Migration to Europe, in: Tijdschrift voor Economische en Sociale Geografie, 88 (1997) 3, S. 284-290.

DOUTRIAUX, Y., La politique régionale de la CEE, 2° éd., Paris 1992.

DOWNS, A., An Economic Theory of Democracy, New York 1957.

DREHER, M., Ratsprotokollerklärungen, nationale und europäische Publizität und die Umsetzung von EG-Richtlinien, in: Europäische Zeitschrift für Wirtschaftsrecht, 5 (1994) 24, S. 743-747.

DREYER, M., Föderalismus als ordnungspolitisches und normatives Prinzip, Frankfurt/ Main 1986.

DRUMAUX, A., Analyse économique de la subsidiarité, in: L. Cartelier - J. Fournier - L. Monnier (Hrsg.), Critique de la Raison communautaire, Paris 1996, S. 93-107.

DUBACH, A., Integration und Subsidiarität, Schweizer Schriften zur europäischen Integration N° 8, Bern 1996.

DÜRR, E., Die Gefährdung der Marktwirtschaft durch die Europäische Gemeinschaft, in: D. Duwendag - H. Siebert (Hrsg.), Politik und Macht. Wirtschaftspolitische Probleme der 80er Jahre, Stuttgart et al. 1980, S. 147-159.

DUNNING, J.H., The Role of Foreign Direct Investment in a Globalizing Economy, in: Banca Nazionale del Lavoro Quarterly Review, N° 193, 1995, S. 125-144.

EATWELL, J. - M. MILGATE - P. NORMAN, New Palgrave's Dictionnary of Economics, London 1987.

EBERHARTINGER, M., Konvergenz und Neustrukturierung der Grundfreiheiten, in: Europäisches Wirtschafts- und Steuerrecht, 8 (1997) 2, S. 43-52.

EDLING, H.K., Zentralistische Verflechtungstendenzen im Föderalismus, Frankfurt et al., 1984.

EDWARDS, J. - M. KEEN, Tax Competition and Leviathan, in: European Economic Review, 40 (1996) 1, S. 113-134.

EHLERMANN, C.-D., Ökonomische Aspekte des Subsidiariätsprinzips: Harmonisierung versus Wettbewerb der Systeme, in: Integration, 18 (1995), S. 11-21.

EHRINGHAUS, H., Der kooperative Föderalismus in den Vereinigten Staaten von Amerika, Frankfurt/ Main 1971.

EICHENBERGER, R., Eine „fünfte Freiheit" für Europa: Stärkung des politischen Wettbewerbs durch „FOCJ", in: Zeitschrift für Wirtschaftspolitik, 45 (1996) 1, S. 110-130.

EICHENBERGER, R. - B.S. FREY, Competition among Jurisdictions: The Idea of FOCJ, in: L. Gerken (Hrsg.), Competition among Institutions, London 1995, S. 209-230.

EICKHOF, N., Wettbewerbspolitische Ausnahmebereiche und staatliche Regulierung, in: Jahrbuch für Sozialwissenschaft, 36 (1985), 63-79.

EL-AGRAA, A.M., The Theory and Measurement of International Economic Integration, London 1989.

ELAZAR, D.J., American Federalism, 2. Auflage, New York 1972.

ELAZAR, D.J., The Role of Federalism in Political Integration, in: ders., Federalism and Political Integration, Ramat Gan, 1979, S. 13-57.

ELLINGSEN, T., Externalities vs Internalities: A Theory of Political Integration, Stockholm School of Economics Discussion Paper, Stockholm 1995.

ELLWEIN, T., Das Regierungssystem der Bundesrepublik Deutschland, 5. Auflage, Opladen 1983.

ELLWEIN, T., Die historische Komponente, in: T. Ellwein - J. Mittelstraß (Hrsg.), Regionen. Regionalismus. Regionalentwicklung, Oldenburg 1996, S. 14-17.

EMERSON, M. ET AL., The Economics of 1992: The E.C. Commission's Assessment of the Economic Effects of Completing the Internal Market, Oxford 1988.

ENGELHARDT, W.W., Die Funktion von Utopien in der Entwicklung von Wirtschaftsordnungen, in: H.-J. Wagner (Hrsg.), Anpaasung durch Wandel. Evolution und Transformation von Wirtschaftssystemen, Berlin 1991, S. 139-171.

EPPLE, D. - A. ZELENITZ, The Implications of Competition among Jurisdictions: Does Tiebout needs Politics?, in: Journal of Political Economy, 89 (1981) 6, S. 1197-1217.

ERBER, G. - H. HAGEMANN, Credibility: Measurement and Impacts, Central Bank Experience and Euro Perspectives, Universität Hohenheim, Diskussionbeiträge aus dem Institut für Volkswirtschaftslehre N° 150, Stuttgart 1997.

ERHARD, L., Wohlstand für Alle, Düsseldorf 1957.

ERHARD, L., Kartelle im Blickpunkt der Wirtschaftspolitik (1949), in: ders., Deutsche Wirtschaftspolitik, Neuausgabe, Düsseldorf et al. 1992a, S. 112-117.

ERHARD, L., Harmonie durch „Harmonisierung"? (1959), in: ders., Deutsche Wirtschaftspolitik, Neuausgabe, Düsseldorf et al. 1992b, S. 461-464.

ESER, T.W., Europäische Einigung, Föderalismus und Regionalpolitik, Trier 1991.

ESER, T.W., Ökonomische Theorie der Subsidiarität und Evaluation der Regionalpolitik, Baden-Baden 1996.

ETIENNE, H. - E. NOEL, The Permanent Representatives Committee and the 'Deepening' of the Communities, in: G. Ionescu (Hrsg.), The new politics of European Integration, London 1972, S. 98-123.

EUCKEN, W., Grundsätze der Wirtschaftspolitik, Bern/ Tübingen 1952.

EUCKEN, W., Die Grundlagen der Nationalökonomie, 8. Auflage, Berlin et al. 1965.

EUCKEN, W., Die Politik zur Herstellung der Wettbewerbsordnung (1952), in: Ludwig-Erhard-Stiftung (Hrsg.): Grundtexte zur Sozialen Marktwirtschaft, Stuttgart/ New York 1981, 143-162.

EUGH (HRSG.), Entscheidung vom 11.7.1974, Rs 8/74, Dassonville, Slg. 1974, 837, Luxemburg 1974.

EUGH (HRSG.), Entscheidung vom 20.2.1979, Rs 120/78, REWE./.Bundesmonopolverwaltung für Branntwein, Slg. 1979, 649, Luxemburg 1979.

EUROPÄISCHE GEMEINSCHAFTEN (HRSG.), Entschließung des Rates vom 7.5.1985, in: Amtsblatt der Europäischen Gemeinschaften, N° C 136 vom 4.6. 1985, S. 1.

EUROPÄISCHE KOMMISSION (HRSG.), Beschäftigung in Europa 1994, KOM (94) 318, Brüssel 1994.

EUROPÄISCHE KOMMISSION (HRSG.), Weissbuch - Vorbereitung der assoziierten Staaten Mittel- und Osteuropas auf die Integration in den Binnenmarkt der Union, KOM (95) 163 endg., Brüssel 1995a.

EUROPÄISCHE KOMMISSION (HRSG.), Forschung und Technologie: Das vierte Rahmenprogramm (1994-1998), Brüssel 1995b.

EUROPÄISCHE KOMMISSION (HRSG.), Was ist Tacis? Partnerschaft und Zusammenarbeit mit den Neuen Unabhängigen Staaten, Brüssel 1995c.

EUROPÄISCHE KOMMISSION (HRSG.), Phare-Jahresbericht 1994 der Europäischen Kommission, Kom (95) 366 endg., Brüssel 1995d.

EUROPÄISCHE KOMMISSION (HRSG.), Study on alternative strategies for the development of relations in the field of agriculture between the EU and the associated countries with a view to future accession of these countries (Agricultural strategy paper), CSE (95) 607, Brüssel 1995e.

EUROPÄISCHE KOMMISSION (HRSG.), Agricultural Situation and Prospects in the Central and Eastern European Countries, Summary Report, Brüssel 1995f.

EUROPÄISCHE KOMMISSION (HRSG.), Regierungskonferenz 1996 - Stellungnahme der Kommission, Brüssel 1996.

EUROPÄISCHE KOMMISSION (HRSG.), EGKS Finanzbericht 1995, Luxemburg 1996a.

EUROPÄISCHE KOMMISSION (HRSG.), Leistungen der Daseinsvorsorge in Europa, im Internet: http://europa.eu.int/en/record/services/de, 1996b.

EUROPÄISCHE KOMMISSION (HRSG.), Stellungnahme der Kommission, Stärkung der Politischen Union und Vorbereitung der Erweiterung, Brüssel 1996c.

EUROPÄISCHE KOMMISSION (HRSG.), Die Wettbewerbspolitik der Europäischen Gemeinschaft, XXV. Bericht über die Wettbewerbspolitik, Brüssel/ Luxemburg 1996e.

EUROPÄISCHE KOMMISSION (HRSG.), La notoriété des politiques régionales en Europe, Etudes de dévelopment régional N° 23, Luxemburg 1996f.

EUROPÄISCHE KOMMISSION (HRSG.), Central and Eastern Eurobarometer N° 6, Brüssel 1996g.

EUROPÄISCHE KOMMISSION (HRSG.), The impact of the development of the countries of Central and Eastern Europe on the Community territory, Brüssel 1996h.

EUROPÄISCHE KOMMISSION (HRSG.), Massnahmenpaket zur Bekämpfung des schädlichen Steuerwettbewerbs in der Europäischen Union, Mitteilung der Kommission an den Rat und das Europäische Parlament, Luxemburg 1997.

EUROPÄISCHE KOMMISSION (HRSG.), Modernising and improving social protection in the European Union - Communication from the Commission, Brüssel 1997.

EUROPÄISCHE KOMMISSION (HRSG.), Package to tackle harmful tax competition, in: single market news, N° 10/ 1997b, S. 9.

EUROPÄISCHE KOMMISSION (HRSG.), External aspects of economic and monetary union, Euro Papers N° 1, Brüssel 1997d.

EUROPÄISCHE KOMMISSION (HRSG.), Agenda 2000 - Communication of the Commission DOC 97/6, Straßburg 1997e.

EUROPÄISCHES PARLAMENT, Entwurf eines Vertrages zur Gründung der Europäischen Union, vom 14. Februar 1984, in: W. Weidenfeld (Hrsg.), Wie Europa verfaßt sein soll. Materialien zur Politischen Union, Gütersloh 1991, S. 354-385.

EUROPÄISCHES WÄHRUNGSINSTITUT (HRSG.), Die einheitliche Geldpolitik in Stufe 3. Festlegung des Handlungsrahmens, Frankfurt 1997.

EUROPARAT (HRSG.), Conférence des Ministres Européens résponsablesdes collectivités locales, 9e Session, Straßburg 1991.

EUROSTAT (HRSG.), Die Europäische Union in Zahlen, Brüssel 1997.

EVERLING, U., Institutional Aspects of a European Economic and Monetary Union, in: Common Market Law Review, 8 (1971), S. 495-501.

EVERLING, U., Zur Aufteilung der Kompetenzen in einer föderal gegliederten Europäischen Union, in: W. Weidenfeld (Hrsg.), Wie Europa verfaßt sein soll. Materialien zur Politischen Union, Gütersloh 1991, S. 41-49.

EVERLING, U., Wirtschaftsverfassung und Richterrecht in der Europäischen Gemeinschaft, in: U. Immenga (Hrsg.): Festschrift für Ernst-Joachim Mestmäcker: zum siebzigsten Geburtstag, Baden-Baden 1996, 365-380.

EWI (EUROPÄISCHES WÄHRUNGSINSTITUT) (HRSG.), Fortschritte auf dem Wege zur Konvergenz 1996, Frankfurt 1996.

EWRINGMANN, D. ET AL., Die Gemeinschaftsaufgabe „Verbesserung der regionalen Wirtschaftsstruktur“ unter veränderten Rahmenbedingungen, Berlin 1986.

FAINA MEDIN, J. A. - P. PUY FRAGA, A Framework for a Public Choice Analysis of the European Community, in: Economia delle Scelte Pubbliche 2, 1988, S. 141-158.

FALK, M. - N. FUNKE, Zur Sequenz von Reformschritten: Erste Erfahrungen aus dem Transformationsprozeß in Mittel- und Osteuropa, in: Die Weltwirtschaft, 1993 (2), 186-206.

FALKE, A., Die föderale Struktur der USA, in: W.P. Adams - E.-O. Czempiel - B. Ostendorf (Hrsg.), Länderbericht USA I, Bonn 1990, S. 354-364.

FASSMANN, H. - R. MÜNZ (HRSG.), European Migration in the Late Twentieth Century. Historical Patterns, Actual Trends and Social Implications, Aldershot 1994a.

FASSMANN, H. - R. MÜNZ, Patterns and Trends of International Migration in Western Europe, in: dies. (Hrsg.), European Migration in the Late Twentieth Century. Historical Patterns, Actual Trends and Social Implications, Aldershot 1994b, S. 3-33.

FÄRBER, G., Regions in Europe - The Economic Perspective, in: G. Färber - M. Forsyth (Hrsg.), The Regions - Factors of Integration or Disintegration in Europe?, Baden-Baden 1996, S. 23-35.

FELDMANN, H., Eine institutionalistische Revolution? Zur dogmenhistorischen Bedeutung der modernen Institutionenökonomie, Berlin 1995.

FELDMANN, H., Economic and Political Risks of European Monetary Union, in: Intereconomics, 32 (1997a), S. 107-115.

FELDMANN, H., Die beschäftigungspolitischen Beschlüsse von Amsterdam, in: Orientierungen zur Wirtschafts- und Gesellschaftspolitik, (4/1997b), N° 74, S. 22-27.

FELDMANN, H., Über den Gipfeln der Geist von Amsterdam, in: Frankfurter Allgemeine Zeitung, N° 278, 29.11.1997c, S. 17.

FELDSTEIN, M. - C. HORIOKA, Domestic Savings and International Capital Flows, in: Economic Journal, 90 (1980), S. 314-329.

FELS, G., Globalisierung - nur eine mentale Falle, in: iwd, 2.1.1997, N° 2, S. 2-3.

FERBER, W., Der Föderalismus, 2. Auflage, Augsburg 1948.

FIELD, H., Eastwards enlargement and the European Union, Griffith University School of Economics Working Papers N° 6, Brisbane 1996.

FINGER, J.M., GATT's influence on regional arrangements, in: J. de Melo - A. Panagariya (Hrsg.), New dimensions in regional integration, Cambridge 1993, S. 128-148.

FISCHER, T. - H. LAUFER, Föderalismus als Strukturprinzip für die Europäische Union, Gütersloh 1996.

FISHER, R.C., Interjurisdictional Competition: A Summary Perspective and Agenda for Research, in: D.A. Kenyon - J. Kincaid (Hrsg.), Competition among States and Local Governments. Efficiency and Equity in American Federalism, Washington 1991, S.261-274

FLEMMING, J.S., Competition for Resources for Development, The Roles of Markets and International Institutions, in: L. Bekemans - L. Tsoukalis (Hrsg.), Europe and Global Economic Interdependence, Brüssel 1993, S. 185-195.

FLORES JUBERÍAS, C., The Breakup of the Czecho-Slovak Federation: Political Strategies and Constitutional Choices, in: Il Politico, 61 (1996) 4, S. 537-562.

FOERSTER, R.H., Die Idee Europa 1300 - 1946, München 1963.

FORSYTH, M., The Region in Political Science Analysis, in: G. Färber - M. Forsyth (Hrsg.), The Regions - Factors of Integration or Disintegration in Europe?, Baden-Baden 1996, S. 37-44.

FORTE, F., Development of game theory and of public choice: an interaction, in: J.C. Pardo - F. Schneider (Hrsg.), Current Issues in Public Choice, Cheltenham 1996, S. 145-176.

FORTESCUE, A., Definition einer europäischen Einwanderungspolitik, in: Phillip Morris Institute (Hrsg.), Hin zu einer europäischen Einwanderungspolitik, Brüssel 1993, S. 32-47.

FRAENKEL, E., Das amerikanische Regierungssystem. Eine politologische Analyse, 4. Auflage, Opladen 1981.

FRAENKEL, J.R., Decision-Making in American Government, Boston 1980.

FRANKFURTER INSTITUT (HRSG.), Globalisierter Wettbewerb. Schicksal und Chance, Schriftenreihe Band 32, Frankfurt 1998.

FRANZMEYER, F., 1989: Zur Kehrseite des Binnenmarktkonzpets, in: Konjunkturpolitik, S. 311-328.

FRANZMEYER, F. - B. SEIDEL - C. WEISE, Die Reform der EG-Strukturfonds von 1988, DIW-Beiträge zur Strukturforschung Hef 141, Berlin 1993.

FRAUENKRON, K.-P., Die Beteiligung der Regionen an der politischen Willensbildung im Binnenmarkt- neun Thesen aus der Sicht eines Bundeslandes, in: F. Franzmeyer (Hrsg.), Die Auswirkungen des Binnenmarktes auf die Entwicklung der Regionen in der Europäischen Gemeinschaft, DIW Sonderheft N° 146, Berlin 1991, S. 192-203.

FREY, B.S., Economie politique moderne, Paris 1985a.

FREY, B.S., Internationale Politische Ökonomie, München 1985b.

FREY, B.S., Public Choice - Ergebnisse der letzten zehn Jahre, in: WiSt N° 10, Oktober 1991a, 492-496.

FREY, B.S., The Public Choice View of International Political Economy, in: R. Vaubel - T.D. Willett (Hrsg.), The Political Economy of International Organizations. A Public Choice Approach, San Francisco/ Oxford 1991, S. 7-26.

FREY, B.S. - H. BUHOFER, Internationale Politische Ökonomie, in: Wirtschaftswissenschaftliches Studium, Heft 1, 1986, S. 11-14.

FREY, B.S. - B. GYGI, International Organizations from the Constitutional Point of View, in: R. Vaubel - T.D. Willett (Hrsg.), The Political Economy of International Organizations. A Public Choice Approach, San Francisco/ Oxford 1991, S. 58-78.

FREY, B.S. - W. STROEBE, In Defense of Economic Man: Towards an Integration of Economics and Psychology, in: Schweizerische Zeitschrift für Volkswirtschaft und Statistik, 116 (1980a) 2, S. 119-148.

FREY, B.S. - W. STROEBE, Ist das Modell des Homo Oeconomicus „unpsychologisch"?, in: Zeitschrift für die gesamte Staatswissenschaft, 136 (1980b), S. 82-97.

FREY, B.S. - W. STROEBE, Der Homo Oeconomicus ist entwicklungsfähig, in: Zeitschrift für die gesamte Staatswissenschaft, 137 (1981), S. 293-294.

FREYTAG, A., The European Market for Protectionsim: New Competitors and New Products, in: L. Gerken (Hrsg.), Competition among Systems, London 1995a, S. 231-258.

FREYTAG, A., Die strategische Handels- und Industriepolitik der EG - eine politökonomische Analyse, Köln 1995b.

FREYTAG, A., Die Technologiepolitik der Eruopäischen Union als eine Innovation auf dem politischen Markt, in: G. Prosi - C. Watrin (Hrsg.), Gesundung der Staatsfinanzen - Wege aus der blockierten Gesellschaft, Köln 1995c, S. 336-343.

FRICK, S. - G.V.D. BEEK - F. HÜNGER, Die Regionalpolitik der EU: Reformperspektiven aus finanzwissenschaftlicher Sicht, in: List Forum für Wirtschafts- und Finanzpolitik, 22 (1996) 4, S. 354-376.

FRIEDMAN, M., Choice, Chance, and the Personal Distribution of Income, in: Journal of Political Economy, 61 (1953), S. 277-290.

FRIEDRICH, C.J., Die Einigung Europas in amerikanischer Perspektive, in: A. Hunold (Hrsg.), Europa - Besinnung und Hoffnung, Erlenbach-Zürich 1957, S. 59-71.

FRIEDRICH, C.J., Trends of Federalism in Theory and Practice, London 1968.

FRIEDRICH, C.J., Europe. An Emergent Nation ?, New York/ Evanston 1969.

Friedrich-Ebert-Stiftung (Hrsg.), Handbuch zur Europäischen Währungsunion, Bonn 1996.

FROOT, K.A. - J.C. STEIN, Exchange Rates and Foreign Direct Investment: An Imperfect Capital Markets Approach, in: Quarterly Journal of Economics, 106 (1989), S. 1191-1217.

FÜCHSEL, W.-D., Gemeinschaftsaufgaben, Spardorf 1985.

FUEST, C., Eine Fiskalverfassung für die Europäische Union, Untersuchung zur Wirtschaftspolitik N° 100, Köln 1995.

FUCKS, W., Formeln zur Macht. Prognosen über Völker, Wirtschaft, Potentiale, Reinbek 1967.

FUKUYAMA, F., Das Ende der Geschichte, München 1992.

FÜRST, D., Region in der Regionalpolitik - eine wirtschaftspolitische Sicht, in: G. Brunn (Hrsg.), Region und Regionsbildung in Europa, Baden-Baden 1996, S. 69-83.

FURUBOTN, E.G. - R. RICHTER, The New Institutional Economics. A Collection of Articles form the Journal of Institutional and Theoretical Economics, Tübingen 1991.

FUTUYAMA, D.J., Evolutionsbiologie, Basel/Boston/Berlin 1990.

GABBE, J., Konzept und Praxis der Europäischen Grenzregionen, in: E. Schleberger - M. Scholle - H. Siedentopf (Hrsg.), Europäische Regionalpolitik, Baden-Baden 1997, S. 49-57.

GABRISCH, H., Die Haltung der EU gegenüber Mittel- und Osteuropa nach dem Kopenhagener Gipfel und vor der Überprüfung des Maastricht-Vertrages, in: Institut für Wirtschaftsforschung Halle (Hrsg.): Die Integration osteuropäischer Reformstaaten in die EU, Halle 1995.

GABRISCH, H., Gesamtwirtschaftliche Anpassungsprozesse in mittel- und osteuropäischen Ländern nach einem Beitritt zur EU, in: Beihefte der Konjunkturpolitik, Maastricht II - Entwicklungschancen und Risiken der EU, 1996, S. 123-155.

GALTUNG, J., Eine strukturelle Theorie der Integration, in: G. Doeker - F. Veitl (Hrsg.), Regionalismus und regionale Integration: zur Theorie der regionalen Integration, Frankfurt/ Main 1981, S. 129-161.

GASTEYGER, C., Europa zwischen Spaltung und Einigung 1945 bis 1993, Bonn 1994.

GATZKE, W., Ökonomische Analyse freiwilliger Exportselbstbeschränkungsabkommen, München 1990.

GÉLÉDAIN, A., Histoire des pensées économiques: les fondateurs, Paris 1988.

GERKEN, L., Politische und ökonomische Integration in Europa, in: ders. (Hrsg.), Europa 2000 - Perspektive wohin? Die europäische Integration nach Maastricht, Freiburg/ Brsg. 1993, S. 13-38.

GERKEN, L., Nicht alles über einen Leisten, in: Frankfurter Allgemeine Zeitung, N° 281, 2.12.1995, S. 17.

GERKEN, L., Institutional Competition: An Orientative Framework, in: ders. (Hrsg.), Competition among Institutions, London 1995a, S. 1-33.

GERKEN, L., Institutional Competition: An Orientative Framework, in: ders. (Hrsg.): Competition among Institutions, London et al. 1995, 1-34.

GIARDA, P., Alcune proprietà di un sistema di federalismo fiscale, in: Quaderni di economia e finanza, 4 (1995) 2, S. 5-30.

GIERSCH, H., Schumpeter and the Current and Future Development of the World Economy, in: H. Frisch (Hrsg.), Schumpeterian Economics, New York 1982, S. 49-59.

GIERSCH, H., Internal and External Liberalisation for Faster Growth, Commission of the European Communities Economic Papers N° 54, Brüssel 1987.

GIERSCH, H., Anmerkungen zum weltwirtschaftlichen Denkansatz, in: Weltwirtschaftliches Archiv, Band 125 (1989), S. 1-16.

GIERSCH, H., Europa 1992 - Ordnungspolitische Chancen und Risiken, Fredrich A. von Hayek-Vorlesung 1989, Freiburg/ Brsg. 1990.

GIERSCH, H., Europas Wirtschaft 1991. Ordnungspolitische Aufgaben in Ost und West, Bad Homburg 1991.

GIERSCH, H., Freihandel und Ordnungspolitik, in: Herbert Quandt-Stiftung (Hrsg.), Nach der Reform der Welthandelsordnung, Dokumentation N° 13 der Herbert Quandt-Stiftung, Bonn 1995.

GIERSCH, H., Wertgesichert, wachstumsfreundlich: eine Euro-Vision, in: Frankfurter Allgemeine Zeitung, N° 300, 27.12.1997, S. 13.

GIRNIUS, K., ... Or Corral the Baltics, in: Wall Street Journal Europe, 20.3.1997, S. 6.

GLAESNER, H.-J., Die Einheitliche Europäische Akte, in: Europarecht, 21 (1986) 2, S. 119-152.

GOEBEL, J., Tarifanpassung Ost-West, in: Arbeit und Arbeitsrecht, 3/1995, S. 76-80.

GOLDSTEIN, P., Eurostat's Budget Rulings Aid Italy And Give a Luster to Gold Prices, in: Wall Street Journal Europe, 4.2.1997, 2.

GOPPEL, T., Der Zwang zur Gemeinsamkeit, in: Bayernkurier, 29.5.1993.

GRAAFF, A.D., On the Entreprenuer, in: Institute for Humane Studies (Hrsg.), Toward Liberty, Essays in honor of Ludwig von Mises on the occasion of his 90th birthday, September 29, 1971, Band 1, Menlo Park 1973, S. 380-392.

GRAF, H.-G., „Muster-Voraussagen" und „Erklärungen des Prinzips" bei F.A. von Hayek, Tübingen 1978.

GRANELL, F., The European Union's Enlargement Negotiations with Austria, Finland, Norway and Sweden, in: Journal of Common Market Studies, 33 (1995) 1, S. 117-141.

GRAUMANN, M., Leitbilder der Wettbewerbstheorie, in: Wirtschaft und Studium, 8-9/1993, S. 659-662.

GRAY, C., The influence of the Committee of the Regions. Upon the policy of the European Union - possibilities and limits, in: G. Färber - M. Forsyth (Hrsg.), The Regions - Factors of Integration or Disintegration in Europe?, Baden-Baden 1996, S. 271-276.

GRAZIANI, G., Threats and opportunities for West European industry deriving from trade liberalization with Central and Eastern Europe, in: R. Dobrinsky - M. Landesmann (Hrsg.), Transforming Economies and European Integration, Aldershot 1994, S. 168-190.

GRAZZINI, L. - YPERSELE, T.V., Tax Harmonisation and Political Competition, CORE Discussion Paper N° 9754, Université Catholique de Louvain, Löwen 1997.

GROEBEN, H.V.D., Aufbaujahre der Europäischen Gemeinschaft, Baden-Baden 1982.

GROEBEN, H.V.D. - MESTMÄCKER, E.-J., Verfassung oder Technokratie für Europa, Frankfurt/ Main 1974.

GRÖNER, H., Integrationsmerkmale und Integrationsmethoden: Die ordnungspolitische Konzeption der EG im Wandel, in: H. Gröner - A. Schüller (Hrsg.), Die europäische Integration als ordnungspolitische Aufgabe, Stuttgart et al. 1993, S. 3-19.

GROS, D. - A. STEINHERR, Winds of change, London 1995.

GROSS, H., Manager von Morgen, Düsseldorf 1950.

GROUTAGE, C. - P. ZANGL, Next Steps in EC Budgetary Policy, in: H. Cowie (Hrsg.), Towards Fiscal Federalism, London 1992, S. 1-9.

GRUNWALD, J., Die EG als Rechtsgemeinschaft, in: M. Röttinger - C. Weyringer, Handbuch der europäischen Integration, Wien 1996, S. 43-71.

GULMAN, C., The Single European Act - Some Remarks from a Danish Perspective, in: Common Market Law Review, 24 (1987), S. 31-40.

GUMPEL, W., Die Assoziierung der osteuropäischen Länder an die Europäische Union, in: Südosteuropa Mitteilungen, 34 (1994) 3, S. 179-186.

GUNDLACH, E. - P. NUNNENKAMP, Falling Behind or Catching Up? Developing Countries in the Era of Globalization, Kiel Discussion Papers N° 263, Kiel 1996.

HAAPARANTA, P., Competition for Foreign Direct Investment, Helsinki School of Economics Discussion Paper N° 11, Helsinki 1994.

HAAS, E.B., The Uniting of Europe, London 1958.

HAAS, E.B. - P.C. SCHMITTER, Wirtschaft und unterschiedliche Muster politischer Integration, in: G. Doeker - F. Veitl (Hrsg.), Regionalismus und regionale Integration: zur Theorie der regionalen Integration, Frankfurt/ Main 1981, S. 163-181.

HABERLER, G., The Political Economy of Regional or Continental Blocs, in: S.E. Harris, Postwar Economic Problems, New York/ London 1943, S. 325-344.

HACH, R., Das Subsidiaritätsprinzip in der Europäischen Union aus der Perspektive der Bundesregierung, in: R. Hrbek (Hrsg.), Das Subsidiaritätsprinzip in der Europäischen Union - Bedeutung und Wirkung für ausgewählte Politikbereiche, Baden-Baden 1995, S. 17-34.

HÄUSER, K., Über Ansätze zur Theorie der Staatsausgaben, in: H. Timm - H. Haller (Hrsg.), Beiträge zur Theorie der öffentlichen Ausgaben, Schriften des Vereins für Socialpolitik Band 47, Berlin 1967, S. 36-65.

HAGEN, J.V., The Political Economy of Eastern Enlargement of the EU, in: L. Ambrus-Lakatos - M.E. Schaffer (Hrsg.), Coming to Terms with Accession. Forum Report of the Economic Policy Initiative N° 2, Warschau et al. 1996, S. 1-41.

HAHN, F.H., On the notion of equilibrium in economics, Cambridge 1973.

HAIBACH, G., Comitology after Amsterdam: A Comparative Analysis of the Delegation of Legislative Powers, in: EIPASCOPE, 1997, N° 3, S. 2-8.

HALLER, H., Die Bedeutung des Äquivalenzprinzips für die öffentliche Finanzwirtschaft, in: Finanzarchiv, 21 (1961) 2, S. 248-260.

HALLET, M., National and Regional Development in Central and Eastern Europe: Implications for EU Structural Assistance, European Commission Economic Papers N° 120, Brüssel 1997.

HALLSTEIN, W., Die echten Probleme der europäischen Integration, Kieler Vorträge N° 37, Kiel 1965.

HALLSTEIN, W., Der unvollendete Bundesstaat, Düsseldorf 1969.

HALLSTEIN, W., Die Europäische Gemeinschaft, Düsseldorf 1973.

HALM, G.N., Wirtschaftssysteme. Eine vergleichende Darstellung, Berlin 1960.

HAMA, N., Disintegration Europe, London 1996.

HAMACHER, S. - W. KLEIN, Finanz- und geldpolitische Implikationen der Vollendung des europäischen Binnenmarktes und der Schaffung der Wirtschafts- und Währungsunion, in: H. Gröner - A. Schüller, Die europäische Integration als ordnungspolitische Aufgabe, Stuttgart et al. 1993.

HAMADA, KOICHI, The Economic Consequences of a Declining Hegemon, Yale University Economic Growth Center Discussion Paper N° 756, New Haven 1996.

HANAPPI, G., Methoden der evolutionären Ökonomie, in: Wirtschaftspolitische Blätter, 42 (1995) 6, 433-445.

HANSEN, J.D. - H. HEINRICH - J. U.-M. NIELSEN, An Economic Analysis of the EC, 2. Auflage, London et al. 1992.

HARDES, H.-D. - F. SCHMITZ, Die Entwicklung der Arbeitskosten in der Europäischen Gemeinschaft. Eine empirische Bestandsaufnahme und Analyse von Entwicklungsszenarien der Lohnpolitik, in: Jahrbücher für Nationalökonomie und Statistik 1994, Band 213, heft 6, S. 646-669.

HARHOFF, F., Greenland's Withdrawal from the European Communities, in: Common Market Law Review, 20 (1983), S. 13-33.

HARROP, J., The Political Economy of Integration in the European Community, Aldershot 1989.

HARTMANN, M., Notwendigkeit und Chancen einer Reform der GAP vor dem Hintergrund einer EU-Osterweiterung, in: Institut für Wirtschaftsforschung Halle (Hrsg.), Die Integration osteuropäischer Reformstaaten in die EU, Halle 1995, S. 31-49.

HARTWIG, K.-H., Selbstbindung und Verantwortung von Gruppen und Verbänden, in: Ludwig-Erhard-Stiftung (Hrsg.): Grundtexte zur Sozialen Marktwirtschaft, Stuttgart 1994, 759-772.

HARVIE, C., Economic Transition and Macroeconomic Performance in the Czech Republic, Hungary and Poland: And Prospects for Membership of the European Union, University of Wollogong Department of Economics Working Paper Series, WP 96-10, Wollogong 1996.

HASSEL, K.U.VON, Möglichkeiten der Parlamentarisierung Europas, in: Hermann-Ehlers-Akademie (Hrsg.), Perspektiven einer freiheitlichen Entwicklung Europas, Schriften der HEA 4, Kiel 1976, S. 5-14.

HASSELBACH, K., Der Ausschuß der Regionen in der Europäischen Union, Köln et al. 1996.

HAYEK, F.A. VON, Wirtschaftstheorie und Wissen, in: Individualismus und wirtschaftliche Ordnung, Erlenbach/ Zürich 1952a, S. 49-77,wiederabgedruckt aus „Economica", IV (Neue Seire 1937), S. 33-54.

HAYEK, F.A. VON, Sozialisitische Wirtschaftsrechnung I: Natur und Geschichte des Problems, in: Individualismus und wirtschaftliche Ordnung, Erlenbach/ Zürich 1952b, S. 156-191,wiederabgedruckt aus „Collectivist Economic Planning“, London 1935..

HAYEK, F.A. VON, Sozialistische Wirtschaftsrechnung II: Der Stand der Diskussion, in: Individualismus und wirtschaftliche Ordnung, Erlenbach/ Zürich 1952c, S. 192-232,wiederabgedruckt aus „Collectivist Economic Planning“, London 1935.

HAYEK, F.A. VON, Sozialistische Wirtschaftsrechnung III: Die Wiedereinführung des Wettbewerbs, in: Individualismus und wirtschaftliche Ordnung, Erlenbach/ Zürich 1952d, S. 233-267, wiederabgedruckt aus „Collectivist Economic Planning“, London 1935.

HAYEK, F.A. VON, Die Tatsachen der Sozialwissenschaften, in: Individualismus und wirtschaftliche Ordnung, Erlenbach/ Zürich 1952e, S. 78-102.

HAYEK, F.A. VON, Die Verwertung des Wissens in der Gesellschaft, in: Individualismus und wirtschaftliche Ordnung, Erlenbach/ Zürich 1952f, S. 103-121.

HAYEK, F.A. VON, Die wirtschaftlichen Voraussetzungen föderativer Zusammenschlüsse, in: Individualismus und wirtschaftliche Ordnung, Erlenbach/ Zürich 1952g, S. 324-344.

HAYEK, F.A. VON, Missbrauch und Verfall der Vernunft. Ein Fragment, Frankfurt/Main 1959.

HAYEK, F.A. VON , The Theory of Complex Phenomena (1964), in: ders. (Hrsg.), Studies in Philosophy, Politics and Economics, London 1967, S. 22-42.

HAYEK, F.A. VON, Arten der Ordnung, in: Freiburger Studien, Tübingen 1969a, 32-46.

HAYEK, F.A. VON, Die Ergebnisse menschlichen Handelns, aber nicht menschlichen Entwurfs, in: Freiburger Studien, Tübingen 1969b, 97-107.

HAYEK, F.A. VON, Der Wettbewerb als Entdeckungsverfahren, in: Freiburger Studien, Tübingen 1969c, 249-265.

HAYEK, F.A. VON, Grundsätze einer liberalen Gesellschaftsordnung, in: Freiburger Studien, Tübingen 1969d, 108-125.

HAYEK, F.A. VON, Recht, Gesetz und Wirtschaftsfreiheit, in: Freiburger Studien, Tübingen 1969e, 47-55.

HAYEK, F.A. VON, Die Anschauungen der Mehrheit und die zeitgenössische Demokratie, in: Freiburger Studien, Tübingen 1969f, S. 56-74.

HAYEK, F.A. VON, Die Verfassung der Freiheit, Tübingen 1971.

HAYEK, F.A. VON, Die Theorie komplexer Phänomene, Tübingen 1972.

HAYEK, F.A. VON, Principles or Expediency?, in:.Institute for Humane Studies (Hrsg.), Toward Liberty, Essays in honor of Ludwig von Mises on the occasion of his 90th birthday, September 29, 1971, 3. Auflage, Menlo Park 1973, S. 29-45.

HAYEK, F.A. VON, Der Atavismus „sozialer Gerechtigkeit", in: ders. (Hrsg.), Drei Vorlesungen über Demokratie, Gerechtigkeit und Sozialismus, Tübingen 1977, S. 23-38.

HAYEK, F.A. VON, Choice in Currency: A Way to Stop Inflation, in: D.C. Colander (Hrsg.), Solutions to Inflation, New York et al. 1979, S. 93-103.

HAYEK, F.A.VON, The Sensory Order (1952), London 1987.

HAYEK, F.A.VON, The Road to Serfdom (1944), Chicago 1994.

HAYEK, F.A. VON, Die verhängnisvolle Anmaßung: Die Irrtümer des Sozialismus (1988), Tübingen 1996.

HAZAREESINGH, S., Political Traditions in Modern France, Oxford 1994.

HECKEL, M.V., Lehrbuch der Finanzwissenschaft, Band 1, Leipzig 1907.

HEINEMANN, F., Steuerwettbewerb oder Steuerharmonisierung in Europa?, in: Orientierungen zur Wirtschafts- und Gesellschaftspolitik, N° 73, 1997/3, S. 22-25.

HELLSTRÖM, M., Osterweiterung der EU - Perspektiven für die Ostseekooperation, in: Schleswig-Holsteinischer Landtag (Hrsg.), Kieler Woche Gespräch, Osterweiterung der EU - Perspektiven für die Ostseekooperation, Kiel 1997, S. 7-11.

HELMSTÄDTER, E., Die Geschichte der Nationalökonomie als Geschichte ihres Fortschritts, in: O.Issing (Hrsg.), Geschichte der Nationalökonomie, 3. Auflage, München 1994, 1-14.

HENSEL, J., The Principle of Subsidiarity in the European Union, Diskussionsbeiträge des instituts für Finanzwissenschaft der Albert-Ludwigs-Universität Freiburg/Brsg., N° 42/95, Freiburg 1995.

HERDEGEN, M., Maastricht and the German Constitutional Court: Constitutional Restraints for an „Ever Closer Union", in: Common Market Law Review, 31 (1994), S. 235-249.

HERDER-DORNEICH, P., Politisches Modell zur Wirtschaftstheorie, Freiburg 1959.

HÉRITIER, A., Subsidiaritätsprinzip im Bereich Umweltpolitik, in: R. Hrbek (Hrsg.), Das Subsidiaritätsprinzip in der Europäischen Union - Bedeutung und Wirkung für ausgewählte Politikbereiche, Baden-Baden 1995, S. 87-94.

HERMENS, F.A., Ethik und Außenpolitik, in: F.A. Hermens - M.J. Hillenbrand - A. Rüstow (Hrsg.), Zwischen Politik und Ethik, Köln/ Opladen 1968, S. 52-66.

HERRNFELD, H.-H., Recht europäisch. Rechtsreform und Rechtsangleichung in den Visegrád-Staaten, Gütersloh 1995.

HESSE, J.J., Die politische Komponente, in: T. Ellwein - J. Mittelstraß (Hrsg.), Regionen. Regionalismus. Regionalentwicklung, Oldenburg 1996, S. 61-66.

HESSELBERGER, D., Das Grundgesetz. Kommentar für die politische Bildung, 8. Auflage, Frankfurt/ Main 1991.

HEUSS, E., Allgemeine Markttheorie, Zürich 1965.

HIRSCH, E., Die französischen Planungsmethoden und ihre Ausdehnung auf den gemeinsamen Markt, Ifo-Sonderschrift N° 30, München 1962.

HIRSCHMANN, A.O., Exit, Voice, and Loyalty - Responses to Decline in Forms, Organizations, and States, Cambridge 1970.

HIRSCHMAN, A.O., Abwanderung und Widerspruch, Tübingen 1974.

HIRSCHMAN, A.O., Three uses of political economy in analyzing European integration, in: ders. (Hrsg.), Essays in Trespassing, Economics to Politics and Beyond, Cambridge 1981, S. 266-284.

HÖFER, M.A., Wer ist die letzte Instanz?, in: Capital, 1998, N° 2, S. 90-95.

HOFFMANN-NOWOTNY, H.-J., Europa und die neue „Völkerwanderung". Perpektiven der europäischen Migration nach dem Abbau des „Eisernen Vorhangs", in: D. Bökemann (Hrsg.), Entwicklungschancen aus den neuen Ost-West-Beziehungen, Heidenheimer Schriften zur Regionalwissenschaft August Lösch in Memoriam, Heft 11, S. 32-46.

HOFMANN, W., Rationalismus und Irrationalismus im ökonomischen Denken der Gegenwart, in: Jahrbuch für Sozialwissenschaft, 4 (1959) 10, S. 268-273.

HOFMANN, W., Theorie der Wirtschaftsentwicklung. Vom Merkantilismus bis zur Gegenwart, Berlin 1966.

HOLAHAN, W., Cartel problems: Comment, in: American Economic Review, 68 (1978) 5, S. 942-946.

HOLCOMBE, R.G. - J.D. GWARTNEY, Political Parties and the Legislative Principal-Agent Relationship, in: Journal of Institutional and Theoretical Economics, 145 (1989), 669-675.

HOLDERBAUM, K., Chancen für eine europäische Kartellbehörde?, in: Europarecht, 2 (1967) 2, S. 116-132.

HOLTZMANN, H.-D., Zweifelhafte Erfolgsbilanz der europäischen Kohäsionspolitik, in: Deutsche Bank Research Bulletin, 20.12. 1996, S. 20-26.

HOLZEM, R., Industriepolitik und Wirtschaftsordnung: ordnungstheoreische Bewertung von Schwerpunkten der europäischen Industriepolitik und der deutschen Forschungs- und Technologiepolitik, Frankfurt/ Main 1995.

HOLZMANN, R. ET AL., Pressure to Adjust: Consequences for the OECD Countries from Reforms in Eastern Europe, in: Empirica, 21 (1994), 141-196.

HOMANN, K. - C. KIRCHNER, Das Subsidiaritätsprinzip in der Katholischen Soziallehre und in der Ökonomik, in: L. Gerken (Hrsg.), Europa zwischen Ordnungswettbewerb und Harmonisierung, Heidelberg 1995, S. 45-69.

HOOGHE, L., Belgian Federalism and the European Community, in: M. Keating - B. Jones, The European Union and the Regions, Oxford 1995, S. 135-165.

HOPPMANN, E., Wettbewerb als Norm der Wettbewerbspolitik, in: ORDO 18 (1967), 77-93.

HOPPMANN, E., Gleichgewicht und Evolution, in: Erich Carell, Ansprachen und Vorträge auf der Festveranstaltung der Wirtschaftswissenschaftlichen Fakultät der Julius-Maximilians-Universität Würzburg zum 75. Geburtstag von Erich Carell am 23. Juni 1980 im Toscana-Saal der Residenz, Baden-Baden 1980.

HOPPMANN, E., Wettbewerb und Werbung, in: Wirtschaft und Wettbewerb, (1983) 10, S. 776-779.

HOPPMANN, E., Moral und Marktsystem, in: ORDO, 41 (1990), 3-26.

HOTELLING, H., Stability in Competition, in: Economic Journal, 39 (1929) März, 41-57.

HOTZE, H., Waigels Warnschüsse an die Adresse der EU-Partner, in: Welt am Sonntag, N° 29, 21.7.1996, 31.

HOUSSIAUX, J., Concurrence et Marché commun, Paris 1960.

HOWARTH, D., The Compromise on Denmark and the Treaty on European Union: A Legal and Political Analysis, in: Common Market Law Review, 31 (1994), S. 765-805.

HOWELL, D., There's No Shame in Euro „Wait-and-See“, in: Wall Street Journal Europe, 2.10.1996, S. 8.

HRBEK, R., Die deutschen Länder in der EG-Politik, in: Aussenpolitik, 38 (1987) 2, S. 120-132.

HRBEK, R. - W. WESSELS, Nationale Interessen der Bundesrepublik Deutschland und der Integrationsprozeß, in: dies. (Hrsg.), EG-Mitgliedschaft: ein vitales Interesse der Bundesrepublik Deutschland?, Bonn 1984, S. 29-69.

HUBER, B., Der Steuerwettbewerb: Gefahr oder Chance?, in: List Forum für Wirtschafts- und Finanzpolitik, 23 (1997) 3, S. 242-256.

HUFBAUER, G., World Economic Integration: The Long View, in: Economic Insights, 30 (1991), S. 26-27.

HUNTINGTON, S.P., American Politics: The Promise of Disharmony, Cambridge (Mass.) 1981.

HUNTINGTON, S.P., The Clash of Civilizations?, in: A. Clesse (Hrsg.), The International System after the Collapse of the East-West Order, Dordrecht 1994, S. 7-27.

HURTER, H. (Hrsg.), S. Ambrosii Mediolanensis Episcopi de Sacramentis liber IV, Sanctorum Patrum oposcula selecta, XXXVII, Innsbruck 1878.

INGRAM, J.C., The Case for European Monetary Integration, Essays in International Finance N° 98, Princeton University, Princeton 1973.

INMAN, R.P. - D.L. RUBINFELD, The political economy of federalism, in: D.C. Mueller: Perspectives on public choice: a handbook, Cambridge 1997, S. 73-105.

INOTAI, A., From the Association Agreements to Full Membership? The Dynamics of Relations Between the Central and Eastern European Countries and the European Union, Budapest 1995.

IoD (INSTITUTE OF DIRECTORS) (HRSG.), A New Agenda for European Prosperity, London 1994.

INSTITUT DER DEUTSCHEN WIRTSCHAFT (HRSG.), Standortproblem bleibt, in: iwd, 21 (1995) 12, S. 1.

INSTITUT DER DEUTSCHEN WIRTSCHAFT (HRSG.), Arbeitskosten in Osteuropa - Weiterhin attraktiv fürs Ausland, in: iwd, 22 (1996) 6, S. 3.

INSTITUT DER DEUTSCHEN WIRTSCHAFT (HRSG.), Mittel- und Osteuropa. Die sieben mageren Jahre sind vorbei, in: iwd, 24 (1998a) 9, S. 4-5.

INSTITUT DER DEUTSCHEN WIRTSCHAFT (HRSG.), Kapital in der Einbahnstraße, in: iwd, 24 (1998b) 10, S. 1.

ISSING, O., Die Unabhängigkeit der Bundesbank, in: Geld- und Währungspolitik in der Bundesrepublik Deutschland, Beiheft zur Kredit und Kapital, N° 7, 1982, S. 49-60.

JACHTENFUCHS, M., Die EG nach Maastricht, in: Europa-Archiv, Folge 10/1992, S. 279-287.

JACQUEMIN, A. - A. SAPIR, Is a European Hard Core Credible? A Statistical Analysis, in: Kyklos, 49 (1996) 2, S. 105-117.

JAEGER, F., Institutionelle und kognitive Probleme bei der marktwirtschaftlichen Umgestaltung planwirtschaftlicher Systeme: Erfahrungen in Rußland und Tadschikistan, in: J. Bolten - M. Dathe (Hrsg.), Transformation und Integration, Bayreuth 1994, S. 9-25.

JAENSCH, D. (HRSG.), The politics of „new federalism“, Adelaide 1977.

JANNING, J., Europa braucht verschiedene Geschwindigkeiten, in: Europa-Archiv, 49 (1994), Folge 18, S. 527-536.

JANNING, J. - W. WEIDENFELD, Fortschritt oder Zerfall, in: Frankfurter Allgemeine Zeitung, N° 18, 22.1.1996, S. 10.

JANSEN, M., History of European Integration 1945-1975, Occasional Papers of the Europa Instituut N° 1, University of Amsterdam, Amsterdam 1975.

JANSSENS, S., Globalisation, Wages and Employment in Industrialised Countries: An overview, Leuven Institute for Central and East European Studies, Working Paper 61/1997, Löwen 1997.

JARASS, H.D., Elemente einer Dogmatik der Grundfreiheiten, in: Europarecht, 30 (1995) 3, S. 202-226.

JASAY, A. DE, The State, Oxford 1985.

JENKINS, M., Britain and the Community Budget: The End of a chapter, in: Common Market Law Review, 17 (1980), S. 493-507.

JENS, U., Schocktherapie oder Gradualismus? Zur Transformation einer Zentralverwaltungswirtschaft, in: Wirtschaftsdienst, 1993/ III, 158-164.

JEPPESEN, T., Subsidiarity: A Janus Head?, Odense Universitet European Studies Discussion Paper N° 11/1995, Odense 1995.

JOCHIMSEN, R., Die europäische Wirtschafts- und Währungsunion - eine Chance für das geeinte Deutschland, Erich Schneider-Gedächtnisvorlesung 1991, Kiel 1992.

JOCHIMSEN, R., Koordinationsprobleme europäischer Fachpolitiken: Das Beispiel der Geld- und Währungspolitik, in: Karl, H. (Hrsg.): Die Koordination der Finanz-, Währungs- und Strukturpolitik in der EU, Bonn 1996, 79-116.

JOHANNSEN, H.-M., Europäische Finanzreform 2000 - Schlanke Finanzen für ein zukunftsfähiges Europa, in: trend. Zeitschrift für soziale Marktwirtschaft, II. Quartal '97, N° 71, S. 75-77.

JOHNSON, H.G., Vorteile, Nachteile, Alternativen für Großbritannien, in: Wirtschaftsrat der CDU (Hrsg.), Euroforum 68. Europa in der Welt von Morgen. Protokolle, Bonn 1968, S. 131-136.

JOHNSON, H.G., The Efficiency and Welfare Implications of International Corporation, in: C. P. Kindleberger (Hrsg.), The International Corporation, Cambridge (Mass.) 1969, S. 35-56.

JONES, T., French hold out for their man, in: European Voice, 20.2.1997, 11.

JOSLING, T.E. - S. TANGERMANN, Pre-accession agricultural policies for central Europe and the European Union, Final report, Brüssel 1994.

JUNCKER, J.-C., Rede, in: Fraktion der Europäischen Volkspartei (Hrsg.), Subsidiarität - Erweiterung - Demokratisierung, London 1992, S. 29-32.

JUNG, C., Subsidiarité et nation: L'Europe à la recherche de son identité, in: Banque International à Luxembourg (Hrsg.), les cahiers de la BIL, N° 1, 1996.

JUNGMITTAG, A. - P.J.J. WELFENS, Politische Ökonomie der Europäischen Währungsunion und Stabilitätspolitik, EIIW Diskussionsbeitrag N° 42, Potsdam 1998.

KAISER, Corinne, Macht und Wettbewerb in der europäischen Integration - Eine Public-choice-Analyse unter besonderer Berücksichtigung der Sozialpolitik, in: Volkswirtschaftliche Diplomarbeit, Duisburg 1995.

KAISER, J.H., Grenzen der EG-Zuständigkeit, in: Europarecht, 15 (1980) 2, S. 97-118.

KALTEFLEITER, W., Die Bedeutung der föderativen Ordnung für das Parteiensystem der Bundesrepublik Deutschland, in: Jürgen Jekewitz, Michael Melzer, Wolfgang Zeh (Hrsg.), Politik als gelebte Verfassung, Opladen 1980a, S. 210-218.

KALTEFLEITER, W., The political principles of German federalism, in: R.L. Mathews (Hrsg.), Federalism in Australia and the Federal Republic of Germany - A comparative study, Canberra 1980b.

KALTEFLEITER, W., Der systemische Konflikt in den internationalen Beziehungen der Gegenwart, in: Aus Politik und Zeitgeschichte, B 41/82, S. 19-29.

KALTEFLEITER, W., Die Grenzen der Demokratie, in: H. Hattenhauer - W. Kaltefleiter (Hrsg.), Mehrheitsprinzip, Konsens und Verfassung, Heidelberg 1986, S. 137-150.

KALTEFLEITER, W., Doppelbegriff. Die Bedeutung politischer Institutionen, in: Die neue Ordnung, 1988, N° 2, S. 95-104.

KALTEFLEITER, W., Politische Probleme der Transformation, in: C. Hermann-Pillath - O. Schlecht - H.-F. Wünsche (Hrsg.), Marktwirtschaft als Aufgabe. Wirtschaft und Gesellschaft im Übergang vom Plan zum Markt, Stuttgart/ New York 1994a, S. 611-624.

KALTEFLEITER, W., Politische Wissenschaft und Wirtschaftsordnung, in: H. Jäkkel (Hrsg.), Die neue Bundesrepublik, Baden-Baden 1994b, S. 53-56.

KALTEFLEITER, W., Wähler und Kunden als Könige in Demokratie und Marktwirtschaft, in: trend, N° 72, 1997/3, S. 45-49.

KAMMLER, H., Souveräne Gleichheit? Führung und Herrschaft in der Staatengesellschaft als Gestaltungsfaktoren internationaler Ordnung, in: E. Keynes - U. Schumacher (Hrsg.), Denken in Ordnungen in der Politik, Frankfurt/ Main 1997, S. 63-76.

KANT, I., Zum ewigen Frieden (1795), in: H.F. Klemme (Hrsg.), Immanuel Kant. Über den Gemeinspruch: Das mag in der Theorie richtig sein, taugt aber nicht für die Praxis - Zum ewigen Frieden, Hamburg 1992, S. 49-135.

KANTZENBACH, E., Wettbewerbspolitik versus Industriepolitik, in: Arbeitsgemeinschaft deutscher wirtschaftswissenschaftlicher Forschungsinstitute e.V. (Hrsg.), Maastricht II - Entwicklungschancen und Risiken der EU: Erweiterung, Vertiefung oder Stagnation, Beihefte der Konjunkturpolitik N° 44, 1996, S. 43-57.

KAPTEYN, P., The stateless market, London 1996.

KAS (KONRAD ADENAUER STIFTUNG)(HRSG.), Das Finanzsystem der EU: Neue Ansätze und Perspektiven, Interne Studien N° 142, Sankt Augustin 1997.

KASPER, W., Federations: Competing Jurisdictions, Diskussionsbeitrag 05-96 des Max-Planck-Instituts zur Erforschung von Wirtschaftssystemen, Jena 1996.

KAUFER, E., Industrieökonomik, München 1980.

KAWECKA-WYRZYKOWSKA, E., On the Benefits of the Accession for Western and Eastern Europe, in: L. Ambrus-Lakatos - M.E. Schaffer (Hrsg.), Coming to Terms with Accession. Forum Report of the Economic Policy Initiative N° 2, Warschau et al. 1996, S. 85-107.

KEATING, M., Introduction, in: M. Keating - B. Jones (Hrsg.), Regions in the European Community, Oxford 1985, S. 1-19.

KEATING, M., Europeanism and Regionalism, in: M. Keating - B. Jones (Hrsg.), The European Union and the Regions, Oxford 1995, S. 1-22.

KEES, A., Zur Strategie europäischer Konjunkturpolitik, in: Integration, 2 (1970), S. 95-103.

KEMP, M.C. - H.Y. WAN, An Elementary Proposition Concerning the Formation of Customs Unions, in: Journal of International Economics, 6 (1976), S. 95-97.

KEMPSKI, J. VON, Zur Logik der Ordnungsbegriffe, in: H. Albert (Hrsg.), Theorie und Realität, Tübingen 1972, S. 115-170.

KENYON, D.A. - J. KINCAID, INTRODUCTION, in: dies. (Hrsg.), Competition among States and Local Governments. Efficiency and Equity in American Federalism, Washington 1991, S. 1-33.

KEOHANE, R.O., After Hegemony. Cooperation and Discord in the World Political Economy, Princeton 1984.

KEOHANE, R.O. - J.S. NYE, Power and Interdependence. World Politics in Transition, Boston/ Toronto 1977.

KERBER, W., Zum Problem einer Wettbewerbsordnung für den Systemwettbewerb, Manuskript, Bochum 1997, erscheint in: Jahrbuch für Neue Politische Ökonomie 1998..

KERBER, W., Die EU-Beihilfenkontrolle als Wettbewerbsordnung: Probleme aus der Perspektive des Wettbewerbs zwischen Jurisdiktionen, erscheint in: D. Cassel (Hrsg.), Europäische Integration als ordnungspolitische Gestaltungsaufgabe, Berlin 1998.

KERBER, W. - V. VANBERG, Institutional Competition among Jurisdictions: An Evolutionary Approach, in: Constitutional Political Economy, 5 (1994) 2, S. 193-219.

KEVENHÖRSTER, P., Kollektive Güter und organisierte Interessen, in: W. Dettling (Hrsg.): Macht der Verbände - Ohnmacht der Demokratie?, München/ Wien 1976, 189-220.

KIELMANNSEGG, P. GRAF, Einige historische Bemerkungen zum Thema „Föderation", in: in: W. Weidenfeld (Hrsg.), Wie Europa verfaßt sein soll. Materialien zur Politischen Union, Gütersloh 1991, S. 50-61.

KINDLEBERGER, C.P., American Business Abroad, New Haven 1969.

KINDLEBERGER, C.P., The World in Depression 1929-1933, London 1973.

KINDLEBERGER, C.P., International Public Goods Without International Government, in: American Economic Review, 76 (1986) 1, S. 1-13.

KINSKY, FERDINAND GRAF, Föderalismus: ein Weg aus der Europakrise, Bonn 1986.

KIRCHGÄSSNER, G., Homo Oeconomicus, Tübingen 1991.

KIRCHHOF, P., Europäische Einigung und der Verfassungsstaat der Bundesrepublik Deutschland, in: J. Isensee (Hrsg.), Europa als politische Idee und rechtliche Form, 2. Auflage, Berlin 1994, S. 63-101.

KIRSCH, G., Einleitung, in: ders. (Hrsg.), Föderalismus, Stuttgart/ New York 1977, S. 1-14.

KIRSCH, G., Über zentrifugale und zentripetale Kräfte im Föderalismus, in: K. Schmidt (Hrsg.), Beiträge zu ökonomischen Problemen des Föderalismus, Berlin 1987, S. 13-34.

KIRSCH, G., Neue Politische Ökonomie, 3. Auflage, Düsseldorf 1993.

KIRZNER, I.M., The Economic Point of View, Princeton et al. 1960.

KIRZNER, I.M., Wettbewerb und Unternehmertum, Tübingen 1978.

KITTSTEINER, H.-D., Ethik und Teleologie: Das Problem der „unsichtbaren Hand“ bei Adam Smith, in: F.-X. Kaufmann - H.-G. Krüsselberg, Markt, Staat und Solidarität bei Adam Smith, Frankfurt/ New York 1984.

KIWIT, D. - S. VOIGT, Überlegungen zum institutionellen Wandel unter Berücksichtigung des Verhältnisses interner und externer Institutionen, in: ORDO, 46 (1995a), S. 117-148.

KIWIT, D. - S. VOIGT, Black Markets, Mafiosi and the Prospect for Economic Development in Russia - analyzing the Interplay of External and Internal Institutions, Diskussionsbeitrag 05-95 des Max-Planck-Instituts zur Erforschung von Wirtschaftssystemen, Jena 1995b.

KIWIT, D. - S. VOIGT, Grenzen des institutionellen Wettbewerbs, Diskussionsbeitrag 05-97 des Max-Planck-Instituts zur Erforschung von Wirtschaftssystemen, Jena 1997.

KLAUS, J., Die konzertierte Aktion als Instrument der neuen Wirtschaftspolitik, Manuskript, Nürnberg o.J.

KLEIN, M., Die Transformation von Ordnungen in der dualistischen Theorie und in der Neuen Politischen Ökonomie, Köln 1995.

KLIEMT, H., Nicht-explanative Funktionen eines „Homo oeconomicus“ und Beschränkungen seiner explanativen Rolle, in: M.J. Holler (Hrsg.), Homo oeconomicus II“, München 1984, S. 7-49.

KLINGEMANN, H.-D., Die Entstehung wettbewerbsorientierter Parteiensysteme in Osteuropa, in: W. Zapf - M. Dierkes (Hrsg.): Institutionenvergleich und Institutionendynamik, WZB-Jahrbuch 1994, Berlin 1994.

KLODT, H. - R. MAURER, Internationale Direktinvestitionen: Determinanten und Konsequenzen für den Standort Deutschland, Kieler Diskussionsbeiträge N° 284, Kiel 1996.

KNIEPS, G., Standardization: The Evolution of Institutions versus Government Intervention, in: L. Gerken (Hrsg.), Competition among Systems, London 1995, S. 283-296.

KOCH, E., Das deutsche Bundesverfassungsgericht als Europäischer Gerichtshof höchster Instanz?, in: U. Immenga (Hrsg.): Festschrift für Ernst-Joachim Mestmäcker: zum siebzigsten Geburtstag, Baden-Baden 1996, 379-409.

KOCH, L.T., Evolutorische Wirtschaftspolitik, Tübingen 1996.

KOELLREUTER, C., Increasing Globalisation: Challenge for the European Regions, in: Europa Institut an der Universität Basel (Hrsg.), Die Globalisierung der Wirtschaft als Herausforderung für die Regionen Europas, Basler Schriften zur europäischen Integration N° 26, S. 30.

KOENIG, C. - C. SANDER, Bleibt der EuGH dem Keck'schen Telos treu?, in: Europäische Zeitschrift für Wirtschaftsrecht, 7 (1996) 1, S. 8-13.

KÖRÖSI, I., The European Union's Influence on the Visegrád Countries and Regional Cooperation, Institute for World economics Working Papers N° 60, Budapest 1996.

KOESTER, U., Grundzüge der landwirtschaftlichen Marktlehre, München 1981.

KÖSTERS, W., Koordinationsprobleme der europäischen Geldpolitik beim Übergang in die dritte Stufe der Währungsunion, in: Karl, H. (Hrsg.): Die Koordination der Finanz-, Währungs- und Strukturpolitik in der EU, Bonn 1996, 59-78.

KOHLMANN, H., Die Europaabkommen zwischen den Visegrád-Staaten und der EU: Grundlagen, Inhalt und Auswirkungen auf die Handelsbeziehungen und die Wirtschaftsstruktur der Visegrád-Staaten, Köln 1997.

KOHLMEY, G, Kapitalistische und Sozialistische Internationalisierung, in: G. Doeker - F. Veitl (Hrsg.), Regionalismus und Regionale Integration: zur Theorie der regionalen Integration, Frankfurt/ Main 1981, S. 345-365.

KOMMISSION DER EUROPÄISCHEN GEMEINSCHAFTEN (HRSG.), Siebenter Gesamtbericht über die Tätigkeit der Gemeinscahft (1.4.1963-31.3.1964), Brüssel 1964.

KOMMISSION DER EUROPÄISCHEN GEMEINSCHAFTEN (HRSG.), Zweiter Gesamtbericht über die Tätigkeit der Gemeinschaften 1968, Brüssel/ Luxemburg 1969.

KOMMISSION DER EUROPÄISCHEN GEMEINSCHAFTEN (HRSG.), Gemeinschaftliche Massnahmen zur Rechtsangleichung (1958-1969), Sonderbeilagen zum Bulletin 6-1970 der Europäischen Gemeinschaften, Brüssel 1970.

KOMMISSION DER EUROPÄISCHEN GEMEINSCHAFTEN (HRSG.), Die Industriestrategie der Gemeinschaft, Brüssel 1982.

KOMMISSION DER EUROPÄISCHEN GEMEINSCHAFTEN (HRSG.), Vollendung des Binnenmarktes. Weißbuch der Kommission an den Europäischen Rat, Brüssel 1985.

KOMMISSION DER EUROPÄISCHEN GEMEINSCHAFTEN (HRSG.), Industriepolitik in einem offenen und wettbewerbsorientierten Umfeld, KOM (90) 556 endg., Brüssel 1990.

KOMMISSION DER EUROPÄISCHEN GEMEINSCHAFTEN (HRSG.), Mitteilung der Kommission vom 27.10.1992, „Das Subsidiaritätsprinzip", (SEK (92) 1990 endg.), Brüssel 1992a.

KOMMISSION DER EUROPÄISCHEN GEMEINSCHAFTEN (HRSG.), Die Erweiterung Europas: eine neue Herausforderung, Bulltin der Europäischen Gemeinschaften, Beilage 3/92, Brüssel 1992b.

KOMMISSION DER EUROPÄISCHEN GEMEINSCHAFTEN (HRSG.), Wachstum, Wettbewerbsfähigkeit, Beschäftigung. Herausforderungen der Gegenwart und Wege ins 21. Jahrhundert, Weißbuch, Bulletin der Europäischen Gemeinschaften, Beilage 6/93, Brüssel 1993.

KOMMISSION DER EUROPÄISCHEN GEMEINSCHAFTEN (HRSG.), Bericht der Kommission an den Europäischen Rat über die Anpassung der geltenden Rechtsvorschriften an das Subsidiaritätsprinzip, Brüssel 1993.

KORCELLI, P., On Interrelations Between Internal and International Migration, in: Innovation, 7 (1994), S. 151-163.

KOZUL-WRIGHT, R. - P. RAYMENT, Closing the Institutional Hiatus in Economies in Transition: Beyond the „State versus Market" Debate, in: M. Knell, Economics of transition: structural adjustments and growth prospects in Eastern Europe, Cheltenham 1996, S. 210-240.

KRÄMER, H.-R., Formen und Methoden der internationalen wirtschaftlichen Integration. Versuch einer Systematik., Kieler Studien N° 95, Tübingen 1969.

KRASNER, S.D., Defending the national interest. Raw Materials Investments and U.S. Foreign Policy, Princeton 1078.

KREILE, M., Integrationspolitische Rahmenbedingungen der Regierungskonferenz. Eine politikwissenschaftliche Skizze, in: R. Hrbek (Hrsg.), Die Reform der Europäischen Union, Baden-Baden 1997, S. 17-21.

KRETSCHMER, F. - R. MITZKEWITZ, Was leistet das Subsidiaritätsprinzip?, in: Zeitschrift für Gesetzgebung, 9 (1994) 1, S. 60-62.

KRIEGER-BODEN, C., Neue Argumente für Regionalpolitik? Zur Fundierung der Regionalpolitik in älteren und neueren regionalökonomischen Theorien, in: Die Weltwirtschaft, (1995) 2, S. 193-215.

KROLL, B., Die Leistungsfähigkeit von Wirtschaftsssystemen - eine systemtheoretisch-allgemeine Untersuchung mit Bezug zu Aufstieg und Niedergang der Polis Athen, Diskussionspapier N° 3 aus dem Institut für Volkswirtschaftslehre der Technischen Universität Ilmenau, Ilmenau 1996.

KRÜGER, M., EG-Industriepolitik: Weniger ist mehr, in: M.E. Streit - S. Voigt (Hrsg.), Europa reformieren, Contributiones Jenenses 4, Baden-Baden 1996, S. 183-194.

KRÜSSELBERG, H.-G., Zur Interdependenz von Wirtschaftsordnung und Gesellschaftsordnung: Euckens Plädoyer für ein umfassendes Denken in Ordnungen, in: ORDO, 40 (1989), S. 223-241.

KÜCHLER, C.-G., „Wettbewerbsfähigkeit" von Standorten - Zur Kontroverse um einen Begriff, in: Schweizer Monatshefte, 75./76. (1996) 12/1, S. 32-35.

KÜHNHARDT, L., Europäische Union und föderale Idee. Europapolitik in der Umbruchzeit, München 1993.

KÜSTERS, H.J., Die Gründung der Europäischen Wirtschaftsgemeinschaft, Baden-Baden 1982.

KUHN, T.S., The Structure of Scientific Revolutions, Chicago 1962.

KUMAR, A., The CEE Countries' Aspirations for Enlargment, in: L. Ambrus-Lakatos - M.E. Schaffer (Hrsg.), Coming to Terms with Accession. Forum Report of the Economic Policy Initiative N° 2, Warschau et al. 1996, S. 42-84.

KUNZ, H., Marktsystem und Information, Tübingen 1984.

KUNZE, R., Kooperativer Föderalismus in der Bundesrepublik. Zur Staatspraxis der Koordinierung von Bund und Ländern, Stuttgart 1968.

KUNZMANN, K.R., Die Region in der Raumplanung, in: G. Brunn (Hrsg.), Region und Regionsbildung in Europa, Baden-Baden 1996, S. 84-99.

KUSCHEL, H.-D., Die Europaabkommen der EG mit Polen, Ungarn und der CSFR, in: Wirtschaftsdienst, 72 (1992) 2, S. 93-100.

LAASER, C.-F., Ordnungspolitik und Strukturwandel im Integrationsprozeß. Das Beispiel Griechenlands, Portugals und Spaniens, Kieler Studie N° 287, Tübingen 1997.

LACHMANN, L.M., Wirtschaftsordnung und wirtschaftliche Institutionen, in: ORDO, 14 (1963), S. 63-77.

LACHMANN, L.M., On the Central Concept of Austrian Economics: Market Process, in: Dolan, E.G., The Foundations of Modern Austrian Economics, Kansas City 1976, 126-132.

LACHMANN, L.M., An Austrian Stocktaking: Unsettled Questions and Tentative Answers, in: L.M. Spadaro, New Directions in Austrian Economics, Kansas City 1978, 1-18.

LACHMANN, P., Some Danish Reflections on the Use of Article 235 of the Rome Treaty, in: Common Market Law Review, 18 (1981), S. 447-461.

LACKHOFF, K. - B. RACZINSKI, Umgekehrte Diskriminierung, in: Europäisches Wirtschafts- und Steuerrecht, 8 (1997) 4, S. 109-117.

LÄUFER, T., Haushaltspolitik, in: W. Weidenfeld - W. Wessels (Hrsg.), Europa von A-Z, 2. Auflage, Bonn 1992, S. 225-234.

LAFFAN, B., The Finances of the European Union, London 1997.

LAFONTAINE, O., Standortwettbewerb kann nicht die Lösung sein, in: Frankfurter Allgemeine Zeitung, N° 147, 27.6.1996, S. 7.

LAMBSDORFF, O.V., Für einen wettbewerblichen Föderalismus in Deutschland, in: Frankfurter Allgemeine Zeitung N° 30, 5.2.1998, S. 19.

LAMERS, KARL, Ein Kerneuropa in der Europäischen Union?, in: Wirtschaftsdienst (1994)10, 495-499.

LAMMERS, K., Braucht die EG einen Finanzausgleich?, in: Beihefte der Konjunkturpolitik, Heft 41, 1993, S. 189-200.

LAMMERS, K., Systemfehler im Finanzausgleich, Wirtschaftsdienst 77 (1997) 8, 430-431.

LANE, R., New Community Competences under the Maastricht Treaty, in: Common Market Law Review, 30 (1993), S. 939-979.

LANG, F.P., Impact of Factor-Market Integration on Supply, Demand and Trade - a Neoclassical Analysis, in: F. P. Lang - R. Ohr (Hrsg.), International Economic Integration, Heidelberg 1995, S. 3-21.

LANG, F.P. - A.M. STANGE, Integrationstheorie: Eine kritische Übersicht, in: Jahrbuch für Sozialwisssenschaften, 2 (1994), S. 141-170.

LANGHAMMER, R.J., Der Regionalismus der neunziger Jahre: Ein „Dejà Vu" regionaler Integration der sechziger Jahre oder neuer Wein in alten Schläuchen, Volkswirtschaftliche Korrespondenz der Adolf-Weber-Stiftung, 36 (1997) 7.

LAPP, S., The Feldstein-Horioka Paradox. A Selective Survey of the Literature, Kiel Working Paper N° 752, Kiel 1996.

LASSER, W., Perspectives on American Government. A Comprehensive Reader, Lexington 1992.

LAUFER, H., Das föderative System der Bundesrepublik Deutschland, 5. Auflage, München 1985.

LAURSEN, F., On Studying European Integration: Integration Theory and Political Economy, in: ders. (Hrsg.), The Political Economy of European Integration, Maastricht 1995, S. 3-29.

LAUWAARS, R.H., Art. 235 als Grundlage für die flankierenden Politiken im Rahmen der Wirtschafts- und Währungsunion, in: Europarecht, 11 (1976) 2, S. 100-129.

LAVIN, D., Overregulation Seen as Main Culprit For German, French Economic Woes, in: Wall Street Journal Europe, 14./15.3.1997, 2.

LEACH, R.H., American federalism, New York 1970.

LECERF, J., Histoire de l'unité européenne, Paris 1965.

LEHMENT, H., Schutzzaun für den Bausektor gefährdet Aufschwung, in: Handelsblatt vom 12.1. 1995.

LEIPOLD, H. , Die EG im Spannungsverhältnis zwischen Konsens und Effizienz, in: derselbe (Hrsg.): Ordnungsprobleme Europas: Die Europäische Union zwischen Vertiefung und Erweiterung, Marburg 1994, S. 1-38.

LEIPOLD, H., Die EU im Spannungsverhältnis zwischen Vertiefung und Erweiterung, in: derselbe (Hrsg.): Ordnungsprobleme Europas: Die Europäische Union zwischen Vertiefung und Erweiterung, Marburg 1994, S. 39-78.

LEIPOLD, H., Der Zusammenhang zwischen gewachsener und gesetzter Ordnung: Einige Lehren aus den postsozialistischen Reformerfahrungen, in: D. Cassel (Hrsg.), Institutionelle Probleme der Systemtransformation, Schriften des Vereins für Socialpolitik, Band 254, Berlin 1997, S. 43-68.

LENAERTS, K., Some reflections on the separation of powers in the European Community, in: Common Market Law Review, 28 (1991), S. 11-35.

LESCHKE, M., Staatsversagen und Demokratie in Europa, Volkswirtschaftliche Diskussionbeiträge N° 188 der Westfälischen Wilhelms-Universität Münster, Münster 1994.

LESCHKE, M., Neue Richtlinien für Europa - Das Urteil des Bundesverfassungsgerichts zum Vertrag von Maastricht aus Sicht der konstitutionellen Ökonomik, in: Zeitschrift für Wirtschaftspolitik, 44 (1995) 1, 3-28.

LESCHKE, M. - E. WESSLING, Evolutorik versus Neoklassik. Eine Analyse auf der Basis der Theorie wissenschaftlicher Forschungsprogramme, Volkswirtschaftsliche Diskussionsbeiträge der Westfälischen Wilhelms-Universität Münster N° 186, Münster 1993.

LESCHKE, M. - E. WESSELING, Evolutorik versus Neoklassik. Eine Analyse auf der Basis der Theorie wissenschaftlicher Forschungsprogramme, in: Homo oeconomicus, XI (1994) 2, 255-291.

LEWIS, B., Increase Productivity to Create Jobs, in: Wall Street Journal Europe, 14./15.3.1997, 6.

LICHTENSTEIN, P.M., A New-Institutionalist Story about the Transformation of Former Socialist Economies: A Recounting and an Assessment, in: Journal of Economic Issues, 30 (1996) 1, S. 243-265.

LIESNER, H.H., Policy Harmonization in the EEC and EFTA, in: G.R. Denton (Hrsg.), Economic Integration in Europe, London 1969, S. 307-329.

LINDBERG, L.N., The Political Dynamics of European Economic Integration, Stanford 1963.

LINDBERG, L.N. - S.A. SCHEINGOLD, Europe's Would-Be Polity, Englewood Cliffs 1970.

LINDEMANN, H., Deutschland, England und Europa, in: Deutsche Rundschau, 86 (1960) 5, S. 394-401.

LIPPERT, B. - W. WESSELS, Erweiterungskonzepte und Erweiterungsmöglichkeiten, in: C. Jakobeit - A. Yenal (Hrsg.), Gesamteuropa. Analysen, Probleme und Entwicklungsperspektiven, Opladen 1993, S. 439-457.

LIPTON, D. - J. SACHS, Wirtschaftsreform in Polen, in: Europäische Rundschau, 18 (1990) 4, 97-113.

LOHMANN, G., Wirtschaftliche Transformation als Ordnungsproblem, Baden-Baden 1997.

LORENZ, H.-W., Zur Rolle der Chaosforschung in der Evolutionsökonomik, in: U.Witt (Hrsg.), Studien zur Evolutorischen Ökonomik II, Berlin 1992, S. 65-91.

LOTTER, F., Coûts de transaction et fondements de l'intervention publique, in: Revue d'Economie industrielle, N° 71, (1995) 1, S. 163-180.

LOUIS, J.-V., Die Rechtsordnung der Europäischen Gemeinschaften, 2. Auflage, Brüssel 1996.

LUDWIG, M., Fast neunzig Prozent der Polen sind für einen Beitritt zur Allianz, in: Frankfurter Allgemeine Zeitung, N° 156, vom 9.7.1997, S. 9.

LÜDER, T.E., Die Grenzen der Keck-Rechtsprechung, in: Europäische Zeitschrift für Wirtschaftsrecht, 7 (1996) 20, S. 615-621.

LUHMANN, N., Soziale Systeme. Grundriß einer allgemeinen Theorie, 2. Auflage, Frankfurt/ Main 1985.

LUHMANN, N., Die Wirtschaft der Gesellschaft, Frankfurt/ Main 1988.

MAC GREGOR BURNS, J. - J.W. PELTASON, Government by the People. The dynamics of American national government, Englewood Cliffs 1957.

MACHLUP, F., The Economics of Sellers Competition - Model Analysis of Sellers Competition, Baltimore 1952.

MACHLUP, F., Idealtypus, Wirklichkeit und Konstruktion, in: ORDO, 12 (1961), S. 21-57.

MACHLUP, F., Operationalism and Pure Theory in Economics, in: S.R. Krupp (Hrsg.), The Structure of Economic Science: Essays on Methodology, Englewood Cliffs 1966, S. 53-67.

MACHLUP, F., A history of thought on economic integration, London 1977.

MACHLUP, F., Statics and Dynamics: Kaleidoscopic Words, in: ders. (Hrsg.), Economic Semantics, 2. Auflage, New Brunswick/ London 1991, S. 9-42.

MACHOWSKI, H., Der Rat für gegenseitige Wirtschaftshilfe: Ziele, Formen und Probleme der Zusammenarbeit, in: Ostkolleg der Bundeszentrale für Politische Bildung, Rat für gegenseitige Wirtschaftshilfe. Strukturen und Probleme, Bonn 1987, S. 15-40.

MACNEIL, I.R., Reflections on Relations Contract, in: Journal of Institutional and Theoretical Economics, 141 (1985), 541-546.

MAJONE, G., The European Community: An „Independent Fourth Branch of Government"?, EUI Working Paper SPS N° 93/9, Florenz 1993.

MAJONE, G., The Agency Model: The Growth of Regulation and Regulatory Institutions in the European Union, in: EIPASCOPE, 1997, N° 3, S. 9-14.

MALLOSSEK, J., Reform der EU-Strukturpolitik im Hinblick auf die Osterweiterung, in: Orientierungen zur Wirtschafts- und Gesellschaftspolitik, N° 69, (3/1996), S. 17-21.

MARCH, J.G. - H.A. SIMON, Organizations, New York 1958.

MARCHAL, J., Gegenstand und Wesen der Wirtschaftswissenschaften: Von einer mechanischen Wissenschaft zu einer Wissenschaft vom Menschen, in: Zeitschrift für die gesamte Staatswissenschaft, 106 (1950), S. 577-600.

MAREUGE, C., Community Market Access Conditions in the Trade Agreements between Eastern European Countries and the European Union, in: Eurobalkans and East European Quarterly, N° 24, autumn '96, S. 17-23.

MARIEN-DUSAK, I., Wissenschaft, Forschung und Entwicklung, in: M. Röttinger - C. Weyringer, Handbuch der europäischen Integration, Wien 1996, S. 1010-1030.

MARSDEN, K., Stop 'Dumping' on Britain, in: Wall Street Journal Europe, 28.2./ 1.3.1997, 8.

MARSHALL, A., Principles of Economics (1890), 8. Auflage, London 1956.

MASON, E.S., Schumpeter on Monopoly and the Large Firm, in: Review of Economics and Statistics, 33 (1951), 139-144.

MASSAT, D., Die ökonomische Problematik von Zuweisungen an Kommunen, Thun 1984.

MATTERA, A., Marché unique européen: Ses règles, son fonctionnement, Paris 1988.

MAY, B., Der deutsche Beitrag zum Gemeinschaftshaushalt - die „Nettozahler"-Diskussion, in: R. Hrbek - W. Wessels (Hrsg.), EG-Mitgliedschaft: ein vitales Interesse der Bundesrepublik Deutschland?, Bonn 1984, S. 357-387.

MAYER, K.G. - J. SCHEINPFLUG, Privatrechtsgesellschaft und die Europäische Union, Walter Eucken Institut, Vorträge und Aufsätze N° 147, Tübingen 1996.

MAYER, O.G., Globalisierung und wohlfahrtsstaatliche Aufgaben, HWWA-Diskussionspapier N° 46, Hamburg 1997.

MAYRZEDT, H., Kein Bedarf an „Marshallplan" für Osteuropa. Absatzmärkte wichtiger als Kapitalhilfe, in: Finanznachrichten, 1997, N° 26/27, S. 1-3.

MAXIMOWA, M., Das Wesen der Integration in der marxistischen Literatur, in: G. Doeker - F. Veitl (Hrsg.), Regionalismus und Regionale Integration: zur Theorie der regionalen Integration, Frankfurt/ Main 1981, S. 325-343.

McGOWAN, L. - S. WILKS, Disarming the Commission: The Debate over a European Cartel Office, in: Journal of Common Market Studies, 32 (1995) 2, S. 259-273.

McKELVEY, R.D., Intransitivities in Multidimensional Voting Models and Some Implications for Agenda Control, in: Journal of Economic Theory, 12 (1976), S. 472-482.

McSWEENEY, D. - C. TEMPEST, The Political Science of Democratic Transition in Eastern Europe, in: Political Studies, 41 (1993), S. 408-419.

MEIER-BERGFELD, P., Schampus für zwei Taler, in: Rheinischer Merkur, N° 22, 31.5.1996, S. 14.

MEIJ, A.W.H. - J.A. WINTER, Measures Having an Effect Equivalent to Quantitative Restrictions, in: Common Market Law Review, 13 (1976), S. 79-104.

MEMMINGER, G., Plädoyer für eine gerechtere finanzielle Lastenverteilung in der Europäischen Union, in: KAS (Hrsg.), Das Finanzsystem der EU: Neue Ansätze und Perspektiven, Interne Studien N° 142, Sankt Augustin 1997, S. 55-62.

MÉNARD, C., L'économie des organisations, Paris 1993.

MENGER, C., Grundsätze der Volkswirtschaftlehre (1871), The Collected Works of Carl Menger, Volume I, London 1934.

MESTMÄCKER, E.-J., Fusionskontrolle im Gemeinsamen Markt zwischen Wettbewerbspolitik und Industriepolitik, in: Europarecht, 23 (1988) 4, S. 349-377.

METTE, S., Europäischer Binnenmarkt und Mehrwertsteuerharmonisierung, Baden-Baden 1994.

MEYER-CORDING, U., Planung oder Ordnungsdenken in Europa?, in: R. Altmann et al. (Hrsg.), Ludwig Erhard. Beiträge zu seiner politischen Biographie, Festschrift zum fünfundsiebzigsten Geubrtstag, S. 315-319.

MIGUE, J.-L. - G. BELANGER, Towards a General Theory of Managerial Discretion, in: Public Choice, 17 (1974), 27-47.

MILL, J.S., Principles of Political Economy with some of their Applications to Social Philosophy, London 1848, Band 1.

MILLER, S.M. - W. TABB, A New Look at a Pure Theory of Local Expenditures, in: National Tax Journal, 26 (1973) 2, S. 161-176.

MISES, L. VON, Die Gemeinwirtschaft, 2. Auflage, Jena 1932.

MISES, L. VON, Grundprobleme der Nationalökonomie, Jena 1933.

MISES, L. VON, Human Action, 6. Auflage, New Haven 1959.

MISES, L. VON, Kritik des Interventionismus (1926), in: Ludwig-Erhard-Stiftung (Hrsg.), Grundtexte zur Sozialen Marktwirtschaft, Stuttgart et al. 1981, S. 213-220.

MISHAN, E.J., Ein Überblick über die Wohlfahrtsökonomik 1939-1959, in: G. Gäfgen (Hrsg.): Grundlagen der Wirtschaftspolitik, Köln 1966.

MITRANYI, D., The Progress of International Government, New Haven 1933.

MOE, T.M., The positive theory of public bureaucracy, , in: D.C. Mueller (Hrsg.), Perspectives on public choice: a handbook, Cambridge 1997, S.455-480.

MÖLLER, H. (1968), Probleme einer einheitlichen Wettbewerbs-Politik in der EWG, in: H.K. Schneider (Hrsg.): Grundlagen der Wettbewerbspolitik, Schriften des Vereins für Socialpolitik, Neue Folge Bd. 48, Berlin, S. .

MÖSCHEL, W., Eine Verfassungskonzeption für die Europäische Union, in: H. Gröner - A. Schüller (Hrsg.), Die europäische Integration als ordnungspolitische Aufgaben, Stuttgart et al. 1993, S. 21-39.

MÖSCHEL, W., Einflüsse der europäischen auf die deutsche Wirtschaftsordnung, Lectiones Jenenses 14, Jena 1998.

MOLLE, W., The Economics of European Integration, 2. Auflage, Aldershot 1994.

MONNET, J., Arbeitsdokument Jean Monnets vom 27. Juni 1950, in: J. Schwarz (Hrsg.), Der Aufbau Europas, Pläne und Dokumente 1945-1980, Bonn 1980.

MONTESQUIEU, C.-L. DE SECONDAT, BARON DE LA BRÈDE ET DE, Vom Geist der Gesetze (1748), Stuttgart 1994.

MORGENSTERN, O., Spieltheorie als allgemeine Theorie des Machtkonflikts, in: H.K. Schneider - C. Watrin (Hrsg.), Macht und ökonomisches Gesetz, 1. Halbband, Berlin 1973, S. 385-403.

MOSER, P., A Theory of the Conditional Influence of the European Parliament in the Cooperation Procedure, University of St. Gallen Discussion Paper N° 9601, St. Gallen 1995.

MOSLER, H., Die Entstehung des Modells supranationaler und gewaltenteilender Staatenverbindungen in den Verhandlungen über den Schuman-Plan, in: E.v. Caemmerer et al. (Hrsg.), Probleme des Europäischen Rechts, Festschrift für Walter Hallstein zu seinem 65. Geburtstag, Frankfurt/ Main 1966, S. 355-386-

MUCKLE, F., Die großen Sozialisten I: Owen - Fourier - Proudhon, 4. Auflage, Leipzig 1920.

MUELLER, D. H., Public Choice II, Cambridge 1989.

MUELLER, D.C., Constitutional public choice, in: ders. (Hrsg.), Perspectives on public choice: a handbook, Cambridge 1997a, S. 124-146.

MUELLER, D.C., Redistribution and Allocative Efficiency in a Mobile World Economy, Manuskript, o.O., 1997b.

MÜLLER-ARMACK, A., Das Grundproblem unserer Wirtschaftspolitik: Rückkehr zur Marktwirtschaft (1947), in: ders. (Hrsg.), Genealogie der Sozialen Marktwirtschaft, Bern/ Stuttgart 1974a, 25-39.

MÜLLER-ARMACK, A., Die soziale Marktwirtschaft nach einem Jahrzehnt ihrer Erprobung, in: ders.: Genealogie der Sozialen Marktwirtschaft, Bern/ Stuttgart 1974b, 119-128.

MÜLLER-GRAF, P.-C., Die Rechtsangleichung zur Verwirklichung des Binnenmarktes, in: Europarecht, 24 (1989) 2, S. 107-151.

MÜLLER-GRAF, P.-C., Binnenmarktauftrag und Subsidiaritätsprinzip, in: Zeitschrift für das gesamte Handelsrecht und Wirtschaftsrecht, 159 (Februar 1995), S. 34-77.

MUMMERT, U. - M.E. STREIT, Grundprobleme der Systemtransformation aus institutionenökonomischer Perspektive, Diskussionspapier 09/96 aus dem Max-Planck-Institut zur Erforschung von Wirtschaftssystemen, Jena 1996.

MUNDELL, R.A., The Theory of Optimum Currency Areas, in: American Economic Review, 51 (1961), S. 756-764.

MURRAY, S. - J. WOLF, EU Aid Program in Eastern Europe Pursues New Image, in: Wall Street Journal Europe, 6./ 7.9.1996, 4.

MUSGRAVE, R.A., The theory of public finance, New York 1959.

MUSGRAVE, R.A., Fiscal Systems, New Haven 1969.

Mussler, W. - M. Wohlgemuth, Institutionen im Wettbewerb - Ordnungstheoretische Anmerkungen zum Systemwettbewerb in Europa, Diskussionsbeitrag 05-94 des Max-Planck-Instituts zur Erforschung von Wirtschaftssystemen, Jena 1994.

MYRDAL, G., Das politische Element in der nationalökonomischen Doktrinbildung, Hannover 1963.

MYRDAL, G., Asian Drama: An Inquiry into the Poverty of Nations, Band 1, New York 1968.

NELL-BREUNING, O.V., Die Sozialenzykliken, Die Päpstlichen Rundschreiben „Rerum novarum“ und „Quadragesimo Anno“, in: ders. (Hrsg.), Wirtschaft und Gesellschaft Heute II, Zeitfragen, Freiburg/Brsg. 1957, S. 357-372.

NELL-BREUNING, O.V., Neoliberalismus und katholische Soziallehre, in: ders. (Hrsg.), Wirtschaft und Gesellschaft Heute III, Zeitfragen 1955—1959, Freiburg /Brsg. 1960, S. 81-98.

NELL-BREUNING, O.V., Subsidiaritätsprinzip, in: Staatslexikon, Freiburg 1962, S. 826-833.

NELL-BREUNING, O.V., Der Mensch in der heutigen Wirtschaftsgesellschaft, München/ Wien 1975.

NELL-BREUNING, O.V., Gerechtigkeit und Freiheit - Grundzüge katholischer Soziallehre, Wien 1980.

NELL-BREUNING, O.V. - H. SACHER, Zur Wirtschaftsordnung, Wörterbuch der Politik, Heft IV, Freiburg 1949.

NELSON, R.R. - S.G. WINTER, An Evolutionary Theory of Economic Change, Cambridge (Mass)/ London 1982.

NIJKAMP, P. - K. SPIES, Trends in International Migration in Western Europe, in: Current Policies and Economics of Europe, 5 (1995) 1, S. 59-85.

NICOLAIDES, P., Industrial Policy: The Problem of Reconciling Definitions, Intentions and Effects, in: ders. (Hrsg.), Industrial Policy in the European Community: A Necessary Response to Economic Integration?, Dordrecht 1993, S. 1-19.

NICOLAIDES, P. - A. CLOSE, Accession to the European Union: The ultimate bargain, in: Laursen, F.: The Political Economy of European Integration, Maastricht 1995, S. 283-313.

NICOLAYSEN, G., Inländerdiskriminierung im Warenverkehr, in: Europarecht, 26 (1991) 2, S. 95-120.

NIENHAUS, V., Koordinationsprobleme europäischer Fachpolitiken aus Sicht der neuen politischen Ökonomie, in: Karl, H. (Hrsg.): Die Koordination der Finanz-, Währungs- und Strukturpolitik in der EU, Bonn 1996, 117-143.

NISKANEN, W.A., Bureaucracy and Representative Government, Chicago/ New York 1971.

NISKANEN, W.A., Bureaucracy: Servant or Master?, London 1973.

NITSCHKE, P., Was heißt regionale Identität im heutigen Europa?, in: G. Brunn (Hrsg.), Region und Regionsbildung in Europa, Baden-Baden 1996, S. 285-299.

NOEL, E., The Commission's Power of Initiative, in: Common Market Law Review, 10 (1973), S. 123-136.

NOEL, E., Die Organe der Europäischen Gemeinschaft, Brüssel 1993.

NÖLKE, A., Transformationsstabilisierung durch EG-Beitritt? Die Rolle von Wirtschaftshilfen zur Unterstützung der Osterweiterung der Union, in: M. Miegel (Hrsg.), Transformation. Leipziger Beiträge zu Wirtschaft und Gesellschaft, Leipzig 1997, S. 124-137.

NORDHAUS, W.D., The Political Business Cycle, in: Review of Economic Studies, 42 (1975), 1696-1990.

NORTH, D.C., Theorie des institutionellen Wandels, Tübingen 1988.

NORTH, D.C., Transaction Costs, Institutions, and Economic Performance, San Francisco 1992a.

NORTH, D.C., Institutionen, institutioneller Wandel und Wirtschaftsleistung, Tübingen 1992b.

NORTH, D.C., Constraints on Institutional Innovation: Transaction Costs, Incentive Compatibility and Historical Considerations, in: V.W. Ruttan (Hrsg.), Agriculture, Environment, and Health: Sustainable Development in the 21st Century, Minneapolis 1994, S. 48-70.

NOVAK, M., Die Katholische Ethik und der Geist des Kapitalismus, Trier 1996.

NÜRNBERGER, A., Völker im Aufbruch, Teil eins: Internationale Migrationsbewegungen in Gegenwart und Zukunft, dap- Hintergrund, N° 3422 vom 28.10.1993.

NÜSSLI, K., Föderalismus in der Schweiz. Konzepte, Indikatoren, Daten, Grüsch 1985.

NYE, J.S., Patterns and Catalysts in Regional Integration, in: International Organization, 19 (1965) autumn, S. 882-884.

OATES, W.E., The Effects of Property Taxes and Local Spending on Property Values: An Empirical Study of Tax Capitalization and the Tiebout Hypothesis, in: Journal of Political Economy, 77 (1969), S. 957-971.

OATES, W.E., Fiscal Federalism, New York 1972.

OATES, W.E., An Economist's Perspective on Fiscal Federalism, in: ders. (Hrsg.), The Political economy of Fiscal Federalism, Lexington/ Toronto 1977.

OATES, W.E., The New Federalism: An Economist's View", in: Cato Journal, 2 (Fall 1982), S. 473-488.

OATES, W.E. - R.M. SCHWAB, Economic Competition among Jursidictions: Efficiency Enhancing or Disotrtion Inducing, in: Journal of Public Economics, 35 (1988), S. 333-354.

OATES, W.E. (HRSG.), Studies in Fiscal Federalism, Aldershot 1991.

OATES, W.E., Fiscal Decentralization and Economic Development, University of Maryland Economic Working Paper Series N° 93-4, College Park 1993.

OBERREUTER, H., Föderalismus, in: Görres-Gesellschaft (Hrsg.), Staatslexikon, Band 2, 7. Auflage, Freiburg/Breisgau 1986.

OECD (HRSG.), International Direct Investment Statistics, OECD Statistics, Paris 1995.

OLSON, M., The logic of collective action, Cambridge (Mass.) 1965.

OFFE, C., Si possono progettare le istituzioni? Considerazioni sulla transizione nell'Europa dell'Est, in: Stato e Mercato, 1995, N° 44, S. 181-212.

OGATA, S., Flüchtlinge und Asylanten: Eine Herausforderung für eine europäische Einwanderungspolitik, in: Phillip Morris Institute (Hrsg.), Hin zu einer europäischen Einwanderungspolitik, Brüssel 1993, S. 6-20.

OLSON, M., The Logic of Collective Action, Cambridge (Mass.) 1965.

OLSON, M., The Principle of „Fiscal Equivalence": The Division of responsibilities among different levels of Government, in: American Economic Review, Papers and Proceedings, 59 (1969) 2, 479-487.

OLSON, M., The rise and decline of nations: Economic Growth, Stagflation, and Social Rigidities, New Haven 1982.

OPHÜLS, C.F., Zur ideengeschichtlichen Herkunft der Gemeinschaftsverfassung, in: E.v. Caemmerer et al. (Hrsg.), Probleme des Europäischen Rechts, Festschrift für Walter Hallstein zu seinem 65. Geburtstag, Frankfurt/ Main 1966, S. 387-413.

OPITZ, P.J., Flüchtlings- und Migrationsbewegungen: Herausforderungen für Europa, Arbeitspapiere zu Problemen der Internationalen Politik und der Entwicklungsländerforschung N° 14/1993, München 1993.

OPPERNHEIMER, J., Some Political Implications of „Vote Trading and the Voting Paradox: A Proof of Logical Equivalence." A Comment., in: American Political Science Review, 69 (1975), 963-966.

ORDESHOOK, P.C., Some Rules of Constitutional Design, in: E. Frankel Paul - F.D. Miller - J. Paul (Hrsg.), Liberalism and the economic order, Cambridge 1993, S. 198-232.

ORTEGA Y GASSET, J., Der Aufstand der Massen (1930), Berlin et al. 1960.

OSBORNE, D., Cartel problems, in: American Economic Review, 66 (1976) 5, S. 835-844.

OSCHATZ, G.-B. - H. RISSE, Europäische Integration und deutscher Föderalismus, in: Europa-Archiv, Folge 1, 1988, S. 9-16.

OSSENBÜHL, F., Landesbericht Bundesrepublik Deutschland, in: ders. (Hrsg.), Föderalismus und Regionalismus in Europa, Baden-Baden 1990, S. 120-165.

OSTEUROPA-INSTITUT/ IFO-INSTITUT (HRSG.), Den Transformationsfortschritt messen: Die staatliche Einflußnahme auf die Wirtschaftstätigkeit in ausgewählten Transformationsstaaten, Arbeiten aus dem Osteuropa-Institut N° 201/202, München 1997.

OTT, G., Internationale Verteilungswirkungen im Finanzausgleich der Europäischen Gemeinschaften, Frankfurt/ Main 1987.

PADOA-SCHIOPPA, T. ET AL., Efficiency, Stability and Equity. A Strategy for the Evolution of the Economic System of the European Comminity, Oxford 1987.

O.V., Die Fusion Mercedes-Kässbohrer rückt näher, in: Frankfurter Allgemeine Zeitung, 11.2.1995, N° 36, S.11.

O.V., Estonia ratifies EU association deal, in: Baltic Independent, 4.8.1995.

O.V., Hebel für die Fördertöpfe, in: Geschäftswelt, 48 (1995) 1, S. 27-28.

O.V., ABB's de Pury Seeks to Shift EU Focus, in: Wall Street Journal Europe, 2./3.2.1996, 4.

O.V., Will Race to join EU slow Eastern Europe's Development, in: Wall Street Journal Europe, 6.2.1996, 10.

O.V. „Subventions-Betrug gefährdet Bestand der Europäischen Union", in: Süddeutsche Zeitung, N° 236, 12./13.10.1996, 29.

o.V., Baltische Staaten auf dem Weg in die EU, in: Frankfurter Allgemeine Zeitung N° 10, 13.1.1997.

o.V., Danish „Davids" battle on, in: European Voice, 6.3.1997, S. 11.

o.V., The intergouvernemental conferences starts dealing with the difficult issue of institutions, in: Together in Europe, N° 105, 15.3.1997, Adresse: http://europa.eu.int/en/comm/dg10/infcom/newspage/news-105.html.

o.V., EU-Ost-Erweiterung kostet rund 150 Milliarden DM, in: Frankfurter Allgemeine Zeitung, N° 163, 17.7.1997, S. 13.

o.V., Der Sparkurs stößt in der EU auf Widerstand, in: Frankfurter Allgemeine Zeitung, N° 170, 25.7.1997, S. 13.

o.V., Waigel schilt EU-Kommission für ihre beschäftigungspolitischen Ideen, in: Frankfurter Allgemeine Zeitung, N° 238, 14.10.1997, S. 19.

PAPPAS, S.A., The Legal Basis for Action to be Taken by the European Parliament in the Field of Environment (with reference to Articles 100a and 130s of the EEC Treaty), in: European Institue of Public Administration (Hrsg.), Subsidiarity: The Challenge of Change, Working Document, Proceedings of the Jacques Delors Colloquium 1991, S. 119-125.

PARETO, V., Manuel D'Economie Politique (1909), Genf 1966.

PAUTOLA, N., Towards European Union Eastern Enlargement - Progress and Problems in Pre-Accession, in: Review of Economies in Transition, 1997, N° 6, S. 5-21.

PECHSTEIN, M., Die Bedeutung von Protokollerklärungen zu Rechtsakten der EG, in: Europarecht, 25 (1990) 3, S. 249-268.

PECHSTEIN, M., Das Kohärenzgebot als entscheidende Integrationsdimension der Europäischen Union, in: Europarecht, 30 (1995), S. 247-258.

PEHE, J., What East European Really Think About the West, in: Wall Street Journal Europe, 22.8.1996, 6.

PELKMANS, J., The New Approach to Technical Harmonization and Standardization, in: Journal of Common Market Studies, 2 (1987), S. 249-269.

PELKMANS, J., Is convergence prompting fragmentation? The EMS and national protection in Germany, France and Italy, in: P. Guerrieri - P.C. Padoan, The Political Economy of European Integration, New York et al. 1989, S. 100-144.

PELTZMAN, S., „Towards a More General Theory of Regulation?", in: Journal of Law and Economics, 19 (1976), 211-240.

PENEDER, M., Kosten- und Produktionsstruktur der Industrie in den Ländern Ost-Mitteleuropas, in: Karl Aiginger (Hrsg.), Chancen und Gefährdungspotentiale der Ostöffnung: Konsequenzen für die österreichische Wirtschaft, Teil 2: Freihandelsabkommen, Unternehmerbefragung, Kostenvergleich, Wien 1993, S. 47-61.

PENTLAND, C., International Theory and European Integration, London 1973.

PEREYRA LÓPEZ, M.J., Commercial Defence Measures: The Dark Side of the Europe Agreements, College of Europe Working Papers N° 26, Brüssel 1997.

PERLITZ, M. - M. SCHMIDBERGER, Die Bestimmung von Exportpotentialen mit Hilfe des Gravitationsansatzes. Das Beispiel bundesdeutscher Exporte nach Osteuropa, in: Wirtschaftswissenschaftliches Studium, 1988, Heft 3, S. 131-133.

PERROUX, F., Pôles de développement ou Nations?, La coexistence pacifique (Band 2), Paris 1958.

PERSSON, T. - G. ROLAND - G. TABELLINI, European Integration and the Theory of Fiscal Federalism, Paper prepared for the Conference „Quo Vadis Europe?", Kiel 1996.

PESCATORE, P., Le Droit de l'Intégration, Leiden 1972.

PESCATORE, P., Die „Einheitliche Europäische Akte". Eine ernste Gefahr für den Gemeinsamen Markt, in: Europarecht, 21 (1986) 2, S. 153-169.

PETERS, H.-R., Wirtschaftssystemtheorie und Allgemeine Ordnungspolitik, 3. Auflage, München/ Wien 1997.

PETERSEN, H.-G., Internal and External Pressures to Reform the German Tax and Transfer System - Tax Hamonization, Common Market, and Monetary Integration in a Political-Economic Perspective, Finanzwissenschaftliches Arbeitspaper N° 21, Gießen 1989.

PETERSEN, T., James M. Buchanans „The limits of liberty" und G.W.F. Hegels „Rechtsphilosophie", Diskussionsschriften N° 174 der Wirtschaftswissenschaftlichen Fakultät der Universität Heidelberg, Heidelberg 1992.

PETERSONE, K., The risk of devaluing Europe, in: The Baltic Times, 12.9.1996, 24.

PHARE-INFORMATIONSBÜRO (HRSG.), Phare-Jahresbericht 1994 der Europäischen Kommission, Brüssel 1995, Kom (95) 366 endg..

PHILIPPE, M.-P., Le Modèle de la Société bureaucratique peut-il expliquer les Difficultés de la Transition?, in: Journal des Economistes et des Etudes Humaines, 6 (1995), 2-3, S. 449-473.

PIAZOLO, D., Gaining Credibility and Enhancing Economic Growth through Regional Integration. The Case for EU Membership of Eastern Europe, Kiel Working Papers N° 837, Kiel 1997.

PICOT, A. - W. BURR, Regulierung der Deregulierung im Telekommunikationssektor, in: Zeitschrift für Betriebswirtschaftslehre, 48 (1996) 2, 173-201.

PIEPENSCHNEIDER, M., Regierungskonferenz 1996, Synopse der Reformvorschläge zur Europäischen Union, Arbeitspapier, Konrad-Adenauer-Stiftung, Sankt Augustin 1995.

PIEPENSCHNEIDER, M. - B. STEPPACHER, Europa nach dem EG-Gipfel von Maastricht, Interne Studie N° 32/ 1992 der Konrad-Adenauer-Stiftung, Sankt Augustin 1992.

PIES, I., Der Primat des Sozialen im politischen Liberalismus - von Mises, von Hayek, Rawls und Buchanan im Vergleich, Diskussionsbeiträge der wirtschaftswissenschaftlichen Fakultät Ingolstadt der Katholischen Universität Eichstädt N° 74, Ingolstadt 1996.

PINDER, J., Positive and Negative Integration, in: The World Today, 3 (1969), S. 88-110.

PIPKORN, J., Das Subsidiaritätsprinzip im Vertrag über die Europäische Union - rechtliche Bedeutung und gerichtliche Überprüfbarkeit, in: Europäische Zeitschrift für Wirtschaftsrecht, 3 (1992), S. 697-700.

PITLIK, H., Politische Ökonomie des Föderalismus, Frankfurt/Main 1997.

PLASKOVITIS, I., EC regional policy in Greece: ten years of structural fund intervention, in: Kazakos, P. - P.C. Ioakimidis (Hrsg.): Greece and EC Membership Evaluated, London 1994:

PMI (THE PHILLIP MORRIS INSTITUTE FOR PUBLIC POLICY RESEARCH) (HRSG.), Mehr Mitsprache für die Wähler der EU?, Brüssel 1995a.

PMI (THE PHILLIP MORRIS INSTITUTE FOR PUBLIC POLICY RESEARCH) (HRSG.), Wie sieht die Zukunft der Europäischen Kommission aus?, Brüssel 1995b.

PÓLACKÓVA, H., Regional Cooperation in Central Europe. Poland Hungary, Czech Republic and Slovakia: from Visegrad to CEFTA, in: Perspectives, Review of Central European Affairs, 3 (1994), S. 117-129.

POOS, J.F., Les Nouveaux Défis de l'Europe Communautaire, in: Studia Diplomatica, 46 (1993) 2, S. 3-15.

POPITZ, H., Prozesse der Machtbildung, Tübingen 1968.

POPPER, K.R., The poverty of historicism, London 1957a.

POPPER, K.R., The Open Society and its Enemies, Band 2, 3. Auflage, London 1957b.

POPPER, K.R., Objektive Erkenntnis. Ein evolutionärer Entwurf, 4. Auflage, Hamburg 1984.

POULIQUEN, A., Agrofood Dynamics and Competitiveness in Central Europe: Implications for the EU Enlargement, in: M. Somai (Hrsg.), Agricultural Accession of the Central and Eastern European Countries to the European Union, Budapest 1997, S. 60-92.

PRANGE, H., Die Ostintegrationspolitik der Europäischen Union, Marburg 1997.

PRATTEN, C., A Survey of the Economies of Scale, Commission of the European Communities, Economic Papers N° 67, Brüssel 1988.

PRESSE- UND INFORMATIONSDIENST DER BUNDESREGIERUNG, Europäischer Rat in Kopenhagen, in: Bulletin N° 60 vom 8.7.1993, Bonn 1993, S. 629-637.

PRIDDAT, B.P., Ökonomie und Geschichte: Zur Theorie der Institutionen bei D.C. North, in: B.P.Priddat - E.K. Seifert (Hrsg.), Neuorientierungen in der ökonomischen Theorie, Marburg 1995b, S. 205-239.

PROSI, G., Wettbewerbspolitische Aspekte des technischen Fortschritts, in: D. Cassel - G. Gutmann - H.-J. Thieme, 25 Jahre Marktwirtschaft in der Bundesrepublik Deutschland, Konzeption und Wirklichkeit, Stuttgart 1972, S. 93-103.

PROSI, G., Economic Multinationality and National Security, Diskussionsbeiträge aus dem Institut für Wirtschaftspolitik der Universität Kiel, N° 9, Kiel 1977.

PROSI, G., Marktversagen und Staatsversagen - eine Einführung, Manuskript, Kiel 1979.

PROSI, G., Allgemeines Eigentum - Common Heritage of Mankind, Manuskript, Kiel 1984.

PROSI, G., Die wirtschaftliche Bedeutung ethischer Regeln, in: Wirtschaft und Studium, 1988, N° 8-9, S. 481-485.

PROSI, G., Konturen aufgeklärter Verbandspolitik, in: Orientierungen zur Wirtschafts- und Gesellschaftspolitik, 45 (1990a) 3, 39-42.

PROSI, G., Comment on Horst Siebert, „The Harmonization Issue in Europe: Prior Agreement or a Competitive Process, in: H. Siebert, The Completion of the Internal Market, Tübingen 1990b, S. 76-84.

PROSI, G., Soziale Marktwirtschaft - eine humane Ordnung, Kiel 1990c.

PROSI, G., Ein Plädoyer für den Wettbewerb der Steuersysteme, in: Das öffentliche Haushaltswesen in Österreich, 32 (1991a), N° 1/ 2, S. 113-125.

PROSI, G., Wirtschaft als Kultur, Kultur als Wettbewerb, in: Orientierungen zur Wirtschafts- und Gesellschaftspolitik, N° 50 (4/1991b), S. 57-62.

PROSI, G., Europäische Integration durch Wettbewerb? Eine politisch-ökonomische Analyse, in: H. Bouillon - G. Radnitzky (Hrsg.): Ordnungstheorie und Ordnungspolitik, Berlin/ Heidelberg 1991c, S. 119-135.

PROSI, G., Privatisierung und Finanzierung benötigen neue Methoden, in: Orientierungen zur Wirtschafts- und Gesellschaftspolitik, (1/1991d), N° 47, S. 30-33.

PROSI, G., Wettbewerb - Das Prinzip Freiheit und das Prinzip Verantwortung, in: W. Möschel (Hrsg.), Marktwirtschaft und Rechtsordnung. Festschrift zum 70. Geburtstag von Prof. Dr. Erich Hoppmann, Baden-Baden 1994, S. 127-142.

PROSI, G., Staatliche Monopole oder Wettbewerb privater Unternehmen - eine ökonomische Betrachtung, in: Wirtschaft und Wettbewerb, 46 (1996a) 12, S. 972-980.

PROSI, G., Bürgersouveränität braucht Wahlfreiheit, in: Frankfurter Allgemeine Zeitung, N° 71, 23. März 1996b, S. 17.

PROSI, G., Währungsunion: Chancen und Risiken für die Integration Europas, Vortrag am 13.7.1996 auf dem Symposium „Ordnung in Freiheit“, Manuskript, Kiel 1996c.

PROSI, G., Wirtschaftliche Grenzen des Wohlfahrtsstaates, Vortrag am 29.5.1997 bei der KAS Lüneburg, Manuskript, Kiel 1997a.

PROSI, G., Globalisierung als Beschränkung der Handlungsmöglichkeiten nationalstaatlicher Politik, Vortrag auf der Jahrestagung für Neue Politische Ökonomie „Globalisierung, Systemwettbewerb und nationalstaatliche Politik“, Jena, 8.-10.10.1997, Korreferat zu F.W. Scharpf „Globalisierung als Beschränkung der Handlungsmöglichkeiten nationalstaatlicher Politik“, Manuskript, Kiel 1997b.

PROSI, G., Economic Cooperation between Members of the European Union and the New Democratic Countries in Europe?, Manuskript, Kiel 1997c.

PUTNAM, R., Diplomacy and domestic policies: the logic of two-level games, in: International Organization, 42 (1988), S. 427-460.

QUINET, E., La planification francaise, Paris 1990.

RAHMEYER, F., Biologische Evolution und evolutorische Ökonomik, in: ifo - Studien, 43 (1997) 3, S. 411-437.

RAPHAEL, T., Lies, Damned Lies and Statistics, in: Wall Street Journal Europe, 4.11.1996, 12.

RAT DER EUROPÄISCHEN UNION (HRSG.), Regierungskonferenz 1996, Bericht der Reflexionsgruppe und dokumentarische Hinweise, Brüssel 1995.

RAT DER EUROPÄISCHEN UNION (HRSG.), Intergovernmental Conference on the revision of the Treaties, Irish Presidency, Collected Texts, Brüssel 1997.

RESNICK, S.A., A Macro Model for Western Europe, in: B. Balassa (Hrsg.), European Economic Integration, Amsterdam et al., 1975a, S. 121-156.

RESNICK, S.A., Dynamic Properties of the European Macro Model, in: B. Balassa (Hrsg.), European Economic Integration, Amsterdam et al., 1975b, S. 157-174.

REUTER, K., Föderalismus. Grundlagen und Wirkungen in der Bundesrepublik Deutschland, Heidelberg 1985.

REVESZ, R.L., Rehabilitating Interstate Competition: Rethinking the ‘Race-to-the-Bottom’ Rationale for Federal Environmental Regulation, in: Land use and environmental law review, 25 (1992), S. 373-417.

RICHTER, W.F. - D. WELLISCH, Allokative Theorie eines Finanzausgleichs zwischen Gebietskörperschaften, Wirtschaftstheoretische Diskussionsbeiträge der Universität Dortmund, N° 93-02, Dortmund 1993.

RIDEAU, J., Droit institutionnel de l’Union et des Communautés européennes, Paris 1994.

RIISHØJ, S., EU og udvidelsen mod Øst, Esbjerg 1995.

RIKER, W.H., Federalism: Origin, Operation, Maintenance, Boston 1964.

RÖHL, H.C., Die Beteiligung der Bundesrepublik Deutschland an der Rechtsetzung im Ministerrat der Europäischen Union, Europarecht, 29 (1994), S. 409-444.

RÖPKE, W., Der Verfall der Weltwirtschaft, in: ders. (Hrsg.), Internationale Ordnung - Heute, 2. Auflage, Erlenbach-Zürich 1954, S. 217-244.

RÖPKE, W., Europäische Investitionsplanung - Das Beispiel der Montanuion, in: Ordo 7 (1955), S. 71-102.

RÖPKE, W., Europa als wirtschaftliche Aufgabe, in: A. Hunold (Hrsg.), Europa - Besinnung und Hoffnung, Erlenbach-Zürich 1957a, S. 159-184.

RÖPKE, W., Integration und Desintegration der internationalen Wirtschaft, in E. v. Beckerath (Hrsg.): Wirtschaftsfragen der Freien Welt, Frankfurt/ Main 1957b, S. 493-501.

ROHE, K. Die Region als Forschungsgegenstand in der Politikwissenschaft, in: G. Brunn (Hrsg.), Region und Regionsbildung in Europa, Baden-Baden 1996, S. 100-111.

ROMUS, P., Economie régionale européenne, 5e éd., Brüssel 1989.

ROSE, A.M., The Power Structure. Political Process in American Society, New York 1967.

ROSENBERG, N. - L.E. BIRDZELL, How the West Grew Rich: The Economic Transformation of the Industrial World, New York 1986.

ROSENBLATT, J., The Common Agricultural Policy of the European Community: Principles and Consequences, IMF Occasional Paper, Wahington D.C. 1988.

ROSS, D. - F.M SCHERER, Industrial Market Structure and Economic Performance, 3. Auflage, Boston et al. 1990.

ROTH, W.-H., Wettbewerb der Mitgliedstaaten oder Wettbewerb der Hersteller?, in: Zeitschrift für das gesamte Handlesrecht und Wirtschaftsrecht, 159 (1995) 1, S. 78-95.

ROTHBARD, M.N., New Light on the Prehistory of the Austrian School, in: Dolan, E.G. (Hrsg.), The Foundations of Modern Austrian Economics, Kansas City 1976, 52-74.

ROTHBARD, M.N., Economic Thought before Adam Smith, Aldershot 1995a.

ROTHBARD, M.N., The Present State of Austrian Economics, in: Journal des Economistes et des Etudes Humaines, 6 (1995b) 1, 43-89.

ROUMELIOTIS, P., The Subsidiarity Principle: The View of the European Parliament, in: European Institue of Public Administration (Hrsg.), Subsidiarity: The Challenge of Change, Working Document, Proceedings of the Jacques Delors Colloquium 1991, S. 31-35.

RUDZIO, W., Das politische System der Bundesrepublik Deutschland, 3. Auflage, Opladen 1991.

SAHM, U., Grossbritanniens Haltung zum Schuman-Plan, in: W. Hallstein - H.-J. Schlochauer, Zur Integration Europas, Festschrift für Carl Friedrich Ophüls aus Anlass seines siebzigsten Geburtstages, Karlsruhe 1965, S. 153-165.

SAINT-MARC, M., L'euro, futur challenger du dollar, in: Le Figaro, 9.1.1998, abgedruckt in: Deutsche Bundesbank (Hrsg.), Auszüge aus Presseartikeln, N° 11, 17.2.1998, S. 13-15.

SALOWSKY, H., Soziale Sicherheit, Lohnfindung und Arbeitskosten in den Reformländern Mittel- und Osteuropas, in: Institut der deutschen Wirtschaft (Hrsg.), Osteuropa auf dem Weg in die Marktwirtschaft, Köln 1993, S. 130-140.

SAMUELSON, P.A., The Pure Theory of Public Expenditure, in: Review of Economics and Statistics, 36 (1954), S. 387-389.

SANDLER, T. - J.T. TSCHIRHART, The Economic Theory of Clubs: An Evaluative Survey, in: Journal of Economic Literature, 18 (1980), S. 1481-1521.

SANDLER, T. - J.T. TSCHIRHART, Club theory: Thirty years later, in: Public Choice, 93 (1997) 3-4, S. 335-355.

SANNWALD, R. - J. STOHLER, Wirtschaftliche Integration. Theoretische Voraussetzungen und Folgen eines europäischen Zusammenschlusses, Tübingen 1958.

SAPIR, A., Regional Integration in Europe, Commission of the European Communities Economic Papers N° 94, Brüssel 1992.

SCHAEFER, G.F., The Subsidiarity Principle and European Environmental Policy, S. 101 113.

SCHÄFERS, M., Die Kohäsionspolitik der Europäischen Gemeinschaft, Baden-Baden 1993.

SCHÄFERS, M. - J. STARBATTY, Das Instrumentarium der EG zur Förderung innergemeinschaftlicher Kohäsion, in: Aus Politik und Zeitgeschichte (1994) 28, S. 3-15.

SCHAMBECK, H., Vom Wesen und Wert des Föderalismus heute, in: Detlef Merten (Hrsg.), Föderalismus und Europäische Gemeinschaften, Berlin 1990, S. 27-45.

SCHARPF, F.W., Die Politikverflechtungsfalle, in: Politische Vierteljahresschrift, 26 (1985) 4, S. 323-356.

SCHARPF, F.W., Globalisierung als Beschränkung der Handlungsmöglichkeiten nationalstaatlicher Politik, Manuskript, o.O., 1997.

SCHELTER, K., Subsidiarität und Föderalismus in Deutschland, in: Bayerisches Staatsministerium für Bundes- und Europaangelegenheiten (Hrsg.), Euro Aktuell, N° 75, 10.11.1992a.

SCHELTER, K., Das Europa der Regionen, in: Bayerisches Staatsministerium für Bundes- und Europaangelegenheiten (Hrsg.), Euro Aktuell, N° 71, 02.10.1992b.

SCHILLER, K., Preisstabilität durch globale Steuerung der Marktwirtschaft, Tübingen 1966.

SCHLECHT, O., Agrarpolitik in der Sozialen Marktwirtschaft, in: Orientierungen zur Wirtschafts- und Gesellschaftspolitik, N° 72, (2/1997), S. 17-23.

SCHLESINGER, H., Money is just a start, in: The Economist, 21.-27.9.1996, S. 21-25.

SCHMEDER, W., Die Rechtsangleichung als Integrationsmittel der Europäischen Gemeinschaft, Köln et al. 1978.

SCHMIDHUBER, P.M., Auslegung und Anwendung des Subsidiaritätsprinzips, in: Europa im Blickfeld, Heft 23, 20.11.1992, S. 4-8.

SCHMIDT, I., Wettbewerbspolitik und Kartellrecht, 4. Auflage, Stuttgart et al. 1993.

SCHMIDTCHEN, D., Wettbewerbspolitik als Aufgabe, Baden-Baden 1978.

SCHMOLLER, G., Grundriß der allgemeinen Volkswirtschaftslehre, Erster Teil, 13.-14.Tausend, München/ Leipzig 1920.

SCHNEIDER, E., Einführung in die Wirtschaftstheorie I, Tübingen 1955.

SCHNEIDER, E., Einführung in die Wirtschaftstheorie II, 12. Auflage, Tübingen 1969a.

SCHNEIDER, E., Einführung in die Wirtschaftstheorie III, 11. Auflage, Tübingen 1969b.

SCHNEIDER, G., Agenda-Setting in European Integration: The Conflict between Voters, Governments and Supranational Institutions, in: F. Laursen (Hrsg.): The political Economy of European Integration, Maastricht 1995.

SCHNEIDER, H., Europäische Integration: die Leitbilder und die Politik, in: M. Kreile (Hrsg.), Die Integration Europas, Politische Vierteljahresschrift, Sonderheft 23 (1992), S. 3-35.

SCHNEIDER, H., Föderale Verfassungspolitik für eine europäische Union, in: H. Schneider - W. Wessels (Hrsg.), Föderale Union - Zukunft Europas?, München 1994, S. 21-50.

SCHNORPFEIL, W., Sozialpolitische Entscheidungen der Europäischen Union, Berlin 1996.

SCHOENBROD, D., Why States, Not EPA, Should Set Pollution Standards, in: Regulation, 19 (1996) 4, S. 18-25.

SCHOLLE, M., Stellung der Regionen in der Europäischen Union, in: H. Siedentopf - E. Schleberger - M. Scholle (Hrsg.), Europäische Regionalpolitik, Baden-Baden 1997, S. 87-93.

SCHRADER, J.-V., EG-Agrarreform und GATT-Vereinbarungen. Vom Leistungseinkommen zur Quasi-Rente, Kieler Diskussionsbeiträge N° 217, Kiel 1993.

SCHREINER, O., Für fairen Wettbewerb auch im Dienstleistungsverkehr, in: Handelsblatt vom 10./11.2.1995.

SCHRÖDER, K., Die Währungsproblematik im RGW, in: Ostkolleg der Bundeszentrale für politische Bildung (Hrsg.), Rat für gegenseitige Wirtschaftshilfe. Strukturen und Probleme, Bonn 1987, S. 66-78.

SCHÜLLER, A., Die Europäische Union vor der Frage der Osterweiterung: Entscheidungslinien und Hindernisse, in: H. Leipold (Hrsg.): Ordnungsprobleme Europas: Die Europäische Union zwischen Vertiefung und Erweiterung, Marburg 1994, S. 79-108.

SCHÜLLER, A., Der Wettbewerbszusammenhang zwischen Kapital- und Gütermärkten, in: K.v. Delhaes - U. Fehl (Hrsg.), Dimensionen des Wettbewerbs, Stuttgart 1997, S. 177-216.

SCHÜLLER, A. - H.-G. KRÜSSELBERG (HRSG.), Grundbegriffe zur Ordnungstheorie und politischen Ökonomik, Arbeitsberichte zum Systemvergleich N° 7, 2. Auflage, Marburg 1991.

SCHÜLLER, A. - R. L. WEBER, Von der Transformation zur Integration: Eine ordnungs-, handels- und währungspolitische Aufgabenstellung, in: H. Gröner - A. Schüller (Hrsg.), Die europäische Integration als ordnungspolitische Aufgabe, Stuttgart et al. 1993, S. 445-491.

SCHULZ-NIESWANDT, F., Ökonomische Transformation und politische Institutionenbildung, in: D. Cassel (Hrsg.), Institutionelle Probleme der Systemtransformation, Schriften des Vereins für Socialpolitik, Band 254, Berlin 1997, S. 69-94.

SCHUMACHER, D., Perspektiven des Außenhandels zwischen West- und Osteuropa: ein disaggregierter Gravitationsansatz, in: ders. et al. (Hrsg.), Transformation des Wirtschaftssystems in den mittel- und osteuropäischen Ländern: Außenwirtschaftliche Bedingungen und Auswirkungen, Berlin 1997, S. 325-389.

SCHUMPETER, J.A., Das Wesen und der Hauptinhalt der theoretischen Nationalökonomie , Leipzig 1908.

SCHUMPETER, J.A., Capitalism, Socialism and Democracy, New York 1942

SCHUMPETER, J.A., Theorie der wirtschaftlichen Entwicklung (1911), 5. Auflage, 1952.

SCHUSTER, G., Der Sonderstatus Dänemarks im Vertrag über die Europäische Union, in: Europäische Zeitschrift für Wirtschaftsrecht, 4 (1993) 6, S. 177-180.

SCHUSTER, H.-E., Die EWG-Richtlinie, Frankfurt/Main 1977.

SCHWARTZ, I.E., Zur Konzeption der Rechtsangleichung in der Europäischen Wirtschaftsgemeinschaft, in: E.v. Caemmerer et al. (Hrsg.), Probleme des Europäischen Rechts, Festschrift für Walter Hallstein zu seinem 65. Geburtstag, Frankfurt/ Main 1966, S. 474-514.

SCHWARZ, G., Competition Among Systems - An Ordo Liberal View, in: H. Bouillon (Hrsg.), Libertarians and Liberalism, Essays in Honour of Gerard Radnitzky, Aldershot 1996.

SCHWARZ, J., Der Aufbau Europas. Pläne und Dokumente 1945-1980, Bonn 1980.

SCHWEIZER, U., Binnenwanderung und gesamtwirtschaftliche Effizienz, in: Zeitschrift für die gesamte Staatswissenschaft, 138 (1982) 2, S. 225-240.

SCHWERIN, J., Lehren aus der Geschichte für die aktuellen Systemtransformationen aus kliometrischer Sicht, in: K. Schweickart - R. Witt (Hrsg.), Systemtransformation in Osteuropa. Herausforderungen an Unternehmen beim Übergang von der Planwirtschaft in die Marktwirtschaft, Stuttgart 1996, S. 53-63.

SEIDEL, B., Die Einbindung der Bundesrepublik Deutschland in die Europäischen Gemeinschaften als Problem des Finanzausgleichs, Frankfurt/ Main 1992.

SELIGER, B., European Regional Policy in Latvia - Chances and Risks, Manuskript, Riga 1996a.

SELIGER, B., Erneuerung der Sozialen Marktwirtschaft durch ihre Abschaffung? Die Kirchen und ihr Diskussionspapier zur wirtschaftlichen und sozialen Lage - eine ordnungspolitische Analyse, in: CIVIS mit Sonde, N° 3-4/ 1996b, 10-14.

SELIGER, B., Gefährliches Spiel ohne Grenzen, in: Die politische Meinung, 42 (1997a), N° 330, S. 79-85.

SELIGER, B., Gemeinwohlleistungen auf EU-Ebene - Kompetenz- oder Effizienzfrage?, in: Orientierungen zur Wirtschafts- und Gesellschaftspolitik, N° 71 (1/1997b), S. 64-68.

SELIGER, B., Ein unabhängiges Kartellamt für Europa - ordnungs- und wettbewerbspolitische Aspekte, in: Wirtschaft und Wettbewerb, 47 (1997c) 11, S. 874-881.

SELIGER, B., Grundzüge einer Theorie des Systemwettbewerbs, Kiel 1996, in: Wirtschaftswissenschaftliches Studium, 27 (1998) 5, S. 263-266.

SEMPF, H.L., Regionale Kooperation in Europa - die Rolle von Kultur und Identität. Eine ökonomische Perspektive, Diskussionsbeitraäge zur regionalen Wirtschaftspolitik N° 5, Potsdam 1996.

SENTI, R., Die Integration als Gefahr für das GATT, in: Aussenwirtschaft, 49 (1994) 1, S. 131-150.

SHACKLE, G.L.S., Epistemics and Economics - A Critique of Economic Doctrines, Cambridge 1972.

SHANNON, J., Federalism's „Invisible Regulator" - Interjurisdictional Competition, in: D.A. Kenyon - J. Kincaid (Hrsg.), Competition among States and Local Governments. Efficiency and Equity in American Federalism, Washington 1991, S. 117-125.

SIEBERT, H., Zölle IV: Zollunion und Präferenzzonen, in: Handwörterbuch der Wirtschaftswissenschaft, Band 9, Stuttgart 1982, S. 666-678.

SIEBERT, H., Europe '92: Environmental Policy in an Integrated Market, Kiel Working Paper N° 365, Kiel 1989.

SIEBERT, H., The Harmonization Issue in Europe: Prior Agreement or a Competitive Process?, in: ders. (Hrsg.), The Completion of the Internal Market, Tübingen 1990, S. 53-75.

SIEBERT, H. (HRSG.), Migration: A Challenge for Europe, Tübingen 1994.

SIEBERT, H. (HRSG.), Locational Competition in the World Economy, Tübingen 1995.

SIEBERT, H., On the concept of Locational Competition, Kiel Working Paper N° 731, Kiel 1996.

SIEBERT, H., The Euro: A Dozen Do's and Don't's, Kiel Discussion Papers N° 312, Kiel 1998.

SIEBERT, H. - KOOP, M., Institutional Competition: A Concept for Europe?, Kiel working paper N° 440, Kiel 1990.

SIEBERT, H. - KOOP, M., Institutional Competition versus Centralization. Quo Vadis Europe?, Kiel Working Paper N° 548, Kiel 1993.

SIMON, H.A., A Behavioral Model of Rational Choice, in: Quaterly Journal of Economics, 69 (1955), 99-118.

SIMONS, J., Industriepolitik, Stuttgart 1997.

SINN, H.-W., The Limits to Competition Between Economic Regimes, in: Empirica - Austrian Economic Papers, 17 (1990), S. 3-14.

SINN, H.-W., How much Europe? Subsidiarity, Centralization and Fiscal Competition, CES Working Paper N° 39, München 1993.

SINN, H.-W., The Subsidiarity Principle and Market Failur in Systems Competition, CES Working Paper N° 103, München 1996.

SINN, S., The Taming of Leviathan - Competition among Governments, in: Constitutional Political Economy, 3 (1992) 2, S. 172-194.

SMITH, A., An Inquiry into the Nature and Causes of the Wealth of Nations (1776), Chicago et al. 1952.

SMITH, A. - A.J. VENABLES, Completing the Internal Market in the European Community. Some Industry Simulations, in: European Economic Review, 32 (1988) 7, S. 1501-1525.

SMITH, R.T., Canons of Public Choice Analysis of International Agreements, in: R. Vaubel - T.D. Willett (Hrsg.), The Political Economy of International Organization. A Public Choice Approach, San Francisco/ Oxford 1991, S. 46-57.

SOFER, C., Organizations in Theory and Practice, London 1973.

SOHMEN, E., Allokationstheorie und Wirtschaftspolitik, Tübingen 1976.

SOLMS, O., Es hilft keine Flucht in die Koordinierung, in: Frankfurter Allgemeine Zeitung, N° 162, 16.7.1997, S. 13.

SOMBART, W., Die deutsche Volkswirtschaft im nenzehnten Jahrhundert und im Anfang des 20. Jahrhunderts, 6. Auflage, Berlin 1923.

SPARWASSER, R., Zentralismus, Dezentralisation, Regionalismus und Föderalismus in Frankreich, Berlin 1986.

SPEHL, H., Nachhaltige Regionalentwicklung - ein neuer Ansatz für das Europa der Regionen, in: B. Gahlen - H.Hesse - H.J. Ramser (Hrsg.), Standort und Region. Neue Ansätze zur Regionalökonomik, Tübingen 1995, S. 307-330.

SPERO, J.E., The Politics of International Economic Relations, 2. Auflage, London 1982.

SPEYER, B., Regionale Integration, Wiesbaden 1997.

STAENDER, K., Die Finanzwirtschaft der Europäischen Union, in: K. Erdmann et al., Europäische Union: eine systematische Darstellung von Recht, Wirtschaft und politischer Union, Heidelberg 1995, S. 190-203.

STAHL, K. - VARAIYA, P., Local Collective Goods: A Critical Re-examination of the Tiebout Model, in: J.F. Thisse - H.G. Zoller (Hrsg.), Locational Analysis of Public Facilities, Amsterdam 1983, S. 45-53.

STARBATTY, J., Art. 130 - Wendemarke der Ordnungspolitik, in: Frankfurter Allgemeine Zeitung, 15. Januar 1994, N° 12, S. 13.

STARK, J., Finanzierung der Europäischen Union: Rückblick, Zwischenbilanz und Ausblick, in: KAS (Hrsg.), Das Finanzsystem der EU: Neue Ansätze und Perspektiven, Interne Studien N° 142, Sankt Augustin 1997, S. 23-34.

STATISTISCHES BUNDESAMT (HRSG.), Datenreport 1994, Bonn 1994.

STEGEMANN, K., Wettbewerb und Harmonisierung im Gemeinsamen Markt, Köln et al. 1966.

STEGER, G., Agenda 2000 - Die Vorschläge der EU-Kommission und ihre budgetären Auswirkungen für Österreich, in: Mitteilungsblatt N° 201 des Instituts für Finanzwissenschaft und Steuerrecht, Wien 1997, S. 2-9.

STEHN, J., Theorie des fiskalischen Föderalismus: Ein Referenzmaßstab zur Beurteilung der Beschlüsse von Maastricht, in: H. Siebert (Hrsg.), Die zweifache Integration: Deutschland und Europa, Tübingen 1993, S. 33-48.

STEHN, J., Subsidies, Countervailing Duties, and the WTO: Towards an Open Subsidy Club, Kiel Discussion Papers N° 276, Kiel 1996.

STEINBERGER, D., Staatliche Wirtschaftsinterventionen als Verstoß gegen die Wettbewerbsregeln des EG-Vertrages, FIW-Schriftenreihe, Heft 159, Köln et al. 1994.

STEINER, J., Das politische System der Schweiz, München 1971.

STERN, N. - J. STIGLITZ, A framework for a development strategy in a market economy: objectives, scope, institutions and instruments, EBRD Working paper 20, London 1997.

STIGLER, G., The tenable range of functions of local government, in: USA Joint Economic Committee (Hrsg.), Federal expenditure policy for economic growth and stability, Washington, DC 1959.

STIGLER, G., A theory of oligopoly, in: Journal of Political Economy, 72 (1964) 1, S. 44-61.

STIGLER, G., The Theory of Economic Regulation, in: Bell Journal of Economics and Management Science, (1971) 2, 137-146.

STIGLITZ, J.E., The Theory of Local Public Goods Twenty-Five Years After Tiebout: A Perspective, National Bureau of Economic Research Working Paper N° 954, 1982.

STRASSER, D., Die Finanzen Europas, Bonn 1979.

STRAUBHAAR, T., Das Konzept „internationale Wettbewerbsfähigkeit einer Volkswirtschaft" auf dem analytischen Prüfstand: Grundsätzliche Bemerkungen zu einem vielfach (miß-) verwendeten Begriff, in: H. Albach, Globale Soziale Marktwirtschaft, Wiesbaden 1994.

STRAUBHAAR, T., Empirische Indikatoren für den Systemwettbewerb - moderne und historische Befunde, Jahrestagung für politische Ökonomie 1997, Manuskript, Hamburg 1997.

STRAUBHAAR, T. - A. WOLTER, Europeanisation of Production and the Migration of the Highly Skilled, HWWA-Diskussionspapier N° 41, Hamburg 1997.

STRAUß, F.J., Rede des bayerischen Ministerpräsidenten, Franz Josef Strauß, bei einem Treffen des Präsidenten der EG-Kommission, Jacques Delors, mit den Ministerpräsidenten der Bundesländer am 19. Mai 1988 in Bonn, Die Bundesländer der Bundesrepublik Deutschland und die Europäische Gemeinschaft, in: Europa-Archiv, Folge 12/1988, S. 338-340.

STREINZ, R., Das Maastricht-Urteil des Bundesverfassungsgerichts, in: Europäische Zeitschrift für Wirtschaftsrecht, 5 (1994) 11, S. 329-333.

STREISSLER, E., To What Extent Was the Austrian School Marginalist?, in: Black, R.D. - A.W. Coats - C.D. Goodwin (Hrsg.), The Marginal Revolution in Economics, History of Political Economy, 4 (1972) 2, 426ff.

STREISSLER, E., Kritik des neoklassischen Gleichgewichtsansatzes als Rechtfertigung marktwirtschaftlicher Ordnungen, in: E. Streissler - C. Watrin (Hrsg.), Zur Theorie marktwirtschaftlicher Ordnungen, Tübingen 1980, 38-69.

STREIT, M.E., Zur Theorie des Wettbewerbs, in: Wirtschaftspolitische Blätter, 39 (1992) 1, S. 55-66.

STREIT, M.E., Dimensionen des Wettbewerbs - Systemwandel aus ordnungsökonomischer Sicht, in: Zeitschrift für Wirtschaftspolitik, 44 (1995a) 2, S. 113-134.

STREIT, M.E., Ordnungsökonomik - Versuch einer Standortbestimmung, Diskussionsbeitrag 04/95 aus dem Max-Planck-Institut zur Erforschung von Wirtschaftssystemen, Jena 1995b.

STREIT, M.E., Hayeksche Paradigmen aus wirtschaftspolitischer Sicht, in: H.-H. Francke (Hrsg.), Öknomischer Individualismus und freiheitliche Verfassung, o.O. 1995c.

STREIT, M. E., Competition among Systems, Harmonisation and European Integration, Diskussionsbeitrag 01-96 des Max-Planck-Instituts zur Erforschung von Wirtschaftssystemen, Jena 1996a.

STREIT, M.E., Zur Interdependenz der Ordnungen - marktwirtschaftliche Ordnungspolitik im Sozialstaat, in: List Forum für Wirtschafts- und Finanzpolitik, 22 (1996b) 3, S. 253-266.

STREIT, M.E., Möglichkeiten des Wandels in Wirtschaft und Politik, in: M.E. Streit - R. Zippelius (Hrsg.), Strukturwandel in Politik und Wirtschaft, Mainz/ Stuttgart 1996c, S. 5-17.

STREIT, M.E., Die Soziale Marktwirtschaft im europäischen Integrationsprozeß - Befund und Perspektiven, Diskussionsbeitrag 03-97 des Max-Planck-Instituts zur Erforschung von Wirtschaftssystemen, Jena 1997

STREIT, M.E. - W. MUSSLER, Wettbewerb der Systeme zur Verwirklichung des Binnenmarktprogramms?, Diskussionsbeitrag 03/95 aus dem Max-Planck-Institut zur Erforschung von Wirtschaftssystemen, Jena 1995.

STREIT, M.E. - S. VOIGT, The Economics of Conflict Resolution in International Trade, in: D. Friedmann - E.-J. Mestmäcker (Hrsg.), Conflict Resolution in International Trade, Baden-Baden 1993.

STREIT, M.E. - S. VOIGT, Toward Ever Closer Union - Or Ever Larger? Or both?, Diskussionsbeitrag 11/95 aus dem Max-Planck-Institut zur Erforschung von Wirtschaftssystemen, Jena 1995.

STREIT, M.E. - G. WEGNER, Wissensmangel, Wissenserwerb und Wettbewerbsfolgen - Transaktionskosten aus evolutorischer Sicht, in: ORDO, 40 (1989), S. 183-200.

STREIT, M.E. - M. WOHLGEMUTH, The Market Economy and the State. Hayekian and ordoliberal conceptions, Diskussionsbeitrag 06-97 des Max-Planck-Instituts zur Erforschung von Wirtschaftssystemen, Jena 1997.

STÜTZEL, W., Preis, Wert und Macht, Aalen (1952/ 1972).

TANGERMANN, S., Osterweiterung und agrarpolitischer Reformbedarf in der EU, in: Agrarsoziale Gesellschaft (Hrsg.), Osterweiterung der EU - Weichenstellungen in Europa und deren Folgen, Göttingen 1996, S. 29-38.

TANZI, V., Globalization, Tax Competition and the Future of Tax Systems, International Monetary Fund Working Paper 96/141, New York 1996.

TANZI, V. - L. SCHUKNECHT, The Growth of Government and the Reform of the State in Industrial Countries, IMF Working Paper 95/130, Washington 1995.

TATHAM, A.F.T., The Integration of Central Europe and the Baltic Region into the European Union, in: Development and International Cooperation, 11 (1995) 20-21, S. 363-382.

TAURAS, O., Der Ausschuß der Regionen - Institutionalisierte Mitwirkung der Regionen in der EU, Münster 1997.

TAYLOR, K., European Union: The Challenge for local and regional government, in: The Political Quarterly, 66 (1995) 1, S. 74-83.

TEASDALE, A.L., Subsidiarity in Post-Maastricht Europe, in: The Political Quarterly, 64 (1993) 2, S. 187-197.

THEURL, T., Monetäre Transformation: Konsistenzfallen einer sich wandelnden Wirtschaftsordnung, in: D. Cassel (Hrsg.), Institutionelle Probleme der Systemtransformation, Schriften des Vereins für Socialpolitik, Band 254, Berlin 1997, S. 141-163.

THIEME, H.-J., Wege zur Marktwirtschaft: Strategien der Systemtransformation, in: Orientierungen zur Wirtschafts- und Gesellschaftspolitik, 53 (3/1992), 15-23.

THOMAS, I.P., Ein Finanzausgleich für die Europäische Union? Eine allokationstheoretische und fiskalföderalistische Analyse, Kieler Studie N° 285, Tübingen 1997.

TICHY, G., Gibt es ein optimales europäisches Integrationsgebiet?, in: Wirtschaftswissenschaftliches Studium, 1993, N° 5, S. 229-234.

TIEBOUT, C. M., A Pure Theory of Local Expenditures, in: Journal of Political Economy, 64 (1956), S. 416-424.

TIEBOUT, C.M., An Economic Theory of Fiscal Decentralization, in: National Bureau of Economic Research (Hrsg.), Public Finances: Needs, Sources, and Utilization, Princeton 1961.

TIEDEMANN, R., Aufstieg oder Niedergang von Interessenverbänden? Rentseeking und europäische Integration, Baden-Baden 1993.

TIETMEYER, H., Erfahrungen und Perspektiven für die Währungsunion in Europa, Vortrag vor dem Gesprächskreis Nord der Friedrich-Ebert-Stiftung in Hamburg am 30.1.1995, Bonn 1995.

TIETZEL, M., Die Rationalitätsannahme in den Wirtschaftswissenschaften oder Der homo oeconomicus und seine Verwandten, in: Jahrbuch für Sozialwissenschaften, 32 (1981), S. 115-138.

TIETZEL, M., Sezessionen und neuer Nationalismus: Der räumliche Aspekt des Transformationsprozesses in den ehemaligen Ostblockstaaten, in: D. Cassel (Hrsg.), Institutionelle Probleme der Systemtransformation, Schriften des Vereins für Socialpolitik, Band 254, Berlin 1997, S. 95-120.

TIGGES, U., Zur Aktualität nichttarifärer Handelshemmnisse im europäischen Binnenmarkt, Baden-Baden 1991.

TINDEMANS, L., Bericht des belgischen Ministerpräsidenten, Leo Tindemans, über die Europäische Union, dem Europäischen Rat am 29. Dezember 1975 übermittelt, in: W. Weidenfeld (Hrsg.), Wie Europa verfaßt sein soll. Materialien zur Politischen Union, Gütersloh 1991, S. 310-353.

TOHT, A.G., The principle of subsidiarity in the Maastricht treaty, in: Common Market Law Review, 29 (1992) 6, S. 1079-1105.

TOLLISON, R.D., Rent seeking: A Survey, in: Kyklos, 35 (1982) 4, 575-602.

TOULEMON, R., Les perspectives européennes - Entre élargissement et approfondissement, in: futuribles, N° 195, 1995 (février), S. 59-72.

TOULEMON, R., L'équilibre des 'petits' et des 'grands' dans l'union européenne, in: futuribles, N° 206, février 1996, 21-26.

TRIESCH, G., Gewerkschaftsmacht in Europa, in: iw Gewerkschaftsreport, 29 (1995) 3, S. 55-64.

TROEGER-WEIß, G., Euregio Egrensis, in: G. Stangler - E. Vyslonzil, Europa und seine Regionen, Frankfurt/ Main 1996, S. 115-129.

TSEBELIS, G., „The Power of the European Parliament as a Conditional Agenda-Setter", in: American Political Science Review, 88 (1994), 128-142.

TSOUKALIS, L., The European Community and its Mediterranean Enlargement, London 1981.

TSOUKALIS, L, The New European Economy, 2. Auflage, Oxford 1993.

TUCHTFELDT, E., Soziale Marktwirtschaft und Globalsteuerung (1973), in: Ludwig-Erhard-Stiftung (Hrsg.), Grundtexte zur Sozialen Marktwirtschaft, Stuttgart/ New York 1981, S. 83-104.

TUCHTFELDT, E., Europa der zwei Geschwindigkeiten - Lösung der Integrationsprobleme, in: Volkswirtschaftliche Korrespondenz der Adolf-Weber-Stiftung, 24 (1985) 2.

TUREK, J., Ost-Integration stärkt Standort Europa, in: Handelsblatt, 23.11.1996.

TURNER, M., EU takes firmer grip on Phare funding, in: European Voice, 6.3.1997, 6.

ULPH, A., Harmonisation, Minimum Standards and Optimal International Environmental Policy under Asymmetric Information, Discussion Papers in Economics and Econometrics N° 9701, University of Southampton, Southampton 1997.

UNICE (HRSG.), UNICE Preliminary Comments on „The Europe Agreements and Beyond: A Strategy to Prepare the Countries of Central and Eastern Europe for Accession", Brüssel 1995.

UNITED STATES INFORMATION AGENCY (HRSG.), We the People. The Constitution of the United States of America With Explanatory Notes, ohne Ort 1987.

UNTERNEHMERINSTITUT (HRSG.), Für ein Europa des Wettbewerb. Ein ordnungspolitisches Leitbild, 2. Auflage, Bonn 1994.

VANBERG, V., Constitutionally Constrained and Safeguarded Competition in Markets and Politics - With Reference to a European Constitution, in: Journal des Economistes et des Etudes Humaines, 4 (1993), S. 3-27.

VANBERG, V., Ordnungspolitik und die Unvermeidbarkeit des Wettbewerbs, in: H.-H. Francke (Hrsg.), Ökonomischer Individualismus und freiheitliche Verfassung, Gedenkakademie für Friedrich August von Hayek, o.O. 1995, S. 187-211.

VANBERG, V., Wettbewerb in Markt und Politik, in: Verein der Freiburger Wirtschaftswissenschaftler (Hrsg.), Ordnungspolitische Aspekte der europäischen Integration: Freiburgs Botschaft für ein offenes Europa, Baden-Baden 1996, S. 85-100.

VAN DE MEERSCHE, P., Europa morgen. Integratie of desintegratie?, Antwerpen 1972.

VAN DER MENSBRUGGHE, J., Les Unions Economiques. Réalisations et perspectives, Brüssel 1949.

VAN MIERT, K., Die Wettbewerbspolitik der neuen Kommission, in: competition policy newsletter, 1 (1995) 5, S. 1-6.

VAN MIERT, K., The proposal for a European competition agency, in: competition policy NEWSLETTER, 2 (1996) 2, 1-4.

VARIAN, H.R., Intermediate Microeconomics, 2nd ed., New York/ London 1990.

VAUBEL, R., International Collusion or Competition for Macroeconomic Policy Coordination? A Restatement, in: Recherches Economiques de Louvain, 51 (1985), 3-4, S. 223-240.

VAUBEL, R., Konsenspflicht aus ökonomischer Sicht: Die liberale Alternative, in: H. Hattenhauer - W. Kaltefleiter (Hrsg.), Mehrheitsprinzip, Konsens und Verfassung, Heidelberg 1986, S. 115-135.

VAUBEL, R., Perspektiven der europäischen Integration: Die Politische Ökonomie der Vertiefung und Erweiterung, in: H. Siebert (Hrsg.), Die zweifache Integration: Deutschland und Europa, Tübingen 1993, S. 3-31.

VAUBEL, R., The public choice analysis of European Integration: A survey, in: European Journal of Political Economy, 10 (1994a), 227-249.

VAUBEL, R., The political economy of centralization and the European Community, in: Public Choice, 81 (1994b), 151-190.

VAUBEL, R., Die Liberalen und der Zentralismus, in: Roland Baader (Hrsg.), Wider die Wohlfahrtsdiktatur, Gräfeling 1995a, S. 135-145.

VAUBEL, R., The Centralisation of Western Europe, IEA Hobart Paper 127, London 1995b.

VAUBEL, R., Die Geschichte der europäischen Währungsintegration aus politisch-ökonomischer Sicht, in: Volkswirtschaftliche Korrespondenz der Adolf-Weber-Stiftung, 36 (1997) 10.

VEREINTE NATIONEN (HRSG.), World Investment Report 1997, Transnational Corporations, Market Structure and Competition Policy, New York/ Genf 1997.

VERLOREN VAN THEMAAT, P., Die Rechtsangleichung als Integrationsinstrument, , in: W. Hallstein - H.-J. Schlochauer, Zur Integration Europas, Festschrift für Carl Friedrich Ophüls aus Anlass seines siebzigsten Geburtstages, Karlsruhe 1965, S. 243-256.

VERLOREN VAN THEMAAT, P., Competition and Planning in the EEC and the Member States, in: Common Market Law Review, 7 (1970), S. 311-322.

VETTER, E., Das Subsidiaritätsprinzip in der Europäischen Union aus der Perspektive der deutschen Länder, in: R. Hrbek (Hrsg.), Das Subsidiaritätsprinzip in der Europäischen Union - Bedeutung und Wirkung für ausgewählte Politikbereiche, Baden-Baden 1995, S. 35-43.

VIBERT, F., Maastricht II Misses the Mark, in: Wall Street Journal Europe, 17.6.1997, S. 10.

VIDONNE, P., La formation de la pensée économique, Paris 1985.

VILE, M.C.J., Federal Theory and the „New Federalism", in: Dean Jaensch (Hrsg.), The politics of „new federalism", Adelaide 1977, S. 1-14.

VINER, J., The Customs Union Issue, New York 1950.

VOGEL, H., Integration und Desintegration: Das europäische Dilemma, in: Europa Archiv, Folge 15-16, 1992, S. 433-438.

VOGELAAR, T.W., Tax Harmonization in the European Community, in: Common Market Law Review, 7 (1980), S. 323-335.

VOSS, R.V., Subsidiarität als Thema der Ordnungspolitik, in: trend, I. Quartal '93, S. 12-13.

WAGNER, R.E., Revenue Structure, Fiscal Illusion, And Budgetary Choice, in: Public Choice, 25 (1976), 45-61.

WAIGEL, T., Der EURO verlangt entschlossene Standortpolitik, in: arbeitgeber, 50 (1998) ½, S. 16-17.

WALRAS, L., Eléments d'économie politique pure, Paris 1952 (1874).

WALSH, C., Fiscal federalism: An overview of issues and a discussion of their relevance to the European Community, in: Commission of the European Communities (Hrsg.), The Economics of Community Public Finance, European Economy, N° 5, 1993, S. 25-62.

WALTER, N., Globalisierung - nur ein Reizwort?, in: Deutsche Bank Research Bulletin, Aktuelle Wirtschafts- und Währungsfragen, 11. November 1996, S. 5-13.

WALTHES, F., Europäischer Finanzausgleich, Berlin 1996.

WANIEK, R.W., EG-Regionalpolitik für die Jahre 1994 bis 1999, in: Wirtschaftsdienst, 74 (1994) 1, S. 43-49.

WASCHKUHN, A., Was ist Subsidiarität? Ein Sozialphilosophisches Ordnungsprinzip: Von Thomas von Aquin bis zur „Civil Society", Opladen 1995.

WATSON, R., UK government struggles with working time rules, in: European Voice, 6.2.1997, 7.

WEATHERILL, S., After *Keck*: Some Thoughts on hao wo clarify the clarification, in: Common Market Law Review, 33 (1996), S. 885-906.

WEBER, M., Die Protestantische Ethik und der Geist des Kapitalismus. Gesammelte Aufsätze zur Religionssoziologie, Tübingen 1920.

WECK-HANNEMANN, H., Globalisierung: Herausforderung oder Anwendungsfall der Neuen Politischen Ökonomie?, Manuskript, Innsbruck 1997.

WEEDE, E., Ideen, Ideologie und politische Kultur des Westens, in: Zeitschrift für Politik, 1 (1989), S. 27-45.

WEEDE, E., Vom europäischen Wunder zum schleichenden Sozialismus, in: G. Radnitzky, H. Bouillon, Ordnungstheorie und Ordnungspolitik, Berlin et al. 1991, S. 15-45.

WEGEHENKEL, L., Evolution von Wirtschaftssystemen und Internalisierungshierarchie, in: H.-J. Wagner (Hrsg.), Anpaasung durch Wandel. Evolution und Transformation von Wirtschaftssystemen, Berlin 1991, S. 101-137.

WEGNER, G., Innovation, Komplexität und Erfolg. Zu einer ökonomischen Handlungstheorie des Neuen, in: B.P.Priddat - E.K. Seifert (Hrsg.), Neuorientierungen in der ökonomischen Theorie, Marburg 1995b, S. 181-204.

WEGNER, G., Zur Pathologie wirtschaftspolitischer Lenkung, in: B.P. Priddat - G. Wegner (Hrsg.), Zwischen Evolution und Institution - Neue Ansätze in der ökonomischen Theorie, Marburg 1996, 367-401.

WEGNER, G., Systemwettbewerb als politisches Kommunikations- und Wahlhandlungsproblem, Manuskript, Witten/ Herdecke 1997.

WEICHHART, P., Die Region - Chimäre, Artefakt oder Strukturprinzip sozialer Systeme?, in: G. Brunn (Hrsg.), Region und Regionsbildung in Europa, Baden-Baden 1996, S. 25-43.

WEIDENFELD, W., Europäische Einigung im historischen Überblick, in: W. Weidenfeld - W. Wessels (Hrsg.), Europa von A-Z, 2. Auflage, Bonn 1992, S. 9-62.

WEIDENFELD, W. (HRSG.), Europa '96 - Reformprogramm für die Europäische Union, Gütersloh 1994.

WEIDENFELD, W., Ohne Leitbild, ohne Ordnungshilfe, in: Frankfurter Allgemeine Zeitung, N° 255, 3.11.1997, S. 10.

WEIDENFELD, W. - C. JUNG, Das Entscheidungsgefüge der Europäischen Union: Institutionen, Prozesse und Verfahren, in: W. Weidenfeld (Hrsg.), Maastricht in der Analyse, Gütersloh 1994, S. 11-53.

WEIDENFELD, W. - W. WESSELS (HRSG.), Europa von A-Z, 2. Auflage, Bonn 1992.

WEINGAST, B.R., Constitutions as Governance Structures: The Political Foundations of Secure Markets, in: Journal of Institutional and Theoretical Economics, 149 (1993) 1, S. 286-311.

WEIZSÄCKER, C.C. VON, Der Freihandel als Friedensstifter, in: Frankfurter Allgemeine Zeitung, N° 266, 15.11.1997, S. 15.

WELFENS, P.J.J., Die Europäische Union und die mittelosteuropäischen Länder: Entwicklungen und wirtschaftspolitische Optionen, in: Aus Politik und Zeitgeschichte, B 39/95, S. 22-31.

WELFENS, P.J.J., Europäische Union: Wirtschaft und Wirtschaftspolitik, in: J.v. Hagen et al. (Hrsg.), Springers Handbuch der Volkswirtschaftslehre 2, Berlin 1997.

WELTER, P., International Migration and Institutional Competition: An Application of Hayek's Evolutionary Theory, in: L. Gerken (Hrsg.), Competition among Institutions, London 1995a, S. 119-151.

WELTER, P., Korreferat zu Dr. Frank Daumann, in: P. Oberender - M.E. Streit (Hrsg.), Europas Arbeitsmärkte im Integrationsprozeß, Baden-Baden 1995b, S. 70-77.

WESSELS, W., Staat und (westeuropäische) Integration. Die Fusionsthese, in: M. Kreile (Hrsg.), Die Integration Europas, Politische Vierteljahresschrift, Sonderheft 23 (1992), S. 36-61.

WESTERHOFF, H.-D., Geschichte der monetären Integration in Europa, in: Orientierungen zur Wirtschafts- und Gesellschaftspolitik, (4/1997), N° 74, S. 28-32.

WEYER, H., Die Rechtsprechung zum freien Warenverkehr: Dassonville - Cassis de Dijon - Keck, in: Deutsche Zeitschrift für Wirtschaftsrecht, 4 (1994) 3, S. 89-95.

WHEARE, K.C., Föderative Regierung, München 1959.

WHITE, E.L., In search of the limits to Article 30 of the EEC Treaty, in: Common Market Law Review, 26 (1989), S. 235-280.

WICKSELL, K., Finanztheoretische Untersuchungen nebst Darstellung und Kritik des Steuerwesens Schwedens, Jena 1896.

WIDGREN, J., Trends in Current East-West Migration and the Need for New Policies, in: Innovation, 7 (1994), S. 111-115.

WIESENTHAL, H., Zur politischen Ökonomie der Liberalisierung: Organisierte Interessen als Resultat und Akteure der Systemtransformation, in: M. Miegel (Hrsg.), Transformation. Leipziger Beiträge zu Wirtschaft und Gesellschaft, Leipzig 1997, S. 105-123.

WILHELM, P., Der neue Artikel 23 Grundgesetz. Demokratie und Föderalismus in Deutschland und in Europa werden gestärkt, in: Bayerisches Staatsministerium für Bundes- und Europaangelegenheiten (Hrsg.), Euro Aktuell, N° 63, 28.07.1992.

WILLEKE, F.-U., Wettbewerbspolitik, Tübingen 1980.

WILLGERODT, H., Staatliche Souveränität und die Ordnung der Weltwirtschaft, in: ORDO, 40 (1989), S. 401-427.

WILLIAMSON, O.E., The Economics of Discretionary Behavior: Managerial Objectives in a Theory of the Firm, Englewood Cliffs 1964.

WILLIAMSON, O.E., Transaction-Cost economics: The Governance of contractual Relations, in: Journal of Law and Economics, 22 (1979) 2, 233-261.

WILLIAMSON, O.E., The Economic Institutions of Capitalism: Firms, Markets, Relational Contracting, New York 1985.

WILMIG, C., Institutionelle Konsequenzen einer Erweiterung der Europäischen Union, Baden-Baden 1995.

WIMMER, P.T., Vers une Europe à la carte après Maastricht?, Brüssel 1995.

WINDISCH, R., Modellierung von Systemwettbewerb: eine kritische Bestandsaufnahme, Manuskript, Jena 1997.

WINTERS, L.A., The European Community: a case of successful integration?, in: J. de Melo - A. Panagariya (Hrsg.), New dimensions in regional integration, Cambridge 1993, S. 202-228.

WIRTSCHAFTS- UND SOZIALAUSSCHUß DER EUROPÄISCHEN GEMEINSCHAFTEN (HRSG.), Die Beziehungen der EG zu den mittel- und osteuropäischen Staaten - Baltische Staaten, Brüssel.

WISCHNEW, S. M., Der moderne Militarismus und die Monopole, Düsseldorf 1955

WISSENSCHAFTLICHER BEIRAT BEIM BML, Zur Weiterentwicklung der EU-Agrarreform, in: Agrarwirtschaft, 46 (1997) 2, S. 89-90.

WISSENSCHAFTLICHER BEIRAT BEIM BMWI, Frage der wirtschaftlichen Integration Europas, Gutachten vom 1.5.1953, in: Wissenschaftlicher Beirat beim BMWi (Hrsg.), Gutachten vom Dezember 1952 bis November 1954, Göttingen 1955, S. 41-57.

WISSENSCHAFTLICHER BEIRAT BEIM BMWI (HRSG.), Ordnungspolitische Orientierung für die Europäische Union, BMWi Dokumentation N° 356, Bonn 1994.

WISSENSCHAFTLICHER BEIRAT BEIM BMWI, Anpassung des deutschen Kartellgesetzes an das europäische Recht?, Studienreihe N° 93, Bonn 1996.

WITT, U., Wirtschaft als dissipatives System, in: Wirtschaftspolitische Blätter, 42 (1995a) 6, 425-433.

WITT, U., Evolutorische Ökonomik - Umrisse eines neuen Forschungsprogramms, in: B.P.Priddat - E.K. Seifert (Hrsg.), Neuorientierungen in der ökonomischen Theorie, Marburg 1995b, S. 153-179.

WOHLGEMUTH, M., Institutional Competition - Notes on an Unfinished Agenda, Diskussionsbeitrag 06-95 des Max-Planck-Instituts zur Erforschung von Wirtschaftssystemen, Jena 1995.

WOLL, A., Freiheit durch Ordnung: Die gesellschaftspolitische Leitidee im Denken von Walter Eucken und Friedrich A. von Hayek, in: ORDO, 40 (1989), S. 87-97.

WORLD TRADE ORGANIZATION (HRSG.), After two outstanding years, world trade growth in 1996 returned to earlier levels, in: WTO focus, 1997, N° 18, S. 1-7.

WUERMELING, J., Der EU-Haushalt: Politik in ECU, in: M. Röttinger - C. Weyringer (Hrsg.), Handbuch der europäischen Integration. Strategie - Struktur - Politik der Europäischen Union, 2. Auflage, Wien et al. 1996, S. 250-289.

WULF-MATHIES, M., Zukunft der Europäischen Regional- und Strukturpolitik, Tischrede anläßlich eines Abendessens auf Einladung des Bundesverbandes der Deutschen Industrie, 6.2.1996, Manuskript.

WULF-MATHIES, M., Das europäische Modell im internationalen Wettbewerb, in: Europäische Zeitschrift für Wirtschaftsrecht, 8 (1997) 1, S. 1.

YOUNG, R.A., The Political Economy of Secession: The Case of Quebec, in: Constitutional Political Economy, 5 (1994) 2, S. 221-245.

ZAIN, M., The Effects of vote-trading and logrolling on collective decision: preference intensities, Pareto-optimality and voting-paradox, Politikwissenschaftliche Dissertation, Institut für Politikwissenschaft, Basel 1979.

ZEHNPFENNING, B., Das Experiment einer großräumigen Republik, in: Frankfurter Allgemeine Zeitung, N° 276, 27.11.1997, S. 11.

ZELLETIN, G., Budgetpolitik und Integration, Köln 1965.

ZIMMERMANN, K.F., European Migration: Push and Pull, in: Proceedings of the World Bank Annual Conference on Development Economics, Washington 1994, S. 313-342.

ZODROW, G.R. (HRSG.), Local Provision of Public Services: The Tiebout Model after Twenty-Five Years, New York 1983.

ZODROW, G.R. - P. MIESZKOWSKI, Pigou, Tiebout, property Taxation, and the Underprovision of Local Public Goods, in: Journal of Urban Economics, 19 (1986), S. 296-315.

ZODROW, G.R. - P. MIESZKOWSKI, Taxation and the Tiebout Model: The Differential Effects of Head Taxes, Taxes on Land Rents, and Property Taxes, in: Journal of Ecnomic Literature, 27 (1989), S. 1098-1146.

ZORGBIBE, C., La Construction Politique de l'Europe, 1946-1976, Paris 1978.

ZOTSCHEW, T., Die Ostblockstaaten in der Welternährungswirtschaft, in: Europäische Akademie Schleswig-Holstein (Hrsg.), Zwischen Überfluß und Mangel. Zur Siutation der landwirtschaftlichen Produktion in der Europäischen Gemeinschaft, Husum 1980, S. 71-79.

ZSCHIEDRICH, H., Die Wirtschaften Mittel- und Osteuropas auf dem Weg in die EG, in: Osteuropa Wirtschaft, 37 (1992) 3, S. 201-214.

ZWASS, A., Vom gescheiterten Kommunismus zum unterentwickelten Kapitalismus, in: Finanznachrichten, 18/1995, S. 1-7.

Peter Lang · Europäischer Verlag der Wissenschaften

A. Tuyaerts / W. Hagemann / G. Tulodziecki (Hrsg.)

Lernen und Lehren für Europa

Festschrift für Waltraut Schöler

Frankfurt/M., Berlin, Bern, New York, Paris, Wien, 1998. 300 S., zahlr. Abb.
ISBN 3-631-33194-0 · Geb. DM 89.–*

Den hier unter dem Titel *Lernen und Lehren für Europa* zusammengestellten Beiträgen unterliegt die gemeinsame Überzeugung, daß Europa nicht nur durch politische Konferenzen und Beschlüsse zusammenwächst. Vielmehr werden auch Bildungs- und Erziehungsprozesse auf allen Ebenen der schulischen und der Erwachsenenbildung für notwendig erachtet. Dieser Band stellt dazu sowohl orientierende Rahmenkonzepte als auch konkrete Unterrichts- wie schulische Kooperationsprojekte vor. Diese sollen Beispiele für europabezogene Bildungsmöglichkeiten geben und Verantwortliche in unterschiedlichen pädagogischen Arbeitsfeldern zu eigenen Aktivitäten ermutigen. Im Leben und Werk von Waltraut Schöler, der diese Schrift gewidmet ist, werden zahlreiche Möglichkeiten der Kooperation in Europa auf universitärer und allgemein gesellschaftlicher Ebene besonders deutlich.

Aus dem Inhalt: Europa als politische Herausforderung · Europa als Thematik politischer und kultureller Bildung · Die europäische Dimension in Bildung und Erziehung auf verschiedenen Schulstufen und in der Lehrerweiterbildung · Die nationale Schule und interkulturelles Lernen · Kooperationsmodelle und -erfahrungen europäischer Schulen · Beispiele für Kooperationen von Hochschulen · Museumspädagogik im Aspekt Europa

Frankfurt/M · Berlin · Bern · New York · Paris · Wien
Auslieferung: Verlag Peter Lang AG
Jupiterstr. 15, CH-3000 Bern 15
Telefax (004131) 9402131
*inklusive Mehrwertsteuer
Preisänderungen vorbehalten

FSC
www.fsc.org
MIX
Papier | Fördert
gute Waldnutzung
FSC® C083411

Kolibri 360 GmbH
Ferdinand-Jühlke-Straße 7
99095 Erfurt, Deutschland
produktsicherheit@kolibri360.de

Druck:
CPI Druckdienstleistungen GmbH
im Auftrag der
Kolibri 360 GmbH
Ferdinand-Jühlke-Str. 7
99095 Erfurt